Institut national de recherche pédagogique **ERMEL**

Équipe de didactique des mathématiques sous la direction de
Jacques Colomb

Apprentissages numériques et résolution de problèmes

Cours Moyen (première année)

Responsables de la recherche

Roland Charnay
Professeur de mathématiques IUFM de Lyon (Centre de Bourg-en-Bresse)
Jacques Douaire
Professeur de mathématiques IUFM de Versailles (Centre d'Antony)
Jean-Claude Guillaume
Chargé de Recherche INRP (Paris)
Dominique Valentin
Professeur de mathématiques IUFM de Versailles (Centre d'Antony)

Équipe de rédaction

Henri-Claude Argaud
IUFM de Grenoble (Centre de Valence)
Jeanine Boët
IUFM de Créteil (Centre du Bourget)
Nicole Bouculat
IUFM de Clermont-Ferrand
Colette Chaniac
IUFM de Lyon (Centre de Bourg-en-Bresse)
Roland Charnay
IUFM de Lyon (Centre de Bourg-en-Bresse)
Jacques Douaire
IUFM de Versailles (Centre d'Antony)
Marianne Frémin
IUFM de Versailles (Centre d'Antony)
Christiane Hubert
IUFM de Créteil (Centre de Livry-Gargan)
Jean-Claude Guillaume
INRP (Paris)
Marie-Hélène Lallement
IUFM d'Aix-Marseille (Centre d'Avignon)
Jean-Louis Porcheron
IUFM de Toulouse
Claude Rajain
IUFM de Reims (Centre de Châlons-en-Champagne)
Michel Ramus
IUFM de Paris
Dominique Valentin
IUFM de Versailles (Centre d'Antony)

HATIER

Cet ouvrage a été écrit dans le cadre de la recherche INRP « Apprentissages mathématiques et argumentation au Cycle 3 » (Département de didactique des disciplines) à laquelle ont principalement participé :

- H.-C. Argaud (IUFM, Valence)
- J. Boet (IUFM, Le Bourget)
- N. Bouculat (IUFM, Clermont-Ferrand)
- E. Boursey (Professeur Lyon)
- C. Chaniac (IUFM, Bourg-en-Bresse)
- R. Charnay (IUFM, Bourg-en-Bresse)
- M. Courriere (IUFM, Nice)
- G. Deramecourt (IUFM, Périgueux)
- J. Douaire (IUFM, Antony)
- L. Dubois (IUFM, Amiens)
- M.-P. Dussuc (IUFM, Bourg-en-Bresse)
- M. Fremin (IUFM, Antony)
- R. Gedon (IUFM, Le Bourget)
- J.-C. Guillaume (INRP)
- M. Guillerault (IUFM, Grenoble)
- R. Guillemard (IUFM, Nice)
- R. Guinet (IUFM, Grenoble)
- C. Hubert (IUFM, Livry-Gargan)
- M.-H. Lallement (IUFM, Avignon)
- R. Neyret (IUFM, Grenoble)
- D. Noyarie (professeur Lyon)
- R. Palanque (IUFM, Toulouse)
- J.-L. Porcheron (IUFM, Toulouse)
- T. Raisonnier (Institutrice en retraite)
- C. Rajain (IUFM, Châlons-sur-Marne)
- M. Ramus (IUFM, Paris)
- D. Valentin (IUFM, Antony)

Ainsi que les instituteurs, institutrices, maîtres-formateurs qui ont expérimenté dans leurs classes les situations présentées :

- S. Augistrou (Toulouse)
- M. Barba (Toulouse)
- B. Brazier (Bourg-en-Bresse)
- M. Brenner (Grenoble)
- M.-C. Brunet (Chaville)
- J. Chanteux (Paris)
- R. Chaput (Clermont-Ferrand)
- A. Colenson (Valence)
- N. Corbieres (Saint-Denis)
- A. Faure (Clamart)
- B. Faure (Clamart)
- M.-O. Fromherz (Valence)
- C. Griveau (Chaville)
- M.-L. Hermet (Clermont-Ferrand)
- A. Jabier (Gennevilliers)
- N. Labrune (Clamart)
- C. Lacoste (Toulouse)
- Y. Asteggiano (Nice)
- L. Basso (Nice)
- M. Giletti (Nice)
- M. Le Caer (Meudon)
- E. Lechevallier (Valence)
- M. Levais (Suresnes)
- D. Lhotellier (Nanterre)
- P. Locuty (Châlons)
- J. Martin (Lyon)
- B. Mauny (Beauvais)
- E. Nouyrigat (Lyon)
- M. Pomme (Clamart)
- C. Razet (Bobigny)
- D. Robert (Gennevilliers)
- C. Roussel (Saint-Denis)
- A. Roux (Valence)
- F. Soulie (Issy-les-Moulineaux)
- C. Suptil (Bourg-en-Bresse)
- M. Thibon (Bourg-en-Bresse)
- P. Varier (Châlons)
- G. Pretri (Nice)
- Y.-P. Zimmermann (Nice)

ISBN 2.218.**92036**-0

Avertissement

Les ouvrages de la collection ERMEL sur les apprentissages numériques et la résolution de problèmes mettent à la disposition des enseignants et des formateurs les résultats de recherches menées par l'équipe de didactique des mathématiques de l'INRP constituée de professeurs d'IUFM et d'enseignants de l'école primaire.

Ces recherches ont été conduites entre 1985 et 1999, de la Grande Section au CM2, dans le but de repenser l'enseignement des nombres et du calcul en s'appuyant sur de nombreux travaux scientifiques.

Les dispositifs d'enseignement proposés ont ainsi été établis à partir d'un certain nombre d'hypothèses :
- l'importance de la résolution de problèmes par les élèves aussi bien pour favoriser l'appropriation des connaissances que pour aider au développement de méthodes de recherche;
- le rôle joué par les interactions entre élèves et la nécessité d'argumenter, aussi bien dans les moments de travail en groupes que dans les phases de mise en commun;
- la nécessité d'articuler des activités de recherche, de synthèse, d'entraînement et de réinvestissement;
- la prise en compte du fait que les concepts se construisent sur une longue période de temps.

Il faut y ajouter le rôle joué par la diversification des contextes ou par la variété des outils mis à disposition des élèves: c'est ainsi que les calculatrices sont utilisées tout au long de l'école élémentaire mais que, dans le même temps, la mémorisation de résultats ou de procédures de calcul et le recours au calcul réfléchi demeurent des priorités constantes.

Ces orientations ne sont pas remises en question actuellement par les travaux récents en psychologie ou en didactique. Elles sont confortées par les programmes de 2002, ainsi que par les documents d'application ou d'accompagnement de ces programmes, aussi bien par l'explicitation des compétences que par la précision accrue des objectifs ou encore par l'importance donnée aux relations avec l'apprentissage de la langue.

Les progressions et les situations proposées dans ces ouvrages ont été expérimentées dans de très nombreuses classes. Avant de leur donner une forme définitive, nous les avons mises à l'épreuve plusieurs fois, dans des contextes sociaux et géographiques différents. C'est ainsi que nous avons pu prendre en compte la diversité des connaissances des élèves et proposer fréquemment des dispositifs de différenciation.

Il y a donc une réelle continuité entre les approches didactiques exprimées dans cette série d'ouvrages du cycle 2 au cycle 3.

Aussi pensons-nous utile que les enseignants et les formateurs puissent continuer à bénéficier de ces ouvrages. Les modifications apportées pour cette nouvelle édition, qui sont donc limitées, concernent principalement quelques améliorations ou corrections ponctuelles, prenant en compte notamment des remarques faites sur quelques situations qui avaient été modifiées au moment du « passage à l'euro ».

Sommaire

Préface

Il est communément admis que faire des mathématiques, c'est avant tout résoudre des problèmes. Mais quels problèmes ?
Après tout, à l'école élémentaire, depuis longtemps, l'usage pédagogique voulait que les élèves aient à résoudre des problèmes. Qui ne se souvient des fameux « problèmes de robinets » ? Dirions-nous pour autant qu'en se livrant à ces activités, les enfants « faisaient des mathématiques » ? (Probablement pas, ou parfois seulement.) Rien n'est moins sûr, car la notion de problème renvoie à une conception des mathématiques, et de l'apprentissage, qui accepte (intègre) la complexité, celle de la tâche, celle de l'apprentissage, mais aussi celle de l'organisation interne.
Les auteurs de cet ouvrage abordent le problème à travers ce que l'on nomme désormais – à la suite des travaux de l'IREM de Lyon – **les problèmes ouverts**, problèmes qui s'opposent à des questions fermées, simples, nécessitant l'application, plus ou moins mécanique, d'un algorithme précis pour l'usage duquel le problème a été fabriqué. Le problème ouvert a acquis une signification précise, reprise par les auteurs de ce livre : il vise à aborder plusieurs niveaux, plusieurs concepts, à partir d'une vraie question qui peut avoir une réponse, plusieurs ou aucune ; c'est un outil adapté à la complexité des apprentissages et de la démarche scientifique. Il vise à faire articuler astuce et intuition, d'une part, avec les savoir-faire et les automatismes, d'autre part. Il s'inscrit naturellement entre les pratiques de réflexion pure du joueur d'échec et les habitus du joueur de tennis. Il oblige les enseignants, les formateurs et les élèves à « surfer » sur les programmes. Mais, en fait, la connaissance se laisse-t-elle enfermer dans des boîtes ? Ainsi, dans cette perspective, les auteurs de cet ouvrage proposent effectivement de véritables problèmes nécessitant un authentique travail de recherche de la part des élèves. À travers leur résolution, ceux-ci sont conduits à élaborer de nouvelles connaissances (concepts, procédures...) et certaines fois à développer un véritable « comportement de chercheur ».

Le travail présenté ici peut être considéré comme un carrefour, comme une heureuse articulation de travaux de recherche en psychologie cognitive et en didactique des mathématiques avec les préoccupations traditionnelles de la pédagogie, en particulier dans la volonté des auteurs de stimuler la motivation des élèves (des enseignants et des formateurs), une véritable motivation, celle qui naît de la curiosité intellectuelle, de la volonté d'affronter des défis. Ces croisements s'effectuent avec un souci de rendre l'ensemble cohérent, ce que réussissent avec bonheur les auteurs. Cet ouvrage s'appuie, avec force, sur une conception constructiviste de l'apprentissage. Ses pré-supports épistémologiques sont clairs et souvent explicites. Les auteurs ont la volonté affirmée de déconstruire les savoirs premiers afin de favoriser la construction (l'élaboration) des connaissances nouvelles. Ils veillent ainsi à rendre l'élève de plus en plus vigilant vis-à-vis des évidences qui font obstacle aux questions et donc à cette construction visée de connaissances. Ils les poussent, sans relâche, à aller vers de nouvelles questions. N'est-ce pas le fondement de la démarche scientifique ? Et l'enfant n'est-il pas, naturellement, un scientifique ? Ne commence-t-il pas ses premiers contacts sociaux par la pratique incessante du « pourquoi » ? L'École doit-elle éteindre progressivement cette curiosité spontanée des enfants ou, au contraire, la stimuler, la développer, lui donner des occasions de s'exercer et de se réaliser ?

Il va sans dire que, comme les autres ouvrages de cette collection, ce livre est le fruit de multiples collaborations d'enseignants de terrain, de formateurs et de chercheurs. Il est le produit des expérimentations conduites par l'INRP en liaison avec plusieurs IUFM, et sort donc clairement du cadre habituel de nombreuses recherche-actions; s'il fallait le classer, nous le rapprocherions d'une recherche-développement; il est conçu pour les enseignants, pour leur action auprès des élèves et pour leur formation personnelle et professionnelle. Son utilisation vise à promouvoir et favoriser des changements dans les pratiques professionnelles des enseignants. Il a un objectif de développement professionnel, dans une perspective ouverte, proposant des idées variées, de sorte qu'il est également un outil précieux pour la formation de formateurs.

Sa principale qualité: il incite l'enfant à être chercheur; il aide le maître à le devenir; il leur donne les moyens d'atteindre ces objectifs.

Alain BOUVIER
Professeur des universités
Directeur de l'IUFM de l'Académie de Lyon

Introduction

« En même temps, se dégageait l'impression que je venais d'aborder un domaine très vaste et qui recelait certainement une multitude de trésors cachés. Il ne me restait plus qu'à creuser. J'avais mis la main sur une corne d'abondance, dont je pourrais sortir des fruits aux saveurs différentes, chaque fois que j'en aurai envie, et cela durant toute ma vie. »

François Le Lyonnais, *Les Nombres remarquables*, Herman, 1991.

Fruit de plusieurs années de recherche, cet ouvrage vient compléter la nouvelle série ERMEL et, comme les précédents, il concerne les apprentissages numériques et la résolution de problèmes. Les dispositifs d'enseignement proposés (progressions, situations) ont été expérimentés dans de nombreuses classes, analysés et modifiés à plusieurs reprises avant d'être réunis dans ce livre destiné aussi bien aux enseignants qu'aux formateurs.

Mais il ne suffit pas d'avoir expérimenté des moyens d'enseignement dans un grand nombre de classes pour en assurer la pertinence. Encore faut-il en justifier les fondements, expliquer les orientations retenues et fournir tous les éléments susceptibles d'en favoriser l'appropriation par les enseignants. C'est ce que nous avons essayé de réaliser en explicitant et en resituant nos choix didactiques pour chacune des six parties de l'ouvrage : « Des problèmes pour apprendre à chercher », « Champ additif », « Connaître les nombres entiers naturels et les calculs », « Champ multiplicatif », « Mesures, fractions et décimaux », « Activités d'entraînement ». Les situations proposées sont, de plus, accompagnées d'indications qui devraient en faciliter la compréhension et aider à leur mise en œuvre.

Nos premiers travaux, à partir de 1985, ont porté sur les premiers apprentissages numériques. Nous avons alors choisi de penser ceux-ci sur une période de trois ans, de la Grande Section au CE1. Cette option s'est trouvée confortée ensuite par l'organisation de l'école en cycles d'apprentissage. Et c'est donc sur une autre période de trois ans, du CE2 au CM2, que nous avons envisagé la suite de ces apprentissages.

Nos choix, largement influencés par les travaux récents en didactique des mathématiques[1], sont fondés sur une triple réflexion qui sous-tend l'ensemble de nos propositions.

Réflexion sur l'apprentissage des mathématiques par de jeunes élèves

Quel rapport aux mathématiques peut-on envisager pour les élèves de l'école primaire ? Que savons-nous de la manière dont ils peuvent s'en approprier les premiers éléments ?

Certains considèrent les mathématiques comme un ensemble de résultats et de techniques qu'il faut apprendre. D'autres les envisagent comme un langage qu'il faut savoir utiliser. Notre choix est différent : dès les premiers apprentissages, les mathématiques doivent fournir des moyens pour maîtriser des situations auxquelles l'action seule ne permet pas d'apporter de réponses suffisantes. Faire des mathématiques, c'est alors élaborer ou s'approprier des outils d'un genre particulier qui permettent de **résoudre de véritables problèmes**. Dans un deuxième temps, les outils ainsi élaborés peuvent être étudiés pour eux-mêmes. Il s'agit, bien entendu, de s'entraîner à leur maniement pour

---

1. Citons notamment ceux de Guy Brousseau (en particulier, sa théorie des situations), ceux d'Yves Chevallard (concernant la transposition didactique), ceux de Régine Douady (en particulier, l'idée de dialectique outil/objet) et ceux de Gérard Vergnaud (pour sa théorie des champs conceptuels).

mieux les maîtriser. Mais il s'agit aussi de mieux les connaître, de les questionner, de les considérer donc comme de nouveaux **objets** à propos desquels des problèmes peuvent également être formulés.
Dans cet esprit, le moteur de l'apprentissage des mathématiques se trouve donc avant tout dans la confrontation des connaissances « déjà là » à des problèmes dont la résolution résiste à ces connaissances. Mais cela ne se réalise pas dans la solitude : la confrontation avec les pairs, l'aide de l'expert qu'est l'adulte enseignant sont autant de conditions indispensables.
Ces choix concernant l'apprentissage des mathématiques ont déjà été largement exposés dans nos précédents ouvrages. Ils sont de nouveau précisés et actualisés au début de ce livre, notamment pour mettre en évidence la place croissante accordée, au Cours Moyen, aux échanges argumentés entre élèves, dans l'optique d'une préparation à l'exercice d'une pensée rationnelle. Fondamentalement, ces choix assurent **la cohérence** de nos orientations didactiques sur les trois années du cycle des approfondissements.

Réflexion sur les savoirs à enseigner

Quelle place, quelle importance faut-il accorder à chaque élément de savoir ? Comment organiser, regrouper les différents éléments du savoir proposés à l'apprentissage des élèves ? Comment programmer leur enseignement sur une longue durée (une année, un cycle ou davantage...) ? Les réponses à ces questions sont rarement explicitées par les auteurs de manuels. Elles sont pourtant essentielles lorsqu'on pense que l'appropriation des connaissances doit s'inscrire dans une double continuité : celle qui relie certaines connaissances entre elles, celle qui s'intéresse à leur appropriation sur le long terme.
C'est ce type d'analyses, largement développées pour chaque thème, qui nous a conduits à structurer différemment les apprentissages numériques.
Ainsi, traditionnellement, la multiplication et la division étaient étudiées séparément. Pourtant, les problèmes relevant de ces deux opérations appartiennent à la même famille, qui inclut également les problèmes dits de proportionnalité, et leurs difficultés sont davantage liées aux relations à établir entre les données qu'au type d'opération impliquée dans leur résolution. Si on place la résolution de problèmes au premier plan, on est alors conduit à envisager d'enseigner simultanément, ou du moins en relation étroite, multiplication, division et proportionnalité.
Autre exemple de question : quelles sont les conséquences, pour l'école, de la diffusion large et rapide de nouveaux outils de calcul ? Doit-on, par exemple, attendre la même technicité dans le maniement des techniques opératoires ? En effet, la calculatrice est devenue l'outil de calcul privilégié dans la vie courante comme dans la vie professionnelle. L'enseignement ne peut qu'en prendre acte. Nous ne proposons pas cependant de renoncer aux habituelles techniques opératoires, ce qui ne serait ni culturellement acceptable ni pédagogiquement souhaitable. Mais il paraît indispensable de resituer les enjeux de cet apprentissage. Nos élèves, dans la suite de leur scolarité ou dans leur vie d'adultes, utiliseront, pour l'essentiel, le calcul mental (par exemple, pour obtenir des résultats approchés) et la calculatrice. En classe, ces deux outils de calcul sont donc privilégiés et leur utilisation banalisée.

Réflexion sur la prise en compte des élèves, « tels qu'ils savent »

La nécessité, pour l'enseignement, de prendre en compte « l'état de savoir » actuel des élèves avec ce qu'il comporte de ressources, de lacunes, de connaissances partielles ou erronées pose un double défi que nous avons tenté de relever.

Comment tout d'abord concilier « la logique du savoir » et la « logique des apprenants » ? Les dispositifs d'enseignement proposés doivent, en même temps, être en cohérence avec le découpage que nous avons opéré dans les savoirs à enseigner et permettre la prise en compte des conceptions des élèves, de leurs procédures « spontanées » pour en favoriser l'évolution ou, dans certains cas, en permettre le rejet. Une telle entreprise nécessite un important travail de mise à jour de ce que nous appelons « l'état de savoir » des élèves, notamment sur la base de leurs productions orales ou écrites.

Comment gérer ensuite la diversité des élèves et donc prendre en compte le fait que tous n'apprennent ni dans le même temps ni en empruntant les mêmes itinéraires ? Comment donc concevoir et mettre en œuvre les éléments d'une **gestion différenciée des apprentissages** ? Quelques éléments de réponse, sans doute partiels, sont fournis dans la description de certaines situations d'enseignement, notamment à travers la prise en compte de ce que nous appelons les « **procédures personnelles** » des élèves.

Partie I

Nos conceptions de l'apprentissage et de l'enseignement

Nous nous proposons, dans cette partie, de présenter brièvement ce qui fonde les choix pédagogiques et didactiques de cet ouvrage. Sans reprendre intégralement ce que nous avons déjà écrit dans les ouvrages précédents, il nous semble important, d'une part de permettre au lecteur de connaître nos grandes orientations concernant l'enseignement des mathématiques à l'école élémentaire, et d'autre part, de préciser la spécificité du cycle 3 et du CM1, année-pivot de ce cycle.

1. LES FONDEMENTS THÉORIQUES

1.1 Le rôle de la résolution de problèmes dans la construction des connaissances

Il semble que certaines connaissances liées à des usages sociaux se transmettent d'une génération à l'autre, d'une personne à l'autre, du maître à l'élève, d'un enfant à l'autre, parfois sans grand effort et sans même qu'on en prenne conscience, par une sorte d'imprégnation, par simple imitation. D'autres en revanche requièrent des opérations mentales complexes et demandent une réelle construction (ou reconstruction). Elles ne peuvent s'acquérir de manière incidente sans réelle intention d'apprendre. Dire que l'apprentissage de certaines connaissances suppose l'activité mentale propre du sujet, c'est adopter un point de vue constructiviste sur l'apprentissage.

En mathématiques, cette construction se fait le plus souvent à travers des actions mentales finalisées, c'est-à-dire qui permettent d'atteindre un but, de résoudre un problème, de répondre à une question, dans une situation que le sujet a pu s'approprier. Ce sont les actions mentales du sujet dans des situations déterminées qui donnent du sens aux connaissances, celles-ci fonctionnant d'abord comme des outils adéquats, plus ou moins implicites, avant d'acquérir un véritable statut et de pouvoir être repérées, nommées, « décontextualisées » et réutilisées consciemment dans d'autres contextes.

Si un enfant peut très bien « connaître » certains résultats d'une table de multiplication parce qu'il les a lui-même répétés plusieurs soirs de suite, cela ne garantit en rien qu'il pourra reconnaître les situations dans lesquelles ces résultats peuvent être utiles, en particulier si la résolution du problème requiert plusieurs opérations. D'une certaine façon, ces connaissances (réelles, à un certain point de vue) restent vides de sens tant qu'elles n'ont pas pris valeur d'outil pour résoudre des problèmes ou qu'elles ne sont pas reliées à d'autres connaissances (par exemple reconnaître que 12 x 8, c'est (10 x 8) + 8 + 8). Nous dirons avec Gérard Vergnaud que le « savoir se forme à partir de problèmes à résoudre, c'est-à-dire de situations à maîtriser... Les conceptions des élèves sont façonnées par les situations qu'ils ont rencontrées » [1]. C'est dire toute l'importance que prend le fait de résoudre des problèmes, de « vrais problèmes », des problèmes habilement choisis par l'enseignant pour que, dans l'idéal, la recherche d'une solution mette en évidence la nécessité

1. Revue *Grand N*, n° 38.

ou l'intérêt de la (ou des) connaissance(s) visée(s). Dans cette perspective, la résolution de problèmes est tout à la fois le moteur, le lieu (au moins en partie) et le critère de l'apprentissage.

Nous observons aussi, dans de nombreuses classes, que cette façon active de « faire des mathématiques » mobilise les élèves, y compris ceux chez qui les maîtres ont repéré de grandes difficultés. Faire appel à leur curiosité, à leur engagement personnel dans une recherche, à leur volonté d'élaborer une solution à un problème, stimule réellement les élèves : l'enseignant manifeste ainsi, concrètement, la confiance qu'il a dans les capacités cognitives de ses élèves, et ceux-ci, bien souvent, se prennent au jeu de la résolution de problèmes.

Le mot « action », souvent utilisé, est ambigu. Dans certains courants de pédagogie dite « active », on a parfois limité sa signification à celle d'une « manipulation » : il s'agit d'amener les élèves à répondre à une question « concrète » à l'aide du matériel utilisé dans la situation, puis de proposer un codage mathématique de ces manipulations et de leur résultat. Il nous semble que le propre de l'activité mathématique appliquée à des situations concrètes n'est pas dans ce type d'action. Au contraire, il s'agit d'anticiper sur l'action concrète, c'est-à-dire de construire mentalement une solution qui va dispenser de la manipulation des objets réels, soit parce que les objets ne sont pas disponibles, soit parce qu'ils sont trop nombreux, soit parce que les manipulations seraient trop nombreuses, qu'elles seraient coûteuses en temps, par exemple. Les « actions » dont nous parlons ici s'enracinent dans des manipulations réelles antérieures qui peuvent être évoquées mentalement ou même verbalement par le sujet, mais elles se distinguent des manipulations elles-mêmes. En quelque sorte, la solution mathématique (l'action mathématique) s'oppose à la solution pratique (l'action sur le réel) : l'action sur le réel amène le plus souvent à faire un constat de la réponse, alors que l'action mathématique, même si elle n'utilise pas une procédure experte, se situe au niveau d'une anticipation de cette réponse.

Est-ce à dire que les manipulations n'ont pas leur place dans l'apprentissage ? Nous ne le pensons pas, même si l'évolution psycho-génétique et les pratiques scolaires rendent leur place moins importante au cycle 3. Parfois encore au CM1, la manipulation d'un matériel est nécessaire à l'élève pour s'approprier un problème, comprendre la nature de la question à laquelle il est invité à répondre, se faire une bonne image de la situation, voire envisager une procédure de résolution possible. Pour utiliser, par exemple, des fractions simples et des écritures fractionnaires additives, nous proposons d'abord aux élèves des bandes de papier qui peuvent être pliées (en 2, en 4, en 8) et qui servent à mesurer des segments. La bande unité permet, dans un premier temps, de faire apparaître par une manipulation simple, les fractions de l'unité et certaines équivalences entre fractions.

De même, certains enfants ont parfois besoin de représentations figurées pour étayer leurs procédures : ainsi, par exemple dans une situation où il s'agit de résoudre un problème de partage dont la solution est exprimée par un nombre décimal. Il nous semble, là encore, nécessaire de laisser les élèves prendre appui sur des représentations figurées qui, pour eux, garantissent le sens de la situation et qui pourront, plus tard, être simplement évoquées mentalement lors de situations analogues. L'important est que ces manipulations ou représentations permettent le développement d'actions au sens mathématique du terme : constructions de schémas, raisonnements, calculs, bref... anticipation.

Les actions doivent être « finalisées », c'est-à-dire qu'elles ne sont pas exécutées pour le seul plaisir de leur bon fonctionnement (par exemple faire des soustractions parce qu'on vient d'apprendre à les faire et qu'on est très heureux de les réussir sans erreur), mais parce qu'on a en tête un but à atteindre, une question à laquelle il faut trouver une réponse. Cette finalisation, pour le sujet et pas seulement pour le maître, est une condition indispensable : l'enfant qui « fait des calculs » sans savoir si ces calculs vont lui permettre d'approcher le but fixé par le problème à résoudre n'est pas en train de conduire une « action » de résolution de problème. Peut-être ces « calculs » vides de sens pour l'instant peuvent-ils devenir utiles par la suite. Mais ils ne le seront vraiment que lorsque l'enfant saura ce qu'il cherche à l'aide de ces calculs, et sera donc capable de les interpréter dans les termes du problème posé.

Apprendre se fait rarement en une seule fois. C'est pourquoi nous jugeons préférable, sur un thème donné, de confronter les élèves à plusieurs situations, soit qu'il y ait reprise d'un problème similaire, soit qu'il y ait approfondissement d'un objectif donné. Cela permet d'éviter aussi bien le « forcing » sur une situation donnée, où les élèves n'atteignent pas tous de la même façon l'objectif visé, que l'éparpillement ou le saut d'obstacles d'une situation à une autre très différente. Les situations que nous proposons forment un enchaînement organisé et articulé qui doit laisser aux élèves le temps d'apprendre, le temps de s'approprier une notion ou une procédure nouvelle. Les connaissances sont construites à la fois dans des moments de rupture avec les connaissances anciennes – c'est le rôle des situations-problèmes proprement dites – mais aussi dans des périodes de consolidation et d'extension, plus « paisibles », où les problèmes ont aussi leur place, leur fonction étant alors de garantir et de maintenir la relation au sens des connaissances apprises.

1.2 Des connaissances aux savoirs

À l'instar de J.-P. Astolfi[2], nous jugeons pertinente la distinction entre « connaissances » et « savoirs ». **La connaissance** est encore largement subjective, liée à l'expérience individuelle, imprégnée de conceptions personnelles et à ce titre difficilement transmissible. En revanche, **le savoir** résulte d'un processus d'objectivation, d'une construction théorique nécessitant un cadre formel et un langage approprié, qui permet le détachement de l'expérience personnelle et aussi l'émergence de nouvelles questions.

Ainsi, une connaissance n'est pleinement opératoire, transférable diront certains, que si, devenue consciente, elle est mobilisable dans des situations différentes de celles qui ont servi à lui donner naissance. Mais, pour devenir transférables à de nouvelles situations d'utilisation, les connaissances doivent être, à un certain moment qui n'est pas toujours facile à identifier, reconnues, nommées, décontextualisées, institutionnalisées et

2. In : *L'École pour apprendre*, ESF 1992, 2e partie, chap. 1, pp. 68 sqq.

doivent finalement acquérir le statut de savoir social. Dans cette optique, le cahier-mémoire, présenté dans le thème « Activités d'entraînement », nous paraît un bon outil d'institutionnalisation des savoirs.

La question se pose donc de déterminer ce qui permet cette évolution des connaissances vers des savoirs. Pour que l'enfant décontextualise ses connaissances, il a besoin que celles-ci soient d'abord reconnues, identifiées, mises en forme, ce qui ne peut s'opérer que par le langage. D'une part, « la mise en mots », c'est-à-dire l'explicitation verbale d'une connaissance, d'une procédure ou d'un savoir-faire, contribue à la dépersonnaliser et donc à identifier, à travers elle, le savoir comme tel. Mais l'enfant ne dispose pas toujours des formulations adéquates et aura besoin, pour ce faire, de l'aide de l'adulte. Le recours au terme juste, s'il ne doit pas être prématuré sous peine de vacuité, finit par devenir nécessaire pour stabiliser une notion et bien la différencier des autres. De la même façon, « la mise en signes », l'écriture mathématique proprement dite, s'avère nécessaire, car elle permet la reconnaissance d'une structure mathématique commune sous des habillages, des contextes ou des situations variés, étant entendu que le sens d'un signe mathématique ($a - b$ par exemple) n'est jamais donné d'emblée dans sa totalité mais se construit et s'enrichit progressivement au fur et à mesure des situations mathématiques rencontrées et des problèmes qu'il permet de résoudre[3]. Dans la mesure où les signes mathématiques permettent de reconnaître l'unité sous la diversité, ils contribuent à dégager les connaissances des situations initiales, à les décontextualiser.

En outre, pour que l'élève prenne progressivement conscience de la spécificité d'une connaissance nouvelle, et en particulier de ce qui fait qu'elle est nouvelle, utile, économique, il ne suffit pas qu'il la découvre un jour, qu'il l'utilise simplement à bon escient, parfois avec l'aide du maître ou d'un camarade, car cela ne garantit pas une réelle appropriation, une réelle disponibilité. Il faut aussi que cette connaissance ou cette procédure nouvelle, qui servait d'abord comme un outil nécessaire à la résolution de tel problème, devienne pour un temps « objet » d'étude[4] ; elle est alors en quelque sorte mise à distance et étudiée pour elle-même, en dehors de tout contexte. On s'intéresse à elle pour qu'un jour il ne soit plus nécessaire de concentrer toute son attention sur elle, pour qu'elle devienne disponible. Elle acquiert alors un statut de savoir autonome.

Les nouvelles connaissances ne doivent pas seulement être reconnues comme telles, il faut aussi absolument que leur usage soit facilité, qu'elles fonctionnent de mieux en mieux et de plus en plus rapidement, de manière à diminuer leur « coût » d'utilisation pour l'enfant. C'est ici qu'un entraînement régulier trouve toute son utilité. S'il n'est certes pas suffisant pour construire le sens de connaissances nouvelles, l'entraînement est indispensable à leur disponibilité. En ce sens, il n'y a pas pour nous contradiction entre prise de conscience et entraînement, mais au contraire complémentarité, car tous deux contribuent à la décontextualisation et à l'appropriation des savoirs.

---

2. In : *L'École pour apprendre*, ESF 1992, 2e partie, chap. 1, pp. 68 sqq.
3. Voir par exemple la partie théorique du thème « Champ additif ».
4. *Cf.* la thèse de doctorat de R. Douady, 1984.

Nous dirons donc en résumé qu'un apprentissage mathématique nécessite le passage par différentes phases. Après un court **temps d'approche**, qui a pour but de permettre à l'enfant de se familiariser avec une situation nouvelle, vient le temps fort de l'apprentissage : la **construction des connaissances**, à travers la rencontre d'un obstacle, la confrontation à des problèmes, dans une phase très contextualisée où le savoir n'existe encore que comme **outil implicite**. Interviennent ensuite la **reconnaissance des savoirs**, où la connaissance précédemment construite est nommée et acquiert un statut de savoir autonome et socialisé (c'est un **objet explicite**), et l'**entraînement**, la **maîtrise**, la **systématisation**, activités décontextualisées dans lesquelles le savoir est objet d'amélioration jusqu'à devenir un **outil bien maîtrisé**. Sont alors possibles le **réinvestissement** et le **transfert** : l'élève peut recourir seul, sans y avoir été invité, à un savoir qu'il est capable d'identifier, de nommer ; le savoir est mobilisable dans des contextes différents de celui qui a servi à l'introduire et à lui donner du sens (« recontextualisation »). Il est devenu à la fois **objet et outil explicites**.
Cette évolution à travers différentes phases ne s'effectue bien sûr pas en une seule fois, ni de façon linéaire, mais au contraire grâce à un va-et-vient constant, sur une période souvent fort longue.

1.3 L'émergence de la rationalité mathématique

Depuis qu'ils vont à l'école, les enfants sentent confusément que, d'une discipline à l'autre, les enjeux, les règles, les exigences ne sont pas exactement les mêmes. Encore convient-il qu'ils ne confondent pas cette spécificité disciplinaire avec des critères externes, définis scolairement et arbitrairement, plutôt qu'intrinsèquement : les maths, c'est de 9 h à 10 h avec le cahier bleu, tandis que le français, c'est de 11 h à 12 h avec le cahier rouge ! Au cycle 3, et notamment à partir du CM1, les élèves, avec l'aide des maîtres, peuvent commencer à prendre conscience de la nature particulière des démarches et des notions mathématiques. En particulier, nous pensons qu'ils peuvent commencer à élaborer des preuves, ou à en faire la critique, c'est-à-dire se donner pour but d'établir la valeur de vérité d'une proposition, à l'aide d'arguments qui sont spécifiques aux mathématiques.

Il ne s'agit pas de confondre ici l'école élémentaire avec le collège et les toutes premières recherches de preuves avec la démonstration mathématique. Celle-ci supposerait la maîtrise d'un ensemble déductif complet prenant appui sur des axiomes et des théorèmes. Mais en faisant appel à des connaissances antérieures certaines ou à un maillon de raisonnement pour argumenter en faveur de la vérité d'une proposition, les élèves en viennent à se familiariser peu à peu avec la rationalité mathématique.
Ainsi savent-ils qu'une proposition mathématique est ou vraie ou fausse ou non encore déterminée. Ils commencent aussi à se rendre compte qu'une proposition, pour être affirmée en mathématiques, doit être toujours vraie : ce qui implique que l'on peut, quels que soient la circonstance, le contexte, l'objet du problème, prendre appui sur elle et l'utiliser pour réfuter ce qui aboutirait à la contredire.

Dans certaines situations, les élèves sont engagés dans une recherche de validation de telle ou telle proposition. Si l'on travaille, par exemple, sur les critères de divisibilité, beaucoup d'élèves comprennent qu'on ne peut pas dire que « 424 est divisible par 4, *parce qu'*il se termine par 4 », puisque 434 viendra contredire aussitôt cette affirmation. Dans leur recherche de preuves, les élèves sont amenés à distinguer entre la valeur de vérité d'un énoncé et la valeur de vérité de l'argument qui le fonde (incontestablement, il est vrai que 424 se termine par 4, mais il est faux de dire que c'est pour cette raison qu'il est divisible par 4). De la sorte s'élabore aussi peu à peu l'idée du caractère universel et nécessaire des vérités mathématiques, même si la démonstration de cette nécessité reste encore bien sûr hors de la portée des élèves. Ce travail permet d'appréhender, encore implicitement, que des règles de fonctionnement internes à une discipline la différencient d'une autre, le statut de l'exception n'étant pas du tout le même en grammaire et en mathématiques, par exemple.

À partir du CM1, des occasions peuvent être créées pour familiariser les élèves avec le travail sur la preuve en mathématiques. De même qu'en Grande Section, nous établissions des « pratiques avec les nombres », sans attendre qu'une conception pure de la notion de nombre soit construite, de même nous faisons l'hypothèse que les élèves de cycle 3 peuvent être confrontés à des activités de preuve en mathématiques c'est-à-dire connaître des « pratiques d'argumentation mathématique » sans attendre évidemment que les principes de la démonstration mathématique soient maîtrisés. L'enjeu, à long terme, est d'importance : il s'agit de prévenir le formalisme des démonstrations mathématiques au collège, source d'immenses difficultés pour de nombreux élèves parce qu'il fonctionne sur du vide, sur une absence de sens et d'enjeu.

2. NOS CHOIX : L'ÉLABORATION DIDACTIQUE

2.1 Les différents supports de l'activité mathématique

En CM1, nous recourons à plusieurs types de problèmes.
La diversité et le nombre des problèmes que nous proposons signalent bien le rôle que nous leur attribuons dans la construction des connaissances mathématiques, c'est-à-dire dans tous les thèmes de cet ouvrage.

■ Des situations fonctionnelles

Occasionnellement, et notamment dans le cadre du module 2 du thème 1 « Des problèmes pour apprendre à chercher », nous envisageons de faire travailler les élèves sur des situations fonctionnelles, réellement vécues par le groupe-classe. Nous proposons au maître d'exploiter sur le plan mathématique un projet qu'il mettrait en œuvre dans sa classe : kermesse, compte de coopérative, classe transplantée… Les situations de ce type ne sont pas d'emblée mathématisées et les élèves ont à les questionner, à les modéliser pour qu'elles donnent lieu à des problèmes mathématiques, dont la résolution, outre des calculs, implique des choix, des prises de décision véritables.

Ces situations, qui sont difficiles parce qu'elles confrontent les élèves à la complexité du réel, mettent bien en évidence le rôle social et culturel des mathématiques. Les compétences mathématiques des élèves de cycle 3 sont suffisantes pour que les problèmes à traiter soient à la fois accessibles et bien « réels ». Bref, des situations de ce type ont pour elles tous les atouts des pédagogies de projet (investissement des élèves, finalité et utilité sociale du travail...).

Cela dit, nous sommes loin de penser que des situations de ce genre soient suffisantes. Philippe Meirieu[5] a montré qu'il n'est pas possible de se limiter aux seuls vrais problèmes qui se posent aux élèves durant l'année scolaire : en effet, ces problèmes arrivent de façon quasi aléatoire ou dans un projet de vie communautaire plus que dans un projet didactique. « Une telle démarche », écrit P. Meirieu en évoquant les « pédagogies du concret » ou « du projet », se heurte vite au fait que « dans la poursuite d'un projet, rien ne garantit la progressivité des difficultés ; rien ne garantit non plus que la même question ne reviendra pas plusieurs fois et ne continuera pas à revenir inutilement quand l'apprentissage aura été effectué ; rien ne garantit non plus que la " bonne question ", elle, viendra au bon moment. » Puisque nous ne pouvons nous contenter d'attendre la bonne occasion, et puisqu'il nous faut néanmoins amener les élèves à utiliser les outils mathématiques dans des situations extérieures aux mathématiques elles-mêmes, nous sommes amenés à construire et à proposer, sur des objectifs précis, des situations analogues mais fictives et clairement présentées comme telles aux élèves.

■ Des situations dites « concrètes »

Dans tous les thèmes, nous proposons donc des situations évoquant la vie quotidienne ou construites à l'aide de support « ad hoc » pour des problèmes que l'on qualifie souvent de « concrets ». S'il ne s'agit ni de problèmes de trains qui se croisent ni de baignoires qui se remplissent et se vident de façon compliquée, ces problèmes mettent en scène des situations supposées connues des élèves, les mathématiques étant alors au service de leur résolution. On sait que ce pseudo-concret peut comporter bien des difficultés pour certains enfants qui ne savent pas toujours faire la différence entre les situations fonctionnelles réelles (organisation d'une sortie de la classe ou comptes de la coopérative par exemple) et ce type de problème fictif en référence à la vie courante. C'est pourquoi on s'efforcera toujours de lever les difficultés lexicales ou textuelles lors du temps d'appropriation, le temps de résolution mathématique ne commençant véritablement qu'après que celles-ci ont été levées.

Dans les situations évoquées, il reste préférable de choisir des contextes qui intéressent directement les élèves ou sont porteurs de sens pour eux. En outre, nous essayons d'alterner les supports purement fictifs, voire fantaisistes avec les supports authentiques, comme le graphique de la situation La population de Grenoble (module 2 du thème 1 « Des problèmes pour apprendre à chercher »). Ces derniers témoignent, eux aussi, de la présence des mathématiques dans l'univers extra-scolaire.

---

5. In : *Apprendre... oui, mais comment ?* ESF, 1988.

■ Des situations mathématiques abstraites

Il est possible et nécessaire de proposer aussi des situations plus abstraites, portant sur les nombres eux-mêmes, problèmes que l'on pourrait qualifier de « théoriques », comparables à ceux que se sont posés les mathématiciens tout au long de l'histoire, c'est-à-dire dont la formulation exclut tout habillage concret, et dont la réponse n'est pas nécessaire à la vie quotidienne, mais qui se posent plutôt comme un défi intellectuel et suscitent un désir de savoir, de comprendre, de mettre en relation.
Ainsi la situation COMBIEN DE PRODUITS ? (thème 3 « Connaître les nombres entiers naturels et les calculs ») est-elle proposée aux élèves de manière totalement décontextualisée. De même, dans le module 1 du thème 1 « Des problèmes pour apprendre à chercher », c'est parfois ce type de recherche qui est proposé aux élèves ; avec LES TROIS NOMBRES QUI SE SUIVENT, les élèves ont la surprise de découvrir un nombre (25) qui résiste à leurs essais et ne peut être la somme de trois nombres consécutifs ! Cette surprise est stimulante : bien que les élèves n'en attendent rien sur un plan pratique, ils s'acharnent avant de prendre conscience qu'on ne peut pas faire n'importe quoi avec n'importe quel nombre ! Le défi est alors purement intellectuel.

■ Des situations sous forme de « jeux »

Construites spécifiquement pour un apprentissage particulier, elles peuvent également être utilisées avec profit : le recours à des situations ludiques est souvent utilisé pour créer une motivation dans des tâches d'entraînement, comme nous le verrons plus loin.
Le support ludique peut aussi donner lieu à des questionnements débouchant sur des connaissances nouvelles. C'est le cas, par exemple, dans LE JEU DE LA CIBLE (thème 4 « Champ multiplicatif », module 1) où les élèves essayent, d'abord par deux, d'atteindre une cible numérique à l'aide de multiples d'un nombre donné, avant d'aborder le calcul réfléchi de quotients.

2.2 Le rôle de l'entraînement

Si l'imitation et la répétition sont insuffisantes pour donner du sens à des connaissances nouvelles, il n'en reste pas moins qu'une certaine forme de répétition est cependant indispensable à leur stabilisation. Il ne s'agit pas de la répétition mécanique d'actes dépourvus de finalité ou de sens qui ne saurait être génératrice d'un savoir-faire réellement maîtrisé. La répétition vient ici en son temps, de manière consciente, volontaire, afin de rendre de plus en plus efficace une procédure, une technique opératoire, etc. L'entraînement systématique à certaines procédures ou la mémorisation de certains résultats permettent en effet de réduire le coût de certaines tâches, d'alléger la charge de travail de la mémoire à court terme. « Si je n'ai plus besoin de réfléchir lorsque je fais une soustraction, je peux concentrer mon effort sur le rôle de cette soustraction dans la résolution du problème, gérer les calculs successifs, etc. »

Les activités d'entraînement ne devraient pas être associées à l'idée d'ennui, comme elles le sont bien souvent : puisqu'elles sont absolument indispensables, il nous faut leur trouver des formes variées tout en conservant leur facilité d'emploi. Les maîtres ont besoin de disposer de répertoires de telles activités, répertoires qu'ils peuvent utiliser de façon différenciée pour les seuls élèves qui ont besoin d'entraîner telle capacité particulière. À l'inverse des batteries d'exercices stéréotypés qui ne prennent pas en compte les capacités réelles des élèves, ces répertoires doivent rester sous la responsabilité du maître qui est seul capable de les adapter à bon escient. Nous distinguerons trois formes d'activités d'entraînement.

■ Les activités collectives et rituelles

Il s'agit la plupart du temps, d'exercices oraux proposés à l'ensemble de la classe quelques minutes chaque jour, plusieurs jours de suite, de façon dynamique.

Ce sont des activités qui permettent peut-être d'augmenter la capacité de traitement de la mémoire de travail ou, en tout cas, de la solliciter fortement ; elles visent aussi à assurer des mémorisations, à pratiquer des procédures dont l'utilité a été mise en évidence dans la résolution de certains problèmes mais qui ne sont pas encore bien maîtrisées, à confronter des procédures diverses et à en analyser l'efficacité, la rapidité. Pour cela, le procédé Lamartinière (résultat écrit par chaque élève sur une ardoise levée ensuite en direction du maître pour un contrôle rapide et immédiatement effacé), souvent commode, ne saurait couvrir l'ensemble de ces activités : s'il permet de contrôler d'un seul coup d'œil les résultats de tous les élèves, l'aspect éphémère d'un écrit effaçable peut présenter quelques inconvénients. On peut proposer aussi, par exemple, des exercices de calcul écrits en temps volontairement limité : l'élève est invité à traiter rapidement un ensemble de calculs, soit que l'on attende de lui qu'il fournisse des résultats mémorisés, soit qu'il puisse reconstruire aisément ces résultats, soit encore qu'il ait à choisir entre plusieurs procédures ou outils (calcul mental avec support écrit, calcul écrit, utilisation d'une calculette, etc.).

■ Les jeux en petits groupes

Il existe de nombreux jeux de calcul qui permettent et motivent la mémorisation de certains résultats ou la pratique de certaines procédures. Si les règles en sont simples et vite acquises, si les questions de stratégies de jeu ne viennent pas parasiter les objectifs d'entraînement visés, ils constituent des activités qui peuvent être choisies à la carte, pour tel ou tel groupe d'élèves. C'est le cas, par exemple, de nombreux jeux de cartes utilisant des règles habituelles tels que le jeu de bataille, le memory, le jeu de mariage, etc. Le maître peut fabriquer les cartes en fonction d'objectifs spécifiques : mémorisation de répertoires, travail sur les dizaines entières, etc., et faire jouer des groupes d'élèves à un même jeu, la bataille par exemple, tout en fournissant à chaque groupe des cartes différentes visant des objectifs particuliers.

Beaucoup de maîtres répugnent encore à utiliser les situations de jeu, surtout au cycle 3 et donnent à leurs réticences plusieurs raisons : nous évoquerons rapidement les deux plus fréquentes.

– « Il n'est pas facile de contrôler ce qui se passe en cours de jeu dans les différentes équipes. » Pour éviter cet écueil, le maître peut demander que la partie s'accompagne d'une « feuille de route », sorte de mémoire du jeu. Cette feuille est d'abord destinée aux élèves eux-mêmes qui peuvent contrôler le bon respect des règles, analyser le déroulement et prendre enfin conscience, *a posteriori*, des « bons » coups. Mais elle permet également au maître d'effectuer un contrôle *a posteriori* du jeu de chaque équipe, de choisir les productions qui vont nourrir une mise en commun, etc.

– « Le jeu prend trop de temps. » Il est certain qu'un nouveau jeu demande un certain temps d'appropriation. Mais il peut ensuite être repris plusieurs fois, en modifiant la valeur de certaines de ses variables, en fonction des différentes acquisitions visées. Le temps passé à la première séance est alors rentabilisé par la facilité avec laquelle il est repris.

■ Les exercices écrits

Prévus pour un travail **individuel**, ils devraient être différenciés en fonction des connaissances et des difficultés des élèves et peuvent également prendre des formes assez diverses, depuis la batterie de calculs, les listes d'opérations, les questions à choix multiples, etc., jusqu'aux jeux solitaires (défi à soi-même du type « casse-tête ») tels que labynombres, nombres croisés, puzzles numériques, etc. Nous proposons de très nombreux exemples de ce genre dans le cadre des activités dites « 10 minutes par jour », répertoriées dans le thème 6 « Activités d'entraînement ».

Au contraire de la construction, de la découverte de nouvelles procédures qui nécessitent un contexte fort pour leur donner du sens, pour ancrer le « nouveau dans l'ancien », l'entraînement nécessaire à la maîtrise de ces mêmes procédures se fait souvent en dehors de tout contexte. Il ne s'agit pas alors de donner du sens à tel ou tel savoir mais d'en perfectionner l'utilisation.

2.3 Les fonctions de l'écrit

Comme nous l'avons déjà indiqué pour le CE2, nous voulons avant tout éviter que les écrits mathématiques n'aient pour l'élève qu'un statut formel, à savoir : quand on résout un problème, il faut écrire « quelque chose » avec les nombres de l'énoncé, il faut écrire une « solution » ou une « phrase-réponse » à l'emplacement prévu… même si cette écriture n'a pas de sens pour l'élève qui s'astreint à l'utiliser pour satisfaire à une attente supposée ou explicite du maître.

Pour éviter ce travers et pour permettre cependant aux élèves de recourir à l'écrit et aux écritures mathématiques de manière de plus en plus efficace et de plus en plus lucide, il nous semble nécessaire de préciser et de distinguer les différentes fonctions que remplissent les écrits en mathématiques, et ce plus nettement à partir du cycle 3.

L'écrit comme moyen de communication avec autrui, notamment avec ses pairs

Dans certaines activités (comme par exemple, la situation BANDE UNITÉ du thème 5 « Mesures, fractions et décimaux »), les élèves sont placés en situation de communication écrite : il s'agit alors de rédiger un message dont le destinataire aura à apprécier la justesse et la pertinence. Mais, d'une manière plus générale, et ce depuis le cycle 2, nous essayons d'amener les élèves à garder de leurs recherches une trace écrite qui soit communicable à autrui, lors des mises en commun par exemple, car l'écrit est souvent le support indispensable pour aider à comprendre la démarche d'un autre élève.

L'écrit comme moyen de communication différée avec soi-même, c'est-à-dire la fonction mémoire de l'écrit

Dans ce domaine, il est utile de distinguer deux aspects très différents, selon qu'il s'agit de conserver des données en mémoire pour un temps court, ou de mémoriser des éléments sur le long terme.

– Ainsi, **les traces écrites des essais** effectués en situation de recherche sont d'abord destinées à être relues par l'élève lui-même et n'ont pas nécessairement une forme parfaitement correcte, tant sur le plan mathématique que sur le plan de la langue. Il s'agit là d'écrits « pour chercher » qui font partie du travail privé de l'élève et lui sont utiles à court terme, pour éviter par exemple de recommencer maintes et maintes fois les mêmes essais.

– **La présentation écrite de résultats**, qui permet de conserver la trace de ce que l'on a appris ou de ce que « l'on sait que l'on sait », doit respecter les règles de la syntaxe usuelle et de la syntaxe mathématique. Dans ce cas, par exemple dans le cahier-mémoire, les acquis sont écrits pour être institutionnalisés et donc disponibles sous une forme conventionnelle pour laquelle une syntaxe rigoureuse doit être respectée, une fois qu'elle a été justifiée et travaillée. Ce type d'écrit est destiné à durer, à rester utilisable, à servir de référence.

L'écrit comme outil et travail de la pensée sur elle-même

Par sa fonction d'aide à la mémoire, à court ou à long terme, l'écrit contribue aussi à transformer les procédures mentales. Ainsi, dans les problèmes à étapes où il est nécessaire de passer par des résultats intermédiaires (voir le thème 1 « Des problèmes pour apprendre à chercher », module 2), l'écrit peut par lui-même être une aide précieuse à la planification. Grâce à l'écrit qu'il produit et qui reste présent sous ses yeux, l'enfant peut à la fois savoir où il en est et ne pas perdre de vue le but qu'il s'est fixé. On peut dire que son champ de pensée s'élargit grâce à l'écrit.

Il faut remarquer aussi qu'un écrit peut, plus facilement qu'une formulation orale, être repris, retravaillé, explicité. Il favorise ainsi le travail de la pensée sur elle-même et sa propre élucidation. En reprenant les travaux de l'ethnologue J. Goody[6], nous pouvons affirmer que : « Quand un énoncé est mis par écrit, il peut être examiné bien plus en détail, pris comme un tout ou décomposé en éléments, manipulé en tous sens, extrait de

6. J. Goody, *La Raison graphique*, Éditions de Minuit, 1979.

son contexte. Autrement dit, il peut être soumis à un tout autre type d'analyse et de critique qu'un énoncé purement verbal. Le discours ne dépend plus d'une " circonstance ", il devient intemporel. Il n'est plus solidaire d'une personne ; mis sur papier, il devient plus abstrait, plus dépersonnalisé. » Le passage par l'écrit est donc un moyen privilégié, en mathématiques, pour faire apparaître les approximations ou les ambiguïtés gênantes, pour travailler la justesse et la rigueur des formulations et pour commencer à se décentrer par rapport à sa propre recherche.

Le passage à ce type d'écrit reste difficile pour beaucoup d'élèves de CM1. Dans bien des cas, il ne devient possible qu'après une phase de verbalisation médiatisée par le maître : c'est lui qui va aider l'élève à « mettre en mots » ce qu'il vient de faire sans en avoir encore bien conscience. Cela fait, la production d'un écrit en fin de recherche peut permettre à l'élève de distinguer dans la résolution d'un problème, ce qui était personnel, contingent, voire inutile ou parasitaire, de ce qui est la récapitulation des points de passages obligés de la recherche, l'armature indispensable du raisonnement et la formulation suffisamment explicite de la « solution ». Ce travail de mise en forme fait aussi partie du travail du mathématicien et vise à produire un écrit suffisamment clarifié et dépersonnalisé pour être socialement et mathématiquement acceptable.

Dans tous les cas, il importe que le maître fasse clairement comprendre aux élèves la fonction et le statut de l'écrit qui leur est demandé. Sur ces bases bien établies et bien explicitées, peuvent alors s'ancrer et se légitimer les normes scolaires de l'écrit, dès lors que cet écrit est destiné à être rendu public, c'est-à-dire à avoir un lecteur institutionnellement reconnu (le maître, les parents). On rejoint là l'une des attentes formulées dans la rubrique Français des programmes de l'école primaire (B.O. du 9 mars 95) : « Au cycle des approfondissements, l'élève écrit soigneusement, rapidement et lisiblement. Comme dans toutes les disciplines, l'élève porte une attention particulière à la présentation et à la mise en page de son travail écrit. »

3. NOS PROPOSITIONS : LES INTERVENTIONS DIDACTIQUES

3.1 Les mises en commun

Le rôle de médiateur que joue le maître se situe à plusieurs niveaux : auprès de chaque enfant, auprès de petits groupes, avec toute la classe. Il se révèle particulièrement crucial lorsque le maître travaille avec l'ensemble de sa classe dans ce que nous appelons les « mises en commun » [7]. Nombreuses sont les situations proposées dans cet ouvrage qui comprennent un moment, à nos yeux essentiel, de « mise en commun » qu'il nous

7. Nous préférons le terme de « mise en commun » au terme parfois employé de « synthèse ». La tradition philosophique a assigné au terme de synthèse le sens assez précis d'une opération mentale qui réunit, rassemble, regroupe et organise des propositions (énoncés, idées, jugements) en un tout. En ce sens, comme nous le verrons, les « mises en commun » en classe ne sont pas toujours des moments de synthèse car elles ne visent pas nécessairement à faire apparaître une convergence à partir des travaux des élèves. Le terme de « synthèse », impliquant en quelque sorte un désaveu ou au moins un dépassement de la pluralité, de la multiplicité, il nous a paru plus prudent de ne pas y recourir.

faut clarifier. En effet, c'est sans doute là qu'apparaît le plus nettement toute la dimension de médiation qui caractérise la tâche de l'enseignant. C'est à lui qu'il appartient de faire mettre à jour, de faire circuler, et si possible d'analyser et de mettre en discussion par l'ensemble du groupe-classe les productions de tel élève ou de tel groupe d'élèves. Il doit aussi faire en sorte que les connaissances, qui viennent d'être construites de façon très contextualisée, puissent acquérir un statut de savoir en partie « décontextualisé ».

Moment essentiel de l'action didactique, toute mise en commun s'avère délicate à mener. Nous allons d'abord mettre en évidence les difficultés que peut rencontrer un enseignant dans cette phase de l'enseignement, de manière à pouvoir mieux préciser ce que nous en attendons. Ces difficultés se situent, en quelque sorte, dans des registres opposés.

Une présentation exhaustive et fastidieuse des productions

Il s'agit parfois d'un moment vécu par le maître et/ou ses élèves comme « obligé » et dont on ne voit guère l'intérêt. Pendant que le maître s'acharne en toute bonne conscience à une revue quasi-exhaustive de ce que chacun a fait, les élèves, ne se sentant pas vraiment concernés par les productions de leurs camarades, ou ne pouvant pas l'être, s'ennuient. Les difficultés d'implication dans le travail d'autrui peuvent être de plusieurs sortes : certains élèves sont encore préoccupés par leur propre résolution dont ils cherchent avant tout la validité ; d'autres ont développé une démarche tellement éloignée de celles qui sont présentées qu'ils ne peuvent établir de lien entre les différentes solutions. Ce moment est vécu, dans ce cas, comme une sorte de rituel fastidieux, plus ou moins vide de sens, et certainement fort pauvre pédagogiquement.

Une correction

À l'inverse, après avoir donné un temps de recherche à ses élèves, le maître peut croire qu'il est de son devoir de remettre au plus vite les choses en place. Il conçoit alors la mise en commun comme l'occasion privilégiée de communiquer à l'ensemble du groupe-classe (enfin !) « la » bonne solution, celle qu'il a prévue depuis le début de la séance. Mais, ce faisant, il se substitue totalement aux enfants dont il dénie le travail et la parole. Il distribue les critiques et les compliments, et confond, de fait, la mise en commun avec une « correction » (avec tout ce que le mot peut comporter de réducteur, voire de punitif). En imposant trop vite, ou en accueillant d'un regard trop bienveillant une procédure particulière, l'enseignant court-circuite, souvent même à son insu, l'intérêt majeur d'une mise en commun mais aussi, et ceci est certainement plus grave, le travail d'élaboration de connaissances visé par la situation problème. Brutalement, en quelques instants, le maître transmet directement ces connaissances de façon « magistrale » ou provoque l'imitation de procédures dans un processus d'apprentissage par « procuration » dont il n'est, la plupart du temps, pas vraiment conscient.

La non-intervention

Averti de ces risques, l'enseignant peut encore tomber dans un autre piège, celui qui consiste à s'interdire toute intervention de manière à ne pas interférer avec la recherche des enfants. Il se tait, il se met en retrait total de la situation, laissant les élèves livrés à eux-mêmes. Mais peut-on légitimement espérer que ces derniers exhibent alors spontanément leurs méthodologies, parviennent à communiquer leurs procédures originales, acceptent de ne pas redire ce qui vient d'être exprimé par un autre, et surtout deviennent capables de prendre du recul par rapport à la situation particulière qu'ils viennent d'étudier ?

Il nous a semblé indispensable, devant les réelles difficultés que présente, pour tout enseignant, la gestion d'une mise en commun, d'en préciser, dans cet ouvrage, les objectifs et les limites et d'indiquer, chaque fois que cela nous a été possible, les stratégies les plus efficaces pour mener à bien cet exercice périlleux !

Des modalités variées

En fait, et nous pensons que cette première remarque permettra en partie d'éviter le formalisme évoqué précédemment, il faut d'abord comprendre qu'il n'existe pas une forme unique pour les mises en commun, pour la simple raison qu'elles n'ont pas toutes les mêmes fonctions. En effet, la fonction d'une mise en commun dépend en partie de l'objectif assigné à la situation proposée.

Si la situation est une **situation de recherche** très ouverte, nouvelle pour les élèves, dont l'objectif est principalement d'apprendre à chercher, on s'attend à ce que les enfants s'engagent dans des procédures très variées. La mise en commun peut avoir alors plusieurs fonctions :

– repréciser le contrat d'une situation de recherche : il n'y a pas nécessairement une seule bonne solution (celle du leader de la classe...), il faut essayer de formuler sa réponse par rapport à la question réellement posée, etc. ;

– revenir sur les contraintes de la situation particulière qui n'ont pas été intégralement respectées par certains enfants ;

– mettre l'accent sur la richesse et la diversité des procédures employées, sans en effectuer un relevé systématique, sans mépris des productions erronées ou valorisation excessive de procédures « géniales » mais marginales que les autres élèves peuvent difficilement s'approprier.

Le maître va donc tenter de dresser un tableau des procédures effectivement utilisées par ses élèves de manière à mettre en évidence et même à valoriser la multiplicité, voire l'originalité : « Vous voyez, on peut faire comme Arnaud, mais aussi comme Leïla... Il y a plusieurs façons de faire. » Il est important, dans ce cas, que le maître sache saisir l'occasion qui lui est offerte de développer des modes de pensée dits « divergents », indispensables à la créativité mathématique. Mais il lui faudra organiser la présentation et l'analyse des différentes procédures de façon rapide et dynamique de manière à conserver l'attention des élèves, à ne pas les lasser, ce qui le conduirait à travailler seul au tableau ! Il lui faudra également tenter d'établir des ponts entre certaines des procédures de manière à permettre aux élèves d'établir des relations qu'ils ne découvrent pas facilement eux-mêmes.

À l'opposé, si la situation vise **la stabilisation d'une notion** ou d'une procédure experte, **la mise en commun est le moment même de l'institutionnalisation de ce savoir.** L'attention de tous les enfants doit être focalisée sur cet élément de savoir, de manière à ce qu'il devienne un repère sûr dont la parole du maître se fait l'écho : « Pour comparer deux nombres, on regarde d'abord... » etc. C'est l'axe de la pensée convergente qui détermine ici le style de la mise en commun. Si les discours ne sont pas toujours efficaces et ne suffisent pas, il est des mots qui doivent être dits par le maître, de manière à permettre à chaque enfant de comprendre ce que l'on cherche à lui faire acquérir, de préciser ce qui vient d'être fait, d'adhérer aux moyens qui sont choisis pour cela, de mettre en évidence ce qui a de l'intérêt, ce qu'il faut retenir, ce sur quoi il faudra encore s'entraîner. Ces repères, fournis au bon moment, évitent aux élèves de se sentir menés sur des chemins diffus et dont ils ne distinguent jamais l'issue... Cela revient à dire que certaines mises en commun s'achèvent nécessairement par un **moment de synthèse** dont le maître se fait, bien sûr, le garant.

Entre ces deux extrêmes, où le travail du maître ne peut à l'évidence se définir de manière identique, où le déroulement même de la mise en commun est différent, existe bien sûr toute une gamme de situations possibles. Il peut s'agir, par exemple, non pas d'un simple inventaire exhaustif des procédures, mais, à partir de l'analyse qu'a pu en faire le maître avant la mise en commun, de **focaliser l'attention des élèves sur certaines d'entre elles de manière à aider les enfants à prendre conscience de leur spécificité** : telle semble plus économique, telle autre plus « astucieuse », etc. Le rôle du maître est alors de permettre aux enfants de construire peu à peu, mentalement, une sorte de hiérarchie des procédures utilisées, organisation qui doit rester souple, le principe d'économie étant bien souvent fonction des capacités de chacun. Si « ça va plus vite » pour Laurence, la méthode de Laurence ne deviendra pas nécessairement celle qui permet à Nicolas d'aller lui aussi « plus vite ».

Une mise en commun peut également être un moment privilégié pour aider à **mettre en évidence les liens qui existent entre différentes procédures**, les filiations, les parentés. Le passage d'une procédure connue à une procédure nouvelle reconnue comme équivalente ne peut se faire pour tous les enfants au même moment. Le rôle du maître peut consister alors à repérer les enfants ayant utilisé des procédures « voisines », c'est-à-dire qu'ils peuvent se communiquer et même s'approprier.

■ Une finalité essentielle

Pourtant, en dépit de cette évidente diversité, l'enseignant ne doit pas perdre de vue la dimension fondamentale et transversale à toutes les mises en commun : il s'agit toujours d'un moment d'échange, d'explicitation, de débat, dans lequel le langage (principalement oral mais aussi écrit ou s'appuyant sur des représentations) va jouer un rôle déterminant pour permettre l'élucidation de la pensée. Mettre en commun, c'est rendre d'abord public, soumettre au regard, à la critique des autres.

C'est donc faire accepter progressivement par les élèves les exigences d'une communication rationnelle. Non seulement les élèves ont à apprendre – et pourront le faire dans ces moments – les règles d'une communication collective, mais ils doivent également apprendre à formuler leur propre pensée de manière à la rendre accessible à autrui, c'est-à-dire à commencer à l'expliciter, à la justifier (« Nous, on a d'abord écrit tous les nombres, *parce qu'*on avait peur d'en oublier »). De même, ils apprennent à tenir compte de la pensée d'autrui, à contester un argument ou à solliciter une explication. Il s'agit là d'un travail de longue haleine qui impose justement une pratique régulière, fréquente, rigoureuse de la discussion collective.

Avant d'être pleinement intériorisées, l'élucidation de sa propre pensée, la justification de son point de vue et l'argumentation proprement dite se construisent de façon interactive ; c'est en essayant de répondre aux « pourquoi ? » et aux « comment ? » des autres élèves ou du maître (« Pourquoi avez-vous fait moins avec la calculette ? » ou « Comment avez-vous fait pour mesurer ce morceau ? »), que chacun est amené à revenir sur ses propres actions, à les décrire, à les défendre, à prendre conscience de leur pertinence et de leur validité. Réciproquement, c'est en **interrogeant les démarches** des autres que chacun peut, si du moins la distance cognitive n'est pas trop grande, faire sienne une nouvelle procédure, élargir le champ de ses possibles.

Ainsi, grâce à l'exigence collective de confrontation, sans cesse rappelée par le maître lors des mises en commun, l'élève prend peu à peu conscience de son activité mentale : identifier de nouvelles connaissances, mesurer le degré de maîtrise acquis (« je sais ce que je sais... »), mais aussi reconnaître ce qu'il n'arrive pas encore à faire seul (« je sais ce qu'il faut que j'apprenne encore ») et les moyens dont il dispose pour atteindre ce but (« demain, on cherchera un nouveau problème et tu essaieras de mieux dire ce que tu as fait pour trouver la solution » ou bien « ce calcul que tu as trouvé difficile, on va le refaire ensemble pour que tu puisses le faire seul ensuite », etc.). Ces prises de conscience multiples, qui peuvent se traduire par une trace écrite, dans le cahier-mémoire par exemple, témoignent de l'importance que tout enseignant devrait accorder aux activités métacognitives, c'est-à-dire à tout ce qui peut permettre à l'élève de revenir sur ses actions, sur ses démarches intellectuelles, sur ses propres acquis, puissant levier de progrès dans l'apprentissage.

3.2 L'argumentation, les débats

Les possibilités des enfants

De nombreux travaux récents[8] ont montré la précocité de la compétence à argumenter. Argumenter, c'est d'abord justifier ce qu'on dit, c'est-à-dire étayer un énoncé par un autre énoncé. Ce noyau central de l'argumentation, l'étayage, semble acquis sans problème dès l'âge de 7-8 ans. Pour que l'argumentation soit efficace, il faut en outre que l'argument qui étaie la prise de position ait un certain degré de généralité, ce qui garantit sa recevabilité par autrui. Plus tardive (vers 10-11 ans) est la capacité de négociation, c'est-à-dire la capacité de prendre en compte l'argumentation d'autrui à l'intérieur de son argumentation propre. S'ils y sont incités par le maître et par la situation, les élèves de CM1 peuvent donc participer à un échange de type argumentatif et en tirer profit. Il ne faut cependant pas perdre de vue la spécificité de l'argumentation en mathématiques où il s'agit d'établir la vérité d'une proposition, dans un domaine

---

8. Voir par exemple Caroline Golder, *Argumenter : de la justification à la négociation*, Archives de psychologie, Éd. Médecine et hygiène, Genève, 1992.

donné, en faisant appel à des connaissances et à des raisonnements, et où les règles du débat sont différentes puisqu'il s'agit d'administrer la preuve d'une proposition. Comme nous l'expliquions dans la première partie de ce chapitre, nous pensons que les élèves de CM1 peuvent commencer à discerner en quoi telle preuve est ou non mathématiquement correcte et à en faire la critique, c'est-à-dire qu'ils sont capables d'avancer et d'échanger des arguments de type mathématique, d'entrer dans un débat argumentatif en mathématiques.

■ Les objectifs

Nous distinguons deux grandes pistes de travail :
– apprendre à argumenter, c'est-à-dire développer les compétences des élèves pour argumenter;
– argumenter pour apprendre, c'est-à-dire utiliser le débat argumentatif entre élèves pour favoriser des apprentissages notionnels.

Apprendre à argumenter en mathématiques, c'est d'abord être capable de se dégager d'arguments extra-mathématiques. La vérité d'une proposition ne dépend pas du statut, social ou scolaire, de son énonciateur, une proposition n'est pas vraie parce c'est un bon élève qui l'a formulée, mais pour de tout autres raisons, parce qu'elle repose sur des connaissances mathématiques reconnues et acceptées par tous. De la même façon, une proposition ne peut être rejetée sans raison suffisante : il ne suffit pas de dire « ce n'est pas vrai », encore faut-il que j'apporte un argument mathématique pour la réfuter, à savoir qu'elle est démentie par telle ou telle connaissance. Savoir argumenter, c'est aussi être capable d'abandonner une proposition (la mienne !) si quiconque lui a objecté un argument indiscutable.
Il s'agit donc ici, dans le domaine de rationalité propre aux mathématiques, de développer les compétences argumentatives à mettre en œuvre dans un certain type de débats chez les élèves.

Argumenter pour apprendre est pour nous une autre piste à privilégier, dans la mesure où nous faisons l'hypothèse qu'en argumentant, les élèves prennent mieux conscience des notions et des propriétés mathématiques, et peuvent être amenés, dans ce type de débat, à remettre en cause des convictions antérieures pour en établir de nouvelles.
En argumentant, on se rend vite compte qu'une proposition ne peut être considérée comme vraie ou fausse, en mathématiques, si elle est formulée de manière trop floue, donc équivoque et source d'ambiguïtés. Si les élèves parlent spontanément, par exemple, de « nombres moyens, pas trop petits ni trop grands », ils peuvent comprendre dans le débat que cette expression est vague et équivoque, qu'il manque un critère qui soit clair et précis. L'amélioration des formulations mathématiques est un des enjeux de l'argumentation.
Nous pensons aussi que les débats argumentatifs donnent la possibilité aux élèves de remettre en question des représentations fausses, bâties par généralisation abusive : ayant trouvé que 25 n'est pas la somme de trois nombres qui se suivent, je peux être tenté de généraliser et d'en conclure que les nombres qui se terminent par 5 ne sont jamais la somme de trois nombres consécutifs… jusqu'à ce qu'un camarade m'objecte le contre-exemple de 45 !

Les modalités

Un travail sur l'argumentation en mathématiques ne s'improvise pas, sous peine d'entraîner les élèves dans des débats confus, où toute intervention, pertinente ou non, tout argument, juste ou non, seraient valorisés.

Il nous paraît nécessaire de présenter explicitement aux élèves des situations dont l'enjeu principal se situe au niveau de la preuve. Chercher à prouver n'est pas la même chose que chercher à trouver[9]. Si une première étape consiste en la recherche de la solution d'un problème, le maître renvoie ensuite aux élèves la question : « Est-ce vrai ? Est-ce faux ? Est-ce possible ? Est-ce impossible ? Et pourquoi ? » La tâche est alors différente et il y a là une réelle difficulté pour les élèves qui ont du mal à changer d'attitude, à passer de la recherche d'une solution à la recherche d'une preuve. L'important est que cette recherche de preuve présente un réel enjeu pour les enfants et les amène à formuler des propositions mathématiques. Il est possible également de leur demander de se prononcer sur la validité d'une règle générale qui leur est soumise (par exemple, l'établissement d'un critère de divisibilité).

Pour cela, avant d'entamer un débat collectif, il nous semble souvent utile de favoriser les échanges en petit groupe, afin que les élèves s'engagent vraiment sur leurs propositions, qu'ils les formulent par écrit, qu'ils en éprouvent d'abord la consistance en petit comité. Mais, dans ce type de travail, si les échanges sont faciles et l'implication de chacun importante, rien n'est là pour garantir la preuve. C'est pourquoi des débats en grand groupe sont nécessaires, la présence du maître servant de garant. Ces deux « lieux » de l'argumentation doivent fonctionner de manière complémentaire.

Ainsi, certaines mises en commun dans le groupe-classe nous paraissent devoir être centrées clairement sur un travail d'argumentation collective. Les différentes propositions des enfants (de préférence sous forme écrite, pour être disponibles et susceptibles d'être retravaillées) y sont débattues, reformulées, contestées, ou confirmées par un nouvel argument, étayées par une autre connaissance ou un autre raisonnement. Les élèves alors ne discutent plus seulement des résultats qu'ils ont trouvés ou des méthodes qu'ils ont utilisées, mais ils débattent de propositions générales, de règles en voie d'élaboration.

Là encore, le rôle du maître est difficile et décisif. Il doit d'abord garantir et rappeler les règles du débat en mathématiques, par exemple :
- on s'appuie sur des propositions clairement énoncées ;
- les propositions de tous peuvent être remises en question ;
- si le maître demande à un élève de reformuler ou d'expliquer ce qu'il propose, cela ne signifie pas que le maître laisse entendre que cet élève s'est trompé ;
- et bien sûr, ce sont des propriétés mathématiques qui sont évoquées.

9. Cette distinction était déjà très nettement affirmée par Piaget dans *Le Jugement et le raisonnement chez l'enfant* (1924), Delachaux et Niestlé, 1993 ; voir p. 163.

Il doit aussi garantir la vérité des propositions auxquelles on aboutit. En particulier, à l'issue du débat, si les élèves se sont mis en partie d'accord sur une proposition fausse, le maître doit intervenir pour faire réfuter ou réfuter lui-même les preuves erronées. Cependant, la responsabilité du maître en ce qui concerne la valeur et la nature de la preuve ne doit pas lui faire oublier que le débat doit rester à la charge des élèves eux-mêmes.

Sans préjuger de résultats définitifs, la pratique régulière de l'argumentation nous semble conduire à des progrès dans au moins trois registres.
Les élèves progressent d'abord dans la conduite sociale des débats. Les phénomènes de prestance ou de leadership s'estompent assez vite pour faire place à une prise en compte plus attentive des arguments des uns et des autres. L'écoute, l'attention, les capacités à débattre se développent au cours de l'année, ainsi que le goût pour l'échange argumentatif.

Les élèves progressent aussi dans l'argumentation mathématique elle-même. En fin de CM1, la vigilance s'est accrue pour distinguer un argument vrai d'un argument faux, un argument pertinent d'un argument non pertinent. Nombreux sont les élèves qui distinguent la valeur de vérité d'une affirmation de la valeur de vérité de l'argument qui est censé la fonder. Beaucoup aussi nous semblent en mesure d'utiliser et de produire à bon escient un contre-exemple pour réfuter une généralisation fausse, et de comprendre qu'en mathématiques un contre-exemple suffit pour invalider une proposition, qu'un contre-exemple n'a donc pas le même statut opératoire qu'un exemple.

Enfin, la pratique de l'argumentation aide effectivement les élèves à construire des connaissances nouvelles et à clarifier leurs procédures. Connaissant les difficultés que rencontrent les élèves pour comparer des nombres décimaux, par exemple, nous leur proposons, comme premier travail explicite sur ce sujet, une situation où ils doivent justifier chaque comparaison de deux nombres en explicitant leurs arguments et évaluer et comparer les arguments produits (voir le module 2 de « Mesures, fractions et décimaux »). La richesse des arguments et des critiques échangés nous semble bien étayer l'élaboration de procédures de comparaison solides, référées à la signification des écritures à virgule, puisqu'elles ne fonctionneront pas simplement d'une manière mécanique et aveugle.
Inscrit dans la durée, ce travail sur la recherche de preuve et l'argumentation en mathématiques contribue à rendre les élèves de plus en plus autonomes et à faire évoluer leurs représentations des mathématiques. Ils intériorisent peu à peu l'idée qu'une proposition mathématique est vraie, non parce que le maître l'a dit mais parce qu'elle s'articule de manière nécessaire et logiquement organisée avec d'autres propositions.

3.3 Une gestion différenciée des apprentissages[10]

Pourquoi différencier ?

Lorsqu'un maître commence une année scolaire avec un nouveau groupe-classe, il sait bien que les élèves n'arrivent ni avec les mêmes connaissances ni avec les mêmes compétences, qu'il les connaisse ou non. Il sait aussi qu'ils n'apprendront pas les mêmes choses en même temps ni au même rythme. Beaucoup s'en désolent, ne sachant trop comment gérer cette hétérogénéité multiple alors que les exigences normatives, à différents moments de la scolarité, seront les mêmes pour tous. Les enseignants et les élèves sont, de fait, confrontés à la difficulté qui consiste à devoir vivre trois types de temps qui fonctionnent simultanément :
– **le temps de la scolarité**, rythmé par le passage d'une classe à l'autre, d'un cycle à l'autre, d'un degré à l'autre, marqué par des décisions (redoublement ou non, maintien dans le cycle) dépendant de résultats à des examens ou de conseils divers : **c'est le temps de l'institution** ;
– **le temps de l'enseignement**, celui que l'enseignant a en charge de gérer, sous le regard du législateur, des programmes et pour lequel il garde une grande part de liberté : **c'est le temps du maître** ;
– **le temps de l'apprentissage**, celui qui rythme la relation de chaque élève particulier avec un domaine de connaissances, une notion : **c'est le temps de l'élève.**

En nous appuyant sur l'un des objectifs de la mise en place des cycles, qui est « d'introduire plus de souplesse dans les apprentissages et dans l'organisation du travail des enseignants » [11], nous proposons le schéma suivant :

temps scolaire	⟷	temps d'enseignement	⟷	temps d'apprentissage
	projet de cycle		gestion différenciée des apprentissages	

Si nous admettons que le temps de l'apprentissage n'est pas le même pour tous les élèves, nous devons accepter l'idée que **l'itinéraire d'apprentissage**, pour un objectif assez large donné, varie d'un élève à l'autre même si le maître ne veut ou ne peut le voir à tout moment, centré qu'il est sur la progression qu'il a la charge de construire pour l'ensemble des élèves qui lui sont confiés.
Nous proposons dans cet ouvrage, pour atteindre un tel objectif, **un itinéraire d'enseignement**, c'est-à-dire une suite de situations-clés, articulées les unes aux autres. Cet itinéraire est construit pour être le même pour tous les élèves de la classe, de manière à conserver au groupe-classe un vécu commun, une « histoire cognitive » commune. Mais pour rendre l'itinéraire commun compatible avec la diversité des itinéraires d'apprentissage, le maître devra procéder à des adaptations, introduire des régulations en fonction de l'information qu'il recueillera par analyse des productions de ses élèves pour chacune des situations proposées. Pour cela, il va chercher à mettre en place des dispositifs de différenciation, soit à l'intérieur de chaque situation, soit dans l'itinéraire, avant ou après une situation donnée.

---

10. Cette partie reprend, pour l'essentiel, un article publié dans le n° 34 de la revue *Rencontre Pédagogique :* « Chacun, tous, différemment », INRP, 1994
11. Brochure du MEN : *Les Cycles à l'école primaire.*

Ces adaptations ne peuvent être construites en dehors du contexte précis d'une classe réelle. Cependant l'observation de la gestion de nombreuses classes nous permet de proposer quelques pistes de réflexion.

■ Comment différencier ?

Contrairement à certaines idées reçues, la gestion différenciée des apprentissages n'implique pas systématiquement des modifications complexes de l'organisation de la classe ou des classes. Si on admet que l'existence du groupe-classe est indispensable pour des raisons à la fois d'ordre psychoaffectif (identification d'une communauté à laquelle on appartient), d'ordre didactique (rôle des interactions sociales dans l'apprentissage) et d'ordre pratique (travail de l'enseignant), c'est dans le cadre de ce groupe qu'il nous faut construire des stratégies de différenciation. Trois pistes nous semblent intéressantes à explorer.

■ La différenciation « par les procédures »

Il s'agit pour l'enseignant d'accepter, voire de valoriser le fait que, dans certaines activités (par exemple, la résolution d'un problème), chacun réponde avec sa propre solution, ses propres procédures, sans forcément établir de hiérarchie entre celles qui sont apparues dans la classe. Par exemple, certains élèves, quand ils sont engagés dans un problème difficile où ils rencontrent une situation de division (c'est le cas du problème Vélos et VTT, par exemple, dans le module 2 du thème 1 « Des problèmes pour apprendre à chercher »), peuvent recourir à la multiplication à trou ou encore chercher des moitiés successives ou bien encore cumuler des additions soit terme par terme soit avec des sauts ; ils ne songent pas tous à recourir à la division. Engager trop vite l'ensemble des élèves vers les procédures canoniques risque bien souvent de faire perdre à certains ce « sens » tellement essentiel à la construction et à la disponibilité des connaissances, les amenant à une résolution plus formelle que formatrice. Comme nous l'avons vu plus haut, le rôle des moments d'échange, de débat, de mise en commun de ces procédures variées, est alors fondamental et permettra, progressivement, la prise de conscience de l'équivalence des procédures et de la priorité relative de l'une sur l'autre à certains points de vue.

■ La différenciation par les ressources disponibles et les contraintes imposées

Pour permettre à tous les élèves, quels que soient leurs capacités et leurs besoins d'apprentissage actuels, d'entrer dans la situation commune et d'en tirer le meilleur profit, le maître va jouer sur certaines variables de la situation. La taille (absolue ou relative) des nombres en jeu dans la situation, par exemple, est une des premières variables sur laquelle il est facile de jouer. On peut également moduler le temps disponible de manière à permettre à ceux qui ont toujours besoin de plus de temps que les autres d'aller au bout de leur travail. Le maître peut encore prendre en charge une partie de la tâche (noter ou organiser des résultats intermédiaires, par exemple), allégeant ainsi la charge de travail immédiat. Enfin, la disponibilité de certains outils (répertoires, calculette, matériels permettant des simulations...) peut également favoriser pour certains la gestion de l'ensemble des actions qu'ils doivent mener à bien.

Ce type de travail (même activité pour tous mais différenciation au niveau des ressources et des contraintes) peut être proposé individuellement ou en groupes homogènes formés sur la base des compétences des élèves vis-à-vis du problème considéré; les échanges dans le groupe peuvent alors être plus fructueux que dans un groupe totalement hétérogène.

L'intérêt de ce type de gestion différenciée réside dans le fait que, tout en permettant une adaptation du problème posé aux compétences des élèves, il autorise, malgré tout, des confrontations de solutions puisque le contexte et le type de questions posées restent les mêmes pour tous.

La différenciation par la tâche

Elle consiste à mettre en place des activités différentes sous forme d'ateliers dits « de soutien », « de besoin », « de choix », « d'entraînement », « d'approfondissement », etc., dans lesquels les tâches proposées ont été personnalisées et adaptées à chaque élève ou groupe d'élèves en fonction de ses besoins. Les groupes sont souvent dans ce cas plus homogènes ; les activités proposées peuvent ne pas concerner la même discipline. Un des facteurs d'organisation de tels groupes est la capacité des élèves à travailler en autonomie : si le maître veut se rendre disponible à un petit groupe, pour lequel sa présence en tant que tuteur est déterminant (attention aux formulations, centration sur la tâche, soulagement d'une partie de celle-ci, etc.), il faut que les autres groupes puissent travailler sans lui.

Si ce type d'activité différenciée par la tâche a son intérêt à certains moments, il ne doit ni être systématisé (dérive vers les groupes de niveaux qui privent les élèves les moins habiles du dialogue avec d'autres et de la perspective d'apprentissage qui leur est offerte dans ces échanges) ni constituer la seule forme de prise en compte des divers états de connaissance des élèves de la classe. De plus, la tentation est grande parfois de faire jouer à une seule situation de l'itinéraire d'enseignement prévu le rôle de l'ensemble des situations construites en vue d'un même objectif. En essayant à tout prix, dès la première situation, de « rattraper » les élèves qui semblent à la traîne, on manque de confiance dans l'itinéraire et on se prive de la diversité des situations qui ont été construites de façon complémentaire.

Quand différencier ?

L'analyse *a priori* d'une situation permet de mettre en évidence les **compétences préalables** que l'élève doit nécessairement maîtriser pour pouvoir bénéficier de la situation qui va lui être proposée. Pour que tous les élèves tirent profit de cette situation le maître, après avoir pris de l'information sur la présence ou non de ces compétences (ou parce qu'il a pu le faire dans une situation antérieure), peut être amené à proposer une **activité préalable**, destinée aux élèves qui ne les posséderaient pas, de manière à leur permettre de les acquérir ou de les consolider. Sans même parler de compétences de type mathématique, certains élèves entrent difficilement dans une nouvelle activité lorsqu'elle leur est présentée collectivement : une phase de familiarisation avec le nouvel environnement de travail qui va servir de cadre aux problèmes à résoudre peut constituer une aide utile. Il ne s'agit pas de proposer à ces élèves, avant les autres, les problèmes autour desquels s'organisera l'apprentissage visé, mais de faire en sorte qu'ils puissent comprendre, en grand groupe, les problèmes qui leur seront posés. Cette familiarisation anticipée leur permettra d'être disponibles et à l'aise au moment de la présentation collective et évitera des paniques inutiles.

De plus, si on considère que c'est en résolvant les problèmes qui lui sont proposés dans le cadre d'une situation déterminée, en explicitant les stratégies et les procédures qu'il met en œuvre et en les confrontant à celles utilisées par les autres que l'élève élabore ses propres connaissances, alors c'est bien **au cours du travail sur la situation** d'enseignement même que doit être prise en compte et gérée la diversité des « états de savoir » qui peuvent s'y exprimer. Il arrive, par exemple, que des élèves, même familiarisés avec le nouveau cadre de la situation comme nous l'avons évoqué plus haut, ne comprennent pas la nature du problème qui leur est posé : ils ne peuvent s'imaginer en quoi consiste une réponse possible, acceptable. Pour que ces élèves parviennent à se représenter ce que l'on cherche, il est parfois possible de leur soumettre une réponse élaborée par l'enseignant en leur demandant de porter un avis sur son adéquation au problème posé. Ceci les amène à inventorier les conditions auxquelles doit satisfaire la réponse. Il ne s'agit pas de leur montrer une stratégie de résolution (ce qui les priverait de leur propre construction indispensable à l'apprentissage visé), mais plutôt de leur faire prendre conscience que des réponses au problème sont possibles et que chacune d'elle doit être validée. Lorsque chaque élève a pu entrer dans la situation, le maître peut encore utiliser les différentes formes de différenciation que nous avons évoquées plus haut : tous les élèves sont confrontés à la même situation mais ils la travaillent avec des ressources et des contraintes qui peuvent varier, ils utilisent tout d'abord des procédures personnelles et donc différentes, ils jouent des rôles différents dans le groupe si la situation le permet.

Enfin, et c'est sans doute la conception la plus courante de la différenciation, après une analyse de l'état des connaissances des élèves à la fin de la situation d'enseignement proprement dite, il est encore possible d'envisager des réajustements qui justifient souvent le fait d'organiser des **groupes plus homogènes** auxquels le maître propose des tâches de nature différente.
Ce livre signale parfois la nécessité et les formes de différenciations possibles. L'ampleur de l'ouvrage, aussi bien que l'impossibilité de prévoir hors de la classe les activités spécifiques nécessaires à certains enfants, nous ont contraints à limiter ces outils. Nous souhaitons vivement que les maîtres (et les formateurs) construisent eux-mêmes ces éléments complémentaires indispensables.

3.4 Les évaluations

L'institution scolaire a prévu des évaluations de type normatif (voilà ce que doivent savoir les élèves de tel niveau à tel moment) ou statistique (il est utile de posséder une photographie réaliste des connaissances de tous les enfants à tel niveau) auxquelles ni les maîtres ni les élèves ne peuvent se soustraire. C'est ainsi le cas en début de CE2 et en début de 6e. Si le maître de CM1, année médiane du cycle 3, n'a pas à sa disposition d'outils nationaux pour évaluer l'état de connaissances initial de ses élèves, il doit cependant être en mesure de faire cet « état des lieux » et d'en tenir compte pour son travail. Pour notre part, nous proposons des entrées souples dans les différents thèmes, qui prennent plus ou moins longuement appui sur les activités de l'année précédente, en fonction des acquis des élèves.

Le repérage de l'état des connaissances de chaque élève en vue d'une prise en compte réaliste des différents itinéraires d'apprentissage est indispensable tout au long de l'année. C'est dire que le maître doit très souvent pouvoir prendre de l'information à l'aide, donc, d'outils simples et rapides : à l'intérieur même des situations d'apprentissage, chaque fois que c'est possible, et non dans des activités spécifiques qui risqueraient fort d'accaparer un temps déraisonnable. Nous avons vu, par exemple, qu'un des moyens de suivre ce qui se passe dans un travail de groupe est de prévoir des « feuilles de route », « feuilles-mémoire », etc., qui obligent les élèves à prendre conscience de leur propre démarche et de celle des autres, et qui permettent au maître, *a posteriori*, d'analyser celles-ci.

Par ailleurs, nous proposons souvent, quelque temps après une situation, des reprises de problèmes de structure identique ; si les élèves ont l'occasion d'y réinvestir des acquisitions récentes, elles peuvent aussi servir de supports aux maîtres de CM1, fort soucieux à juste titre de l'évaluation individualisée de leurs élèves.

Partie II

Activités pour la classe

THÈME 1

Des problèmes pour apprendre à chercher

▪ Aspects théoriques

Introduction

Les activités de résolution de problèmes sont utilisées à des fins diverses : permettre la construction et l'appropriation de nouvelles connaissances, utiliser des acquis et en contrôler la disponibilité, développer l'aptitude à chercher. C'est à ce dernier aspect que nous nous intéressons dans ce chapitre.

La résolution de problèmes est une des principales difficultés de l'enseignement des mathématiques à l'école primaire. Pour beaucoup d'élèves, résoudre un problème consiste à rechercher le calcul à faire avec les nombres de l'énoncé, ou à appliquer ce qui vient d'être étudié en classe. Puis, une fois un résultat produit, attendre le verdict du maître pour savoir si « c'est bon ? », plutôt que de chercher à vérifier par soi-même ou de s'interroger sur la vraisemblance du résultat. Un certain nombre de causes de ces difficultés sont sans doute à chercher dans des habitudes de travail mises en place dès le cycle des Apprentissages Fondamentaux, en particulier dans l'emploi trop limité de problèmes, placés le plus souvent en fin d'apprentissage, et dans la rareté de véritables situations de recherche.

Pourtant, la résolution de problèmes est l'activité mathématique par excellence. Bien que l'enseignement induise souvent une représentation des connaissances mathématiques comme détachées des questions qui ont été à l'origine de leur production, le travail du mathématicien consiste d'abord à résoudre des problèmes, qui n'ont pas encore été résolus, même si parfois les énoncés sont connus depuis longtemps. Cela nécessite un véritable travail de recherche marqué par la formulation de conjectures et par des phases où il s'agit de prouver leur validité, d'en produire une démonstration. Ce travail peut être à l'origine de productions de nouvelles notions ou théories et, parfois, déboucher sur de nouveaux problèmes. Puis, comme le précise G. Brousseau, il faut « supprimer toutes les réflexions inutiles, la trace des erreurs commises et les cheminements erratiques » avant que d'autres « reformulent ces résultats, les appliquent, les généralisent... » [1]

Nous pensons qu'il est important, dès l'école primaire, d'amener les élèves à prendre conscience que faire des mathématiques, c'est d'abord chercher des solutions à des problèmes qui peuvent être considérés comme inédits pour eux.

---

1. G. Brousseau, *Fondements et méthodes de la didactique des mathématiques*, Recherches en didactique des mathématiques, La Pensée Sauvage, 1986.

Des activités spécifiques, construites et expérimentées pour apprendre aux élèves à chercher, sont décrites dans ce chapitre. Dans les autres chapitres de ce livre, de nombreuses situations d'apprentissage constituent de véritables problèmes qui permettent également aux élèves un travail sur l'objectif « apprendre à chercher ».

Bref historique de l'enseignement

1. LES PROGRAMMES DE 1945

Le problème y intervient surtout en fin d'apprentissage, son rôle est de permettre le contrôle des acquisitions. Pour résoudre un problème, il est nécessaire d'avoir abordé auparavant toutes les connaissances qui permettent de le résoudre, car domine alors l'idée que l'on apprend en passant du simple au complexe. L'étude et la répétition de « problèmes-types » jouent un grand rôle. Une certaine importance est donnée aux problèmes de la vie courante : « Ils marquent la volonté d'une relation étroite entre les mathématiques de l'école et les nécessités de la vie. Des problèmes de la vie courante sont des problèmes vraisemblables, dont l'élève a vu ou verra des exemples autour de lui.[2] »

2. LES PROGRAMMES DE 1970

La conception des problèmes met en valeur l'activité de l'élève, en réaction aux excès des « problèmes-types » de la période précédente. Mais elle est influencée par une représentation de l'enseignement des mathématiques (liée à l'introduction des mathématiques dites « modernes ») qui amène, la plupart du temps, à privilégier l'étude des structures mathématiques. Dans les faits, résoudre un problème se réduit souvent à reconnaître ou identifier dans des situations simples, une structure mathématique, voire à rechercher le bon schéma illustrant la situation : « Les élèves doivent apprendre à passer d'une situation à un schéma mathématique qui la décrit et inversement. Un bon exercice consiste à imaginer des situations décrites par un schéma donné.[3] »

3. L'ÉVOLUTION DANS LES PROGRAMMES DE 1978-1980

Vers la fin des années 1970, apparaît la nécessité de repenser la place de la résolution de problèmes, une des principales difficultés repérées chez les élèves étant qu'ils ont du mal à donner du sens à des connaissances souvent étudiées d'abord pour elles-mêmes. « Les élèves d'aujourd'hui savent aussi bien faire des opérations qu'il y a vingt ans, et ont de plus la maîtrise d'outils que ne connaissaient pas leurs aînés… En revanche les élèves du CE2 et

2. Instructions du 7 décembre 1945.
3. Programme de 1970.

du CM2 ont des difficultés pour résoudre des problèmes… Cette faible disponibilité d'outils, par ailleurs bien maîtrisés, constitue l'information la plus claire des résultats.[4] »

On prend conscience de la nécessité de s'appuyer sur les savoirs des enfants, de leur laisser davantage de liberté dans le choix des procédures de résolution. Une place notable est accordée au travail de validation que l'élève lui-même doit prendre en charge. Les démarches devraient être, pour le maître, plus importantes que la réponse elle-même.

Des situations de recherche sont proposées aux élèves, où il faut rechercher ou sélectionner les données, traiter et organiser les informations à partir d'une activité de formulation d'hypothèses. La nécessité est reconnue d'un apprentissage spécifique d'ordre méthodologique (se poser des questions, mettre en relation des questions et des données, analyser une situation, trier des données, valider et communiquer), mais il n'y a pas, à proprement parler, d'enseignement organisé sur ces objectifs d'apprentissage à la résolution de problèmes.

4. LES PROGRAMMES DE 1985 ET LE TEXTE SUR LES CYCLES À L'ÉCOLE PRIMAIRE

Dans les textes officiels, l'importance des problèmes est soulignée, qu'ils permettent la construction ou l'utilisation des outils mathématiques, ou bien qu'ils soient l'occasion d'une véritable recherche.

Dans le document sur les cycles de janvier 1991, les compétences suivantes sont précisées pour le cycle des Approfondissements :
« – reconnaître, trier, organiser et traiter les données liées à la résolution d'un problème ;
– formuler et communiquer sa démarche et ses résultats ; argumenter à propos de la validité d'une solution ;
– élaborer une démarche originale dans un véritable problème de recherche, c'est-à-dire un problème pour lequel l'élève ne dispose d'aucune solution déjà éprouvée ;
– élaborer un questionnement à partir d'un ensemble de données. »

Les perspectives depuis 1995

1. LA NOTION DE PROBLÈME

Pour préciser ce que nous entendons actuellement par « problème » dans le cadre scolaire, nous pouvons faire référence à des travaux de psychologie cognitive. Jean Brun indique : « Dans une perspective psychologique, un problème est généralement défini comme une situation initiale avec un but à atteindre, demandant à un sujet d'élaborer

4. Conclusion de l'*Enquête sur l'enseignement des mathématiques à l'école élémentaire*, INRP, 1978.

une suite d'actions ou d'opérations pour atteindre ce but. Il n'y a problème que dans un rapport sujet/situation, où la solution n'est pas disponible d'emblée, mais possible à construire. C'est dire aussi que le problème pour un sujet donné peut ne pas être un problème pour un autre sujet, en fonction de leur niveau de développement intellectuel par exemple. » [5] Cette activité fait intervenir à la fois les connaissances antérieures du sujet, les possibilités qu'il a de mobiliser des procédures ou des résultats mémorisés, ses capacités à gérer des données et des procédures, à inventer, à contrôler...

Cette définition de l'activité « résolution de problèmes » s'appuie moins sur la notion de traitement de l'information que ne le font d'autres définitions antérieures : elle insiste plus sur la nécessité d'élaborer des procédures que sur la simple déduction d'informations à partir des données.

2. ANALYSE DE LA TÂCHE « RÉSOLUTION DE PROBLÈMES »

Il est nécessaire de distinguer deux cas bien différents.
D'une part, lorsque le maître propose la résolution d'un exercice d'entraînement ou d'application (il ne s'agit pas alors d'un problème dans le sens défini plus haut), l'élève peut dans un premier temps identifier le modèle de résolution qu'il est censé connaître puis effectuer le traitement choisi (les calculs...). Dans ce cas, le processus de résolution n'oblige pas l'élève à vérifier ses résultats ou sa méthode : il peut être persuadé d'avoir choisi un moyen lui permettant de résoudre l'ensemble du problème.
Le contrôle des résultats par l'élève doit en général être explicitement demandé par le maître et apparaît comme une tâche supplémentaire, non exigée par la situation. Pour l'élève, ce type de situation n'est guère favorable à une prise de conscience suffisante de la nécessité de valider ses productions.
D'autre part, lorsque l'élève est confronté à un véritable problème, il ne peut procéder de la même façon, sauf en appliquant à tort un modèle inapproprié à la situation. Ne reconnaissant pas la situation comme une de celles pour lesquelles il dispose d'un modèle de résolution qui lui a été enseigné, l'élève doit gérer en même temps plusieurs tâches. Il lui faut élaborer une ou plusieurs procédures de résolution (par exemple, faire des essais, formuler des hypothèses, chercher et résoudre des sous-problèmes), comparer ses résultats au but à atteindre, et contrôler ainsi ses procédures. Il doit donc mener en même temps des tâches de résolution et des tâches de contrôle.

La confrontation entre les résultats produits et les buts visés entraîne des ajustements, des réorientations ou une mise en cause de la méthode choisie et peut inciter à une recherche dans une nouvelle direction. Cette confrontation nécessaire entre les résultats obtenus et les contraintes de la situation peut devenir un objectif d'apprentissage : être capable d'évaluer le résultat de son action.

5. Jean Brun, *La Résolution de problèmes arithmétiques : bilan et perspectives*, MATH. ÉCOLE n° 141, 1990.

3. LES PROGRAMMES DE 1995

Les programmes de 1995 reprennent pour l'essentiel le texte de janvier 1991 et insistent à nouveau sur l'importance de la résolution de problèmes : « des activités sont proposées pour mettre en place et développer des compétences spécifiques d'ordre méthodologique utiles pour résoudre des problèmes ». Plus loin, le texte précise la nature des problèmes en question ; ce sont :
« – de véritables problèmes de recherche pour lesquels l'élève ne dispose pas de démarche préalablement explorée ;
– des problèmes destinés à permettre l'utilisation des acquis antérieurs dans des situations d'application et de réinvestissement ;
– des problèmes destinés à permettre l'utilisation conjointe de plusieurs connaissances dans des situations plus complexes. »

Nos choix pour le CM1

Dans le travail que nous proposons au CM1 pour « apprendre aux élèves à chercher », un certain nombre d'orientations sont privilégiées.

1. CONFRONTER LES ÉLÈVES À DE VÉRITABLES SITUATIONS DE RECHERCHE

Au CM1, plus encore qu'au CE2, nous pensons indispensable de proposer aux élèves des situations de recherche qui constituent pour eux un défi intellectuel et dont la résolution s'appuie sur la collaboration de l'ensemble de la classe. Les élèves doivent eux-mêmes élaborer des procédures de résolution, émettre des hypothèses, les valider, justifier leurs résultats et leurs méthodes ; leurs propositions sont reformulées, débattues, critiquées, la classe s'interroge sur leur valeur de vérité. Tout cela est plus particulièrement présenté dans les situations privilégiant un travail sur l'argumentation en mathématiques. De plus, ces situations contribuent à développer chez les élèves une représentation des mathématiques comme un domaine où l'on cherche.

2. PRIVILÉGIER DES OBJECTIFS SPÉCIFIQUES

Le travail sur l'apprentissage à la résolution de problèmes présente plusieurs caractéristiques : il incite à la mobilisation de savoirs construits dans des domaines différents, et met en jeu des compétences relatives à des attitudes, des comportements qui se développent sur le long terme (comme prendre du recul par rapport à sa propre méthode, contrôler ce que l'on est en train de faire, comparer des méthodes). Plusieurs situations

contribuent à l'acquisition de telles compétences, sans que l'apport de chacune puisse faire l'objet d'une évaluation précise, mais elles favorisent l'investissement des élèves dès le début de l'année, avec les premières situations du module 1 (« Développer des stratégies de recherche »).
En particulier, un nouvel aspect du travail au Cours Moyen est de permettre aux élèves de prendre conscience progressivement de l'existence de méthodes de preuve spécifique des mathématiques.

D'autres objectifs nous semblent évaluables à plus court terme : ils sont relatifs au développement de stratégies de recherche (module 1) et à la résolution de problèmes complexes (module 2).

3. DISTINGUER DIFFÉRENTES CATÉGORIES DE PROBLÈMES

Pour le travail sur le thème « apprendre à chercher », il nous semble utile d'effectuer une distinction entre :
– d'une part, des « problèmes de recherche » ou, selon la terminologie de l'IREM de Lyon, des « problèmes ouverts ». Ce sont des problèmes pour lesquels l'élève ne dispose pas d'un modèle de résolution qui lui aurait été enseigné auparavant (par exemple : chercher quels sont les nombres qui sont la somme de trois nombres qui se suivent). Toutes les informations nécessaires à la compréhension du problème sont présentes dans l'énoncé et directement utilisables. L'énoncé est relativement court. Il n'y a pas de recherche ou de tri d'informations à faire, sinon le problème serait trop compliqué pour des élèves de CM. On trouve de tels problèmes dans le module 1 (« Développer des stratégies de recherche ») ;
– d'autre part, des « problèmes complexes » dont la résolution comporte des étapes qui ne sont pas précisées par des questions intermédiaires, le modèle de résolution de chacun de ces sous-problèmes étant connu des élèves, mais la planification de l'ensemble de la résolution supposant un réel travail pour eux. Dans ce type de problèmes, il peut y avoir un travail spécifique concernant le tri de données ou de questions, la recherche d'informations sur différents supports, ou la planification des étapes de résolution. Nous utiliserons ces problèmes pour les objectifs du module 2 (« Sélectionner des informations et résoudre des problèmes complexes »).

Il nous semble important de bien distinguer les caractéristiques de ces deux types de problèmes (problèmes de recherche, problèmes complexes), pour pouvoir les associer à des objectifs qui leur sont propres.
Nous pensons que des situations dans lesquelles le modèle de résolution serait inconnu et les informations nécessaires à la représentation du but à atteindre non disponibles ou trop difficiles à organiser, apparaîtraient trop confuses aux élèves et ne leur permettraient pas de contrôler leurs résultats et leurs méthodes. De telles situations, inutilement compliquées, ne pourraient servir aucune finalité d'apprentissage et démobiliseraient les élèves.

Le tableau suivant schématise les rôles que nous assignons à ces différents types de problèmes dans les propositions de ce chapitre. Pour indiquer à quels apprentissages les problèmes peuvent contribuer, ils sont analysés selon deux critères :
– le modèle de résolution est-il connu dans son ensemble (même si les étapes sont à déterminer par les élèves) ou est-il à élaborer ?
– les informations utiles sont-elles directement accessibles dans l'énoncé ou bien un travail de tri, de recherche et d'organisation est-il nécessaire ?

		Modèle de résolution connu	Modèle de résolution inconnu
INFORMATIONS	Disponibles	Problèmes d'application : *Pas d'objectif spécifique relatif à la résolution de problème*	Problèmes de recherche (problèmes « ouverts ») *Cf. objectifs du module 1 : « Développer des stratégies de recherche »*
	Nécessité de – trier – rechercher – décomposer – organiser	Problèmes complexes *Cf. objectifs du module 2 : « Sélection d'informations et compréhension d'énoncés »*	Problèmes non exploités ici

4. CONSTITUER UN ENSEIGNEMENT ORGANISÉ

Les objectifs visés ne peuvent être atteints par une simple fréquentation épisodique : il ne suffit pas de présenter simplement une ou deux situations isolées, pour mettre en place des conditions favorables à un apprentissage. Il nous semble nécessaire, au contraire, de construire aussi dans ce domaine de véritables progressions, donnant l'occasion aux élèves de réutiliser les méthodes appréhendées dans d'autres situations. C'est pourquoi les situations font l'objet, pour la plupart, d'une proposition de reprise sous la forme d'un problème similaire. En effet, pour de nombreux élèves, il n'est pas suffisant de s'être approprié un problème, d'avoir tenté de le résoudre et d'avoir essayé de comprendre, lors de la mise en commun, les méthodes éventuellement plus performantes qui ont pu être employées par d'autres élèves. Il leur est nécessaire de pouvoir réinvestir rapidement ces acquis et d'appréhender ainsi leur efficacité dans une situation assez proche.
Afin de permettre un travail plus approfondi, une meilleure continuité des apprentissages et de pouvoir en mesurer les effets, les situations de chacun des modules « Développer des stratégies de recherche » et « Sélectionner des informations et résoudre des problèmes complexes », ne sont pas dispersées tout au long de l'année mais regroupées par période.

5. METTRE EN PLACE UN CONTRAT FAVORABLE À LA RÉSOLUTION DE PROBLÈMES

Les activités de résolution de problèmes demandent un investissement, des initiatives, un comportement différent de celui en jeu dans d'autres tâches mathématiques (exercices, entraînements...). De plus certains élèves n'ont pas été confrontés avant le CM1 à de réelles situations de recherche. Face à une tâche de résolution de problèmes, ces élèves se contentent de chercher, par exemple, quelle est la bonne opération à utiliser avec les premiers nombres rencontrés dans l'énoncé, et attendent que le maître leur dise si leur résultat est correct plutôt que de vérifier par eux-mêmes. Il est donc nécessaire d'expliciter à ces élèves le contrat spécifique à l'activité de résolution de problèmes. Le contrat est, comme le définit Guy Brousseau, « ce qui détermine explicitement pour une petite part mais surtout implicitement, ce que chaque partenaire va avoir à charge de gérer et dont il sera d'une manière ou d'une autre comptable devant l'autre [6]. »

5.1 Les tâches de l'élève

Dans ces activités, les élèves doivent savoir qu'ils ont à :
- chercher, accepter le fait que résoudre un problème n'est pas toujours une tâche facile, que cela peut prendre du temps ;
- produire une solution personnelle, en laisser la trace écrite ;
- chercher à vérifier par eux-mêmes leurs solutions ;
- formuler une réponse dans les termes du problème ;
- justifier leurs résultats, essayer d'expliquer leurs méthodes, rédiger éventuellement la solution.

5.2 Les possibilités offertes à l'élève

Pour cela, l'enseignant doit faire comprendre aux élèves qu'ils peuvent prendre des initiatives personnelles, choisir leurs méthodes, faire des essais, recommencer, utiliser la calculette, travailler sur leur feuille comme avec un brouillon : les ratures sont permises, mais sans effacer les essais pour pouvoir relire les productions. Pour certains problèmes, le maître peut cependant imposer des contraintes particulières.

C'est au travers des situations qu'il propose et de la gestion qu'il en fait, que le maître peut faire comprendre aux élèves la nature du travail qui leur revient, bien plus que par des déclarations du type « vous devez... », « vous pouvez... ».

Cette explicitation des attentes vise à pallier des comportements passifs, des représentations inadéquates de la tâche « résolution de problèmes » induites pour certains élèves par l'enseignement antérieur. Dans chaque situation, aucune indication, aucune consigne ne sont données sur le type de méthode, sur l'existence de situation de référence... sinon, bien évidemment, la situation ne serait plus pour les élèves un problème.

---

6. Guy Brousseau, *Les Objets de la didactique des mathématiques*, Actes de la 2e école d'été de didactique des mathématiques, IREM d'Orléans, 1982.

6. LE RÔLE DU MAÎTRE

La mise en place d'un tel ensemble d'attentes est donc largement conditionnée par l'attitude du maître dans les différentes phases de l'activité. Son rôle, qui est dans un premier temps de permettre la prise en charge du problème par l'élève, peut être précisé en quelques points forts.
– Proposer des situations qui incitent l'élève à chercher (*cf.* les situations de début d'année du module 1 « Développer des stratégies de recherche »).
– Adapter les situations aux possibilités des élèves par le choix des valeurs numériques, des aides...
– Introduire des phases d'appropriation, notamment pour les situations du module 1 : ce sont des problèmes ouverts dont la compréhension par les élèves ne peut être totalement garantie par la simple lecture de l'énoncé. Il est souvent utile de prévoir une mise au point après un premier moment de recherche (« Que sait-on ? Que cherche-t-on ? »), sans dévoiler les stratégies possibles.
– Repérer les procédures produites et les difficultés rencontrées, prévisibles ou non.
– Décider, le cas échéant, de poursuivre la recherche à un autre moment si la séquence a déjà été trop longue, ou de différer la mise en commun si elle apparaît comme trop précoce, ou encore d'analyser préalablement les productions des élèves si cela paraît nécessaire.
– Organiser la mise en commun : confrontation des solutions avec les contraintes du problème, explicitation des résultats, formulation des méthodes, prise de conscience des erreurs, débats sur des propositions.
Dans le déroulement des mises en commun, il est souvent utile de faire expliciter certaines productions, par exemple en traitant successivement :

- celles qui ne prennent pas en compte toutes les contraintes,
- celles qui sont des solutions inachevées,
- celles qui proposent des solutions dont les méthodes sont accessibles aux plus faibles,
- ou encore des solutions performantes mais qui peuvent mettre en jeu des connaissances mal assimilées par d'autres.

Contrairement à ce qui se passe pour des situations relevant d'autres thèmes, la mise en commun ne va pas se conclure par l'institutionnalisation d'une nouvelle connaissance, mais plutôt par une réflexion sur les méthodes utilisées, sur leur efficacité, leur économie. Il ne s'agit pas de montrer toutes les méthodes. Il ne s'agit pas non plus de privilégier la meilleure, car elle peut être spécifique à un problème et sa systématisation peut ne présenter aucun intérêt (nous ne souhaitons pas proposer de problèmes types !) ; ceci ne pourrait amener qu'un désinvestissement des élèves les plus faibles qui ne verraient pas leurs démarches prises en compte.
– Relancer si nécessaire la recherche.
– Proposer pour les élèves en difficulté une situation analogue, dans laquelle ils puissent réinvestir ce qu'ils ont pu découvrir lors de la mise en commun. Cette reprise peut s'adresser ou non à tous les élèves selon les situations ; en cela elle constitue aussi une possibilité de différenciation pour le maître. Un enfant ne progressant pas sur un des objectifs lors d'une activité pourra être confronté quelque temps plus tard à une situation différente, mais qui sollicite les mêmes compétences.

Les axes de travail

Il est nécessaire de préciser des objectifs évaluables. À défaut de cela, les problèmes « pour apprendre à chercher » risquent d'apparaître comme des compléments ludiques, parfois déroutants pour le maître car leurs effets seraient dépourvus de continuité d'une situation à l'autre.
Un autre risque serait de se limiter soit à un travail sur les énoncés de problèmes où l'enjeu mathématique de la résolution est esquivé au profit de la mise en relation préalable des questions et des données, soit à l'enseignement d'un « mode d'emploi » général relatif à la résolution de problèmes. Aucune de ces pistes ne garantit une évolution des procédures et des méthodes personnelles produites dans des situations de recherche.

1. DÉVELOPPER DES STRATÉGIES DE RECHERCHE (MODULE 1)

Il s'agit de permettre aux élèves « d'élaborer une démarche originale, dans un véritable problème de recherche, c'est-à-dire un problème pour lequel l'élève ne dispose d'aucune solution déjà éprouvée » (*cf.* programmes). En particulier, on vise à développer les capacités à :
– améliorer la gestion des procédures par essais de calculs successifs : garder la trace des essais, les relire, en identifier les variables, faire des ajustements au voisinage du but, vérifier que les solutions sont compatibles avec les contraintes de l'énoncé ;
– s'organiser pour produire les solutions dans des problèmes de recherche de tous les possibles, comparer les solutions, contrôler que l'on a toutes les solutions ;
– formuler des conjectures et émettre des hypothèses ;
– établir la preuve d'une proposition.

1.1 Caractéristiques des situations

Les situations proposées dans ce module sont des « problèmes ouverts » de différents types :
– des problèmes conduisant à la formulation de conjectures numériques, représentant un défi intellectuel pour chaque élève et qui demandent la coopération de la classe pour pouvoir être résolus (LES TROIS NOMBRES QUI SE SUIVENT et LE PLUS GRAND PRODUIT). Dans ce type de problèmes qui prennent une ampleur réelle au CM, plus encore qu'au CE2, les élèves n'ont pas une idée de la forme que peut prendre la solution avant de commencer la résolution ;
– des problèmes d'optimisation (LES CD et LA PISCINE), ou des problèmes de recherche exhaustive de toutes les possibilités (LES BILLETS).

La compréhension du but et des contraintes de ces situations nécessite une phase d'appropriation pour éviter une interprétation erronée de la question. Le rôle de cette phase d'appropriation est de permettre que le problème devienne le problème de l'élève. Elle se compose de :
– la présentation de l'énoncé, accompagnée éventuellement d'une explicitation de mots inconnus à certains élèves ;
– un premier temps de recherche individuelle où le maître n'intervient pas et où l'enfant ébauche des procédures lui permettant de prendre en compte les contraintes de la situation ;
– une mise au point rapide, si le maître constate que certains enfants ont interprété différemment ces contraintes, qui permet aux élèves d'expliciter ce qu'ils ont compris de la situation.
Le maître peut alors reformuler les contraintes de la situation. Il ne s'agit pas ici d'évoquer des méthodes de résolution.

1.2 Apprendre à argumenter

La relation est étroite entre le travail sur l'argumentation et la résolution de certaines situations de ce module (LES TROIS NOMBRES QUI SE SUIVENT, LE PLUS GRAND PRODUIT et, dans une moindre mesure, LA PISCINE) qui impliquent des moments de recherche, mais aussi des moments d'échange ou de débat. Les conditions du débat, les critères pour admettre ou réfuter une proposition, sont explicités à ces occasions ainsi que la nécessité de s'appuyer sur des connaissances mathématiques appropriées assurant la validité de ces propositions.

Ces situations contribuent à l'apprentissage de l'argumentation en mathématiques, c'est-à-dire apprendre à formuler des propriétés, à élaborer des preuves, à les critiquer et à en débattre dans le but d'établir la valeur de vérité d'une proposition, et par là même, d'appréhender progressivement les règles du débat en mathématiques.
Ces différentes compétences et comportements ne sont vraiment sollicités que s'il y a un enjeu réel, qui ne repose pas, dans les situations de ce thème, sur un conflit entre des conceptions différentes (comme dans des situations visant à construire de nouvelles connaissances, parfois contre des représentations antérieures des élèves). L'enjeu est d'abord dans le défi intellectuel que pose le problème (il ne s'agit pas de prouver quelque chose dont les élèves sont persuadés), ainsi que dans la responsabilité de la preuve à laquelle ils seront associés.

1.3 Remarques sur le déroulement de ces situations

Ce type de situation comporte des phases bien distinctes : résolution d'un problème ouvert (par exemple dans LES TROIS NOMBRES QUI SE SUIVENT : « Trouver trois nombres qui se suivent dont la somme est 96 »), puis preuve de propositions. Cette dernière activité comporte plusieurs phases, où les élèves vont formuler des propositions pour la résolution du problème général (dans cet exemple : « Quels sont les nombres qui sont la somme de trois nombres qui se suivent ? ») dont ils auront à établir la vérité. Nous insisterons sur les différentes phases que le maître aura à gérer dans ces situations.

Les élèves ont d'abord à élaborer individuellement des propositions, puis éventuellement par petits groupes, à se mettre d'accord sur la formulation de ces propositions.

Les différentes propositions sont collectées par le maître et discutées. Certaines, trop ambiguës, doivent être précisées pour qu'elles puissent être débattues ultérieurement. Ces propositions, reformulées, sont triées par le maître avec les élèves en plusieurs catégories : celles dont on est sûr qu'elles sont vraies ou fausses en faisant appel à des connaissances reconnues (ou qui peuvent être traitées immédiatement collectivement), celles pour lesquelles il n'y a pas de certitude ou d'accord sur leur valeur de vérité mais qui pourront être étudiées au CM, et enfin celles dont la preuve ne peut être établie par des élèves de CM.

Des propositions pour lesquelles il n'y a pas de certitude ou d'accord sur leur valeur de vérité sont choisies par le maître pour être débattues en groupes ; les élèves ont à se prononcer : sont-elles vraies, fausses, et pourquoi ? Ces groupes associent des élèves qui ont pu émettre des avis différents, mais où les débats sont possibles. Une mise en commun permet de formuler les conclusions de chacun des groupes et de mener un débat collectif sur la validité de ces propositions.

Une synthèse peut être effectuée par le maître, qui est garant de la vérité des propositions et des raisonnements retenus par les élèves :
– si les élèves n'ont pu se mettre d'accord sur des propositions (et que le maître ne souhaite pas que les échanges se poursuivent car ils lui semblent coûteux en temps ou incertains),
– ou, à plus forte raison, si un accord semble se faire sur des propositions fausses et qu'une relance de la résolution ne permette pas d'en apporter l'infirmation.

Le rôle du maître est donc différent selon les phases de ces situations : dans certaines (formulation de propositions, débat en groupes ou collectifs), il organise le débat, dans d'autres (tri de ces propositions, synthèse), il peut effectuer des choix et apporter des conclusions, en rappelant des savoirs connus des élèves. C'est, en particulier, la distinction de ces différents rôles du maître, dans le rapport à l'établissement de la vérité et sa reconnaissance par les élèves, qui rend la gestion de ces situations particulièrement délicate.

Les situations décrites sont aussi l'occasion pour le maître de prendre des repères sur certaines compétences des élèves, d'abord sur les connaissances dont le rôle est fondamental dans les démarches de preuve (en particulier, pour l'abandon ou non d'une proposition réfutée, l'utilisation d'une nouvelle propriété qui vient d'être prouvée, sur les capacités de formulation), mais aussi sur des éléments de rationalité (une proposition mathématique est soit vraie, soit fausse, un contre-exemple suffit pour invalider une proposition, des exemples qui vérifient un énoncé ne suffisent pas à prouver qu'il est vrai...).

2. SÉLECTIONNER DES INFORMATIONS ET RÉSOUDRE DES PROBLÈMES COMPLEXES (MODULE 2)

Trois objectifs principaux sont visés dans ce module.

2.1 Reconnaître, trier, organiser et traiter les données utiles

a) D'une part, on cherche à faire prendre conscience aux élèves des relations entre les éléments d'un énoncé. Cet objectif se réfère à des problèmes qui ne présentent pas de difficulté de planification de la solution; il est travaillé depuis le CE1 et plus particulièrement au CE2. Les supports peuvent être: un énoncé « classique », un autre type de texte, différents documents.

Les situations concernant cet objectif sont principalement ALERTE EN GUYANE ! et PROBLÈMES LIÉS À LA VIE DE LA CLASSE.

Pour que les élèves perçoivent quelles sont les relations entre les questions et les données, il ne nous paraît plus nécessaire au CM1 de proposer des situations spécifiques de production d'énoncé, compte tenu des activités développées au CE1 et surtout au CE2, (*cf. Ermel CE2*). Toutefois, dans le cas où cela n'aurait pas été abordé au CE2, une situation de ce type est simplement proposée au début du module 2 (*cf.* DU CE2 AU CM1).

b) D'autre part, parmi les documents proposés, certains ont un rôle spécifique : ce sont les tableaux et graphiques dont l'étude contribue à l'approche de fonctions numériques, en particulier de la proportionnalité. Dans le choix des contextes des activités proposées aux élèves, il nous semble important de privilégier des données réelles, soit locales (évolution de la population d'un village ou d'une ville), soit liées à l'observation ou l'expérimentation d'un phénomène physique (relevé de températures, allongement d'un ressort...). Les situations peuvent être choisies en liaison avec l'enseignement d'autres disciplines; néanmoins, il est pertinent de concevoir aussi des situations de résolution de problèmes dans lesquelles le maître peut choisir les valeurs données à différentes variables (par exemple, choix de nombres facilitant les calculs) comme les problèmes mettant en relation quantité et prix.

Pour cet objectif, nous retenons deux axes de travail :
- lecture de tableaux et de représentations graphiques,
- construction de représentations graphiques.

Au CM1, il s'agit d'abord de faire prendre conscience de l'intérêt de la représentation graphique, par rapport à un tableau de nombres; les élèves sont amenés, dans la situation LA POPULATION DE GRENOBLE en particulier, à lire un histogramme, c'est-à-dire à prendre des informations dans la représentation fournie, soit par lecture directe, soit par estimation. Dans la situation CASSETTES, les élèves ont à construire un graphique (systèmes d'axes déjà gradués et nombres « simples ») et peuvent découvrir que ce graphique permet de résoudre un problème. Précisons par ailleurs que la situation CASSETTES fait rencontrer deux relations quantités/prix, l'une correspondant à une situation de proportionnalité (fonction linéaire) mais pas l'autre (fonction affine).

Le travail sera approfondi au CM2. Il semble judicieux de réserver, pour le CM2 et le collège, l'élaboration d'un graphique à partir d'un ensemble de données ou d'une fonction, l'élève ayant à sa charge de graduer les axes. Cette tâche n'est pas facile. Elle requiert de l'élève qu'il sache choisir une graduation qui permet de placer une suite donnée de nombres, qu'il perçoive l'ordre de grandeur des nombres, qu'il sache situer un nombre dans un intervalle donné et aussi le placer correctement en utilisant les propriétés de la proportionnalité. Des activités proposées au CM1 dans d'autres thèmes contribuent à cet apprentissage. Il s'agit des situations Les fils numériques dans le thème 3 « Connaître les nombres entiers naturels et les calculs » et Graduations dans le thème 4 « Champ multiplicatif ».

2.2 Concevoir des étapes, poser des questions intermédiaires, planifier une résolution

Nous cherchons à développer progressivement la capacité à planifier la résolution d'un problème. Pour cela, nous distinguons plusieurs moments dans la progression, correspondant à des niveaux de compétence croissants :
- aller au bout de la résolution du problème. Les élèves ne doivent pas se contenter de produire un résultat intermédiaire et attendre l'avis du maître. Ils doivent prendre l'habitude de confronter leurs résultats à la question finale, c'est-à-dire interpréter les calculs (et pour certains les annoter) et se poser d'autres questions ;
- articuler des sous-problèmes successifs en les formulant après coup, c'est-à-dire expliciter les résultats obtenus, formuler les questions intermédiaires déjà résolues. Ceci a déjà été travaillé au CE2 où, pour beaucoup d'élèves, il est difficile, sinon impossible, de planifier et de formuler des étapes sous la forme de questions intermédiaires, préalablement à la résolution ;
- planifier les étapes de la résolution, c'est-à-dire déterminer à l'avance les questions ou les calculs essentiels dans un problème.

Pour des élèves qui n'auraient pas, au CE2, travaillé sur des situations visant ces objectifs, nous proposons dans les deux activités Du CE2 au CM1 de reprendre le travail fait au CE2, en l'adaptant au début de CM1. Il s'agit principalement de prendre conscience que, pour répondre à une question terminale, il peut être nécessaire de se poser des questions intermédiaires et de faire des calculs intermédiaires.

2.3 Formuler et communiquer sa démarche et ses résultats

La formulation et la communication des démarches et des résultats s'effectuent au CM à la fois sous forme orale et écrite. Il s'agit :
- d'une part, de formuler et communiquer ses résultats et sa démarche, justifier des propositions par des propriétés mathématiques : ceci est sollicité lors des mises en commun des situations des modules 1 et 2 ;
- d'autre part, de rédiger de façon autonome la solution d'un problème : cette compétence est abordée au CM1, et sera reprise et développée au CM2.

Rédiger des solutions

Au CM, la communication des solutions ne s'effectue plus seulement par une simple phrase écrite accompagnée d'une explication orale, amenant souvent le maître à demander ou à effectuer des reformulations. Il nous semble nécessaire de proposer progressivement aux élèves de rédiger la solution d'un problème, pour atteindre une réelle autonomie de l'écrit dans ce domaine. Cet écrit, destiné au maître ou à d'autres élèves, doit permettre une compréhension de la méthode de résolution finalement proposée par l'élève au terme de sa recherche. Il ne s'agit pas de produire un écrit type, mais de décrire les étapes principales de la solution, et donc progressivement d'enlever ce qui n'est pas essentiel.

La rédaction de la solution est donc différente des traces des essais de l'élève, ses écrits de recherche qui lui permettent, en cours de résolution, de savoir où il en est, de réinterpréter un résultat ou un calcul, d'améliorer une procédure, et qui peuvent l'aider à justifier sa solution ou à communiquer sa méthode lors d'une mise en commun. L'élève doit pouvoir distinguer ces différents types d'écrits. Cela suppose que, dans les tâches proposées aux élèves on dissocie bien les moments de rédaction des moments de résolution.

Dans chaque situation du module 2 concernée, il n'y a pas, systématiquement, un échange des productions, une critique collective, une réécriture par l'élève ou par d'autres des rédactions produites. Mais il est nécessaire de prévoir la critique, le traitement, l'exploitation des rédactions produites sous une forme ou une autre : une appréciation du maître, des demandes individuelles d'explicitation, ou une critique lors d'un échange collectif mené autour de ces productions (par exemple pour déterminer leurs insuffisances éventuelles).

Ce travail sur la rédaction agit de façon dialectique avec celui sur la planification, la rédaction peut être un moment et une forme de soutien par rapport aux exigences de planification et de raisonnement, puisque rédiger une solution nécessite d'en déterminer les étapes essentielles, donc contribue à reconstruire *a posteriori* une planification. Mais, par ailleurs, planifier facilite aussi la rédaction ultérieure. Ainsi, la mise en évidence des éléments d'un plan de travail ou de la question intermédiaire lors de la mise en commun, faisant suite à la phase de résolution, peut être une aide à la rédaction.

Au CM1, donc, les rédactions des solutions viennent après une mise en commun qui permet de mettre en évidence un plan de travail explicité (Bibliothécaire), ou la question intermédiaire (Vélos et VTT), ou des caractéristiques de productions erronées (Royal Ciné).

Les situations de ce module 2 sont :
1. Des situations où les données ne sont pas explicitées dans un énoncé « classique », telles les situations « de la vie de la classe » qui n'ont de sens que si elles présentent un réel enjeu pour la classe, en d'autres termes si elles sont fonctionnelles (Problèmes liés à la vie de la classe : voyage, kermesse) ;
– des situations posées à partir de documents bruts (Problèmes liés à la vie de la classe, Tarifs postaux), ou des situations comportant une surabondance de données (Alerte en Guyane !).

2. Des problèmes qui font intervenir des connaissances mathématiques développées dans plusieurs domaines, dont les étapes ne sont pas explicitées par des questions intermédiaires, mais dont les modèles de résolution pour chacune de ces étapes sont connus (Bibliothécaire, Vélos et VTT, Royal Ciné...).
Enfin, des moments de débat se situent aussi dans les mises en commun de certaines situations du module 2 (en particulier Bibliothécaire, Vélos et VTT, Royal Ciné).

PLANNING THÈME 1 : DES PROBLÈMES POUR APPRENDRE À CHERCHER

	Période 1	Période 2	Période 3	Période 4	Période 5
Module 1 **Développer des stratégies de recherche**	• Les CD (p. 60) • Les trois nombres qui se suivent (p. 62)			• Les billets (p. 67) • La piscine (p. 70) • Le plus grand produit (p. 73)	
Module 2 **Sélectionner des informations et résoudre des problèmes complexes**	• Du CE2 au CM1 : production d'énoncés avec contraintes* (p. 79) • Du CE2 au CM1 : les photos * (p. 81)	• Alerte en Guyane ! (p. 82) • Problèmes liés à la vie de la classe (p. 85)	• Bibliothécaire (p. 89) • Vélos et VTT (p. 93) • Cassettes (p. 95) • Problèmes liés à la vie de la classe (p. 85)		• Royal Ciné (p. 99) • Problèmes liés à la vie de la classe (p. 85) • Tarifs postaux (p. 100) • La population de Grenoble (p. 102)

* Ces deux situations sont issues du CE2.

Développer des stratégies de recherche

Objectifs du module

- Améliorer la gestion des procédures par essais de calculs successifs : garder la trace des essais, en identifier les variables, faire des ajustements au voisinage du but.
- S'organiser pour produire, dans des problèmes de recherche, toutes les solutions possibles, comparer les méthodes, contrôler que l'on a toutes les solutions.
- Formuler des conjectures et émettre des hypothèses.
- Établir la preuve d'une proposition.

Activités

1. Les CD (période 1)

> DESCRIPTION RAPIDE

Cette situation est un problème de recherche d'une solution optimale (utilisant des résultats multiplicatifs et additifs dans une situation de non linéarité).

> OBJECTIFS SPÉCIFIQUES

– Produire plusieurs résultats et faire un choix selon un critère.

– Amener les élèves à comprendre la nécessité de produire des solutions personnelles, de comparer leurs résultats au but à atteindre et de repérer qu'un problème mathématique pose des contraintes différentes de celles de la vie courante.

> ÉNONCÉ

Élisabeth achète des CD et les range dans un meuble. Sur chaque étagère, elle peut ranger 8 CD et son meuble a 6 étagères. Chez le disquaire, elle peut acheter des boîtiers de CD :

– un CD coûte 2 €
– un boîtier de 3 CD coûte 5 €
– un boîtier de 5 CD coûte 7 €
– un boîtier de 10 CD coûte 11 €

Elle veut acheter des CD pour remplir son meuble. Comment peut-elle acheter les CD pour dépenser le moins possible ?

DÉROULEMENT

Première phase
Appropriation du problème et premières recherches

Étape 1 : Présentation et recherche individuelle

Chaque enfant reçoit une feuille avec l'énoncé. Le texte est écrit au tableau. Le maître demande que le travail soit présenté pour pouvoir être lu rapidement et qu'il y ait une phrase pour la réponse.

La plupart des élèves comprennent qu'il faut faire un calcul intermédiaire (trouver le nombre de CD).

Dans une perspective de différenciation, le maître peut estimer que cet énoncé est trop difficile pour certains élèves, qui n'auraient pas été auparavant confrontés à des situations de recherche. Il peut alors le modifier pour eux : « Elle peut ranger 48 CD dans son meuble » au lieu de « Sur chaque étagère, elle peut ranger 8 CD et son meuble a 6 étagères. » Le maître repère quels sont les élèves qui n'ont pas cherché le nombre total de CD. Une première relance collective portant sur le nombre total de CD est alors utile : « Sur une étagère, on met 8 CD… Il y a 48 CD en tout »).

Pour ce premier problème de l'année, le maître peut demander de souligner les renseignements utiles.

Il identifie aussi les élèves qui se limitent à une seule solution.

Certains élèves peuvent produire des dessins. D'autres effectuent des décompositions du nombre de CD (48) mais sans faire la recherche du prix. Certains élèves ont du mal à distinguer nombre de CD et prix ou peuvent mélanger boîtiers et CD ; par exemple, un enfant calcule « 11 + 11 + 11 + 11 = 44 € » en écrivant correctement « 40 CD, elle veut 48 CD » et termine ainsi « 44 + 2 + 2 = 48 CD » et conclut « elle aura 48 CD. »

Des enfants font des calculs corrects mais ont des difficultés à donner une réponse claire, indiquant à la fois le prix payé et la façon d'acheter les CD. Peu d'enfants penseront spontanément à faire plusieurs essais afin d'optimiser la solution.

Étape 2 : Mise en commun

Le maître peut être amené à repréciser les enjeux de la situation pour des élèves qui auraient interprété qu'il faut « trouver juste 48 CD » : il n'est pas obligatoire d'avoir exactement 48 CD ; si cela revient moins cher, il est intéressant d'en acheter plus.

Cette mise en commun est aussi l'occasion pour certains élèves de comprendre qu'ils ont pu confondre au cours de leurs calculs le nombre de CD et les boîtiers.

Après avoir formulé ces remarques éventuelles, le maître peut faire exposer des solutions non optimales, qui ne saturent pas avec des boîtiers de 10 CD, et prendre en compte des solutions qui s'appuient sur le dessin.

Le maître peut mettre en évidence l'intérêt de disposer de traces écrites (qui distinguent les euros et les boîtiers), permettant de se relire, pour pouvoir compléter ses essais (et pouvoir expliquer sa méthode), par exemple :

11 €	→	10 CD
11 €	→	10 CD
11 €	→	10 CD
11 €	→	10 CD
44 €	→	40 CD

Elle veut 48 CD → 5 + 3 = 8
un boîtier de 5 et un boîtier de 3 → 7 € + 5 € = 12 €

On ne cherche pas à institutionnaliser la solution qui consiste à acheter le plus de CD en grande quantité, mais à mettre en valeur le fait qu'il faut chercher d'autres solutions pour décider pourquoi certaines sont préférables.

■ Deuxième phase
Reprise avec d'autres nombres

En proposant de chercher des solutions pour un meuble de 12 étagères ou plus, le maître vise un réinvestissement des constats faits lors de la mise en commun : il faut chercher plusieurs solutions avant de décider quelle est la plus avantageuse. En effet, selon les nombres choisis, il peut être plus intéressant de prendre le nombre de boîtiers de 10 CD par excès (comme pour 48) ou de chercher juste à atteindre le nombre (par exemple pour 96).

2. Les trois nombres qui se suivent (période 1)

Dans cette situation de début d'année, on demande aux élèves de formuler leur solution : chacun écoute, interprète ce que l'autre a fait ; cet objectif est bien sûr poursuivi dans de multiples situations mais, ici, on veut que les élèves prennent conscience qu'il faut convaincre et que l'idée de « preuve » s'installe dans le débat par le recours à des arguments compréhensibles par tous et dont la validité est reconnue.

> DESCRIPTION RAPIDE
Il s'agit de trouver trois nombres qui se suivent, la somme de ces trois nombres étant donnée. Selon la somme choisie (multiple de 3 ou non), il y a une solution ou bien le problème est impossible.

> OBJECTIFS SPÉCIFIQUES
- Améliorer la gestion des essais : mesurer l'écart au but, prendre en compte les essais antérieurs, évoluer dans le bon sens (première phase).
- Être capable d'expliciter sa stratégie et de la critiquer (première phase).
- Prouver une propriété par des connaissances appropriées (deuxième phase).
- Formuler une solution générale et la justifier (troisième phase).

> MATÉRIEL

Les élèves peuvent disposer de calculettes afin qu'ils ne soient pas gênés par les calculs. Mais il leur est bien indiqué qu'ils doivent d'abord écrire leurs essais avant d'effectuer les calculs.

DÉROULEMENT

Cette situation comporte trois phases et nécessite au moins deux séances.
– Une phase pour laquelle, le problème étant possible, il va s'agir de trouver la solution en faisant des essais.
– Une phase au cours de laquelle il s'agira de prouver l'impossibilité de trouver une solution pour certaines sommes et donc de chercher des propriétés permettant de prouver.
– Une phase au cours de laquelle il s'agira de rechercher les sommes possibles et donc d'étendre une règle pour arriver à une généralisation.

Première phase
Appropriation du problème et premières recherches

Le maître prend un exemple pour expliquer en quoi consiste le problème : « Les nombres 5, 6 et 7 sont trois nombres qui se suivent et leur somme est 18. Je vais vous donner un nombre qui va être la somme de trois nombres qui se suivent et vous, vous allez chercher ces trois nombres. »
L'exemple est écrit au tableau : 5 + 6 + 7 = 18

Étape 1 : Recherche pour S = 96

Consigne : « Vous allez chercher trois nombres qui se suivent dont la somme est 96. Écrivez tous les calculs que vous faites, il faudra ensuite expliquer comment vous avez trouvé. »

Au cours de la **recherche individuelle** par écrit, le maître demande seulement de vérifier si les trois nombres se suivent et si leur somme est bien 96 (respect des contraintes).
La mise en commun qui suit a pour objectif de mettre l'accent sur les démarches utilisées en pointant les essais structurés et ceux qui ne le sont pas.

Exemples de démarches :
– « 90 c'est 3 x 30 et pour 6, 1-2-3, donc 31, 32, 33 » ;
– certains élèves peuvent trouver immédiatement la suite 1-2-3 puis faire de nombreux essais ;
– d'autres élèves peuvent proposer « 32 + 32 + 32 = 96 », constater que leurs nombres ne se suivent pas mais avoir des difficultés à effectuer les ajustements nécessaires ;
– des élèves peuvent trouver des résultats voisins, ainsi : 29 + 30 + 31 = 90, mais ne pas savoir ensuite dans quel sens aller.

Étape 2 : Recherche pour S = 354

Le travail peut être individuel, ou éventuellement **organisé par groupes homogènes** pour les élèves ayant des difficultés à respecter les contraintes ou à organiser leurs essais. Le maître intervient pour pointer les incohérences de certaines démarches : non respect des contraintes, essais désordonnés sans prise en compte des essais antérieurs, essais qui ne vont pas dans le bon sens.

Les élèves doivent faire moins d'essais au hasard :

– essayer des suites autour de 100, exemple 120 + 121 + 122 = 363, constater que « c'est trop grand », et faire des essais en descendant ;

– essayer d'obtenir 4 comme chiffre des unités en additionnant 3 nombres de un chiffre qui se suivent : avec 7, 8, 9, ils obtiennent 24. Ensuite, on peut observer plusieurs stratégies de gestion d'additions à trous chiffre à chiffre, afin d'obtenir, dans l'addition finale, le chiffre 5 en chiffre des dizaines et le chiffre 3 en chiffre des centaines, par exemple :

- poser 7 + 8 + 9 = 24, puis voir que pour aller à 5 au niveau dizaine, il faut 3; donc, mettre 1 en chiffre des dizaines puis compléter par 1 en chiffre des centaines ; d'où le résultat 117, 118, 119 ;
- poser 7 + 8 + 9 = 24 et prendre les plus grands nombres de deux chiffres possibles 97, 98, 99 ce qui donne 294, « trop petit » ;
- prendre 107, 108, 109 ce qui donne 324, « trop petit ».

(Les élèves dans ces deux derniers cas peuvent avoir des difficultés à poursuivre leurs essais.)

– remarquer que 3 x 1 = 3 et que 3 x 18 = 54, et effectuer 17 + 18 + 19 = 54 (en explicitant que 18 est le nombre du milieu), puis compléter au niveau des centaines, ce qui donne la solution 117, 118, 119.

La mise en commun permet d'expliciter et de comparer ces différentes stratégies.

Deuxième phase
Expliciter les propriétés qui permettent de prouver

Étape 1 : Recherche individuelle

Il s'agit de découvrir qu'il n'est pas toujours possible de trouver trois nombres qui se suivent correspondant à une somme donnée.

Le maître donne deux sommes $S = 25$ (pas de solution) et $S = 45$ (une solution). Le domaine numérique permet les calculs de tête.
On pourra repérer les élèves qui semblent convaincus qu'il n'y a pas de solution.

Bilan collectif sur les résultats : le maître fait simplement formuler que pour 45 on a trouvé une solution. En revanche pour 25, il se contente de faire constater que des propositions de solutions ne respectent pas les contraintes (exemple : 7 + 8 + 10 ou 8 + 8 + 9). La recherche de preuves attestant que l'on ne peut pas trouver trois nombres qui se suivent et dont la somme est 25, fait l'objet de l'étape suivante. Aucun débat n'est engagé à ce sujet dans ce bilan.

Des élèves peuvent alors émettre l'idée qu'il n'y a pas de solution pour 25, le maître avalise cette hypothèse : « En effet, peut-être n'y en a-t-il pas. »

Étape 2 : Travail individuel

Cette étape doit amener les élèves à formuler des propositions apportant la preuve que l'on ne peut pas trouver trois nombres qui se suivent dont la somme est 25.

Consigne : « Expliquez pourquoi il n'y a pas de solution pour 25. »

Il relève les différentes productions et se donne le temps de les étudier avant de passer à l'étape 3, la mise en commun.

Le maître classe les propositions de preuves dans lesquelles il pourra vraisemblablement retrouver les catégories suivantes :
- des propositions qui sont imprécises voire incompréhensibles et pour lesquelles il peut demander une reformulation ;
- des propositions affirmant des propriétés fausses ;
- des propositions affirmant une propriété vraie pour le nombre mais qui constituent un argument faux. Ainsi la proposition « 25 est impair » est vraie, mais on ne peut pas dire que l'on ne peut pas trouver trois nombres qui se suivent dont la somme est 25 parce que 25 est impair, puisqu'il existe des nombres impairs, par exemple 45, qui sont la somme de trois nombres qui se suivent ;
- des propositions vraies apportant la preuve, par exhaustivité, que l'on ne peut pas trouver trois nombres qui se suivent dont la somme est 25.

On trouve : $6 + 7 + 8 = 21$, $7 + 8 + 9 = 24$, $8 + 9 + 10 = 27$ qui encadrent le nombre 25.

Étape 3 : Mise en commun des propositions précédentes

Le maître liste les différentes propositions et les fait critiquer :
- les propositions mal formulées sont écartées ou reprécisées ;
- les propositions affirmant des propriétés fausses sont rejetées ;
- les propositions affirmant une propriété vraie, mais ne prouvant pas pourquoi 25 n'a pas de solution, sont, elles aussi, rejetées en tant que preuves. C'est l'occasion de mettre en évidence la nécessité du caractère universel d'une vérité mathématique, un contre-exemple mettant en défaut une proposition avancée ; les élèves sont ainsi amenés à distinguer la valeur d'un énoncé et la valeur de vérité de l'argument qui le fonde ;
- la preuve par exhaustivité est acceptée.

C'est d'ailleurs à ce moment que des élèves pourront formuler des remarques sur le fait que les nombres trouvés vont de trois en trois ou sont multiples de 3, en constatant que 25 est entre 24 et 27.

Troisième phase
Synthèse

Consigne : « On a vu qu'il n'est pas possible de trouver trois nombres qui se suivent dont la somme est 25. Comment savoir si un nombre est la somme de trois nombres qui se suivent ? »

Étape 1 : Travail individuel ou par groupes de deux élèves

Malgré la question qui demande en réalité de trouver une propriété des nombres sommes de trois nombres qui se suivent, les élèves, en général, répondent en fournissant des exemples de sommes possibles :

– beaucoup partent de triplets de nombres en calculant leur somme et entourent cette somme comme réponse à la question posée ;
– certains prennent des triplets de nombres petits, puis des grands, se prouvant en quelque sorte que les sommes possibles peuvent être dans n'importe quel champ numérique ;
– d'autres partent de triplets successifs

15, 16, 17 → 48
16, 17, 18 → 51
17, 18, 19 → 54

de façon méthodique jusqu'à... Cette méthode conduit certains élèves à remarquer, dès les premières suites obtenues, que « les sommes vont de trois en trois » et à ne plus écrire les triplets.

Étape 2 : Mise en commun

L'objet de la mise en commun est de permettre la formulation des propositions se dégageant des exemples, puis de critiquer et/ou de justifier ces propositions.

Le maître exploite les recherches des élèves pour les amener à expliciter une règle générale dépassant les exemples. Il affiche des solutions trouvées par les élèves :

51 = 16 + 17 + 18
54 = 17 + 18 + 19
57 = 18 + 19 + 20

et pose la question : « Que peut-on dire de ces solutions ? »

Les élèves expriment très facilement le fait qu'elles vont de trois en trois, ils peuvent faire référence à la recherche pour 25, pour laquelle ils avaient réussi à encadrer 25 par 24 et 27.
La référence aux multiples de 3, ou bien à la table de trois, apparaît souvent lorsqu'au tableau figurent des exemples du type 3 + 4 + 5 = 12 ; pour beaucoup d'enfants à cette époque de l'année, la table de trois s'arrête à 30 ! La formulation explicite du fait que les nombres solutions sont des multiples de 3 dépend du travail fait dans la classe sur la notion de multiple.

Le maître peut ensuite demander si l'on saurait fournir directement (ou reconnaître) un nombre qui soit la somme de trois nombres qui se suivent, en proposant éventuellement un nombre : « Est-ce que 92 est la somme de trois nombres qui se suivent ? »

– Certains élèves proposent de partir de 57 et d'augmenter de trois en trois.
– D'autres disent que 90 est solution en partant du nombre milieu 30 et les autres nombres 29 et 31, puis remarquent que la solution qui vient après est 93 (30 + 31 + 32).

À ce moment du débat, le constat est fait que les nombres vont de trois en trois ou que les premiers sont dans la table de trois et une hypothèse peut apparaître sur le fait que ce sont des multiples de 3. Le maître demande alors d'expliquer : « Pourquoi les nombres vont-ils de 3 en 3 ? Pourquoi est-ce que ce sont des multiples de 3 ? »

Pour justifier que les sommes vont de 3 en 3, on peut voir apparaître l'explication du fait que l'on passe d'un triplet au suivant en ajoutant 1 à chacun des nombres, donc on ajoute 3 à la somme.
Ici, le concept de multiple de trois va apparaître par le constat que la somme est égale à 3 fois le nombre du milieu, constat qui a pu être effectué par certains lors de leurs recherches précédentes, et par la justification associée, le premier nombre c'est le milieu moins 1 et le dernier c'est le milieu plus 1.

En complément, pour faire fonctionner les découvertes précédentes, le maître peut demander en recherche individuelle de trouver trois nombres qui se suivent dont la somme est 999.

Plusieurs stratégies sont possibles :
– des essais autour de 300 ;
– « Je sais que 3 x 3 = 9, alors je suis parti de 333 » ;
– « Je sais que 99 = 32 + 33 + 34 et j'ajoute 300 ».

3. Les billets (période 4)

> DESCRIPTION RAPIDE
Il s'agit de trouver toutes les possibilités de faire 1 000 avec 200, 50 et 20 à partir d'une situation de monnaie.

> OBJECTIF SPÉCIFIQUE
Trouver une organisation pour produire toutes les solutions.

> ÉNONCÉ
Recherchez toutes les manières de faire 1 000 € avec des billets de 200 €, 50 € et 20 €. On peut avoir plusieurs billets de la même sorte, on n'est pas obligé d'utiliser toutes les sortes de billets.

Il y a 36 solutions, nombre suffisamment grand pour nécessiter une organisation et suffisamment petit pour que les élèves puissent arriver au bout de leur recherche. Les nombres choisis permettent des calculs simples (voir le calcul mental).

DÉROULEMENT

La situation se déroule en deux séances :
– une première séance au cours de laquelle les élèves ont à produire des solutions et trouver une méthode afin d'éviter les répétitions (première et deuxième phases) ;
– une deuxième séance au cours de laquelle il s'agit de trouver une organisation afin de ne pas oublier de solutions (troisième phase).

Première phase
Recherche de solutions

Étape 1 : Travail individuel

Le maître intervient seulement sur :
- les contraintes de l'énoncé : « Tu peux utiliser plusieurs billets de la même sorte ; tu n'es pas obligé d'utiliser toutes les sortes de billets » ;
- les erreurs telles que l'utilisation d'autres billets que ceux donnés ou le dépassement de la somme de 1 000 € ;
- les erreurs de calcul.

Le maître précise que la réponse doit indiquer le nombre de billets de chaque sorte. Il arrête ce travail quand les élèves commencent à produire avec difficulté de nouvelles solutions faute d'une organisation efficace.

Étape 2 : Mise en commun

Elle doit permettre d'identifier clairement les solutions afin d'éviter les répétitions.
Un premier élève propose ses solutions qui sont écrites au tableau puis chaque élève propose les siennes en ne donnant que les solutions différentes de celles déjà mentionnées. Les élèves cochent au fur et à mesure sur leur feuille les solutions déjà proposées.
Pour remarquer plus facilement que telle solution a déjà été trouvée (plusieurs calculs peuvent donner la même solution), le maître fait écrire au tableau les solutions sous la forme d'un nombre de billets de chaque sorte : par exemple 4 billets de 200 € et 4 billets de 50 €.

Deuxième phase
Recherche de toutes les solutions

Les solutions trouvées précédemment restent affichées au tableau.

Consigne : « Vous allez chercher à avoir toutes les solutions en ayant une méthode. Quand vous aurez terminé de chercher, vous expliquerez votre méthode sur votre feuille. »

Le maître insiste sur l'écriture des solutions sous forme d'un nombre de billets de chaque sorte. À cette étape, toutes les solutions trouvées par un même élève doivent être différentes.
Au fur et à mesure que les élèves terminent leur recherche, le maître ramasse les feuilles

Dans les recherches de solutions, on voit apparaître des organisations, mais les élèves ont souvent du mal à formuler cette organisation.
Exemple du travail d'un élève :
5 billets de 200 €
4 billets de 200 € + 4 billets de 50 €
3 billets de 200 € + 8 billets de 50 €
1 billet de 200 € + 16 billets de 50 €

4 billets de 200 € + 10 billets de 20 €
3 billets de 200 € + 20 billets de 20 €
2 billets de 200 € + 30 billets de 20 €
1 billet de 200 € + 40 billets de 20 €
4 billets de 200 € + 2 billets de 50 € + 5 billets de 20 €

Des élèves pensent bien à saturer avec un type de billets et proposent en premier des solutions du type : 5 billets de 200 €, 20 billets de 50 € et 50 billets de 20 €, mais il leur est ensuite difficile de jouer sur les différents types de billets.

Troisième phase
Recherche des méthodes d'organisation

L'accent est mis sur : « Comment se rendre compte que l'on n'a pas oublié de solution ? »

Étape 1 : Mise en commun

À partir des productions relevées dans la première séance (phases 1 et 2), le maître fait constater aux élèves qu'ils n'ont pas tous trouvé le même nombre de solutions. Certains en ont sûrement oublié, même celui ou ceux qui en ont trouvé le plus ! On n'est pas sûr qu'ils les aient toutes trouvées !

Le maître relance la recherche d'une organisation pour les trouver toutes. Il part des méthodes écrites par les élèves en les reformulant éventuellement, par exemple : « J'ai pris un nombre de billets de 200 € et j'ai cherché tout ce qui allait avec. »
Les solutions correspondantes sont affichées au tableau.

Le maître pose alors la question : « Comment se rendre compte qu'on n'a pas oublié de solutions avec les trois billets de 200 € ? »
Ceci doit conduire à organiser les solutions précédentes données en vrac, par exemple en rangeant le nombre de billets de 50 € sous la forme d'un tableau ou d'un arbre.

billets de 200 €	billets de 50 €	billets de 20 €
3	8	
3	4	10
3	2	15

Cette organisation doit permettre de se rendre compte que les solutions avec les billets de 50 € n'ont pas toutes été écrites, par exemple il manque 6 billets de 50 € et 5 billets de 20 €, de même il manque 20 billets de 20 €.
On complète ainsi ces solutions comportant 3 billets de 200 €.
C'est ainsi l'occasion de remarquer l'équivalence entre 2 billets de 50 € et 5 billets de 20 €.
Ce moment collectif se termine par :
« Il faut fixer le nombre de billets d'une sorte et faire varier les autres. »

La difficulté réside ensuite dans le « comment faire varier les autres », en particulier comment « balayer » la variation entre 50 et 20.

Certains ont pu, dans la première séance, prendre le maximum de billets de chaque sorte en premier, mais ensuite ils se perdent en passant d'un type de billets à l'autre, et l'on ne peut guère reprendre cette méthode ; c'est pourquoi lors de la mise en commun, il vaut mieux partir d'une proposition pour un nombre fixé de billet(s) de 200 €.

Étape 2 : Travail individuel

Chaque élève récupère sa feuille de la première séance et reprend la recherche.

Consigne : « Réorganisez vos solutions en fixant le nombre de billets d'une sorte et regardez bien si vous n'avez pas oublié de solutions en faisant varier le nombre de billets des autres sortes. »

Les élèves doivent arriver à organiser plusieurs blocs, en prenant conscience qu'ils ont bien cherché toutes les solutions dans chaque cas.

4. **La piscine** (période 4)

> DESCRIPTION RAPIDE

Dans cette situation, les élèves vont devoir répartir des nombres donnés en tenant compte de contraintes :

- leur somme ne doit pas dépasser une certaine valeur ;
- tous les nombres doivent être utilisés (une fois et une seule).

Selon les données, le problème peut avoir une solution, plusieurs ou aucune.

> OBJECTIFS SPÉCIFIQUES

- Produire des résultats et gérer des essais pour faire un choix selon un critère.
- Justifier la réponse par écrit.
- Prouver l'impossibilité d'obtenir une réponse.

> MATÉRIEL

Les élèves disposent de calculettes afin qu'ils ne soient pas gênés dans leurs calculs, ils doivent bien entendu écrire leurs essais avant d'effectuer les calculs.

> ÉNONCÉ

Les élèves d'une école ont la possibilité de choisir l'activité piscine une fois par semaine. La piscine où ils se rendent ne peut accueillir plus de 180 enfants à la fois. Le maître responsable de cette activité doit organiser le planning de façon à retenir le minimum de créneaux à la piscine.
Le maître veut savoir comment il va répartir les groupes, sans séparer les élèves d'un même niveau.

DÉROULEMENT

Première phase
Trouver une solution en gérant des essais

Le maître écrit au tableau : « 180 enfants maximum » et le nombre d'élèves par niveau :

- 25 élèves de PS
- 45 élèves de MS
- 85 élèves de GS
- 115 élèves de CP
- 75 élèves de CE1
- 65 élèves de CE2
- 35 élèves de CM1
- 95 élèves de CM2

Remarque : les nombres choisis obligent à saturer la piscine à 180.

Étape 1 : Appropriation du problème et recherche individuelle

L'histoire est présentée oralement par le maître, les élèves disposent du texte écrit. Il faut sans doute expliquer des mots : planning, créneaux, PS, MS, GS...

Consigne : « Vous allez mettre sur la feuille la réponse qui doit indiquer la répartition des classes. »

Les élèves font une recherche individuelle pendant 15 minutes environ.

Les élèves font des essais en associant les classes. Certains calculent auparavant le nombre total d'élèves sans pour autant en tirer une conclusion sur le nombre de créneaux, ils ne mettent pas en rapport le nombre total et le nombre maximum par créneaux.
Beaucoup d'élèves ne saturent pas et on a beaucoup de propositions pour 4 créneaux. Il y a très peu de remise en question d'une première proposition de regroupement, l'essentiel, pour les enfants, dans ce début de recherche étant de faire une répartition de tous les élèves en respectant la contrainte du nombre maximum qui, elle, est bien prise en compte.

Étape 2 : Mise en commun

Elle a pour objectifs de :
- montrer qu'il faut justifier sa réponse en écrivant les égalités qui prouvent que la répartition est possible ;
- montrer qu'il y a des solutions meilleures que d'autres, et mettre en évidence la nécessité de saturer au maximum ;
- amener le débat à partir des nombres de créneaux trouvés : peut-on faire mieux que réserver 3 créneaux ?

Le maître envoie au tableau des élèves ayant trouvé 4 créneaux, puis des élèves ayant trouvé 3 créneaux, une discussion collective met en évidence que ceux qui ont utilisé 4 créneaux n'ont pas saturé à 180, il y a donc des pertes. Ensuite, on constate d'après les différents essais, qu'il ne reste plus qu'une solution, celle à 3 créneaux avec une seule répartition possible 115 + 65, 75 + 35 + 25 + 45, 85 + 95 et qu'il y a 180 enfants à chaque fois.

Des élèves peuvent constater qu'on ne peut pas faire mieux que 3 créneaux, sinon on dépassera 180 enfants, en écrivant 540 = 3 x 180…

Deuxième phase
Prouver l'impossibilité d'obtenir une réponse

Le maître a le choix entre proposer l'un des deux énoncés selon les élèves, traiter d'abord l'énoncé 2 puis le 1.

> ÉNONCÉ 1 (pour les plus performants)

Avec des groupes de 20, 60, 90, 140, 30, 70, 50, 80, comment peut-on envoyer tous les enfants à la piscine sur trois créneaux ?

Le nombre total des enfants est toujours égal à 540 mais on ne peut pas envoyer tous les enfants à la piscine sur 3 créneaux, la piscine ne peut pas être saturée à 180 pour tous les groupes.

> ÉNONCÉ 2 (pour les autres)

Avec des groupes de 30, 60, 70, 90, 100, 110, 50, 40, comment peut-on envoyer tous les enfants à la piscine sur 3 créneaux ?

Le nombre total des enfants dépasse 540, il est impossible de ne réserver que trois créneaux.

Étape 1 : Travail individuel

Durant 15 minutes environ, le maître demande à ceux qui trouvent que c'est impossible de formuler par écrit les raisons de cette impossibilité.

Étape 2 : Mise en commun

Elle porte sur les preuves de l'impossibilité de ne réserver que 3 créneaux en partant des productions des élèves, par exemple :

– pour l'énoncé 1
- « on peut envoyer tous les élèves en 4 créneaux » ;
- « on peut retenir 3 créneaux mais en laissant un groupe ».

Le maître relance alors le débat en posant la question : « Est-il possible d'améliorer ? » Cette question engage les élèves à faire de nouveaux essais de répartition, et à constater qu'il n'est possible de saturer qu'une seule fois avec 90-70-20, mais qu'avec 140 on ne peut mettre que 30. Il reste alors 80-60-50 dont le total dépasse de 10 le nombre maximum. Les élèves peuvent constater qu'il y a une perte de 10 sur le groupe avec 140.

– pour l'énoncé 2
- certains enfants font directement la somme et constatent que le nombre dépasse 540 et ils en concluent qu'il est impossible d'envoyer tous les groupes sur 3 créneaux : « il ne peut pas y avoir 3 créneaux, il y a 4 créneaux » après calcul du total 550 et division de 550 par 180 faisant apparaître 3 comme quotient et un reste de 10 ;
- d'autres peuvent essayer de saturer à 180 les deux premiers créneaux, ce qui peut les amener à évaluer le nombre total des enfants et à commencer à formuler des preuves : « c'est impossible car il y a 10 élèves de trop ».

Troisième phase
Réinvestissement

Il est à proposer, dans le cadre d'une différenciation, à certains enfants qui auraient parfaitement compris les précédentes situations.

Première situation : 120-75-100-25-105-45-155-60-35.
Le nombre total est 720 et on peut envoyer tous les enfants sur 4 créneaux en saturant à 180. Certains peuvent trouver 5 créneaux ce qui relance le débat.

Deuxième situation : 90-85-65-45-40-35.
Le nombre total est 2 fois 180 mais il faut retenir 3 créneaux.

Troisième situation : 105-160-35-25-75-80-60-125-40.
Nombre total : 705 < 4 x 180, mais il faut 5 créneaux.

Étape 1 : Recherche individuelle du même problème

Étape 2 : Confrontation par groupe de deux du nombre de créneaux trouvé et défi : « Peut-on faire mieux ? »

– Si on sature tous les créneaux, on est sûr que l'on ne peut pas faire mieux.
– Si on n'a pas saturé, on peut prévoir le nombre de créneaux en calculant le nombre total d'enfants et le quotient de ce nombre dans la division par 180. Si on a trouvé un nombre de créneaux supérieur, on peut essayer d'autres combinaisons pour faire mieux ou prouver que l'on ne pourra pas faire mieux, les nombres « trop grands » occasionnant une perte par rapport au nombre maximum 180.

5. Le plus grand produit (période 4)

> DESCRIPTION RAPIDE

Cette situation propose de chercher dans les décompositions additives d'un nombre, celle(s) dont le produit des termes est le plus grand. Cette situation est proposée en période 4 car, pour que les débats soient fructueux, il est nécessaire que les élèves ne soient pas trop déroutés par la résolution d'un problème ouvert.

Les connaissances et les représentations des élèves – notamment en ce qui concerne les « grands nombres » pour lesquels ils ne peuvent évaluer l'ordre de grandeur des produits obtenus à partir des décompositions ou à plus forte raison comparer ces résultats – ne permettent pas de traiter la question en général. Il est donc préférable de se limiter à un champ numérique particulier (jusqu'à 20 ou 30).

> OBJECTIFS SPÉCIFIQUES

– Émettre des hypothèses, les confirmer ou les infirmer par des essais, ou des propositions.
– Formuler précisément des propositions pour pouvoir en débattre.

DÉROULEMENT

La première phase (appropriation de ce problème ouvert et sa résolution pour deux exemples numériques) permet aux élèves d'ébaucher des stratégies et de commencer à comprendre qu'il n'est pas intéressant de chercher explicitement toutes les solutions pour choisir la meilleure, mais qu'il est préférable de formuler des hypothèses. On peut la traiter en une séance.

La seconde phase est centrée sur la question de la méthode pour trouver le plus grand produit. Des propositions sont formulées, débattues et des éléments de preuve sont élaborés et critiqués.

Première phase
Résolution du problème pour quelques valeurs

Remarques importantes
– Dans cette phase, on ne cherche pas à prouver si les résultats obtenus sont les plus grands.
– En particulier, on ne vise pas la recherche exhaustive de toutes les décompositions additives d'un nombre ; cette méthode ne pourrait probablement être comprise que par certains élèves, et elle constituerait un obstacle pour le travail de la phase 2 sur des propositions de méthode.

Étape 1 : Appropriation du problème et recherche individuelle pour le nombre 10

Le but de cette première étape est que les élèves comprennent que pour résoudre ce problème, il est nécessaire de :
– décomposer additivement un nombre ;
– calculer des produits correspondants ;
– les comparer pour chercher le plus grand produit ;
– optimiser le résultat.

Consigne : « Quel est le plus grand produit que l'on peut faire avec 10 ? »

Le maître prend un exemple : 10 = 2 + 2 + 6, le produit 2 x 2 x 6 donne 24. Il demande aux élèves de choisir d'autres décompositions de 10 et de chercher les produits correspondants. Il précise qu'il peut y avoir plus de deux nombres dans la décomposition. Il ne s'agit pas de chercher toutes les décompositions de 10, mais celle dont le produit des termes est le plus grand.

Les élèves font une proposition quand ils pensent avoir trouvé le plus grand produit. Le maître exige de la précision dans les termes employés et de la rigueur : en particulier, il veille à ce que des écritures comme 7 + 3 = 21 ne soient pas gardées, mais plutôt par exemple 10 = 7 + 3 → 7 x 3 = 21. Il peut relancer la recherche : « Si vous avez trouvé un résultat, essayez d'en chercher un plus grand. »

Étape 2 : Mise en commun pour le nombre 10

On compare les résultats trouvés. Les élèves peuvent venir au tableau s'ils croient avoir une meilleure solution. À ce moment, on accepte que le résultat soit le même qu'un résultat déjà écrit (ou que la décomposition soit différente mais fournisse le même produit, ou que l'ordre des facteurs soit différent).
Cette mise en commun permet la formulation de premières propriétés constatées (exemples : 3 x 3 x 4 = 3 x 3 x 2 x 2, rôle du 1).
Les résultats obtenus sont conservés au tableau.

Étape 3 : Recherche individuelle pour le nombre 14

La consigne est la même que pour 10, le déroulement est analogue : présentation plus rapide, recherche individuelle. Le maître demande aux élèves qui croient avoir trouvé le plus grand produit (solution : 3 x 3 x 3 x 3 x 2 = 162) de confronter par deux leurs résultats.
Comme précédemment la recherche exhaustive de toutes les solutions de la décomposition de 14 n'est pas visée (il y en a 33 en ne considérant que celles qui ne comportent pas de 1).

Étape 4 : Mise en commun pour le nombre 14

Le maître fait :
– confronter les différents résultats en partant de décompositions erronées ou de celles qui ne sont pas les meilleures ;
– formuler des constats éventuels, par exemple :
- « ce n'est pas parce qu'il y a beaucoup de termes qu'on a forcément un grand produit » ;
- le rôle du 1 ;
- « ce n'est pas en ne prenant que deux « grands nombres » (en décomposant 14 en deux nombres) que l'on a un grand produit »... ;

– formuler, éventuellement, des propositions de méthodes qui permettraient de trouver le plus grand produit.

Pour éviter que les remarques se limitent au cas de 14, on peut laisser au tableau les résultats trouvés pour 10.
Le maître peut être amené à poser la question : « Est-on sûr d'avoir trouvé le plus grand produit ? », soit parce que certains élèves l'ont perdue de vue et se contentent des résultats trouvés ou de produire de nouvelles solutions en oubliant de vérifier si elles sont meilleures, soit parce que d'autres élèves restent convaincus de propriétés qu'ils n'ont pas eu l'occasion de remettre en question. Afin de mieux recentrer les élèves sur des propositions qui soient communes à toute la classe, il n'est pas prévu de moments de recherche entre les deux séances.

Deuxième phase
Recherche d'une méthode générale

Dans la seconde phase, qui doit être une nouvelle séance, on cherche à faire prendre conscience aux élèves que, pour chacune des propositions, il faut savoir :
– si on est sûr qu'elle est vraie et pourquoi ;
– ou s'il faut chercher à le montrer et comment.
On ne cherche pas à imposer au CM une synthèse exhaustive des étapes de la démarche ou à plus forte raison une démonstration.

Étape 1 : Reformulation du problème et recherche de méthodes par groupes de 2 ou 4

Il s'agit de « décentrer » les élèves de la recherche du plus grand produit pour un nombre particulier (ce qui a constitué l'essentiel du travail fait lors de la phase précédente), et de faire formuler des hypothèses en des termes généralisables pour plusieurs nombres :
« La dernière fois, nous avons cherché quel est le plus grand produit pour 10 et pour 14. Aujourd'hui, on va chercher une méthode pour trouver le plus grand produit pour tous les nombres. »

Chaque groupe doit mettre par écrit sa proposition de méthode pour trouver le plus grand produit.

Malgré la consigne explicite de recherche de méthode, des élèves se lancent dans la recherche du plus grand produit pour des exemples, et en général des grands nombres.
Il est nécessaire de préciser que la recherche du plus grand produit se fait pour un nombre fixe et qu'il ne s'agit pas de comparer des produits obtenus avec des nombres différents. Il est évident qu'avec des nombres plus grands, on obtiendra des produits plus grands, mais ce n'est pas la question que l'on se pose.
Quelques exemples de propositions formulées par des élèves :
– Il faut faire des essais et voir ce qu'ils ont en commun.
– Pour avoir le plus grand nombre :
- « il faut décomposer », ou bien « il faut beaucoup de nombres » ;
- « par exemple, pour 10 prendre 5 et 5, pour 12 prendre 6 et 6 » ;
- « si on veut un plus grand produit, on utilise 2, 3, 4 » ;
- « pour 10, on a plutôt travaillé avec des 3 et 4 » ;
- « on utilise le plus de 5 » ;
- « il faut prendre la moitié » ;
- « pour un nombre impair, il faut prendre 3 nombres » ;
- « pour un nombre pair, il en faut 2 » ;
- « quand on a un 5, on fait 2 et 3 » ;
- « on peut enlever le 1 ».

Étape 2 : Débat sur les propositions de méthode

Les différentes propositions sont écrites au tableau, il va s'agir d'en étudier la validité.
Lors de ce débat, le maître sollicite plus particulièrement les élèves qui n'avaient pas exprimé de propositions lors de la séance précédente. Il est important de permettre à tous les élèves de participer au débat, de reformuler et de s'approprier des propositions émises par d'autres.

Le rôle du maître est aussi de :
- permettre à la classe de dresser la liste des différentes propositions ;
- permettre le tri des propositions selon les catégories ci-dessous ;
- faire formuler les propriétés ou raisonnements prouvant certaines de ces propositions.

On peut *a priori* envisager quatre types de propositions.
a) Celles qui sont reconnues comme vraies, dont on est sûr (déjà reconnues précédemment ou bien pour lesquelles un argument irréfutable – une propriété connue – est donné immédiatement). Exemple : « mettre un 1 dans le produit, cela ne sert à rien. »
b) Des propositions qui sont débattues immédiatement, des arguments irréfutables sont avancés pour les accepter ou les refuser. Exemple : « Pour 10, prendre 5 et 5 », proposition pouvant être infirmée : « Quand on a un 5, on fait 2 et 3 », ce qui est validé par le calcul : 3 x 2 = 6 et 6 est plus grand que 5.
c) Des propositions de méthodes pour lesquelles on ne peut lever le doute dans l'immédiat et que le maître juge susceptibles d'être validées ou invalidées. Exemple : « Il faut prendre des 2 et des 3. »
d) Des propositions que le maître juge non validables parce qu'imprécises. Exemple : « Il faut beaucoup de petits nombres. »

Les propositions sont examinées. Certaines apparaissent comme peu pertinentes, le champ des propositions à débattre en est réduit. Le maître peut choisir parmi les propositions restantes (3e catégorie), éventuellement reformulées, celles qui feront l'objet du travail de l'étape 3.

Étape 3 : Recherche par groupes

Le maître choisit une ou des propositions restantes de la 3e catégorie et propose de chercher si elles sont vraies ou non.
Il est essentiel de centrer sur la validation de ces hypothèses et non sur la recherche du plus grand produit pour un nombre particulier.
Le maître demande de formuler par écrit les réponses, en disant pourquoi chaque proposition est vraie ou non.

Étape 4 : Mise en commun

Le but de cette phase est de critiquer les preuves énoncées précédemment.
Les propositions sont examinées, les preuves sont formulées.
Le maître fait formuler :
- les réponses aux questions sur les méthodes privilégiées ;
- les distinctions entre les propositions, infirmées, confirmées et leurs preuves.

Il ne s'agit pas d'institutionnaliser une solution mathématique, ni de faire une démonstration synthétisant les étapes de la résolution.
Si les élèves font des propositions de méthodes s'appuyant sur les multiples de 3, celles-ci peuvent aboutir à des formulations du type :
– « Si c'est un multiple de 3, on décompose en 3 + 3 + 3 + ... + 3 et on fait le produit des 3. »
– « Si c'est un multiple de 3 « plus 2 », on décompose en 3 + 3 + ... + 3 + 2 et on fait le produit. »
– « Si c'est un multiple de 3 « plus un », on fait 3 + 3 + ... + 3 + 4 (on fait 4 avec le dernier 3 et 1). »
Pour établir la preuve de ces propositions, le maître peut être amené à faire expliciter deux propriétés qui n'ont pas obligatoirement été formulées auparavant :
– si on remplace dans une décomposition tout nombre supérieur ou égal à 5 par deux termes différents de 1, le produit de ces 2 termes sera plus grand, donc on ne garde comme termes du produit que des 2 ou des 3 (4 étant égal à 2 x 2, 1 et 0 n'étant pas réellement utiles !) ;
– si on remplace 2 x 2 x 2 par 3 x 3, le produit sera plus grand, donc on ne conserve parmi les termes d'un produit que un ou deux 2.

En fin de séance le maître demande aux élèves ce qu'ils ont appris, et explicite les objectifs propres à ce travail :
– par rapport à la résolution de problème :
  - il faut formuler des propositions plutôt que faire seulement des calculs,
  - il faut garder la trace des essais que l'on fait,
  - il faut formuler ses réponses dans les termes du problème ;
– par rapport à la preuve : il est nécessaire de prouver chaque proposition ;
– par rapport au débat qui a pour but de déterminer collectivement quelles propositions conserver, lesquelles rejeter et où la vérité d'une proposition ne dépend pas du statut de l'énonciateur.

Troisième phase
Prolongement éventuel

Cette situation peut se poursuivre par la recherche, quelque temps plus tard, du plus grand produit pour de nouveaux nombres afin de repérer les réinvestissements.

Sélectionner des informations et résoudre des problèmes complexes

Objectifs du module

- Reconnaître, trier, organiser et traiter les données utiles à la résolution d'un problème ; il s'agit de faire prendre conscience aux élèves des relations entre les éléments d'un énoncé de problème et de leur permettre aussi de travailler sur différents supports.
- Faire prendre conscience aux élèves de l'intérêt de l'utilisation de différents supports et en particulier de la représentation graphique.
- Concevoir des étapes, poser des questions intermédiaires, planifier une résolution.
- Formuler et communiquer sa démarche et ses résultats et rédiger la solution d'un problème.

Pour les élèves qui n'auraient pas travaillé auparavant ces objectifs, nous proposons deux activités spécifiques Du CE2 au CM1 (ci-dessous) qui sont à mener au début de la période 1.

Activités

1. Du CE2 au CM1 : production d'énoncés avec contraintes (période 1)

Ce travail consiste non seulement à produire des énoncés mais aussi à résoudre les problèmes écrits par les élèves et à analyser, le cas échéant, les raisons pour lesquelles le texte produit n'est pas un énoncé de problème : il s'agit d'observer l'adéquation entre l'énoncé et la (les) question(s).

Ce n'est pas un travail exclusif sur la formulation (correction de l'écrit, vocabulaire et syntaxe) même si elle doit être prise en compte.

> DESCRIPTION RAPIDE

Cette production d'énoncés peut se faire à partir de deux contraintes.

a) On part d'une question : cela permet de diversifier les contextes mais aussi les types de calculs et de différencier le travail selon les possibilités des élèves en leur proposant diverses questions.

b) On part de calculs :
– une opération est donnée ; cela permet de retrouver ou d'élargir le champ des problèmes associés à une opération ;
– deux calculs sont proposés, l'un correspondant à un calcul intermédiaire et l'autre à la question finale (cela prolonge le travail engagé sur l'apprentissage de la résolution de problèmes à plusieurs étapes).

> OBJECTIFS SPÉCIFIQUES

Prendre conscience de la nécessité de :
– proposer une histoire cohérente ;
– donner des informations précises ;
– poser une question à laquelle il est possible de répondre grâce aux informations données.

DÉROULEMENT

Première phase
Production d'énoncés à partir d'une question

Consigne : « Vous devez écrire un problème dont la question est écrite au tableau. Vous résoudrez ensuite ce problème. »

On peut reprendre les questions choisies pour le CE2 (*Ermel CE2*, thème 1, module 2) comme : « Combien maman va-t-elle payer ? » ou « Combien d'œufs la fermière a-t-elle à vendre ? » ou encore « Quelle est la durée du vol en avion ? » ou toute autre question...

Dans une première étape, une seule question est écrite au tableau. Les élèves doivent produire un énoncé de problème correspondant à la question et résoudre le problème.

Le maître analyse les travaux des élèves et repère les difficultés. La mise en commun permet de traiter les erreurs commises :
– énoncés ambigus, en particulier le manque de précision (par exemple, l'absence des mots « l'un » ou « chaque » quand il s'agit de X objets à Y euros) ; on fera alors une recherche collective sur un énoncé de ce type ;
– énoncés inintéressants, par exemple non vraisemblance de l'histoire ou calculs trop simples.
On cherchera alors comment rendre le problème plus intéressant en donnant une cohérence à l'histoire ou en choisissant d'autres nombres.

La mise en commun, tout en analysant quelques énoncés corrects, doit permettre de cerner les caractéristiques d'un énoncé de problème :
– il y a quelque chose à chercher ;

– il faut faire un (ou des) calcul(s) pour trouver la réponse ;
– il y a toutes les données utiles pour chercher la réponse.

Selon les résultats obtenus et le repérage effectué, d'autres questions peuvent être proposées, soit la même pour tous les élèves, soit des questions différentes selon les compétences des élèves (contextes différents et difficultés variables).

Deuxième phase Production d'énoncés à partir de calculs

Consigne : « Vous devez écrire un énoncé de problème à partir des calculs suivants : 120 x 8 – 14. Pour résoudre votre problème, il faudra faire les calculs proposés. »

Le déroulement de cette phase est analogue à la précédente : recherche individuelle puis mise en commun et reprise éventuelle.

Le calcul peut être proposé avec parenthèses : (120 x 8) – 14. Cette écriture « matérialise » le calcul intermédiaire.
Il est préférable de ne pas donner le résultat des calculs car les élèves proposent alors des énoncés où apparaissent tous les nombres. Ainsi, l'écriture 120 x 8 = 960 et 960 – 14 = 946 met bien en évidence le calcul intermédiaire mais rend la tâche de production d'énoncé plus difficile, car il faut faire abstraction de certains nombres.
Les élèves ont souvent des difficultés à trouver un contexte « original ». Il faut les encourager à proposer des énoncés autres que ceux accumulant des achats. Les problèmes trouvés et corrects peuvent alimenter une boîte à problèmes.

2. Du CE2 au CM1 : les photos (période 1)

> DESCRIPTION RAPIDE

Cette situation est décrite dans *Ermel CE2* (page 88). Elle permet d'envisager un minimum de planification : trouver une question intermédiaire en posant un calcul intermédiaire. Ce travail de planification sera poursuivi tout au long du CM1 et du CM2.
Il s'agit d'un travail à partir d'un énoncé sans question et comportant un certain nombre d'informations.

> OBJECTIF SPÉCIFIQUE

Se poser des questions et faire des calculs intermédiaires pour répondre à une question finale.

> ÉNONCÉ

Au cours d'un voyage, Pierre a d'abord utilisé deux pellicules de 20 photos chacune. Il a constaté que 4 photos n'étaient pas réussies.
Ensuite, il a utilisé deux nouvelles pellicules de 12 photos chacune et, cette fois, 2 photos ont été ratées.
Pierre colle les photos réussies dans un album de 10 pages. Sur chaque page, on ne peut pas coller plus de 6 photos.

DÉROULEMENT

Étape 1 : Élaborer des questions pertinentes

Après l'explication, si nécessaire, de certaines expressions (« pellicules », « pas plus de 6 photos »), les élèves, en **travail individuel**, recherchent une question à laquelle on peut répondre en faisant un calcul, même dans sa tête. Dans **la mise en commun**, les questions sont triées et ne sont conservées que celles qui répondent à la consigne et celles qui sont utiles pour en résoudre d'autres. Les questions sont numérotées pour la suite du travail et restent affichées au tableau. Sont éliminées les questions incohérentes avec l'énoncé (« Combien a-t-il dépensé ? ») ou les questions inutiles pour en résoudre d'autres (« Combien Pierre a-t-il utilisé de pellicules ? »).

Étape 2 : Comprendre que certaines questions permettent d'en résoudre d'autres

Une question est écrite au tableau : « Combien Pierre a-t-il réussi de photos ? » **Les productions individuelles** des enfants laissent apparaître différents itinéraires.

Dans **la mise en commun**, aucun enchaînement particulier de calculs n'est privilégié, l'accent est mis sur les questions auxquelles on répond en faisant les calculs intermédiaires.

Des élèves ont procédé ainsi :

20 + 20 = 40 On met en évidence la question « Combien de photos la première fois ? »
12 + 12 = 24 On met en évidence la question « Combien de photos la deuxième fois ? »
40 + 24 = 64 On met en évidence la question « Combien Pierre a-t-il fait de photos ? »
64 – 6 = 58 On met en évidence les questions « Combien de photos a-t-il ratées ? » et « Combien de photos a-t-il réussies en tout ? »

Ces questions sont prises dans la liste établie lors de la mise en commun précédente.

Étape 3 : Répondre à une nouvelle question

Le maître propose la question : « Pierre pourra-t-il coller toutes les photos réussies dans son album ? »

Il est demandé aux élèves de bien expliciter par écrit les calculs effectués. La recherche se fait à deux (la charge de travail, au niveau de l'écriture, sera moins importante pour certains enfants).

Le maître devrait pouvoir évaluer si les élèves utilisent les résultats obtenus et s'ils précisent la signification des calculs intermédiaires.

3. Alerte en Guyane ! (période 2)

> DESCRIPTION RAPIDE

Il s'agit d'un texte narratif qui comprend beaucoup d'informations inutiles pour répondre à la question.

Les élèves ont déjà été confrontés à des problèmes dont l'objectif est de comprendre les relations qui existent entre les éléments d'un énoncé de problème (voir DU CE2 AU CM1) à travers l'activité de production d'énoncés. Il s'agit ici de renforcer cette compétence.

> OBJECTIF SPÉCIFIQUE

Reconnaître, trier, organiser et traiter les données nécessaires à la résolution d'un problème à partir d'un énoncé non classique.

> ÉNONCÉ (distribué aux élèves)

Mardi 14/3/95, 11 h 15 : tout semble prêt pour le décollage de la navette spatiale X3004, prévu pour midi. Le commandant de la base a vérifié le code d'accès: 76548, et les deux astronautes entrent dans la cabine: Gilbert (36 ans, 70 kg, c'est son 4e vol spatial) et David (29 ans, 75 kg, 1er vol).
Gilbert vérifie le matériel nécessaire à leur survie dans les armoires de l'habitacle. Cinq minutes plus tard, il pousse un hurlement :
– Catastrophe ! Je ne trouve que 4 boîtes !
– Quelles boîtes ? Explique-toi !
– Les boîtes de sachets-repas ! Tu sais bien qu'il nous faut 120 sachets-repas, puisque nous partons 15 jours ; et tu sais aussi que dans chaque boîte il y a 8 sachets-repas. Avec seulement 4 boîtes, nous allons mourir de faim !
– Pas de panique, rétorque David. On dirait que c'est toi le débutant. Aurais-tu oublié ce qu'on nous a expliqué ? Nos armoires ici sont trop petites, et en plus on ne doit jamais tout stocker au même endroit. Je vais aller chercher dans la réserve.
– Bon, d'accord, mais fais vite !
À 11 h 30, David revient dans l'habitacle, un peu affolé :
– Aïe, aïe, aïe, on avait tort tous les deux. J'ai trouvé des boîtes dans la réserve, mais seulement 3, ce n'est pas suffisant. Il faut contacter la base de toute urgence et commander les sachets-repas dont nous avons besoin.
Les astronautes se demandent combien de sachets-repas ils doivent commander à la base.

DÉROULEMENT

L'activité se déroule en une séance.

Étape 1 : Travail individuel

Il s'agit de comprendre ce qui est demandé et s'engager dans la résolution du problème.

La lecture du texte est individuelle puis **la consigne** est donnée :
« Vous résolvez le problème que se posent les astronautes et vous rédigez la solution. »

La question n'étant pas posée de façon explicite dans le texte distribué aux élèves, elle devra être formulée clairement afin que les élèves identifient un problème à travers ce texte : « Combien de sachets-repas les astronautes doivent-ils commander à la base pour pouvoir manger pendant 15 jours ? »

Le travail se poursuit individuellement pendant environ 15 minutes avec une exigence au niveau de la rédaction : « Il faut que l'on comprenne à quoi correspondent les calculs effectués. »
Dans cette situation, l'élève doit intégrer le fait que son écrit est destiné au maître, lequel doit comprendre ce qu'il a fait. Aucun travail spécifique n'est abordé à propos de la rédaction de la solution.

Étape 2 : Mise en commun et différenciation

Aux élèves ayant résolu le problème sans difficulté, une tâche complémentaire est demandée : écrire un nouvel énoncé donnant le minimum d'informations nécessaires.

Pour les autres, la mise en commun va permettre d'apporter des aides afin qu'ils puissent continuer la résolution. Le maître pose des questions :
– « De quels renseignements a-t-on besoin pour répondre à la question ? » (Combien de sachets-repas faut-il en tout ? Combien y en a-t-il dans les armoires ?)
– « Ces renseignements sont-ils présents dans le texte ? »
– « Y a-t-il d'autres renseignements utiles pour répondre à la question ? » (Les boîtes retrouvées dans la réserve.)
Il demande de souligner les informations utiles, voire de barrer celles qui sont inutiles. Le maître peut s'appuyer sur certaines erreurs (confusion entre sachets et boîtes ou lecture de « 120 sachets par jour ») pour que certains enfants fassent une meilleure lecture du texte.

Étape 3 : Résolution individuelle ou échange de productions

Les élèves qui n'ont pas terminé, poursuivent la résolution du problème. Si trop d'erreurs persistent, une mise en commun peut être envisagée en faisant expliquer le pourquoi des erreurs.
Les autres élèves ayant écrit un nouvel énoncé échangent par deux leurs énoncés et débattent entre eux de leur pertinence : oubli de certaines informations, redondance pour d'autres, phrases peu claires...

L'activité peut se conclure par l'écriture collective d'un énoncé destiné à une autre classe.

Les réactions des élèves face à ce problème sont diverses : certains le trouvent vraiment facile (ce sont les élèves qui n'ont aucune difficulté pour trier les informations et qui trouvent qu'il y a peu d'opérations et qu'elles sont faciles). D'autres estiment qu'il est difficile (« Il y a beaucoup trop d'informations, on s'embrouille »).

Malgré le texte un peu particulier de cet énoncé, les élèves comprennent bien que c'est un problème de mathématiques : « S'il n'y avait pas de question, on pourrait penser que c'est une histoire que l'on pourrait continuer ; le problème de l'histoire serait que les repas manquent. Que deviendraient les astronautes ? Mais ce ne serait plus une question mathématique. »

4. Problèmes liés à la vie de la classe (périodes 2, 3 ou 5)

> DESCRIPTION RAPIDE

Sous ce titre, nous envisageons l'exploitation mathématique de projets de classe ou plus généralement de situations qui se présentent réellement au cours de l'année. La place de cette activité dans l'année et sa durée peuvent varier selon le projet de la classe. Si un travail de ce genre ne paraît pas possible, on se reportera à la situation TARIFS POSTAUX, page 100 (période 5).

> OBJECTIFS SPÉCIFIQUES

– Comprendre que les mathématiques servent à résoudre des problèmes qui se posent réellement.
– Modéliser une situation complexe, en se posant des questions pertinentes par rapport à la situation, en allant chercher des informations, en les sélectionnant dans des documents authentiques pour répondre aux questions posées.
– Développer des compétences en situation réelle pour pouvoir les transférer ultérieurement.
Nous nous limitons aux objectifs mathématiques, mais il est évident qu'un tel projet sert également d'autres objectifs.

> PRINCIPES DE MISE EN ŒUVRE

En dépit de la diversité des situations possibles, nous proposons quelques principes généraux à retenir pour la mise en œuvre.
1. Il s'agit d'abord de faire émerger le questionnement, soit à partir de documents, soit à partir d'une prévision.
2. La recherche et/ou l'étude de documents se fait sur des documents authentiques.
3. Les élèves ont à opérer des tris d'informations ou de questions.
4. La résolution nécessite la sélection et le traitement d'informations.
5. Les élèves ont à organiser et à présenter leurs résultats.
6. Le maître met à profit les différentes possibilités d'organisation de la classe ; dans certains cas, il peut confier l'ensemble du problème à la classe ou à des groupes ; dans d'autres cas ou à d'autres moments, en raison de l'ampleur du travail, il est nécessaire de décomposer la tâche en différents problèmes bien définis.
Bien entendu, pour la mise en œuvre précise, des décisions et des ajustements sont à prévoir, pour chaque classe et pour chaque type de situations.

> SITUATIONS

Le maître choisira d'exploiter mathématiquement une situation en fonction de son intérêt et de l'investissement des élèves. En voici quelques exemples : comptes de coopérative, cantine, fête de fin d'année, achat de matériel (livres, photos...), voyage, etc., la liste n'est pas exhaustive.

La situation que nous développons à titre d'exemple, un séjour en classe verte, a été réellement vécue dans une classe, avec ses prolongements[7].

7. Ce projet a été mené à bien dans la classe de Nadine Corbières à Saint-Denis (93).

Chaque projet de classe étant par définition unique et non reproductible à l'identique, nous ne proposons pas un déroulement-type, qui serait à suivre pas à pas mais plutôt la chronique des séances de classe.

DÉROULEMENT

La préparation du budget d'un voyage scolaire pour en assurer le financement se déroule en trois séances.

■ Première phase Étude

> OBJECTIFS

– Étudier des documents authentiques.
– Composer des coûts de séjours « clefs en main ».
– Argumenter pour faire un choix.

Le maître écrit au tableau : « Les parents des élèves de la classe désirent ne pas dépasser la somme de 50 € par enfant pour un voyage scolaire. Voici plusieurs propositions de séjour. »
Il distribue, par groupes de quatre enfants, plusieurs plaquettes de présentation de séjours. Pendant un moment, les élèves observent et commentent les documents.

Lors d'un retour au collectif, le maître demande aux élèves ce qu'ils ont constaté :
– beaucoup de séjours dépassent, et de loin, les 50 € par enfant ;
– les séjours qui proposent le moins de services reviennent moins cher.
Le maître explique la notion de « service ».
Il présente alors la formule camping et autogestion, avec des documents portant sur les lieux (cartes, photos) et des documents portant sur les activités. Des échanges ont lieu sur la baisse des coûts liée à la diminution des services, dans cette formule qui apparaît au groupe-classe comme la seule possible, compte tenu des contraintes de départ.

■ Deuxième phase Planification

> OBJECTIFS

– Se poser des questions pertinentes par rapport au budget prévisionnel.
– Prévoir les documents dont on va avoir besoin.
– Chercher des renseignements dans les documents pour répondre à des questions.

Le maître demande : « Quelles sont les dépenses à prévoir ? »
En collectif, on regroupe ces questions sous trois rubriques :

A Le voyage	B L'hébergement	C Les activités
– train, car – durée – lieu de destination	– logement – repas	– lesquelles ? – combien de fois ? – coût

Les enfants ne formulent pas toujours leur questionnement très précisément.
Le maître fait reformuler et préciser les questions avant de les introduire dans chaque rubrique.
Le maître pose alors la question : « De quels types de documents avons-nous besoin pour répondre à ces questions ? »

A	B	C
– tarifs SNCF – réductions possibles – coût de location des cars – distances (cartes)	– emploi du temps – projets de menus – coût des 4 repas par jour	– emploi du temps – liste d'activités – coût des activités

Les élèves étudient ensuite par groupes une des rubriques, la rubrique « hébergement » étant décomposée en deux postes : coût de l'hébergement et coût des repas. L'enseignant fournit aux groupes deux types de documents :
– le questionnement recopié clairement par poste d'étude,
– les documents authentiques nécessaires à la résolution.

Exemple pour la rubrique A : le voyage
« Nous sommes 27 enfants et 6 accompagnateurs. Est-il plus économique de voyager en car ou en train ? »
Les documents fournis sont :
– les tarifs SNCF avec la gare d'arrivée soulignée ;
– les réductions existantes ;
– les tarifs de location de car (à la demi-journée, à la journée).

Exemple pour la rubrique B : l'hébergement au camping
« Nous dormirons à trois par tente. Nous partons le matin du lundi 7 juin et repartons le vendredi 11 juin après-midi. Nous sommes 27 élèves et 6 accompagnateurs. Combien paierons-nous au camping pour l'ensemble du séjour ? »
Les documents fournis sont :
– les plaquettes d'information de la base de loisirs et de camping ;
– le coût de la location du matériel ;

– l'emploi du temps (qui a été élaboré précédemment avec le groupe-classe lors d'une activité d'éducation civique) pour le calcul des nuitées.

Exemple pour la rubrique B : le coût des repas
« Nous partons le lundi 7 juin dans la matinée et repartons le vendredi 11 juin dans l'après-midi. Nous sommes 27 élèves et 6 accompagnateurs. Un goûter ou un petit déjeuner coûte 1 € par personne. Un déjeuner ou un dîner coûte 4 € par personne (un travail préalable a été fait pour parvenir avec les élèves à cette estimation du coût d'un repas). Combien dépenserons-nous en tout pour la nourriture ? » Les documents fournis sont :
– l'emploi du temps pour le calcul des différents repas (il faut retirer le petit déjeuner du lundi et le dîner du vendredi) ;
– la plaquette d'information des activités proposées par la base de loisirs.

Exemple pour la rubrique C : les activités
« Voici l'emploi du temps du séjour et les plaquettes d'information de la base de loisir. Calculez le montant des dépenses pour ce poste. »

Troisième phase Résolution

> OBJECTIFS

– Calculer le coût total du voyage.
– Faire apparaître la nécessité d'un financement complémentaire.

Les différents groupes proposent les résultats auxquels ils sont parvenus et le bilan global est fait sous la forme d'un tableau qui restera affiché dans la classe :

<table>
<tr><th></th><th>Coût pour 33 personnes</th><th>Financement actuel</th><th>Reste à trouver</th></tr>
<tr><td>Voyage</td><td></td><td rowspan="5">(1)</td><td rowspan="5">(2)</td></tr>
<tr><td>Hébergement</td><td></td></tr>
<tr><td>Repas</td><td></td></tr>
<tr><td>Activités</td><td></td></tr>
<tr><td>Total</td><td></td></tr>
</table>

(1) La 3e colonne apparaît comme nécessaire lors de la mise en commun.
(2) Cette partie du tableau sera remplie ultérieurement au fur et à mesure des rentrées d'argent.

À la fin de la mise en commun, la nécessité de rechercher un financement complémentaire pour équilibrer les comptes apparaît.
Le bénéfice des différentes activités pédagogiques lucratives viendra compléter le tableau au cours de l'année jusqu'à l'équilibre des dépenses et du financement.

D'où les prolongements suivants :
– vente de plantes en pots : au long de l'année, nous faisons pousser des plantes en pots et nous calculons la différence entre le coût (achat de pots, pousses et terreau) et le prix de vente, c'est-à-dire le bénéfice qui nous reste ;
– braderie : une fois dans l'année, avec l'association des parents d'élèves, nous organisons une braderie où des objets variés et des vêtements récupérés gratuitement sont vendus par tables de prix (objets à 5 €, 10 €, 15 € ou 20 €) et nous faisons ensuite le bilan pour connaître le bénéfice de cette action. Nous pouvons estimer à trois séances le temps nécessaire pour le travail de mathématique lié à ce genre de projets mais d'autres moments de travail sont utilisés en fonction de l'évolution de la situation ou pris sur d'autres disciplines.

5. **Bibliothécaire** (période 3)

> DESCRIPTION RAPIDE
Cette situation est un problème complexe dont les informations sont fournies sous différentes formes, certaines dans le texte, d'autres dans un tableau, et qui nécessite de produire des calculs intermédiaires.

> OBJECTIFS SPÉCIFIQUES
– Articuler le problème en sous-problèmes successifs.
– Expliciter ces sous-problèmes dans un plan de travail pour guider la rédaction.

> ÉNONCÉ
La bibliothécaire de l'école dispose d'un budget de 1 500 € pour acheter des livres. Elle sélectionne ses livres dans des catalogues. Le tableau ci-dessous indique sa commande.
La bibliothécaire pense qu'il lui faut aussi du plastique pour couvrir les livres. La couverture de chaque livre coûte 50 c.

Livres	Prix	Quantité
Dictionnaires	21 € le dictionnaire	20 dictionnaires
Livres documentaires	48 € la série de 3 livres	10 séries
Albums	150 € la série de 10 albums	2 séries

La bibliothécaire peut-elle acheter tout ce qu'elle a choisi sans dépasser le budget dont elle dispose ?

> MATÉRIEL
Chaque élève dispose du texte écrit. Les calculettes sont à la disposition des élèves.

DÉROULEMENT

Cette situation se déroule sur deux séances.

Étape 1 : Travail individuel

Cette étape peut faire l'objet d'une séance courte, la mise en commun étant reportée après la récréation ou le lendemain pour que le maître puisse analyser et éventuellement reformuler certaines productions écrites des élèves.

Consigne: « Vous devez résoudre ce problème et, à chaque résultat de calcul, écrire une phrase d'explication. »

Le maître s'assure de la compréhension du texte, en particulier de la signification d'expressions telles que : « séries de trois livres... », ainsi que de la bonne lecture « en ligne » des informations du tableau. À certains élèves, pour qui « série » évoque l'idée de suite ordonnée, le terme « lot » peut être proposé.

Chaque élève résout le problème, le maître apportant une aide différenciée :
– en pointant avec les élèves en difficulté les erreurs flagrantes, les erreurs de calcul, les erreurs de formulation... ;
– en faisant organiser les données sous une autre forme pour ceux qui auraient des difficultés à prendre les informations dans un tableau (cette aide peut être apportée en groupe si plusieurs élèves en ont besoin).
Cette aide différenciée permet aux élèves de « rentrer dans le problème » mais pour beaucoup d'entre eux la résolution n'est pas terminée à la fin de cette étape.

Dans cette étape le maître repère les productions erronées ou incomplètes afin que tous les élèves profitent au mieux de la mise en commun. La première séance peut se terminer à la fin de cette étape si le maître juge qu'il lui faut du temps pour analyser les productions des élèves.

Étape 2 : Mise en commun

Elle a pour objectif de permettre aux élèves de repérer leurs erreurs, de voir qu'il y a des sous-problèmes à traiter afin de pouvoir poursuivre la résolution. Le maître écrit au tableau ou sur des affiches quelques procédures produites par les élèves.

Procédures erronées, par exemple : confusion entre série et livre ou addition des prix figurant dans le tableau (on affiche ces productions si ces erreurs sont restées persistantes chez beaucoup d'élèves, malgré l'aide apportée dans la première étape).

ZAKLINA
```
   21
+  48
+ 150
-----
  219  Elle a assez d'argent.
```
Remarque d'élève lors de la mise en commun : « Elle n'a pas compté la quantité qu'il faut. »

Procédures incomplètes
- Un seul sous-problème est traité, par exemple : calcul des prix des livres et non prise en compte des couvertures en plastique.

KEVIN
20 x 21 = 420 pour les dictionnaires et il a 20 dictionnaires ;
48 x 10 = 480 pour les livres documentaires et il a 30 livres ;
150 x 2 = 300 pour les albums et il a 20 albums.

```
    300
+   480
+   420
  -----
   1200    Il a assez d'argent, il lui reste 300 €.
```

Cette production permet de bien pointer l'autre sous-problème (prix des couvertures en plastique) puisque le nombre de livres a été calculé.

– Les sous-problèmes sont identifiés mais ne sont pas traités jusqu'au bout, mauvaise prise en compte de toutes les informations.

EUGÉNIA

```
20 x 21 = 420 et 50 c de plastique      420        50
48 x 10 = 480 et 50 c de plastique    + 480      + 50
150 x 2 = 300 et 50 c de plastique    + 300      + 50
                                       1200      150 c : 1 € 50 c
                                      Total : 1201 € et 50 c.
                                      Elle a assez.
```

Mauvaise prise en compte au niveau des couvertures en plastique.

Procédures cohérentes mais comportant des maladresses ou des erreurs de calcul

Cyril

```
21 x 20 = 420     20 dictionnaires          →  20 ouvrages
48 x 10 = 480     10 séries de 3 livres     →  13 ouvrages
150 x 2 = 300     2 séries de 10 albums     →  20 ouvrages
                                               -----------
                                               53 ouvrages
```

Prix des livres : 420 + 480 + 300 = 1 200 €
53 x 50 = 2 650 c = 2 600 + 50
Prix des couvertures en plastique : 26 € 50
1 200 € + 26 € 50 = 1 226 € 50 Elle a assez d'argent.

Les deux sous-problèmes ont été identifiés mais il y a une erreur dans le calcul du nombre de livres correspondant à 10 séries de 3 livres.
Remarques d'élèves lors de la mise en commun : « Il mélange les séries et les euros », « Il a fait une addition au lieu d'une multiplication. »

La discussion qui s'engage à partir de ces productions affichées, permet d'établir des plans de travail pour terminer la résolution du problème : ces plans prennent en compte les productions des enfants afin que chaque élève puisse continuer sa méthode ou prendre la procédure d'un autre.

Ces plans de travail peuvent prendre des formes diverses. Il est bien évident que, dans une classe donnée, les trois méthodes proposées ci-après ne seront pas nécessairement trouvées, en particulier la troisième ; il s'agit avant tout de partir des productions des élèves et surtout de ne pas imposer une méthode. Dans cette mise en commun, le maître fera comparer les différentes productions au niveau de la lisibilité pour pointer celles qui comportent des phrases explicatives permettant de comprendre les calculs effectués.

Premier plan de travail	Deuxième plan de travail	Troisième plan de travail
– Calculer le prix des dictionnaires. – Calculer le prix des livres documentaires. – Calculer le prix des albums. – Compter les ouvrages. – Calculer le prix des couvertures des ouvrages. – Additionner tous les prix. – A-t-elle assez ?	– Calculer le prix des dictionnaires. – Calculer le prix des livres documentaires. – Calculer le prix des albums. – Calculer le prix des couvertures en plastique pour les dictionnaires. – Calculer le prix des couvertures en plastique pour les livres documentaires. – Calculer le prix des couvertures en plastique pour les albums. – Additionner tous les prix. – A-t-elle assez ?	– Calculer le prix d'un ouvrage couvert. – Calculer le prix des ouvrages de chaque type. – Additionner tous les prix. – A-t-elle assez ?

Étape 3 : Les élèves achèvent la résolution du problème

Consigne : « Vous choisissez la méthode que vous voulez pour terminer le problème ; vous rédigez la solution en expliquant bien vos calculs. »

Le travail est individuel afin que les élèves s'investissent vraiment dans la rédaction de la solution.

On a constaté un net progrès des enfants, en particulier ceux qui n'avaient pas pris en compte le plastique ou ceux qui avaient fait des erreurs au niveau de la prise d'informations concernant le prix du plastique ; ils ont pu continuer la résolution. Certains élèves ont toujours beaucoup de difficultés à écrire des phrases explicatives.

La mise en commun qui suit, permet de confronter les résultats trouvés par les élèves à la question posée dans le problème, à savoir « la bibliothécaire peut-elle tout acheter ? » et d'y apporter une réponse sûre.
Le maître interroge les élèves et collecte les réponses « oui » et les réponses « non » au tableau en écrivant les explications données par les élèves qui sont discutées et critiquées.

Étape 4 : Reprise : La fête de l'école

Cette reprise peut être nécessaire pour certains élèves ; elle se fait à partir d'un énoncé proche du précédent, les objectifs visés étant identiques.

> ÉNONCÉ

Pour la fête de l'école, on dispose d'un budget de 550 €. On veut acheter des boissons au cola, des sodas et des jus de fruits. Le tableau ci-dessous indique les prix et les quantités.

	Prix	Quantité
Boisson au cola	8 € le pack de 6	10 packs
Soda	4 € le pack de 6	30 packs
Jus de fruits	3 € les 6 mini-briques	10 paquets

Avec chaque boisson, il faut prévoir une pâtisserie. Chaque pâtisserie coûte 1 €. Pourra-t-on tout acheter ?

Le déroulement est analogue à BIBLIOTHÉCAIRE. Le maître peut aussi indiquer d'une phrase, sur chacune des productions des élèves, là où ils ont pu faire une erreur et relancer la recherche individuelle pour ceux qui n'auraient pas terminé. Une mise en commun permet de corriger les dernières erreurs.

Certains élèves croient qu'il manque des informations (« le nombre d'enfants » pour calculer le nombre de briques de jus de fruits).

6. Vélos et VTT (période 3)

> DESCRIPTION RAPIDE

Ce problème (comme BIBLIOTHÉCAIRE) fait intervenir des connaissances développées dans plusieurs domaines (champs additif et multiplicatif) : les étapes ne sont pas explicitées par des questions intermédiaires mais les modèles de résolution pour chacune de ces étapes sont connus.

> OBJECTIFS SPÉCIFIQUES

– Prendre en compte des étapes de la résolution pour être capable d'articuler des sous-problèmes successifs.

– Rédiger les étapes de la résolution du problème après que la question intermédiaire essentielle ait été mise en évidence dans la mise en commun.

> ÉNONCÉ

Un club sportif effectue le montage des vélos de course et des VTT à partir des pièces détachées (roues, cadres, équipements) qu'il commande à une usine :
- une roue de vélo de course coûte 100 €,
- un cadre de vélo de course coûte 500 €,
- une roue de VTT coûte 175 €,
- un cadre de VTT coûte 450 €,
- un équipement complet (dérailleur, freins...) pour un vélo de course ou pour un VTT coûte 200 €.

Le club sportif dispose de 50 000 €. Il commande les pièces nécessaires pour 20 vélos de course. Combien peut-il acheter de VTT ?

DÉROULEMENT

Cette situation nécessite une séance pour les étapes 1 et 2 et une séance pour les étapes 3 et 4.

Étape 1 : Présentation et recherche individuelle

Chaque élève dispose d'un texte écrit. Le maître s'assure de la compréhension du texte, précise éventuellement le sens de certains mots comme « équipement », et conseille d'annoter les calculs après chaque résultat de calcul intermédiaire par une phrase explicative.

Étape 2 : Mise en commun

> OBJECTIFS

– Permettre aux élèves de repérer leurs erreurs, de voir qu'il y a des sous-problèmes à traiter, de percevoir l'utilité d'annoter les calculs pour pouvoir s'y retrouver.
– Mettre en évidence la question intermédiaire essentielle.

La mise en commun s'effectue sur des productions erronées ou incomplètes préalablement repérées par le maître afin que les élèves comprennent que, pour trouver le nombre de VTT, il faut connaître le prix d'un VTT.

– Des élèves ont, dès le départ, une démarche correcte avec parfois des erreurs de calcul : prix d'un vélo de course, prix de 20 vélos, calcul de la somme restante, prix d'un VTT, nombre de VTT ; d'autres calculent d'abord le prix des (20 x 2) roues, de 20 équipements...
– Certains élèves font des calculs intermédiaires (prix de 2 roues d'un vélo de course, de 2 roues d'un VTT...) mais ils n'arrivent pas à dégager la question intermédiaire essentielle (« Quel est le prix d'un VTT ? ») et la plupart s'embrouillent dans les calculs.
– Certains enfants éprouvent encore des difficultés à prendre correctement les informations dans le texte (par exemple, ils pensent que les vélos de course et les VTT coûtent 200 € chacun et donc que les autres informations sont inutiles).

Les différentes questions (« Quel est le prix d'un vélo de course ? » « Quel est le prix de 20 vélos de course ? » « Quel est le prix d'un VTT ? » « Avec l'argent qui leur reste, combien peuvent-ils acheter de VTT ? ») formulées par les élèves au cours de la mise en commun ne sont pas écrites au tableau. Seules subsistent les traces de calculs produites pendant la mise en commun. Elles sont à garder pour la deuxième séance car les élèves doivent pouvoir les retrouver eux-mêmes et non pas répondre automatiquement à des questions intermédiaires posées à l'avance.

Étape 3 : Réalisation de la solution du problème

Consigne : « Vous continuez la résolution de ce problème et vous rédigez la solution en faisant apparaître les différentes étapes de votre résolution. »

Il s'agit de permettre aux élèves de remettre en ordre les étapes de la résolution et pour cela prendre conscience de la nécessité de produire des écrits de recherche qui soient interprétables après coup pour la rédaction.

Les calculs inorganisés disparaissent mais les élèves qui étaient le plus en difficulté dans la première étape ont du mal à terminer le problème car ils ont aussi des difficultés au niveau calculatoire.

Étape 4 : Mise en commun des solutions rédigées

À travers la comparaison de plusieurs écrits, l'accent est mis d'abord sur les démarches, identiques ou différentes, utilisées par les élèves dans la résolution. Cette confrontation des démarches permet aux élèves de voir si les phrases écrites correspondent bien aux différentes étapes de la résolution. Les élèves ont à assimiler que leur écrit doit être suffisant pour que d'autres comprennent ce qu'ils ont fait et qu'ils n'aient pas besoin d'apporter des commentaires supplémentaires sur ce qu'ils ont écrit.

7. Cassettes (période 3)

> DESCRIPTION RAPIDE

Deux tarifs de location de cassettes vidéo sont proposés. Il s'agit de déterminer quel est, selon le nombre de cassettes louées, le tarif le plus avantageux.

> OBJECTIFS SPÉCIFIQUES

– Résoudre un problème en gérant les essais et calculs nécessaires.
– Organiser les renseignements obtenus (tableau, par exemple).
– Lire et compléter un graphique.

> ÉNONCÉ (écrit au tableau)

Location de cassette vidéo
Tarif n° 1 : abonnement annuel 12 € et 3 € par cassette louée.
Tarif n° 2 : pas d'abonnement, mais 4 € par cassette louée.

DÉROULEMENT

Cette situation nécessite trois séances : une pour les étapes 1 et 2 de la première phase, une pour les étapes 3 et 4 et une pour la deuxième phase.

Première phase
Résolution du problème et réinvestissement

Cette phase pourra être menée sur deux séances : étapes 1 et 2 pour la première, étapes 3 et 4 pour la seconde.

Étape 1 : Appropriation et recherche collective

Le maître amorce avec les élèves une discussion sur la situation évoquée, explique certains termes, procède avec eux à une reformulation.
Il contrôle la compréhension sous forme de calcul mental : chaque élève écrit la réponse sur son ardoise (recherche du prix de location pour 2 cassettes dans chaque tarif, pour 10 cassettes, pour 100 cassettes).
Les résultats sont consignés au tableau. Une question est posée : « Quel est le tarif le moins cher ? »

Quelques remarques des élèves s'appuyant sur les résultats ou sur leur connaissance de ce type de situation : « Ce n'est pas toujours le tarif n° 2 le plus intéressant », « Pour s'abonner, il vaut mieux louer un nombre de cassettes important sinon ce n'est pas intéressant. »

Une discussion, à partir des résultats précédents, amène à conclure que cela dépend du nombre de cassettes.
La question est donc posée : « Pour combien de cassettes louées faut-il choisir le tarif n° 1 et pour combien de cassettes faut-il choisir le tarif n° 2 ? »

Étape 2 : Travail par groupes de quatre

Chaque groupe dispose d'une grande feuille de papier pour chercher (une autre affiche leur sera fournie, plus tard, pour rendre compte de leur recherche et de ce qu'ils ont trouvé). La question posée est reformulée : « Trouver pour combien de cassettes louées il vaut mieux choisir l'un des deux tarifs ».

Pour un nombre de cassettes supérieur à 12, le tarif n° 1 est plus avantageux ; pour un nombre inférieur à 12, c'est le tarif n° 2 qu'il faut choisir ; pour 12 cassettes, le coût est le même. Ce problème peut être rapidement résolu par une méthode algébrique qui n'est pas du ressort de l'école élémentaire. Aussi, pour le Cours Moyen, ce problème est un problème de recherche ; il nécessite de faire des essais pour trouver la solution.

En cas de blocage de certains groupes, au bout d'une dizaine de minutes, une mise en commun partielle est organisée. Les élèves sont invités à présenter la méthode qu'ils utilisent, sans communiquer les résultats obtenus. Chaque groupe doit, à la fin de la recherche, présenter sur une affiche sa démarche et la réponse apportée à la question posée.

Différentes démarches peuvent être observées, par exemple :
– recherche systématique des prix pour 1, 2, 3... cassettes avec les deux tarifs jusqu'au moment où il y a changement du tarif avantageux et poursuite des calculs pour quelques nombres suivants ;
– recherche pour des nombres « ronds », multiples de 10, puis recherche plus resserrée avec des nombres entre 10 et 20, par exemple 15, 14, 12 et 13 ;
– recherche pour des nombres trop grands donnant toujours le même tarif le plus avantageux, sans prendre en compte les résultats ou remarques de la phase collective.

Étape 3 : Mise en commun

Cette étape constitue le début de la deuxième séance.
Le maître procède à l'inventaire des réponses apportées à la question. Les méthodes rapportées sur chaque affiche sont présentées et débattues collectivement. Le maître organise ensuite une synthèse : les différents essais sont organisés sous la forme d'un tableau (recensement des essais, repérage des essais manquants, remarques sur le tableau : régularités pour chaque tarif, évolution des écarts entre les deux tarifs...).

Nombre de cassettes	Tarif n° 1 en €	Tarif n° 2 en €
0	12	0
1	15	4
2	18	8
3	21	12
etc.		

Étape 4 : Réinvestissement

Mené lors de la même séance que la mise en commun, le réinvestissement consiste en un travail individuel sur les deux questions suivantes :
a) Laurent a payé 36 € en utilisant le tarif n° 1. A-t-il fait le bon choix ?
b) J'ai dépensé 60 € et j'ai loué le plus de cassettes possible pour ce prix. Quel tarif ai-je choisi ? Combien de cassettes ai-je louées ?

En prolongement, pour les élèves les plus rapides, deux autres questions : Et avec 24 € ? Et avec 84 € ?

Deuxième phase
Graphique

Dans cette phase, les élèves devront d'abord identifier l'information donnée par un graphique et la mettre en relation avec la situation déjà étudiée. Ils auront ensuite à représenter un nouveau tarif sur le graphique et à interpréter, par lecture, l'information apportée.

Étape 1 : Lecture du document par groupes de quatre

Le maître prépare deux graphiques distincts à partir de grilles semblables. Pour chacun d'eux :

– l'axe horizontal, où l'élève écrira lui-même le nombre de cassettes, est gradué de 0 à 19 ;
– l'axe vertical correspond au prix. Il est gradué de 1 en 1, mais seules les valeurs : 10 €, 20 €, 30 €, 40 €, 50 € et 60 € sont déjà écrites par le maître.
Sur le premier graphique, le maître place les points correspondant aux couples (0,12) ; (1,15) ; (2,18) ; (3,21) ; (10,42) ; (14,54) ; (15,57) du tarif n° 1.
Sur le second graphique, le maître place les croix correspondant aux couples (0,0) ; (1,4) ; (2,8) ; (3,12) ; (10,40) ; (13,52) ; (14,56) du tarif n° 2.
Certains élèves (deux dans chaque groupe) reçoivent le premier graphique. Les autres reçoivent le deuxième graphique.

Les élèves sont d'abord invités à retrouver la signification des points et des croix, puis à graduer l'axe vertical.
Des remarques sont formulées :
– sur l'axe vertical sont indiqués les prix ; l'axe est gradué de 10 € en 10 € ;
– sur l'axe horizontal sont indiqués les nombres de cassettes; l'axe est gradué de 1 en 1 ;
– les points (les croix) représentent la correspondance entre un nombre de cassettes donné et le coût de la location pour le tarif n° 1 (le tarif n° 2).

Étape 2 : Placement des points et interprétation

Le maître demande de placer d'autres points correspondant à d'autres nombres de cassettes (5, 7, 8 et 16 cassettes), points sur le graphique correspondant au tarif n° 1 et croix sur le graphique correspondant au tarif n° 2.
La confrontation de quelques productions amène à rechercher les erreurs, notamment à partir du constat que les points sont alignés.

Certaines erreurs sont dues à des difficultés de repérage dans un système à deux dimensions, d'autres au non respect des graduations retenues (5 mis immédiatement après 3, par exemple).

Les deux graphiques (points et croix) sont alors superposés et il est demandé aux élèves d'interpréter ce qui est constaté (par transparence sur une vitre) :
– on retrouve les nombres de cassettes pour lesquels tel tarif est plus intéressant ;
– peut-il arriver que points et croix se superposent ?
Chaque élève est ensuite invité à compléter son graphique pour y représenter l'autre tarif.

Différentes méthodes peuvent être observées :
– calcul pour chaque point ;
– passage d'un point au point suivant en utilisant toujours le même déplacement (pour le tarif n° 1, quand on « avance » d'une case horizontalement, on doit « monter » de 3 carreaux verticalement).
Certains élèves constatent l'alignement des points et l'utilisent pour valider le placement des points.
Remarque : certains élèves éprouvent des difficultés à concevoir et à accepter que l'on puisse représenter les deux tarifs sur le même graphique.

Une mise en commun fait apparaître les différentes méthodes mises en œuvre par les élèves.

Le graphique complet permet de retrouver les réponses aux questions posées dans les étapes 2 et 3 de la première phase.

8. Royal Ciné (période 5)

> DESCRIPTION RAPIDE

C'est le dernier problème de la série (BIBLIOTHÉCAIRE, VÉLOS ET VTT, ROYAL CINÉ) qui vise d'une part à décomposer un problème en sous-problèmes, d'autre part à rédiger la solution d'un problème: les élèves doivent enlever ce qui n'est pas essentiel et utiliser des formulations qui ne soient pas trop personnalisées.

> OBJECTIFS SPÉCIFIQUES

– Articuler des sous-problèmes successifs.
– Rédiger individuellement la solution d'un problème : une fois que le problème est résolu, les élèves formulent par écrit les étapes qui les ont amenés à la solution du problème.

> ÉNONCÉ

Au cinéma « Royal Ciné », un adulte paie 6 € et un enfant paie 4 € par séance.
À la séance de l'après-midi, il y avait 50 adultes et des enfants.
À la séance du soir, il y avait 15 adultes et 20 enfants.
La recette de la journée est de 750 €.
Combien y avait-il d'enfants à la séance de l'après-midi ?

DÉROULEMENT

Il peut se faire en deux séances.
Première séance : étapes 1 et 2 ; deuxième séance : étapes 3 et 4.

Étape 1 : Présentation et recherche individuelle

Chaque élève dispose du texte écrit. Le maître s'assure de la compréhension du texte (les différents sous-problèmes font appel à des connaissances apprises dans le champ multiplicatif). Il explique éventuellement du vocabulaire mais ne donne aucune suggestion sur les méthodes de résolution. Les élèves commencent leur recherche.

Étape 2 : Mise en commun

Cette étape est nécessaire si beaucoup de productions sont erronées ou incomplètes. Un échange se fait alors à partir de ces productions pour mettre en évidence des solutions correctes de sous-problèmes.

Étape 3 : Rédaction de la solution du problème

Aux élèves n'ayant pas terminé la résolution, le maître demande de poursuivre.

Consigne: « Vous continuez la résolution du problème et vous rédigez ensuite votre solution en décrivant les étapes principales. »
Les élèves qui ont résolu le problème sont invités à rédiger la solution.

Dans ce problème, on demande aux élèves de rédiger de façon autonome, c'est-à-dire de produire une rédaction suffisamment impersonnelle qui puisse être communiquée au maître et aux autres élèves.

Étape 4 : Mise en commun des rédactions

Le maître choisit des productions non erronées quant à la solution du problème, mais variées quant à la rédaction, afin de dégager les critères d'une « bonne rédaction » :
- mise en évidence des différentes étapes par des phrases explicites correspondant à des questions que l'on s'est posées pour résoudre le problème (par exemple pour annoncer un calcul) ;
- phrase réponse dans les termes de la question posée.

On fait comparer des productions dans lesquelles les formulations sont trop personnelles et/ou temporalisées comme « J'ai d'abord calculé… » et des productions dans lesquelles les formulations sont impersonnelles et détemporalisées comme « La recette de la séance du soir est… ». Cette comparaison doit amener les élèves à comprendre que ces dernières formulations sont à privilégier dans la rédaction d'une solution d'un problème de mathématiques.

9. **Tarifs postaux** (période 5)

> DESCRIPTION RAPIDE

Cette situation met en évidence le rôle social des mathématiques et vise à faire comprendre que les mathématiques servent dans la vie courante[8].

> OBJECTIFS SPÉCIFIQUES

– Rechercher et sélectionner des données pertinentes pour résoudre des problèmes.
– Élaborer un questionnement à partir d'un document brut.

> ÉNONCÉ

25 élèves de CM2 en classe de mer à l'île d'Oléron envoient chacun une lettre de moins de 20 g à leur famille.
Ils achètent au bureau de poste quatre emballages n° 3 pour expédier des cadeaux à chacune des deux classes de CP.
Pour chaque classe, il y a un colis de 2 kg et un autre de 1,950 kg.
Combien dépenseront-ils pour ces envois ?
Organise tes réponses de manière claire.

> MATÉRIEL

– Un feuillet édité par la poste indiquant les tarifs lettres et paquets en vigueur, par enfant. Il est important de disposer de documents authentiques et non de photocopies.
– Une feuille de format A4 avec l'énoncé.

---

8. Rappelons que nous proposons cette situation pour les maîtres qui n'auraient pas la possibilité d'aborder UN PROBLÈME LIÉ À LA VIE DE LA CLASSE.

DÉROULEMENT

Première phase
Découverte du document brut

L'élève va se familiariser avec le document en apprenant à chercher des informations dans les différents tableaux. C'est un moment de lecture d'informations sur un support particulier.
Le maître explique le vocabulaire à partir d'un cas, par exemple :
« Une personne veut envoyer une lettre de 35 g à la Réunion. Où doit-elle chercher dans le document pour savoir quel prix elle devra payer pour l'affranchissement de sa lettre ? »
Cette phase d'appropriation doit permettre aux élèves de comprendre que le prix d'un envoi est fonction de son poids et de sa destination.

Deuxième phase
Résolution du problème

Étape 1 : Appropriation du problème

Consigne : « Quelles sont les informations que tu vas utiliser dans le document de la Poste pour résoudre le problème ? Écris-les sur une feuille de papier. »

La recherche individuelle dure de 10 à 15 minutes.
Suit une première mise en commun qui amène les élèves à justifier la sélection des données dans le document brut. Les renseignements sont repérés sur le document, les tableaux concernés peuvent être entourés.
Elle permet de montrer qu'il y a plusieurs solutions pour les envois de colis (tarif ordinaire ou recommandé, service rapide ou économique).

Étape 2 : Résolution individuelle

Consigne : « Vous résolvez le problème. Vous choisissez le tarif que vous voulez mais vous devez envoyer tous les colis au tarif choisi. »

Le travail peut aussi se faire par groupes de deux afin que les élèves se partagent les tâches : recherche des informations, calculs et mise en forme des résultats. La rédaction peut se faire sur une affiche.

Étape 3 : Deuxième mise en commun

Le maître choisit des affiches qui permettent la confrontation des résultats selon les choix de tarifs différents.
Cette mise en commun doit faire apparaître la liste des éléments indispensables pour résoudre le problème.

Étape 4 : Réinvestissement en fonction de la réussite

Deux types de situations peuvent être proposés :
– pour les enfants en difficulté : problème identique avec des données différentes (envoi simulé de 2 colis…) ;
– pour les autres : envoi à l'étranger (attention aux zones suivant les pays).

10. La population de Grenoble (période 5)

> DESCRIPTION RAPIDE

Un histogramme représentant l'évolution de la population de Grenoble de 1830 à 1990 est proposé aux élèves. Ceux-ci doivent répondre à des questions à partir de ce document.

On pourrait considérer tout autre histogramme (ou graphique) portant sur des données réelles, si possible dans l'environnement local ou sur certains contenus d'enseignement envisagés dans la classe, en histoire ou géographie par exemple.

> OBJECTIFS SPÉCIFIQUES

– Prendre conscience de l'intérêt de la représentation graphique par rapport à un tableau de nombres.

– Comprendre que la réprésentation graphique permet :

- de donner une réponse rapide et exacte à certaines questions,
- d'émettre des hypothèses par estimation visuelle avec confirmation possible par les données précises.

> MATÉRIEL

Une fiche élève (*cf.* ci-dessous) comportant l'histogramme de l'évolution de la population de Grenoble de 1830 à 1990 et un tableau à compléter, indiquant les années portées sur l'histogramme, mais pas les populations correspondantes.

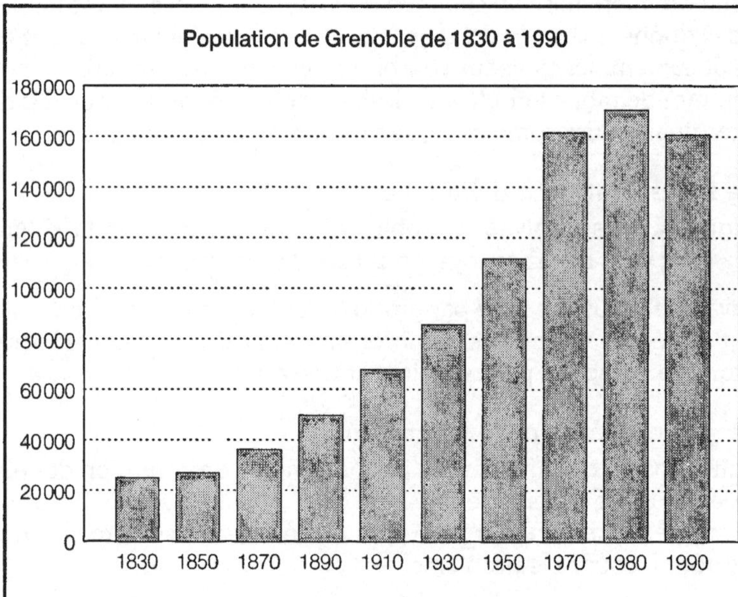

Année	1830	1850	1870	1890	1910	1930	1950	1970	1980	1990
Population										

Le maître dispose des données exactes dans le tableau ci-dessous qui ne sera communiqué aux élèves qu'à la fin de l'étape 2.

Année	1830	1850	1870	1890	1910
Population	24890	26860	36050	49590	67520
Année	1930	1950	1970	1980	1990
Population	85400	111380	161270	170250	160500

DÉROULEMENT

Le travail se fait par groupes de deux ou trois élèves en une séance.

Étape 1 : Présentation du document et appropriation

Chaque groupe dispose de la fiche élève.

Dans un premier temps, un échange a lieu à propos du graphique : que représente ce graphique ? Les élèves ont-ils déjà rencontré de tels graphiques ? À quelle occasion ? Pour quel phénomène ?

Dans un second temps, les élèves doivent répondre à quelques questions pour lesquelles la lecture de l'histogramme donne une réponse rapide :

- En quelle année la population est-elle la plus importante ?
- À quelle période la population diminue-t-elle ?
- Depuis quand la ville de Grenoble a-t-elle plus de 100000 habitants ?

Ces recherches permettent de mettre en évidence que les réponses aux questions posées se lisent très rapidement sur l'histogramme.

Notons qu'en ce qui concerne la dernière question, la réponse ne peut tenir compte que des années référencées et peut donc être parfois approximative par rapport aux faits réels : par exemple, Grenoble a plus de 100000 habitants depuis 1950, mais « peut-être un peu avant 1950 » diront certains élèves.

Étape 2 : Lecture du graphique et du tableau

Il est demandé aux élèves de remplir le tableau en évaluant la population pour les différentes années à partir de la représentation graphique.

Il s'agit de donner une valeur approximative. Les élèves sont amenés à graduer l'axe des ordonnées de 10000 en 10000, puis à mettre en œuvre un travail d'estimation basé sur l'idée de proportion et sur l'approximation. Ce travail est à rapprocher de la situation GRADUATIONS proposée en période 1 (*cf.* thème 4, page 260), dans laquelle les élèves devaient estimer certains nombres à partir de leur position sur une droite graduée.

Les résultats obtenus dans les différents groupes sont comparés, entre eux d'abord, puis avec les résultats du tableau (indiqués ci-dessus mais pas mis à disposition des élèves jusque-là).

Étape 3 : Recherche

De nouvelles questions sont posées aux élèves :
- Au cours de quelle période la population augmente-t-elle le plus ?
- Au cours de quelles périodes la population a-t-elle approximativement doublé ?
- En 80 ans, la population a été multipliée par 3 ; de quelles années s'agit-il ?

Pour ces questions, la réponse est moins évidente que pour les questions de l'étape 1.

Plusieurs procédures peuvent être envisagées :
- n'utiliser que le tableau et la recherche, ce qui nécessite alors de nombreux calculs ;
- faire des hypothèses par estimation visuelle et confirmer ses hypothèses par les données du tableau.

En synthèse, le maître mettra en évidence que la représentation graphique proposée, bien que moins précise que le tableau, permet de répondre beaucoup plus rapidement aux questions concernant l'évolution de la population, soit immédiatement et de façon exacte (« Cela se voit sur le graphique »), soit par estimation visuelle et approximation.

Thème 2

Champ additif

▪ Aspects théoriques

Introduction

Maîtriser le domaine additif-soustractif, c'est, tout à la fois :
– être capable de reconnaître les problèmes qui peuvent être résolus en utilisant l'addition ou la soustraction;
– connaître les différents outils de calcul disponibles et les mettre en œuvre;
– utiliser les propriétés de ces opérations pour effectuer des calculs;
– connaître et savoir utiliser les éléments symboliques (relevant du langage écrit ou du langage oral) permettant d'exprimer ces opérations, d'en traduire les propriétés et d'aider à conduire des calculs.

Dans ce chapitre, nous nous intéresserons essentiellement à l'activité de résolution de problèmes additifs, les compétences liées au calcul et aux propriétés des opérations étant développées dans le thème 3 « Connaître les nombres entiers naturels et les calculs ».

Pour situer nos propositions, nous rappellerons quelles sont les principales orientations retenues pour l'élaboration des situations d'enseignement au CM1[1].

Notre cadre d'analyse

1. QUELS PROBLÈMES ?

Comme pour les autres concepts mathématiques, la résolution de problèmes joue un rôle essentiel dans l'élaboration et l'appropriation des connaissances relatives à l'addition et à la soustraction. Pour l'élève, ce sont les problèmes que ces opérations permettent de résoudre qui en déterminent le sens. Il convient donc de repérer et d'organiser le champ des situations qui peuvent être traitées avec une addition, une soustraction ou une combinaison de ces deux opérations, ce que G. Vergnaud appelle[2] « le champ des structures

---

1. On pourra consulter avec profit nos ouvrages précédents pour disposer d'un historique des programmes sur le thème de l'enseignement de l'addition et de la soustraction à l'école.
2. Gérard Vergnaud, « La théorie des champs conceptuels », *Recherche en Didactique des Mathématiques* n° 10/2.3, La Pensée Sauvage, 1991.

additives ». En effet, ce sont les mêmes situations qui servent de support aux problèmes dits additifs et aux problèmes dits soustractifs. Considérons la situation suivante : « Éric possédait *a* billes, il en a gagné *b*, il en a maintenant *c* ». On peut, à partir de là, imaginer trois questions (selon que l'on cherche *a* ou *b* ou *c*) qui font que cette situation est tantôt additive (recherche de *c*), tantôt soustractive (recherche de *a* ou de *b*).

De tels constats nous ont conduits dès le CP à proposer simultanément des problèmes dits additifs et des problèmes dits soustractifs, et à envisager l'apprentissage des connaissances du domaine « additif-soustractif » sur une période de temps qui recouvre toute l'école primaire (et même le début du collège). On trouvera dans nos ouvrages précédents une analyse approfondie de ces choix.

Quels sont donc les facteurs à prendre en compte pour déterminer nos choix d'enseignement ? Une analyse en terme de forme et de complexité des énoncés (nombre de données, types de nombres utilisés, taille de ces nombres, vocabulaire, syntaxe, place de la question, etc.) est tout à fait pertinente et mérite d'être conduite[3]. Mais le rôle de ces facteurs est « subordonné » à la sémantique du problème (c'est-à-dire aux connaissances de l'élève concernant les transformations, les combinaisons, les comparaisons d'ensembles, etc.) et au calcul relationnel que l'élève doit mettre en œuvre pour le résoudre (c'est-à-dire les opérations de pensée nécessaires pour effectuer les mises en relation pertinentes entre les données).

2. ORGANISATION DES PROBLÈMES DU DOMAINE ADDITIF-SOUSTRACTIF

Plusieurs classifications ont été élaborées, d'origine française ou anglo-saxonne. Pour l'école élémentaire, on peut retenir quatre grandes classes de problèmes parmi les six que distingue Gérard Vergnaud[4].

2.1 Les problèmes où un état initial subit une transformation pour aboutir à un état final

Ils peuvent être schématisés de la manière suivante : $E_i \xrightarrow{T} E_f$

On peut, à partir de cette structure, identifier six types de questions différentes évoquées par le tableau p. 108 (le symbole en majuscule représente l'information à chercher dans le problème). Il faut ajouter que le contexte des problèmes évoqués peut, pour chaque type, soit être de nature cardinale ou relever du contexte de la mesure (quantités ou grandeurs qui augmentent ou diminuent), soit être de nature ordinale (déplacements en avant ou en arrière sur une ligne graduée).

3 . Quelques éléments de cette analyse ont été exposés dans *Ermel CE1*. Pour plus de détails, on peut se reporter à l'ouvrage très complet de M. Fayol, *L'Enfant et le nombre*, Delachaux et Niestlé, Neuchâtel, Paris, 1990.

4. Pour une description complète, on peut se référer à la revue *Grand N* n° 38, 1987 : *Psychologie du développement cognitif et didactique des mathématiques*. On peut se référer également à celle proposée par Carpenter et Moser décrite dans l'ouvrage de M. Fayol cité ci-dessus.

	Recherche de l'état final	Recherche de la transformation	Recherche de l'état initial
Transformation positive	$e_i \xrightarrow{t+} E_f$	$e_i \xrightarrow{T+} e_f$	$E_i \xrightarrow{t+} e_f$
Transformation négative	$e_i \xrightarrow{t-} E_f$	$e_i \xrightarrow{T-} e_f$	$E_i \xrightarrow{t-} e_f$

Voici deux exemples pour illustrer ce schéma :
– « Ce matin, Jean avait 12 images. Son Papa lui en donne un paquet. Maintenant, Jean a 17 images. Combien son Papa lui en a-t-il données ? »
Ce problème correspond à la recherche de la valeur d'une transformation positive connaissant l'état initial et l'état final, dans un contexte cardinal.

– « Au jeu de l'oie, Catherine lance son dé et elle avance de 5 cases. Elle arrive alors sur la case 17. De quelle case est-elle partie ? »
Celui-ci correspond à la recherche d'un état initial connaissant la transformation (ici positive) et l'état final, dans un contexte ordinal.

2.2 Les problèmes dans lesquels deux états sont combinés pour obtenir un troisième état

Il peut s'agir de la réunion de deux ou plusieurs états ou au contraire de la partition (de la disjonction) d'un état en deux (ou plusieurs) autres états (dans ce cas, il y a recherche de la valeur du complément).
On est conduit à deux types de questions différentes évoquées par les schémas suivants :

$$\left.\begin{array}{r} e1 \\ \\ e2 \end{array}\right| E \qquad\qquad \left.\begin{array}{r} e1 \\ \\ E2 \end{array}\right| e$$

– Exemple de problème correspondant au premier schéma :
« Dans une classe, il y a 15 filles et 13 garçons. Combien y a-t-il d'élèves dans cette classe ? »

– Exemple de problème correspondant au deuxième schéma :
« Dans un vase, il y a 13 fleurs. 6 sont des roses et les autres sont des marguerites. Combien y a-t-il de marguerites ? »

Les problèmes de comparaison
Dans ce type de problèmes, on est amené à quantifier l'écart entre deux états E1 et E2 ; on les schématisera de la façon suivante :

$$\left.\begin{array}{r} E1 \\ \\ E2 \end{array}\right| C$$

À partir de cette structure, on peut identifier six types de questions différentes évoquées par le tableau ci-après (le symbole en majuscule représente l'information à chercher dans le problème). Là encore, le contexte des problèmes peut être celui des quantités, des grandeurs, ou de nature ordinale.

	Recherche de E2	Recherche de C	Recherche de E1
Comparaison positive	e1 E2 c+	e1 e2 C+	E1 e2 c+
Comparaison négative	e1 E2 c–	e1 e2 C–	E1 e2 c–

Voici deux exemples pour illustrer ce schéma :
– « Jean a 45 timbres, Aline en a 27. Combien Jean a-t-il de timbres de plus qu'Aline ? »
Ce problème correspond à la recherche d'une comparaison positive.

– « Au jeu de l'oie, Béatrice est sur la case 25. Hervé a parcouru 12 cases de moins que Béatrice. Sur quelle case se trouve-t-il ? »
Celui-ci correspond à la recherche de l'état 2 connaissant l'état 1 et une comparaison négative.

2.3 Les problèmes où deux transformations sont composées pour en former une troisième

On ne connaît ni la valeur des états initiaux et finaux, ni celle des états intermédiaires.
On peut schématiser ce type de problèmes de la façon suivante :

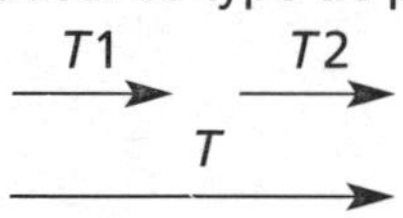

On imagine la grande variété de problèmes auquel peut donner lieu ce schéma, celle-ci dépendant :
– de ce qui est cherché : la transformation « résultante », ou l'une des deux transformations T1 ou T2 ;
– du fait que les transformations sont positives ou négatives, de même sens ou de sens contraire ;
– de la valeur absolue de chacune des transformations, lorsqu'elles ne sont pas de même sens.

Deux exemples :
– « Ce matin, j'ai perdu 9 billes et cet après-midi, j'en ai gagné 15. Quel est le bilan pour toute la journée ? »
– « Ce matin, j'ai perdu 9 billes. Cet après-midi, j'ai rejoué. Au total, sur toute la journée, j'ai gagné 6 billes. Que s'est-il passé cet après-midi ? »

3. QUELLES PROCÉDURES ?

Depuis le CP, nous avons distingué deux types de procédures : procédure standard et procédure personnelle.
Par « procédure standard », on désigne une procédure qui a fait l'objet d'un enseignement, qui a été reconnue comme adaptée à une catégorie de problèmes ; il s'agit

en général de la procédure utilisée par un expert pour résoudre ce type de problèmes ; elle est destinée à être maîtrisée par tous les élèves à un moment donné de leur scolarité.

Par « procédure personnelle », on désigne une procédure non-standard élaborée par certains élèves pour résoudre un problème alors que la procédure standard n'a pas encore été enseignée ou n'est pas disponible pour ces élèves dans le contexte de la situation qui leur est proposée. Le plus souvent, des procédures personnelles sont élaborées par les élèves avant que ne le soient les procédures standard.

Ainsi considérons le problème suivant : « Élodie a 253 € sur son livret A. Elle a 85 € de plus que Luc. Quelle somme possède Luc ? »

Il s'agit d'un problème du type ec^{+} E selon la typologie de Vergnaud. Certains élèves de CM1 sont capables de le résoudre directement en utilisant la procédure standard qui consiste à calculer 253 – 85, soit parce qu'ils ont immédiatement reconnu là un problème de soustraction (pour eux ce n'est plus un problème), soit parce qu'ils ont élaboré un raisonnement du type « Si Élodie a 85 € de plus que Luc, c'est que Luc a 85 € de moins qu'Élodie », se ramenant ainsi à un autre sens de la soustraction.

D'autres élèves de CM1 résoudront ce même problème en utilisant des procédures personnelles de types différents :
– addition à trous : le problème est mathématisé puis résolu par **253 = • + 85** ;
– utilisation de la droite numérique pour représenter le problème, puis pour le résoudre :

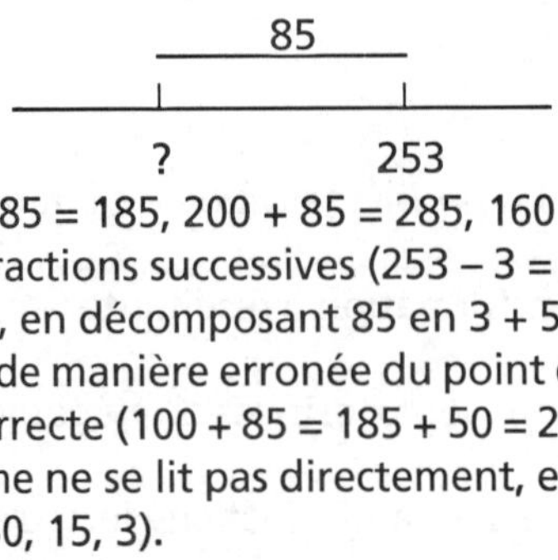

– essais successifs (ex. : 100 + 85 = 185, 200 + 85 = 285, 160 + 85 = 245, 170 + 85 = 255, 168 + 85 = 253) ou par soustractions successives (253 – 3 = 250, 250 – 50 = 200, 200 – 30 = 170, 170 – 2 = 168, en décomposant 85 en 3 + 50 + 30 + 2) ;
– sommes successives notées de manière erronée du point de vue de la syntaxe, mais qui présentent une démarche correcte (100 + 85 = 185 + 50 = 235 + 15 = 250 + 3 = 253). Dans ce cas, la réponse au problème ne se lit pas directement, elle nécessite un calcul supplémentaire (additionner 100, 50, 15, 3).

Les procédures témoignent fréquemment du fait que l'élève, dans son élaboration, est resté proche de la situation évoquée.

D'autres élèves encore mettront en œuvre des procédures non appropriées, le plus souvent en additionnant les nombres proposés. Très souvent cette erreur est due à une représentation mentale insuffisante ou partielle de la situation proposée, ou même à une absence de représentation, l'élève se limitant par exemple à retenir « ... qu'il y a de l'argent en plus », et qu'il faut donc additionner.

Nos choix pour le CM1

Dès le CP, nous avons proposé aux élèves des problèmes relevant des différentes structures évoquées dans la classification exposée page 107. La plupart de ceux-ci ont été résolus par les élèves en utilisant des procédures personnelles. À l'entrée au CM1, quelques procédures standard ont été officialisées.

Au CP, les élèves ont construit une première signification pour l'addition et la soustraction. L'écriture « *a* + *b* » est utilisée pour résoudre des problèmes de type « transformation positive » dans lesquels on cherche la valeur de l'état final, et des problèmes de type « composition d'états » lorsqu'il s'agit de déterminer la valeur du « tout ». L'écriture « *a* – *b* » est, elle, utilisée pour résoudre des problèmes de type « transformation négative », dans lesquels on cherche la valeur de l'état final. Ces premières significations, très limitées, vont devoir être étendues et par là remises en cause (on peut aussi avoir à additionner dans des situations où on évoque une diminution !). Elles constituent donc en même temps le terreau sur lequel d'autres significations devront être élaborées, et un obstacle éventuel à cette élaboration.

Au CE1, ces premières significations ont été reprises et on a tenté de construire un nouvel acquis : la reconnaissance du fait que la recherche de l'état initial dans un problème de type « transformation positive » et dans un problème de type « transformation négative » pouvait être traitée en utilisant respectivement la soustraction et l'addition.

Au CE2, après une reprise des procédures standard mises en place au CP et au CE1, les élèves ont construit deux autres significations de la soustraction. Ainsi l'écriture « *a* – *b* » est utilisée pour résoudre des problèmes de type « transformation positive » ou « transformation négative », lorsqu'il s'agit de chercher la valeur de la transformation connaissant l'état initial et l'état final, et des problèmes de type « composition d'états », lorsqu'il s'agit de chercher la valeur d'un des états, connaissant la valeur du « tout » et la valeur de l'autre état.

Tableau récapitulatif des procédures standard officialisées depuis le CP :

CP	CE1	CE2
e *t*+ E	E *t*+ e	e *T*+ e
e *t*– E	E *t*– e	e *T*– e
e e E		E e e

Au CM1, après une reprise, en période 1, de l'ensemble des significations mises en place depuis le CP, on cherche à étendre le champ des problèmes pour lesquels les procédures standard peuvent être mobilisées par les élèves.
Pour cela, on s'appuie sur les significations de l'addition et de la soustraction que les élèves maîtrisent – on peut alors évoquer ici l'idée de « schéma » de problème (« Je sais que tel problème se résout avec une addition, tel autre avec une soustraction ») –, et on favorise le recours à des raisonnements qui permettent de transformer les nouveaux problèmes – c'est-à-dire ceux pour lesquels les élèves ne disposent pas d'emblée de la procédure standard – en anciens, connus, maîtrisés, schématisés.

Soulignons, pour finir, l'importance qu'il y a à permettre des débats entre les élèves à propos de la pertinence des procédures élaborées, à ce que celles-ci soient explicitées, discutées, argumentées, schématisées, de manière à favoriser tout à la fois les prises de conscience et la diffusion de procédures variées que les élèves peuvent plus facilement reconnaître comme équivalentes.

PLANNING THÈME 2 : CHAMP ADDITIF

Période 1	Période 2	Période 3	Période 4	Période 5
• PREMIERS PROBLÈMES ADDITIFS ET SOUSTRACTIFS (p. 112)	• PROBLÈMES DE COMPARAISON (p. 117)	• PROBLÈMES DE COMPARAISON (p. 117)	• PROBLÈMES RELEVANT DES DIFFÉRENTES STRUCTURES (p. 120)	• PROBLÈMES RELEVANT DES DIFFÉRENTES STRUCTURES (p. 120)

▪ Activités

1. Premiers problèmes additifs et soustractifs (période 1)

> OBJECTIF SPÉCIFIQUE

Utiliser les procédures standard pour résoudre les divers problèmes relevant des structures E E E et E T E, et plus particulièrement :
- utiliser l'écriture $a - b$ pour résoudre des problèmes du type « transformation positive » ou « transformation négative » lorsqu'il s'agit de chercher la valeur de la transformation connaissant l'état initial et l'état final ;
- utiliser l'écriture $a - b$ pour résoudre des problèmes du type « composition d'états » lorsqu'il s'agit de chercher la valeur de l'un des états ;
- utiliser l'écriture $a - b$ pour résoudre des problèmes du type « transformation positive » lorsqu'il s'agit de chercher la valeur de l'état initial, connaissant l'état final et la transformation ;
- utiliser l'écriture $a + b$ pour résoudre des problèmes du type « transformation négative » lorsqu'il s'agit de chercher la valeur de l'état initial, connaissant l'état final et la transformation.

Remarque : tous ces types de problèmes ont déjà été travaillés au CE1 ou au CE2. Bien entendu, les procédures standard ne sont pas encore totalement maîtrisées par tous. Nous pensons donc utile d'y revenir en début de CM1.

DÉROULEMENT

On alterne des moments de recherche individuelle et des moments de mise au point collective sur une sélection de problèmes (ceux que les élèves traitent de différentes façons, correctes ou non).

Première phase Évaluation diagnostique

Chaque élève résout sur feuille, à son rythme, avec un temps total limité à 20 minutes environ, les quatre problèmes suivants.

1. Dans le TGV Lille-Paris, il y a 132 passagers. 74 passagers descendent à l'arrêt d'Arras. Combien y a-t-il de passagers qui continuent le voyage ?	e t– **E**
2. Aurélie est en train de réaliser un puzzle de 845 pièces. 129 pièces sont déjà placées. Combien de pièces sont encore en vrac ?	e **E** e
3. Dans un train, lors d'un arrêt, 87 passagers descendent. Ils sont à présent 175 dans le train. Combien y en avait-il au départ ?	**E** t– e
4. Avant l'arrêt du train, il y avait 292 passagers. Après l'arrêt, il y en a 329. Que s'est-il passé ?	e **T+** e

Les feuilles sont ramassées, il n'est pas envisagé de mise en commun à la suite.

Après la séance, le maître analyse les productions des élèves pour préparer la deuxième phase : ainsi pour chaque énoncé, il repère le type de procédure employé (addition, soustraction, addition à trou, utilisation de la droite...), en distinguant bien ce qui relève du sens et ce qui relève des calculs.

Par exemple, pour le problème 4, on peut relever les procédures suivantes :

1. incorrecte

292 + 329 Cette erreur est souvent due à une mauvaise représentation de la situation ; l'élève se limite à retenir que des passagers montent et qu'il faut donc faire une addition.

2. correcte

329 – 292 Procédure experte.

292 + ? = 329 Le problème est mathématisé, puis résolu, par une addition à trou.

Ce qui relève de l'habileté dans les calculs ne fera pas ici l'objet d'un travail spécifique, des situations sont prévues pour cela dans le module 3 du thème 3 « Connaître les nombres entiers naturels et les calculs » (*cf.* SOUSTRACTION, À CHACUN SA TECHNIQUE, page 187).

Deuxième phase
Mises au point

Après l'analyse des productions des élèves, le maître a choisi un énoncé parmi les quatre, qui a été résolu de différentes manières, et a préparé un polycopié du type suivant (à partir de productions effectives). Exemple :

> ÉNONCÉ

Aurélie est en train de réaliser un puzzle de 845 pièces. 129 pièces sont déjà placées. Combien de pièces sont encore en vrac ?

Voici des calculs d'élèves :

Élève A	Élève B	Élève C
$\begin{array}{r} {\scriptstyle 1} \\ 845 \\ +129 \\ \hline 974 \end{array}$	$\begin{array}{r} {\scriptstyle 1} \\ 129 \\ +716 \\ \hline 845 \end{array}$	$\begin{array}{r} {\scriptstyle 1} \\ 845 \\ -129 \\ \hline 716 \end{array}$

Quelle est la réponse de chacun d'eux à la question posée ?
À ton avis, quelle est la bonne solution ? Pourquoi ?

Étape 1 : Recherche individuelle

Remarque : ce type d'activité étant inhabituel, il nécessitera plusieurs reformulations avant de lancer la recherche.

Chaque élève résout le problème par écrit.

Étape 2 : Mise en commun

Elle a essentiellement pour rôles :
1. de rejeter la procédure additive (élève A) ;
2. de mettre en évidence qu'addition à trou et soustraction mathématisent la même situation et donnent le même résultat (élèves B et C).

Pour certains élèves, la réponse à la question du problème risque d'être le résultat de l'opération (c'est-à-dire 974, 845, 716). Pour aller au-delà, on s'appuiera sur les élèves ayant, dans la première phase, effectivement produit une addition à trou (eux sauront dire que la réponse n'est pas 845 mais 716).
Ainsi, l'obligation habituelle de faire apparaître la solution du problème posé en conclusion au calcul, maintenant qu'ils sont en position de lecteurs, perdra son caractère arbitraire, et montrera son utilité.

Les élèves ayant, comme l'élève A, opté pour l'addition ont une mauvaise représentation du problème. Il est donc nécessaire de les aider à :
– reformuler la situation décrite par un questionnement du type : « Qu'est-ce qu'un puzzle ? », « Combien y a-t-il de pièces dans notre problème ? », « Comment joue-t-on ? », « Qu'est-ce que des pièces en vrac ? »
L'énoncé peut alors devenir : « Il y a 845 pièces en tout dans mon puzzle. J'en ai placé 129. Combien dois-je encore en placer pour le terminer ? »

– poser un regard critique sur la vraisemblance de la réponse proposée. Voici quelques arguments possibles : « 845, c'est ce qu'il y a en tout, il ne peut pas en rester 974 à placer », « S'il en restait 974, il y en aurait en tout 974 + 129. »

Remarque: dans les problèmes E ***E*** E, c'est la « mise en mots » qui rend compte de la différence entre état composé (le tout) et état que l'on compose (une partie du tout).

Les élèves ayant opté pour l'addition à trou constatent après calcul que la soustraction donne le même résultat.
Pour eux, 129 + ? = 845 correspond simplement à une transcription de l'énoncé en langage mathématique : dans les 845 pièces du puzzle, il y a les pièces placées et les pièces en vrac.
Alors que 845 – 129 = ? correspond à une transcription d'une argumentation du type « Pour savoir combien il y a de pièces en vrac, il suffit d'enlever au nombre total de pièces le nombre de pièces déjà placées » (retour au sens premier de la soustraction).

Cette étape sensibilise les élèves au fait que produire un résultat, c'est d'abord établir une relation arithmétique entre les données et l'inconnue, et que cette relation suppose une bonne représentation de la situation.

Étape 3 : Nouvelles recherches individuelles

La séance se termine par la résolution individuelle d'une nouvelle série de problèmes.

5. J'ai gagné au LOTO la somme de 1 485 €. J'ai maintenant 4 312 €. Combien avais-je d'argent avant de gagner ?	**E** t+ e
6. Dans la boîte de Farid, il y a 627 pièces. Farid en remet 64. Combien y en a-t-il à présent ?	e t+ **E**
7. Sur une piste graduée, le pion de Joséphine est sur une case. Elle tire un carton marqué « avance de 134 ». Elle met alors son pion sur la case 253. Quelle était sa case de départ ?	**E** t+ e
8. Hervé et Pascal mettent leur argent en commun pour partir en voyage : ils ont 853 €. Pascal sait qu'il possédait 479 €. Combien Hervé a-t-il mis dans la caisse commune ?	**E** e e

Troisième phase
Nouvelles mises au point (si nécessaire)

Le maître analyse les productions de la fin de la phase 1.

Comme après la phase 1, pour chaque énoncé, il repère le type de procédure en distinguant ce qui relève du sens et ce qui relève des calculs.
Il prépare un polycopié à partir de productions effectives. Exemple :

> ÉNONCÉ

Sur une piste graduée, le pion de Joséphine est sur une case. Elle tire un carton marqué « avance de 134 ». Elle met alors son pion sur la case 253. Quelle était sa case de départ ?

Voici des réponses d'élèves :

Élève A	Élève B	Élève C
	1	
2 5 3	1 3 4	2 5 3
+ 1 3 4	+ 1 1 9	− 1 3 4
3 8 7	2 5 3	1 1 9

Quelle est la réponse de chacun d'eux à la question posée ?
À ton avis, quelle est la bonne solution ? Pourquoi ?

Le maître propose le même travail qu'en deuxième phase, selon les mêmes modalités, avec les mêmes objectifs, mais uniquement aux élèves n'ayant pas utilisé la procédure standard.

Quatrième phase
Évaluation

Chaque élève résout sur feuille, à son rythme (30 minutes environ), les six problèmes suivants.

9. Il y avait 645 pièces dans la boîte de Florian. Le lendemain, il y en a 479. Que s'est-il passé ?	e **T**− e
10. Lundi matin, le commerçant de mon quartier a 132 kg de sucre en stock. Le samedi soir suivant, il constate qu'il lui en reste 29 kg. Combien en a-t-il vendu ?	e **T**− e
11. Dans mon carnet de santé, j'ai lu qu'à l'âge de 3 ans, ma taille était de 97 cm. Aujourd'hui, j'ai 9 ans et ma taille est de 133 cm. De combien de centimètres ai-je grandi ?	e **T**+ e
12. Au casino, Monsieur Durand a perdu 5 700 €. Il a maintenant en poche 743 €. Combien avait-il en arrivant au casino ?	**E** t− e
13. Dans le village où je suis né, il y a 1 271 habitants, dont 359 enfants scolarisés. Combien y a-t-il de personnes qui ne vont pas à l'école ?	e **E** e
14 Dans la caverne d'Ali-Baba, toutes les pièces de monnaie sont des pièces d'or ou d'argent. En tout, il y a 8 703 pièces. Je compte les pièces d'argent : j'en trouve 1 915. Combien y a-t-il de pièces d'or ?	**E** e e

Le maître se réserve un temps pour analyser les travaux des élèves.

Lors d'une mise en commun, l'activité se termine par une confrontation des procédures utilisées pour chaque problème et la mise en évidence de la procédure standard.

À nouveau l'accent est mis sur le fait que, pour produire un résultat, il faut d'abord établir une relation arithmétique entre les données et l'inconnue, et que cela suppose une bonne représentation de la situation.

2. Problèmes de comparaison (périodes 2 et 3)

> OBJECTIF SPÉCIFIQUE

Utiliser les procédures standard pour résoudre les différents problèmes de comparaison de deux états (structure ECE) :

- utiliser la soustraction pour comparer deux états ;
- utiliser l'addition ou la soustraction pour rechercher un état, connaissant la comparaison et un autre état.

DÉROULEMENT

Première phase
Bien se représenter pour mieux résoudre

Le maître propose successivement aux élèves les trois problèmes suivants (un par étape) qui font partie d'un seul et même grand problème. Résolution individuelle et mise en commun alterneront.

> ÉNONCÉS

1. Amélie a 153€ sur son livret A. Elle a 78 € de plus que Frédéric. Quelle somme possède Frédéric ?

2. Élodie a, sur son livret A, 68 € de moins qu'Amélie. Entre Élodie et Frédéric, qui possède le plus d'argent ? Élodie ? Frédéric ? Pourquoi ?

3. On veut savoir combien d'argent Béatrice a sur son livret A. Voici les informations :

Béatrice a 39 € de moins que Claude.

Élodie a 27 € de plus que Claude.

Étape 1 : Émergence de quelques représentations

Chaque élève reçoit le premier problème et le résout.

> ÉNONCÉ 1

Amélie a 153€ sur son livret A. Elle a 78€ de plus que Frédéric. Quelle somme possède Frédéric ?

La mise en commun, après quelques minutes de recherche individuelle, a pour rôle de faire expliciter les solutions élaborées, de les faire schématiser (si elles ne l'ont pas été lors de la recherche individuelle, elles peuvent l'être pour faciliter l'exposition au groupe), de débattre de leur pertinence.

Voici quelques exemples de procédures et schémas pertinents.

– Écritures algébriques :

153 = 78 + ?	Cette écriture correspond simplement à une transcription de l'énoncé « Amélie a 78 € de plus que Frédéric » en langage mathématique.
153 – 78 = ?	Cette écriture correspond à une transcription de l'énoncé transformé en « Frédéric a 78 € de moins qu'Amélie » (raisonnement de type sémantique).

– Droite numérique :

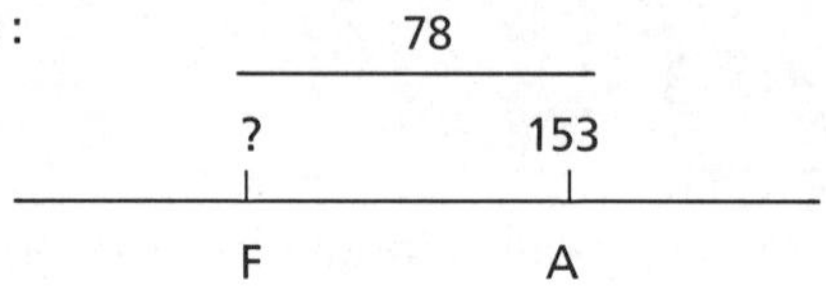

– Segments :

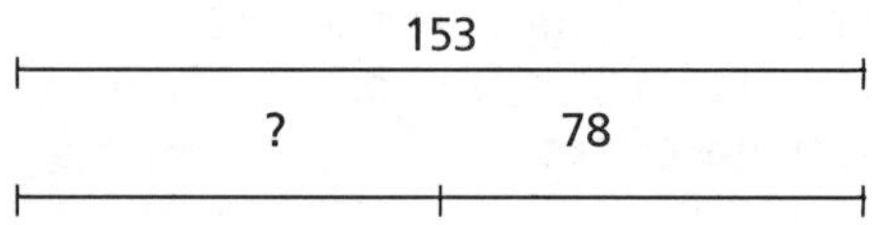

Étape 2 : Utilisation de représentations adaptées

Chaque élève reçoit le deuxième problème et le résout. Le maître précise bien que ce n'est pas un nouveau problème, mais la suite du précédent, qu'il s'agit d'une même histoire.

Avec maintenant trois personnages, les informations sont abondantes. Le traitement du problème nécessite une bonne représentation de la situation, et les débats se feront autour de schémas. Les enfants seront amenés à réutiliser leurs schémas ou à adopter une schématisation qui leur a paru performante lors de l'étape 1.

> ÉNONCÉ 2

Élodie a, sur son livret A, 68 € de moins qu'Amélie. Entre Élodie et Frédéric, qui possède le plus d'argent ? Élodie ? Frédéric ? Pourquoi ?

La mise en commun a pour rôle de faire utiliser les représentations développées lors de l'étape précédente pour résoudre le problème posé.

Ainsi, la réponse attendue « Élodie a plus d'argent que Frédéric » peut être validée (et d'autres réponses invalidées) par recours à :

– un schéma :

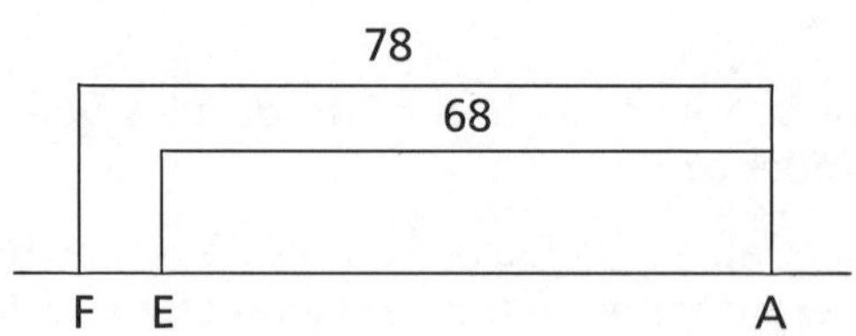

– le calcul du capital d'Élodie :
« 153 – 68 = 85, Élodie a 85 € ; Frédéric a 75 €, c'est moins » ;
– des considérations sur leur différence de fortune : « Frédéric a 78 € de moins qu'Amélie, Élodie n'a que 68 € de moins qu'Amélie, elle a plus que Frédéric, elle a 10 € de plus. »
Tous ces arguments, valables isolément, se renforcent mutuellement.

Étape 3 : Reconnaissance de l'efficacité des représentations

Chaque élève reçoit le troisième problème et le résout. Le maître précise encore une fois que ce n'est pas un nouveau problème, mais la suite des précédents. Il y a maintenant cinq personnages dans l'histoire !

> ÉNONCÉ 3

On veut savoir combien d'argent Béatrice a sur son livret A. Voici les informations :
Béatrice a 39 € de moins que Claude.
Élodie a 27 € de plus que Claude.

Au cours de la mise en commun, on relèvera différentes stratégies de résolution et représentations du problème.

Types de stratégie que l'on peut trouver :
– des calculs suivant pas à pas l'énoncé, puis faisant les va-et-vient obligés : « Béatrice a 39 € de moins que Claude, mais on ne sait pas ce qu'a Claude », « Élodie a 27 € de plus, Claude a 58 € (85 – 27) », « Béatrice a 39 € de moins que Claude, Claude a 58 €, 58 – 39 = 19, Béatrice a 19 € » ;
– peut-être un schéma épuré sans Amélie et Frédéric ;
– un schéma résumant tout ce que l'on sait des fortunes respectives des cinq personnages.

Remarque : Dans cette phase, on vise une bonne appropriation et une bonne représentation de cette situation touffue. On n'espère pas que les enfants auront une attitude « économique », en ne répondant qu'aux questions strictement posées. On peut penser au contraire que les enfants voudront calculer la fortune de chaque personnage, ce qui leur permettra :
– de vérifier pas à pas que les résultats sont conformes aux informations données en les confrontant à une relecture des énoncés, ou sinon de les invalider ;
– de trouver la réponse aux questions posées ;
– de se forger une bonne représentation de la situation.

Deuxième phase
Résoudre en utilisant la procédure standard

On alterne recherche individuelle et mise en commun, pour chacun des énoncés suivants :

1. Sur l'autoroute A6, les bornes kilométriques indiquent à quelle distance on se trouve de Paris (Notre-Dame). Luc et Stéphane partent de Paris vers

Marseille. Luc prend sa voiture et Stéphane sa moto. À 10 heures, Stéphane est passé devant la borne kilométrique 234, et a parcouru 69 km de plus que Luc. Devant quelle borne Luc est-il passé à 10 heures ?

2. Victor Hugo est né en 1802. Mozart est né en 1756. Complète la phrase : Victor Hugo est né… ans après Mozart.

3. Un viticulteur d'Alsace a dans sa cave plusieurs cuves à vin. Dans la cuve de Tokay, il y a 1 248 litres. Cette cuve contient 369 litres de moins que la cuve de Riesling. Combien a-t-il de litres de Riesling ?

Voici, avec l'exemple du premier problème, les objectifs de la mise en commun :
– rejeter la procédure additive ;
– mettre en évidence qu'addition à trou et soustraction sont deux procédures équivalentes, qui mathématisent la situation, et donnent le même résultat.

La procédure erronée **234 + 69** est rejetée avec des arguments du type : « Si c'était vrai, Luc serait à la borne 303, il serait plus loin que Stéphane, ça ne va pas » ou « Stéphane a parcouru 69 km de plus que Luc, donc Stéphane est plus loin de Paris, Luc est plus près. »
La procédure « addition à trou » est une transcription directe de l'énoncé en langage mathématique.
La procédure soustractive est une transcription de la phrase « Luc a parcouru 69 km de moins que Stéphane ». Celle-ci résulte de la transformation de l'énoncé « Stéphane a parcouru 69 km de plus que Luc » par un raisonnement que l'on peut souhaiter automatique à ce stade. Ainsi, comme sur le plan du calcul, les élèves sont capables de dire que calculer « combien de 69 à 234 » revient à calculer « 234 – 69 ».

3. Problèmes relevant des différentes structures (périodes 4 et 5)

À cette époque de l'année, nous souhaitons confronter les élèves à l'ensemble des problèmes relevant des différentes structures évoquées dans la partie théorique (*cf.* page 107) : combinaison d'états (E E E), comparaison d'états (E C E), transformation d'états (E T E) et composition de transformations (T T T).

Ces problèmes ne sont pas nouveaux, les élèves ont déjà eu l'occasion d'en résoudre, d'apprendre à se les représenter. Aussi les activités prévues dans cette partie ne sont pas destinées à apporter de connaissances nouvelles, mais plutôt à stabiliser et développer leurs compétences dans ce domaine.

> OBJECTIFS SPÉCIFIQUES

– Effectuer une analyse des relations entre les données en jeu dans le problème.
– Disposer, pour chaque problème, d'une représentation convenable.
– Avoir un regard critique sur la plausibilité d'un résultat, la pertinence d'un schéma, d'une argumentation, d'une procédure.

Pour cela, vingt problèmes sont à la disposition du maître.
Les énoncés ont été conçus en prenant en compte différents paramètres :
– leur structure (E T E, E E E, E C E, T T T), bien sûr ;
– le type de nombres (entiers, décimaux, complexes) ;

– la taille absolue et relative des nombres ;
– le nombre de données, utiles ou non ;
– la complexité du problème (questions intermédiaires non formulées).

Les problèmes numérotés de 1 à 6 feront obligatoirement l'objet d'un travail individuel suivi d'une mise en commun collective. Deux d'entre eux (4 et 5) parce qu'ils sont de structure T T T (mal connue), les autres parce qu'ils présentent des difficultés reconnues (mot inducteur trompeur...), ou parce qu'ils amèneront à des confrontations intéressantes.
Les quelques remarques faisant suite à chaque énoncé pourront guider la gestion des débats en ce qui concerne les procédures.

Les problèmes numérotés de 7 à 20 feront l'objet d'un travail différencié. Les quatre derniers sont difficiles et ne concernent pas toute la classe.
Différentes modalités sont possibles : travail par groupe homogène, travail individuel sur contrat...

En ce qui concerne le déroulement des activités, le maître pourra soit démarrer par la série de 1 à 6 au complet, soit intercaler des moments de travail différencié.

> LES PROBLÈMES

1. En 1992, la population de Perpignan était de 105 983 habitants. Monsieur le Maire déclarait cette année-là qu'elle avait diminué de 1 129 habitants depuis 1968. Quelle était la population de Perpignan en 1968 ?

– Présence de grands nombres.
– La procédure standard est une addition, alors que le texte évoque une diminution.

2. Ce matin, le compteur de la photocopieuse indiquait 7 521. Le directeur est inquiet : « On a déjà tiré plus de mille photocopies ce mois-ci ! » Qu'indiquait le compteur au début du mois ?

Mathématiquement, la réponse est tout nombre entier inférieur à 6 521 (de 0 à 6 520). Toutefois, dans ce contexte, des réponses plausibles sont « un nombre proche de 6 500 », « un nombre entre 6 000 et 6 500 »...

3. Ce matin, le compteur de la photocopieuse indiquait 7 521. À l'heure du déjeuner, le maître du CP a tiré 26 photocopies et la maîtresse du CM1 en a tiré 54. Qu'indique le compteur cet après-midi ?

Deux procédures possibles, selon que l'on compose les transformations ou que l'on recherche l'état intermédiaire ; le choix des nombres (26 et 54) devrait favoriser nettement la recherche de la transformation composée (26 + 54 = 80).

4. Cette semaine, j'ai joué régulièrement aux billes.
Lundi, j'ai perdu 19 billes le matin et 11 billes l'après-midi.
Mardi, j'ai gagné 27 billes.
Jeudi, j'ai d'abord perdu 13 billes puis j'ai perdu 21 billes.
Vendredi, ce fut la défaite totale, j'ai perdu 32 billes.
Je me suis rattrapé samedi, car j'ai gagné 41 billes.
Quel est le bilan de ma semaine ?

Il y a toute une gamme de procédures possibles : suivre la chronologie avec un bilan à chaque étape ou regrouper systématiquement l'ensemble des gains, l'ensemble des pertes puis faire le bilan.

5. Il n'y avait plus beaucoup d'argent dans la caisse de la coopérative de l'école avant la fête. Après la fête, le directeur fait ses comptes : il a dépensé 150 € d'épicerie, la buvette a rapporté 450 €, la vente des gâteaux faits par les parents a rapporté 640 €, l'orchestre lui a demandé 150 €, les enfants ont vendu 350 billets de loterie à 2 €. Pour la loterie, il a acheté 50 carnets de billets et des lots dans un magasin spécialisé. La facture de ce magasin se monte à 150 €. Aide le directeur à faire ses comptes.

– Énoncé avec pléthore de nombres, tous choisis pour favoriser la mise en œuvre d'un calcul réfléchi, et un tri d'informations (50 carnets est une donnée inutile).

– Contexte qui suppose une certaine connaissance de la gestion financière (ce qui est recette, ce qui est dépense).

– L'état initial n'étant pas connu, il n'est possible de déterminer que la composée des transformations. Mais des élèves risquent de conclure « Il y a 1 340 € dans la caisse » (confusion entre état final et transformation).

6. Au supermarché, le CD de la chanteuse numéro 1 coûte 15,40 €. Chez un disquaire, c'est 1,80 € de plus.
Sur le catalogue de vente de disques par correspondance, il est en promotion, et se vend 1,20 € de moins qu'au supermarché.
Quelle différence de prix y a-t-il entre le disquaire et le catalogue ?

Deux procédures selon que l'on recherche les prix puis écart des prix, ou que l'on compose directement les écarts. La seconde est nettement plus économique compte tenu du choix des nombres.

7. Un explorateur a fait une expédition de 2 518 km, à pied et en pirogue, à travers les hauts plateaux du Brésil. Il a parcouru 1 759 km en pirogue.
Combien de kilomètres a-t-il parcouru à pied ?

8. Le compteur kilométrique de ma voiture indiquait 148 723 vendredi soir. Lundi matin, il indiquait 149 115. Combien de kilomètres ai-je parcourus ce week-end ?

Présence de grands nombres assez proches l'un de l'autre.

9. Le directeur a fait faire 800 épinglettes pour la kermesse de l'école. À la fin de la fête, il en reste 157. Combien d'épinglettes a-t-on vendues ?

10. Mon frère, qui est en quatrième, mesurait 1,48 m au début des grandes vacances. À la Toussaint, Maman a dû lui racheter des pantalons : il mesurait 1,61 m. De combien de centimètres a-t-il grandi ?

Présence de nombres décimaux, avec retenue pour le calcul de l'écart.

11. En 1994, le Suisse Rominger a battu le record de l'heure cycliste : il a parcouru 55 291 mètres. Le champion amateur de la région a parcouru dans le même temps 9 075 mètres de moins. Quel est son record personnel ?

12. Un élevage australien a été touché par une épidémie. 5 436 moutons sont morts. On a réussi à en sauver 3 514. Combien de moutons y avait-il avant l'épidémie ?

13. Dans ma commune, il y a 25 472 électeurs. Aux élections municipales, 11 312 personnes sont allées voter. Combien se sont abstenues ?

14. Après les étrennes, Julie compte ses économies : elle a 1 248 €. Son frère a 369 € de moins qu'elle. À combien se monte la fortune de son frère ?

15. Arthur avait 44 billes en arrivant à l'école. À la récréation du matin, il en a gagné 17. À celle de l'après-midi, il en a perdu 14. Combien a-t-il de billes en rentrant chez lui ?

Deux procédures possibles selon que l'on compose les transformations (17 – 14 = 3, 44 + 3 = 47) ou que l'on recherche l'état intermédiaire (44 + 17 = 61, 61 – 14 = 47).

16. Ce matin, le compteur de la photocopieuse indiquait 7 521. Hier, la maîtresse de CE2 a tiré 50 photocopies, celle du CE1 en a tiré 45, et le directeur en a tiré 5. Qu'indiquait le compteur hier matin ?

Deux procédures possibles, selon que l'on compose les transformations ou que l'on recherche l'état intermédiaire ; le choix des nombres (50, 45 et 5) devrait favoriser nettement la recherche de la transformation composée (50 + 45 + 5 = 100).

17. Le film de ce mardi soir commence à 20 h 50 et se finit à 22 h 35. Quelle est la durée de ce film ?

La difficulté réside dans le calcul sur les nombres complexes.

18. Madame Pontet a accouché en 1983 de son fils aîné Arthur.
Deux ans après, elle accouchait de Béatrice.
Trois ans plus tard, naissaient les jumelles Charlotte et Clothilde.
Quatre ans après, naissait le petit dernier, Damien.
Quel écart d'âge y a-t-il entre Arthur et Damien ?

La droite numérique peut être une aide à la représentation du problème.

19. Au Majestic cette semaine, la séance du soir commence à 19 h 45 et se termine à 22 h 30. J'ai lu sur le programme que c'est un film américain en VO de 2 h 10. Combien de temps durent publicité et entracte ?

Ce problème présente deux difficultés :
– calculs sur les nombres complexes ;
– structure du problème, qui nécessite de répondre à une question intermédiaire non posée (durée de la séance).

20. Ma sœur Olivia a 16 ans. Elle a 3 ans de moins que notre frère Philippe. Maman avait 28 ans quand Philippe est né. La différence d'âge entre nos parents est de 4 ans. Quel est l'âge de Papa ?

Problème difficile :
– il y a des questions intermédiaires non posées : quels sont les âges de Philippe et Maman ?
– il existe deux nombres dont l'écart à 47 est 4.

THÈME 3

Connaître les nombres entiers naturels et les calculs

Aspects théoriques

Introduction

En entrant au Cours Moyen, les élèves ont déjà de bonnes connaissances sur les entiers naturels, leurs usages, leurs propriétés, leurs désignations. Ce thème n'est donc pas destiné à apporter de nombreuses connaissances nouvelles, mais plutôt à stabiliser, structurer et développer ce qui a été acquis dans ce domaine les années précédentes, pour donner de la « fluidité » à ces connaissances, permettre aux élèves de considérer les nombres de différents points de vue et de mieux comprendre certains calculs.

Les nombres entiers dans l'histoire des mathématiques

L'étude des nombres entiers naturels que nous évoquons dans ce thème fait partie de l'arithmétique. Celle-ci se subdivise généralement en arithmétique « pratique » et en arithmétique « théorique », même si cette distinction ne s'avère pas toujours évidente ou pertinente. D'une certaine façon, on peut dire que l'arithmétique pratique s'est développée, tout au long de l'histoire de l'humanité, pour répondre aux besoins des hommes dans leur vie quotidienne, familiale, sociale et professionnelle alors que l'arithmétique théorique « où les nombres sont conçus comme des objets mathématiques abstraits, indépendants de leur représentation écrite »[1], peut davantage être considérée comme le prolongement intellectuel « gratuit » de l'interrogation de certains hommes, les « savants », sur ces mathématiques pratiques. Par exemple, alors que le problème de la désignation des quantités usuelles s'est vite posé et a trouvé vers 180 av. J.-C. des solutions locales, certes imparfaites mais satisfaisantes pour les besoins réels, c'est bien le désir de prolonger ces désignations au-delà de leur domaine d'utilité qui amène les mathématiciens à se poser un autre problème, celui de la possibilité d'écrire tous les nombres, c'est-à-dire un nombre infini de nombres, à l'aide d'un nombre fini de signes.

---

1. IREM, Groupe d'épistémologie et Histoire, *Mathématiques au fil des âges*, Gauthier-Villars, 1987.

Outre la question des numérations écrites ou parlées dont on trouve des traces plus de 2 000 ans av. J.-C., l'arithmétique pratique comprend la présentation des divers moyens de représentations des nombres (puissances, fractions...), des calculs possibles et en particulier des algorithmes ne dépendant pas des nombres en jeu (qui aboutiront à nos fameuses techniques opératoires), indispensables à des sociétés de commerçants et de comptables.

L'arithmétique théorique, quant à elle, commence peut-être avec les « rêveries mystiques des pythagoriciens »[2] et les considérations sur la parité (nombres pairs et impairs) dont on trouve trace dans les *Éléments* d'Euclide (300 av. J.-C.) et qui ont eu des développements importants. Ceux-ci ont permis, en particulier, de démontrer le fait que la racine carrée du nombre 2 ne peut s'écrire sous la forme $\frac{a}{b}$, avec a et b entiers. Que ce sujet soit ou non un des premiers étudiés, il montre bien la nature des problèmes abordés par l'arithmétique théorique : questions d'existence, étude de propriétés dépassant souvent largement les besoins pratiques du moment. Font partie de l'arithmétique théorique, les sujets suivants : nombres figurés, moyennes, suites, multiples et diviseurs, divisibilité, nombres premiers (existence, répartition dans la suite des nombres, infinitude...), théorie du PGCD, décomposition des entiers en produit de facteurs premiers, somme des diviseurs, etc. Tous ces sujets ont été développés inlassablement, repris au cours du temps par des civilisations différentes, devenus « utiles » parfois, et ont encore d'étonnants rebondissements, comme l'a montré la nouvelle de la démonstration du « grand théorème » de Fermat en 1995.

L'enseignement de l'arithmétique à l'école primaire

Parmi les notions évoquées ci-dessus, quelles sont celles qui doivent être enseignées dans le cadre de l'enseignement obligatoire ? Quel est le meilleur moment pour le faire ? Ces questions ont obtenu des réponses diverses depuis la création de l'école obligatoire. S'il est clair que tout citoyen sortant de l'école doit être muni des connaissances pratiques (qui sont fonction des outils de calculs disponibles) correspondant à ce que nous avons désigné par « arithmétique pratique » dans le paragraphe précédent, c'est l'enseignement de l'arithmétique théorique, parfois considérée comme « enseignement de luxe », qui semble poser davantage de problèmes. Ainsi trouve-t-on dans les I.O. du 20 juin 1923 le passage suivant :

> « ... voici maintenant un changement, une suppression qui provoquera peut-être des regrets chez certains maîtres. Le programme du cours supérieur ignorera désormais l'étude des nombres premiers, les caractères de divisibilité, le plus

2. Jean Itard, *Histoire des mathématiques*, Larousse, Paris, 1977.

grand commun diviseur, en un mot tout ce qui est arithmétique pure. Faut-il le déplorer ? Évidemment, ces questions font la joie de quiconque a du goût pour les mathématiques. Elles continueront d'ailleurs à faire la joie de ceux qui, à l'école normale, par exemple, poursuivront leurs études. Mais dans nos écoles élémentaires, pour des enfants qui n'ont pas treize ans, pouvons-nous en toute tranquillité, laisser subsister des enseignements de luxe ? Des vœux unanimes, répétés, réclamaient des programmes allégés et pratiques. Un sacrifice a paru nécessaire. Il faut bien se résigner à ce qu'on a souhaité et exigé. Qui serait assez insensé pour réclamer l'inscription au programme de tout ce qui est la fleur des disciplines variées ? [...] Ajoutons qu'il sera permis de faire faire en classe des problèmes, des exercices de calculs, où les mots « nombres premiers », « diviseurs communs », « caractères de divisibilité », pourront être employés. Ce qui est supprimé c'est le « cours », « l'étude théorique » de cette arithmologie. [...] Calculer, calculer rapidement et exactement, tel est l'objectif principal de l'enseignement mathématique à l'école primaire. La théorie ne doit intervenir que dans la mesure où elle est nécessaire pour justifier la pratique du calcul, la rendre plus agréable à l'enfant qui cherche à s'expliquer ce qu'il fait, la rendre plus féconde en la rendant plus intelligible. »

Cette longue citation caractérise bien le débat constant concernant l'enseignement des mathématiques et particulièrement les questions d'arithmétique. Faut-il s'en tenir à « l'utile » ? Comment faire pour que la « pratique » soit intelligemment éclairée par la « théorie », comme y invite le texte cité ? Comment « donner du goût » non seulement pour les mathématiques, mais encore pour la recherche de preuves ? Et, comme le dit Roland Charnay[3] évoquant l'activité des mathématiciens confrontés à ces problèmes dont la solution ne paraît pas indispensable à la vie de tous les jours : « de l'école primaire au collège, est-il possible de faire vivre aux élèves quelque chose de cette fantastique aventure ? »

Il nous semble qu'aujourd'hui, les programmes officiels[4] nous laissent assez de latitude, au CM, pour travailler dans l'esprit de la circulaire de 1923 citée, c'est-à-dire éviter, bien sûr, les développements théoriques hors de portée des élèves de ce niveau mais les amener parfois à se poser de vraies questions d'arithmétique. C'est dans cet esprit que nous posons, par exemple, le problème des moyens de reconnaissance de la divisibilité par 4, alors qu'elle n'est pas « au programme » : il ne s'agit pas de faire apprendre à tous les élèves une règle toute faite, mais de les amener à observer les « nombres de la table de 4 » et à chercher ce qui permet de les reconnaître. Il s'agit bien plus d'un problème à résoudre que d'une connaissance à apprendre. Comme on le verra dans le module 2,

3. Roland Charnay, *Pourquoi des mathématiques à l'école ?* ESF, 1996.

4.Nouveaux programmes de l'école primaire 2002, dans *Connaissances des nombres entiers naturels et Calcul* :
– numération décimale (valeur des chiffres en fonction de leur position ;
– ordre sur les nombres entiers naturels (utiliser les signes < et >) ;
– relations arithmétiques entre les nombres (doubles, moitié, tiers... ; notion de multiples de 2,. 5, et 10) ;
– les techniques opératoires : addition, soustraction, multiplication, diviseion euclidienne ;
– le calcul réfléchi exact ou approché : organisation et traitement de calculs (mentalement ou à l'aide de l'écrit), ordre de grandeur d'un résultat, l'utilisation de calculatrices.

cette activité est également l'occasion d'amener les élèves à argumenter, à se convaincre mutuellement, à changer d'avis peut-être, non pour des raisons sociales, mais pour des raisons d'ordre mathématique.

Par comparaison, si on étudie l'arrêté du 17 octobre 1945 concernant l'enseignement du Calcul au Cours Moyen, on trouve le paragraphe :

> « Divisibilité par 2, 5, 3 et 9 ; preuve par 9 de l'addition et de la multiplication [...] Utilisation des caractères de divisibilité pour la simplification d'un quotient et d'une règle de trois. »

Cette fois, il s'agit de doter les élèves de connaissances « pratiques » (savoir reconnaître facilement si un nombre est multiple de 2, 5, 3 ou 9) et non de résoudre le problème « comment peut-on reconnaître si un nombre est multiple de... »

Nos choix pour le CM1

Cette partie se structure en trois modules.

Le **module 1** est centré sur la compréhension des **désignations orales et écrites** des nombres, et en particulier des grands nombres.
Il s'agit de permettre aux élèves de tirer toute l'information que contiennent les différentes désignations des nombres : écritures chiffrées, désignations orales à l'aide des mots-nombres. Plus que d'être capables de distinguer les différents chiffres d'un nombre et de les associer à leur rang (dans 682 543, 6 est le chiffre des centaines de milliers, 8 est celui des dizaines de milliers, 2 est celui des milliers, 5 celui des centaines, etc.), les élèves doivent garder présente à l'esprit l'organisation sous-jacente à une telle écriture : 682 543, c'est une collection qui contient 68 254 dizaines entières, avec ces dizaines, on a pu faire 6 825 centaines entières et ces centaines peuvent encore être organisées en 682 milliers. Ce ne sont pas les simples exercices stéréotypés de décodages de ces écritures (quel est le chiffre de... ?) qui vont permettre aux élèves de maîtriser le système de numération décimale. Au moment où ils vont devoir prolonger les nombres entiers à l'aide des nombres décimaux, il est particulièrement important de donner les moyens à ceux qui n'ont pu encore le faire, de bien comprendre les principes de cette numération. C'est l'activité Les trombones qui joue ce rôle, en confrontant à nouveau les élèves à une grande collection en partie organisée. Une étude de La numération égyptienne permet également aux élèves de comparer notre système actuel à un autre (purement additif) qui constitue un maillon de l'histoire des désignations des nombres. Cette comparaison aboutit à mieux mettre en évidence les caractéristiques du nôtre.
La lecture et l'écriture des grands nombres, les règles permettant de les comparer, posent quelques problèmes techniques aux élèves en début de CM1 : afin de dépasser les hésitations ou les difficultés persistantes, il nous a semblé utile de leur proposer une nouvelle version de l'activité Les mots-nombres CE2 ainsi que la situation Les grands nombres.

Ce module est complété par un **travail sur l'ordre** mené sur ces nombres. Il s'agit non seulement d'être capable d'ordonner les nombres, de les comparer, mais aussi de les placer sur une droite graduée, d'apprendre à choisir une graduation appropriée à l'ensemble des nombres à étudier dans une situation donnée ; ces compétences sont développées à travers la situation Les fils numériques.

Le **module 2** vise à travailler quelques **propriétés arithmétiques des entiers**, c'est-à-dire des relations, de type additif-soustractif ou de type multiplicatif-divisif, qu'ils entretiennent. Les nombres sont ici étudiés pour eux-mêmes, en général hors de tout contexte concret.

Ce module est organisé autour de deux grands thèmes.

a) Les relations entre un produit et chacun des facteurs de ce produit

Par exemple, « 36 est le produit de 4 par 9 » ou « 36 = 4 x 9 » sont des propositions qui peuvent aussi être entendues comme « 9 c'est le quart de 36 » ou « pour obtenir 36 avec des 9, il en faut 4 », etc. C'est la capacité à tirer toutes les informations possibles de la seule écriture « 4 x 9 = 36 » que nous allons chercher à développer ici.

Plusieurs situations permettent, tout au long de l'année, de travailler ces notions :

- étude de la table de Pythagore restreinte (jusqu'à 10x10), extension de l'idée de « table » pour aborder le concept de multiple dans l'activité Tables de Pythagore ;
- critères de divisibilité, où à partir de l'observation des tables et en particulier de celles de 2, 5 et 10 « étendues », les élèves découvrent (ou ont déjà découvert) des moyens rapides de reconnaître si un nombre est ou n'est pas dans la table de 2, de 5 ou de 10. Ils ont alors tendance à généraliser abusivement ces « trucs » pour la reconnaissance d'autres critères de divisibilité, par exemple pour la « table de 4 ». La mise en doute, voire en échec, de ces théorèmes-élèves ainsi que l'élaboration de règles justes, font l'objet de la situation Divisibilité à propos de la divisibilité par 4 ;
- notions de double, moitié, quadruple et quart : Jeu des six cartes ;
- décomposition d'un nombre en produits de deux facteurs et étude du nombre de ces facteurs, premières rencontres avec les nombres premiers : Combien de produits ?
- utilisation des notions de multiples et de diviseurs, comme propriétés des nombres : L'album de Martine et Portraits de multiples.

b) Une toute première approche des fonctions numériques

Comment répondre à la question « Par quels procédés de calculs les nombres de deux listes sont-ils reliés entre eux ? » : Boîte noire.

Le **module 3** est principalement centré sur le **calcul additif-soustractif**. Il s'agit d'abord de stabiliser une technique opératoire de la soustraction[5].

En effet, en entrant au CM1, les élèves disposent en général d'une technique opératoire, acquise au CE2, et deux questions se posent alors :

- faut-il enseigner une seule et même technique à tous les élèves d'une même classe ?
- quel est, pour chaque élève, son degré de maîtrise de la technique apprise l'année précédente ?

5. Les calculs multiplicatifs et de division, étant encore en cours d'élaboration, sont traités dans le thème 4 « Champ multiplicatif » page 198.

Nous avons choisi de permettre à chaque élève de conserver sa technique initiale et de l'aider à l'améliorer de manière à la rendre fidèle et sûre. Ce choix doit être explicité aux élèves de manière à ce qu'ils acceptent le fait qu'ils ne calculent pas tous « de la même manière », voire qu'ils essaient de comprendre ce que font « les autres ». Pour quelques élèves qui abordent le CM1 dépourvus de toute technique ou incapables d'utiliser celle qu'ils sont censés avoir apprise, un travail spécifique avec l'aide du maître doit être envisagé.

Cette stratégie didactique, peu habituelle, gagne bien souvent à être expliquée aux parents, voire aux collègues du cycle.

Le module commence donc par une prise d'information sur l'état de maîtrise de la technique opératoire de la soustraction : SOUSTRACTION, À CHACUN SA TECHNIQUE.

Deux situations sont ensuite proposées de manière à revenir sur la technique opératoire de l'addition, non pour l'utiliser, mais plutôt pour en comprendre les mécanismes, en particulier mieux percevoir le rôle des retenues : ADDITIONS TROUÉES et DEUX NOMBRES POUR FAIRE 10 000.

Le module se termine par un **concours de multiplications** qui a pour objectif, en fin d'année, lorsque la technique opératoire de la multiplication est bien stabilisée, d'amener les élèves à bien observer un calcul multiplicatif avant de se lancer dans son exécution, à en analyser les difficultés possibles sous la contrainte du concours : effectuer le plus de multiplications possible en un temps limité et, pour cela, commencer par les « plus faciles ».

Si ce troisième module n'est centré que sur les techniques opératoires, il ne faut évidemment pas en déduire que ce mode de calcul doit être privilégié, bien au contraire. Depuis le début du cycle 2, nous avons toujours accordé une très grande importance aux procédures personnelles des élèves, ce qui nous a amenés à proposer, pour le CM, un thème spécifique ayant pour objectif de développer et entraîner à la fois le calcul réfléchi et le calcul mental standardisé. Nous proposerons, au CM2, des activités amenant les élèves à porter un nouveau regard sur les différentes formes de calcul disponibles en ce début de XXIe siècle de manière à mieux choisir l'outil de calcul le plus adapté à leurs capacités et à la situation à traiter.

PLANNING THÈME 3 : CONNAÎTRE LES NOMBRES ENTIERS NATURELS ET LES CALCULS

	Période 1	Période 2	Période 3	Période 4	Période 5
Module 1 **Désignations orales et écrites des nombres**	*Groupements par dix* • Les trombones (p. 132)	*Comparaison, ordre Écriture des grands nombres* • Les fils numériques (p. 140) • Les grands nombres 1 (p. 145)	*Numération orale et écrite* • Les mots-nombres (p. 149)	*Caractéristiques de notre système de numération* • La numération égyptienne (p. 153)	*Écriture des grands nombres* • Les grands nombres 2 (p. 148)
Module 2 **Connaissances arithmétiques**	*Connaissance des tables de multiplication dans les deux sens* *Doubles, moitiés, quadruples et quarts* • Tables de Pythagore (p. 158) • Jeu des six cartes (p. 164)	*Nombres de diviseurs* • Combien de produits ? (p. 176)	*Divisibilité par 4* • Divisibilité (p. 166)	*Divisibilité par 4* • Divisibilité (phase 4, p. 166) *Multiples et diviseurs Fonctions numériques (approche)* • L'album de Martine (p. 180) • Boîte noire (p. 181)	*Multiples et diviseurs* • Bilan sur les multiples (p. 185) *Relations arithmétiques entre les nombres* • Portraits de multiples (p. 185)
Module 3 **Techniques opératoires**	*Technique de la soustraction* • Soustraction, à chacun sa technique (p. 187)	*Les relations de l'addition* • Additions trouées (p. 181)			*Addition et numération* • Deux nombres pour faire 10 000 (p. 193) *Technique de la multiplication* • Multiplication : choisir sa stratégie (p. 194)

Désignations orales et écrites des nombres

Objectifs du module

– Savoir tirer toutes les informations contenues dans l'écriture chiffrée d'un nombre, quelle que soit sa taille, pour résoudre un problème, c'est-à-dire :
- distinguer les différents chiffres d'un nombre et les associer à leur rang ;
- lire le nombre de dizaines (de centaines, etc.).

– Connaître et utiliser les règles de la numération orale.
– Prendre conscience des caractéristiques essentielles de notre système de numération : rôle du zéro, aspect positionnel, groupements par dix.
– Savoir comparer des nombres de sept chiffres au plus et ranger dans l'ordre croissant ou décroissant une liste de nombres.
– Savoir placer des nombres sur une droite graduée et savoir choisir une graduation appropriée à un ensemble de nombres.

Activités

1. Les trombones (période 1)

> DESCRIPTION RAPIDE

Dans cette situation, chaque élève doit déterminer le nombre d'éléments d'une collection semi-organisée et dessinée sur une feuille.

> OBJECTIFS SPÉCIFIQUES

– Redécouvrir l'intérêt d'organiser une collection selon des groupements réitérés de 10 pour dénombrer rapidement.
– Mettre en évidence que l'écriture chiffrée d'un nombre traduit cette organisation.
– Distinguer chiffre des centaines et nombre de centaines (idem pour le rang des dizaines).

> MATÉRIEL

À usage collectif, préparé à l'avance par le maître :
– une collection de trombones,
– quelques colliers de dix trombones chacun,
– quelques sachets transparents (style sacs de congélation petit format) pouvant contenir dix colliers de dix trombones chacun,
– quelques boîtes pouvant contenir dix sachets décrits ci-dessus.
Ce matériel sera présenté en début de séance pour faciliter la représentation du problème et pourra être considéré en cours d'activité comme une aide à la résolution pour les élèves en difficulté.

À usage individuel :
– une feuille par élève sur laquelle est dessinée la collection semi-organisée (*cf.* p. 137) ;

– 22 trombones, chacun matérialisé par 

– 13 colliers, chacun contenant 10 trombones et matérialisé par 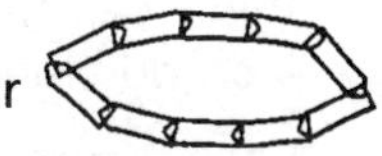

– 9 sachets transparents, chacun contenant 10 colliers et matérialisé par 

– 3 boîtes, chacune contenant 10 sachets et matérialisée par 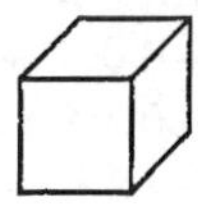

DÉROULEMENT

■ Première phase
Combien de trombones ?

Étape 1 : Recherche individuelle

Le maître présente le matériel à usage collectif au groupe-classe :
« J'ai rassemblé tous les trombones de l'école et j'ai commencé à les ranger. J'ai réalisé des colliers de 10 trombones chacun, puis dans chaque sachet transparent, j'ai mis 10 colliers, enfin dans chaque boîte j'ai mis 10 sachets. Maintenant je veux connaître le nombre total de trombones. Pour que vous puissiez m'aider, j'ai dessiné l'état actuel de mon rangement. »

Le maître distribue à chaque élève la feuille sur laquelle est dessinée la collection semi-organisée, la commente en explicitant les différents signes utilisés et note au tableau la correspondance suivante :

 → un trombone

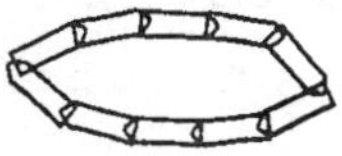 → un collier de 10 trombones

 → un sachet de 10 colliers

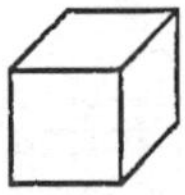 → une boîte de 10 sachets

> PROCÉDURES ATTENDUES

Pour déterminer le nombre de trombones par sachet:
- appui sur le résultat mémorisé: 10 x 10 = 100;
- comptage de 10 en 10: 10, 20, 30... 90, 100 avec représentation éventuelle des 10 colliers;
- production d'une écriture additive: 10 + 10 + 10... + 10 = 100.

Pour déterminer le nombre de trombones par boîte:
- appui sur le résultat mémorisé: 10 x 100 = 1 000;
- comptage de 100 en 100: 100, 200... 900, 1 000 avec représentation éventuelle des 10 sachets;
- production d'une écriture additive: 100 + 100... + 100 = 1 000.

Pour déterminer le nombre total de trombones, après dénombrement des collections identiques:
- production d'une écriture additive ou mixte:
1 000 + 1 000 + 1 000 + 100 + 100... + 100 + 10 + 10... + 10 + 22,
3 x 1 000 + 9 x 100 + 13 x 10 + 22,
et calcul à la main ou avec la calculette;
- écriture directe du nombre avec confusion chiffre/nombre, par exemple: 391322, 300090013022;
- groupement-échange puis écriture directe du nombre:
22 trombones, c'est 2 colliers et 2 trombones à part,
13 colliers, c'est un sachet et 3 colliers à part,
10 sachets, c'est une boîte,
soit 4 boîtes, 5 colliers et 2 trombones c'est-à-dire 4 052 trombones.

Étape 2 : Mise en commun

On examine les réponses obtenues et le maître organise un débat au cours duquel les élèves explicitent et confrontent leurs procédures de résolution. C'est ainsi l'occasion de redonner du sens au nombre 100 représentant dans cette situation 10 colliers de 10 trombones chacun, mais aussi plus généralement 10 dizaines, et au nombre 1 000 représentant dans cette situation 10 sachets de 10 colliers chacun, mais aussi plus généralement 10 centaines ou 100 dizaines. Il s'agit surtout de favoriser les prises de conscience quant aux relations entretenues par les différents groupements:
- « Il y a 13 colliers donc 130 trombones »;
- « Avec 13 colliers, je peux faire 1 sachet, il me reste 3 colliers »;
- « Il y a 3 boîtes donc 3 000 trombones »;
- « Il y a 3 boîtes donc 30 sachets »;
- « Il y a 10 sachets donc une boîte toute seule »...

Si nécessaire, en fin de mise en commun, le maître pourra faire vivre les échanges aux élèves en difficulté en leur demandant d'organiser la collection de telle manière que l'on puisse lire directement, sans aucun calcul, le nombre de trombones.
Ainsi sur leur feuille, les élèves vont transformer les 22 trombones en 2 colliers et 2 trombones à part (soit 2 dizaines et 2 unités), les 13 colliers en un sachet et 3 colliers à part (soit 1 centaine et 3 dizaines) et les 10 sachets en une boîte (soit 1 unité de mille).
Le maître pourra dessiner le résultat des échanges :

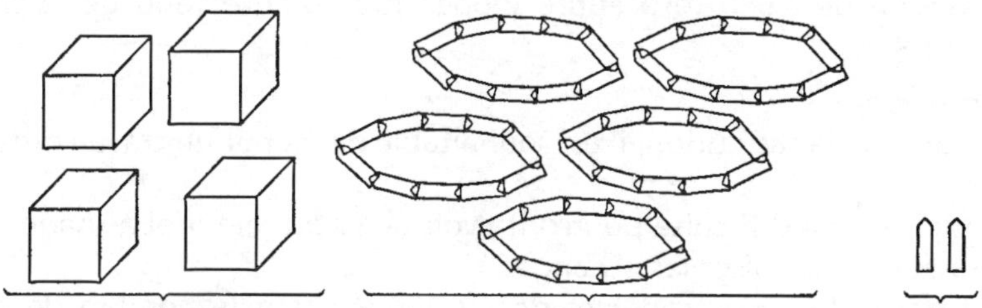

de façon à ce que les élèves visualisent la signification des chiffres dans l'écriture du nombre 4 052.

Deuxième phase
Combien de colliers ? Combien de sachets ?

Le maître pose un nouveau problème à partir de la situation précédente : « Pour ranger les 4 052 trombones, combien ai-je réalisé de colliers ? de sachets ? »

Étape 1 : Recherche individuelle

> PROCÉDURES ATTENDUES POUR LE NOMBRE DE COLLIERS :
- lecture directe du nombre de dizaines dans 4 052 soit 405 ;
- lecture du chiffre des dizaines et confusion chiffre/nombre soit 5 ;
- recherche par essais successifs d'un nombre satisfaisant à l'équation suivante : 10 x ? = 4 052 ;
- production d'une écriture additive du type : 10 + 10... + 10 jusqu'à obtention de 4 050 (procédure inopérante compte tenu de la taille du nombre) ;
- recherche du nombre de colliers par boîte avec représentation éventuelle :

10 + 10 + 10 + 10... + 10 = 100,
100 + 100 + 100 + 100 = 400,
400 + 5 = 405.

THÈME 3
Module 1

> **PROCÉDURES ATTENDUES POUR LE NOMBRE DE SACHETS :**

– lecture directe du nombre de centaines dans 4052 soit 40 ;
– lecture directe du nombre de dizaines dans 405 (il y a 405 colliers, un sachet contenant 10 colliers) ;
– recherche du nombre de sachets dans 4 boîtes : 10 + 10 + 10 + 10 = 40 (une boîte contenant 10 sachets) ;
– recherche par essais successifs d'un nombre satisfaisant à l'équation : 100 x ? = 4052 ;
– production d'une écriture additive du type : 100 + 100... + 100 jusqu'à obtention de 4050 (procédure inopérante compte tenu de la taille du nombre).

Remarque

Au cours de la résolution, il est souhaitable de mener un travail différencié, ainsi :
– les élèves en difficulté pourront avoir accès au matériel à usage collectif pour mieux visualiser les échanges ;
– en revanche, ceux capables de lire directement le nombre de dizaines et le nombre de centaines dans le nombre 4052 pourront amorcer l'étape 3.

Bien entendu la calculette est disponible pour tous, tout au long de la séance, puisqu'il ne s'agit pas ici de développer des compétences en calcul mais de mettre l'accent sur la signification des chiffres dans l'écriture d'un nombre.

Étape 2 : Mise en commun

Pour chaque question, on examine les procédures de résolution mises en œuvre. Puis, après s'être assuré que le lien entre « trouver le nombre de colliers (resp. sachets) réalisés pour organiser la collection de 4 052 trombones » et « trouver le nombre de dizaines (resp. centaines) du nombre 4052 » (en utilisant à la suite l'un de l'autre le langage des trombones-colliers-sachets et le langage des nombres unités-dizaines-centaines) est réellement fait par les élèves, le maître institutionnalise la procédure experte qui consiste à prendre directement l'information dans l'écriture chiffrée du nombre :
– dans 4 052, il y a 405 dizaines : le maître a réalisé 405 colliers ;
– dans 4 052, il y a 40 centaines : le maître a réalisé 40 sachets.

Étape 3 : Exercices individuels d'entraînement

Nous proposons dans cette étape une série d'exercices d'entraînement : certains d'entre eux restent très liés à la situation trombone (*cf.* Exercices d'application p. 138), d'autres au contraire visent un travail spécifique sur les nombres hors contexte (*cf.* Qui suis-je ?). Au cours des séances précédentes, le maître a pu examiner les procédures individuelles des élèves et pointer réussites et difficultés. Aussi, dans le cadre d'une pédagogie différenciée, pourra-t-il choisir les exercices qui lui semblent les mieux adaptés à chacun de ses élèves. Bien entendu, il serait souhaitable que chacun ait été confronté à une situation hors contexte.

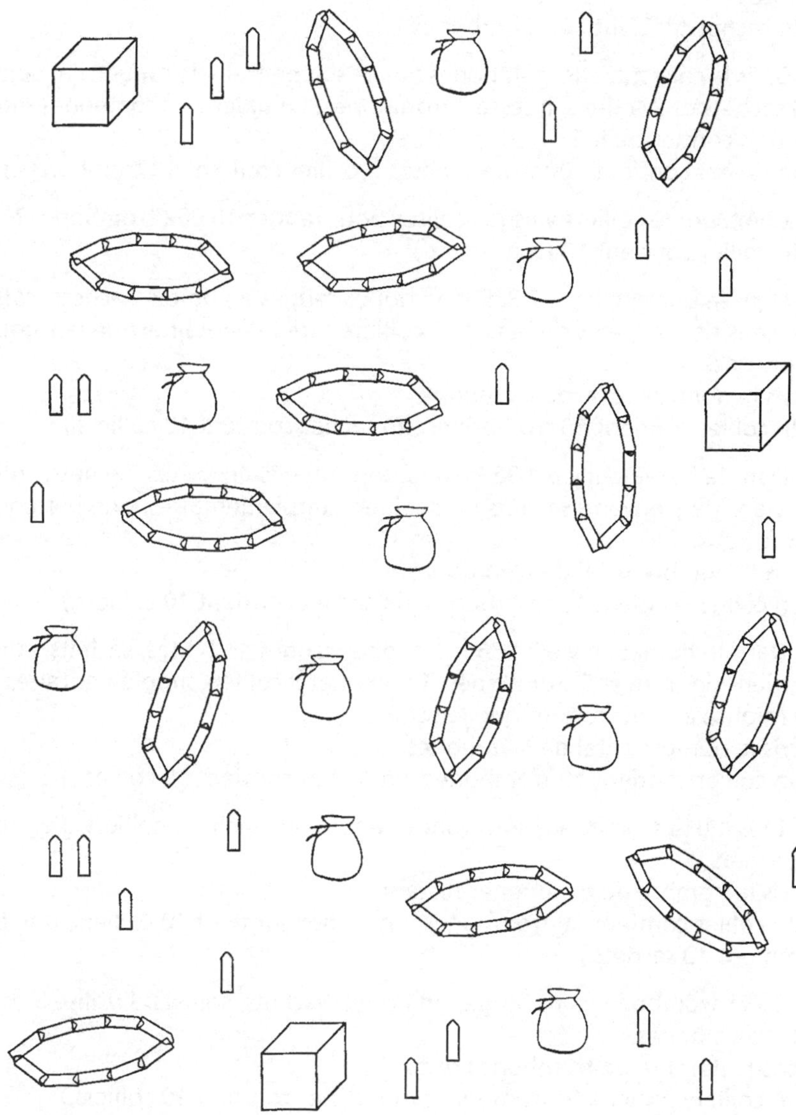

Exercices d'application

1. Il y a 7 832 trombones sur la table.
Combien de sachets vais-je réaliser pour organiser ma collection de trombones ?
(Un sachet contient 100 trombones.)

2. Dans la collection de trombones que je suis en train de ranger, j'ai déjà fait 13 sachets et 9 colliers. Il reste 7 trombones. Combien de trombones ma collection contient-elle ?
(Un sachet contient 100 trombones, un collier contient 10 trombones.)

3. Combien de colliers vais-je réaliser pour ranger 10 002 trombones ?
(Un collier contient 10 trombones.)

4. Dans le bureau, il y a 7 835 trombones rangés en boîtes, sachets, colliers. Je viens de trouver 3 sachets et 2 colliers supplémentaires que je rajoute à mon stock.
Écris le nombre total de trombones.
(Un collier contient 10 trombones, un sachet contient 10 colliers.)

5. Dans le bureau, il y a 4 987 trombones rangés en boîtes, sachets, colliers. Je viens de trouver 3 sachets et 2 colliers supplémentaires, que je rajoute à mon stock.
Écris le nombre total de trombones.
(Un collier contient 10 trombones, un sachet contient 10 colliers.)

6. Dans le bureau, il y a 7 866 trombones rangés en boîtes, sachets, colliers. Je viens de trouver 5 trombones, 1 sachet et 3 colliers supplémentaires, que je rajoute à mon stock et que je range.
Écris le nombre total de trombones.
(Un collier contient 10 trombones, un sachet contient 10 colliers.)

7. Mes 4 013 trombones sont rangés en boîtes, sachets, colliers. J'en utilise 2 sachets.
Écris le nombre de trombones restant.
(Un collier contient 10 trombones, un sachet contient 10 colliers, une boîte contient 10 sachets.)

8. 9 725 trombones sont rangés en boîtes, sachets, colliers. J'utilise 5 colliers et 4 trombones.
Écris le nombre de trombones restant.
(Un collier contient 10 trombones, un sachet contient 10 colliers.)

9. 2 002 trombones sont rangés en boîtes, sachets, colliers. J'utilise 3 sachets, 3 colliers et 3 trombones.
Écris le nombre de trombones restant.
(Un collier contient 10 trombones, un sachet contient 10 colliers, une boîte contient 10 sachets.)

10. Des craies sont rangées dans des étuis et dans des boîtes. Dans un étui on met 10 craies et dans une boîte on met 10 étuis.

Complète les phrases suivantes :
a) Dans 5 étuis et 4 boîtes, il y a ... craies.
b) Pour ranger 950 craies, j'utilise ... boîtes et ... étuis.
c) 720 craies ont été rangées dans ... étuis.

11. Dans la rue de la Guimauve, les bonbons sont vendus à l'unité, par sachets de 10, par boîtes de 10 sachets ou par cartons de 10 boîtes.
Complète les phrases suivantes :
Pour la fête de l'école, le directeur a besoin de 9 730 bonbons.
Il peut acheter ... sachets.
S'il achète 9 cartons, il lui manque ... sachets.
S'il achète 9 cartons et 8 boîtes, il dispose de ... sachets en trop.
Il a intérêt à acheter ... cartons, ... boîtes et ... sachets.

Qui suis-je ?
1. J'ai 153 dizaines. La somme de mes chiffres est 10.
Je suis...

2. J'ai 42 centaines. Mon chiffre des unités est le double du chiffre des centaines. Le chiffre des dizaines est le même que celui des centaines.
Je suis...

3. Mon chiffre des dizaines est 5.
Mon nombre de centaines est 38.
Mon chiffre des unités est compris entre 2 et 4.
Je suis...

Remarque
Il ne s'agit pas ici de mettre en œuvre de façon systématique les techniques opératoires de l'addition ou de la soustraction mais d'utiliser la signification des chiffres dans l'écriture du nombre pour procéder aux groupements et échanges éventuels.

Étape 4 : Évaluation

Il s'agit d'un travail écrit individuel.

Exercice 1
Dans une papeterie, les crayons à papier sont vendus par étui de 10. Les écoles maternelle et élémentaire LAUNAY ont besoin de 4 830 crayons.
Combien doivent-elles acheter d'étuis ?

Exercice 2
Un fabriquant vend ses cahiers par caisses de 100 et par paquets de 10.
Combien de caisses et de paquets le magasinier doit-il préparer pour une commande de 7 250 cahiers ?

Exercice 3
J'ai 132 dizaines.
Mon chiffre des dizaines est le double de celui des unités.
Mon chiffre des unités est le même que le chiffre des unités de mille.
Je suis...

2. Les fils numériques (période 2)

> DESCRIPTION RAPIDE

Il s'agit d'utiliser la droite numérique pour représenter une suite de nombres.

> OBJECTIFS SPÉCIFIQUES

– Savoir situer les nombres par rapport aux multiples de 10, 100, 1 000.
– Savoir dire si un nombre appartient à un intervalle ou savoir trouver des intervalles dans lesquels se situe un nombre donné.
– Savoir choisir une graduation permettant de placer une suite donnée de nombres.

Remarques
La droite qui sera souvent utile au CM et dans les classes supérieures est la droite graduée avec des intervalles réguliers; elle doit permettre de traduire grosso modo la plus ou moins grande proximité des nombres même s'il n'est pas toujours facile de représenter sur un même dessin l'ordre des nombres et l'écart qui les sépare.
Ainsi sur une droite graduée de 100 en 100 à partir de 0, il est possible de placer 20-80-110-213; l'ordre des nombres est facilement représentable. En revanche la distance qui les sépare est assez arbitraire dans la représentation. C'est ce qu'on souhaite faire sentir aux élèves à travers les activités proposées en phases 2 et 3.
Par ailleurs, nous avons choisi d'utiliser le vocable « fil numérique » qui nous évite celui de « droite numérique » et permet donc davantage de fantaisie quant à la forme.

DÉROULEMENT

■ Première phase
Graduations

Les exercices individuels proposés au cours de cette phase sont conçus pour entraîner les élèves à une maîtrise de plus en plus grande de l'outil graduation et des encadrements des nombres.

Exercice 1
Complète les phrases et les graduations après avoir corrigé les erreurs éventuelles.

1.

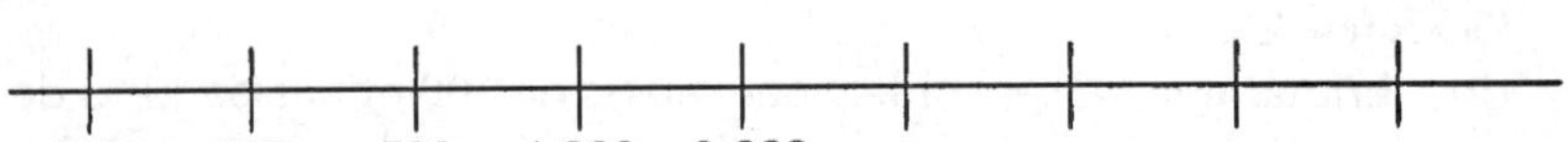

J'ai gradué de ... en ... à partir de 700.

2.

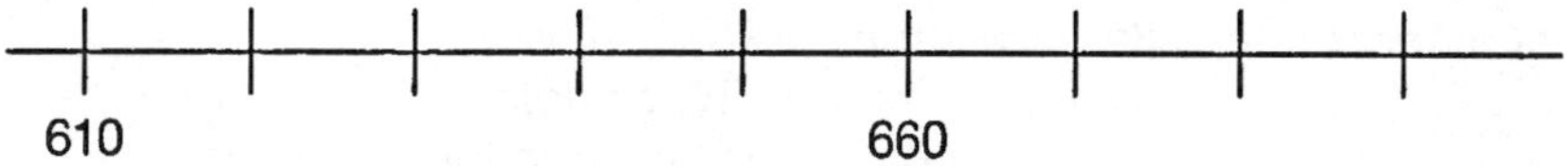

J'ai gradué de 10 en 10 à partir de....

3.

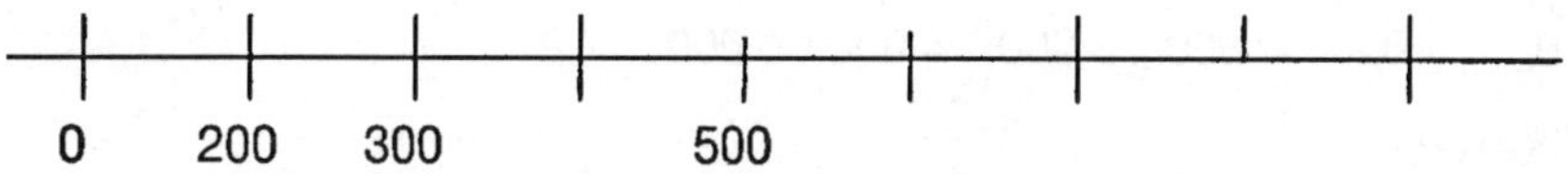

J'ai gradué de... en... à partir de....

4.

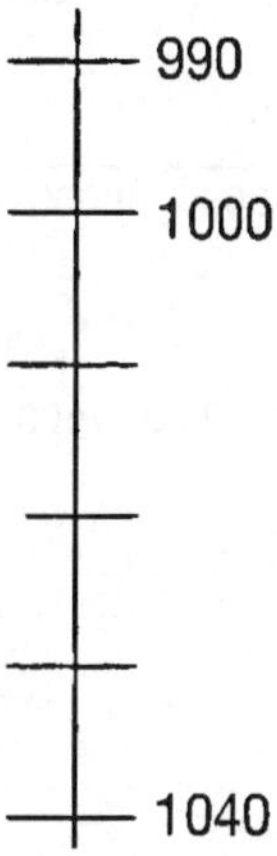

J'ai gradué de... en...
à partir de....

5.

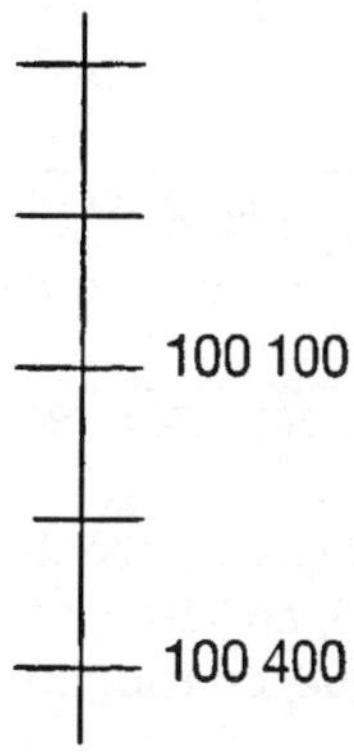

J'ai gradué de... en...
à partir de...

6.

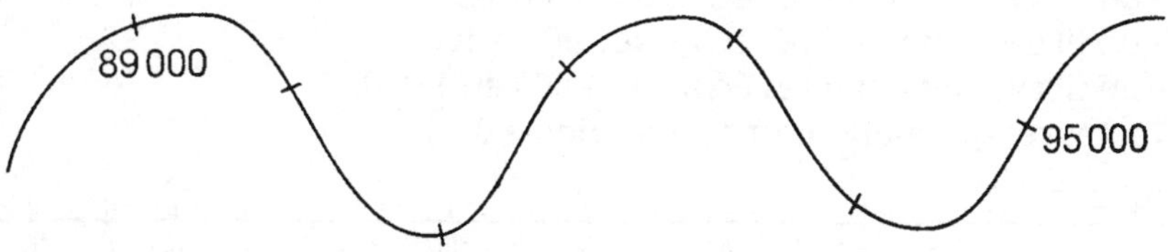

J'ai gradué de... en... à partir de....

Pour compléter ce travail, il serait bon, si nécessaire, d'entraîner les élèves au comptage de 10 en 10, de 100 en 100 et de 1 000 en 1 000 dans un premier temps à partir de « nombres ronds » (nombres entiers de dizaines ou de centaines ou de milliers) puis de nombres quelconques (par exemple de 10 en 10 à partir de 1 023 ou de 100 en 100 à partir de 2 987...) à travers des exercices rituels écrits et oraux (*cf.* Activités d'entraînement pages 463 à 465).

Exercice 2

Colorier l'intervalle où se situe : – 4 320, en vert
– 110, en noir
– 1 990, en rouge
– 2 020, en jaune
– 3 130, en bleu

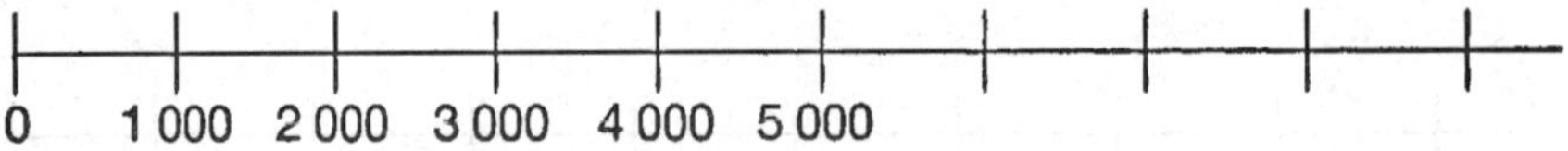

Exercice 3

Voici trois fils numériques gradués :

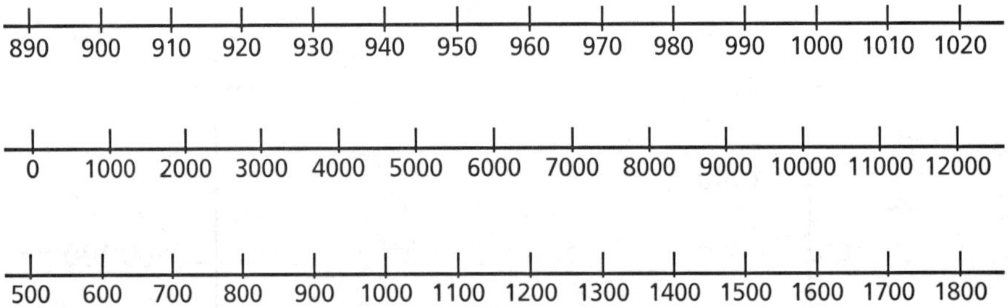

Pour chacun d'entre eux, colorie l'intervalle où se situe :
- 893, en vert
- 1 008, en rouge.

Deuxième phase
Graduations et suite de nombres

> MATÉRIEL

Chaque élève reçoit quatre graduations :
- un fil avec les nombres écrits de 1 en 1,
- un fil avec les nombres écrits de 10 en 10,
- un fil avec les nombres écrits de 100 en 100,
- un fil avec les nombres écrits de 1 000 en 1 000.

Toutes ces graduations ont pour origine 0.

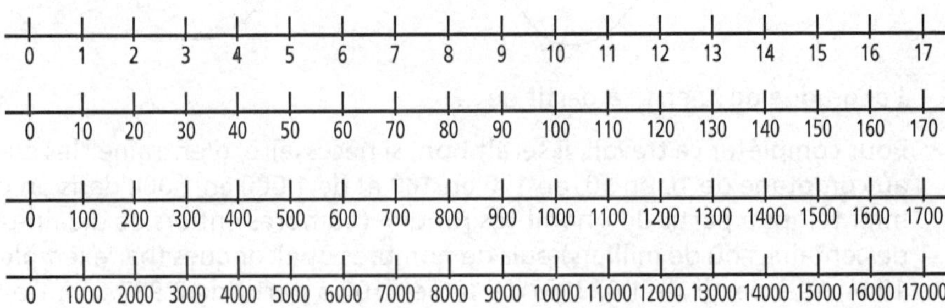

Étape 1 : Recherche individuelle

Le maître donne la consigne :
« Essayez de montrer sur chacun des fils où se situent les nombres suivants : 8, 16, 32, 64, 160, 320, 640, 1 600, 3 200, 6 400, 16 000, 32 000. »

Au début de la recherche, compte tenu des exercices précédents, le problème posé est perçu comme « facile » par les élèves, puis très vite le fait de ne pas pouvoir écrire correctement tous les nombres dans un intervalle donné (par exemple les nombres 8-16-32-64 dans l'intervalle (0,100) pour le fil gradué de 100 en 100) ou placer certains nombres (par exemple tous les nombres supérieurs à 17 sur le fil gradué de 1 en 1) fait obstacle ! Certains sont déstabilisés, d'autres cherchent les astuces et inventent des graduations supplémentaires erronées : ainsi 32, 320, 3 200 sont placés dans l'intervalle (3,4) du fil gradué de 1 en 1 car :
« Dans 32, il y a entre 3 et 4 dizaines, dans 320, il y a entre 3 et 4 centaines, dans 3 200 il y a entre 3 et 4 milliers », nous dira un élève, ou bien un autre plus pragmatique nous dira : « Ce n'est pas possible de ne placer que deux nombres sur le premier fil – la seule solution est de dire que l'intervalle (2,3) c'est aussi l'intervalle (20,30)... »
Dans tous les cas, il est nécessaire de reformuler le problème car il ne s'agit pas de placer les nombres mais d'essayer de montrer où ils se situent.
N'oublions pas que notre intention est de faire appréhender aux élèves qu'il n'est pas toujours facile de représenter sur un même dessin l'ordre des nombres et l'écart qui les sépare.

Étape 2 : Mise en commun

Le maître recueille les propositions sur de grands fils collectifs correspondant au matériel individuel.

Le choix des nombres devrait favoriser des remarques du type :
a) 32 est entre 30 et 40 sur le fil gradué de 10 en 10 ;
320 est entre 300 et 400 sur le fil gradué de 100 en 100 ;
3 200 est entre 3 000 et 4 000 sur le fil gradué de 1 000 en 1 000 ;
de même pour 64-640-6 400 et pour 16-160-1 600-16 000.
b) 8 correspond au milieu du segment séparant 0 et 16, idem pour 16 par rapport à 0 et 32 ou 32 par rapport à 0 et 64 ou 320 par rapport à 0 et 640.

Les difficultés rencontrées par les élèves au cours de la recherche permettront de formuler les conclusions suivantes, en comparant les différentes graduations :
– « Sur la graduation de 1 en 1, chaque nombre pourrait avoir sa place si le fil était très long – sur la feuille d'exercices, on n'en place donc que très peu. »
– « Sur celle de 10 en 10, on peut en mettre plus mais on place les nombres à peu près et cela n'est pas précis. »
– « Sur celle de 100 en 100, on peut en mettre encore plus mais cela est très approximatif et entre 0 et 100, les nombres sont bien serrés. »
– « Sur celle de 1 000 en 1 000, on peut placer presque tous les nombres mais cela est encore plus approximatif et entre 0 et 1 000 on n'y voit presque plus rien. »

Troisième phase
Choix des graduations et de l'origine

> MATÉRIEL

Chaque élève reçoit des graduations identiques aux précédentes mais les points ne sont pas désignés (graduations « muettes »).

J'ai gradué de ... en ....

Pour chacun des exercices proposés, il s'agit donc de choisir la graduation et l'origine qui permettent de placer convenablement une suite donnée de nombres.

Étape 1 : Recherche individuelle

Exercice 1

Numérotez les points pour placer sur un même fil les nombres : 10-25-100-120-135.

Ce choix de nombres encourage la graduation de 10 en 10 à partir de 0, de plus on doit pouvoir contrôler que 25 est au milieu du segment séparant 0 et 50 mais aussi 20 et 30...

Exercice 2

Numérotez les points pour placer sur un même fil les nombres : 10-25-100-120-135-500-750.

Ici, on peut accepter la mise bout à bout de fils gradués de 10 en 10 mais la graduation de 100 en 100 à partir de 0 sera aussi valorisée.
L'ordre des nombres est facilement représentable, en revanche l'écart qui les sépare reste approximatif.

Exercice 3

Numérotez les points pour placer sur un même fil les nombres : 10-25-100-120-135-500-750-5 000-7 500.

La présence simultanée de 500 et de 5 000 pousse à choisir la graduation de 1 000 en 1 000 mais le tassement des sept premiers nombres dans l'intervalle (0,1 000) rend le travail imprécis.
De même la mise bout à bout de fils gradués de 100 en 100 s'avère pertinente mais peu pratique.

Exercice 4

Numérotez les points pour placer sur un même fil les nombres : 341-345-347-348-353.

Le choix de ces nombres très proches les uns des autres encourage la graduation de 1 en 1 mais à partir de 341 et non à partir de 0.

Étape 2 : Mise en commun

Après un moment de recherche individuelle, une mise en commun permet de recenser les difficultés rencontrées (choix de l'origine, lisibilité...) et pour chaque exercice de pointer les graduations les plus adaptées (*cf.* les commentaires didactiques de chaque exercice ci-dessus).

3. Les grands nombres 1 (période 2)

> DESCRIPTION RAPIDE

L'activité est constituée d'un jeu et d'exercices au cours desquels les élèves construisent des nombres de six chiffres en respectant des contraintes liées à l'ordre.

> OBJECTIFS RELATIFS AUX NOTIONS ABORDÉES

- Savoir tirer parti des informations apportées par la position des chiffres dans un nombre.
- Savoir lire un nombre de six chiffres.
- Savoir comparer des nombres de six chiffres.
- Savoir intercaler un ou plusieurs nombres entre deux nombres donnés.

> OBJECTIFS RELATIFS À L'ACTIVITÉ DE RÉSOLUTION DE PROBLÈMES

- Savoir élaborer une stratégie permettant d'obtenir toutes les solutions.
- Savoir expliciter des stratégies.

THÈME 3

Module 1

DÉROULEMENT

Première phase
Le jeu du plus grand nombre

> MATÉRIEL

– Dix cartes grand format (pour jeu collectif) pour la classe et un jeu de dix cartes format individuel par groupe de quatre enfants, portant les chiffres de 0 à 9.

– Par élève, un stylo à bille (on n'efface pas, on ne corrige pas !) et une feuille polycopiée avec le tableau suivant.

Nom :.................. Date :.........

Les chiffres					Mon nombre	Points
•	•	•	•	•	••• •••	
•	•	•	•	•	••• •••	
•	•	•	•	•	••• •••	
•	•	•	•	•	••• •••	
•	•	•	•	•	••• •••	
					Total des points	

> RÈGLE DU JEU

On veut construire un nombre de six chiffres le plus grand possible, une carte tirée donne un chiffre de ce nombre que l'on positionne dans un tableau à 6 cases avant d'effectuer le tirage suivant. Après les 6 tirages, on compare les nombres écrits par les différents joueurs. Celui ou ceux qui ont le plus grand nombre marquent un point.

Étape 1 : Jeu collectif

Cette étape permet une appropriation du jeu (règle et finalité).
Le maître tire une carte, écrit le chiffre obtenu au tableau. Chaque élève inscrit alors ce chiffre là où il veut, dans la partie gauche de son tableau à six cases, sur la première ligne. On fait cela six fois de suite. Les joueurs n'ont pas le droit de modifier leurs choix au cours du déroulement, c'est pourquoi on utilise le stylo à bille pour éviter d'être tenté de tricher. Bien entendu, le but du jeu est précisé dès le départ : construire un nombre le plus grand possible. Ensuite le maître collecte les nombres obtenus en demandant aux élèves de les lire ; il les aide éventuellement. Tous les nombres différents sont écrits au tableau les uns sous les autres (un élève peut être chargé de cette tâche).
Puis on cherche qui a gagné. Pour cela les règles de comparaison des nombres que les élèves connaissent sur un champ numérique plus restreint sont explicitées.
Par ailleurs, les élèves s'appuient fréquemment sur la lecture orale des nombres, et donc implicitement sur le fait que le millier est une base auxiliaire, pour conclure.

Prenons l'exemple des deux nombres 647 230 et 643 720 obtenus à partir des tirages successifs 4/6/3/2/0/7 et que l'on cherche à comparer.
Voici quelques propositions d'élèves :
– 647 230 est supérieur à 643 720 car « 647 mille est plus grand que 643 mille » ou « 647 est plus grand que 643 ».
– « Les deux nombres ont le même chiffre des centaines de mille, ils ont aussi le même chiffre des dizaines de mille mais 7 est plus grand que 3. »
– « Même avec un 7 au rang des centaines (pour 643 720) on sait que 7 230 c'est plus que 3 720. »
– « On peut faire 647 230 – 643 720. »

Notons que toutes les propositions correctes sont acceptables et que le maître n'en privilégie aucune, chacun pouvant se référer aux arguments qui le convainquent le mieux.

Étape 2 : Jeu par groupes de quatre

Cette étape permet, au fur et à mesure des tirages et des constats effectués, de limiter le rôle du hasard et de mettre en œuvre une stratégie la plus efficace possible. Chaque groupe dispose d'un jeu de dix cartes portant les chiffres de 0 à 9. Le maître propose de construire cinq nombres, ce qui constitue une partie, en suivant le même déroulement que précédemment :

six tirages successifs pour chaque nombre, stylo à bille obligatoire ! Pour chaque série de tirages, les nombres construits sont comparés (c'est l'occasion d'une confrontation des procédures de comparaison en cas de désaccord) et celui ou ceux qui ont réalisé le plus grand nombre marquent un point, les autres zéro.

Étape 3 : Mise en commun

Cette étape permet de formuler sa stratégie en argumentant ses prises de décision, utiliser les expressions « unité, dizaine et centaine de mille » et mettre l'accent sur les poids respectifs des différents chiffres selon leur rang. Pour cela, le maître envoie au tableau quelques gagnants des groupes de l'étape 2 pour une sorte de finale. Ils jouent devant les autres une partie « à découvert » en expliquant leurs raisons de placer tel chiffre à tel rang. Ils prennent leur décision personnelle après la discussion. À la fin de la partie, on relève les prises de décision « qui ont payé » en précisant la part du hasard. Il peut être nécessaire de jouer au moins une deuxième partie pour voir si l'audace est plus payante que la sécurité.

Voici les éléments de stratégie :

Règle 1 : Les zéros doivent être placés le plus à droite possible dans le nombre, c'est-à-dire au rang le plus bas possible.

Règle 2 : Les neuf doivent être placés le plus à gauche possible dans le nombre, c'est-à-dire au rang le plus élevé possible.

Règle 3 : Pour les autres chiffres, on visera l'ordre décroissant des chiffres mais le hasard pourra se mettre en travers des intentions du joueur.

Deuxième phase
Le jeu du plus petit nombre

Le jeu de la première phase est reconduit selon les mêmes modalités pédagogiques, seule la contrainte de construction des nombres est modifiée : c'est le plus petit nombre possible de six chiffres qui nous intéresse ici. Le maître insiste sur le fait qu'il faut toujours obtenir un nombre de six chiffres et qu'il est donc impossible de placer un zéro à la gauche du nombre construit.

Les étapes 2 et 3 (jeu par groupes de 4 et mise en commun des éléments de stratégie) sont reprises. L'étape 1 ne paraît pas utile puisque les élèves, à ce stade, maîtrisent bien les règles de construction des nombres à partir de 6 tirages successifs.

Troisième phase
Exercices d'entraînement

Les exercices proposés consistent à trouver des nombres entre deux nombres donnés en utilisant les mêmes chiffres que ceux des nombres donnés. L'intérêt de cette contrainte est que l'on manipule des nombres non consécutifs, ce qui oblige les élèves à utiliser les règles de comparaison et non leurs seules connaissances de la suite des nombres (précédent, suivant).

Prenons les deux nombres 5316 et 6531, ils sont constitués des mêmes chiffres 1/3/5/6 et le nombre 5631 est un nombre qui répond au problème posé. De façon à permettre la mise en œuvre d'une pédagogie différenciée, le maître pourra demander aux élèves soit de trouver un seul nombre solution, soit plusieurs nombres solutions ou toutes les solutions.

Exercice 1	5 316	8 solutions	5361 5613 5631 6135 6153 6315 6351 6513
	6 531		
Exercice 2	2 583	7 solutions	2835 2853 3258 3285 3528 3582 3825
	3 852		
Exercice 3	798 652	0 solution	
	825 679		
Exercice 4	395 140	3 solutions	395401 395410 401359
	401 395		
Exercice 5	697 413	1 solution	697431
	713 469		
Exercice 6	986 754	5 solutions	987456 987465 987546 987564 987645
	987 654		

4. Les grands nombres 2 (période 5)

Les deux premières phases de l'activité Les grands nombres 1 sont reprises en période 5, mais on tire sept chiffres au lieu de six, ce qui nécessite de grouper les chiffres par tranches de trois à partir de la droite, de manière à faciliter leur lecture.

5. Les mots-nombres (période 3)

> DESCRIPTION RAPIDE

Cette activité est constituée d'un jeu et d'exercices où les élèves utilisent des étiquettes-mots pour écrire des nombres.

> OBJECTIFS SPÉCIFIQUES

– Faire fonctionner et institutionnaliser les règles de la numération orale pour les nombres de 0 à 1 000.
– Faire (re)découvrir, faire fonctionner et institutionnaliser les règles de la numération orale pour les nombres de 1 000 à 999 999 999, notamment mettre en évidence que la numération orale utilise comme bases auxiliaires le millier et le million.
– Faire préciser les relations entre ces diverses règles et les opérations.

> MATÉRIEL

Des étiquettes-nombres (grand format pour l'activité collective et format individuel) avec, au recto, tous les mots utilisés pour écrire les nombres et, au verso, leur traduction en chiffres.

zéro	un	deux	trois	quatre	
cinq	six	sept	huit	neuf	
dix	onze	douze	treize	quatorze	
quinze	seize	vingt(s)	trente	quarante	
cinquante	soixante	cent(s)	mille	million(s)	et

Remarques

On a choisi d'utiliser une même étiquette cent(s) pour cent et cents, de même pour vingt et vingts, million et millions, ainsi que d'omettre les tirets comme cela est permis par l'arrêté Haby.

En effet, notre objectif essentiel est de travailler la numération orale, sans négliger l'orthographe mais sans en faire un obstacle. De même nous proposons de mettre à disposition un stock d'étiquettes « et » pour les nombres tels que vingt et un.

DÉROULEMENT

Première phase
Construction du matériel

Étape 1 : Recherche individuelle

Chaque élève écrit sur une feuille tous les mots qui servent à dire les nombres.

Étape 2 : Mise en commun

Le maître recense tous les mots trouvés et affiche au tableau les étiquettes qu'il a préparées pour l'usage collectif au fur et à mesure. On complète collectivement en se référant à la suite des nombres. Il est également possible de faire effectuer un classement de ces étiquettes de façon à faire émerger quelques règles de la numération orale.

Exemples de classement

1.

zéro	six	dix	cent	onze
un	sept	vingt	mille	douze
deux	huit	trente	million	treize
trois	neuf	quarante		quatorze
quatre		cinquante		quinze
cinq		soixante		seize
1er tas		**2e tas**	**3e tas**	**4e tas**

2.

zéro	cinq	dix	onze	vingt
un	six	cent	douze	trente
deux	sept	mille	treize	quarante
trois	huit	million	quatorze	cinquante
quatre	neuf		quinze	soixante
			seize	
1er tas		**2e tas**	**3e tas**	

À la fin de cette première phase, chaque élève reçoit une enveloppe avec les 25 étiquettes-mots qui ont été recensées collectivement.

Deuxième phase
Exercices

> DESCRIPTION

Ils consistent à faire utiliser les étiquettes-mots pour produire des nombres et à les traduire en écritures chiffrées.

> OBJECTIF

Dégager quelques règles de la numération orale par comparaison avec celles de la numération écrite :

– peu de mots peuvent « produire » de grands nombres ;

– réciproquement pour traduire un petit nombre, on peut avoir besoin de beaucoup de mots;
– le millier et le million servent de bases auxiliaires.

Exercice 1

Voici 4 étiquettes: [cent(s)] [quatre] [trente] [mille]

Il s'agit d'écrire tous les nombres possibles avec un, plusieurs ou la totalité de ces mots. Les nombres seront écrits en chiffres et ordonnés.
Pour un nombre donné, on n'utilise qu'une seule fois chaque étiquette.
La mise en commun se déroule en trois temps:

1. Les élèves sont invités à expliciter les procédures adoptées.
Par exemple, il est possible de raisonner uniquement avec les étiquettes:
– J'utilise une étiquette et une seule: j'écris 100, 4, 30, 1 000.
– J'utilise 2 étiquettes seulement: j'écris 104, 130, 100 000, 400, 4 000, 34, 30 000, 1 100, 1 004, 1 030...
Il est possible aussi de « penser » directement les nombres en chiffres:
– Je cherche les nombres de 1 chiffre: 4.
– Je cherche les nombres de 2 chiffres: 30, 34.
– Je cherche les nombres de 3 chiffres: 100, 104, 130, 134, 400, 430.

2. Les élèves élaborent collectivement la liste attendue:
4, 30, 34, 100, 104, 130, 134, 400, 430, 1 000, 1 004, 1 030, 1 034, 1 100, 1 104, 1 130, 1 134, 1 400, 1 430, 4 000, 4 030, 4 100, 4 130, 30 000, 30 004, 30 104, 30 400, 34 000, 34 100, 100 000, 100 004, 100 030, 100 034, 104 000, 104 030, 130 000, 130 004, 134 000, 400 000, 400 030, 430 000.
Par exemple, le maître demande le plus petit nombre trouvé, le suivant, etc.

3. Enfin, les liens numération orale/numération écrite sont mis en évidence:
– avec peu de mots, on peut produire de grands nombres avec les 3 étiquettes [cent(s)] [quatre] [trente]; le plus grand nombre est 430;
– avec les 2 étiquettes [cent(s)] [mille], le plus grand nombre est 100 000;
– le millier est une base auxiliaire.

Certains groupes de mots-nombres sont peu propices à la production de nombres (par exemple: [zéro] [dix] [vingt(s)] [cent(s)] qui ne produit que 0, 10, 20, 100, 110 et 120. Le maître a donc intérêt à choisir différents cas.

Exercice 2

Voici 5 étiquettes [vingt(s)] [trente] [million(s)] [mille]

Il s'agit, en combinant ces mots, de produire tous les nombres supérieurs à 2 010 000.
Réponses attendues: 2 020 000, 2 020 030, 2 030 000, 2 030 020 et pourquoi pas 1 000 000 000, 1 000 000 002... occasion de découvrir l'étiquette [milliard].

Exercice 3

Il s'agit de déterminer le nombre de chiffres des nombres suivants sans rien écrire :
- quatre mille deux
- neuf mille sept cent cinquante-neuf
- un million
- treize millions six cent deux
- dix-sept millions trois cents vingt-huit mille quatre cent sept

Troisième phase
Recto-Verso

> DESCRIPTION RAPIDE

À partir de l'écriture d'un nombre avec des mots, les élèves doivent trouver la décomposition correspondante.
Exemple : « trois millions quatre-vingts ».
Avec notre choix d'étiquettes, « trois million(s) quatre vingt(s) » sera traduit par (3 x 1 000 000) + (4 x 20).

> OBJECTIF SPÉCIFIQUE

Analyser la décomposition implicite qui est faite lors de la lecture orale d'un nombre.

> MATÉRIEL

Trois jeux d'étiquettes-mots par groupes de 2 ou 3 élèves.

Étape 1 : Travail par groupes

Les élèves sont par groupes de 2 ou 3. Le maître donne à chaque groupe un nombre différent écrit en chiffres.
Prenons par exemple le nombre 613 078 proposé à un groupe.
Les élèves écrivent ce nombre en mots en alignant devant eux les étiquettes côté recto :

six	cent(s)	treize	mille	soixante	dix	huit

Puis, ils retournent chaque étiquette sans changer sa place :

6	100	13	1 000	60	10	8

Ils doivent ensuite indiquer les opérations qui, à partir de ces nombres pris dans cet ordre, permettent de calculer le nombre donné par le maître :
(6 x 100 + 13) x 1 000 + 60 + 10 + 8.

Étape 2 : Décodage

Dans un deuxième temps, on décode pour valider.
On échange les écritures produites.
Le groupe qui reçoit (6 x 100 + 13) x 1 000 + 60 + 10 + 8 doit effectuer le calcul proposé et retrouver le nombre initialement donné par le maître : 613 078.
Bien entendu la calculette est autorisée.

Le choix du nombre permet un travail différencié. Avec certains élèves, afin de les familiariser au problème proposé, il paraît souhaitable de démarrer avec des « petits » nombres présentant ou non des « anomalies » :

92 → (4 × 20) + 12
265 → (2 × 100) + 60 + 5
786 → (7 × 100) + (4 × 20) + 6
12 613 → (12 × 1 000) + (6 × 100) + 13

Étape 3 : Mise en commun des difficultés non surmontées

Il se peut que le groupe « décodeur » n'obtienne pas le nombre attendu. Est-ce un problème de calcul ? Ou bien le problème est-il du côté des « codeurs » ? Il y a bien un enjeu pour la classe : aider le binôme codeur-décodeur qui n'a pas réussi à s'entendre sur le nombre travaillé et mettre en évidence la nature des malentendus.

6. La numération égyptienne (période 4)

> DESCRIPTION RAPIDE

Il s'agit de découvrir un autre système de numération écrite et de le comparer au nôtre.

> OBJECTIF SPÉCIFIQUE

Renforcer la maîtrise des règles de la numération écrite décimale positionnelle par l'étude d'une numération additive qui utilise des groupements réguliers de 10.

DÉROULEMENT

Première phase
À la recherche de la signification des hiéroglyphes...

Étape 1 : Résolution du problème

Le travail est organisé par petits groupes, chaque élève reçoit le document suivant :

« Dans l'Égypte ancienne, certains pharaons faisaient élever des temples en l'honneur de leurs dieux. Ils en faisaient décorer les murs de sculptures et de peintures illustrant les épisodes les plus glorieux de leur vie ou des scènes de la vie quotidienne. »

Voici trois documents découverts dans deux de ces temples :

Le premier indique le nombre d'ennemis massacrés au cours d'une bataille gagnée par le pharaon de HIÉRAKONPOLIS soit : 42 209 hommes.

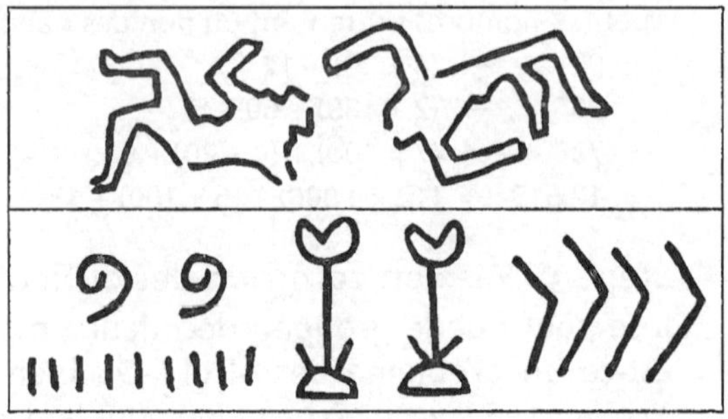

Le second indique le nombre d'hommes, de chèvres et de bœufs capturés au cours de cette même bataille soit : 120 000 hommes, 1 422 000 chèvres, 400 000 bœufs.

Le troisième indique les richesses en bétail d'un pharaon de Memphis, soit : 121 200 pigeons, 121 022 canards, 11 110 oies.

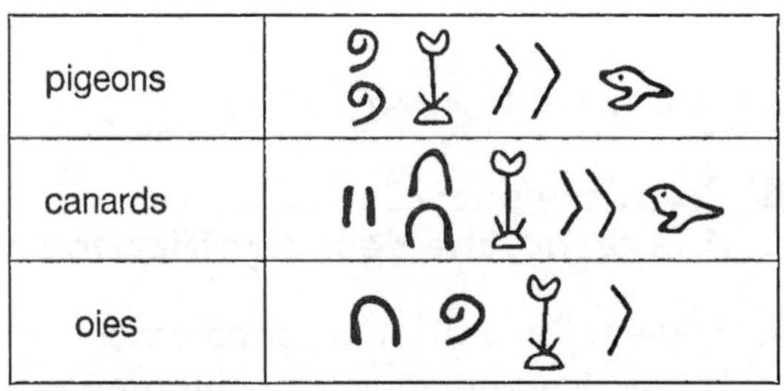

Après un moment de lecture silencieuse, et d'explication éventuelle des données, le maître pose le problème : « Quelle est la façon égyptienne d'écrire les nombres ? »

– La plupart des élèves sont gênés par le sens de la lecture.

– Un tiers environ n'envisage pas d'emblée qu'un signe peut remplacer un nombre (obstacle de notre numération pour laquelle chaque signe représente un chiffre même si sa valeur est fonction de la position dans l'écriture du nombre). Le nombre d'oies qui s'écrit en égyptien avec quatre signes différents et dans notre système avec quatre fois le même signe (le chiffre 1) permet de lever cette difficulté.

– Certains se heurtent à la signification du zéro :

« Chez nous, on a besoin du zéro, 102 ce n'est pas 12, les Égyptiens eux n'en ont pas besoin, c'est pas normal » ;
« C'est 100, nous il nous faut 2 zéros » ;
« Pour 200, il leur faut deux symboles et nous 2 zéros. »
– Petit à petit, la stratégie qui consiste à faire des hypothèses sur la valeur d'un signe à partir d'une correspondance et à vérifier pour valider ou non à partir d'autres correspondances se met en place et s'avère opérationnelle pour tous.

Étape 2 : Mise en commun

Elle se déroule en deux temps.

Le premier permet d'abord de faire le point sur les démarches adoptées, par exemple :
« Nous, on a commencé par le tableau du milieu et on s'est intéressé aux bœufs car cela avait l'air d'être plus facile, c'est le même signe qui est répété. »
« Nous avons vu qu'il y avait une seule fois un million, puis 4 dessins pour le nombre 400 000, alors c'était facile de trouver. »
« Nous nous sommes posés des questions, nous avons observé, essayé et vérifié. »

Le second a pour but de faire émerger quelques règles de la numération égyptienne :
– le zéro existe mais il n'est pas représenté ;
– les signes peuvent s'écrire dans le désordre, de haut en bas, de gauche à droite ;
– chacun des signes représente une puissance de 10, on peut écrire neuf fois le même signe ;
– la valeur d'un nombre s'obtient en faisant la somme des valeurs de chaque signe.
À la fin de la mise en commun, les élèves disposent d'un tableau de correspondance disponible pour les phases suivantes :

1	10	100	1000	10000	100000	1000000

Deuxième phase
Codage - décodage

Chaque élève résout les deux exercices suivants.
1. Écris, dans notre système, les nombres suivants :

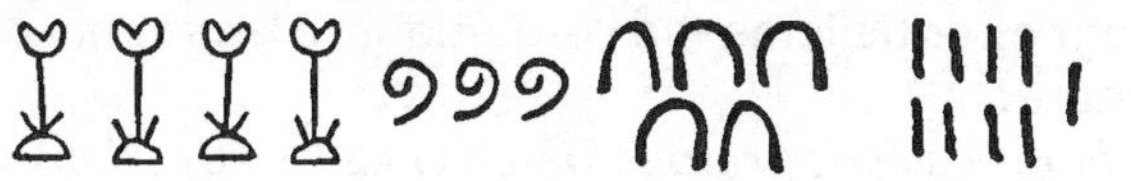	....

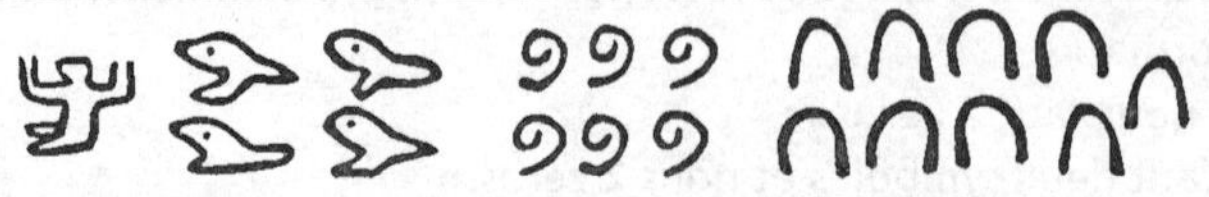	....
	....

2. Écris, dans le système de numération égyptienne, les nombres suivants :

42 528	
987 978	
2 000 001	

Après une correction collective, le maître met en évidence les points suivants :

– lors des activités de décodage, le passage de la numération égyptienne à la numération décimale est possible si l'on repère d'abord les signes ayant la plus grande valeur, puis ceux ayant la valeur juste inférieure... Il suffit alors de juxtaposer de gauche à droite le nombre de signes de chaque type par ordre de valeur décroissant sans oublier le zéro si nécessaire ;

– lors des activités de codage, il est nécessaire, pour passer de notre numération à la numération égyptienne, de procéder à la décomposition du nombre donné sous la forme d'une somme de puissances de 10, mentalement ou par écrit :

42 528 = 10 000 + 10 000 + 10 000 + 10 000 + 1 000 + 1 000 + 100 + 100 + 100 + 100 + 100 + 10 + 10 + 1 + 1 + 1 + 1 + 1 + 1 + 1 + 1.

On peut aussi procéder à la décomposition canonique :

42 528 = 4 x 10 000 + 2 x 1 000 + 5 x 100 + 2 x 10 + 8.

■ Troisième phase
Analyse comparative de ces deux systèmes de numération écrite

Les élèves travaillent par groupes et doivent formuler par écrit les ressemblances et les différences entre les deux systèmes : le nôtre et le système égyptien.

Exemples de productions d'élèves

Certains s'intéressent essentiellement à l'esthétique, à la graphie des signes et au sens de l'écriture :

– « *Dans notre système, 1 s'écrit presque pareil chez les Égyptiens.* »

– *« 9 dans notre système ressemble à 𓍢 mais n'a pas la même valeur. »*
– *« Les Égyptiens écrivent dans tous les sens de droite à gauche, de gauche à droite, de haut en bas, de bas en haut avec les mêmes signes, ce sera toujours le même nombre ; chez nous, il faut écrire de gauche à droite. »*

D'autres mettent l'accent sur le caractère d'additivité de la numération égyptienne ou sur son caractère non positionnel :
– *« Les Égyptiens peuvent changer les signes de place pour faire le même nombre. »*
– *« Il faut ajouter les valeurs pour trouver le nombre. »*

D'autres enfin portent un regard tout à la fois critique et constructif sur ce système :
– *« Il faut comprendre le nombre pour savoir s'il est grand. Nous il suffit de le regarder. »*
– *« Les dessins sont longs à représenter. »*
– *« Les Égyptiens ne peuvent pas écrire de grands nombres, il faudrait d'autres signes. »*

La mise en commun aboutit à l'élaboration d'un tableau du type suivant (on utilisera le vocabulaire proposé par les élèves en cours de recherche) :

	système usuel (actuel)	système égyptien
nombre de signes	10 (de 0 à 9)	7 *(a)*
utilité du zéro	oui	non
rôle de la position des symboles	oui	non
type de groupements sous-jacents (base) *(b)*	dix	dix
opérations implicites associées à la juxtaposition des symboles *(c)*	+ en tenant compte de la position	+

(a) En théorie, cette numération nécessite une infinité de signes pour exprimer tous les nombres, mais elle n'utilise, en fait, qu'un nombre limité de signes.
(b) Il s'agit ici de savoir si un symbole donné est équivalent à un certain nombre de symboles de valeur immédiatement inférieure.
(c) Il s'agit de savoir quelles opérations sur les symboles et leurs valeurs sont nécessaires pour retrouver les quantités exprimées.

Module 2

▪ Connaissances arithmétiques

Objectifs du module

– Connaître et savoir utiliser les tables de multiplication.
– Connaître ou calculer rapidement les doubles, moitiés, quarts et quadruples des nombres usuels.
– Travailler les notions de multiples et de diviseurs.
– Approcher certaines fonctions numériques.
– Travailler les relations arithmétiques entre les nombres.

Activités

1. Tables de Pythagore (période 1)

> DESCRIPTION RAPIDE

En CE2, tous les enfants ont eu l'occasion de voir, de construire, d'utiliser une table de Pythagore. Il s'agit donc, en début de CM1, à l'aide de diverses activités, de les amener à étudier à nouveau cette table et à y repérer des régularités, à mémoriser les résultats encore mal connus, à décomposer un entier en produits de deux nombres et, enfin, à prolonger les tables au-delà de n x 10.

> OBJECTIFS SPÉCIFIQUES

– Mémorisation du répertoire multiplicatif de base.
– Repérage des régularités de la table de Pythagore restreinte.
– Extension des tables au-delà de n x 10 (les envisager comme pouvant être prolongées indéfiniment).
– Prise de conscience du fait qu'un nombre peut se trouver dans plusieurs « tables ».

Première phase
Observations et activités sur la table 10 × 10

Les cinq activités proposées (le maître choisira celles qui lui semblent les plus appropriées au niveau des élèves) peuvent être données en travail individuel ou à deux, à la maison, en plusieurs fois. Elles feront l'objet d'une mise en commun pendant laquelle les observations faites par les élèves seront mises en évidence, voire prolongées.

> MATÉRIEL

– Plusieurs tables de Pythagore 10 x 10 par élève pleines et vides.
– Une grande table collective : une pleine et une vide.
– Des papiers repositionnables.

Activité 1 : remplissages et coloriages

Étape 1

Le maître distribue des tables de Pythagore vides et fait remplir la ligne et la colonne de la table de 2. Cette ligne et cette colonne sont alors coloriées en bleu.

Le maître attire ensuite l'attention des élèves sur le fait que ce remplissage, s'il se fait bien de 2 en 2, nécessite de partir de 0 ou d'un nombre dont on est sûr qu'il est dans la table de 2. C'est la première occasion, en début de CM1, de revenir sur l'équivalence :
« A est dans la table de 2 si on peut l'atteindre en comptant de 2 en 2 à partir de 0 »
et
« A est dans la table de 2 parce qu'il est le produit de 2 par un nombre entier naturel. »
On insistera aussi sur le fait que les nombres qui sont dans la table de 2 ont un nom particulier : ce sont les nombres pairs[6].

Étape 2

Même travail avec la colonne et la ligne de la table de 5 qui sont ensuite coloriées en jaune.

On constate que certains nombres (10 et 20, dans la table de Pythagore réduite à 10 x 10, mais il y aurait aussi 30, 40, etc., si on prolongeait les tables comme on le fera par la suite) ont déjà été coloriés en bleu. On met ainsi en évidence qu'il y a des nombres qui sont dans plusieurs tables. Il y a lieu, ici, de bien distinguer le nombre, 20 par exemple, et la case où ce nombre est écrit : 20 qui a été colorié en bleu lors du remplissage de la table de 2, dans les cases 2 x 10 et 10 x 2 et colorié en jaune

6. À l'école élémentaire, l'expression « nombre pair » est souvent mal introduite : au lieu de désigner tout simplement un nombre « qui est dans la table de 2 » (un multiple de 2), elle désigne un nombre qui a pour caractéristique d'avoir pour chiffre des unités 0, 2, 4, 6 ou 8. Il y a confusion entre la définition mathématique et un moyen de reconnaissance.

lors du remplissage de la table de 5 pour 5 x 4 et 4 x 5 ; le nombre 20 se trouve donc dans quatre cases. Il n'en va pas de même pour le nombre 10 : 10, qui avait été colorié en bleu lors du remplissage de la table de 2 pour 2 x 5 et 5 x 2, doit aussi être colorié en jaune pour le même produit !

Étape 3

La table vierge est ensuite complétée et coloriée pour la table de 4 puis de 8.

On constate que tous les nombres que l'on vient de colorier pour la table de 4, l'avaient déjà été en bleu (mais peut-être dans une autre case) pour la table de 2, mais qu'il reste des nombres « bleus » qui ne sont pas dans la table de 4 : 6, 10 etc. Mêmes constats d'inclusion entre la table de 8 et la table de 4.

On poursuit avec :
- la table de 10,
- la table de 3 puis de 6 puis de 9,
- la table de 7.

Le fait de devoir parfois colorier de plusieurs couleurs une même case donne lieu à quelques effets esthétiques (entourages de la case à l'aide des couleurs nécessaires ou superposition des couleurs)..., mais ce n'est certes pas l'objectif de l'activité !

Activité 2 : déplacements

On peut définir une règle de déplacement sur la table et observer les suites de nombres rencontrés :
- déplacements en ligne ou en colonne : c'est simplement une « table » particulière. Par exemple : 8, 16, 24, 32...
- déplacements en diagonale : 1 → 4 → 9 → 16 →... : ce sont les « carrés » (ou « c'est un nombre multiplié par lui-même ») mais on peut également remarquer que l'on passe d'un nombre à l'autre en ajoutant successivement la suite des nombres impairs...

Mais aussi 4, 10, 18, 28, 40, 54... : ici on passe d'un nombre à l'autre en ajoutant successivement la suite des nombres pairs : 6, 8, 10, 12, 14...
- trajets du cavalier du jeu d'échec :

4 → 12 → 24 → 40 → 60
6 → 16 → 30 → 48 →...

Il s'agit alors de permettre aux élèves de passer d'une description **géométrique** à une description **arithmétique** d'un même trajet (repérage de la règle qui régit chaque suite de nombres obtenue).

Activité 3 : puzzles

Le maître fournit aux élèves des tables de Pythagore vides.
Les élèves sont d'abord invités à découper les 15 petits tableaux de nombres suivants, à les observer et à les classer, suivant les critères de leur choix.

25	30	35	40	45
30	36	42	48	54
35	42	49	56	63

42	49	56	63
48	56	64	72
54	63	72	81

16	24	32
18	27	36
20	30	40

50	60	70	80	90

7	8	9	10
14	16	18	20
21	24	27	30
28	32	36	40

8	12	16
10	15	20
12	18	24
14	21	28

2	3	4	5	6
4	6	8	10	12
6	9	12	15	18

64	72	80
72	81	90
80	90	100

50
60
70

28	35	42
32	40	48
36	45	54
40	50	60

32
42
52
62

15	18
20	24
25	30

1	2	3	4	5
6	7	8	9	10
11	12	13	14	15
16	17	18	19	20

24	25	26	27
34	35	36	37
44	45	46	47

12	13	14
19	20	21
26	27	28

Après le découpage, le maître pose aux élèves les questions suivantes :
1. Quels sont les morceaux qui peuvent être placés sur la table de Pythagore ? À quoi les reconnaît-on ?
2. Comment peut-on décrire les autres tableaux[7] ?
3. Reconstituez la table de Pythagore (certains morceaux devront se chevaucher). Il manque peut-être quelques cases : lesquelles ?

Activité 4 : tables de pythagore à compléter

Compléter, si c'est possible, des extraits de table (table « classique » ou « prolongée »), en se posant des questions du type : comment passe-t-on d'un nombre à l'autre verticalement ? horizontalement ? en diagonale ?...
On analysera les cas qui permettent plusieurs solutions, ceux qui n'en ont aucune...

5	10		
	12		

	24	27

		32
		40

40	48	

18		
	30	

	45	54	

7. Les « autres tableaux » sont des extraits de tableaux de nombres de 1 en 1 différant par leur nombre de colonnes.

20			
	30		

	54	

	72	
		90

	49	

14		
	32	

17			

Activité 5 : jeu de loto-multiplicatif

> OBJECTIFS

- Travailler le répertoire multiplicatif « à l'envers », c'est-à-dire sous la forme « décomposition en produit de deux nombres ».
- Prendre conscience qu'un nombre peut être dans plusieurs tables.

> MATÉRIEL

- Une table de Pythagore « vide » par élève, format A4.
- Une table analogue collective plus grande.
- Des papiers repositionnables.

L'activité est d'abord collective, sous la direction du maître.
Après avoir montré la table collective vide et distribué à chaque élève une table identique format A4, il énonce dix nombres de la table de Pythagore que les élèves doivent placer immédiatement dans une bonne case de leur propre table vide. Par exemple « 20 » peut être placé dans quatre cases du tableau : 4 x 5, 5 x 4, 2 x 10 ou 10 x 2. On dira aussi : « 20 se trouve dans quatre "tables" : celles de 2, 4, 5 et 10 ».
Dans un deuxième temps, les élèves voisins sont invités à comparer leurs tables de manière à constater qu'ils n'ont pas toujours placé les nombres dictés au même endroit.
Enfin, dans un troisième temps de synthèse, le maître reprend un à un les nombres qu'il a dictés et les fait placer successivement par des élèves dans toutes les cases possibles de la table de Pythagore vide collective (on écrit directement sur la table vide ou, si on veut la réutiliser, on place des papiers repositionnables portant les nombres dictés). On constate que certains nombres n'ont qu'une place (par exemple 25) alors que d'autres en ont 2 ou 4 (par exemple 24) et que d'autres encore ne peuvent pas être placés (par exemple 17).
L'ensemble de ces trois temps peut être repris plusieurs fois.

Deuxième phase
Prolongements de la table

Les résultats de la table 10 x 10 suffisent pour effectuer les calculs à partir de la technique opératoire de la multiplication. Le fait de compléter cette table par les colonnes et lignes de 11, 12, 15 et 25 et surtout de retenir les nouveaux résultats n'est donc pas nécessaire. En revanche, le fait de fabriquer

eux-mêmes une nouvelle table « prolongée » amène les élèves à utiliser des propriétés de la multiplication dans des procédures de calcul réfléchi.
Par exemple, 8 x 12 = 8 x (10 + 2) = 8 x 10 + 8 x 2 qui peut s'exprimer de diverses manières : « 8 fois 12, c'est 8 fois 10 plus 2, donc c'est 8 fois 10 plus 8 fois 2 » ou bien « on met un 0 au nombre et on ajoute son double »... mais qui n'a pas à être écrite sous forme d'équation par tous les élèves.

Les résultats suivants sont **utiles à retenir** (dans les deux sens) de manière à mieux percevoir les relations arithmétiques entre certains nombres :
2 x 15 = 30, 3 x 15 = 45 et 4 x 15 = 60, mais aussi : « 30 c'est le double de 15 », « il y a 4 fois 15 dans 60 », etc. (tous résultats utiles pour les calculs sur les durées).
2 x 25 = 50, 3 x 25 = 75 et 4 x 25 = 100 ou « 25 c'est la moitié de 50 », « 25 c'est le quart de 100 »...

C'est également à l'occasion de ces activités que les « tables » seront conçues comme pouvant se prolonger autant que l'on veut : la « table de 3 » contient les nombres tels que 3 x 1, 3 x 2,... 3 x 10 mais aussi 3 x 50, 3 x 100, 3 x 1 000, 3 x *n* (énoncé comme « 3 multiplié par un nombre entier ») quel que soit le nombre *n* entier envisagé. Cette nouvelle conception (qui ne se réduit pas à l'idée que la table de 3 « c'est les nombres qui vont de 3 en 3 »...) est indispensable à la construction du concept de multiple qui se fera progressivement au cours de l'année.

Les mémorisations attendues à la fin de ces activités sont de deux sortes :
1) Mémorisations des **faits numériques** (les tables) : tous les produits de la table de Pythagore 10 x 10 doivent être mémorisés sous diverses formes, à la fois pour permettre un usage rapide et fiable des techniques opératoires usuelles de la multiplication et de la division mais aussi pour le travail qui sera fait sur la proportionnalité tout au long des années à venir.
On utilisera à cet effet, de façon différenciée, les exercices du thème 6 « Activités d'entraînement ».

2) Mémorisations des **critères de divisibilité** (il n'est pas nécessaire d'utiliser ce terme compliqué avec les élèves), résultats « évidents » des diverses observations des tables « prolongées » :
– « les nombres de la table de 2 – on les appelle les nombres pairs – se terminent par 0, 2, 4, 6 ou 8 ». Mais aussi : « si un nombre se termine par 0, 2, 4, 6 ou 8, il est dans la table de 2 »[8] ;
– « les nombres de la table de 5 se terminent par 0 ou 5 » et « tout nombre qui se termine par 0 ou 5 est dans la table de 5 prolongée » ;
– « les nombres de la table de 10 se terminent par 0. »

Ces « règles » ou « remarques » sont ensuite copiées dans le « cahier-mémoire » et seront réutilisées dans l'activité « Divisibilité » (*cf.* page 166).

Ces critères de divisibilité (comme les nomment les mathématiciens), identifiés comme des moyens (voire des « trucs » !) pour reconnaître rapidement si un nombre

8. Il est très important que l'équivalence « être pair » « être dans la table de 2 » soit faite clairement car, pour la plupart des élèves de CM1, un nombre pair est un nombre qui se termine par 0, 2, 4, 6 ou 8 sans pour cela avoir été reconnu comme étant un multiple de 2 (être dans la table de 2).

quelconque est ou non dans une de ces tables, n'ont d'intérêt que s'ils peuvent être utilisés pour des nombres « grands », c'est-à-dire, ici, pour des nombres qui ne sont pas dans la table de Pythagore 10 x 10 dont on a l'habitude. Les observations menées dans les classes nous ont montré que :

– les enfants constatent très facilement que dans la « colonne de 5 », comme ils disent, les nombres se terminent par 0 ou 5 ;

– ils en déduisent tout naturellement (trop naturellement ?) le théorème réciproque vrai : tout nombre qui se termine par 0 ou 5 est dans la table de 5 ;

– ils peuvent aussi, à propos d'autres critères de divisibilité (*cf.* page 166), se construire des « théorèmes-élèves » faux que les activités proposées doivent aider à mettre en défaut.

2. Jeu des six cartes (période 1)

> DESCRIPTION RAPIDE

Ce jeu, déjà rencontré au CE2, est repris collectivement, une fois, en début de CM1, pour redonner du sens aux termes « double », « moitié », « quart ». Des jeux d'équipe peuvent ensuite être construits avec d'autres séries de nombres, pour un atelier jeu par exemple.

> OBJECTIFS SPÉCIFIQUES

– Donner du sens aux termes « moitié », « double », « quart », mémoriser certains de ces nombres.

– Calculer rapidement les moitiés, les doubles et les quarts de nombres simples.

> MATÉRIEL [9]

– Pour un jeu à deux, deux séries de six cartes portant les mêmes nombres – chaque série est marquée d'un signe distinctif côté nombres – une troisième série « neutre », sans signe distinctif, portant des nombres différents.

Exemple :

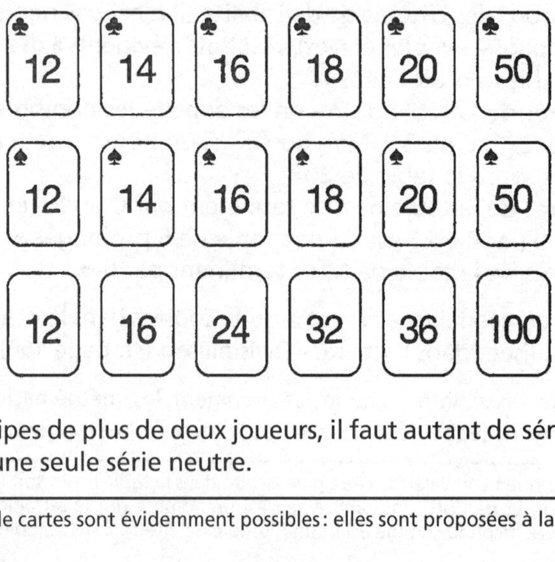

– Pour des équipes de plus de deux joueurs, il faut autant de séries de cartes que de joueurs et une seule série neutre.

---

9. D'autres séries de cartes sont évidemment possibles : elles sont proposées à la page 166.

> RÈGLE DE JEU

Après avoir été mélangées, toutes les cartes sont posées en paquet, nombres cachés. Chaque joueur choisit son signe et tire une carte à son tour :
– si c'est une carte portant son signe, il la garde et gagne la valeur entière de cette carte ;
– si c'est une carte d'un autre signe, il la donne à celui qui possède ce signe, mais elle ne vaut plus alors que la moitié de sa valeur ;
– si c'est une carte neutre, il la garde mais elle ne vaut plus que le quart de sa valeur.
La partie s'arrête lorsqu'un joueur a récupéré ses six cartes. Chacun compte ses points et le gagnant peut être celui qui a obtenu le plus de points, ou le moins de points, ou celui qui est le plus proche d'une cible déterminée en début de partie.

DÉROULEMENT

Étape 1 : Appropriation collective

La règle et le but du jeu sont rappelés (pour ceux qui ont joué à ce jeu en CE2) ou exposés aux élèves par le maître. La classe est partagée en deux équipes : chacune désigne un élève qui la représente. C'est lui qui tire les cartes (jeu collectif agrandi) et montre à ses camarades les cartes obtenues. Chaque élève note sur son cahier les points gagnés à chaque carte.
À la fin du jeu, c'est-à-dire lorsqu'une équipe a obtenu ses six cartes, tous les élèves calculent le score des deux équipes. Les résultats sont annoncés et analysés au tableau en reprenant chacune des cartes gagnées par chaque équipe.

Étape 2 : Jeu par petites équipes

Le jeu est repris le lendemain en équipes de trois ou quatre. Il est alors indispensable que les élèves remplissent une feuille de jeu, ce qui permet de revenir sur le déroulement du jeu aussi bien pour les élèves que pour le maître.

Cette feuille peut être construite par les élèves, ou s'appuyer sur un modèle du type suivant :

cartes pleines	points	cartes moitiés	points	cartes quarts	points	total
18	18	50	25	16	4	
12	12	14	7	32	9	
total		total		total		

THÈME 3

Module 2

Étape 3 : Synthèse

L'activité se termine par un moment de synthèse :
- que sait-on déjà par cœur ?
- que faut-il inscrire dans le cahier-mémoire ?

Étape 4 : Prolongements

On peut ensuite proposer aux élèves de fabriquer une nouvelle série de cartes avec les nombres de leur choix. Dans ce cas, et pour que les « moitiés » et les « quarts » soient encore des nombres entiers, le maître amènera les élèves à remarquer que les nombres portés sur les cartes neutres sont tous dans la table de 4, sont tous de la forme « 4 fois un nombre entier », tandis que pour les autres cartes, il suffit qu'elles portent des nombres pairs, des nombres qui sont de la forme « 2 fois un nombre entier ».

Voici quelques séries de cartes utilisables :

12, 16, 20, 24, 28, 32	cartes neutres : les mêmes [10]
30, 60, 70, 80, 90, 100	cartes neutres : 24, 36, 44, 60, 80, 100
100, 200, 300, 400, 500, 600	cartes neutres : 400, 500, 1 000, 2 000, 3 000, 4 000
34, 38, 42, 46, 50, 54	cartes neutres : 40, 44, 48, 52, 56, 60

Entraînements liés à ces apprentissages : *cf.* pages 476 et suivantes.

3. Divisibilité (périodes 3 et 4)

> DESCRIPTION RAPIDE

Il s'agit d'amener les élèves à résoudre le problème théorique suivant : comment peut-on reconnaître, sans effectuer la division par 4, si un nombre est divisible par 4 ? La situation s'étend sur deux périodes de manière à permettre à chaque élève d'élaborer ces nouvelles connaissances à son rythme, et comprend quatre phases précédées d'un pré-test et suivies d'un post-test :

Période 3 : Pré-test
Phase 1 : des équivalences
Phase 2 : un vrai problème mathématique
Phase 3 : confronter des arguments

Période 4 : Phase 4 : les nombres de la table de 4 s'écrivent 4 x *n*
Post-test

> OBJECTIFS SPÉCIFIQUES

– Trouver des moyens de reconnaître si un nombre appartient ou non à la table de 4 « prolongée ».
– Prendre conscience qu'un nombre qui se termine par 0, 2, 4, 6 ou 8 ne se trouve pas nécessairement dans la table de 4.

---

10. Le fait de proposer les mêmes valeurs pour les cartes neutres amène les enfants à calculer les moitiés et les quarts des mêmes nombres et à constater que le quart est toujours plus petit que la moitié.

– Concevoir les nombres « qui se trouvent dans la table de 4 » comme pouvant toujours s'écrire sous la forme du produit de 4 par un entier.
– Utiliser quelques règles de l'argumentation mathématique pour justifier une réponse (rôle du contre-exemple).

Rappel: la reconnaissance des multiples de 4 n'a pas encore été travaillée. En revanche, il est souhaitable qu'un entraînement sur le calcul des moitiés et des quarts puisse avoir lieu avant cette situation.

> VARIABLE DIDACTIQUE

Le domaine numérique dans lequel les nombres à étudier sont choisis est une variable importante. On peut à titre indicatif distinguer quatre domaines.

Zone 1 : les nombres inférieurs à 40.
Pour étudier ces nombres, il suffit d'utiliser la table de 4 habituelle : 28 est dans la table, 30 n'y est pas.
Zone 2 : les nombres compris entre 40 et 100.
Même si ces nombres ne peuvent se voir directement sur la table de 4 réduite, certains sont déjà reconnus comme étant de la forme 4 x … ou « quatre fois … », ou peuvent être facilement atteints par comptage de 4 en 4 à partir de 40, voire de 0. Par exemple 80, c'est 4 x 20, 80 est dans la table de 4 prolongée [11].
Zone 3 : les nombres compris entre 100 et 200 (voire un peu plus loin).
Déjà un peu moins connus, ils peuvent encore être atteints par comptage de 4 en 4 (ce que les élèves n'hésitent pas à faire, éventuellement à partir d'un multiple de 4 connu).
Zone 4 : les « grands » nombres.
Ici ceux qui dépassent 200 et qui vont motiver la recherche de règles « économiques ».

> PROCÉDURES ATTENDUES

– La **procédure de base** est le comptage de 4 en 4, efficace à condition d'être « sans faille », de partir d'un nombre effectivement situé dans la table de 4 et dans l'une des trois premières zones.
– Certains enfants ont recours à la **définition de la table de 4** : « être dans la table de 4, c'est pouvoir s'écrire 4 x … ou bien c'est quatre fois … » ; ce sont les bonnes capacités en calcul (par quoi faut-il multiplier 4 pour obtenir 132 ?) qui permettent l'utilisation de cette procédure.
– Une autre façon d'utiliser la définition de la table de 4 (c'est-à-dire des multiples de 4) consiste à **calculer le quart du nombre à étudier** (et s'assurer qu'il s'agit bien d'un nombre entier), en particulier en le considérant comme « la moitié de la moitié » du nombre donné : c'est pourquoi il nous semble important que les élèves disposent de procédures pour calculer facilement la moitié et le quart d'un nombre. Certains élèves se contentent de calculer la moitié du nombre donné et de chercher si cette moitié est un nombre pair.
– La **« règle spontanée »** – « si un nombre se termine par 0, 2, 4, 6 ou 8, il est dans la table de 4 » – est malheureusement fausse (une fois sur deux !) : il faut la combattre.

---

11. On dira « 4 fois 20 » ou « 20 fois 4 », indifféremment.

– Certains élèves « injectent », qu'on le veuille ou non, des règles que l'on pourrait qualifier de « culturelles », qui leur sont fournies par leur famille et dont il faut bien examiner avec eux la validité si ce n'est les démontrer, comme nous le verrons par la suite [12].
– D'autres procédures encore constituent des aménagements de celles que nous venons de décrire ou s'appuient sur des propriétés implicites : « 1 032 est dans la table de 4 parce que 1 000 y est et 32 aussi ». Quand il s'agit de propriétés exactes, on se contente de les faire constater et fonctionner dans les zones 1, 2 ou 3 mais lorsqu'elles sont fausses, il est indispensable de les éliminer.

DÉROULEMENT

Pré-test

1. Le maître a demandé : « Le nombre 580 est-il dans la table de 5 ? »
– Pierre a répondu : « Oui, 580 est dans la table de 5. »
Es-tu d'accord avec Pierre ? Entoure ta réponse :
Oui Non
– Pierre a donné comme raison :
« 580 est dans la table de 5 parce que dans 580 il y a un 5. »
Est-ce une bonne raison ? Entoure ta réponse :
Oui Non
– Peux-tu donner à Pierre une raison qui te semble meilleure ?

2. Voici huit nombres :
75 ; 20 ; 104 ; 98 ; 8 022 ; 150 ; 101 ; 186.
Place chacun de ces nombres dans toutes les tables où il peut aller.

Table de 2	Table de 4	Table de 5	Table de 10

Si un nombre ne peut aller dans aucune des tables proposées, explique pourquoi (tu peux écrire au dos de ta feuille si tu n'as pas assez de place).

12. Les activités proposées, et en particulier les moments de débat en petits groupes et les mises en commun, ont donc pour objectif de faire émerger et formuler quelques propriétés « des nombres qui sont dans la table de 4 », quelques « théorèmes en acte » (que l'on est capable de faire fonctionner même si on n'est pas toujours capable de bien les exprimer) et d'éliminer les théorèmes-élèves faux qui se sont construits par généralisation abusive de l'observation des tables de 2, 5 et 10 et des critères de divisibilité reconnus. Bien que les critères de divisibilité par 4 ne soient pas au programme de 2002, ce travail nous semble utile pour éviter une telle généralisation.

Le pré-test (qui sera repris à l'identique en post-test) doit permettre de repérer l'état des connaissances des élèves à la fois sur les critères de divisibilité et sur les processus d'argumentation; dans la première question, on cherche à repérer si les élèves font la distinction entre une réponse exacte et les « arguments » qui la motivent. Dans la deuxième question, c'est la capacité à placer un nombre « dans plusieurs tables » qui est testée, en même temps que la reconnaissance des nombres « qui sont dans la table de 4 ».
Seule la première question de ce pré-test est reprise collectivement afin de mettre en évidence, dès ce premier contact, les différentes façons de justifier une réponse et de faire distinguer :
– une « réponse » juste ou fausse,
– un « argument » servant à justifier cette réponse, argument qui peut lui aussi être juste ou faux.
Cette distinction sera reprise tout au long de cette situation.

Première phase Construire des équivalences

> OBJECTIF

Établir pour tous les élèves l'équivalence entre : « un nombre est dans la table de 4 si on peut l'atteindre en allant de 4 en 4 à partir de 0 » et « un nombre est dans la table de 4 si on peut l'écrire $n \times 4$ ou $4 \times n$, n étant entier »

> VARIABLE DIDACTIQUE

Dans cette phase, on se place dans la zone 2 où peuvent cohabiter les deux procédures; la validation par le comptage de 4 en 4 peut toujours fonctionner.

THÈME 3

Module 2

Étape 1 : Travail individuel

Consigne : « Vous allez trouver chacun un nombre situé entre 55 et 100 qui se trouve dans la table de 4. »

Le maître inscrit au tableau tous les nombres proposés.

Étape 2 : Mise en commun

Le maître propose aux élèves de prolonger la table de 4 jusqu'à 100.
Il demande le résultat de « 4 fois 11 » et écrit 44 puis de « 4 fois 12 » et écrit 48, etc.

	36	40	44	48	

Les nombres proposés par les élèves sont alors examinés un à un : s'ils sont dans la table de 4 qui vient d'être construite, on les entoure, sinon on les barre dans la liste des nombres proposés par les élèves à l'étape 1.
Enfin, on note dans le cahier-mémoire[13] les résultats les plus intéressants : $10 \times 4 = 40$; $15 \times 4 = 60$; $20 \times 4 = 80$; $25 \times 4 = 100$.

13. On peut donner une autre forme à ces résultats, par exemple : « 40, 60, 80 et 100 sont dans la table de 4 ».

Deuxième phase
Appropriation du problème général par la classe

Pour que le travail suivant prenne sens, il est indispensable qu'il constitue un enjeu pour les élèves, même si celui-ci est purement mathématique. C'est pourquoi, la question de la divisibilité par 4 sera posée, dans l'étape 3, directement aux élèves comme un vrai problème à résoudre :
« Comment peut-on faire pour reconnaître si un nombre, si grand soit-il, est ou non dans la table de 4 ? »
La tâche du maître consiste d'abord à faire en sorte que le problème qu'il pose, « son » problème, devienne bien celui des élèves. Pour cela, le maître indique que le travail qui va suivre devrait permettre à chaque élève de reconnaître ensuite facilement si un nombre est ou non dans la table de 4.

Étape 1 : Travail écrit individuel en classe entière

> OBJECTIF

Produire une réponse et un argument.

> VARIABLE DIDACTIQUE

On se situe maintenant dans la zone 3. Les nombres 102, 158 sont choisis pour mettre en défaut la règle que nous avons appelée « spontanée » ; de plus, le rapprochement de 102 et 112 constitue également une base de réflexion importante : ils se terminent tous les deux par 2, mais 112 est dans la table de 4 et 102 n'y est pas...

Consigne :
« Pour chaque nombre, répondez dans la case, par oui ou par non, à la question : "Est-il dans la table de 4 ?" Écrivez en dessous tout ce qui vous aide à décider. »

158 est-il dans la table de 4 ?	102 est-il dans la table de 4 ?
112 est-il dans la table de 4 ?	176 est-il dans la table de 4 ?

Le maître n'intervient pas et observe le travail des élèves et les difficultés qu'ils rencontrent.

Dès cette première étape, il se peut que quelques élèves « apportent » de chez eux une règle toute faite et plus ou moins sophistiquée, telle celle que nous avons appelée la « règle de la maman de Laurent » et sur laquelle nous reviendrons plus loin : « pour savoir si un nombre est dans la table de 4, on regarde le chiffre des unités. Si le chiffre des unités est 0, 4 ou 8, le chiffre des dizaines doit être pair ; si le chiffre des unités est 2 ou 6, le chiffre des dizaines doit être impair. » En général, le petit Laurent en question est très à l'aise avec cette règle que sa maman ou son papa lui a expliquée longuement ; il en est également très fier ! Les maîtres doivent savoir qu'ils ne peuvent pas éviter de telles règles : elles sont en effet très séduisantes parce que présentées sous une forme très élaborée, mais elles sont très difficiles à retenir si elles ne font pas l'objet d'un long travail. Nous avons choisi d'accepter de telles règles, mais de ne pas les donner pour modèle ou pour référence.

Étape 2 : Travail écrit, par groupes de quatre, le lendemain

> OBJECTIF

Choisir des arguments.

Le maître constitue des groupes de 4, à partir de l'analyse des réponses précédentes.

La constitution des groupes est délicate car elle demande la prise en compte de plusieurs facteurs.
– Les élèves doivent avoir fourni des réponses ou au moins des arguments différents : c'est ce qui constitue l'enjeu du travail et va motiver la réflexion sur les arguments.
– Chaque groupe doit contenir des élèves assez solides sur le plan des compétences calculatoires mais aussi des élèves (et ce ne sont pas forcément les mêmes) capables de s'exprimer, de mener le débat, de faire avancer le travail. Cette constitution des groupes demandant un réel travail pour le maître, il nous a semblé préférable de placer cette étape le lendemain.

Les élèves gardent leurs feuilles individuelles, sans correction du maître.
Chaque groupe reçoit une grande feuille (format A3), avec un gros feutre en vue de l'affichage, qui est la réplique de la feuille individuelle.
Le groupe doit alors se mettre d'accord pour donner une réponse unique (oui ou non et arguments) pour chaque nombre.
Les feuilles A3 sont relevées à la fin de cette étape, bien que le travail se poursuive dans les mêmes groupes pour l'étape suivante.

Étape 3 : Recherche en groupes

> OBJECTIF

Élaborer une règle « pour savoir sans se tromper si un nombre, si grand soit-il, est dans la table de 4 ».

Alors que dans les étapes 1 et 2, il s'agit d'étudier quelques nombres et qu'il est donc possible de fournir des arguments locaux (dépendant des nombres en jeu comme : « 176 est dans la table de 4 parce que 180 y est et que je peux enlever 4 »), le travail demandé dans cette troisième étape ramène les élèves au problème général : « Comment peut-on faire pour reconnaître si un nombre, si grand soit-il, est dans la table de 4 ? » Il est très important que le maître insiste sur ce point en début de travail.
Chaque groupe rédige donc une règle indépendante des nombres précédents.
Le maître relève ces affiches et regroupe les règles proches de manière à ne conserver que quatre ou cinq règles (il les reformule ou les réécrit au besoin pour les rendre claires et lisibles).

Voici, par exemple, les règles obtenues dans une classe[14]:
Règle 0: On regarde le chiffre des unités et si c'est 0, 2, 4, 6 ou 8, il est dans la table de 4.
Règle 1: On compte de 4 en 4 à partir de 0 mais c'est long.
Règle 2: Pour trouver si un nombre est dans la table de 4, on essaye de se rapprocher le plus du nombre en multipliant 4 par 10.
Règle 3: Pour savoir si un nombre est dans la table de 4, il faut savoir que 40, 100, 200, 500, 1 000, 10 000 sont dans la table de 4 et on compte de 4 en 4 à partir de ces nombres-là.
Règle 4: On cherche la moitié du nombre et si la moitié du nombre est paire, le nombre est dans la table de 4.
Règle 5: Pour savoir si un nombre est dans la table de 4, on regarde le chiffre des unités. Si le chiffre est 0, 4 ou 8, le chiffre des dizaines doit être pair; si le chiffre des unités est 2 ou 6, le chiffre des dizaines doit être impair (règle dite « de la maman de Laurent »).

Les règles 2 et 3 reposent sur l'intuition d'une propriété juste: « la somme (ou la différence) de deux multiples d'un même nombre est un multiple de ce nombre ». Cette propriété est parfois énoncée assez fidèlement par quelques élèves mais elle reste la plupart du temps hors de portée des élèves de CM1. La règle 5 en constitue un corollaire: puisque 100 est multiple de 4, tout multiple de 100 est un multiple de 4 et il suffit donc de s'intéresser au nombre formé par les deux derniers chiffres de chaque nombre ! Par exemple 2 534 = 2 500 + 34; 2 500 est un multiple de 4 puisque c'est un multiple de 100, donc il suffit de regarder 34; comme 34 n'est pas un multiple de 4, 2 534 n'est pas un multiple de 4. Il resterait donc à savoir reconnaître tous les multiples de 4 inférieurs à 100.

On peut se satisfaire de cette « bonne intuition » et en profiter..., mais on sait bien que toutes les intuitions ne sont pas bonnes. Ainsi, cette même propriété peut devenir: « si on ajoute deux nombres qui ne sont pas dans la table de 4, la somme ne peut pas être dans la table de 4 », propriété qui est malheureusement fausse, comme le montre ce seul contre-exemple: 17 et 3 ne sont pas dans la table de 4 mais 17 + 3 est dans la table de 4...

Troisième phase Confrontation d'arguments et validation des règles, le lendemain

> VARIABLE DIDACTIQUE

Le travail s'effectue dans la zone 4.

Étape 1: Recherche individuelle

> OBJECTIF

Mise à l'épreuve des règles élaborées dans la phase précédente.

14. CM1 de Catherine Griveau, École Paul Bert, Chaville, 92.

Consigne : « Hier, vous avez trouvé des règles pour savoir si un nombre est ou n'est pas dans la table de 4; vous allez maintenant vous en servir pour dire si le nombre 342 est ou non dans la table de 4. Vous pouvez répondre par "oui", "non" ou "je ne sais pas". Vous devez écrire aussi quelle règle vous a permis de décider. »

Les élèves répondent immédiatement à mains levées et le maître inscrit au tableau le nombre de réponses : « oui », « non », « je ne sais pas ».
Il ne reviendra sur ces résultats qu'en fin d'étape 3.

Étape 2 : Mise en commun

Il peut être utile d'avoir construit, avant cette séance, une longue liste des multiples de 4 (début de la table de 4 « étendue », comme dans la phase 1, par exemple jusqu'à 400 ou 500), qui sera exhibée en cas de contestation...
Chacune des règles, élaborées la veille dans les groupes et retenues par le maître, est affichée, discutée, validée ou éliminée.
Par exemple, si la règle spontanée « Les nombres qui se finissent par 0, 4, 8, 2 ou 6 sont dans la table de 4 » a été proposée (ce qui est toujours le cas !), on attend les réactions des élèves, souvent capables de produire eux-mêmes un contre-exemple (« 22 se termine par 2 et pourtant il n'est pas dans la table de 4 »).

La production d'un **contre-exemple** doit permettre la mise en doute de la règle qui vient d'être énoncée. Certains élèves en entrevoient immédiatement toute la portée : un contre-exemple suffit à lui tout seul à invalider la règle proposée. Pour beaucoup d'autres, le rôle du contre-exemple reste très lié au cas particulier qui vient d'être traité. Il faudra bien d'autres situations pour que la plupart des élèves comprennent et acceptent la portée générale du contre-exemple dans les situations de preuve.
Le maître reste bien ici le seul garant de la vérité : il ne peut accepter les règles fausses et cherche à ce que les élèves les rejettent eux-mêmes. Si ce n'est pas le cas, il prend lui-même l'initiative de les invalider.
La question des règles « justes » est beaucoup plus délicate. En effet, comme nous l'avons déjà signalé, il n'est pas possible de **démontrer** ces règles au CM1 puisque les démonstrations s'appuient sur des connaissances arithmétiques non maîtrisées par les élèves de ce niveau. Les élèves cherchent des preuves équivalentes au contre-exemple à l'aide d'un ou plusieurs exemples et ont beaucoup de mal à accepter le fait qu'ils ne prouvent rien ainsi.
Il nous faut donc reconnaître les limites du travail d'argumentation que nous commençons à aborder dans cette situation.

Une fois les règles fausses éliminées, le maître reprend les quatre nombres étudiés dans les phases précédentes : chaque nombre est ainsi reconnu comme étant ou non dans la table de 4.

Étape 3 : Travail individuel

> OBJECTIF
Choix d'une règle reconnue comme réutilisable.

Lorsque toutes les règles fausses ont été éliminées (et barrées au tableau), une affiche regroupe clairement toutes les règles valides et chaque élève recopie dans son cahier-mémoire la règle qu'il pense pouvoir réutiliser seul la prochaine fois où il aura à reconnaître si un nombre est ou non dans la table de 4.

Le maître revient alors sur le cas du nombre 342 qui avait été étudié par chaque élève en début de séance. On se met d'accord collectivement en utilisant une des règles retenues (ou plusieurs) pour dire qu'il n'est pas dans la table de 4 et les élèves qui n'avaient pas su répondre, ou qui s'étaient trompés, corrigent leur feuille.

Étape 4: Travail différencié

À la fin de cette phase, le maître propose aux élèves qui en sont restés à la «règle spontanée» que chacun construise son «rouleau des nombres qui sont dans la table de 4» (rouleaux de caisses enregistreuses sur lesquels chaque élève dresse la liste, ordonnée et verticale, des multiples de 4), allant aussi loin que l'on veut et jusqu'à environ 500. Ce travail peut se faire à la maison, par exemple, ou à des moments perdus. Pour permettre à ces élèves de bien prendre conscience que certains nombres pairs ne sont pas dans la table de 4, qu'on en «saute» un sur deux, etc., le maître prendra un moment avec ce petit groupe, lorsque chacun aura construit son rouleau.

Il peut éventuellement proposer aux autres élèves l'exercice suivant:
Consigne : «Voici vingt nombres.
Pour chacun, réponds, dans la case de droite, par "oui" ou par "non" à la question: ce nombre est-il dans la table de 4?
Tu peux chercher sur une autre feuille que tu rendras avec celle-ci.

78		3000		46		214	
818		10000		56		434	
478		122		556		504	
700		152		846		944	
1010		1102		441		11014	

Tu as peut-être utilisé plusieurs règles pour répondre; recopie tous les nombres pour lesquels tu as utilisé une même règle et essaie d'écrire cette règle.»

Quatrième phase
Définition des multiples de 4

> OBJECTIF

Expliciter la définition: «un nombre est dans la table de 4 si on peut l'écrire $n \times 4$ ou si on peut dire: c'est quatre fois ...»

Étape 1 : Travail écrit, à deux

> VARIABLE DIDACTIQUE

On se situe dans la zone 4.

Consigne : « Trouvez cinq nombres plus grands que 5555 qui sont dans la table de 4. »

Le travail à deux amène les élèves à discuter des nombres proposés par chacun d'eux, et surtout à verbaliser les critères utilisés. Le travail de « production » d'un nombre génère des procédures différentes de celles qui permettent de vérifier si tel nombre est bien dans la table de 4. Certains élèves multiplient 4 par un « grand » nombre, pour être sûrs de répondre à la question posée, alors que d'autres prennent un nombre pair plus grand que 5 555 et cherchent ensuite à vérifier s'il est ou non dans la table de 4.

Étape 2 : Mise en commun immédiate

Comme les nombres demandés sont « grands » (zone 4), on ne peut pas vérifier en comptant de 4 en 4 ; il faut avoir recours à d'autres critères : certains élèves, à cette période, cherchent mentalement le quart du nombre choisi pour voir si ce quart est bien un entier, d'autres utilisent la division ou la recherche du quotient par 4 à la calculette, ce qui ne présente pas d'inconvénient en ce qui concerne le fond du problème. C'est dans l'étape suivante que l'on insistera sur la recherche de procédés de calculs « faciles ».

Étape 3 : Réinvestissement

Consigne : « Comment peut-on trouver, avec des calculs faciles (mais sans utiliser la calculette ni la division à la main), si 5286 est ou non dans la table de 4 ? »

Dans cette étape, on ne s'intéresse donc pas seulement à la **validité d'un argument** (ce nombre est bien un multiple de 4 parce que…) mais aussi à son **efficacité**, à ce que l'élève donne une **méthode** pour reconnaître facilement si un nombre est ou non multiple de 4.

Par exemple : « Pour savoir si un nombre est dans la table de 4 (exemple 196), je cherche un produit par 4 (196 = 4 x 49) » est un bon argument (puisqu'il s'appuie sur la définition même des multiples de 4 ou des « nombres qui sont dans la table de 4 »). Mais cela ne constitue peut-être pas une méthode facile à utiliser pour le nombre 5286 lorsqu'on n'est pas un bon calculateur. Voici, par contre, des arguments qui ont pu apparaître dans la phase précédente et qui peuvent ici prendre le statut de méthode :

- Si un nombre est impair, il n'est pas multiple de 4.
- S'il est pair, il faut que sa moitié soit aussi un nombre pair.
- Je repère un nombre dans la table de 4, par exemple 200, et je lui enlève ou lui ajoute un certain nombre de fois 4.

Post-test (fin de la période 4)

Reprendre le pré-test page 168.

4. Combien de produits ? (période 2)

> DESCRIPTION RAPIDE

Il s'agit d'un travail analogue à celui qui est habituellement mené au cycle 2 sur les décompositions additives : trouver les décompositions multiplicatives de tous les nombres de 1 à 100 (à l'aide d'une recherche quotidienne par tranches de dix ou vingt nombres), en mémoriser certaines, élaborer des procédures de recherche. Ce travail aboutit à la tenue individuelle d'un « cahier des diviseurs », qui ne portera ce nom que plus tard... (analogue au « dictionnaire des nombres »), ou à l'utilisation de quelques pages du « cahier-mémoire ».

> OBJECTIFS SPÉCIFIQUES

- Prendre conscience du nombre de diviseurs d'un nombre.
- Rechercher ces diviseurs et en mémoriser certains.
- Aborder la notion de nombre premier.

DÉROULEMENT

Le maître consacrera une séance pour l'ensemble des étapes 1 et 2, puis 10 minutes pour chacune des quatre étapes suivantes (ou travail à faire à la maison) ; enfin une demie séance pour les exercices de l'étape 7.

Étape 1 : Appropriation collective du problème

Le maître propose de « chercher ensemble tous les couples de nombres dont le produit est 36 ». On se met d'accord sur la signification du mot « couple » et, en particulier, sur le fait que les produits 4 x 9 et 9 x 4 seront considérés comme équivalents et ne compteront que pour un seul produit, le couple (4,9) et le couple (9,4) ne seront pas distingués.
On aboutit, collectivement et avec l'aide du maître si besoin est, à :
36 = 4 x 9 = 3 x 12 = 6 x 6 = 2 x 18 = 1 x 36 et on dit que pour 36, il y a cinq produits, même si certains ne se trouvent pas dans la table de Pythagore habituelle parce qu'elle est limitée, mais qu'ils sont dans la table prolongée : 3 x 12, 2 x 18 et 1 x 36.

À ce stade, aucun travail n'est engagé sur les procédures qui permettent de trouver un nouveau couple (ou un nouveau produit) à partir d'un couple déjà obtenu, mais les remarques de toute nature des enfants sont mises en commun et le maître veille à la validité des affirmations.

Étape 2 : Recherche en équipes de deux, la décomposition des nombres de 1 à 20

La classe est organisée en équipes de deux élèves, pour une dizaine de minutes.

Consigne : « Qui va trouver le nombre compris entre 1 et 20, pour lequel il y a le plus de produits ? »

Chaque équipe doit remettre la liste de tous les nombres qu'elle a décomposés et la réponse à la question posée.
Le temps est limité pour amener les élèves à « choisir » (et donc à se mettre d'accord ou à se partager le travail) d'étudier certains nombres plutôt que de les étudier tous dans l'ordre.
« Qui a gagné ? » Le maître écrit au tableau les propositions qui lui sont faites, au fur et à mesure, et l'on se met d'accord sur le fait que 12, 16, 18 et 20 sont tous les quatre aussi « productifs » (!) :

12 = 3 x 4 = 2 x 6 = 1 x 12
16 = 1 x 16 = 2 x 8 = 4 x 4
18 = 2 x 9 = 3 x 6 = 1 x 18
20 = 1 x 20 = 2 x 10 = 4 x 5

« Dans quel ordre les nombres ont-ils été étudiés ? Pourquoi ? »

Certains élèves savent déjà, de façon plus ou moins consciente, que certains nombres se retrouvent plusieurs fois dans la table de Pythagore alors que d'autres n'y sont qu'une fois. La mise en commun doit permettre d'évoquer ces différences.

Le maître remet ensuite à chaque enfant une feuille-mémoire pour les nombres de 1 à 10, sur laquelle, pour chaque nombre, sont consignées toutes les décompositions possibles. Une autre feuille sera donnée pour les nombres de 11 à 20, etc. et à la fin, on aura toutes les décompositions de tous les nombres de 1 à 100. Ces feuilles sont insérées dans le cahier-mémoire.

Nombres	Produits	Nombres de produits
1	1 x 1	1
2	2 x 1	1
...	...	...
9	3 x 3 ; 9 x 1	2
10	2 x 5 ; 1 x 10	2

THÈME 3

Module 2

Étape 3 : Recherche par équipes de deux, le lendemain... les nombres de 21 à 40

Les élèves cherchent de nouveau, par équipes de deux, quel est le nombre du nouvel intervalle qui amène le plus de produits. Mais on s'engage aussi dans une étude exhaustive.

Le domaine numérique est moins bien connu des élèves du point de vue multiplicatif. Par exemple 22 ou 26 ne font pas partie de la table de Pythagore classique et pourtant ils donnent deux produits alors que 23 n'en donne qu'un. Il pourra être intéressant de fournir aux élèves un tableau 10 x 10 de 1 à 100, de manière à repérer la façon dont sont placés les nombres en fonction de leurs diviseurs (même si ce mot n'est pas encore prononcé).

1	2	3	4	5	6	7	8	9	10
11	12	13	14	15	16	17	18	19	20
21	22	23	24	25	26	27	28	29	30
31	32	33	34	35	36	37	38	39	40
41	42	43	44	45	46	47	48	49	50
51	52	53	54	55	56	57	58	59	60
61	62	63	64	65	66	67	68	69	70
71	72	73	74	75	76	77	78	79	80
81	82	83	84	85	86	87	88	89	90
91	92	93	94	95	96	97	98	99	100

Lors de la mise en commun, on va s'intéresser aux procédures qui permettent de ne pas oublier de produits. On mettra donc en évidence :
– le concept de « multiple d'un nombre » : 36 est dans la table de 6, il est multiple de 6 parce qu'on peut l'écrire 36 = 6 x 6 ; 36 est aussi « multiple de 18 » parce qu'on peut écrire 18 x 2 = 36 ; 36 n'est pas multiple de 5 parce qu'on ne peut pas trouver de nombre qui, multiplié par 5, donne 36 : 7 x 5 = 35, 8 x 5 = 40 ;
– les critères de divisibilité par 5 qui permettent de gagner du temps : si un nombre ne se termine pas par 0 ou 5, ce n'est pas la peine d'essayer une décomposition de la forme 5 x *a*. Si on utilise le tableau des nombres de 1 à 10, on peut marquer les multiples de 5 d'un point bleu par exemple ;
– la parité : rappel de la définition des nombres « pairs » comme multiples de 2 (ceux qui peuvent s'écrire 2 x *a*) et des critères de divisibilité par 2 : ils se terminent par 0, 2, 4, 6, 8. Les nombres pairs du tableau de nombres seront marqués d'un point rouge ;
– les multiples de 10 : on les connaît déjà bien puisqu'ils se terminent par un 0. Sur le tableau, ils sont déjà marqués par un point bleu ET un point rouge ;
– le concept de « nombre premier » : ce sont les nombres pour lesquels il n'y a qu'une seule décomposition : 23 = 1 x 23.
Les élèves sont invités à remplir leur feuille-mémoire, comme la veille. (Ces feuilles seront vérifiées par le maître ou par échanges entre élèves.)

Étape 4 : Recherche par équipes de deux, le lendemain... les nombres de 41 à 60

Même organisation, mais le maître fait redire « ce que l'on sait déjà pour gagner du temps », avant de commencer la nouvelle recherche :
– une façon de reconnaître les multiples de 2, de 5 et de 10 ;
– certains nombres premiers.
Cette fois-ci, il s'agit non seulement de trouver le nombre pour lequel il y a le plus de décompositions, mais de chercher des moyens de **ne pas en**

oublier. Le maître peut également proposer aux élèves d'effectuer ces recherches, dix nombres par dix nombres, et laisser les enfants comparer leurs résultats chaque matin.

Lors de la mise en commun, le maître met en évidence les procédures les plus efficaces :
– « critères de divisibilité » par 11 pour les nombres de deux chiffres, si certains élèves en font la remarque ;
– un nombre est multiple de 4 s'il est pair et si sa « moitié » est paire..., ou toute autre règle juste élaborée dans la situation « Divisibilité » ;
– pour ne pas oublier de produits, il faut « essayer » les nombres dans l'ordre : 60 = 1 x 60 = 2 x 30 = 3 x 20 = 4 x 15 = 5 x 12 = 6 x 10.

C'est sans doute à ce moment que peuvent s'élaborer des remarques telles que : « si un nombre est impair, ce n'est pas la peine d'essayer 6... » qui devront donner lieu à argumentation !
Il n'est pas question de généraliser ou de démontrer les propriétés qui nous permettent de reconnaître certaines divisibilités mais plutôt de les utiliser, surtout au CM1.

On remplit deux nouvelles feuilles-mémoire.

Étapes 5 et 6 : Recherche individuelle sur les nombres de 61 à 80 et de 81 à 100

La recherche est individuelle et faite à un moment de travail différencié. Une mise en commun est effectuée lorsque tous les nombres ont été étudiés. On va alors repérer les nombres pour lesquels il y a le plus de produits dans l'intervalle [1 ; 100], ainsi que tous les nombres premiers. Ceci pourra déboucher sur un double coloriage du tableau de nombres : on colorie (surligneur jaune par exemple pour que les nombres restent lisibles) les nombres premiers, on encadre en vert les nombres « gagnants » : 60, 72, 84, 90 et 96.

Exercices d'accompagnement

1. Trouve le plus possible de produits de deux nombres pour chacun des nombres suivants :
4 200 ; 120 ; 490 ; 600 ; 280 ; 4 500 ; 350 ; 2 500 ; 750
Quelles méthodes peut-on utiliser ?

2. Partage ta feuille en quatre colonnes et écris chaque suite (vingt nombres) dans une colonne :
– décompte de 15 en 15 à partir de 315 ;
– décompte de 25 en 25 à partir de 525 ;
– décompte de 12 en 12 à partir de 324 ;
– décompte de 75 en 75 à partir de 1 575.
Quelles remarques peux-tu faire pour chaque colonne ?
Peux-tu écrire ces suites de façon « automatique » ?

3. Sans utiliser ton « cahier-mémoire », cherche tous les produits de deux nombres dont le résultat est 42.
Même question pour : 56, 49, 81, 72, 150, 130, 720, 360.

4. Complète sans tout calculer:

48 = 16 x ...	56 = 14 x ...	42 = 14 x ...
36 = ... x 12	94 = ... x 47	66 = ... x 22
90 = ... x 18	90 = ... x 15	75 = 15 x ...
65 = 13 x ...	72 = 4 x ...	60 = 4 x ...

Écris les remarques qui te permettent de trouver les nombres qui manquent sans avoir besoin de tout calculer.
Invente douze produits à compléter et échange-les avec ton voisin.

5. Complète en évitant au maximum les calculs:

360 = 9 x ...	680 = 34 x ...	870 = 29 x ...
600 = 15 x ...	550 = 25 x ...	720 = 24 x ...
840 = 280 x ...	900 = 45 x ...	960 = 320 x ...
640 = 160 x ...	800 = 160 x ...	1 000 = 25 x ...

Invente douze produits à compléter et échange-les ensuite avec ton voisin.

5. L'album de Martine (période 4)

> DESCRIPTION RAPIDE

C'est une situation de réinvestissement du travail précédent, dans un contexte différent. À proposer quelques semaines plus tard, sans référence aux activités précédentes.

> OBJECTIF SPÉCIFIQUE

Faire le lien entre multiples et diviseurs d'un nombre.

> MATÉRIEL

La calculette est disponible.

> ÉNONCÉ

Martine a 66 (ou 78) images. Elle les colle sur des feuilles puis range ces feuilles dans un classeur. Elle veut absolument mettre le même nombre d'images sur chaque feuille de son album et elle veut toutes les coller.
Peut-elle en mettre 5 par feuille ? 6 par feuille ? 9 ? 10 ? 11 ? 12 ? 13 ?
Choisis les réponses possibles et explique pourquoi elles conviennent à Martine.

DÉROULEMENT

Étape 1: Travail individuel

Le maître distribue l'énoncé à chaque élève.

Deux élèves voisins ne travaillent pas sur le même nombre d'images: 66 pour les uns, 78 pour les autres (ce ne sont pas les « nombres gagnants » de la situation « Combien de produits ? », pour éviter la reconnaissance immédiate).

Étape 2 : Mise en commun

Elle est l'occasion de faire le lien entre « multiple » et « diviseur » et d'une réflexion sur les différentes procédures possibles :
- critères de divisibilité,
- essais avec ou sans calculette : 6 x ? = 78,
- utilisation de résultats mémorisés,
- divisions avec ou sans calculette : 78 : 12 = ?,
- utilisation du « cahier de nombres ».

L'activité se termine par l'institutionnalisation du mot « diviseur » : pour décrire le fait que 78 = 6 x 13, on peut dire : « 6 et 13 sont des diviseurs de 78 » ou « 78 est multiple de 6 et de 13 ».

Exercices d'accompagnement

1.
- Trouve cinq multiples de 9 entre 50 et 150.
- Trouve cinq multiples de 7 entre 50 et 200.
- Trouve cinq multiples de 15 entre 100 et 500.
- Trouve cinq multiples de 18 entre 50 et 300.

2. Dans la liste suivante, entoure tous les multiples de 6 :
46 66 86 45 96 102 126 600 612 660 620 1 002

3.
- Trouve trois diviseurs de 105.
- Trouve trois diviseurs de 75.
- Trouve trois diviseurs de 80.
- Trouve trois diviseurs de 46.

4.
- Trouve les trois plus grands diviseurs de 70.
- Trouve les trois plus grands diviseurs de 91.

5. Dans la liste suivante, entoure les diviseurs de 36 :

1	2	3	4	5	6	7	8	9	10	11	12
13	14	15	16	17	18	19	20	21	22	23	24
25	26	27	28	29	30	31	32	33	34	35	36

Pour chacun des nombres entourés, écris ce qui permet de dire qu'il est bien un diviseur de 36.

6. Boîte Noire (période 4)

> DESCRIPTION RAPIDE

Cette activité s'appelle également « La règle pensée ». Il s'agit de deviner un programme de calcul (une transformation) à partir de la connaissance des images de certains nombres. Autrement dit, une fonction *f* ayant été choisie par le maître ou par un meneur, il faut la découvrir en proposant des nombres entiers dont on reçoit l'image.

Certaines classes ont déjà pratiqué ce jeu en CE2; pour les autres, il faut prévoir une phase d'appropriation.
Nous souhaitons, ici, mettre l'accent sur les fonctions linéaires mais on évitera le conditionnement en variant les fonctions utilisées.
On proposera, en particulier, les fonctions:

$f(y) = a \times y$

avec pour *a*: 11, 12, 15, 20, 25.
Par exemple: $y \mapsto 11 \times y$

$3 \mapsto 33$

$20 \mapsto 220$

$f(y) = a \times y + b$

avec des valeurs de *a* comprises entre 5 et 20 et des valeurs de *b* positives ou négatives: + 1, – 1, + 2, – 2, + 3, – 3, + 10, – 10.
Par exemple: $y \mapsto 10 \times y + 3$

$4 \mapsto 43$

$10 \mapsto 103$

> OBJECTIF SPÉCIFIQUE

Travailler les relations arithmétiques entre les nombres.

DÉROULEMENT

Étape 1: Appropriation collective

Le maître explique qu'il a choisi un programme de calcul, c'est-à-dire une suite de calculs qui seront toujours les mêmes au cours d'une partie. Le but du jeu est d'être le premier à découvrir ce programme. Pour le trouver, chaque élève, à son tour, propose un nombre (l'entrée) que le maître soumet au programme et dont il donne le résultat (ou l'image, ou la sortie). Si l'image n'est pas un entier naturel (par exemple lorsque le programme comporte des soustractions ou des divisions), le maître annonce « pas de sortie ». Lorsqu'un élève croit avoir trouvé le programme, il lève la main et devient le meneur, c'est-à-dire qu'il répond aux autres élèves à la place du maître.

Pour le premier jeu (si les élèves n'ont pas joué au CE2), le maître avertit les enfants qu'il va leur donner quelques informations pour les aider à trouver. Il leur dit donc que cette fois-ci, dans son programme, il a utilisé une addition et une multiplication mais qu'il ne leur indique pas dans quel ordre elles sont utilisées (ce type d'aide sera ensuite fourni de façon différenciée).

Il choisit $2 \times y + 1$. Il affiche au tableau, au fur et à mesure, les nombres proposés et les résultats, sous la forme suivante:

$4 \mapsto 9$

$2 \mapsto 5$

Pour une classe n'ayant pas joué au CE2, on pourra proposer d'abord:

$y \mapsto y + 3$

puis $y \mapsto y - 5$

Après cinq propositions, il laisse aux enfants le temps de bien regarder les cinq lignes au tableau, puis le jeu reprend. Si aucun enfant ne trouve la règle pensée, le maître propose lui-même un nombre facilitant (0 ou 10, ou 1 000...), mais ceci n'arrive pas !

Étape 2 : Mise en commun

Après ce tout premier jeu, la mise en commun a pour principal objectif de faire prendre conscience aux élèves de quelques faits :
- la prise de note individuelle est indispensable pour mettre en relation chaque nombre proposé et son image ;
- quand plusieurs nombres ont été proposés, l'ensemble des nombres images présente parfois des régularités intéressantes qu'il faut donc bien observer, globalement.

Le maître s'attache également à faire formuler les programmes de calculs en langage naturel précis : « je prends le nombre, je le double et j'ajoute 1 », par exemple.
Au tableau, il traduit ces informations par un schéma fonctionnel :

(les états sont encadrés et les transformations sont entourées).

Voici trois premiers jeux :

$y \mapsto 2 \times y + 1$	$y \mapsto 3 \times y + 10$	$y \mapsto (y + 1) \times 3$
$4 \mapsto 9$	$5 \mapsto 25$	$6 \mapsto 21$
$10 \mapsto 21$	$7 \mapsto 31$	$10 \mapsto 33$
$30 \mapsto 61$	$10 \mapsto 40$	$4 \mapsto 15$
$5 \mapsto 11$	$0 \mapsto 10$	$12 \mapsto 39$

Le troisième jeu peut donner lieu à un débat car le programme de calcul peut prendre deux formes équivalentes du point de vue mathématique mais qui ne sont pas toujours reconnues comme telles par des élèves de CM1 : $(y+1) \times 3$ ou $3 \times y+3$. Certains enfants peuvent ainsi le verbaliser comme : « j'ajoute 1 et ensuite je multiplie par 3 » tandis que d'autres soutiennent que c'est « je multiplie le nombre par 3 et ensuite j'ajoute 3 ».

Étape 3 : Travail différencié

Le maître prévoit des aides individualisées, c'est-à-dire des informations complémentaires permettant aux élèves qui ne trouvent rien d'entrer dans l'activité. Par exemple, il peut indiquer :
- le nombre d'opérateurs en jeu,
- la nature de ces opérateurs,
- l'ordre de ces opérateurs.

Mais il arrive que ces aides soient insuffisantes. En effet, ce jeu déroute parfois profondément certains enfants qui ne comprennent pas du tout ce qu'il faut trouver et comment y parvenir. Dans ce cas, le maître aura intérêt à regrouper ces quelques enfants et à les faire jouer avec son aide, en associant tour à tour chacun d'eux à l'élaboration de son programme et aux calculs de celui-ci. Il pourra leur proposer des programmes beaucoup plus simples, à un seul opérateur, du type :

$y \mapsto 6 \times y \qquad y \mapsto y + 9 \qquad y \mapsto 10 \times y \qquad y \mapsto y - 2$

Pendant ce temps, il peut proposer aux autres élèves de jouer en équipes de quatre, avec un meneur différent pour chaque « programme » : les feuilles de jeu et les programmes proposés par les meneurs sont ensuite analysés par le maître.

Il peut aussi demander à chaque élève de choisir un programme, de l'écrire sur une feuille qu'il conserve, puis de fournir cinq renseignements, c'est-à-dire cinq nombres et leurs images (par exemple : $3 \mapsto 7$; $10 \mapsto 28$; $1 \mapsto 1$; $70 \mapsto 208$; $6 \mapsto 16$), qui permettraient à ses camarades de découvrir son programme. Ces dernières feuilles seront ensuite échangées.

Étapes suivantes

Le jeu est repris rapidement plusieurs jours de suite, jusqu'à ce que les enfants soient bien familiarisés. Le maître leur demande alors d'inventer un programme de calcul. Chacun à son tour devient alors meneur pour toute la classe, sous l'œil vigilant du maître (en particulier, il faut à tout prix éviter les erreurs de calcul des meneurs qui perturbent beaucoup la recherche en lançant sur de fausses pistes : on peut décider que la calculette est disponible pour le meneur ou pour tous, à certains moments). La tâche des meneurs se réduit à du calcul.

Quelques exemples : $y \mapsto 10 \times y - 3 \qquad y \mapsto y \times y \qquad y \mapsto \frac{y}{2} + 3$

Mises en commun

Progressivement, les mises en commun portent de plus en plus sur l'intérêt de privilégier certains nombres permettant de mieux repérer les relations :
- entre les nombres proposés et leurs images,
- entre les images.

Ainsi des nombres comme 0, 10, 100, 1 000 apportent beaucoup d'informations. De même les petits nombres que l'on connaît bien (20, 25...) permettent de comprendre ce qui les lie à leurs images.

Cette activité est ensuite reprise dans le cadre des activités d'entraînement (page 489).

7. Bilan sur les multiples (période 5)

> OBJECTIF SPÉCIFIQUE

Il s'agit d'un contrôle des connaissances différé ; les multiples et diviseurs seront repris au CM2 et on ne s'attend pas à ce que les critères de divisibilité soient totalement maîtrisés.

> ÉNONCÉ

Trouve le nombre demandé et **justifie ta réponse.**

1. Écris un nombre qui est dans la table de 10 et pas dans la table de 4.
2. Écris un nombre qui est dans la table de 4 et dans la table de 5.
3. Écris un nombre qui est dans la table de 5 et dans la table de 2.
4. Écris un nombre qui est dans la table de 2 et pas dans la table de 4.
5. Écris un nombre qui est dans la table de 5 et pas dans la table de 10.

Étape 1 : Travail individuel

Les élèves répondent aux questions.

Étape 2 : Mise en commun

Le maître pourra proposer ensuite un travail à deux permettant aux élèves de confronter leurs résultats et de voir qu'il y a plusieurs nombres convenant dans chaque cas.

Il peut également faire une mise en commun collective : le tableau est partagé en cinq parties (ou bien le maître utilise cinq affiches) et un élève recopie sur chaque partie l'ensemble des nombres proposés. Cette mise en œuvre permet d'observer des caractéristiques des nombres correspondant à chaque définition.

Par exemple : « Les nombres qui sont dans la table de 10 et pas dans la table de 4 (affiche 1) se terminent tous par un 0 et ont tous un chiffre des dizaines impair ».

Ces remarques constituent simplement des constats qu'il n'est pas nécessaire de retenir mais qui permettent d'élargir l'éventail des propriétés servant à « décrire » les nombres entiers.

8. Portraits de multiples (période 5)

> DESCRIPTION RAPIDE

Il s'agit d'exercices écrits de réinvestissement qui peuvent être proposés soit individuellement, soit par groupes de deux.

Plusieurs propriétés des nombres peuvent être utilisées pour les définir : ordre, numération, divisibilité, etc. Les exemples donnés dans ce module visent principalement et implicitement les questions de divisibilité à travers l'investigation des tables.

> ÉNONCÉS

1. Voici une liste de nombres:

112 350 220 555 100 436

a) Je suis un des nombres de cette liste, voici mon portrait:
– je suis dans la table de 4,
– je ne suis pas dans la table de 5,
– mon chiffre des dizaines est le même que le chiffre de mes centaines.
Qui suis-je ?

b) Je suis un des nombres de cette même liste, voici mon portrait:
– je suis dans la table de 4,
– je suis dans la table de 25.
Qui suis-je ?

Réponses: a) 112 b) 100

2. Je suis un nombre de trois chiffres. Voici mon portrait:
– je suis un multiple de 5,
– je ne suis pas un multiple de 4,
– je suis plus grand que 25 x 30 et plus petit que 20 x 40.
Qui suis-je ?

Réponses: 770 ou 790

3. Inventer un portrait.
Chaque élève invente un portrait dont il garde la solution, les feuilles sont ensuite échangées. Les meilleurs portraits (qualités à préciser avec les élèves) sont conservés.

▪ Techniques opératoires

Objectifs du module

– Revoir les différentes techniques opératoires de l'addition, de la soustraction et de la multiplication.
– Utiliser ses connaissances des propriétés des opérations pour résoudre des problèmes.

Activités

1. Soustraction, à chacun sa technique (période 1)

Compte tenu du fait que les mécanismes de la soustraction seront beaucoup sollicités au moment de la pratique de la division, et qu'il sera alors trop tard pour entreprendre une uniformisation, nous avons retenu les principes suivants :
– on accepte toutes les techniques performantes,
– si un enfant ne commet pas d'erreur, on ne lui impose pas une technique opératoire qui n'est pas celle de son apprentissage. L'application de ces principes oblige à gérer l'hétérogénéité de la classe. Il faudra bien sûr expliquer ces choix aux parents.

> OBJECTIFS SPÉCIFIQUES

– Déceler rapidement la technique de chaque enfant, le vocabulaire employé, ce qui est mécanisé.
– Entraîner et institutionnaliser les techniques repérées qui ont un minimum de solidité.
– Doter les enfants en difficulté d'une technique commune.

DÉROULEMENT

Étape 1 : Travail individuel, repérage des techniques utilisées, 10 minutes en classe

Le maître propose deux calculs :

937 – 425 (sans retenue)

403 – 198 (avec retenues)

Le travail est individuel, les feuilles sont immédiatement relevées pour être analysées.

L'analyse des productions se fera selon deux critères :
1. la justesse du résultat,
2. le type de technique utilisé (il se peut que l'examen de certaines productions écrites ne suffise pas à éclairer le maître. Il lui faudra alors prendre ces enfants isolément, hors séance, les regarder faire, écouter ce qu'ils se disent, pour plus d'informations).

Trois types de méthode peuvent apparaître :

Méthode classique

$$\begin{array}{rccc} & 4 & {}^{1}0 & {}^{1}3 \\ - & 1_1 & 9_1 & 8 \\ \hline & 2 & 0 & 5 \end{array}$$

$$(403 + 100 + 10) - (198 + 100 + 10) = 403 - 198$$

La chanson peut être :

– très mécanique : « 8 ôté de 3, je ne peux pas ; 8 ôté de 13, 5 j'écris 5 et je retiens 1 » ou bien « 3 moins 8, je ne peux pas ; 13 moins 8, 5 j'écris 5 et je retiens 1 » ;

– on place les deux retenues en même temps : « 8 ôté de 3, je ne peux pas, j'ajoute 10 aux deux nombres, la différence ne change pas ; 8 ôté de 13, 5... » Il y a des retenues sur les deux nombres : dix ajouté aux unités du premier, et une dizaine ajoutée aux dizaines du second.

Méthode « par emprunt »

$$\begin{array}{rccc} & {\scriptstyle 3} & {\scriptstyle 9} & \\ & \not{4} & {}^{1}\not{0} & {}^{1}3 \\ - & 1 & 9 & 8 \\ \hline & 2 & 0 & 5 \end{array}$$

La chanson est : « Je veux enlever 8 à 3, je ne peux pas. Je transforme le nombre du haut en cassant une centaine en dix dizaines, puis une dizaine en dix unités. »

Il n'y a pas de retenue. Seul 403 est modifié.

Les ratures sont nécessaires : elles témoignent des calculs.

Méthode par addition

$$\begin{array}{r} 4\ 0\ 3 \\ -\ 1_1\ 9_1\ 8 \\ \hline 2\ 0\ 5 \end{array} \qquad \text{ou} \qquad \begin{array}{r} 1_1\ 9_1\ 8 \\ +\ 2\ 0\ 5 \\ \hline 4\ 0\ 3 \end{array}$$

On compte comme une addition à trous, en changeant ou non la disposition.
La chanson est : « 8 pour aller à 13, 5 et je retiens 1 » ou « 8 + • = 13 ».
La retenue est celle de l'addition, elle ne figure que sur un terme, 198.

Étape 2 : Travail différencié

La classe est alors partagée en trois groupes.

Groupe 1 : les enfants qui maîtrisent une technique juste, quelle qu'elle soit.
Le maître leur propose un travail individuel d'entraînement. Les soustractions proposées devront varier les difficultés :
- des soustractions plutôt faciles,
- des grands nombres (213 978 – 112 459),
- des retenues en cascade (4 235 – 1 438),
- la présence de zéros (1 010 – 807),
- des nombres de « longueur » différente (3 087 – 91).

Groupe 2 : les enfants qui disposent d'une technique peu sûre, mais identifiable par le maître, et qui montrent une compréhension, même partielle, du processus.
Le maître organise le travail par groupes de deux ou trois élèves ayant la même technique :
- calcul de trois ou quatre opérations,
- correction au sein de chaque groupe, avec retour sur la technique utilisée,
- nouvelle série de calculs, et on recommence.

Groupe 3 : les enfants incapables de s'engager dans une technique, quelle qu'elle soit.
Le maître va aider les élèves de ce groupe à construire la « méthode par addition » (se reporter à *Ermel CE2* : « Vers la technique opératoire de la soustraction »).

2. Additions trouées (période 2)

> DESCRIPTION RAPIDE

Il s'agit, dans une addition posée, de remplacer chaque trou (•) par un chiffre.

> OBJECTIFS SPÉCIFIQUES

- Réviser les répertoires additifs.
- Maîtriser la technique opératoire de l'addition, en particulier les retenues.

DÉROULEMENT

Après un exemple traité au tableau, ces recherches seront l'objet d'un travail écrit individuel, vérifié par l'élève à la calculatrice.
Seules les opérations à solutions multiples méritent un temps de confrontation pour que chacun soit persuadé que la solution du voisin est aussi valable que la sienne. L'affichage semble être une bonne méthode de comparaison; les recherches peuvent se poursuivre à la maison.

Deux types d'exercices sont proposés:
1) Les trous peuvent être tous sur une même ligne (exercices de la série **a**). Ces problèmes n'ont qu'une seule solution.
2) Les trous peuvent être sur plusieurs lignes:
– s'il y a un seul trou par colonne (y compris dans le résultat), le problème n'a qu'une solution (exercices de la série **b**);
– s'il y a plusieurs trous par colonne, il peut y avoir plusieurs solutions (exercices de la série **c**).

Il n'est pas nécessaire qu'un élève ait épuisé les exercices d'une série avant d'aborder un exercice de la suivante.

a)

8 7	• • •	• • •	7 4 0 2
+ • • •	+ 8 3	+ 4 0 9	+ • • • • •
3 1 4	3 2 4	7 0 7	4 0 0 0 0

• • •	9 8 7 6	• • • •
+ 3 8 4	+ • • • •	+ 5 3 2 0 3
5 6 2	1 2 3 4 5	6 1 0 0 0

Les solutions: 87 + **227** = 314; **241** + 83 = 324; **298** + 409 = 707;
7 462 + **32 538** = 40 000; **178** + 384 = 562; **9 876** + 2 469 = 12 345;
7 797 + 53 203 = 61 000.

b)

• • 9	1 4 •	7 2 4 3	5 • 2 8
+ 5 5 4	+ • 2 6	+ 5 • 1	+ 2 7 •
8 6 •	+ 7 • 5	+ 1 4 3 •	+ 1 4 0 2
	• 5 0 8	+ • 9 0 5	+ • 5 5 8
		1 5 • 8 6	9 3 • 4

Les solutions: 309 + 554 = **863**; 147 + **626** + 735 = **1** 508;
7 243 + **501** + 1 437 + **5** 905 = 15 **0**86; 5 **1**28 + 27**6** + 1 402 + **2** 558 = 9 3**6**4.

c)

$$\begin{array}{rrr} & \bullet & 9 \\ + & 3 & \bullet \\ \hline & 4 & \bullet \end{array} \qquad \begin{array}{rrrrr} & \bullet & \bullet & 1 & 7 \\ + & 1 & \bullet & \bullet & \bullet \\ \hline & 4 & 0 & 3 & 1 \end{array} \qquad \begin{array}{rrrrr} & \bullet & \bullet & 4 & 9 \\ + & 4 & 5 & 1 & \bullet \\ + & & 7 & 3 & \bullet \\ \hline & 7 & 5 & 8 & 3 \end{array} \qquad \begin{array}{rrrr} & 1 & \bullet & 9 \\ + & \bullet & 3 & \bullet \\ \hline & 2 & 4 & \bullet \end{array}$$

$$\begin{array}{rrrr} & \bullet & 1 & \bullet \\ + & 6 & 3 & \bullet \\ + & 1 & 5 & \bullet \\ \hline & 9 & 9 & 2 \end{array} \qquad \begin{array}{rrrrr} & 5 & \bullet & 9 & \bullet \\ + & 1 & \bullet & 3 & 7 \\ + & \bullet & 6 & \bullet & 9 \\ \hline & 7 & 8 & 1 & 2 \end{array} \qquad \begin{array}{rrrr} & 5 & \bullet & 2 \\ + & 3 & \bullet & 4 \\ + & 1 & \bullet & 1 \\ \hline & 9 & 4 & 7 \end{array}$$

Solutions commentées de la série **c**:

$$\begin{array}{rrr} & \bullet & 9 \\ + & 3 & \bullet \\ \hline & 4 & \bullet \end{array}$$

Comme on ne peut pas mettre un zéro devant le 9, le premier nombre est obligatoirement 19. Les unités ne doivent pas donner lieu à une retenue au rang des dizaines. La seule solution possible au rang des unités est donc 9 + 0 = 9. D'où une seule solution: **19 + 30 = 49.**

$$\begin{array}{rrrrr} & \bullet & \bullet & 1 & 7 \\ + & 1 & \bullet & \bullet & \bullet \\ \hline & 4 & 0 & 3 & 1 \end{array}$$

Au rang des centaines, on est amené à chercher deux nombres dont la somme est 0 ou 10. Ce qui donne:

0 + 0
$$\begin{array}{rrrrr} & 3 & \mathbf{0} & 1 & 7 \\ + & 1 & \mathbf{0} & 1 & 4 \\ \hline & 4 & 0 & 3 & 1 \end{array}$$

3 + 7
$$\begin{array}{rrrrr} & 2 & \mathbf{3} & 1 & 7 \\ + & 1 & \mathbf{7} & 1 & 4 \\ \hline & 4 & 0 & 3 & 1 \end{array}$$

1 + 9
$$\begin{array}{rrrrr} & 2 & \mathbf{1} & 1 & 7 \\ + & 1 & \mathbf{9} & 1 & 4 \\ \hline & 4 & 0 & 3 & 1 \end{array}$$

4 + 6
$$\begin{array}{rrrrr} & 2 & \mathbf{4} & 1 & 7 \\ + & 1 & \mathbf{6} & 1 & 4 \\ \hline & 4 & 0 & 3 & 1 \end{array}$$

2 + 8
$$\begin{array}{rrrrr} & 2 & \mathbf{2} & 1 & 7 \\ + & 1 & \mathbf{8} & 1 & 4 \\ \hline & 4 & 0 & 3 & 1 \end{array}$$

et cinq autres solutions avec 5 + 5, 6 + 4, 7 + 3, 8 + 2, 9 + 1.
Au total, dix solutions au problème posé.

Pour différencier le travail de chaque élève, le maître peut demander au moins une solution, et exiger de certains plusieurs solutions ou toutes les solutions.

$$\begin{array}{ccccc} & \bullet & \bullet & 4 & \bullet \\ + & 4 & 5 & 1 & \bullet \\ + & & 7 & 3 & \bullet \\ \hline & 7 & 5 & 8 & 3 \end{array}$$

Comme il n'y a pas de retenue provenant des unités, à ce rang le problème revient à résoudre :

$\bullet + \bullet + \bullet = 3$.

Ce qui donne 10 solutions : 0 + 0 + 3 ; 0 + 3 + 0 ; 3 + 0 + 0 ; 0 + 1 + 2 ; 0 + 2 + 1 ; 1 + 0 + 2 ; 1 + 2 + 0 ; 2 + 0 + 1 ; 2 + 1 + 0 ; 1 + 1 + 1.

$$\begin{array}{cccc} & 1 & \bullet & 9 \\ + & \bullet & 3 & \bullet \\ \hline & 2 & 4 & \bullet \end{array}$$

Une solution sans retenue : 119 + 130 = 249 et neuf solutions avec retenue : 109 + 131 = 240 ; 109 + 132 = 241 ; 109 + 133 = 242 ; 109 + 134 = 243 ;... ; 109 + 139 = 248.

$$\begin{array}{cccc} & \bullet & 1 & \bullet \\ + & 6 & 3 & \bullet \\ + & 1 & 5 & \bullet \\ \hline & 9 & 9 & 2 \end{array}$$

Il n'y a pas, au rang des dizaines, de retenue provenant des unités, donc on doit obtenir 2 et non 12 au rang des unités. Il y a six façons d'obtenir 2 en somme de trois termes : 0 + 0 + 2 ; 0 + 2 + 0 ; 2 + 0 + 0 ; 1 + 1 + 0 ; 1 + 0 + 1 ; 0 + 1 + 1. D'où six solutions.

$$\begin{array}{ccccc} & 5 & \bullet & 9 & \bullet \\ + & 1 & \bullet & 3 & 7 \\ + & \bullet & 6 & \bullet & 9 \\ \hline & 7 & 8 & 1 & 2 \end{array}$$

Ici, le chiffre manquant au rang des unités et au rang des dizaines est entièrement déterminé. Pour la suite, c'est la même chose que le premier. D'où une seule solution : 5 096 + 1 037 + 1 679 = 7 812.

$$\begin{array}{cccc} & 5 & \bullet & 2 \\ + & 3 & \bullet & 4 \\ + & 1 & \bullet & 1 \\ \hline & 9 & 4 & 7 \end{array}$$

Au rang des dizaines, on doit obtenir 4 et non 14. Les décompositions de 4 en somme de trois nombres sont 0 + 0 + 4 (3 permutations), 0 + 1 + 3 (6 permutations), 0 + 2 + 2 (3 permutations), 1 + 1 + 2 (3 permutations). D'où quinze solutions à ce problème.

3. Deux nombres pour faire 10 000 (période 5)

> DESCRIPTION RAPIDE
Il s'agit de trouver deux nombres dont la somme est 10 000. Attention, dans ces deux nombres, le même chiffre n'est jamais répété.

> OBJECTIF SPÉCIFIQUE
Maîtriser la technique de l'addition, en particulier les retenues.

> OBJECTIFS COMMUNS À LA PARTIE « PROBLÈMES »
- Tenir compte simultanément de deux contraintes.
- Trouver plusieurs solutions.
- Rechercher systématiquement plusieurs solutions.

> ÉNONCÉ
Trouve deux nombres dont la somme est 10 000.
Attention : dans ces deux nombres, le même chiffre n'est jamais répété.

DÉROULEMENT

Étape 1 : Appropriation
Le maître distribue l'énoncé à chaque élève. On laisse un temps de lecture et d'observation, puis rapidement, on recueille les premières réactions des enfants.
Il sera sûrement nécessaire de rappeler les deux contraintes :
- lorsqu'on additionne les deux nombres, on doit trouver 10 000

ET

- il faut aussi que tous les chiffres des deux nombres soient différents.

Étape 2 : Recherche individuelle
Certains élèves peuvent trouver assez rapidement par tâtonnement une solution, puis en trouver d'autres par permutation des chiffres, soit dans une même colonne (chiffre du haut, chiffre du bas), soit de deux colonnes différentes (les chiffres des dizaines et les chiffres des centaines).

8 0 7 4	8 9 7 4	8 7 9 4
+ 1 9 2 6	+ 1 0 2 6	+ 1 2 0 6

D'autres peuvent chercher « au hasard » deux nombres dont la somme fait 10 000, puis regarder ensuite si les chiffres sont différents ; si ce n'est pas le cas, ils abandonnent et procèdent à un autre essai, sans plus de méthode.

Étape 3 : Mise en commun

Elle portera sur le fait que, pour faire 10000, il faut que la somme des chiffres des unités soit 10, ce qui produit une retenue, et que la somme des chiffres des dizaines, centaines, et milliers soit 9, pour tenir compte de la retenue. Il reste encore à ne pas répéter de chiffre...

Étape 4 : Relance de la recherche individuelle

On devrait obtenir beaucoup de résultats, et un début de recherche systématique. Pour ne pas répéter de chiffres, il faut trouver :
- comment faire 10 pour les unités (9 + 1, 8 + 2, 7 + 3, 6 + 4, mais pas 5 + 5) ;
- comment faire 9 pour les autres (0 + 9, 1 + 8, 2 + 7, 3 + 6, 4 + 5) et faire le bon choix.

Quand on a choisi une façon de faire 10 (par exemple 9 + 1), cela supprime deux façons de faire 9 (dans cet exemple, 0 + **9** et **1** + 8), il en reste trois (2 + 7, 3 + 6, 4 + 5), qui feront les chiffres des dizaines, centaines, et milliers, que l'on peut permuter (haut-bas, et par colonnes). On n'ira pas jusqu'à exhiber toutes les solutions, il y en a trop (192) !

4. Multiplication : choisir sa stratégie (période 5)

> DESCRIPTION RAPIDE

Les élèves, organisés en équipes, ont à effectuer dans un temps limité le plus de multiplications possible. Ils doivent dans un premier temps déterminer l'ordre dans lequel ils les effectueront.

> OBJECTIFS SPÉCIFIQUES

- Savoir évaluer les difficultés et y adapter son comportement.
- Viser un bon équilibre entre vitesse et fiabilité dans les calculs.

DÉROULEMENT

Phase préliminaire

Un jour précédent, le maître aura donné une série de multiplications en entraînement, multiplications à faire en 15 minutes (pas une de plus).

multiplier 12 345 par 38
multiplier 300 par 200
multiplier 202 par 27
multiplier 21 par 86
multiplier 507 par 304
multiplier 789 par 9

Première phase
Bilan et constats à propos de l'entraînement

Collectivement, on dresse un tableau récapitulatif de qui a fait quoi (combien d'élèves ont fait une opération, combien ont eu juste, combien ont eu faux ; combien d'élèves ont fait les opérations dans l'ordre jusqu'à la

deuxième, jusqu'à la troisième, jusqu'à la quatrième..., jusqu'au bout, combien d'élèves ont fait les opérations dans un autre ordre).
On constate vraisemblablement que le nombre d'opérations réussies est faible et l'on recherche les causes de ce rendement médiocre :
– le temps était trop court,
– il y avait au début une opération difficile, qui a pris du temps, que plusieurs élèves ont faite fausse,
– il y avait vers la fin des opérations faciles, qui n'ont pas été faites, faute de temps.

Deuxième phase Le concours de multiplications

Étape 1 : Le maître expose les conditions du concours

C'est un concours par équipes de 6 à 8 joueurs. Chaque joueur, individuellement, aura à faire une série de multiplications en temps limité. Chaque multiplication juste rapporte 2 points à l'équipe, chaque multiplication fausse retire 1 point à l'équipe.

On sépare délibérément la phase d'organisation du travail de sa phase d'exécution, dans le but de travailler cette phase d'organisation. Dans un premier temps, chaque moitié d'équipe prépare le travail de l'autre moitié, dans un second temps chacun fait le travail tel qu'il a été préparé par d'autres de la même équipe.
L'idée d'équipe est indispensable pour qu'il y ait collaboration entre préparateurs du travail et exécutants (il faut préparer en facilitant le travail des équipiers, non en semant des embûches pour des adversaires).

Consigne : « Il y a deux séries de multiplications, la série A et la série B. Dans chaque équipe, des élèves feront la série A et d'autres feront la série B. Chaque équipe décide qui fera la série A et qui fera la série B. Avant de vous mettre à calculer, il faudra bien étudier les calculs à faire, pour voir comment faire gagner à l'équipe le plus de points possible. »

équipe 1	équipe 2	etc.
1/2 équipe Préparera la série A Fera la série B	1/2 équipe Préparera la série A Fera la série B	1/2 équipe Préparera la série A Fera la série B
1/2 équipe Préparera la série B Fera la série A	1/2 équipe Préparera la série B Fera la série A	1/2 équipe Préparera la série B Fera la série A

Le maître partage la classe en équipes de six à huit joueurs.

Série A	Série B
multiplier 2010 par 708	multiplier 1002 par 907
multiplier 478 par 364	multiplier 647 par 489
multiplier 200 par 3341	multiplier 3000 par 674
multiplier 300 par 8000	multiplier 700 par 4000
multiplier 56 par 4	multiplier 67 par 3
multiplier 44 par 56	multiplier 33 par 67
multiplier 56 par 444	multiplier 67 par 333
multiplier 124 par 12	multiplier 412 par 21
multiplier 8000 par 303	multiplier 7000 par 404

Étape 2 : Préparation du travail

> MATÉRIEL

Dans un premier temps, chaque demi-équipe (3 ou 4 élèves) reçoit une enveloppe avec neuf étiquettes portant les multiplications. Le fait que les étiquettes soient mobiles n'induit pas d'ordre, et laisse toute liberté aux élèves pour choisir le leur. Elles doivent être écrites assez gros pour ce travail de groupe et pour un affichage ultérieur (phase 3).

Consigne : « Formez les demi-équipes. Chaque demi-équipe va recevoir une série de multiplications. Elle n'a pas à les faire, elle a à choisir l'ordre dans lequel elle pense qu'il est préférable de les faire pour gagner beaucoup de points. Ses partenaires feront les multiplications dans cet ordre-là, et on verra bien s'ils gagnent beaucoup de points. »

À l'issue de la discussion par demi-équipe (3 ou 4 élèves), les neuf multiplications sont collées sur une grande feuille dans l'ordre choisi collectivement.

Puis, sur les feuilles fournies par le maître, les élèves numérotent (ou recopient) les multiplications dans l'ordre qu'ils viennent d'établir pour chacun de leurs partenaires de l'autre demi-équipe.

Étape 3 : Travail individuel, calculs

C'est un travail individuel, en temps strictement limité.

Chaque élève reçoit la feuille qui lui est destinée et la tourne à l'envers.
Au top, tous retournent leur feuille et se mettent au travail. Les opérations doivent être faites dans l'ordre où elles sont présentées.
Vingt minutes plus tard, tout le monde s'arrête, et on ramasse les feuilles.

Hors séance

Le maître compte les points : deux points gagnés par opération juste et un point perdu par opération fausse (même partiellement). Il obtient ainsi un score individuel.
Pour le score par équipe, on totalise les scores individuels.

Ce n'est équitable que si les équipes ont le même nombre de participants. Dans le cas contraire, il faudra trouver un système de péréquation. Des solutions : faire la moyenne des scores, ou bien rajouter aux plus petites équipes les points d'un joueur fictif moyen, ou bien ôter aux plus grosses équipes les points d'un joueur fictif moyen, ou bien...

Le maître repère quelques comportements significativement différents :
– pour une même opération, certains n'écrivent que le résultat, d'autres déroulent un algorithme ; certains gardent l'ordre des nombres, d'autres jouent sur la commutativité ;
– pour un même élève sur des opérations différentes (l'élève a estimé que certaines méritaient d'être posées alors que d'autres se faisaient de tête).

Troisième phase
Bilan et constats

Un autre jour, proclamation des résultats.

Étape 1

Affichage des choix de toutes les équipes pour la série A, pour la série B. Des opérations ont été unanimement estimées faciles, d'autres ont été unanimement estimées difficiles, pour d'autres les avis sont partagés.
Sur quels critères ?
– La taille des nombres.
– « L'allure » des nombres : les nombres ronds facilitent les calculs.
– L'emploi de « tables faciles ».
– La répétition de produits partiels.
On peut certainement conclure en constatant que ce travail de préparation a permis des résultats meilleurs que dans la phase préliminaire.

Étape 2

Le maître exhibe différents traitements d'une même opération, qu'il aura repérés lors de la correction :
– on peut faire de tête en ligne une multiplication par un « nombre rond », tel 8 000 ;
– inutile d'écrire une ligne de 0 quand on multiplie par 2 010, mais... attention au décalage ;
– il peut être intéressant d'inverser l'ordre des nombres.
Bien sûr, une mauvaise connaissance des tables nuit. Y remédier.
C'est à chacun d'apprécier ses propres capacités et la difficulté de l'opération pour choisir, en connaissance de cause, une technique adaptée.

Cet épilogue aura alerté les enfants sur la nécessité de jauger la tâche avant d'agir, et d'adapter les moyens d'action à la tâche et à ses possibilités, pour un rendement optimal. Il restera à mettre en pratique.

Thème 4

Champ multiplicatif

▪ Aspects théoriques

Introduction

Le champ multiplicatif recouvre l'ensemble des situations dont le traitement requiert l'utilisation de la multiplication ou de la division.

La proportionnalité (qui se situe évidemment dans ce domaine) constitue un thème fondamental dans l'enseignement des mathématiques. Elle est essentielle pour la modélisation de nombreuses situations du domaine physique (traitement de problèmes relatifs à des relations entre grandeurs) et intervient également dans de nombreuses situations de la « vie courante » (relations entre quantités et prix, pourcentages...).

Le terme de « proportionnalité » recouvre des aspects divers : relation entre des grandeurs (on parle de « situation de proportionnalité »), relation entre des nombres (on parle de « suites proportionnelles »), raisonnement proportionnel (pour évoquer les raisonnements mis en œuvre dans le traitement des problèmes relatifs aux situations de proportionnalité), fonction linéaire pour décrire la relation entre suites proportionnelles... La multiplication, la division, les pourcentages, l'agrandissement de figures, l'homothétie, le théorème de Thalès... sont autant de notions qui peuvent être interprétées dans le cadre de la proportionnalité.

De nombreuses enquêtes ont montré que l'apprentissage de la proportionnalité est source de difficultés pour beaucoup d'élèves, que ce soit au niveau de la reconnaissance du fait que telle situation relève de cette notion ou que ce soit au niveau de la maîtrise des procédures qui peuvent être mises en œuvre. Si certains problèmes relatifs à la proportionnalité sont résolus relativement tôt par une majorité d'élèves dès le CE2, d'autres provoquent encore des échecs importants à la fin du collège. La structure mathématique sous-jacente, la nature de la situation (plus ou moins familière), les types de grandeurs en relation, le type de nombres intervenant dans l'énoncé (leur taille, le fait qu'ils soient naturels ou décimaux, inférieurs ou supérieurs à 1...) sont autant de variables qui peuvent influer sur la difficulté des problèmes proposés aux élèves.

Les apprentissages relatifs au domaine multiplicatif commencent dès le cycle 3 (et même dès la fin du cycle 2 avec les premiers travaux sur la multiplication) et se poursuivent tout au long du collège pour l'étude de la proportionnalité et de ses applications. Dans cette perspective, l'école primaire ne représente donc qu'une toute première étape et il convient d'en préciser les enjeux spécifiques, en les situant par rapport à ceux du collège.

L'enseignement du champ multiplicatif depuis 50 ans

Dans l'ouvrage destiné au CE2, nous avons déjà analysé les évolutions successives apportées à l'enseignement de la multiplication et de la division. Nous nous intéresserons donc ici plus spécifiquement aux évolutions concernant l'enseignement de la proportionnalité.

Les modifications apportées à cet enseignement depuis 1945 relèvent d'analyses multiples. D'une part, les compétences à mettre en place à l'école primaire se sont trouvées modifiées du fait de l'extension au collège de la période de scolarité obligatoire et, sans doute, des besoins actuels de la société : mieux vaut doter les élèves de connaissances utilisables dans des contextes très divers plutôt que de leur enseigner des solutions toutes prêtes pour quelques « problèmes types ». D'autre part, du point de vue mathématique, la modélisation des situations de proportionnalité à l'aide du concept de fonction linéaire plutôt qu'à l'aide de celui de rapports égaux s'est traduite par des changements au niveau de l'enseignement. Enfin, l'analyse des difficultés des élèves a conduit à envisager différemment la complexité des problèmes relatifs à la proportionnalité.

Il faut attendre la circulaire du 2 janvier 1970 pour que le terme de « proportionnalité » apparaisse dans les programmes. Jusque-là, les programmes, comme ceux de 1945, évoquent simplement la « règle de trois ».

Ajoutons que l'on désigne souvent aujourd'hui sous ce terme de « proportionnalité » ce qui relève de la « proportionnalité simple » (cas où deux grandeurs varient proportionnellement), alors que la proportionnalité peut être étudiée sous d'autres aspects : « proportionnalité multiple » (cas où une grandeur est fonction de plusieurs autres grandeurs, en variant proportionnellement à chacune d'entre elles lorsque les autres sont fixées), « proportionnalité inverse » (cas où une grandeur varie proportionnellement à l'inverse d'une autre grandeur – il n'est en fait pas très heureux de parler de proportionnalité dans ce cas).

1. DE 1945 À 1970 : LA RÈGLE DE TROIS

On peut lire dans le programme de 1945 pour le Cours Moyen « Prix et poids à l'unité et exemples analogues de quotients. Règle de trois ». Dans les « instructions » qui accompagnent ce programme, il est précisé :

> « Les problèmes usuels de règle de trois conduisent à la recherche d'un quotient intermédiaire qui peut être soit la valeur d'une unité, soit un nombre d'unités. Les formules suivantes en donnent deux exemples typiques :

- $\dfrac{\text{valeur de la 1}^{\text{re}}\text{ parcelle}}{\text{surface de la 1}^{\text{re}}\text{ parcelle}} \times \text{surface de la 2}^{\text{e}}\text{ parcelle}$
- $\text{prix de l'hectolitre} \times \dfrac{\text{poids de la récolte}}{\text{poids de l'hectolitre}}$

Des exemples simples de quotients permettent, de même, de justifier sommairement les divers modes de calcul des problèmes de règle de trois :

$$\frac{a \times b}{c}\ ;\quad a \times \frac{b}{c}\ ;\quad \frac{a}{c} \times b$$

ainsi que des procédés de simplification (division par un même nombre d'un des facteurs et du diviseur). »

On parle ainsi de « problèmes de règles de trois » pour évoquer un certain type de problèmes (comme on parle de « problèmes d'addition »), ce qui suggère que la règle de trois est aussi pensée comme une opération sur les nombres ou comme une méthode de calcul.

Les problèmes de règle de trois correspondent à ce qu'on appelle aujourd'hui problèmes de recherche d'une quatrième proportionnelle dans lesquels il faut trouver un terme d'une proportion connaissant les trois autres termes, c'est-à-dire dans des problèmes de proportionnalité simple tels que celui-ci (donné en exemple dans un ouvrage de pédagogie de 1956[1]) :

> « Dans un champ de 5 a on a pu récolter 1,4 q de blé. En espérant le même rendement, quelle superficie de blé faut-il ensemencer pour obtenir une récolte de 35 q ? »

Pour résoudre un tel problème, il faut d'abord reconnaître le calcul dont il relève (ici la règle de trois), puis effectuer ce calcul en le simplifiant au préalable si c'est possible. On reconnaît là une orientation de l'enseignement caractéristique de cette période, à travers la volonté affirmée de donner aux élèves les moyens de résoudre des problèmes qu'ils sont susceptibles de rencontrer dans « la vie courante », c'est-à-dire des « problèmes vraisemblables, dont l'élève a vu ou verra des exemples autour de lui » (Instructions accompagnant le programme de 1945). Selon les manuels, on insiste sur les problèmes et les raisonnements qui permettent de les traduire sous forme de règle de trois ou sur l'algorithme de calcul lui-même, privilégiant ainsi plus ou moins ce qu'on appelle le sens et la technique des opérations.
Dans le cas du problème précédent, les auteurs évoquent plusieurs solutions pour aboutir à la règle de trois, par exemple :
calcul de la superficie qui produirait un quintal de blé : $\frac{5\ \text{a}}{1{,}4\ \text{q}} = \frac{5}{1{,}4}$ a par q ;

il suffit ensuite de multiplier ce quotient par le poids de récolte espéré :
$\frac{5}{1{,}4}$ a par q x 35 q = $\frac{5 \times 35}{1{,}4}$ a ;

il reste alors à calculer cette règle de trois en la simplifiant :

$$\frac{5 \times 35}{1{,}4} = \frac{5 \times 350}{14} = \frac{5 \times 50}{2} = \frac{250}{2} = 125\ \text{a}.$$

Cette description fait nettement apparaître les deux temps de la résolution : raisonnement conduisant à la « mise en règle de trois » du problème, puis « calcul » de cette règle de trois.

---

1. Chatelet, Bompard, *Enseignement de l'arithmétique*, Cahiers de Pédagogie Moderne, Éditions Bourrelier, 1956.

THÈME 4

Comme on peut le constater, cette méthode nécessite des compétences relativement élaborées concernant les écritures fractionnaires.
Les notions de pourcentage (avec application à l'intérêt simple et aux placements à court terme), d'échelle et de mouvement uniforme sont mentionnées dans le programme sans être explicitement reliées à la règle de trois.

2. 1970 : LES OPÉRATEURS ET LES FONCTIONS NUMÉRIQUES

Le programme de 1970 s'inscrit dans le mouvement dit des mathématiques modernes, même s'il n'en reprend pas toutes les propositions. L'accent est mis sur l'appropriation du modèle mathématique qui pourra ensuite être utilisé pour résoudre des problèmes. Concernant la proportionnalité, le concept de référence est celui d'application linéaire... étudié à l'école primaire sous la forme « des opérateurs ». Après des considérations générales sur les relations numériques et les opérateurs du type « additionner *a* », « soustraire *a* », « multiplier par *a* » et « diviser par *a* », les commentaires[2] qui accompagnent ce programme apportent des précisions :

> « Lorsque l'opérateur est "multiplier par..." ou "diviser par..." la correspondance qui permet de passer d'une liste à l'autre est la proportionnalité. [...] D'une façon générale, tous les problèmes traités au moyen de la « règle de trois » relèvent du modèle mathématique précédent. Il est essentiel de savoir qu'il s'agit d'un seul et même problème, qu'il convient d'expliciter en termes nouveaux. »

C'est donc bien le modèle des applications linéaires qu'il s'agit d'enseigner directement, les opérateurs du type (x *a*) ou (: *a*) n'étant qu'une façon d'habiller, pour les élèves de l'école primaire, les fonctions du type : $x \mapsto ax$ ou $x \mapsto \frac{1}{a}x$.

Dans le même temps, on retient du langage des fonctions l'expression de la relation entre nombres sous forme de tableaux. Opérateurs et tableaux sont ainsi les outils caractéristiques introduits à cette époque pour traiter les problèmes de proportionnalité. La règle de trois est considérée comme une méthode dépassée, car sans équivalent dans les mathématiques savantes. Pour résoudre un problème de type « recherche de quatrième proportionnelle », il faut d'abord traduire la situation proposée sous forme de tableau, puis chercher l'opérateur multiplicatif qui permet de passer de la 1re colonne à la 2e (si on pense avoir affaire à une situation de proportionnalité) et utiliser cet opérateur ou son inverse, comme en témoigne l'exemple suivant extrait des commentaires du programme :

> « Pour une fête, des enfants font des colliers composés tous du même nombre de perles. Un enfant a utilisé 45 perles pour faire 3 colliers.

2. Circulaire du 2 janvier 1970.

colliers	perles
3	45
7	
	135

Le tableau ci-contre permet de répondre aux deux questions:
– Combien faut-il de perles pour fabriquer 7 colliers?
– Combien de colliers peut-on fabriquer avec 135 perles?

Des expériences et des manipulations préalables ayant montré dès le Cours Élémentaire que cette situation est multiplicative, il suffit:

1) De chercher l'opérateur qui fait passer de la 1re à la 2e colonne: " multiplier par 15 " ;
2) de calculer 7 x 15 ;
3) de calculer 135 : 15. »

De l'observation de tels tableaux, on peut mettre en évidence les propriétés classiques (dites propriétés de linéarité) des fonctions linéaires exprimées ainsi dans les commentaires du programme:

« [...] à la somme de deux nombres de la 1re colonne correspond la somme des nombres de la 2e colonne » et « au produit par *b* d'un nombre quelconque *m* de la 1re colonne correspond le produit par *b* du nombre de la 2e colonne associé à *m*. »

Les programmes de 1980 puis de 1985 ne remettent pas fondamentalement en cause cette approche. La référence au terme « opérateur » disparaît (ainsi que l'utilisation qui en était faite pour travailler sur les fractions), mais l'étude des fonctions numériques apparaît toujours comme un préalable à celle de la proportionnalité considérée comme « propriété caractéristique des fonctions $n \mapsto n \times a$, *a* étant un naturel ou un décimal, voire une fraction simple » [3]. On insiste cependant davantage sur le rôle des propriétés de linéarité que les élèves peuvent utiliser « pour compléter un tableau, sans qu'il soit nécessaire de déterminer, ni de désigner la fonction mise en jeu (ou encore le coefficient de proportionnalité). » Curieusement, bien que se situant dans la même approche par les fonctions numériques, le programme de 1985 mentionne la règle de trois à propos de la proportionnalité, entraînant une certaine confusion dans les esprits... et dans certains manuels.

Les notions de pourcentage, de vitesse moyenne et d'échelle ne sont plus mentionnées dans ces programmes, mais parfois dans les commentaires (voir ceux de 1980, qui les situent nettement comme exemples de situations de proportionnalité). La plupart des manuels continuent cependant à proposer des activités relatives à ces notions.

Les limites d'une telle approche, par les opérateurs, sont apparues assez vite. En voici quelques-unes.

a) La « mise en tableau » d'une situation constitue une étape décisive de la résolution, mais c'est une étape délicate, source de difficultés pour beaucoup d'élèves: il faut identifier clairement les grandeurs qui sont en relation et les organiser. De nombreux ouvrages ignorent cette difficulté en la contournant: le tableau est directement fourni aux élèves et leur activité se limite alors à compléter convenablement les cases vides à

3. Instructions pédagogiques accompagnant les programmes de 1980.

l'aide des procédés enseignés; l'activité de mathématisation de la situation n'est alors pas de leur ressort. On ne s'étonnera pas, dans ces conditions, du constat que nous avons souvent fait dans des classes de 6ᵉ: les élèves ont rarement recours spontanément au tableau dans une situation où celui-ci n'est pas fourni; l'outil de base est donc peu disponible.

b) La recherche de l'opérateur est une autre source de difficulté. Face au tableau suivant, correspondant par exemple à une situation où 120 g de chocolat ont été payés 9 F,

120	9
150	
	30

de nombreux élèves ne savent pas si, pour trouver l'opérateur, ils doivent diviser 9 par 120 ou 120 par 9 (certains choisissent de diviser 120 par 9 parce que 120 est supérieur à 9, ce qui correspond à une conception de la division dans laquelle on divise toujours un nombre par un nombre plus petit). Cette difficulté est aggravée par le fait que l'opérateur (ici x 0,075) est difficile à interpréter dans le contexte de la situation, puisqu'il correspond à un rapport de grandeurs: il s'agit en fait de 0,075 F/kg.

c) Devant la difficulté à faire comprendre aux élèves l'usage des opérateurs, la tentation est grande, après celui de la règle de trois, de fournir aux élèves de nouveaux moyens comme le célèbre «produit en croix», considéré comme une recette miracle pour résoudre les problèmes de quatrième proportionnelle. Mais une fois encore la question de la mathématisation des situations est évitée: d'une certaine manière, le produit en croix (comme d'autres «trucs») peut être utile pour répondre à des questions posées à propos de tableaux de nombres, mais n'aide en rien pour mathématiser et reconnaître des situations de proportionnalité.

3. 1995: L'AMBIGUÏTÉ

La rédaction du programme de 1995 ne nous aide guère à préciser des orientations cohérentes quant à l'enseignement de la proportionnalité. La référence aux fonctions numériques disparaît, peut-être pour tenir compte des difficultés évoquées précédemment... On évoque une «première approche de la proportionnalité», précisée en deux points: «reconnaissance de situations de proportionnalité dans des cas simples (échelles, pourcentages)[4]» et «utilisation de tableaux, diagrammes, graphiques». Sans entrer dans une critique approfondie de ces propositions, et après avoir relevé l'accent mis sur les problèmes (ici sous le terme de situations), on notera simplement qu'il n'est pas pertinent de séparer reconnaissance et traitement des situations de proportionnalité (le second terme n'étant même pas évoqué) et encore moins de considérer échelles et pourcentages comme des cas simples de proportionnalité, pour des élèves du cycle 3 (*cf.* p. 212 et 230). Heureusement, la traduction de ce programme en terme de compétences est plus raisonnable, puisqu'on y précise que l'élève doit être capable de «reconnaître une situation de

4. Programmes de l'école primaire, CNDP, 1995.

proportionnalité et la traiter par les moyens de son choix (utilisation de graphiques, de tableaux de nombres) ». Il reste à déterminer quels sont ces moyens, lesquels sont à mettre en place à l'école primaire et lesquels relèvent plutôt du collège, et enfin quelle place donner à l'utilisation de tableaux de nombres et de graphiques. Ce sont quelques-unes des questions auxquelles nous essayons de répondre par la suite.

4. 2002 : ÉCLAIRCISSEMENTS

Les programmes de 2002 rappellent dans le paragraphe « exploitation des données numériques » que « les nombres et le calcul interviennent comme outils pour traiter une situation », entre autre dans les « problèmes relevant de la proportionnalité, résolus en utilisant des raisonnements personnels appropriés ».

Un cadre d'analyse : la théorie des champs conceptuels

Nous avons déjà souligné, dans les ouvrages précédents, l'importance qu'il y a à prendre en compte un espace de concepts suffisamment large (et en relation les uns avec les autres) et à inscrire leur apprentissage sur une longue période de temps, qui dépasse souvent une année scolaire et même un cycle de l'école.
L'idée de champ conceptuel proposée par Gérard Vergnaud[5] permet une telle approche. Il s'agit de considérer un ensemble de situations « dont le traitement implique des schèmes, concepts et théorèmes, en étroite connexion, ainsi que les représentations langagières et symboliques susceptibles d'être utilisées pour les représenter. »

THÈME 4

1. LE CHAMP CONCEPTUEL DES STRUCTURES MULTIPLICATIVES

Le champ conceptuel des structures multiplicatives correspond à l'ensemble des situations dont le traitement implique une multiplication, une division ou une suite de multiplications et de divisions. En nous référant aux propositions de Gérard Vergnaud, nous pouvons suggérer la classification suivante pour ces situations, en examinant quelques procédures correctes qui peuvent être utilisées pour leur traitement.

5. G. Vergnaud, *Apprentissages et didactiques, où en est-on ?* Hachette, 1995.

1.1 Problèmes de proportionnalité simple et directe

Dans ce type de problèmes, deux grandeurs sont en relation de proportionnalité, c'est-à-dire qu'il existe une fonction de type $x \rightarrow ax$ qui permet de passer d'une grandeur à l'autre. On distinguera ici trois types de problèmes: les problèmes dits de « quatrième proportionnelle », les problèmes « à questions successives », les problèmes « de comparaison ».

■ Les problèmes dits de « quatrième proportionnelle »

Dans ces problèmes, trois nombres étant connus, il s'agit de déterminer le quatrième (d'où la dénomination de problèmes de « quatrième proportionnelle »).

Exemple: « 4 dictionnaires identiques pèsent 10 kg.
Combien pèseraient 14 dictionnaires ? »

Problème qui peut être schématisé par le tableau:

Nombre de dictionnaires	Poids en (kg) des dictionnaires
4	10
14	?

D'une manière générale, ces problèmes peuvent être schématisés par:

Grandeur A	Grandeur B
a	b
a'	b'

Deux cas peuvent être distingués.

a) Premier cas: l'un des nombres est égal à 1.
On a affaire, dans ce cas, aux problèmes dits « de multiplication » ou « de division ». Voici deux exemples de problèmes dits « de multiplication », empruntés à *Ermel CE1* (on se reportera à cet ouvrage pour une étude des procédures de résolution possibles).

Exemple 1: En rangeant ses photos de vacances dans son album, Jean a rempli 12 pages de 8 photos. Combien Jean a-t-il rangé de photos dans son album ?
Schéma associé:

Nombre de pages	Nombre de photos
1	8
12	?

(×12)

Exemple 2: Jean possède 15 €. Marc a trois fois plus d'argent que Jean. Combien Marc possède-t-il d'argent ?
Schéma associé:

Argent de Jean (en €)	Argent de Marc (en €)
1	3
15	?

(×3)

Signalons simplement dans les deux cas que le nombre 1 n'apparaît pas explicitement dans l'énoncé et que ces deux situations ne privilégient pas « naturellement » la même relation. Dans l'exemple 1, le raisonnement le plus « naturel » est appuyé sur le fait que « il y a 12 fois plus de pages, donc 12 fois plus de photos » alors que dans l'exemple 2, il est plus « naturel » de s'appuyer sur le fait que « Marc a 3 fois plus d'argent » (*cf.* les relations mises en évidence sur les schémas).

Les problèmes dits « de division » correspondent à la recherche soit de la « valeur d'une part », soit du « nombre de parts », comme le montrent les deux exemples suivants toujours empruntés à *Ermel CE1*.

Exemple 1 (recherche de la « valeur d'une part ») : Pendant ses vacances, Jean a fait 96 photos. Pour les ranger, il les met dans son album. En mettant toujours le même nombre de photos par page, il a rempli 12 pages de son album. Combien de photos a-t-il mis sur chacune des pages de son album ?

Schéma associé :

Nombre de pages	Nombre de photos
1	?
12	96

Exemple 2 (recherche du « nombre de parts ») : Pendant ses vacances, Jean a fait 96 photos. Pour les ranger, il les met dans son album en mettant toujours 8 photos par page. Combien de pages d'album remplira-t-il avec toutes ses photos ?

Schéma associé :

Nombre de pages	Nombre de photos
1	8
?	96

b) Deuxième cas : aucun des nombres n'est égal à 1.

On a affaire, dans ce cas, aux problèmes classiquement appelés problèmes « de quatrième proportionnelle » (alors que les précédents le sont aussi). Pour ce type de problèmes, il existe une grande variété de procédures de résolution possibles, dont on peut faire l'inventaire à partir du problème cité précédemment : « 4 dictionnaires identiques pèsent 10 kg. Combien pèseraient 14 dictionnaires ? » Ces procédures peuvent être mobilisées dans toutes les autres catégories de problèmes que nous évoquerons plus loin.

Les procédures qui utilisent les **propriétés de linéarité** font appel à des raisonnements prenant en compte les relations entre nombres relatifs à une même grandeur (on parle de relations internes).

Elles peuvent privilégier les relations de type additif (on parle alors de méthodes constructives), par exemple :
- 4 dictionnaires, ça fait 10 kg ;
- 4 dictionnaires de plus, ça fait 10 kg de plus, donc 8 dictionnaires, ça fait 20 kg ;
- 4 dictionnaires de plus, ça fait 10 kg de plus, donc 12 dictionnaires, ça fait 30 kg ;
- encore 2 dictionnaires, ça fait 5 kg de plus, donc 14 dictionnaires, ça fait 35 kg.

Elles peuvent aussi privilégier les relations de type multiplicatif, appuyées sur des raisonnements du type «... fois plus» ou «... fois moins» (on parle de rapport scalaire), par exemple: 14 dictionnaires, c'est 3 et demi fois plus de dictionnaires (que 4 dictionnaires) donc ils pèsent 3 et demi fois plus, c'est-à-dire: 35 kg.

Elles peuvent enfin utiliser des combinaisons de relations additives et multiplicatives, par exemple:

- 4 dictionnaires, c'est 10 kg;
- 12 dictionnaires, c'est 3 fois plus, donc 30 kg;
- 2 dictionnaires, c'est la moitié, donc 5 kg;
- 14 dictionnaires, c'est comme 12 dictionnaires et 2 dictionnaires, donc 35 kg.

Parmi ces procédures, on peut isoler celles qui utilisent le «passage par l'unité», comme le raisonnement suivant:

- 4 dictionnaires, c'est 10 kg;
- 1 dictionnaire, c'est 4 fois moins, donc 2,5 kg (10: 4);
- 14 dictionnaires, c'est 14 fois plus, donc 35 kg (2,5 x 14).

Cette dernière procédure reprend le raisonnement de la fameuse «règle de trois», sans en reprendre la disposition fractionnaire.

Les procédures qui utilisent le **coefficient de proportionnalité** font appel à des raisonnements prenant en compte les relations entre les deux grandeurs (on parle de relations externes).

L'élève utilise implicitement ou explicitement (après avoir reconnu une situation de proportionnalité) le coefficient multiplicatif qui permet de passer des nombres associés à la première grandeur à ceux qui correspondent à la deuxième grandeur (ici x 2,5 pour passer de 4 à 10, appliqué ensuite à 14). On parle alors de rapport-fonction, dans la mesure où est sous-jacente une fonction linéaire (ici exprimable par le schéma $x \rightarrow 2{,}5x$).

Ce coefficient est plus facile à mettre en évidence dans les situations où il peut être interprété dans le contexte de la situation, en particulier lorsque les deux grandeurs sont de même type. Par exemple, si dans une recette il faut 100 g de farine pour 25 g de beurre, on peut reconnaître qu'il faut quatre fois plus de farine que de beurre, alors que dans le cas des dictionnaires le coefficient 2,5 correspond à un rapport de dimensions: il s'agit en fait de 2,5 kg/dictionnaire (une interprétation du type 2,5 fois plus de kg que de dictionnaires n'a pas de signification réelle).

D'autres procédures peuvent être mentionnées. Certaines d'entre elles sont fondées sur l'égalité des rapports entre nombres correspondants de deux suites de nombres proportionnels, ce qui dans le cas du problème «dictionnaires» se traduirait par:

$\frac{14}{4} = \frac{?}{10}$ qu'il s'agit maintenant de résoudre; on retrouve ici, sous une autre forme, le rapport scalaire évoqué plus haut.

On peut, toujours en utilisant les rapports, utiliser le fait que le rapport entre les deux grandeurs en jeu est constant (il s'agit du coefficient de proportionnalité), ce qui se traduit par: $\frac{10}{4} = \frac{?}{14}$; on retrouve ici le rapport-fonction évoqué plus haut.

Outre le fait que ce type de procédures nécessite une bonne connaissance des écritures fractionnaires, il faut souligner qu'il ne correspond pas, en général, à un raisonnement facilement accessible.
Un autre type de procédures est souvent présenté dans les manuels sous l'appellation « produit en croix » et sous la forme suivante :

Nombre de dictionnaires	Poids (en kg) des dictionnaires
4	10
14	?

4 x ? = 14 x 10

Il est important de noter que ce type de procédure s'appuie sur une propriété des suites proportionnelles dont la compréhension n'est pas accessible aux élèves de l'école primaire (comment donner du sens à 14 x 10 ?). Ne reposant sur aucun raisonnement sur les grandeurs, elle n'aidera donc pas les élèves à comprendre la proportionnalité. Mieux vaut alors ne pas l'utiliser à ce niveau.
Quant aux procédures qui s'appuient sur la réalisation d'un graphique et sur le fait que les points représentant les couples de nombres associés dans la relation de proportionnalité sont alignés avec l'origine du repère, elles ne sont guère pertinentes dans le cas d'un problème où seulement 4 nombres sont en jeu.

■ Les problèmes « à questions successives »

Il s'agit en réalité de problèmes du même type que les précédents dans lesquels il faut déterminer plusieurs « quatrièmes proportionnelles », les résultats cherchés étant dépendants les uns des autres. Ainsi, dans la situation Le prix des morilles que nous proposons aux élèves du CM1, sachant que 100 g de morilles coûtent 8 €, on demande les prix pour 200 g, 450 g, 75 g, 375 g…
Ce type de problème est plus favorable à la mise en évidence d'une diversité de procédures :
– combinaisons de relations additives et multiplicatives, en considérant par exemple que « 450 g, c'est 2 fois 200 g plus la moitié de 100 g » ;
– utilisation du coefficient de proportionnalité qui peut mieux apparaître comme une constante multiplicative entre les deux grandeurs ;
– passage par l'unité qui peut se révéler intéressant dans la mesure où il réduit alors toutes les questions à des questions de multiplication classique ;
– utilisation d'un graphique, dont la construction est plus rentable, surtout si les calculs sont difficiles pour les élèves (la résolution par lecture directe peut alors paraître avantageuse).

■ Les problèmes de comparaison

Il s'agit de problèmes dans lesquels interviennent deux parties composant un tout. On peut alors s'intéresser :
– soit à la mise en relation des deux parties, comme dans la situation Sirop (voir la progression CM1) : Dans la bouteille A, je mets 4 verres d'eau et 2 morceaux de sucre et dans la bouteille B, je mets 12 verres d'eau et 10 morceaux de sucre. Quel est le sirop le plus sucré, celui de la bouteille A ou celui de la bouteille B ?
– soit à la mise en relation d'une partie et d'un tout, comme dans l'exemple suivant : Dans une classe de 20 élèves, 12 élèves déclarent aimer le foot. Dans une autre classe de

30 élèves, il y a 15 élèves qui déclarent aimer le foot. Y a-t-il une classe dans laquelle on aime plus le foot que dans l'autre ?

Pour le premier type de problème **(comparaison partie/partie)**, il est possible :
- de raisonner sur les rapports entre nombres correspondant au même composant ; ici « il y a trois fois plus d'eau dans la 2e bouteille que dans la 1re, mais il y a cinq fois plus de sucre » (12 = 4 x 3 et 10 = 2 x 5), procédure qui s'appuie implicitement sur les propriétés de linéarité d'une éventuelle relation de proportionnalité entre les deux grandeurs « quantité d'eau » et « quantité de sucre » (si les mélanges étaient aussi sucrés l'un que l'autre) ;
- de raisonner sur les rapports entre composants ; ici « la quantité de sucre c'est la moitié de la quantité d'eau dans la bouteille A et c'est plus de la moitié dans la bouteille B », procédure qui met implicitement en œuvre un éventuel coefficient de proportionnalité entre les deux grandeurs ;
- d'utiliser les propriétés de linéarité pour ramener « hypothétiquement » les deux bouteilles à la même contenance, par exemple, « si on mettait 12 verres d'eau dans la bouteille A, on mettrait 6 morceaux de sucre... ».

Pour le deuxième type de problème **(comparaison partie/tout)**, les mêmes procédures peuvent être mises en œuvre ; il est possible :
- de considérer que la deuxième classe a une fois et demi plus d'élèves, mais pas une fois et demi plus d'élèves qui aiment le foot (il en faudrait 18) ;
- de considérer que dans la deuxième classe, la moitié des élèves aiment le foot, alors qu'ils sont plus de la moitié dans la première classe ;
- de se ramener à des classes hypothétiques de même effectif, par exemple si chaque classe avait 10 élèves, dans la première 6 d'entre eux aimeraient le foot, alors qu'ils ne seraient que 5 dans la deuxième.

1.2 Problèmes de proportionnalité simple composée

On considère ici les problèmes faisant intervenir la composition de deux ou plusieurs relations de proportionnalité simple. En voici un exemple : Avec 100 kg de blé, on fait 75 kg de farine et avec 25 kg de farine, on fait 30 kg de pain. Quelle est la masse de blé nécessaire pour faire 450 kg de pain ?

On peut schématiser cette situation de la façon suivante :

Grandeur A masse de blé (en kg)	Grandeur B masse de farine (en kg)	Grandeur C masse de pain (en kg)
100	75	
	25	30
?		450

Les diverses procédures présentées pour résoudre les problèmes de proportionnalité simple peuvent être utilisées ici, en traitant successivement les relations farine/pain et blé/farine. On peut également chercher le coefficient de proportionnalité blé/pain qui est en fait le produit des coefficients blé/farine et farine/pain : on passe du blé au pain en multipliant par 0,9 (qui est égal à 0,75 x 1,2).

La difficulté supplémentaire de ce type de problème par rapport aux problèmes de proportionnalité simple et directe réside dans l'organisation des données à mettre en relation, puis dans le choix et la combinaison des résultats intermédiaires à déterminer.

1.3 Problèmes de proportionnalité multiple

Il s'agit de problèmes dans lesquels une grandeur est simultanément proportionnelle à plusieurs grandeurs. En voici un exemple[6] :

> Supposons que les élèves d'une classe de CM2 soient en train de préparer une classe de neige pour 50 enfants pendant 28 jours. Comment calculer la consommation de sucre nécessaire, sachant qu'il faut compter 3,5 kg de sucre par semaine pour 10 enfants ?

La résolution de ces problèmes nécessite des raisonnements plus complexes, mais qui reviennent toujours à mobiliser ceux utilisés dans le cas de la proportionnalité simple, en fixant provisoirement l'une des variables, par exemple :
– pour 1 semaine, il faut 3,5 kg de sucre pour 10 enfants,
pour 1 semaine, il faut donc 5 fois plus de sucre pour 50 enfants,
soit 17,5 kg de sucre (la variable « temps » a été maintenue constante) ;
– pour 50 enfants, il faut 17,5 kg de sucre pour 1 semaine (7 jours),
pour 50 enfants, il faut donc 4 fois plus de sucre pour 28 jours,
soit 70 kg de sucre (la variable « nombre d'enfants » a été maintenue constante).

1.4 Problèmes de type « produit de mesures »

Il s'agit en réalité d'un cas particulier de la proportion double, dans lequel l'unité de mesure de l'une des grandeurs est le produit des unités de mesure des deux autres grandeurs. En voici deux exemples :
– produit cartésien :

> Julie a 3 tee-shirts et 4 pantalons différents. De combien de manières différentes peut-elle s'habiller ?

Un tableau à double entrée ou un arbre permettent de structurer l'ensemble des solutions et de mettre en évidence le fait que le nombre de solutions est égal à 3 x 4.

	P1	P2	P3	P4
T1				
T2				
T3				

– configuration rectangulaire :

> Quelle est l'aire d'un rectangle de 5 cm de longueur et de 3 cm de largeur ?

L'aire du rectangle est proportionnelle à la largeur (si la longueur est fixée) et à la longueur du rectangle (si la largeur est fixée), ce dont rend compte la formule $A = \ell \times L$ (à condition que les unités soient compatibles, par exemple aire en cm^2 et longueur et largeur en cm ; on vérifie bien que $1\ cm^2 = 1\ cm \times 1\ cm$).

6. Emprunté à J. P. Levain et G. Vergnaud, *Proportionnalité simple, proportionnalité multiple*, in *Grand N*, n° 56, IREM de Grenoble, 1995.

2. DIFFÉRENTS CONTEXTES POUR LES PROBLÈMES DE PROPORTIONNALITÉ

Au-delà de la structure mathématique des problèmes envisagés au paragraphe précédent, il est utile de disposer d'un ou plusieurs référents concernant les contextes dans lesquels de tels problèmes peuvent être situés. Nous avons choisi de distinguer trois catégories.

Dans certaines situations, la proportionnalité intervient par **convention sociale**. C'est souvent le cas dans des problèmes de nature économique (relation entre quantité et prix, par exemple) :
– ainsi, pour des aliments vendus au détail, le prix à payer est souvent proportionnel à la masse (au moins pour des masses comprises entre, par exemple, 50 g et 5 kg ; au-delà, le prix peut être discuté !) ;
– mais ce n'est pas toujours le cas, par exemple le prix à payer pour affranchir une lettre n'est pas proportionnel à la masse ou encore, pour des quantités importantes d'un produit, des remises peuvent être consenties.

C'est leur plus ou moins grande familiarité avec ces situations qui permet aux élèves de connaître ou non la convention sociale adoptée. Si ce n'est pas le cas, un travail préalable doit être réalisé avec les élèves.

Dans d'autres situations, la proportionnalité permet une **modélisation d'un phénomène,** c'est-à-dire qu'elle permet de décrire certaines relations entre des éléments de la situation et de prévoir certains résultats expérimentaux. Il peut s'agir, par exemple, d'un phénomène physique (relation entre allongement d'un ressort et masse suspendue, engrenages, relation entre temps et distance dans le cas d'un mouvement uniforme…) ou encore d'un phénomène géométrique (relation entre longueur du périmètre et diamètre du cercle, entre côté et diagonale du carré…).

Dans de telles situations, c'est le recours à l'expérimentation (notamment pour les phénomènes physiques ou les dessins géométriques) ou l'utilisation de théorèmes (celui de Pythagore pour le cas du carré) qui permettent de mettre en évidence les relations entre grandeurs. Pour les situations du domaine physique, la proportionnalité n'est souvent vérifiée que dans certaines limites (la masse suspendue doit rester compatible avec la sensibilité du ressort, par exemple).

Enfin, dans certaines situations, la proportionnalité intervient comme outil pour **définir de nouveaux concepts** : échelle pour les plans et cartes, pourcentage pour rendre compte d'une relation partie/tout, vitesse moyenne, débit, masse volumique… Des notions telles que vitesse moyenne ou pourcentage nécessitent non seulement la maîtrise de la proportionnalité, mais également la capacité à raisonner à partir d'une hypothèse de proportionnalité qu'on sait fausse dans la réalité (dire que 25 % des personnes d'un groupe déclarent lire le journal chaque jour ne signifie pas que si l'on prend 100 personnes au hasard dans ce groupe, on en trouvera 25 qui lisent le journal). Elles sont donc conceptuellement plus difficiles que celles en jeu dans les catégories précédentes, dans la mesure où ces notions ne « préexistent pas » à la proportionnalité, mais sont construites en supposant celle-ci.

Les différents problèmes évoqués jusque-là sont tous situés dans le **cadre des grandeurs** avec utilisation de nombres « concrets », correspondant à des quantités ou à des mesures. Dans ce cadre, il est possible de mettre en place des procédures qui s'appuient sur des raisonnements sur les grandeurs, mettant en œuvre implicitement des propriétés des fonctions linéaires : ainsi « quand j'achète trois fois plus, je dois payer trois fois plus », correspond à la seconde propriété de linéarité.

Lorsque les élèves deviennent capables de modéliser la situation proposée par une relation entre suites de nombres et de reconnaître qu'il s'agit d'une situation de proportionnalité, le problème est alors transposé dans le **cadre numérique** : les nombres sont alors manipulés de manière abstraite, en référence uniquement à des propriétés connues relatives aux suites proportionnelles ou à la fonction linéaire, sans référence explicite à un raisonnement sur les grandeurs. C'est dans ce cadre que la proportionnalité, plus précisément la fonction linéaire, peut être étudiée pour elle-même.

Les situations peuvent également être représentées et traitées dans le **cadre graphique** en utilisant les propriétés des représentations graphiques de fonctions linéaires.

Le passage d'un cadre à l'autre, que ce soit au moment de la mathématisation de la situation ou au moment de l'interprétation des résultats obtenus n'est pas sans difficulté pour les élèves et doit être envisagé progressivement, tout au long de la scolarité. En particulier, dans le cadre graphique, la compréhension du système de coordonnées et de l'alignement des points avec l'origine dans le cas de la proportionnalité suppose des connaissances élaborées qui relèvent de la fin du collège.

3. DES VARIABLES IMPORTANTES

Nous avons constaté précédemment qu'il existe une grande variété de procédures correctes utilisables pour traiter les situations de proportionnalité. Ces procédures dépendent de plusieurs facteurs, qui sont donc autant de variables à disposition de l'enseignant pour provoquer ou au contraire bloquer l'utilisation par les élèves de telle ou telle procédure.

3.1 La nature des grandeurs en jeu

Voici deux problèmes comportant les mêmes nombres :

> **P1 :** Une barre de métal de 8 mètres pèse 24 kg. Combien pèsera une barre identique de 32 mètres ?
> **P2 :** Pour faire un mélange de café, il faut mettre 8 kg de Robusta avec 24 kg d'Arabica. Quelle quantité d'Arabica faut-il mettre avec 32 kg de Robusta ?

Dans P1, il est peu naturel de dire que la masse représente trois fois la longueur, alors que dans P2, on peut plus facilement dire que le poids d'Arabica c'est trois fois le poids de Robusta.

C'est en réalité le sens du coefficient de proportionnalité qui est différent dans les deux situations, qui peuvent toutes deux être représentées par le même tableau de nombres :

8	24
32	?

Dans P2, les grandeurs évoquées sont de même nature (des masses exprimées en kg) : le coefficient est un rapport sans dimension.
Dans P1, les grandeurs sont de nature différente (des longueurs en m et des masses en kg) : le coefficient est alors dimensionné, il peut s'exprimer par 3 kg/m.

On conçoit que les élèves, qui s'attachent au sens pour traiter la situation, recourent plus facilement au coefficient dans P2 que dans P1.

3.2 Les relations arithmétiques entre les nombres donnés

Considérons deux variantes du problème P2.

P3 : Pour faire un mélange de café, il faut mettre 8 kg de Robusta avec 13 kg d'Arabica. Quelle quantité d'Arabica faut-il mettre avec 32 kg de Robusta ?

P4 : Pour faire un mélange de café, il faut mettre 8 kg de Robusta avec 24 kg d'Arabica. Quelle quantité d'Arabica faut-il mettre avec 19 kg de Robusta ?

Dans P3, la relation entre les deux grandeurs (quantité de Robusta et quantité d'Arabica) est complexe (exprimée par x 13/8), alors que la relation entre les deux quantités de Robusta est plus simple (exprimée par x 4). Le recours à une procédure relevant de la linéarité est donc plus aisé dans ce cas.

Dans P4, la relation entre les deux grandeurs (quantité de Robusta et quantité d'Arabica) est simple (exprimée par x 3), alors que la relation entre les deux quantités de Robusta est plus complexe (exprimée par x 19/8). Le recours à une procédure utilisant le coefficient est donc en principe facilité.

On met ainsi en évidence deux variables didactiques importantes :
– le coefficient de proportionnalité entre les grandeurs qui varient simultanément peut être choisi pour favoriser ou bloquer le recours aux procédures qui s'appuient sur son identification : entier (simple ou non), décimal (simple ou non), fractionnaire ;
– les rapports de linéarité (rapports entre nombres relevant d'une même grandeur qui varie par rapport à une autre) peuvent également être ou non choisis pour favoriser ou rendre délicat le recours aux procédures de type « linéarité » : entier (simple ou non), décimal (simple ou non), fractionnaire ; de même, les relations entre les nombres relevant d'une même grandeur peuvent ou non faciliter l'obtention de certains nombres par combinaison linéaire (combinaison de relations additives et multiplicatives, comme dans l'exemple des dictionnaires).

Dans P1 et P2, ces deux variables ont été neutralisées, car elles ont des valeurs équivalentes du point de vue des calculs (coefficient égal à 3, rapport de linéarité égal à 4).

3.3 Les types de nombres utilisés

Le choix des nombres (types de nombres, taille, configuration) peut, par exemple, favoriser ou non le recours au calcul mental, ce qui est à mettre en relation avec les variables précédentes. Ainsi le rapport 3 est-il plus facile à identifier entre 4 et 12 ou entre 200 et 600 qu'entre 87 et 261.

3.4 Le nombre de couples donnés dans l'énoncé

Lorsque les couples fournis sont plus nombreux, les combinaisons linéaires pour obtenir un nombre déterminé sont souvent plus variées, de même que se trouve facilitée la mise en évidence du coefficient de proportionnalité. En revanche, l'élève a alors à opérer des choix parmi ces données, ce qui peut alourdir la charge cognitive.

4. QUELQUES EXEMPLES DE DIFFICULTÉS CHEZ LES ÉLÈVES

La proportionnalité est source de nombreuses difficultés chez les élèves, difficultés qui se retrouvent souvent au collège et même plus tard. Ces difficultés dans le traitement de situations de proportionnalité peuvent être repérées à différents moments du processus de résolution.

a. L'élève doit d'abord identifier les **grandeurs qui sont en relation** dans la situation proposée. Nous soulignerons plus loin que la « mise en tableau » des données de la situation n'est pas une solution miracle pour aider à cette structuration : elle rend en effet compte de la structuration réalisée par l'élève plus qu'elle ne la permet.

b. L'élève doit ensuite **identifier que la situation relève bien du modèle proportionnel.** Pour cela, il peut utiliser un raisonnement s'appuyant sur le sens de la situation ou encore faire référence à des situations déjà rencontrées à l'école ou hors de l'école, qu'elles soient issues du domaine socio-économique (achats, échanges...), d'autres disciplines (physique, géographie...) ou du domaine mathématique (géométrie, mesure). Il est important que les situations étudiées ne relèvent pas toutes du modèle proportionnel, afin d'exercer la vigilance des élèves sur le choix des solutions à mettre en œuvre.

c. Il faut encore choisir et mettre en œuvre une procédure de résolution. La procédure erronée la plus fréquente est caractérisée par l'utilisation de relations additives à la place des relations multiplicatives. Cette difficulté est très résistante pour certains élèves. Les situations de proportionnalité font en effet apparaître une « augmentation » ou une « diminution » dans le passage de la première grandeur à la deuxième. L'idée d'augmentation ou de diminution est souvent reliée à celle d'addition ou de soustraction, ce qui constitue évidemment un obstacle à la reconnaissance du modèle proportionnel. Cette difficulté, liée à l'utilisation incorrecte de l'addition, est d'autant plus pernicieuse qu'une autre forme de raisonnement additif déjà évoquée p. 207 est, elle, pertinente. Des trois raisonnements illustrés par les tableaux suivants, seul le premier est correct (alors que les trois utilisent l'addition ou la soustraction) :

100 g ⟶ 48 €
50 g ⟶ 24 €
150 g ⟶ 72 €

100 g ⟶ 48 €
+50 (100 g → 150 g)
150 g ⟶ 98 €

100 g ⟶ 48 €
150 g ⟶ 98 €
(150 → 98 : – 52)

On l'a vu, les procédures correctes possibles sont nombreuses et fortement influencées par le choix des valeurs données à certaines variables. Il est donc difficile de chercher à imiter une procédure toute prête rencontrée auparavant.

La mise en œuvre de la procédure retenue peut également être source de nombreuses difficultés : comment combiner les nombres dans le cas de l'utilisation des propriétés de linéarité ? comment déterminer le coefficient de proportionnalité si celui-ci n'est pas calculable mentalement ?...

Nos choix pour le CM1

1. MULTIPLICATION ET DIVISION, RETOUR SUR LE CE

Dans notre approche de la multiplication et de la division au CE, nous avons placé certains problèmes sous la rubrique « problèmes de proportionnalité (simple et directe) »[7]. Il ne s'agit pas seulement d'un *a priori* d'ordre mathématique ; la résolution de ces problèmes repose en effet sur le fait d'établir une relation de proportionnalité entre deux grandeurs.

1.1. Exemple de l'analyse des situations multiplicatives

Considérons la situation suivante :

> Dans son album, Jean met toujours 8 photos par page.
> Combien mettra-t-il de photos sur 12 pages ?

Le problème peut être traité de deux manières différentes :

(a) 12 pages donc 12 fois 8 photos[8] ;
(b) 8 fois plus de photos que de pages, donc 8 fois 12[9].

---

7. *Cf.* § 3 ci-dessus.
8. Nous écrivons 12 fois 8 sans préjuger d'un mode de calcul particulier : 8 + 8 + 8 + ..., 16 + 16 + ..., 12 x 8...
9. La seconde analyse paraît moins naturelle que la première, on peut la justifier ainsi :
– s'il y avait 1 photo par page, il y aurait autant de photos que de pages, donc 12 ;
– comme il y a 8 photos par page, il y en a 8 fois plus que s'il n'y en avait qu'une seule, donc 8 fois 12.
Ou, de manière plus « concrète », pour remplir 12 pages, on met 1 photo par page, ce qui nécessite 12 photos, et ceci 8 fois de suite. On utilise ce type de raisonnement lorsque l'on remarque que dans un album de 8 photos par page, il y a 2 fois plus de photos que dans un album contenant 4 photos par page.

Cela revient toujours à dire que le nombre de photos est proportionnel au nombre de pages.

Le raisonnement (a) utilise la linéarité de la correspondance entre nombre de pages et de photos ; 12 fois plus de pages entraîne 12 fois plus de photos.
Le raisonnement (b) met en évidence le coefficient de proportionnalité ; on multiplie toujours le nombre de pages par 8 pour avoir le nombre de photos.

Ce type d'analyse repose sur une différence d'interprétation entre les termes du problème : dans la forme la plus fréquente « 12 pages de 8 photos donc 12 fois 8 », le nombre de pages est un « opérateur » (le multiplicateur, le « nombre de fois »), le nombre de photos une « mesure » (le multiplicande). Le choix d'une interprétation prend en compte la situation mais aussi l'économie du calcul. Par exemple dans le problème de l'achat de 123 boîtes de compas à 3 € pièce, sans recours à la technique opératoire, l'élève calcule le plus souvent 3 fois 123 (123 + 123 + 123) et non 123 fois 3 (3 + 3 + 3 +...) ; il semble donc que la modélisation procède en deux temps :
– une traduction « fidèle » qui amène à 123 fois 3 et à identifier la multiplication ;
– une transformation en 3 fois 123 qui repose implicitement sur la commutativité de la multiplication.
Ainsi, on retrouve la distinction entre nombre « état » ou « opérateur » lorsqu'il s'agit d'évaluer $k \times p$ et de choisir entre le calcul de « *k* fois *p* » ou de « *p* fois *k* » ; ceci fait, le calcul réfléchi amène souvent à décomposer un des facteurs et laisser l'autre inchangé.
Exemple : calcul de 12 x 8
Interprétation 12 fois 8 : 12 fois 8 = (10 fois 8) + (2 fois 8) = 80 + 16 = 96
Interprétation 8 fois 12 : 8 fois 12 = (8 fois 10) + (8 fois 2) = 96
ou 2 fois 12 = 24, 4 fois 12 = 2 fois 24 = 48, 8 fois 12 = 2 fois 48 = 96

Cette analyse a guidé nos choix concernant l'enseignement au CE.
Ainsi, pour l'approche de la multiplication, nous avons choisi de privilégier les situations que l'on modélise à l'aide de l'addition réitérée et qui sont liées à la recherche de *a* fois *b*. Nous amenons ensuite l'élève à se dégager du calcul directement lié à cette première formulation, en utilisant la commutativité, les groupements de termes (en particulier par dix, au CE2), la décomposition d'un des facteurs (en favorisant la décomposition du multiplicateur).
Au CE1, nous avions cherché à construire l'invariant lié à : « 1 fois de plus » ou « 1 fois de moins ».
Par exemple = 6 fois 6 = 36 donc 7 fois 6 = 36 + 6[10].
La maîtrise du « 1 fois de plus ou de moins » permet de construire les tables de proche en proche, par exemple la « table de 5 » sous la forme (1 fois 5, 2 fois 5...) mais pas sous la forme (5 fois 1, 5 fois 2...).

Au-delà de cette règle qui permet une démarche pas à pas, une difficulté persiste lorsqu'on cherche à passer directement, par exemple, de 6 fois 6 = 36 à 9 fois 6 = ?
La réponse erronée « 36 + 3 = 39, car 3 de plus » se révèle très résistante.

---

10. L'élève peut faire référence à la table de 6 : « Dans la table de 6, on compte toujours de 6 en 6 » mais sans reprendre la liste des multiples à son début.
En début d'apprentissage, les élèves commettent souvent l'erreur suivante : « 6 fois 6 = 36, donc 7 fois 6 = 37 car il y a 1 de plus ».

De manière plus générale, la linéarité des opérateurs multiplicatifs est difficile à mettre en œuvre. D'un point de vue pédagogique, le raisonnement à partir d'exemples concrets est souvent utilisé pour justifier les règles de calcul correspondantes.

Exemple 1 : distributivité de la multiplication par rapport à l'addition
Pour 8 x 12 = (8 x 10) + (8 x 2), on recourt à une interprétation du type : « pour payer un objet à 12 € on donne d'abord 10 € puis 2 €, donc pour 8 objets (8 fois 10) + (8 fois 2) ».

Exemple 2 : associativité de la multiplication
Pour justifier 8 x 60 = (8 x 6) x 10, l'enseignant explique : « 8 fois 60 € » cela fait, en payant en billets de 10 €, 8 x 6 (billets de 10 €).

Nous nous sommes rendus compte combien il était illusoire de penser que les élèves utiliseraient de tels raisonnements qui reposent sur une interprétation sémantique. Par exemple, au CE2, dans le travail de décomposition de produits (situations telles 8 billes par jour, 6 fois la mise...), nous avons constaté la grande difficulté qu'il y a à garder un contrôle sémantique et le risque permanent de dérive calculatoire qui se manifeste dans tout exercice répétitif.

Toutefois, un point nous a paru crucial : pour faciliter les décompositions de n fois b (n variable), il faut faire prendre conscience du rôle de 10 fois b, 100 fois b puis de leurs multiples (exemple 30 fois b). Obtenir facilement ces multiples leur fait jouer le rôle de valeur de repère et de pivot dans les calculs, ce qui a fait l'objet d'un travail important au CE2.

1.2 Articulation entre multiplication et division

Au CE2, nous avons centré notre approche sur la distinction entre situation de multiplication « classique » ($b \times c = ?$) et situations dans lesquelles on recherche le facteur inconnu d'un produit ($b \times ? = a$)[11]. L'opération « division » en tant que telle n'est pas introduite. Partant de l'idée que les procédures utilisées pour résoudre les problèmes de division sont des adaptations des procédures de calcul de produits, nous avons cherché à traiter en parallèle les problèmes de multiplication et de division.

Exemple

32 billets de train à 64 € l'un		Combien de billets à 64 € l'un avec 2 048 € ?	
10 b	640	640	10 b
+ 10 b	+ 640	+ 640	+ 10 b
+ 10 b	+ 640	+ 640	+ 10 b
+ 2 b	+ 128	+ 128	+ 2 b
32 b	???	2 048	???
Arrêt : 32 billets	2 048 €	Arrêt : 2 048 €	32 billets

Dans les deux cas, on combine, par addition ou multiplication, des relations « 10 billets coûtent 640 € », de manière à « atteindre 32 billets » (multiplication) ou à « atteindre 2 048 € » (division). Ces combinaisons reposent sur la linéarité de la correspondance entre prix à payer et nombre de billets :

---

11. Ce schéma doit être modifié lorsque a n'est pas multiple de b car on aboutit à un encadrement : $b \times q < a < b \times (q + 1)$.

	10 *b*	640 €
	10 *b*	640 €
donc	20 *b*	1 280 €

Les difficultés qui en résultent dans les problèmes de division[12] nous ont amenés à valoriser, au CE2, la procédure par essais de multiples qui ne mobilise que le modèle de la multiplication à trou (? x 64 = 2 048).

2. PROBLÈMES RELEVANT DE LA MULTIPLICATION AU CM1

Notre travail reprend et prolonge celui entrepris au CE2.

Dans la situation Boîtes de sucres, nous introduisons les produits de trois facteurs : (a x b) x d traduit le calcul (a x b = c puis c x d = e) nécessaire pour obtenir le nombre de sucres contenus dans une boîte.

Les écritures multiplicatives à plus de deux facteurs font ensuite l'objet d'un travail décontextualisé visant à :
- mettre en évidence des invariants (indépendance de l'ordre, compositions ou décompositions de certains facteurs) ;
- comparer différents calculs (parmi 6 x 80, 6 x (8 x 10), 8 x (6 x 10), (6 x 8) x 10, le dernier étant le plus simple).

Les écritures multiplicatives apparaissent comme des écritures de nombres et pas seulement comme traduisant un calcul. Par exemple, 100 peut s'écrire : 50 x 2, 25 x 2 x 2, 5 x 5 x 4, etc.

Pour mettre en place rapidement la technique opératoire de la multiplication en début d'année, nous proposons la situation Fabriquer des produits.
Dans le calcul usuel, 25 x 35 est décomposé en (20 x 35) + (5 x 35) :

	3 5
	x 2 5
5 x 35 →	1 7 5
20 x 35 →	7 0 0
	8 7 5

Nous avons trouvé plus simple de partir de la décomposition et de faire prendre conscience que si l'on connaît 5 x 35 et 20 x 35, on connaît aussi 25 x 35.
Ainsi, avant de demander le calcul de n x 35, nous commençons par faire remplir des tableaux de multiples :

1 x 35 =	10 x 35 =	100 x 35 =
2 x 35 =	20 x 35 =	200 x 35 =
3 x 35 =	30 x 35 =	300 x 35 =
4 x 35 =	40 x 35 =	400 x 35 =
etc.		

12. *Cf.* l'ouvrage *Ermel CE2* pour une étude détaillée.

3. PROBLÈMES RELEVANT DE LA DIVISION AU CM1

Remarques préliminaires

Rappelons que depuis 1970 (*cf.* Instructions Officielles), on appelle « situation de division » une situation que l'on peut modéliser par la recherche d'un quotient q dans un des sens suivants.

Cas 1 : recherche d'un facteur inconnu q d'un produit ($? \times b = a$).

On parle parfois de « division exacte » de a par b.

Cas 2 : recherche d'un encadrement de a entre deux multiples consécutifs de b :

$q \times b \leq a < (q + 1) \times b$.

On parle alors de division euclidienne de a par b. La différence entre a et $q \times b$ s'appelle le reste r et on a l'équation fondamentale de la division euclidienne :

$a = (b \times q) + r$ avec $r < b$.

Ceci pose une première question : faut-il enseigner plusieurs divisions[13] ?

Cette question est d'actualité, car certaines calculettes (Galaxy, par exemple) ont des touches distinctes [÷] et [⊢] correspondant à ces deux types de divisions.

Plusieurs contraintes sont liées à cette distinction.

D'un point de vue mathématique, la définition du quotient euclidien de a par b ne concerne que des nombres entiers ; ce n'est pas le cas de la première division (on suppose toujours $b \neq 0$).

Dans la division de 19 par 4, on trouve :

- avec [÷] (cas 1), $q = 4{,}75$;
- avec [⊢] (cas 2), $q = 4$ et $r = 3$.

On peut rechercher le quotient exact de 2,4 par 12,5.

On trouve (touche [÷]) $q = 0{,}192$ ce qui signifie que $12{,}5 \times 0{,}192 = 2{,}4$.

D'un point de vue sémantique, on retrouve partiellement cette distinction.

Voici deux critères utiles :

- Peut-on donner un sens à un reste non nul ?
- Peut-on interpréter un quotient non entier ?

Exemples :

« J'achète 4 cassettes et je paie 19 € » : (cas 1) $q = 4{,}75$.

« Partager 19 billes équitablement entre 4 enfants » : (cas 2) $q = 4$, $r = 3$.

« Partager 19 pommes équitablement entre 4 » : (cas 1) $q = 4 + 3/4$ et (cas 2) $q = 4$, $r = 3$; selon que l'on coupe les pommes ou pas.

Une seconde question concerne la notion de « situation de division ».

L'introduction de cette notion a amené la distinction entre résolution des problèmes correspondants et apprentissage de l'opération « division ». Ceci a favorisé le travail à partir des procédures empiriques de résolution, entraînant l'abandon de l'apprentissage de l'algorithme au CE2 (à partir de 1978) et la construction, au CM1, de la technique par

---

13. Nous répondrons plus complètement à cette question dans l'ouvrage consacré au CM2. Au CM1, nous ne travaillerons que sur la division euclidienne.

améliorations successives des procédures de soustractions de multiples. Comment alors articuler les différentes activités visant à savoir :
– résoudre un problème de division (sans l'étiqueter comme tel) ;
– reconnaître un problème (ou un sous-problème à l'intérieur d'un problème complexe) comme relevant de la division, le résoudre par calcul réfléchi (lequel, quel degré de codification ?) ou le résoudre en utilisant la technique usuelle [14] ou une calculatrice ;
– mettre en œuvre une technique de calcul sans se tromper.
Nous répondrons à ces questions en précisant ce que nous cherchons à construire au CM1 et que l'on peut organiser autour de cinq objectifs.

3.1 Résoudre des problèmes de division et mettre en place des canevas de calcul

Au CM1, nous devons travailler les deux types de situation, recherche de « combien de fois ? » et de « combien à chaque fois ? »

Dans la situation Le jeu de la cible (de type « combien de fois ? »), il faut trouver, par exemple, combien il faut de sauts de 6 pour atteindre une cible (700) sans la dépasser.
L'élève peut faire des essais (6 x ?) ou cumuler des multiples de 6 comme 60, 120, 240, 600, etc. afin d'atteindre (si possible) 700.
Dès le début d'apprentissage, on met en évidence et on exerce la procédure par « addition de multiples » utilisée en calcul réfléchi. Elle consiste, pour atteindre 700, à additionner des multiples « simples » de 6 (600 + 60 + 36, manque 4) et à en déduire le nombre de sauts (100 + 10 + 6 = 116).
Éventuellement, les soustractions de multiples interviennent pour calculer l'écart au but. Le nombre cible n'apparaît pas comme l'opérande d'une nouvelle opération mais plutôt comme un résultat de multiplications et d'additions.

Dans la situation Le partage du trésor (de type « combien à chaque fois ? »), notre démarche est la suivante :
Soit à partager 5 000 pierres précieuses entre 16 pirates.
Si on ne sait pas le faire mentalement, pour quel nombre de pierres saurait-on faire le partage sans reste ?
Si l'on sait que pour 1 600 pierres, on en donnerait 100 à chacun, on sort 1 600 pierres du trésor, on donne 100 pierres à chacun et on recommence…

Ainsi met-on facilement en évidence :
– les soustractions de multiples du diviseur (pour chercher combien il reste de pierres) ;
– les réductions successives du problème (partager 5 000 pierres devient partager 3 400 pierres, etc.) ;
– la résolution facile pour les multiples de 10 fois, 100 fois… le diviseur.
Dans cette situation la procédure par soustraction de multiples est mise en évidence ainsi que des critères d'efficacité de sa mise en œuvre.

THÈME 4

14. Ultérieurement, au collège, on considérera un quotient, par exemple $\frac{10}{3}$, comme l'écriture d'un nombre sans impliquer l'idée d'effectuer un calcul ou d'en connaître une écriture décimale.

3.2 Connaître une nouvelle opération et acquérir un « schéma de la division »

Il s'agit de permettre à l'élève d'élaborer une représentation suffisamment générale pour qu'il puisse reconnaître les problèmes de division[15].
Remarquons cependant que toutes les situations ne peuvent être reconnues d'emblée et que chacune, prise séparément, induit des représentations particulières.

Dans le cadre de la « division partage », le diviseur est nécessairement entier (on ne peut partager entre 3 personnes et demie) et, lorsque l'unité n'est pas sécable, le dividende doit être supérieur au diviseur. Cette représentation de la division provoque des erreurs : opération déclarée impossible, données permutées...

Dans le sens « en *a* combien de fois *b* ? » (parfois donné par les enseignants comme sens de la division), on peut interpréter un diviseur non entier (pour « diviser 1 par $\frac{2}{3}$ » on cherche « en 1 combien de fois $\frac{2}{3}$? »)[16] et concevoir le rapport de deux nombres (12 est 3 fois plus grand que 4, 14 est 3 fois et demie plus grand que 4).
Par contre, il est difficile d'interpréter un quotient décimal (que signifie 2,37 fois ?).

Pour éviter ces difficultés, à partir de 1970, on a voulu donner un modèle purement numérique de la division (multiplication à trou, recherche d'un encadrement, écriture $a = (b \times q) + r$; $r < b$), à charge pour l'élève de le reconnaître ensuite parmi les différents contextes.

Cela pose à nouveau problème : comment passer de l'écriture multiplicative ? x $b = c$ à la division ? S'il n'y a aucun aspect sémantique, aucune traduction dans cette transformation, faut-il diviser *c* par *b* ou *b* par *c* ? L'ordre de grandeur fournit un « truc » (erroné) : on divise toujours le plus grand nombre par le plus petit !

En résumé, dans les pratiques courantes, pour aider l'élève à reconnaître une situation de division, l'enseignant se réfère à :
– un modèle numérique décontextualisé ;
– des indices sémantiques relatifs à des situations-type : réalisation d'un partage ou de groupements équipotents (de même nombre d'éléments) [17] ;
– des questions auxquelles répond l'opération : « combien à chaque fois ? » ou « combien de fois ? »

Communiqués en début d'apprentissage, les deux derniers critères privilégient la recherche directe de la bonne opération, ce qui est une démarche dangereuse. De notre point de vue, l'élève doit disposer de plusieurs modèles numériques permettant, pour la division de deux nombres, de formuler des projets d'action sur les nombres et éventuellement de résoudre les problèmes de division.

---

15. Attention ! On peut reconnaître qu'un problème relève de la division sans pour autant la poser ! Poser la division 28 : 5 pour résoudre un problème n'a jamais constitué un signe d'expertise !...
16. Réponse : 1 fois et demie !
17. La reconnaissance de la situation de référence peut poser problème. Par exemple, la recherche d'un prix unitaire (5 livres coûtent 140 €, combien coûte un livre ?) doit être assimilée à une situation de partage.

Les trois principaux modèles sont (exemple : diviser 350 par 12) :
– essais de multiples de 12 en vue d'atteindre 350 (éventuellement exploration d'une table de multiplication) ;
– addition de multiples de 12 en vue d'atteindre 350 (faire 350 avec des multiples de 12) ;
– soustraction de multiples de 12 à partir de 350 (extraire de 350 les multiples de 12 qu'il contient).
Ces modèles doivent être opérationnels. Les gérer efficacement nécessite un entraînement (rappelons le rôle essentiel des multiples de 10 x 12, 100 x 12...).
Par ailleurs, ils doivent s'imposer aux dépens de modèles « archaïques » : tables systématiques, duplications, ajouts ou retraits de 12 un par un.

Disposant de ces modèles, l'élève choisit celui qui semble adapté à la situation. Exemple : « Combien de jeux vidéo à 56 € peut-on acheter avec 1 000 € ? » Un élève peut penser « qu'il faut faire 1 000 avec des 56 », un autre « qu'il faut faire 56 x quelque chose pour faire 1 000 », etc.

Mais cette première représentation est souvent abandonnée, sous l'effet du contrat didactique (préférence pour des connaissances socialement reconnues...) ou de contraintes de faisabilité (il faudrait faire trop d'essais). Une transformation s'opère alors entre procédures équivalentes.
Les équivalences suivantes devraient être progressivement établies pour un calcul de *a* divisé par *b* :

Multiplication à trou : ? x *b* = *a*	CE2, CM1, CM2
Addition de multiples de *b*	CE2, CM1, CM2
Soustraction de multiples de *b* (progressivement optimisée)	CM1, CM2
Technique usuelle (partage des mille, cent...)	CM2

Évoquer l'opération division, sans la poser, contribue également à construire ces équivalences. En prolongement du JEU DE LA CIBLE, nous faisons découvrir l'effet de LA TOUCHE « DIVISION EUCLIDIENNE »[18]. À cette occasion, les termes division, quotient et reste sont introduits. Dans cette activité, des affichages sont présentés.
Si l'on tape 350 [⊢] 6, on lit Q = 58 et R = 2. L'élève doit découvrir la règle utilisée (6 x 58 = 348, 348 + 2 = 350) et anticiper d'autres affichages.
La nouvelle opération nommée, il prend conscience qu'elle permet de résoudre des problèmes déjà rencontrés, atteindre une cible, partager un trésor.
Inversement, les procédures par cumul de multiples, déjà éprouvées en situation, permettent d'anticiper l'affichage qui résulte de l'utilisation de la touche [⊢].
Ainsi, la construction du sens de la division n'est pas indépendante de l'élaboration de procédures de calcul réfléchi de quotients. L'élève dispose de trois outils de modélisation numérique des situations de division : exploration de multiples, compositions ou décompositions d'un nombre à l'aide de multiples d'un autre.
Chacune de ces procédures comporte deux niveaux de buts.
Niveau 1 : « atteindre 300 en additionnant des multiples de 12 » ou « faire 300 en calculant différents multiples de 12 », etc.

18. La touche [⊢] présente sur certaines calculettes permet l'affichage du quotient et du reste.

Niveau 2: récupérer l'information recherchée: le nombre de boîtes de 12 œufs que l'on pourra remplir, le nombre de bonbons que chacun recevra... ou, plus généralement, le « nombre de 12 contenu dans 300 ».

Nous pensons qu'initialement, l'élève se situe uniquement au premier niveau, c'est-à-dire qu'il privilégie la « correspondance avec la situation ». Il déclare par exemple: « on remplit des boîtes de 12 donc je fais 12 + 12 + ... jusqu'à 300 ».

Grâce aux activités proposées, on l'aide à dégager, en situation comme au niveau du calcul, les buts de deuxième niveau, ce qui contribue à l'équivalence des procédures [19]. Ces buts sont de deux types: « trouver *n* fois moins » (opération inverse de la multiplication qui, elle, permet de « trouver *n* fois plus ») et « trouver en *a* combien de fois *b* ? ».

3.3 Élaborer des procédures de calcul réfléchi de quotients

« Atteindre *a* avec des multiples de *b* » constitue un moyen de se représenter un problème de division. C'est aussi une procédure efficace de calcul réfléchi.

Exemple:
Pour diviser 500 par 12, on décompose (ou compose) progressivement 500 en construisant le quotient au fur et à mesure:

120 → 10		
240 → 20		
480 → 40	(480 + ? = 500)	20 = 12 + 8
12 → 1		
492 → 41	reste 8	

Pour atteindre le nombre « difficile à diviser » par 12, on combine des multiples tels que 120, 240, 360... 1 200... obtenus à partir de 12, 24, 48 et de la règle des zéros. Ces multiples privilégiés sont des nombres « faciles à diviser ».

D'autres procédures de calcul réfléchi doivent être rencontrées. Moins générales que la précédente, elles s'appuient sur différentes particularités des nombres mis en jeu.
– Les équivalences qui mettent en jeu des successions de multiplications et de divisions: pour diviser par 5, on divise par 10 puis on multiplie le quotient par 2; pour diviser par 20, on divise par 10 puis par 2.
– Les conséquences de la règle des zéros concernant la division: pour diviser 180 par 60, il suffit, par exemple, de diviser 18 par 6, car 6 x 3 = 18 (18: 6 = 3) entraîne 60 x 3 = 180 (180: 60 = 3) [20].
– Enfin les divisions par 2, 4, 5, 10, 25 et plus généralement par les diviseurs de 10, 100... sont particulières.
Pour ces diviseurs, on prend appui sur la décomposition canonique du nombre.
Exemples: diviser 436 par 2, on décompose 436 = 400 + 30 + 6 puis on cherche à diviser 400, 30 et 6 par 2; de même pour diviser 436 par 25 en utilisant la relation 25 x 4 = 100.

---

19. D'autres aspects sont à prendre en compte comme par exemple l'équivalence entre une somme de multiples et un produit (comme on le voit dans FABRIQUER DES PRODUITS).
20. Ceci permet de se dégager de l'utilisation de répertoires dans la division par un nombre à deux chiffres. Par exemple, si une division partielle amène 187 : 62, on se ramène à 180 : 60 puis à 18 : 6 et on essaie 3.

3.4 Vers la technique opératoire de la division

On peut envisager deux techniques opératoires de la division.
Prenons l'exemple de la division de 5 205 par 17, dans le cas d'une situation partage.

Méthode 1 : Optimisation des procédures par soustraction de multiples
La démarche consiste à faire évoluer ces procédures pour les amener à une forme aussi proche que possible de la technique usuelle. Les calculs doivent garder un sens dans la situation.

Partage de 5 205 pierres précieuses entre 17 pirates :

Calcul non optimal

5 205	17
− 1 700	100
3 505	
− 3 400	+ 200
105	
− 85	+ 5
20	
− 17	+ 1
3	306

Calcul optimal

5 205	17
− 5 100	300
105	
− 102	+ 6
3	306

Dans la version la plus élaborée, les distributions partielles sont optimisées (dans chaque ordre d'unité). Pour faire les meilleurs choix, on recourt à un répertoire (ici de 17 ; par exemple 300 x 17, car 3 x 17 = 51 ou 6 x 17 = 102) et à une estimation préalable du nombre de chiffres du quotient.

Dans cette approche, deux difficultés se présentent : se séparer du répertoire et se rapprocher de la technique usuelle dont la forme est quelque peu différente :

5 205	17
− 51	306
105	
− 102	
3	

En dehors du fait qu'on peut s'interroger sur la nécessité d'arriver à la forme usuelle, il y a une distance beaucoup plus grande qu'on ne le croit entre ces deux organisations de calcul.

Voici quelques différences.

Soustraction de multiples	Algorithme usuel
Structuration *a priori* du quotient (ordre de grandeur)	Structuration du dividende (en 52, combien de fois 17 ?)
Le quotient est un nombre (ex. : 300)	Le quotient apparaît comme une succession de chiffres (ex. : 3)
Répertoire partiel ou approximation	Prévision codifiée du premier chiffre à essayer (au quotient)
Un reste < 17 entraîne l'arrêt de la procédure (et du partage)	Un reste partiel doit toujours être inférieur à 17 (ex. : reste 1, mais c'est une centaine) L'algorithme doit se poursuivre jusqu'à ce que tous les chiffres soient abaissés

Nous déduisons de ces remarques, et de notre expérience, que l'aspect constructif de la méthode 1 est souvent contredit par des « trucs de calculs » imposés par l'enseignant pour arriver à la forme usuelle.

Nous ne chercherons pas à codifier la démarche au point d'obtenir, au CM1, la forme définitive de la technique usuelle ; mais nous amènerons l'élève à gérer de manière optimale les soustractions de multiples. Il n'apprend donc pas, au sens strict, un algorithme mais met en œuvre un « plan de calcul stéréotypé » suffisant dans la pratique courante.

Méthode 2 : Partage d'une quantité exprimée sous forme d'un « nombre complexe »
Ainsi, nous rappelons maintenant une méthode classique, permettant d'élaborer l'algorithme usuel de manière directe.

Lors d'un partage équitable de 5 205 pièces d'or entre 17 pirates, au lieu de contenir 5 205 « pièces de 1 » (u), le trésor est composé de 5 « billets de 1 000 » (m), 2 « billets de 100 » (c), 0 « pièce de 10 » (d), 5 « pièces de 1 » (u).
La valeur du trésor étant représentée par un « nombre complexe » (comme la numération nous y invite), cela permet un traitement distinct des différentes unités, dans l'ordre décroissant : partager les mille, les centaines, les dizaines puis les unités.

Esquissons la démarche : on ne peut donner un « billet de 1 000 » à chacun, on fait de la monnaie en « billets de 100 », on dispose donc de 52 centaines que l'on partage entre 17, d'où 3 centaines à chacun, reste 1 centaine, etc. On arrive à :

(m)	(c)	(d)	(u)	
5	2	0	5	17
5	1			3 (c)
	1	0	5	0 (d)
	1	0	2	6 (u)
			3	

Pour des propositions de mise en œuvre de cette méthode, voir notre ouvrage consacré au CM2.

3.5 Résoudre des problèmes complexes mettant en jeu différentes opérations dont multiplication et division

Il est rare que l'on puisse résoudre un problème numérique à l'aide d'une seule opération arithmétique. Fréquemment la difficulté consiste à définir un plan de résolution comportant plusieurs étapes. Mais l'élève est souvent handicapé par le faible degré d'automatisation des composantes d'un raisonnement complet.

Les problèmes de recherche d'une quatrième proportionnelle en sont un exemple. Connaissant le poids de 4 dictionnaires, quel serait le poids de 14 dictionnaires ?

Le retour à l'unité n'est entrepris que si la possibilité d'inférer le poids d'un dictionnaire, puis de 14, est anticipée. Sinon l'élève cherche à passer de 4 à 14 ; faute de concevoir le rapport 3,5 (il faut prendre 3 fois et demie 4 pour faire 14), il procède additivement : 14 = 4 + 4 + 4 + 2 (2 = 4 : 2) donc le poids de 14 dictionnaires est 10 + 10 + 10 + 5 (5 = 10 : 2).

La résolution de PROBLÈMES COMPLEXES, échelonnée sur les périodes 3 à 5, doit être l'occasion d'identifier des sous-problèmes de multiplication et de division qui constituent des unités de raisonnement transposables d'un problème à l'autre.

On peut résumer ainsi les « schémas » qui doivent être mis en évidence.

Multiplication	Division
1 → b *n* → ? Si on connaît la valeur pour 1, on connaît la valeur pour *n*. *n* fois plus (*n* entier)	n → c 1 → ? Si on connaît la valeur pour *n*, on connaît la valeur pour 1. *n* fois moins (*n* entier)
	Aspect Rapport 1 → *b* ? → *c* (*b* < *c*) Si *b* < *c*, on peut trouver combien de fois *b* dans *c*. Combien de fois ?

En fin de CM1, nous souhaitons donc que l'élève soit capable de choisir, en fonction des différentes situations de division, la procédure la plus pertinente et la plus appropriée, plutôt que de recourir au plus vite à l'algorithme classique.

4. PROBLÈME DE LA PROPORTIONNALITÉ

Outre les considérations sur les divers aspects de la proportionnalité et sur les difficultés que rencontrent les élèves dans son apprentissage, les choix effectués pour son étude au CM sont guidés par l'interprétation que nous faisons des programmes de l'école primaire et du collège.

Les programmes des différentes classes du collège prévoient une étude systématique de la proportionnalité et de ses applications, avec la mise en place progressive de compétences générales (par exemple, pour appliquer un taux de pourcentage en sixième, calculer un pourcentage ou un coefficient de proportionnalité et utiliser la proportionnalité entre temps et distance parcourue dans le cas d'un mouvement uniforme en cinquième, utiliser l'égalité $d = vt$ en quatrième...). Celles-ci se substitueront aux procédures locales et personnelles utilisées auparavant par les élèves. L'étude de la fonction linéaire (cas particulier de fonction affine), en fin de collège, fournira un cadre algébrique pour le traitement des problèmes de proportionnalité.

À l'école primaire, on n'enseigne donc pas de façon systématique la proportionnalité. Les élèves sont confrontés à des problèmes variés dont la résolution met en jeu divers aspects de la proportionnalité.

4.1 Priorité au raisonnement contextualisé et verbalisé

Il s'agit donc de faire fonctionner la proportionnalité comme « outil », sans l'étudier pour elle-même, et, par conséquent, d'amener les élèves à utiliser des raisonnements qui mettent en œuvre implicitement différents aspects de la proportionnalité, en s'appuyant sur le sens donné à la situation traitée, raisonnements qui gagneront pour cela à être verbalisés plutôt que formalisés.

Ainsi l'idée de « fois plus » ou « fois moins » est ici importante (comme dans la situation LE PRIX DES MORILLES : « Si j'achète trois fois plus de morilles, je paierai trois fois plus cher... ») : elle marque l'utilisation « en acte » de l'aspect multiplicatif de la linéarité. Associée à l'aspect additif de la linéarité (utilisé également en relation avec la sémantique de la situation), elle permet le traitement de nombreux problèmes. Dans la même situation LE PRIX DES MORILLES, proposée au CM1, où est donné le prix de 100 g de morilles, les élèves peuvent par exemple chercher le prix de 375 g de morilles, en calculant successivement le prix de 300 g (trois fois plus que 100 g), celui de 50 g (la moitié du prix de 100 g), de 25 g (la moitié du précédent) et enfin additionner les trois prix obtenus.

Le coefficient de proportionnalité peut lui aussi être utilisé, lorsqu'il a du sens dans le contexte de la situation choisie (relations entre grandeurs de même nature, par exemple) : situations de mélange (« 10 g de sucre pour 20 g de beurre » peut, dans la situation RECETTES, inciter à utiliser le fait que la masse de sucre est moitié de celle du beurre).

Avant tout, ce sont les procédures personnelles qui sont favorisées, celles qui correspondent à l'interprétation que chaque élève fait de la situation. Le choix des valeurs attribuées aux principales variables des situations permet à l'enseignant de favoriser le recours à telle ou telle procédure. On notera l'importance du calcul mental : la perception rapide des relations entre les nombres permet une mise en évidence plus sûre des relations entre grandeurs.

Au CM1, les élèves sont ainsi confrontés à des situations qui, pour leur traitement, ne nécessitent que l'utilisation de rapports simples entre les nombres: rapports entiers (exprimables par « *n* fois plus » ou « *n* fois moins ») ou rapports fractionnaires simples (du type « moitié de » ou « quart de »...).
Au CM2, une procédure plus générale, qui permet de se tirer d'affaire quels que soient les nombres, sera envisagée lorsque le « bricolage » ne fonctionne plus. Il s'agit du passage par l'unité, qui est un cas particulier de l'utilisation des propriétés de linéarité. Ainsi pour calculer le prix de 237 g de morilles connaissant le prix de 100 g, il peut être utile de chercher le prix de 1 g. Cette procédure ne doit cependant pas être introduite trop précocement, notamment dans les situations (comme celle qui est évoquée ici) où l'image de l'unité n'a pas réellement de sens dans le contexte évoqué.

Dans la perspective choisie, les procédures qui ne correspondent pas à des raisonnements possibles dans le contexte des situations travaillées sont évitées. Elles risquent de conduire les élèves à ces « automatismes » justement dénoncés par Stella Baruk dans plusieurs de ses ouvrages. Il appartient au collège d'enseigner des procédures générales, utilisables quels que soient les types de nombres envisagés.

4.2 Attention aux formalisations trop précoces...

On entend ici par formalisation, la synthèse d'une notion sous forme de mots spécifiques (proportionnalité par exemple), de signes, de schémas ou de représentations.

Dans la mesure où, au CM, on vise principalement une pratique de la proportionnalité qui permettra de mieux la définir plus tard, le terme même de « proportionnalité » ne sera éventuellement introduit que tardivement, au CM2, pour qualifier des situations dans lesquelles certains types de raisonnements peuvent être utilisés. Des situations de non proportionnalité sont, bien entendu, à étudier en parallèle.

Le recours au tableau est fréquent dans le traitement de situations de proportionnalité. Parfois, il est même, pour les élèves, un déclencheur pour la mise en route de certaines procédures (à bon ou à mauvais escient), en particulier lorsque la situation est déjà proposée sous cette forme. L'élève fait alors l'économie du raisonnement qui conduit à la solution. Pourtant, des investigations faites par une équipe de l'INRP, en sixième, montrent que, spontanément, les élèves ont rarement recours à la mise en tableau des données pour traiter des situations de proportionnalité. Ils préfèrent décrire, par des mots ordinaires, éventuellement agrémentés de signes personnels (traits, flèches...), les raisonnements qu'ils conduisent. Il convient par conséquent d'être vigilant quant à l'utilisation systématique du fameux tableau de proportionnalité. Nous ne cherchons donc pas à le faire utiliser systématiquement par les élèves et privilégions toujours les solutions personnalisées mais sans nous interdire, au moment d'une synthèse par exemple, de traduire sous cette forme les différentes étapes du raisonnement d'un élève.

Les graphiques utilisant des coordonnées entières constituent un autre mode de représentation de la fonction associée à une situation de proportionnalité. La maîtrise de telles représentations suppose des compétences complexes: graduations des axes, repérage vertical-horizontal, interprétation des points comme couples de nombres, interprétation des pentes des droites et des changements de pentes, signification à attribuer ou non à tous les points des droites... Ces compétences ne sont globalement guère en place avant la fin du collège. Il convient donc de faire un usage modéré et prudent de telles représentations. Les élèves peuvent être mis en situation de lire et d'interpréter des représentations graphiques, ils peuvent constater l'alignement des points dans le cas de la proportionnalité, mais cette propriété est d'usage limité (car très coûteuse) et ne pourra être justifiée que tardivement, lors de l'étude de la fonction affine et de la fonction linéaire, en troisième.

4.3 Pourcentages et échelles

Les notions de pourcentage, d'échelle, de vitesse moyenne n'ont pas à faire l'objet d'une étude systématique à l'école primaire. Comme nous l'avons souligné précédemment (page 204), elles sont conceptuellement difficiles et leur compréhension suppose déjà une bonne maîtrise de la proportionnalité, dont elles sont plutôt des notions dérivées.

Des situations mettant en jeu ces notions peuvent cependant être envisagées, dans des cas particuliers simples, à l'école primaire. Les problèmes correspondants sont alors résolus en référence au sens de ces notions, qu'ils permettent dans le même temps de préciser par les mêmes types de raisonnement que les autres situations de proportionnalité. Voici un exemple, dans le cas des pourcentages.
« Un objet coûte 350 € et subit une réduction de 20 %. »
Pour calculer la réduction, les élèves peuvent utiliser un raisonnement du type suivant, qui s'appuie sur le sens donné à l'expression littérale « 20 pour 100 » :
– pour 100 €, la baisse est de 20 € ;
– pour 300 €, elle est donc de 60 € (trois fois plus) ;
– pour 50 €, elle est de 10 € (la moitié) ;
– donc pour 350 €, elle est de 70 € (60 € plus 10 €).

La procédure standard pour calculer le montant de la baisse sera enseignée en sixième (pour prendre 20 % de 350, on calcule 350 x 0,20) et plus tard, en troisième, les élèves trouveront directement le nouveau prix (en calculant 350 x 0,80).

Ces types de situations sont proposés au CM2, dans des cas où le calcul mental permet de contrôler les différentes étapes du raisonnement. Aucune technique spécifique n'est donc mise en place à l'école primaire.

En revanche, il est essentiel, pour préparer le travail du collège, que les élèves aient donné du sens à des expressions comme :
– pour les pourcentages, 20 % (« 20 pour 100 »), cela veut dire : « 20 chaque fois qu'il y a 100 » ;
– pour les vitesses, 20 km/h » (« 20 km/heure »), cela veut dire : « 20 km pour chaque heure » ;
– pour les échelles, 20/100 (« 20 centièmes »), cela veut dire : « 20 cm sur le papier chaque fois qu'il y a 100 cm dans la réalité ».

En particulier, l'intérêt des pourcentages sera mis en évidence en comparant la part de sous-populations dans des populations différentes (« Y a-t-il plus de garçons dans cette école de 250 élèves avec 100 garçons ou dans cette autre école de 400 élèves avec 152 garçons ? »). Il est alors utile de se ramener à un référent commun, de faire comme si chaque école avait le même nombre d'élèves... et le référent 100 est souvent utilisé (par convention), car commode pour se représenter mentalement les proportions.

PLANNING THÈME 4 : CHAMP MULTIPLICATIF

	Période 1	Période 2	Période 3	Période 4	Période 5
Module 1 Multiplication Division	*Utiliser la multiplication dans un contexte de produits de mesure ; produit de trois facteurs* • La boîte de sucres p. 233 (1 séance) *Retrouver les règles de calcul, reconstruire la technique* • Calculs sur les produits p. 235 (2 séances) • Fabriquer des produits p. 239 (2 séances)	*Calculer des produits* • Multiplication égyptienne p. 242 (1 séance) *Résoudre un problème de division de type « Combien de fois » par addition de multiples* • Le jeu de la cible p. 243 (4 séances)	*Découvrir la division euclidienne avec la calculatrice* • La touche [touche] de la calculatrice p. 246 (3 séances) *Résoudre des problèmes complexes* • Problèmes complexes p. 255 (1 séance)	*Résoudre un problème de division de type « Combien à chaque fois » par soustraction de multiples* • Le partage du trésor p. 249 (3 séances) *Résoudre des problèmes complexes* • Problèmes complexes p. 255 (1 séance)	*Calculer quotient et reste en optimisant les calculs* • Vers l'algorithme de la division p. 253 (3 séances) *Résoudre des problèmes complexes* • Problèmes complexes p. 255 (1 séance)
Module 2 Proportionnalité	*Utiliser des rapports internes entre les nombres pour compléter une graduation* • Graduations p. 260 (3 séances)	*Utiliser des procédures relevant de la linéarité dans une situation « matérielle »* • Bandes colorées p. 265 (3 séances)	*Utiliser des procédures relevant de la linéarité dans un contexte quantité/ prix* • Le prix des morilles p. 275 (2 séances)	*Utiliser des procédures relevant de la linéarité dans un contexte quantité/ prix* • Les fromages p. 277 (1 séance) *Utiliser un rapport (coefficient) entre deux grandeurs* • Recettes p. 280 (2 séances)	*Rencontrer la proportionnalité dans une situation de comparaison (proportions)* • Sirop p. 284 (1 séance)

Module 1

Problèmes de multiplication et de division

Objectifs du module

- Réinstaller le sens de la multiplication dans les entiers comme lié à un « produit de mesures ».
- Utiliser un produit de deux nombres pour trouver le nombre d'éléments d'une configuration rectangulaire.
- Utiliser un produit de trois nombres comme traduisant deux multiplications successives ou dans le cas du remplissage d'un volume parallélépipédique par des pavés.
- Calculer des produits par calcul réfléchi (en cours d'acquisition) :
  - trouver différentes décompositions d'un nombre comme produit de plusieurs facteurs ;
  - décomposer ou recomposer un produit pour l'effectuer plus facilement ;
  - utiliser la « règle des zéros »... ;
  - connaître des produits particuliers (notamment les tables de multiplication) ;
  - décomposer un produit selon un de ses facteurs.
- Reconstruire la technique opératoire de la multiplication.
- Résoudre des problèmes de division par calcul réfléchi en faisant intervenir des multiples de 10, 100... fois le diviseur :
  - par additions de multiples du diviseur ;
  - par soustractions de multiples du diviseur ;
  - par décomposition du dividende en nombres « faciles à diviser ».
- Connaître une nouvelle opération : la division (euclidienne), et la signification de quotient et reste.
- Reconnaître une situation de division dans deux contextes : recherche du « nombre de fois » ou « situation de partage ».
- Optimiser les procédures par soustraction de multiples pour résoudre les problèmes de division (sans arriver toutefois à la technique usuelle).

Activités

1. La boîte de sucres (période 1)

> DESCRIPTION RAPIDE

Il s'agit de trouver combien il y a de morceaux de sucre dans une boîte de 1 kg de sucre (configuration 14 x 4 x 3) et d'examiner d'autres configurations des sucres.

> OBJECTIFS SPÉCIFIQUES

- Donner du sens à l'écriture *a* x *b* comme « produit de mesures ».
- Donner du sens à (*a* x *b*) x *c* comme scénario de calcul dans lequel on effectue d'abord *a* x *b* = *d* puis *d* x *c*.
- Savoir utiliser un produit pour déterminer le nombre d'éléments d'une configuration rectangulaire.
- Savoir utiliser un produit de trois facteurs dans le cas du remplissage d'un volume parallélépipédique par des pavés.
- Savoir trouver différentes décompositions d'un même nombre en produits de deux, trois... facteurs.

DÉROULEMENT

Première phase Nombre de sucres contenus dans une boîte de sucres

> MATÉRIEL

Une boîte de sucres pleine n° 4 de 1 kg (3 x 4 x 14 sucres).

Étape 1 : Présentation collective

La boîte de sucres est posée, fermée, sur le bureau.

Consigne : « Vous allez devoir trouver combien il y a de sucres dans la boîte que j'ai posée sur le bureau. Commencez par me demander les informations dont vous pensez avoir besoin pour répondre. Je ne répondrai qu'à certaines questions mais pas à d'autres, même si elles sont intéressantes. »

Exemples de questions posées par les élèves :
« Combien y a-t-il de sucres sur un étage et combien y a-t-il d'étages ? »
« Combien y a-t-il de sucres en longueur et en largeur et combien d'étages ? »
« Combien pèse un morceau de sucre ? » (Cette piste de travail ne sera pas exploitée.)
« La hauteur, la largeur et la longueur de la boîte et d'un sucre. »

Le maître ne répond qu'aux questions concernant le nombre de sucres sur chaque dimension de la boîte (il ne répond pas à des questions sur le nombre de sucres par étage ou le poids d'un sucre...).

Étape 2 : Recherche

La recherche individuelle commence lorsque les informations pertinentes ont été mises en évidence.
Les données « 3 étages, 14 en longueur, 4 en largeur » sont écrites au tableau. Puis, par groupes de deux, les élèves élaborent leur solution.

Les élèves enchaînent souvent les calculs, par exemple 14 x 3 = 42 puis 42 x 4 = 168, mais n'écrivent jamais d'emblée un produit de 3 facteurs.
Les erreurs les plus fréquentes consistent à ne prendre en compte que deux dimensions (à proposer 56 = 14 x 4 comme réponse, par exemple) ou à combiner des calculs pertinents, comme 14 x 4 = 56, 56 x 3 = 168, et d'autres qui ne le sont pas comme 168 + 56 = 224.

Étape 3 : Mise en commun

Le maître s'attache à :
– faire interpréter (et valider) géométriquement les calculs en s'aidant éventuellement de représentations.

Par exemple : 14 x 4 s'interprète comme le nombre de sucres sur un étage lorsque la boîte est posée « normalement », il faut ensuite multiplier le résultat par 3 car il y a 3 étages.
D'autres calculs, tels que 3 x 4 = 12 suivi de 12 x 14 seront aussi envisagés et interprétés.
Des successions erronées de calculs telles que : 14 x 4 = 56, 14 x 3 = 42, 4 x 3 = 12, 56 + 42 + 12 = 110 sont examinées et critiquées.

– faire passer des deux écritures, par exemple 3 x 4 = 12 et 12 x 14 = 168, à une unique écriture parenthésée (3 x 4) x 14 interprétée en termes d'étages ou de couches.
On peut par exemple demander comment écrire « en ligne » ce qu'il faut faire avec les nombres 3, 4, 14 pour obtenir 168.
Écrire (3 x 4) x 14 signifie que l'on considère d'abord le produit 3 x 4 puis le produit par 14.
Les points concernant l'ordre des facteurs, la place des parenthèses et leur utilité sont discutés en référence à la situation Boîte de sucres (3 x (4 x 14) peut s'interpréter comme 3 étages de 4 sur 14) mais aussi au « calcul » avec aide de la calculette.

Deuxième phase
Vérification de configurations

Étape 1 : Recherche individuelle

Consigne : « Nous venons de trouver le nombre de sucres qu'il y a dans la boîte, il y en a 168. Ces sucres pourraient peut-être être rangés autrement. Pourrait-on ranger les 168 sucres contenus dans cette boîte de manière à avoir :
(a) 6 sur 7 sur 4 ?
(b) 7 sur 8 sur 5 ? »

On évitera de donner une formulation telle que 6 étages de 7 sur 4 qui induirait un calcul particulier, on cherche au contraire à obtenir différents types de calcul.
Prolongements (pour les élèves les plus rapides) :
(c) « Peut-on avoir des étages de 7 sur 3, de 12 sur 14 ? »
(d) « Trouvez d'autres rangements possibles des sucres. »

Étape 2 : Mise en commun

Le maître s'attache à faire apparaître :
– qu'il suffit d'effectuer les produits tels que 6 x (7 x 4), (7 x 8) x 5 et de comparer les résultats avec 168 ;
– que les organisations de calculs correspondant à (6 x 7) x 4, 6 x (7 x 4), (6 x 4) x 7, etc. aboutissent au même résultat.
Ceci conduit à la possibilité d'enlever les parenthèses, de permuter l'ordre des facteurs dans un produit, de replacer les parenthèses d'une autre manière si on le désire.

2. Calculs sur les produits (période 1)

> DESCRIPTION RAPIDE

Trouver les décompositions multiplicatives d'un nombre donné.

> OBJECTIFS SPÉCIFIQUES

– Savoir calculer des produits de 3 facteurs ou plus.
– Savoir décomposer ou recomposer un produit de facteurs pour l'évaluer plus facilement.
– Savoir rechercher un ou plusieurs facteurs inconnus d'un produit.
– Connaître la règle des zéros (règle du décalage).
– Connaître quelques produits particuliers : 25 x 4 = 100, 50 x 2 = 100…

THÈME 4

DÉROULEMENT

Première phase
Trouver les diviseurs de 100

Module 1

Étape 1 : Présentation et recherche collective

100 est écrit en haut du tableau. En dessous, deux colonnes sont tracées. Le maître amorce une liste en écrivant : 2, 10, 25 dans la colonne de gauche.

100	
Acceptés	Refusés
2	
10	
25	

Il précise: « J'ai choisi des nombres, pas n'importe comment par rapport à 100, à vous de deviner comment je les ai choisis. Vous allez proposer de nouveaux nombres, je vous dirai s'ils conviennent ou non. »

Par exemple: 15 est refusé; 20, accepté... Le maître accepte un nombre s'il divise 100 (1 et 100 sont acceptés).

Chaque nombre proposé par les élèves est écrit au tableau dans la colonne des nombres acceptés ou refusés.

Étape 2: Formulation collective

Quand tous les diviseurs de 100 sont découverts (1, 2, 4, 5, 10, 20, 25, 50, 100) à l'exception peut-être de 1 et de 100, le maître demande de formuler une règle.

Les règles proposées sont discutées collectivement.
Exemples: « ce sont les nombres pour lesquels on peut faire 100 avec une multiplication », « tous ces nombres peuvent se multiplier entre eux pour faire 100 ». Les expressions additives « 50 + 50 = 100, 10 + 10 + 10... » doivent être reformulées sous forme multiplicative.

Deuxième phase
Décomposer 100 en produit de facteurs

L'activité est organisée sous forme d'un jeu par deux.

Étape 1: Présentation

Les diviseurs de 100 sont écrits au tableau.

Consigne: « Par groupes de deux, vous allez écrire avec les nombres inscrits au tableau le plus possible de produits qui font 100. Un même nombre peut être utilisé plusieurs fois mais il ne faut utiliser ni 1 ni 100 (le maître barre 1 et 100). Chaque produit correct rapporte 1 point. »

Pour faciliter la compréhension de la consigne, le maître demande à deux élèves de proposer chacun un produit; si aucun ne propose un produit de trois nombres, il en propose un lui-même, par exemple 2 x 2 x 25.

Étape 2: Recherche et mise en commun

La recherche par groupes de deux est courte. Au bout de cinq minutes environ, le maître organise au tableau les réponses des élèves en 3 colonnes. On obtient, à l'ordre près:

100 = • × •	100 = • × • × •	100 = • × • × • × •
10 × 10	4 × 5 × 5	2 × 5 × 2 × 5
4 × 25	2 × 2 × 25	
2 × 50	2 × 5 × 10	
20 × 5		

Il demande ensuite aux élèves de faire des remarques à partir du tableau constitué.

On attend que les élèves remarquent que l'on peut obtenir :
– une décomposition de trois facteurs à partir d'une de deux en « décomposant » (2 x 50 permet d'obtenir 2 x 10 x 5 ou 2 x 2 x 25 en décomposant 50) ;
– ou au contraire une décomposition plus courte en « composant » certains facteurs (2 x 5 x 10 en « regroupant » 2 x 5 dans 2 x 5 x 2 x 5).
Ces transformations n'exigent pas l'effectuation complète du produit, elles peuvent être soulignées par des flèches entre les colonnes.
Mais les élèves tentent parfois d'utiliser des nombres qui proviennent de décompositions additives. Par exemple, à partir de 100 = 10 x 10, ils proposent 100 = 10 x 5 x 5 (car 10 c'est 5 et 5).

Remarque concernant l'ordre des facteurs
Dans le décompte des points, l'ordre des facteurs intervient-il ? Faut-il distinguer les 3 décompositions 2 x 2 x 5, 2 x 5 x 2, 5 x 2 x 2 ?
Nous pensons que oui, au moins dans un premier temps de manière à évoquer la commutativité. Par la suite, on décidera de confondre des propositions qui ne diffèrent que par l'ordre des facteurs, de manière à ne pas engager les élèves dans des recherches purement combinatoires.

Étape 3 : Reprise avec d'autres nombres
L'activité est reprise avec d'autres nombres, par exemple 60, 120, 48, 72, 150...
Au lieu de fournir la liste des diviseurs du nombre choisi, le maître commence par demander de trouver les « nombres que l'on pourra multiplier entre eux pour obtenir 72 » (par exemple).
Faire examiner et vérifier les propositions.

On observe des erreurs telles que :
72 = 7 x 10 x 2 (72 = 70 + 2) ou 72 = 9 x 8 = 9 x 4 x 4

Dans ces reprises, on ne distingue plus des décompositions qui ne diffèrent que par l'ordre des facteurs.

Troisième phase
Transformer une écriture multiplicative sans en modifier la « valeur »

> MATÉRIEL
Une 1/2 feuille 21 x 29,7 par élève.

Étape 1 : Recherche individuelle
Tous les élèves reçoivent le même nombre, par exemple 100, et l'écrivent en haut de la feuille.
Puis chacun cherche et écrit en colonne des décompositions multiplicatives de plus en plus longues.
L'élève arrête lorsqu'il estime ne plus pouvoir obtenir une écriture plus longue.
Il plie alors la feuille de manière à ne plus laisser apparente que l'ultime décomposition.

Les feuilles sont ensuite échangées entre voisins pour vérifier que la décomposition correspond bien au nombre initial.

Exemple :

100

50 x 2

5 x 10 x 2 arrêt

Le « vérificateur » calcule 5 x 10 x 2 et constate que cela fait bien 100. La proposition est donc recevable.

Étape 2 : Mise en commun et bilan

Enfin, les différentes décompositions recevables sont recensées collectivement, ainsi que les écritures intermédiaires qui ont permis de les obtenir. Au terme de ce bilan, certaines décompositions pourront paraître « inachevées ».

L'exemple de 100 est d'abord traité collectivement. Proposer ensuite cette même activité avec 120, 48, 96, 64 et 72.

Quatrième phase
Rétablir la règle des zéros

Consigne : « Entourez tous les produits qui sont égaux à 1800 (ou barrez tous ceux qui ne sont pas égaux à 1 800).

30 x 60	3 x 60 x 100	30 x 6 x 10	25 x 18 x 4
18 x 100	300 x 6	60 x 3 x 10	2 x 9 x 10
10 x 10 x 18	20 x 90	180 x 10	45 x 10 x 4
6 x 10 x 3	3 x 6 x 100	200 x 90	90 x 5 x 4
50 x 18 x 2	36 x 10 x 5 »		

La synthèse doit permettre d'expliciter et de rappeler la « règle des zéros ».

Cinquième phase
Calcul de produits

Consigne : « Cherchez à calculer le plus facilement possible les produits suivants (sans poser les opérations) :

2 x 7 x 5

4 x 10 x 8

3 x 100 x 9

50 x 7 x 2

4 x 9 x 25

5 x 17 x 20

7 x 8 x 25 »

Dans le bilan, les différents calculs possibles sont comparés. Par exemple pour 2 x 7 x 5, on peut calculer 14 x 5 ou 2 x 35 ou 7 x 10 ; la dernière méthode est la plus directe.

3. Fabriquer des produits (période 1)

> DESCRIPTION RAPIDE

Calculer un produit A x B, connaissant quelques multiples de B qui font partie d'un répertoire restreint.

> OBJECTIFS SPÉCIFIQUES

– Savoir calculer un produit à l'aide d'une table, par utilisation de la règle des zéros et de la linéarité des opérateurs : *n* → *n* fois B.
– Connaître la technique opératoire de la multiplication et savoir interpréter les termes qui figurent dans l'algorithme comme des produits partiels.

DÉROULEMENT

Première phase
Enrichir des répertoires de base

> MATÉRIEL

Répertoires de 35, 68 et 136 (*cf.* page suivante).

Étape 1 : Présentation collective (calcul mental)

Le maître écrit au tableau quelques résultats de la table de 12 (ou de 15...), par exemple 3 x 12 = 36, 5 x 12 = 60, 9 x 12 = 108.

Consigne : « Calculez mentalement 8 x 12, 15 x 12, 7 x 12, 17 x 12... en utilisant au mieux les résultats donnés. »

On attend des élèves qu'ils utilisent la linéarité de *n* → *n* fois 12 (par exemple 8 fois 12 = (5 fois 12) + (3 fois 12)) ou calculent éventuellement de proche en proche (17 fois 12 = (15 fois 12) + 12 + 12) [21].

Étape 2 : Recherche individuelle (calcul à partir des répertoires)

Le maître donne et fait commenter les répertoires par les élèves (voir page suivante).

Consigne : « Calculez les résultats manquants seulement pour les produits proposés sur la feuille. Les calculs doivent être faits sans poser la multiplication, ni par écrit ni dans sa tête, mais en cherchant à utiliser au mieux les résultats donnés ou déjà obtenus. Écrivez les calculs réalisés. »

21. Nous écrivons par exemple « 17 fois 12 » pour rendre compte de la manière dont le calcul est oralisé mais, lors du bilan, ceci est transcrit au tableau par des écritures multiplicatives.

Répertoires de 35, 68 et 136

1 x 35 = 35	10 x 35 =	100 x 35 =
2 x 35 = 70	20 x 35 =	200 x 35 =
4 x 35 = 140	40 x 35 =	400 x 35 =
6 x 35 =	60 x 35 =	600 x 35 =
8 x 35 =	80 x 35 =	800 x 35 =
	90 x 35 =	900 x 35 =

1 x 68 = 68	10 x 68 =	100 x 68 =
2 x 68 = 136	20 x 68 =	200 x 68 =
4 x 68 =	40 x 68 =	400 x 68 =
	60 x 68 =	600 x 68 =
8 x 68	80 x 68 =	800 x 68 =
	90 x 68 =	900 x 68 =

1 x 136 = 136	10 x 136 =	100 x 136 =
2 x 136 = 272		200 x 136 =
3 x 136 = 408	30 x 136 =	
	40 x 136 =	400 x 136 =
5 x 136 =		500 x 136 =
	60 x 136 =	600 x 136 =
7 x 136 =	70 x 136 =	
8 x 136 =	80 x 136 =	800 x 136 =
	90 x 136 =	

Étape 3 : Mise en commun

Elle permet d'expliciter et de confronter les modes de calcul et de vérifier les résultats.

Par exemple :
6 x 35 = (4 x 35) + (2 x 35) (additivité)
20 x 35 = (10 x 35) + (10 x 35) (doublement)
40 x 35 = (4 x 35) x 10 (règle des zéros), 4 x 35 étant connu (colonne des unités)

On distinguera les raisonnements internes à une même colonne, qui sont plutôt additifs, et les « passages horizontaux d'une colonne à l'autre » qui sont multiplicatifs et mettent en jeu la règle des zéros (revue dans l'activité précédente).

Deuxième phase
Utiliser les répertoires pour calculer de nouveaux produits

Étape 1 : Travail individuel

Consigne : « Chacun calcule 46 x 35 et 84 x 68 à l'aide des répertoires. Attention ! Il est interdit de poser la multiplication. »

Étape 2 : Mise en commun

On fait expliciter les modes de calcul à partir de quelques productions.

On obtient souvent des calculs en colonnes, par exemple :

84 x 68

$$\begin{array}{r} 80 \times 68 = 5\,440 \\ 4 \times 68 = \underline{272} \\ 5712 \end{array}$$

Étape 3 : Reprise avec 268 x 35 et 235 x 136

Remarque : il convient de ne proposer que des calculs mettant en jeu des produits partiels figurant dans les tableaux, sinon il est nécessaire de préciser qu'on peut les compléter.

Troisième phase
Retour sur la technique opératoire de la multiplication

Étape 1 : Recherche individuelle

Consigne : « Calculez le produit 63 x 136 de deux manières :
– en utilisant le répertoire de 136 ;
– en posant l'opération comme cela a été fait au CE2.
Comparez ensuite les résultats obtenus. »

Compte tenu des activités précédentes, les élèves sont capables de mener à bien la première méthode qui consiste à combiner des produits partiels tirés de la table. Par contre, la mise en œuvre de l'algorithme peut se révéler problématique. Le but de l'activité est que les élèves prennent conscience du fait que les deux méthodes, *a priori* distinctes, mettent en jeu les mêmes nombres, les mêmes calculs, et sont en fin de compte identiques.

Étape 2 : Mise en commun

Le maître s'attache à faire apparaître la similitude des deux calculs (cela suppose que quelques élèves sachent mener à bien la technique opératoire) :

Répertoire

$$\begin{array}{r} 3 \times 136 = 408 \\ 60 \times 136 = \underline{8\,160} \\ 8\,568 \end{array}$$

Technique

$$\begin{array}{r} 136 \\ \underline{\times\ 63} \\ 408 \\ \underline{8\,160} \\ 8\,568 \end{array}$$

THÈME 4

Module 1

Il fait remarquer qu'à la différence de la première méthode, la technique n'exige pas le recours à un répertoire étendu, mais exige la connaissance des tables.

Étape 3 : Prolongement

De manière collective, le maître demande aux enfants de rappeler la manière de mener le calcul lorsqu'on ne dispose pas d'un répertoire adéquat.

« Dans la première ligne, on calcule 3 x 136... »
« Pour 60 x 136, on écrit un zéro (référence à la règle des zéros revue en phase 1 comme moyen de calculer 60 x 136 à partir de 6 x 136), puis on effectue 6 x 136. »

Étape 4 : Entraînement

Quelques exercices de calcul de produits sont proposés individuellement.
Exemple : 43 x 74, 56 x 287... (Ne plus prendre les facteurs 35, 68 ou 136.)

4. Multiplication égyptienne (période 2)

> DESCRIPTION RAPIDE

Reprise de l'activité FABRIQUER DES PRODUITS sous une forme quelque peu différente. Il s'agit de trouver comment calculer n'importe quel produit en utilisant les produits de l'un des facteurs par 1, 2, 4 et 8 et 10.

> OBJECTIF SPÉCIFIQUE

Réinvestir certaines propriétés de la multiplication étudiées en période 1 (règle des zéros, distributivité, associativité).

DÉROULEMENT

Première phase
Compléter un répertoire

Consigne : « Complétez individuellement :

58 x 1 =
58 x 2 =
58 x 4 =
58 x 8 =
58 x 10 = »

Le maître fait échanger sur les méthodes utilisées ; remarques sur le fait que jusqu'à 8 fois, on peut doubler.

Deuxième phase
Calcul de produits

Étape 1 : Travail individuel

Consigne : « Utilisez le répertoire précédent pour calculer les produits suivants, sans calculette et sans poser de multiplication écrite, mais en gardant la trace écrite de tous les calculs faits :

1. 58 x 5 **2.** 58 x 7 **3.** 58 x 12 »

Étape 2 : Travail par groupes de deux

Consigne : « Confrontez vos résultats et vos méthodes avec votre voisin, puis cherchez ensemble les résultats des produits suivants :

4. 58 x 17 **5.** 58 x 28 **6.** 58 x 43 »

Étape 3 : Mise en commun

Le maître recense les méthodes et les formulations sous diverses formes :
– description « orale » : « pour 17 fois 58, il faut 16 fois 58 (8 fois plus 8 fois, ou 2 fois 8 fois) et 1 fois 58 » ;
– suites de calcul : pour 58 x 28 :
58 x 20 = 1 160 (d'après 58 x 2 = 116) et 58 x 8 = 464 puis 1 160 + 464 = 1 624 ;
– arbres ;
– écritures parenthésées : 58 x 28 = (58 x 20) + (58 x 8) = ...

Étape 4 : Réinvestissement

Le maître propose de nouveaux produits : 58 x 53, 58 x 204, etc.
Il demande aux élèves d'en « inventer » et de les calculer.

5. Le jeu de la cible (période 2)

> DESCRIPTION RAPIDE
On propose aux élèves de trouver combien de sauts de B il faut effectuer pour s'approcher le plus possible d'un nombre cible A sans le dépasser.

> OBJECTIFS SPÉCIFIQUES
– Savoir atteindre, ou encadrer, un nombre A à l'aide de multiples d'un nombre donné B (B > 0).
– Savoir mettre en œuvre une procédure par addition de multiples faisant intervenir des multiples de 10 x B, 100 x B,... et l'utiliser mentalement dans des cas simples.
– Savoir évaluer le coût de sa démarche.

> VARIABLES DIDACTIQUES
– B ≤ 10 ou 10 < B.
– B diviseur ou non de 10, 100, 1 000.

Remarque : une forte dissymétrie entre le nombre de sauts et la longueur du saut amène des permutations entre, par exemple, 300 fois 6 et 6 fois 300.

DÉROULEMENT

Première phase
Appropriation du jeu

Étape 1 : Présentation

Le maître dessine au tableau une piste non graduée sur laquelle il porte la cible 80 (A = 80).

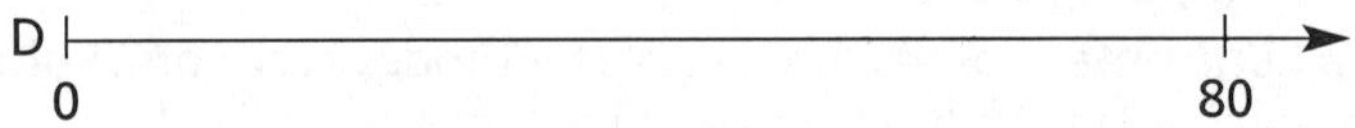

> ÉNONCÉ

Pour atteindre la cible, on part de 0 et on se déplace de 6 en 6, par sauts de 6 (B = 6).

Le maître demande collectivement quelques positions atteintes : 6, 12, 18... et les place approximativement sur la piste.

La plupart des élèves remarquent spontanément que l'on considère des nombres de la table de 6.

Étape 2 : Recherche par groupes de deux

Les élèves cherchent à prévoir combien il faut faire de sauts pour essayer d'atteindre 80 le plus près possible, sans le dépasser.
Les réponses sont validées tant sur la piste que par le calcul.

Procédures possibles : initialisation de la suite des multiples de 6 à 60 puis comptage de 6 en 6, addition de multiples de 6 (36 + 36 = 72, 72 + 6 = 78), essais (6 x 15 trop grand, 6 x 11 trop petit...).

Étape 3 : Reprise avec d'autres nombres

Plusieurs autres problèmes sont proposés avec des nombres permettant le recours aux tables de multiplication :

A = 85 B = 7
A = 100 B = 6
A = 95 B = 5
...

Lors de ces reprises, le problème cesse d'être mimé sur la piste et les réponses sont validées à l'aide d'écritures multiplicatives et additives telles que : 85 = (12 x 7) + 1, 19 x 5 = 95... Les procédures mettant en jeu des dizaines de bonds et la règle des zéros pour gérer le calcul, peuvent déjà être mises en évidence.
On remarque que le nombre cible peut être atteint, mais que ce n'est pas toujours le cas. Les expressions « être multiple de » et « ne pas être multiple de » sont introduites.

Deuxième phase
Le nombre cible augmente...

> OBJECTIF
Procéder par cumul de multiples de B (longueur du bond) lorsque la taille de la cible augmente.

> VARIABLE DIDACTIQUE
Longueur du saut $B \leq 10$.

Étape 1: Recherche par groupes de deux
Consigne: « Vous allez devoir essayer d'approcher le plus possible ou d'atteindre la cible 1 500 avec des sauts de 7, sans dépasser 1 500. Combien faut-il faire de sauts pour s'approcher le plus possible de 1 500 sans le dépasser ? Quand vous aurez trouvé une réponse, vous devrez vérifier qu'elle convient. »

Étape 2: Mise en commun
En prenant appui sur les productions des élèves, l'intérêt des multiples de 70 (10 x B) et de 700 (100 x B) est dégagé.
Les calculs des élèves étant souvent confus, on amène à les organiser de la manière suivante (utilisée spontanément par certains élèves):

100 x 7 =	700
100 x 7 =	700
	1 400
10 x 7 =	70
	1 470
7 x 4 =	28
	1 498

On peut également présenter la résolution à l'aide de la droite numérique:

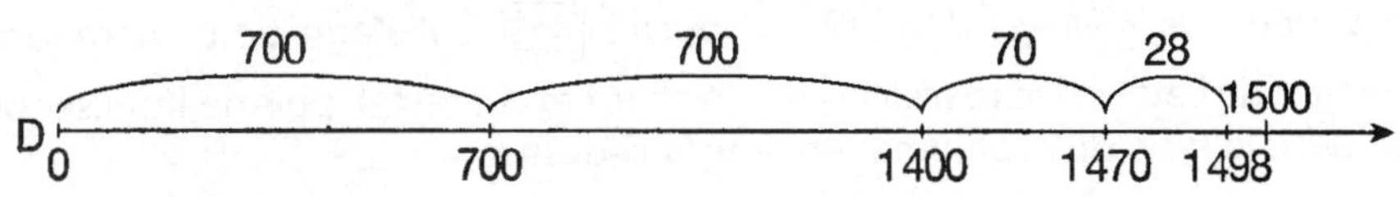

Nombre total de sauts: 100 + 100 + 10 + 4. Distance parcourue: 1 498. Reste 2.

Des procédures par essais peuvent aussi être observées.

La vérification amène des écritures du type A = (B x Q) + R, R < B,
par exemple: 1 500 = (7 x 214) + 2 ou (214 x 7) = 1 498, 1 498 + 2 = 1 500.

Exemple avec un autre couple de nombres (A = 2 750; B = 6).
L'enfant calcule successivement:

300 x 6 = 1 800	350 x 6 = 2 100	400 x 6 = 2 400
450 x 6 = 2 700	460 x 6 = 2 760	455 x 6 = 2 730
458 x 6 = 2 748		

puis propose 2 750 = (458 x 6) + 2.

Étape 3 : Reprise individuelle de l'activité

A = 756 et B = 7, puis A = 2600 et B = 7.

Troisième phase
Le nombre cible augmente et la longueur du saut aussi (B > 10)

> OBJECTIF

Privilégier les multiples de 10 x B, 100 x B et 1000 x B.

Même organisation que pour la phase précédente, en commençant par établir un répertoire de B (jusqu'à 10 x B), par linéarité ; par exemple pour B = 32 :

	x 32		x 32
1	32	6	?
2	64	7	?
3	?	8	?
4	?	9	?
5	160	10	?

On propose : A = 39847, B = 32 (Q = 1245, R = 7)
A = 15575, B = 32 (Q = 486, R = 23)

Au cours des mises en commun successives, on montrera l'intérêt d'utiliser l'écart au nombre visé. Il est inutile de multiplier ce genre d'exercices puisque notre but n'est ni d'optimiser ce type de calcul ni d'établir l'algorithme de la division, mais de permettre le calcul réfléchi de quotients.

La vérification amène encore des écritures du type A = (B x Q) + R, R < B.

6. La touche [⊢] de la calculatrice (période 3)

> DESCRIPTION RAPIDE

On propose aux élèves d'utiliser la touche [⊢][22]. Il s'agit de comprendre la fonction de cette touche (calculs du quotient et du reste), puis de l'utiliser pour résoudre le type de problèmes envisagés ci-dessus.

> OBJECTIFS SPÉCIFIQUES

– Savoir utiliser la touche [⊢] pour résoudre le problème précédent et plus généralement pour trouver « le nombre de fois qu'il y a B dans A ».
– Savoir interpréter le quotient et le reste d'une division dans un contexte numérique.
– Prévoir l'affichage obtenu avec la touche [⊢].
– Connaître une nouvelle opération : la division.

22. Que l'on appellera touche « potence » ou « béquille ».

> MATÉRIEL

Une ou plusieurs calculettes affichant quotient et reste dans une division (par exemple TI Galaxy 9, 10...).

DÉROULEMENT

Première phase
Une nouvelle opération : la « division euclidienne »

Étape 1 : Découverte de la touche [⊢]

Le maître demande :
« Quelqu'un sait-il ce que fait cette touche de la calculette ? »

([⊢] est dessiné au tableau.)

On recense les réponses éventuelles des enfants, puis une nouvelle consigne est donnée.
« Tapez 45 [⊢] 8 et écrivez ce qui s'affiche, même chose avec 54 [⊢] 9. »

Lorsque les enfants ont terminé, le maître leur demande pour chacun des exercices suivants de prévoir ce qui sera affiché sur la calculette et de l'écrire :

75 [⊢] 10 — 30 [⊢] 5 — 31 [⊢] 5 — 23 [⊢] 4

473 [⊢] 100 — 4 [⊢] 7 — 245 [⊢] 12

Les résultats sont recensés au fur et à mesure, et vérifiés à la calculette, le bon résultat est affiché au tableau, sans commentaire.
Lorsque la majorité des élèves est en mesure d'anticiper le bon résultat, une mise en commun permet d'expliciter les méthodes utilisées pour la prévision.

Étape 2 : Lien avec l'écriture A = (B x Q) + R avec R < B

Consigne :

« 854 [⊢] 17 donne-t-il Q = 40 et R = 14 ?
Q = 50 et R = 4 ?
Q = 85 et R = 4 ?
Q = 48 et R = 38 ?

Parmi les résultats proposés se trouve le bon affichage de la calculette. Lequel est-ce ? Pourquoi en es-tu sûr ? »

On fera apparaître les deux méthodes qui permettent d'obtenir la bonne réponse : calcul direct de Q et R par une méthode de son choix ou vérification de l'égalité A = (B x Q) + R en liaison avec les exercices précédents.

Étape 3 : Reprise

« 659 [⊢] 23 donne-t-il Q = 26 et R = 61 ?
Q = 27 et R = 38 ?
Q = 28 et R = 15 ? »

Les nombres sont choisis de manière à faire ressortir la relation R < B.

Lorsqu'on le juge opportun, les termes division, quotient et reste sont introduits : la touche [⊢] s'appelle « division » ; à l'écran, s'affichent deux nombres : le « quotient » et le « reste ».

Étape 4 : Exercices d'entraînement

1. Calcul mental avec les diviseurs 10, 100 et 5

(questions du type : 47 [⊢] 10 ; 385 [⊢] 100 ; etc.).

2. Calcul réfléchi (la calculette n'est pas disponible)
Trouver le quotient et le reste dans la division de A par B ou ce que l'on obtient par A [⊢] B (varier les formulations) :

A = 100 B = 8 A = 150 B = 5
A = 520 B = 4 A = 880 B = 8
etc.

Choisir des valeurs qui permettent, par leur simplicité, de calculer mentalement des quotients grâce à un cumul de multiples.

3. Calcul mental : choisir des quotients proches de valeurs « rondes » et un diviseur ≤ 10, par exemple :

127 [⊢] 6 (60 + 60 + 6 + 1)…

Attention : les diviseurs B = 2, 5, 20, 50…, diviseurs de 10, 100 ou 1 000, n'incitent pas à introduire 10 x B etc., mais plutôt à considérer des multiples *n* x B conduisant aux valeurs « rondes » 10, 100 ou 1 000, comme 2 x 5 = 10, 5 x 20 = 100…

4. Calcul à l'aide d'une décomposition donnée
Utiliser :
1 000 = 900 + 90 + 9 + 1
pour trouver ce qui s'affiche quand on tape : 1 000 [⊢] 9
1 000 = 800 + 80 + 80 + 40
pour trouver ce qui s'affiche quand on tape : 1 000 [⊢] 8
560 = 400 + 100 + 40 + 20
pour trouver ce qui s'affiche quand on tape : 560 [⊢] 4
560 = 400 + 80 + 80
pour trouver ce qui s'affiche quand on tape : 560 [⊢] 4

Deuxième phase
Utilisation de cette nouvelle opération

Quelques jours plus tard...

La calculette est disponible pour résoudre les problèmes suivants:
1. Combien de sauts de 28 pour approcher (sans dépasser) ou atteindre 6740 ?
2. Pierre dit qu'il s'approche le plus possible de 1781 avec 127 sauts de 14. Qu'en penses-tu ?
3. Combien de logiciels éducatifs à 27 € le directeur d'école peut-il acheter avec 2255 € ?
4. Le libraire dit: « Avec mes 2255 €, si j'achète 36 livres à 62 €, il me restera 13 €. » A-t-il raison ?

Recherche individuelle des exercices 1 et 2, suivie d'une synthèse pour mettre en évidence la possibilité d'utiliser la touche [⊢] pour résoudre ces problèmes. Reprise avec les exercices 3 et 4.

7. Partage du trésor (période 4)

> DESCRIPTION RAPIDE
Il s'agit de déterminer la part de chaque pirate, lors du partage d'un trésor de A pierres précieuses entre B pirates.

> OBJECTIFS SPÉCIFIQUES
– Reconnaître que ce problème de partage équitable peut être résolu par la division (euclidienne) rencontrée précédemment.
– Résoudre le problème de partage par soustractions successives.
– Reconnaître dans une division par B le rôle des multiples de 10 x B (exemple 40 x B), 100 x B (exemple 300 x B), pour structurer le quotient.
– Obtenir des nombres « faciles à diviser » par cumul de multiples de B.

DÉROULEMENT

Première phase
Le partage des pirates

Travail par deux, mené collectivement, sans calculette.

Étape 1: Présentation collective

> ÉNONCÉ
On doit partager un trésor constitué de 970 pierres précieuses entre 8 pirates. Chacun doit avoir le même nombre de pierres, il s'agit d'un partage équitable.
Le maître dessine au tableau:
– le trésor des pirates, schématisé sous forme d'un tas pyramidal, le nombre de pierres à partager est écrit à l'intérieur;
– les 8 « cassettes » des pirates, vides au départ.

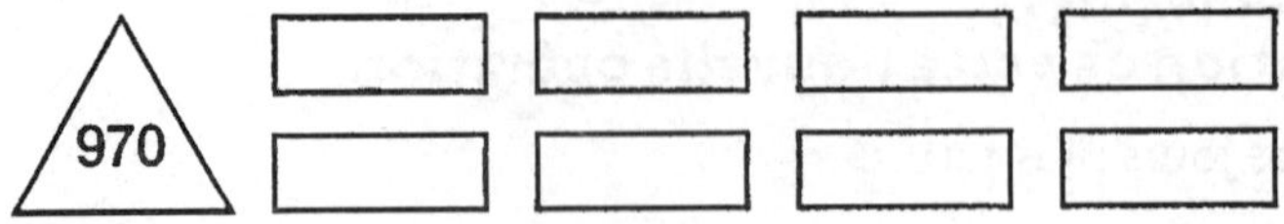

Étape 2 : Recherche par groupes de deux

Consigne : « Par équipes de deux, vous allez me dire très vite combien je peux déjà prendre de pierres dans le trésor pour en donner autant à chacun et combien chaque pirate recevra. Il faut proposer un nombre pour lequel vous savez faire le partage en 8. »

Les élèves disposent d'une ou deux minutes maximum. On peut également exiger que le calcul soit fait mentalement.

Étape 3 : Mise en commun et bilan

Les propositions sont rangées au tableau par ordre croissant de pierres, examinées et validées au fur et à mesure.

La plus grande valeur correcte est retenue pour l'ensemble de la classe.
Un élève vient actualiser le tableau ; le nombre de pierres restant est calculé.

Exemple : on a retenu « sortir 800 pierres et en donner 100 à chacun » :

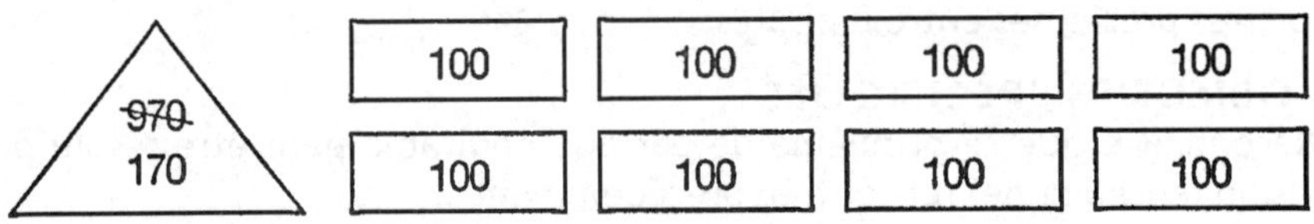

Reprendre la question si le partage n'est pas terminé.

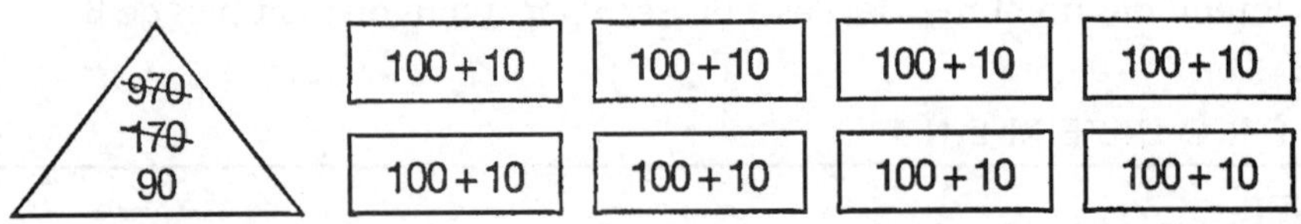

Enfin, on répond au problème initialement posé. La vérification de la réponse trouvée conduit à vérifier que :
$A = B \times Q + R$ avec $R < B$.

Étape 4 : Reprise avec des nombres différents

A = 700 B = 8
A = 502 B = 3
A = 482 B = 12
etc.

Par exemple pour partager 700 entre 8, on donne successivement 40, 40, 5 et 2 à chacun, reste 4. On ne cherchera pas pour l'instant à optimiser la démarche.

Deuxième phase
Le partage des pirates (avec calculette)

Cette phase doit être proposée aux élèves dans le plus court délai après la première.

> OBJECTIF
Reconnaître que la division euclidienne permet de résoudre ce type de problème.

Étape 1 : Reprise de l'activité précédente

On partage 2592 pierres entre 13 pirates (puis 4830 entre 15).
La calculette est disponible.
Elle peut permettre la gestion des calculs ou l'utilisation de la touche [⊢].
Dans ce dernier cas, le maître demande la justification du résultat affiché :
si l'on tape 2 592 [⊢] 13, il s'affiche Q = 199, R = 5,
donc (199 x 13) + 5 = 2 592,
donc 199 pierres à chacun, il reste 5 pierres.

Étape 2 : Utilisation obligatoire de la touche [⊢]

Le maître demande de partager 19875 pierres précieuses entre 37 pirates en utilisant la touche [⊢] qu'elle ait été ou non utilisée auparavant.

Le maître met en évidence que la touche [⊢] permet de résoudre les problèmes pour lesquels on a besoin du quotient et du reste, et annonce : « Nous allons bientôt apprendre comment faire pour les obtenir sans la calculette. »

Troisième phase
Calcul réfléchi

Étape 1 : Les nombres « partageables » en B

Le tableau suivant est proposé aux élèves :

Nombre de pierres	À partager entre	Partage exact ? OUI NON	Justification
198	9		
200	9		
450	9		
999	9		

L'élève peut, par exemple, procéder par additions de multiples :
90 + 90 + 18 = 198, donc on peut partager 198 entre 9 « sans reste ».
Par contre 200 = 198 + 2 donc il restera 2.

Étape 2 : Expliciter des décompositions permettant de « partager » facilement un nombre

Par exemple : 240 = 120 + 120 pour 240 divisé par 12.
Les valeurs doivent se prêter à une décomposition mentale.
Par exemple : 134 et 12, 816 et 8, 560 et 5, 560 et 10, 360 et 3...

Dans chaque cas, on explicitera la démarche à l'aide de la ou des décompositions correspondantes. Ainsi, pour 560 et 5 :

560 =	500	+	50	+	10
quotient :	100		10		2
réponse :	112				

Étape 3 : Exercices écrits dans lesquels une décomposition favorable du dividende est proposée

Utilise la décomposition :	pour trouver ce qui s'affiche lorsqu'on tape :
8 485 = 4 000 + 4 000 + 400 + 80 + 5	8 485 [⊢] 4
6 967 = 6 000 + 900 + 60 + 7	6 967 [⊢] 3
6 967 = 5 000 + 500 + 500 + 500 + 400 + 50 + 17	6 967 [⊢] 5
21 644 = 20 000 + 1 600 + 40 + 4	21 644 [⊢] 4
2 500 = 800 + 800 + 800 + 80 + 16 + 4	2 500 [⊢] ?
1 250 = (décomposition à trouver par les élèves)	1 250 [⊢] 7

Étape 4 : Combien de 1 000, combien de 100 ?

Cette étape constitue une préparation à la seconde phase de l'activité suivante.

Exemple de consigne :
« Dans le partage de 3 425 pierres précieuses entre 5 pirates, vous devez donner le maximum de pierres à chacun.
Choisissez-vous de donner 1 000 pierres, 100 pierres, 10 pierres, 1 pierre ? »

Réponse attendue :
1 000 pierres à chacun est impossible (5 x 1 000 = 5 000 > 3 425)
100 à chacun est possible (5 x 100 = 500 < 3 425).

Lorsque les enfants auront remarqué que l'on peut donner plusieurs centaines de pierres, on peut poursuivre l'exercice (avec les mêmes nombres) en demandant :
« Donc il faut partager 3 425 pierres précieuses entre 5 pirates et vous devez donner le maximum de pierres à chacun.
Choisissez-vous de donner 100 pierres, 200 pierres, 300 pierres... »

8. Vers l'algorithme de la division (période 5)

> DESCRIPTION RAPIDE

L'activité de partage est utilisée pour présenter la disposition standard de calcul d'une division.

> OBJECTIFS SPÉCIFIQUES

– Savoir calculer le quotient et le reste d'une division par soustractions de multiples du diviseur en utilisant les multiples de 100 fois, 10 fois le diviseur (sans recours à un répertoire pour un diviseur à un chiffre, éventuellement à l'aide d'un répertoire pour un diviseur à deux chiffres).
– Savoir gérer ce calcul de manière optimisée.

> MATÉRIEL

Dans ces activités, les calculettes ne sont pas disponibles, sauf éventuellement dans la phase de vérification.

DÉROULEMENT

Première phase Présentation de la disposition usuelle

Il s'agit de partager 1 355 pierres précieuses entre 8 pirates.
Le maître reprend l'organisation de la phase 1 de l'activité PARTAGE DU TRÉSOR (page 249).
Au terme du partage, on arrive, par exemple, à :

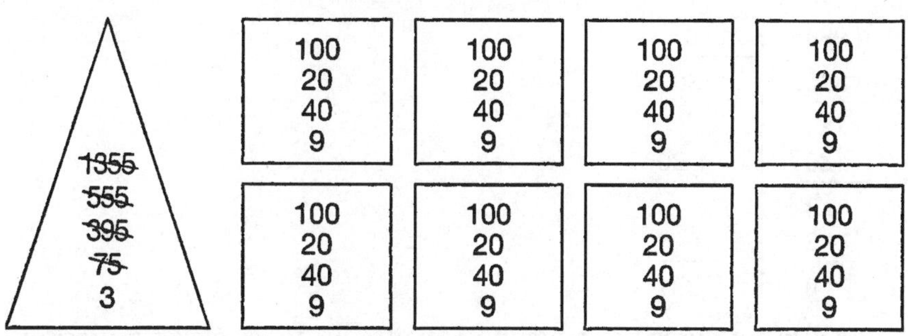

Le maître indique alors la disposition standard du calcul (on ne dessine plus le trésor, la part de chacun...).

Disposition standard :

1355	8
– 800	100
555	
– 160	+ 20
395	
– 320	+ 40
75	
– 72	+ 9
3	169

Deuxième phase
Optimisation du calcul

Consigne : « Utilisez le nouveau dispositif pour diviser 1 000 par 6 ; 2 525 par 6 ; 252 par 6 en essayant de faire le moins de soustractions possible. »

Dans la **mise en commun**, le maître cherchera à mettre en évidence :
– que l'on peut faire une seule soustraction sur chacun des ordres d'unité du quotient (par exemple une pour les centaines, une pour les dizaines et une pour les unités) ;
– qu'il faut donc commencer par déterminer le nombre de chiffres du quotient (afin de savoir s'il faut commencer par des mille, des cents...).

Reprise avec 227 par 7, 2 094 par 7, 4 225 par 7 et 1 983 par 6.

Exemple de calcul optimisé :

1983	6
– 1800	300
183	
– 180	+ 30
3	
– 3	+ 1
0	331

Au cours des mises en commun, le maître incite les élèves à préciser leur manière d'effectuer les choix : par exemple, pourquoi choisir 300 et non 400 au quotient ?
On pourra arriver à « si on a le choix entre 100, 200, 300..., le nombre à soustraire sera 600, 1 200, 1 800... et se terminera toujours par deux zéros (règle des zéros) donc, dans 1 983, il suffit de regarder 19... » (Ce point prolonge l'étape 4 de la troisième phase de l'activité PARTAGE DU TRÉSOR, page 252.)

Troisième phase
Cas d'un diviseur à plusieurs chiffres (avec répertoire complet ou partiel)

Consigne: « Dans les calculs précédents, on a utilisé la table de 6 que vous connaissez. Maintenant on va faire quelques divisions par 14. Pour vous aider, vous pourrez construire en partie ou complètement la table de 14. »

Propositions de calculs:

364 divisé par 14
5 240 par 14
11 294 par 14
5 185 par 14

Lorsque les élèves ont terminé, le maître propose un entraînement avec d'autres nombres (diviseurs de deux ou trois chiffres).

Lors de chaque bilan, il insiste sur les points suivants:
- recherche du plus haut ordre d'unité par lequel on « commence au quotient »;
- optimisation des choix aux différents niveaux:
  - pas d'utilisation de répertoire ou utilisation d'un répertoire partiel (le maître demande: « Comment ont fait ceux qui se sont passés du répertoire, ceux qui n'en ont écrit qu'une partie ? »);
  - réduction du nombre de chiffres du dividende à prendre en compte (dans la division de 12 345 par 43, pour trouver combien de centaines il y a au quotient, il suffit de diviser 123 par 43);
  - reste inférieur au dividende;
- possibilité de « vérifier l'opération » (dans la division de 10 000 par 43, le quotient 232 et le reste 24 peuvent être « vérifiés » par le calcul de (232 x 43) + 24 qui doit être égal à 10 000).

9. Problèmes complexes (périodes 3, 4 et 5)

Cette activité doit être menée à raison d'une séance par période.

> OBJECTIFS SPÉCIFIQUES

- Savoir résoudre des problèmes dont la solution nécessite l'utilisation successive de plusieurs opérations.
- Savoir mener l'analyse de la situation et le raisonnement destinés à déterminer et organiser les informations intermédiaires qu'il faut « calculer » pour pouvoir répondre à la question posée.

Il n'existe pas, en général, une seule stratégie (et donc un seul raisonnement) pour élaborer la réponse.

DÉROULEMENT

Étape 1 : Présentation de la situation, appropriation

La situation évoquée par l'énoncé doit être comprise par tous les élèves, avant que ne commence la résolution... sans que, pour autant, des indices aient été fournis sur le raisonnement à conduire. Reformulation orale par les élèves et par l'enseignant, explication de certains termes de l'énoncé, identification de ce qu'on sait et de ce qu'on cherche peuvent y contribuer.

Étape 2 : Recherche individuelle et confrontation

Elle se fait au brouillon (calculettes disponibles, nécessité d'écrire ce qui est fait avec la calculette). Puis par groupes de 2 ou 3, les élèves confrontent leur travail : chaque élève explique à l'autre comment il a fait, répond à ses questions...

Le brouillon est associé au travail privé de l'élève. L'enseignant peut aider l'élève à l'organiser, à indiquer par exemple quel renseignement il a obtenu à l'aide d'un calcul, mais les exigences de présentation, de syntaxe... doivent rester minimales.

Étape 3 : Rédaction

Chacun rédige sa solution du problème sur feuille, sur transparent ou sur affiche. Celle-ci doit être explicite, bien présentée, lisible et compréhensible par d'autres élèves.

On a maintenant affaire à un écrit destiné à être rendu public. Le niveau d'exigence quant à la présentation, le niveau d'explication et de correction syntaxique est donc différent (*cf.* étape suivante).

Étape 4 : Exploitation

Elle peut prendre plusieurs formes :
- examen collectif de certaines productions (mise en commun) : pertinence de la méthode, repérage des erreurs, analyse du point de vue de la forme, propositions d'amélioration, autres productions correspondant à une même méthode... ;
- échange des productions entre élèves : les enjeux sont les mêmes ;
- ensemble de productions photocopiées par l'enseignant et données à l'examen de groupes d'élèves : mêmes enjeux.

Étape 5 : Reprise de la rédaction ou résolution assistée

Éventuellement, amélioration par chacun de son écrit après ce travail. Pour d'autres, avec l'enseignant, travail sur un énoncé identique (même contexte, même structure) : résolution assistée.

Étape 6 : Réinvestissement ou travail différencié

Chaque énoncé est « doublé » par un autre de même type, dans une optique de réinvestissement ou d'exploitation différenciée.

> ÉNONCÉS

Période 3

1. Pierre collectionne les timbres. Il a 300 timbres. Il les place dans un album. Sur chaque page, il peut mettre 15 timbres. Il a déjà rempli 12 pages. Combien peut-il encore remplir de pages avec les timbres qui lui restent ?

1 bis. Aurélie a acheté une boîte de 400 g de croquettes pour son chat. Chaque jour, le chat mange 50 g de croquettes. La boîte est entamée depuis 5 jours. Pendant combien de jours Aurélie pourra-t-elle nourrir son chat avec ce qui reste dans la boîte ?

2. Hervé fait des petits pas réguliers de 30 cm. Pour traverser la classe, il doit faire 15 pas. Le maître fait, lui, des pas réguliers de 90 cm.
Combien le maître doit-il faire de pas pour traverser la classe ?

2 bis. Dans sa caisse, le buraliste a mis 60 billets de 5 €. Le boucher a exactement la même somme d'argent, mais en billets de 20 €.
Combien de billets possède le boucher ?

Période 4

1. Dans une bande de tissu de 200 cm de long, Sophie a découpé 15 rubans identiques et il lui reste encore 20 cm de tissu.
Quelle est la longueur de chaque ruban ?

1 bis. Zoé à 450 perles. Elle s'amuse à en faire des paquets, tous identiques. Lorsqu'elle s'arrête, elle a fait 25 paquets. Il lui reste encore 50 perles. Combien a-t-elle mis de perles dans chaque paquet ?

2. Retrouve les informations qui manquent sur cette facture (pointillés).

Librairie de la gare		
...bandes dessinées	5 €	...
3 stylos	...	18 €
5 livres	20 €	...
		Total 138 €

2 bis. Retrouve les informations qui manquent sur cette facture (pointillés).

Restaurant « Chez Lulu »		
2 menus du pêcheur	15 €	30 €
5 menus gourmands	...	120 €
4 desserts	12 €	...
3 crèmes caramel	...	...
1 bouteille de vin	15 €	15 €
		Total 231 €

Période 5

1. Au cinéma « Royal Ciné », un adulte paie 6 € et un enfant paie 4€ par séance.
À la séance de l'après-midi, il y avait 65 adultes et 78 enfants.
Quel a été le montant de la recette ?

1 bis. Le cuisinier de la cantine doit préparer le repas pour 120 personnes. Pour le dessert, il peut commander des « tartes tropéziennes », des tartelettes ou les deux sortes de pâtisserie. Mais chaque personne ne mangera qu'un seul dessert !
Le cuisinier hésite entre trois possibilités :
– acheter des « tartes tropéziennes » pour tout le monde ;
– acheter des tartelettes pour tout le monde ;
– acheter des tartes pour 60 personnes et des tartelettes pour les 60 autres.
Quel est le choix le plus économique ?

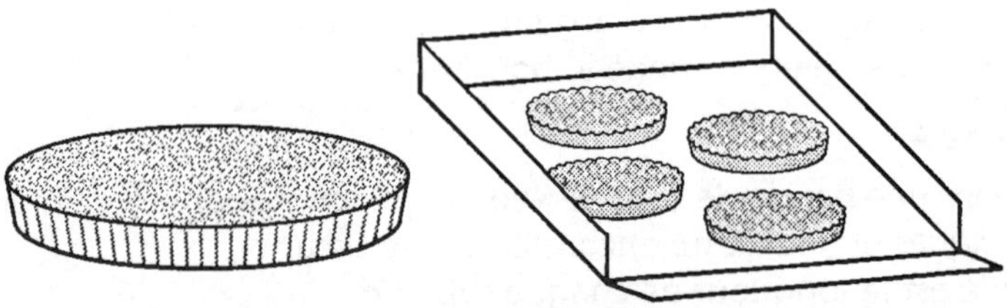

Tarte tropézienne
pour 6 pesonnes
7 €

Tartelettes aux fruits rouges
La boîte de 4
5 €

2. Voici deux renseignements sur ce rectangle :
– son périmètre mesure 22 cm ;
– sa longueur mesure 3 cm de plus que sa largeur.

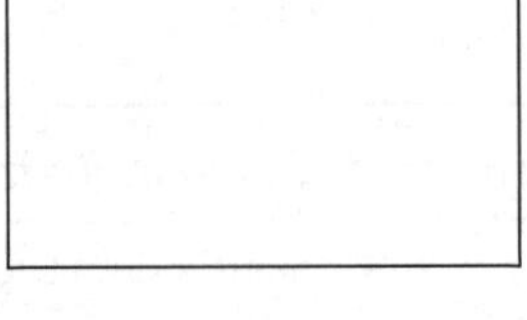

Sans utiliser ton double décimètre, trouve combien mesurent sa longueur et sa largeur.

2 bis. Voici deux renseignements sur ce rectangle :
– son périmètre mesure 54 cm ;
– sa longueur mesure deux fois sa largeur.

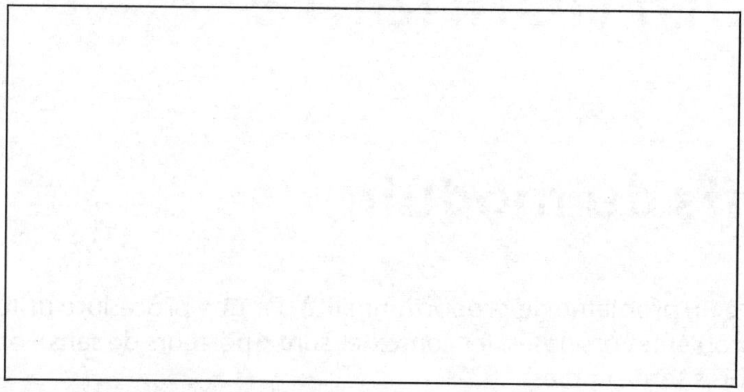

Sans utiliser ton double décimètre, trouve combien mesurent sa longueur et sa largeur.

Problèmes de proportionnalité

Objectifs du module

- Savoir résoudre un problème de proportionnalité par une procédure utilisant la linéarité (dans les problèmes proposés, les contextes sont « porteurs de sens » et les relations entre les nombres sont simples).
- En particulier, distinguer linéarité et croissance; comprendre que la procédure qui consiste à ajouter un même nombre aux deux grandeurs est une procédure erronée pour les problèmes proposés. Cet objectif est visé, tout particulièrement, dans les situations Bandes colorées et Le prix des morilles.
- Prendre conscience que, dans certaines situations mettant en relation deux grandeurs, si on multiplie une grandeur par *n*, l'autre est aussi multipliée par *n*.
- Rencontrer des situations de proportionnalité où l'on découvre un rapport entre les deux grandeurs (par exemple, dans la situation Recettes). D'abord outil pour résoudre un problème, sa désignation en tant que coefficient de proportionnalité sera plus pertinente en CM2 après utilisation dans plusieurs situations.
- Utiliser une organisation spatiale mettant en évidence les relations entre deux grandeurs, en particulier la disposition en tableau, en évitant tout recours systématique.

Activités

1. Graduations (période 1)

> DESCRIPTION RAPIDE

Les élèves doivent :
- placer des nombres sur une ligne, à partir de la donnée de deux nombres (0 et *n*) correspondants à deux points de cette ligne;
- retrouver des nombres dont la position est donnée sur la ligne.

> OBJECTIF SPÉCIFIQUE

Utiliser les propriétés de la proportionnalité pour compléter une graduation, en utilisant les relations entre nombres donnés et nombres proposés, et la correspondance : écart entre deux nombres/distance entre les deux points associés.

Remarque : L'utilisation explicite de la correspondance entre nombre et distance à l'origine (en cm et mm) n'est pas nécessaire. Des procédures utilisant le report de distances, le pliage, la notion de milieu, le placement de nombres auxiliaires, les notions de demi, double, quart... suffisent pour répondre.

> VARIABLES DIDACTIQUES

Les rapports entre les nombres à placer (ou deviner) et les nombres déjà placés sur la ligne.

> MATÉRIEL

– Des fiches élèves : feuilles 1, 2 et 2 bis et fiche évaluation. Pour la mise en commun, il peut être commode de fournir les exercices sur transparent ou agrandis sur une feuille A3.
– Des bandes de papier, deux ou trois par élève, de longueur quelconque (par exemple 29,7 cm, longueur correspondant à des bandes découpées dans des feuilles A4).
Il est précisé aux élèves qu'ils peuvent utiliser les bandes mises à leur disposition et tout matériel habituel sauf la règle graduée.

DÉROULEMENT

■ Première phase
Feuille 1

Feuille n°1

Exercice 1. Sur cette ligne, on a placé les nombres 0 et 4.

À toi de placer exactement : 6, 8, 12.

Exercice 2. Quel nombre faut-il écrire en face de chaque flèche ?

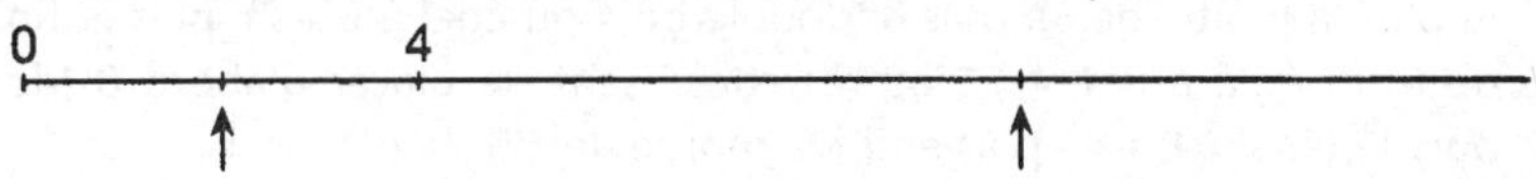

Exercice 3. *Pour cette question, tu dois d'abord répondre sans utiliser d'instrument.*
Selon toi, quel est le nombre qui peut être placé en face de la flèche ?

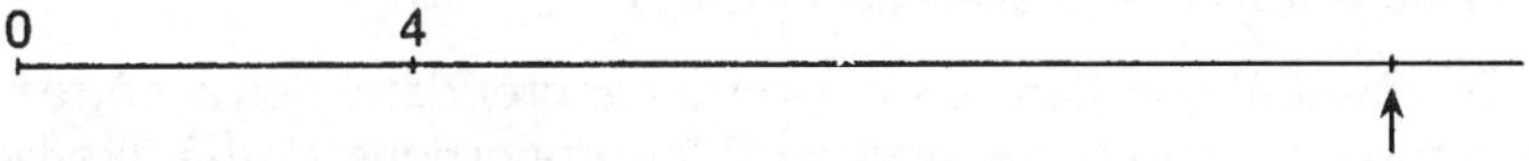

Tu peux maintenant utiliser la bande de papier.
Vérifie ta réponse ; explique ensuite comment tu as vérifié.

La feuille est partagée en 3 fiches correspondant chacune à un exercice. Les trois exercices sont proposés successivement et de manière indépendante (la fiche est reprise après chaque exercice), avec à chaque fois :

- une recherche individuelle avec réponse individuelle,
- une confrontation des réponses par échange entre deux ou trois élèves qui peut amener les élèves à modifier leur réponse initiale,
- une confrontation collective.

Étape 1 : exercice n° 1 de la feuille 1

Les nombres 0 et 4 étant placés, les élèves doivent placer les nombres 6, 8 et 12.

Le maître les informe qu'ils peuvent commencer par placer le nombre de leur choix.

Cet exercice a un triple objectif pour le maître : identifier les réponses apportées par les élèves, mettre en évidence les différentes procédures utilisées et déterminer collectivement les contraintes pour respecter une « bonne » graduation.

Les nombres 6, 8 et 12 ont été choisis pour les rapports existant entre eux et avec le nombre 4. Pour placer les points en respectant les proportions, différentes procédures peuvent être utilisées : elles varient suivant l'ordre dans lequel les élèves placent les nombres, mais toutes s'appuient sur moitié, double ou additions simples.

La confrontation collective fait apparaître les outils utilisés (placement « à l'œil », bandes, compas...) et diverses propositions « pour que les nombres soient bien placés » :

- respect de l'ordre ;
- respect approximatif des proportions ;
- respect exact des proportions (8, double de 4, est situé deux fois plus loin par rapport à 0 ; 6 est à égale distance de 4 et 8 ; 12 est situé deux fois plus loin que 6 par rapport à 0, etc.) ;
- respect de l'égalité des écarts ou de leur proportion.

Une majorité d'élèves respectent les proportions, soit approximativement en plaçant les points « à l'œil », soit avec plus de précision en utilisant les bandes qui permettent report de distances et partage.

Certains élèves placent les nombres dans l'ordre donné dans la fiche : ils placent 6 (4 plus la moitié de 4), puis 8 (double de 4 ou égal à 6 + 2), puis enfin 12 (double de 6 ou égal à 8 + 4). D'autres choisissent de placer d'abord 8 (double de 4), puis 12 (égal à 8 + 4), puis enfin 6 (moitié de 12).

Quelques élèves placent les nombres en ne respectant que l'ordre, sans tenir compte des écarts : c'est le cas de l'élève qui reporte la distance de 0 à 4 plusieurs fois (il faut bien utiliser la bande que le maître a donnée !) et place successivement les nombres 6, 8 et 12 régulièrement espacés.

On convient que, dans la suite, certaines propriétés doivent être respectées : non seulement l'ordre, mais aussi les proportions, c'est-à-dire l'égalité des écarts ou leur rapport. Ainsi, la distance entre 0 et 8 doit être le double de la distance entre 0 et 4, le nombre 6 doit être à égale distance de 4 et de 8.

C'est le respect de ces propriétés qui permettra de savoir si les nombres sont « bien placés ».

Ces propriétés sont énoncées à partir des nombres proposés. Le mot « proportion » n'a pas à être formulé et explicité : des expressions telles que « si un nombre est trois fois plus grand qu'un autre, il est placé trois fois plus loin de 0 » suffisent à expliciter les propriétés de la proportionnalité mises en œuvre dans la situation.

Étape 2 : exercice n° 2 de la feuille 1

Les nombres 0 et 4 étant déjà placés, les élèves doivent trouver les nombres correspondant aux deux points indiqués par des flèches (les nombres 2 et 10).

Lors de la mise en commun, les diverses procédures sont explicitées, par exemple :
- estimation, puis vérification ;
- placement de nombres intermédiaires (dont graduation de 1 en 1 ou de 2 en 2) ;
- additivité (exemple : 10 = 4 + 4 + 2), moitié...

Aucune n'est valorisée à ce stade. La validation se fait par un débat sur le respect des contraintes mises en évidence après l'exercice n° 1.

Étape 3 : exercice n° 3 de la feuille 1

Les nombres 0 et 4 étant déjà placés, les élèves doivent d'abord estimer, puis trouver le nombre correspondant à la flèche (le nombre 14).
Il est indiqué aux élèves qu'ils doivent garder trace du nombre estimé d'abord, puis du nombre trouvé ensuite. Il convient d'insister sur cette idée d'estimation (il ne s'agit pas, du moins dans un premier temps, de trouver le nombre exact).
Même exploitation que lors de l'exercice n° 2.

Prolongement
Les élèves sont invités à placer « exactement » d'autres nombres de leur choix, sur la dernière ligne. Il y a ensuite confrontation (choix des nombres, méthodes pour les placer). Pour certains nombres, un placement est demandé à tous les élèves. S'ils n'ont pas été choisis, le maître peut également proposer des nombres tels que 3, 11, 16.

Deuxième phase
feuille 2 ou 2 bis (pour les élèves « plus faibles »)

Les élèves sont invités à répondre aux différentes questions, sur la même fiche. Ils peuvent donc exploiter les informations apportées par les réponses successives.

Il s'agit d'abord de placer un nombre qui est le quart du nombre déjà placé (le nombre 9 pour la feuille 2 sur laquelle sont placés 0 et 36 et le nombre 10 pour la feuille 2 bis sur laquelle sont placés 0 et 40).

Feuille n°2

Sur cette ligne, on a déjà placé les nombres 0 et 36.

Exercice 1. À toi de placer exactement le nombre 9.

Exercice 2. Quel nombre faut-il écrire sous le point A ?
Essaie d'abord d'estimer ce nombre, sans utiliser d'instrument, puis trouve-le exactement en utilisant la bande de papier.

Exercice 3. Quel nombre faut-il écrire sous le point B ?
Essaie d'abord d'estimer ce nombre, sans utiliser d'instrument, puis trouve-le exactement en utilisant la bande de papier.

Feuille n°2 bis

Sur cette ligne, on a déjà placé les nombres 0 et 40.

Exercice 1. À toi de placer exactement le nombre 10.

Exercice 2. Quel nombre faut-il écrire sous le point A ?
Essaie d'abord d'estimer ce nombre, sans utiliser d'instrument, puis trouve-le exactement en utilisant la bande de papier.

Exercice 3. Quel nombre faut-il écrire sous le point B ?
Essaie d'abord d'estimer ce nombre, sans utiliser d'instrument, puis trouve-le exactement en utilisant la bande de papier.

Le déroulement est le même que pour la feuille 1.
Une mise en commun est faite après les réponses apportées à la question 1, de manière à offrir à tous ce point d'appui pour la suite.
Les élèves sont invités à répondre aux deux questions suivantes, sur lesquelles portera la mise en commun.

Les élèves doivent donc ensuite trouver le nombre indiqué par le point A (les rapports entre les nombres sont les mêmes sur les deux feuilles; c'est le nombre 27 pour la feuille 2 et 30 pour la feuille 2 bis), puis le nombre indiqué par le point B. Pour ce dernier, les deux feuilles diffèrent: pour la feuille 2 (le nombre à trouver est 6), il faut envisager des rapports de tiers ou sixième alors que, pour la feuille 2 bis, le nombre à trouver (15) peut être obtenu comme moitié de 30 ou par addition de 10 et la moitié de 10.

Les élèves peuvent, pour chacun des nombres à trouver, utiliser diverses procédures liées à des décompositions différentes du nombre. Ainsi, à la question 2 de la feuille 2, le nombre cherché, 27, est à la fois égal à 18 + 9, 36 – 9, 9 x 3... ; de même pour la feuille 2 bis, avec des calculs plus simples.

Prolongement

Comme pour la feuille 1, les élèves sont invités à placer « exactement » les nombres de leur choix sur la dernière ligne.

Troisième phase Synthèse

À l'issue de ce travail, le maître organise une synthèse :
– des contraintes de placement à respecter,
– des procédures correctes qui ont été utilisées.

Cette synthèse est suivie d'une évaluation. Le travail est individuel et sans règle graduée :

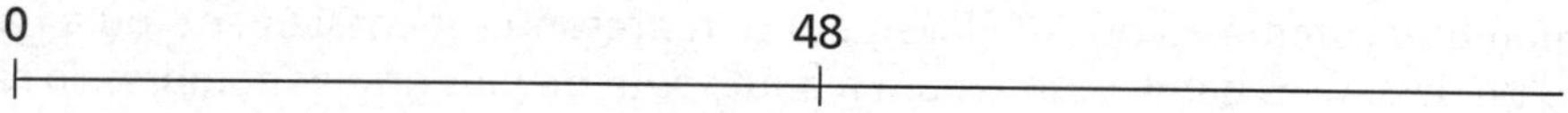

Consigne : « Place des nombres que tu choisiras.
Place les nombres 16 et 60. »

2. Bandes colorées (période 2)

> DESCRIPTION RAPIDE

On veut réaliser des bandes en juxtaposant soit des petites bandes bleues d'une certaine longueur, soit des petites bandes rouges d'une longueur différente. La longueur des petites bandes n'est pas donnée, mais les élèves savent qu'en mettant bout à bout 10 bandes bleues, on fabrique une bande de même longueur qu'avec 4 bandes rouges.
Connaissant le nombre de bandes bleues utilisées pour réaliser une certaine longueur, on cherche combien de bandes rouges sont nécessaires pour réaliser la même longueur.

Remarque : Dès le départ, la référence à des longueurs en cm doit être écartée.

> OBJECTIFS SPÉCIFIQUES

– Savoir utiliser les propriétés de linéarité pour résoudre un problème de proportionnalité.
– Savoir valider sa solution en mobilisant, mentalement ou expérimentalement, le dispositif matériel propre à cette situation.

Cette situation peut sembler quelque peu « artificielle » mais elle est construite pour qu'il y ait possibilité de validation expérimentale des réponses des élèves. Dans le dispositif choisi, les procédures correctes mises en œuvre peuvent être élaborées et surtout expliquées en référence à une action sur les objets ou à l'évocation mentale de cette action.
Tout au long de l'activité, on cherche à privilégier l'interaction entre le cadre numérique et le cadre expérimental.

> VARIABLES DIDACTIQUES

– Le nombre qui exprime le rapport entre nombre de bandes bleues et nombre de bandes rouges correspondantes. Ici, les nombres 10 et 4 ont été choisis car leur rapport (2,5 est un nombre décimal) ne permet guère l'utilisation du coefficient ou le passage à l'unité, sans toutefois l'éliminer.
– Les relations arithmétiques entre les nombres exprimant les longueurs avec les bandes bleues (et pour lesquels il faut trouver les correspondants en bandes rouges) favorisent l'utilisation des propriétés de linéarité, en combinant les relations additives et multiplicatives (25, c'est le double de 10 plus la moitié). Les nombres 10 et 4 de la situation de départ étant pairs, cela permet de considérer des moitiés et ainsi ne pas se limiter à des multiples de 10.
– La taille de ces nombres et son incidence sur le mode de résolution : pour des nombres comme 25 ou 5, l'élève peut se représenter mentalement (ou à l'aide d'un dessin) les bandes mises bout à bout ; pour de plus grands nombres, la résolution ne peut être que dans le cadre numérique en considérant les relations entre les nombres.

> MATÉRIEL COLLECTIF

– Pas d'instruments de mesure.
– Deux bandes blanches de longueur 30 cm.
– Une vingtaine de petites bandes rouges de 7,5 cm et 5 bandes blanches de 30 cm recouvertes, chacune, par 4 bandes rouges de 7,5 cm.
– Une quarantaine de petites bandes bleues de 3 cm et 5 bandes blanches recouvertes, chacune, par 10 bandes bleues de 3 cm.

Les bandes blanches de 30 cm recouvertes de bandes de couleur sont prévues dans le seul but d'alléger le dispositif expérimental : lorsqu'on veut réaliser au tableau la juxtaposition de 40 bandes bleues, il est plus rapide d'utiliser les assemblages de 10 bandes déjà prévus. Notons aussi que l'assemblage de 10 bandes correspond aux données de la situation (« 10 bandes bleues, c'est la même longueur que 4 rouges »).

DÉROULEMENT

Première phase
Première recherche

Étape 1 : Présentation collective

Le maître affiche une bande blanche au tableau et demande à un élève de réaliser une même longueur avec des bandes bleues. En plaçant les bandes bleues sous la bande blanche, on constate qu'il faut 10 bleues.

Une deuxième bande blanche est affichée au tableau, à côté de la précédente (voir schéma page suivante), après avoir constaté qu'elle a même longueur que la première.

Le maître demande à un élève de réaliser une même longueur avec des bandes rouges. En plaçant les bandes rouges sous la bande blanche, on constate qu'il faut 4 rouges.

Si les bandes rouges étaient placées sous les bandes bleues, cela favoriserait la recherche par passage à l'unité : une rouge, combien cela fait de bleues (certains élèves pourraient voir qu'une rouge correspond à deux bleues et la moitié d'une) alors que l'objectif est de privilégier l'utilisation de la linéarité.

Bandes blanches

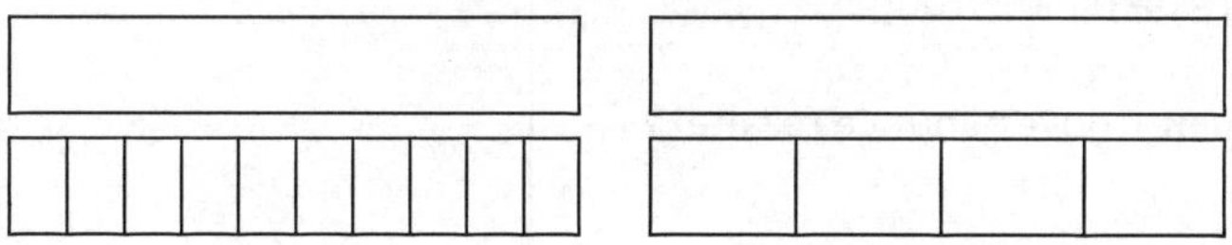

Bandes bleues
10 B

Bandes rouges
4 R

L'enseignant écrit 10 B et 4 R sous les bandes correspondantes et fait verbaliser : « 10 bleues, c'est la même longueur que 4 rouges. »
Cette phrase est écrite sur un tableau annexe, pour mémoire.

Étape 2 : Recherche individuelle

Le maître annonce : « J'ai réalisé une grande bande avec 25 bleues. »
Il la montre, puis la cache et écrit au tableau : 25 bleues.

Consigne : « À vous de trouver combien je dois prendre de bandes rouges pour faire une bande de même longueur. »

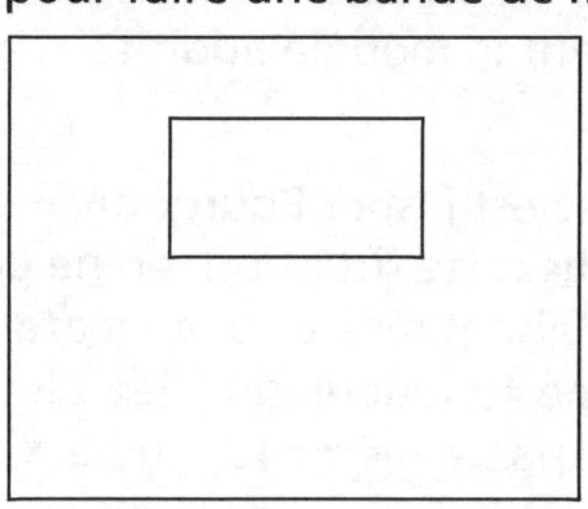

L'élève dispose d'une demi-feuille A4 blanche pour écrire le résultat (dans le rectangle) et éventuellement pour chercher.

Le maître recense toutes les réponses sans discuter, sans faire apparaître le nombre d'élèves ayant produit chaque réponse.

Les réponses proposées peuvent être :
- 10 qui correspond à une procédure correcte ;
- 19 qui correspond à une procédure utilisant le modèle additif : « pour passer de 10 à 25, il faut ajouter 15, 4 + 15 = 19 » ou encore « pour passer de 10 à 4, il faut enlever 6, 25 – 6 = 19 » ;
- 13 qui correspond à une procédure de type affine « 25, c'est 2 fois 10 + 5, réponse : 13, parce que 2 fois 4 + 5, ça fait 13 » ;
- ou d'autres réponses, souvent non interprétables.

Étape 3 : Travail par groupes de deux

Les élèves sont maintenant par groupes de deux. Ils doivent choisir parmi les réponses celle qui leur paraît la bonne et préciser comment on trouve ce résultat, s'ils sont sûrs de leur réponse et pourquoi.

Chaque groupe de deux dispose d'une feuille comme sur le modèle ci-dessous :

Noms :
Nombre de bandes rouges :
Comment trouvez-vous ce résultat ?
Êtes-vous sûrs que c'est le bon résultat ? Pourquoi ?

Étape 4 : Mise en commun

Le maître choisit une feuille correspondant à une réponse erronée, avec des explications suffisamment claires : par exemple 19, obtenu en faisant 4 + 15 (15 : écart entre 10 et 25), c'est-à-dire en utilisant le modèle additif.

Le maître centre l'attention sur la procédure :
« Est-ce que vous pensez que ce qui est proposé est juste ? Pourquoi ? »
Les contre-arguments font apparaître que, dans cette situation, on ne peut pas ajouter la même chose des deux côtés, en faisant référence au matériel, par exemple : « Les rouges, c'est pas la même longueur que les bleues, 15 rouges, c'est pas pareil que 15 bleues ; c'est pas la même longueur. »

Lorsque 19 est obtenu en faisant 25 – 6, il est plus difficile de produire des contre-arguments.

Même démarche avec les autres réponses, en terminant par la bonne réponse.

L'ensemble des réponses ayant été considéré, le contrôle se fait alors expérimentalement avec les bandes de couleur. L'action avec les objets peut être mise en relation avec des procédures correctes décrites précédemment et cette validation amène à des écritures du type :

$25 = 10 + 10 + 5$
$4 + 4 + 2 = 10$

ou $25 = (2 \times 10) + 5$
$(2 \times 4) + 2 = 10$

ou	10 bleues	4 rouges
	20 bleues	8 rouges
	5 bleues	2 rouges
	25 bleues	10 rouges

Cette situation permet de développer la capacité à débattre et à argumenter au sein du groupe de deux et au sein du groupe-classe, lors de la mise en commun. Les procédures erronées (modèle additif ou procédure type affine) peuvent être réfutées par référence à la situation expérimentale. Les questions posées par l'enseignant: « Êtes-vous sûrs que c'est le bon résultat ? » ou « Est-ce que c'est juste ? Pourquoi ? » visent à développer une argumentation de type mathématique.
Les élèves ne disposent pas du matériel pour trouver la réponse, mais ils peuvent y faire référence, mentalement ou oralement, soit pour chercher soit pour argumenter.

Au tableau, en dessous de:
« 10 bleues, c'est la même longueur que 4 rouges »
on écrit:
« 5 bleues, c'est la même longueur que 2 rouges »
« 25 bleues, c'est la même longueur que 10 rouges ».

Deuxième phase
Reprise du problème

Étape 1: Avec 15, un nombre simple

Le maître pose la même question que dans la deuxième étape de la phase précédente, mais avec 15 bleues.
La recherche est cette fois exclusivement individuelle.

Les correspondances déjà mises en évidence et répertoriées au tableau permettent de trouver rapidement le résultat: 15 c'est 10 + 5 mais aussi 5 x 3.

Pour la mise en commun, le maître procède de la même façon que dans la première phase.
Si certains élèves ont donné comme réponse 9 (utilisation du modèle additif), on mettra en évidence qu'ajouter le même nombre de rouges et le même nombre de bleues ne permet pas d'obtenir les mêmes longueurs.

On écrit sur le tableau annexe:
« 15 bleues, c'est la même longueur que 6 rouges ».

Étape 2: Le problème est repris avec 40 bleues

On choisit 40 qui peut être obtenu de diverses façons à partir des données précédentes: c'est 4 x 10 mais aussi 8 x 5 ou encore 25 + 15.
Le scénario est le même qu'à l'étape précédente.
La bonne réponse est consignée dans le tableau précédent:
« 40 bleues, c'est la même longueur que 16 rouges ».

Troisième phase
Réinvestissement individuel différencié

Les élèves recherchent individuellement, sur une feuille, pour d'autres nombres. La correspondance « 10 bleues, c'est la même longueur que 4 rouges » est rappelée sur la feuille.
Pour les élèves qui ont des difficultés, on propose les nombres suivants : 30 bleues, 75 bleues, 240 bleues.
Pour les autres, on propose : 75 bleues, 240 bleues, 395 bleues.

Le choix des nombres permet une mise en commun éventuelle pour 75 et 240.

Les travaux des élèves montrent que ceux qui utilisaient le modèle additif dans la première recherche (phase 1) l'ont vite abandonné au profit d'une procédure respectant la correspondance 10 bleues = 4 rouges fortement mise en évidence dans la validation avec le matériel.
Les procédures des élèves s'appuient généralement sur les propriétés de linéarité. Elles sont diverses et sans doute liées à la plus ou moins grande maîtrise des relations arithmétiques entre les nombres.

Certains procèdent uniquement par additivité (par exemple, addition réitérée de 10 et addition de 5 pour 75).

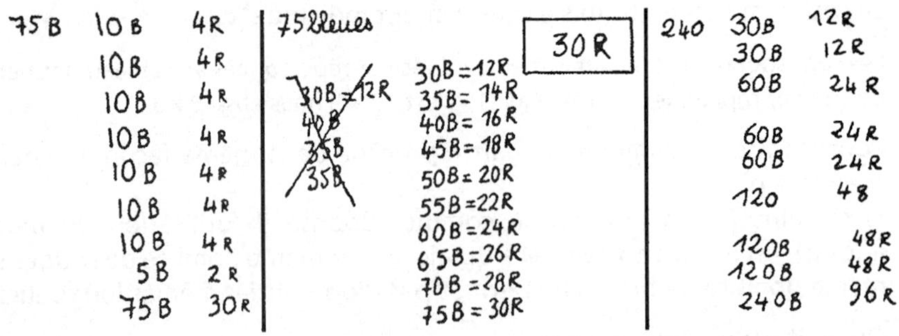

D'autres utilisent les rapports multiplicatifs et l'addition (75 reconnu comme égal à 7 x 10 + 5 ou 395 égal à 39 x 10 + 5 ou encore 240 égal à 4 x 60).

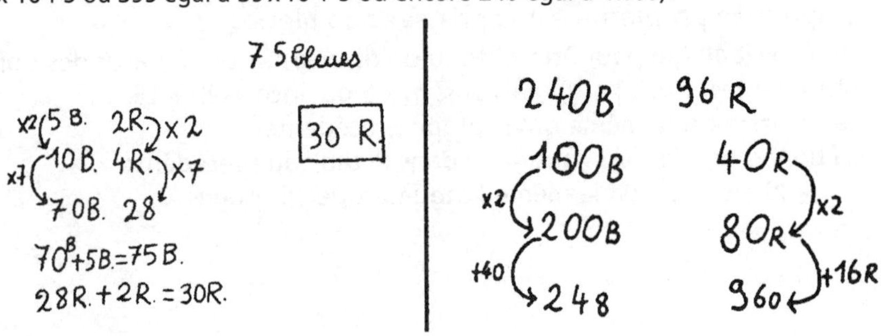

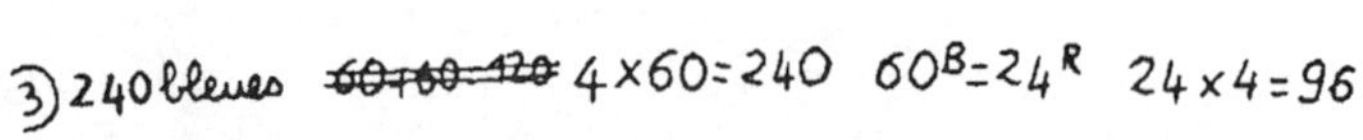

ou encore

$75^B = 30^R$

$10^B \times 7^B = 70^B \quad 4^R \times 7 = 28^R$

$5^B = 2^R$

$70^B + 5^B = 28^R + 2^R$

$75^B = 30^R$

$240^B =$

$10^B = 4^R$

$10^B \times 20 = 200^B \quad 4^R \times 20 = 80^R$

$40^B = 16^R$

$200^B + 40^B = 240^B$

$80^R + 16^R = 96^R$

$240^B = 96^R$

$395^B = 158^R$

$10^B \times 30 = 300^B \quad 4^R \times 30 = 120^R$

$300^B = 120^R$

$10^B \times 9 = 90^B \quad 9 \times 4^R = 36^R$

$90^B = 36^R$

$5^B = 2^R \quad 120^R + 36^R + 2^R = 158^R$

Quatrième phase
Évaluation

On propose une évaluation postérieure portant sur la capacité à identifier les procédures correctes et les procédures erronées et à produire des arguments pour réfuter celles-ci.
Il s'agit du même contexte, les bandes colorées, mais avec une autre équivalence que celle travaillée jusqu'ici.

Consigne: « Dans une autre classe, les élèves ont aussi travaillé avec des bandes, mais ils n'avaient pas les mêmes bandes: ils avaient des bandes bleues comme les nôtres et des bandes vertes; avec les bandes vertes, ils ont constaté que:

« 10 bleues, c'est la même longueur que 6 vertes »

et le maître leur a demandé combien il fallait de vertes pour faire la même longueur que 25 bleues.
Voici ce qu'ont écrit 4 élèves. Ils ont donné leur réponse et des explications. Quelles sont les propositions avec lesquelles tu n'es pas d'accord ? Explique pourquoi. »

10 bleues, c'est la même longueur que 6 vertes **25 bleues, c'est la même longueur que… vertes**	
RÉPONSES DES ÉLÈVES	RÉPONSE VRAIE OU FAUSSE ? Pour les réponses fausses, explique pourquoi tu penses que l'élève s'est trompé.
Patricia 17 vertes parce que : 25 = (2 x 10) + 5 10 bleues, c'est comme 6 vertes 2 x 6 = 12 et 12 + 5 = 17	
Aurélien 21 vertes, j'ai fait : 10 – 4 = 6 et 25 – 4 = 21 Il faut enlever 4 partout.	
Cédric 15 vertes 25 c'est 2 fois 10 plus 5 et 15 c'est 2 fois 6 plus la moitié de 6 (2 x 6) + 3 = 15	
Laetitia 21 vertes pour aller de 10 à 25 j'ajoute 15 6 + 15 = 21	

Si la majorité des élèves reconnaît les réponses fausses, certains élèves, cependant, annoncent comme étant juste une réponse fausse (voire deux réponses différentes !). Ils expliquent leur choix par le fait que les calculs sont justes, sans prendre en compte la pertinence de ces calculs.

Laetitia	
21 vertes pour aller de 10 à 25 j'ajoute 15 6 + 15 = 21	Oui elle est bonne parce que les calcules son bon.

Patricia	
17 vertes parce que 25 = (2 × 10) + 5 10 bleues, c'est comme 6 vertes 2 × 6 = 12 et 12 + 5 = 17	elle est bonne parce que ~~25~~ = 2 × 6 = 12 et 12 + 5 = 17.

Les arguments développés par ceux qui ont reconnu les réponses fausses sont divers :
– certains élèves indiquent seulement si les réponses sont justes ou fausses sans donner aucune explication ;
– d'autres justifient qu'une réponse est fausse parce que la réponse juste a une valeur différente, sans peut-être prêter attention aux explications qui accompagnent les réponses proposées ;
– d'autres encore ne comprennent pas le raisonnement qui a pu conduire aux calculs proposés et justifient ainsi le fait qu'ils pensent que la réponse est fausse ; c'est le plus souvent le cas pour la réponse d'Aurélien dans laquelle les élèves ne voient pas d'où vient le 4 ;

Aurélien	
21 vertes j'ai fait 10 - 4 = 6 et 25 - 4 = 21 il faut enlever 4 partout.	faux car on ne c'est pas dout vient le 4 et puis 10B - 4 = 6V

non on ne sait d'où vient le 4 dans "25 - 4 = 21" et dans "10 - 4 = 6"

THÈME 4

Module 2

– d'autres argumentent en faisant référence à la situation : ils reconnaissent, dans les calculs proposés, les nombres correspondant à des bandes bleues ou à des bandes vertes, et sont capables de repérer les erreurs : généralement, ils expliquent « qu'il ne faut pas ajouter des bleues avec des vertes » ou « qu'il ne faut pas ajouter le même nombre partout, les bleues, c'est pas la même longueur que les vertes. »

Patricia

17 vertes parce que
$25 = (2 \times 10) + 5$
10 bleues, c'est comme 6 vertes
$2 \times 6 = 12$
et $12 + 5 = 17$

faux je suis d'accord que $25 = (2 \times 10) + 5$ mais à $12 + 5 = 17$ elle a ajouté la moitié de 10 et non pas celle de 6.

C'est faux parce que les bleues et les vertes c'est pas pareil.
$25 = (2 \times 10) + 5$ ça c'est bon.
Mais $2 \times 6 = 12$ et $12 + 5$ c'est faux parce que Patricia a ajouté 5 pour les deux (les bleues et les vertes).

Dans la consigne écrite sur la fiche, il n'est pas demandé d'expliquer pourquoi une réponse est reconnue comme vraie ; néanmoins, de nombreux élèves essaient de justifier leur proposition et cela se traduit souvent par une présentation plus claire de la démarche proposée dans le document :
– utilisation des écritures mathématiques,
– indication de la couleur des bandes,
– disposition des calculs mettant en évidence les correspondances entre nombres,
– indication des relations entre nombres mobilisées dans les calculs, mettant ainsi en évidence les propriétés de linéarité.

Différentes productions d'élèves à propos de la réponse de Cédric :

Le calcul de Cédric est juste car :
$(2 \times 10) + 5 = 25$
$(2 \times 6) + 3 = 15$

C'est la bonne réponse parce que

B	v
10	6
×2 → 20	12 ← ×2
5+ → 25	15 ← +3

C'est bon !

10 bleues	6 vertes
×2 → 20 bleues	12 vertes ← ×2
+5 → 25 bleues	15 vertes ← +3

3. Le prix des morilles (période 3)

> DESCRIPTION RAPIDE

Dans cette activité, il s'agit de trouver, parmi un lot d'étiquettes-prix, celles qui correspondent aux prix de différentes masses de morilles, exprimées en g. On donne le prix pour 100 g.

> OBJECTIF SPÉCIFIQUE

Utiliser les propriétés de linéarité pour résoudre un problème de quatrième proportionnelle dans lequel le passage à l'unité n'est pas évident.

> VARIABLES DIDACTIQUES

– Les nombres correspondant aux masses qui, sauf le nombre 104, s'obtiennent facilement à partir de 100 en considérant double, moitié, multiple simple et somme.

– Les nombres correspondant aux prix: bien qu'il y ait autant d'étiquettes-prix que de masses proposées, il n'y a pas correspondance entre tous les nombres exprimant des prix et les masses données. Les données, 104 g et 12 € ou 150 g et 58 €, sont choisies pour faire éventuellement apparaître l'utilisation erronée du modèle additif afin de pouvoir le discuter.

> MATÉRIEL

– Une affiche à mettre au tableau:

Poids : 100 g Prix : 8 €

Pour chaque groupe de deux élèves:

– une fiche comportant 5 cartons à découper et les 5 étiquettes-prix à découper

<table>
<tr><td>Poids: 300 g
Prix:</td><td colspan="3">Poids: 250 g
Prix:</td></tr>
<tr><td>Poids: 150 g
Prix:</td><td colspan="3">Poids: 104 g
Prix:</td></tr>
<tr><td rowspan="2">Poids: 50 g
Prix:</td><td>24 €</td><td>20 €</td><td>12 €</td></tr>
<tr><td>58 €</td><td>30 €</td><td></td></tr>
</table>

– une fiche récapitulative du type de la fiche suivante:

Poids	Prix	Explications

THÈME 4

Module 2

DÉROULEMENT

Étape 1 : Travail par groupes

Le maître donne la consigne ci-dessous et met l'affiche au tableau.

Consigne : « Vous allez résoudre le problème suivant par groupes de deux : Dans un supermarché, au rayon "Fruits et légumes", la vendeuse prépare des cartons à mettre sur des sachets de morilles.
Sur chaque carton, le poids et le prix sont indiqués.
L'étiquetage du paquet de 100 g est déjà fait. Je l'ai affiché au tableau.
Vous avez les cartons sur lesquels les poids sont marqués et des étiquettes avec des prix. Cherchez les cartons que vous pouvez compléter avec les étiquettes-prix qui conviennent. Attention, certaines étiquettes ne conviennent pas et d'autres manquent.
Écrivez au fur et à mesure sur la fiche récapitulative les poids et les prix que vous avez associés et expliquez pourquoi. »

Les correspondances entre nombres sont les suivantes :

100	8
300	24
150	12
50	(4)
250	20
(375)	30
104	(8,32)
(625)	58

Les nombres écrits entre parenthèses ne figurent pas sur les cartons ou étiquettes proposés.

Étape 2 : Mise en commun

Le maître affiche au tableau tous les prix qui correspondent à un même sachet. Si des cartons diffèrent, le maître demande qui a raison. Il écrit les procédures ou arguments au tableau.

On commence par le sachet de 300 g pour lequel le prix peut être obtenu en utilisant le rapport de linéarité facile à percevoir compte tenu du choix des nombres.

Un regard sur la fiche récapitulative, où les élèves écrivent ce qu'ils trouvent au fur et à mesure et les explications correspondantes, montre que beaucoup d'élèves commencent par le prix de 300 g et l'obtiennent en multipliant 8 par 3. Ils le justifient oralement en disant, comme une évidence : « il y en a 3 fois plus, on paie 3 fois plus cher. » La réponse 58 € peut apparaître si un élève se réfère à la croissance (« pour la masse la plus grande, le prix le plus cher »).

On continue ensuite par le sachet de 150 g pour lequel le prix peut être obtenu à partir de 100 g et la moitié de 100 ou à partir de 300 g.

Les élèves utilisent effectivement l'une ou l'autre de ces procédures. La réponse 58 peut apparaître lorsque les élèves se réfèrent à un modèle additif erroné et ajoutent le même nombre, ici le nombre 50, pour chacune des deux grandeurs.

Puis on continue par le paquet de 104 g où les reponses *12 €* et *rien* sont attendues.

Différents arguments sont évoqués par les élèves qui ne sont pas d'accord avec la réponse *12 €*:
– « 12 €, c'est le prix déjà trouvé pour 150 g, ça ne peut pas être le même prix pour 104 g. »
– « Si avec 4 g de plus, on paie 4 € de plus, ça ne va pas; c'est comme si 1 g coûtait 1 €, ce n'est pas vrai parce que 100 g ne coûtent pas 100 €. »
– « 104 g, c'est "un tout petit peu plus" que 100 g, alors on devrait payer juste "un petit peu plus" que 8 € et pas la moitié plus. »
Le maître peut demander aux élèves d'estimer le prix du sachet de 104 g qui doit être voisin du prix du paquet de 100 g (le maître peut, à la fin du débat, indiquer ce prix: 8,32 €).

On termine par les sachets de 50 g et 250 g.
À la fin de la mise en commun, en s'appuyant sur quelques exemples, le maître reformule certaines procédures efficaces utilisées par les élèves.
On ne cherchera pas, dans cette étape, à calculer les masses correspondant à 30 € et 58 €. Certains élèves les retrouveront dans l'étape 3.

Étape 3: Réinvestissement individuel différencié

Pour tous: chercher le prix de 200 g de morilles, de 450 g, de 75 g, 1 kg. Pour certains, en plus: chercher le prix de 375 g, 850 g, 625 g de morilles.

4. Les fromages (période 4)

> DESCRIPTION RAPIDE

À partir d'un document indiquant quantités et prix correspondants pour divers produits, les élèves doivent interpréter les informations données et en rechercher d'autres: rechercher le prix de *x* grammes connaissant le prix au kg ou, inversement, rechercher la quantité connaissant le prix.

> OBJECTIFS SPÉCIFIQUES

– Savoir interpréter les informations reliant la quantité d'un certain produit et son prix grâce au modèle de la proportionnalité.
– Savoir utiliser la proportionnalité, notamment les propriétés de linéarité pour résoudre des problèmes de recherche d'une quatrième proportionnelle.
– Réinvestir le travail réalisé dans la situation LE PRIX DES MORILLES dans un contexte proche où la proportionnalité intervient de façon identique.

> VARIABLES DIDACTIQUES

Les nombres *x* exprimant les quantités en grammes : ils sont choisis inférieurs à 1 000 et les rapports *x*/1 000 sont des rapports simples (1/4 ou 1/5 ou 4/10).

> MATÉRIEL

1 feuille par élève portant les dessins des différents fromages, leur poids et leur prix (voir page suivante).

DÉROULEMENT

Étape 1 : Interprétation du document

Collectivement, le maître fait commenter le document, préciser les variétés de fromages, le prix au kg... On ne s'intéresse dans cette étape qu'aux deux premiers types de fromages.

Par deux, les élèves doivent vérifier si les prix au kg des deux premiers types de fromage sont exacts et dire pourquoi.

Le maître recense les réponses puis les procédures.

Différentes procédures peuvent être observées, du type :

Comté	Brie	Brie
400 g → 5 €	250 g → 3,50 €	Passage direct de 250 g
400 g → 5 €	500 g → 7 €	à 1 000 g en multipliant
200 g → 2,50 €	1 000 g → 14 €	par 4
1 000 g → 12,50 €		

Étape 2 : Recherche individuelle

Les élèves doivent maintenant chercher le prix au kg du Roquefort. Cette recherche est suivie d'une mise en commun où le maître, comme dans l'étape précédente, recense les réponses et les procédures.
Ensuite, il demande aux élèves de compléter les étiquettes des deux autres sortes de fromages.

La recherche du prix au kg du Roquefort est simple, compte tenu du choix des nombres, de la vérification faite pour le Comté. Elle entraîne les élèves à utiliser les propriétés de linéarité et permet au maître de s'assurer, dans ce cas simple, de leur bonne utilisation individuellement.

Pour les calculs suivants, certaines erreurs peuvent apparaître.
– Des erreurs liées à la prise d'informations pour le fromage des Pyrénées et le Camembert, lorsque les élèves utilisent des données concernant d'autres fromages. Ainsi pour 200 g de camembert, un élève propose 3 € parce que 200 c'est la moitié de 400 et le prix de 400 g de Roquefort est 6 € ; de même un élève propose 400 g pour le fromage des Pyrénées parce que, le Comté étant au même prix de 5 €, l'élève en déduit qu'il a le même poids sans tenir compte du prix au kg.

Comté
Poids : 400 g
Prix : 5 €
Soit le kg, 12,50 €
Comté

Roquefort
Poids : 400 g
Prix : 6 €
Soit le kg, ... €
Roquefort

Brie
Poids : 250 g
Prix : 3,50 €
Soit le kg, 14 €

Fromage
des pyrénées
Poids : ...... g
Prix : 5 €
Soit le kg, 20 €
Pyrénées

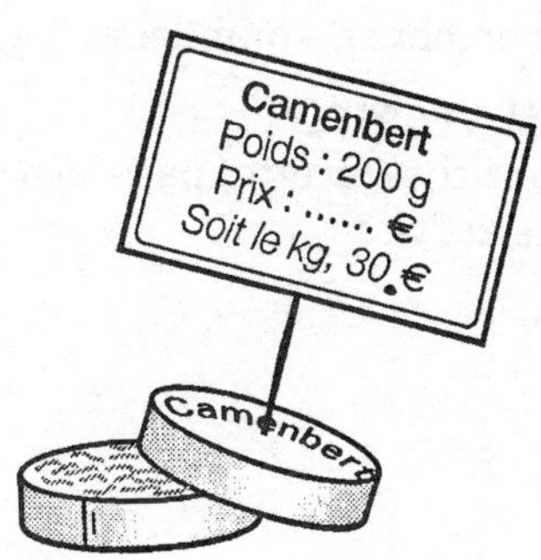
Camenbert
Poids : 200 g
Prix : ...... €
Soit le kg, 30 €
Camenbert

– Erreur sur la quantité de fromage des Pyrénées : le problème posé est différent des précédents (c'est la quantité qui est demandée et non le prix) et devant cette difficulté, des élèves proposent comme réponse 400 parce que 20/5 = 4 donc 400 g ; ces élèves perçoivent le rapport entre les prix mais ne l'appliquent pas aux quantités ; ils ne prennent pas en compte la correspondance 20 € → 1 000 g.

La mise en commun permet de mettre en évidence d'éventuelles erreurs, comme celles indiquées ci-dessus, liées à la prise d'informations dans le document ainsi que différentes procédures de résolution. Par exemple, pour la recherche du prix du Camembert, certains élèves peuvent diviser 30 par 5, en utilisant directement le rapport entre 1 000 et 200, d'autres cherchent d'abord le prix de 100 g puis celui de 200 g.

Notons que la connaissance des relations arithmétiques entre les nombres influe de façon évidente sur la résolution du problème.

À l'issue de ce travail, une synthèse permettra de reformuler, dans le contexte de la situation, les propriétés utilisées ici, en particulier « si on multiplie (ou divise) la quantité par *n*, le prix est aussi multiplié (ou divisé) par *n* », *n* prenant les valeurs entières simples rencontrées dans le problème : 2, 4 et 5.

5. Recettes (période 4)

> DESCRIPTION RAPIDE

Les quantités des différents ingrédients utilisés dans une recette sont données pour un certain nombre de parts. Il faut trouver les quantités nécessaires lorsque l'un des paramètres (quantité d'un ingrédient ou nombre de parts) change, à proportions constantes.

> OBJECTIF SPÉCIFIQUE

Utiliser, selon le contexte numérique, les propriétés de linéarité ou le coefficient de proportionnalité pour résoudre un problème de quatrième proportionnelle.

> VARIABLES DIDACTIQUES

– Les types de relations entre les valeurs pour une même grandeur, ou entre les valeurs correspondantes de deux grandeurs proportionnelles (l'une est multiple de l'autre, elles ont un diviseur commun…).
– Le nombre de grandeurs (ingrédients) à traiter en même temps.

> MATÉRIEL

Deux fiches recettes par élève correspondant aux deux recettes proposées pour cette activité.

DÉROULEMENT

Première phase
Première recette

Chaque élève reçoit la fiche ci-dessous « Recette des bananes au four ». La recette est également écrite au tableau.

Recette des bananes au four Il faut : 20 grammes de beurre 4 bananes 10 grammes de sucre

Dans un premier temps, le maître s'assure de l'appropriation de l'idée de proportion sous forme de calcul mental : « Si on met 8 bananes, quel poids de sucre et de beurre faut-il mettre ? »

Les réponses sont données oralement et on peut conclure que lorsqu'on utilise une recette, on respecte les proportions, c'est-à-dire : si l'on double la quantité de bananes, on double aussi les quantités de sucre et de beurre.

Étape 1 : Première recherche individuelle

> ÉNONCÉ

Jeanne a préparé des bananes au four pour un goûter. Elle a respecté les proportions et a utilisé 120 g de beurre.
Quelle quantité de sucre a-t-elle utilisée ? Et combien de bananes ?

Le maître demande aux élèves de trouver le résultat et d'écrire comment ils ont fait.

Les procédures attendues sont :
- l'utilisation des propriétés de linéarité : 120 est multiple de 20,
- l'utilisation du rapport entre quantité de beurre et quantité de sucre qui est, ici, un rapport simple entre nombres familiers : 10 et 20.

La mise en commun permet l'inventaire des différents résultats et procédures utilisées. Aucune des procédures correctes ne sera privilégiée.
Si des élèves ont ajouté la même quantité de sucre que de beurre (ici 100 g), il y a lieu d'engager un débat sur cette proposition, en référence à la situation et à l'idée de proportions.

Les deux grandeurs mises en correspondance sont des grandeurs de même nature : ce sont des quantités qui sont exprimées dans la même unité, le gramme. Aussi est-il fréquent que les élèves, au cours de leurs calculs, ne sachent plus si les nombres qu'ils écrivent concernent le beurre ou le sucre. Cette situation fait apparaître la nécessité d'une présentation claire de la solution répondant aux exigences suivantes :

– les grandeurs et les nombres associés à chacune d'elles doivent être clairement identifiés (« on doit reconnaître ce qui est du sucre et ce qui est du beurre »),
– les correspondances entre quantités de beurre et quantités de sucre doivent, elles aussi, être mises en évidence,
– les relations entre nombres, utilisées dans la résolution, doivent apparaître dans la communication orale, mais aussi écrite, de la solution.

Cette réflexion, au cours de la mise en commun, peut justifier une présentation en tableau.

Étape 2 : Deuxième recherche individuelle

Question :
Quelles quantités de sucre et de bananes faut-il avec 50 g de beurre ?

Le nombre proposé permet un réinvestissement des deux procédures envisagées précédemment.

Dans la mise en commun, l'accent sera mis sur les procédures utilisées mais aussi sur la communication de la solution.

Le choix des nombres s'y prête bien car, en proposant 50 g, les élèves, utilisant les propriétés de linéarité, sont amenés à considérer, au fil des calculs, 10 g de sucre mais également 10 g de beurre, d'où la nécessité d'une présentation claire de la solution.

Étape 3 : Troisième recherche individuelle

Question :
Quelle quantité de sucre faudrait-il avec 86 g de beurre ?

La quantité choisie (86 g) rend difficile l'utilisation des propriétés de linéarité, largement privilégiées dans les problèmes de proportionnalité envisagés précédemment. Il s'agit, ici, de faire prendre conscience de l'invariance de la relation entre les valeurs correspondantes des deux grandeurs : le rapport entre quantité de beurre et quantité de sucre. Son utilisation permet de répondre à la question facilement.

Au cours de la mise en commun, les résultats trouvés pour l'ensemble des questions (ou au cours de la résolution) seront récapitulés dans un tableau mettant en évidence les rapports entre les quantités correspondant à un même ingrédient (utilisés dans la résolution par linéarité) et le rapport entre les valeurs correspondantes de sucre et de beurre (utilisation du rapport constant entre quantité de beurre et quantité de sucre).

À partir d'un tableau dont l'ébauche, comme celle ci-dessous, fait apparaître les différentes grandeurs et les quantités correspondantes en jeu dans la situation, on pourra mettre en évidence toutes les relations effectivement utilisées par les élèves :

Quantité de beurre (en g)	Quantité de sucre (en g)	Bananes
20	10	4
× 6 → 120	× 6 → 60	× 6 → 24
10	5	2
40	20	8
50	25	10
86	43	

86 → 43 : 2

Deuxième phase
Deuxième recette

La recette suivante est proposée :

> **Recette de la salade exotique**
> Pour 6 parts, les proportions sont :
> 3 oranges
> 15 kiwis
> 1 ananas

Question :

Combien d'oranges et de kiwis faut-il prévoir pour :

a) 8 parts ?

b) 10 parts ?

c) 16 parts ?

Le contexte est semblable (les proportions dans une recette). C'est le nombre de parts qui varie et les quantités demandées concernent, dans ce problème, deux ingrédients. Notons que la situation peut facilement être représentée si le recours au dessin s'avère nécessaire pour certains élèves.

La recherche est individuelle.
Une première mise en commun est proposée après la recherche de la réponse à la question *a*.

Le choix des nombres permet de réinvestir les différentes procédures envisagées dans le problème précédent (coefficient, linéarité).

Cette situation est plus favorable au recours à l'unité qui, ici, prend du sens : il donne le nombre de fruits pour une part. Certains élèves peuvent rapprocher les nombres ainsi obtenus avec la recherche du rapport entre les grandeurs : « Pour une part, il faut une demi-orange » et « pour trouver le nombre d'oranges, il faut diviser le nombre de parts par 2. »

La recherche se poursuit sur les questions *b* et *c*. Pour les élèves les plus rapides, on pourra proposer le prolongement suivant:
« Combien d'ananas pour 126 parts ? »

La mise en commun donne lieu à une présentation collective des résultats sous la forme d'un tableau permettant de mettre en évidence des calculs intermédiaires et de schématiser les différentes procédures utilisées:

Nombre de parts	Nombre d'oranges	Nombre de kiwis
6	3	15
2		
8		
10		
16		

6. Sirop (période 5)

> DESCRIPTION RAPIDE

Deux bouteilles A et B contiennent de l'eau et du sucre en proportions différentes ou égales. Il s'agit d'indiquer si les sirops contenus dans A et dans B sont aussi sucrés ou si l'un est plus sucré que l'autre et lequel, ou de prévoir les quantités pour obtenir les mêmes proportions[23].

> OBJECTIFS SPÉCIFIQUES

– Approcher la notion de proportionnalité dans une situation de comparaison.
– Résoudre un problème de comparaison par des procédures personnelles.
– Argumenter pour justifier sa réponse.

> VARIABLES DIDACTIQUES

– La taille des nombres: les nombres choisis sont des entiers, inférieurs à 30, nombres très familiers.
– Les relations arithmétiques entre les nombres donnés: ici, les nombres correspondant à une même grandeur sont toujours dans un rapport simple (4 et 12, 5 et 30, 2 et 10). La relation entre les deux grandeurs peut être simple (4 et 2, 4 est le double de 2) ou moins évidente (5 et 4, le rapport est un nombre décimal).

23. Situation empruntée à G. Nolting, *Le Développement cognitif et le mécanisme de l'équilibration*, G. Morin, 1992.

> MATÉRIEL

– Une fiche par élève :

Prénom : ....

Je prépare du sirop dans
les deux bouteilles A et B.

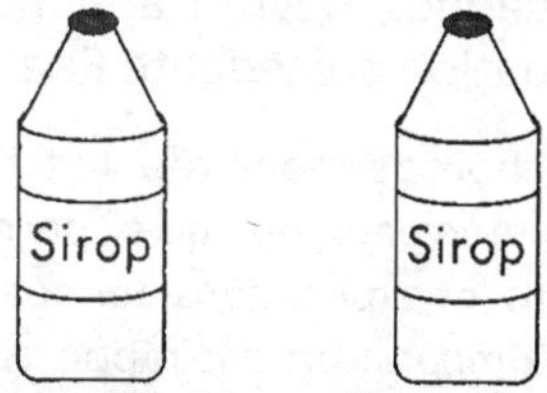

Bouteille A Bouteille B

Exercice 1

Dans la bouteille A, je mets 4 verres d'eau et 2 morceaux de sucre.
Dans la bouteille B, je mets 12 verres d'eau et 10 morceaux de sucre.
Caroline dit : « C'est le sirop de la bouteille A qui est le plus sucré ! »
Sophie dit : « C'est le sirop de la bouteille B qui est le plus sucré ! »
Pierre dit : « Les deux sirops sont pareils ! »

Qui a raison ? Explique pourquoi.

Exercice 2

Dans la bouteille A, je mets 5 verres d'eau et 4 morceaux de sucre.
Dans la bouteille B, je mets 30 verres d'eau et du sucre.

Combien dois-je mettre de sucre dans la bouteille B pour que les deux sirops soient aussi sucrés ?
Explique pourquoi.

DÉROULEMENT

Étape 1 : Recherche de l'exercice 1

Chaque élève répond individuellement, avec explication écrite.
Puis les élèves travaillent par deux pour confronter leurs résultats et/ou leurs arguments. Au cours de cette confrontation, chaque élève peut modifier sa réponse ou ses explications. Les deux élèves peuvent ne pas parvenir à se mettre d'accord sur une seule réponse.
Lors de la mise en commun et pour chacune des trois affirmations proposées (celle de Caroline, celle de Sophie, celle de Pierre), le maître note le nombre d'élèves l'ayant choisie et recense sans discussion au tableau les différents arguments.

Il peut ensuite demander si certains changent d'avis et quels sont les arguments qui les ont convaincus.
Un débat s'instaure alors autour des différentes propositions. Dans ces échanges, devrait apparaître l'idée de proportion, déjà évoquée dans la situation précédente RECETTES.

Le choix des nombres, 4 et 12 pour les verres d'eau et respectivement 2 et 10 pour les morceaux de sucre, permet de développer différentes procédures exprimées dans les explications données par les élèves.
– Comparaison des rapports entre nombres correspondant au même composant: « Il y a trois fois plus d'eau dans la 2e bouteille que dans la 1re, mais il y a cinq fois plus de sucre », procédure qui s'appuie sur les propriétés de linéarité d'une éventuelle relation (si les mélanges étaient aussi sucrés) de proportionnalité entre « quantité d'eau » et « quantité de sucre ».
– Comparaison des rapports entre composants: « 2 morceaux de sucre, c'est la moitié de 4 verres (sic), mais dans la bouteille B, 10 morceaux de sucre, c'est plus que la moitié, c'est B le plus sucré ». Procédure qui met en œuvre implicitement un éventuel coefficient de proportionnalité entre les grandeurs.
– Utilisation des propriétés de linéarité pour ramener « hypothétiquement » les deux bouteilles à la même contenance: « Si on mettait 12 verres d'eau dans la bouteille A, il faudrait mettre 6 morceaux de sucre... »

Notons que certains élèves produisent une réponse juste à la question « Qui a raison ? » mais les arguments traduisent un raisonnement erroné: « C'est la bouteille B qui a le sirop le plus sucré car c'est celle où il y a le plus de sucre », où la comparaison des quantités de sucre est faite sans prendre en compte les quantités d'eau correspondantes.
Des arguments sont énoncés pour défendre les autres propositions. Ainsi, pour expliquer que les sirops sont également sucrés (proposition peu retenue), une argumentation qui ne s'appuie pas sur les rapports entre les nombres mais seulement sur l'ordre de grandeur: « Les deux bouteilles de sirop sont pareilles car la A a pas beaucoup d'eau et peu de sucre et la B a plus d'eau et plus de sucre. »

Étape 2: Recherche de l'exercice 2

Chaque élève répond individuellement, avec une explication écrite.

Le problème posé est un problème de recherche de quatrième proportionnelle. Le choix des nombres 5 et 4 (5 non multiple de 4) limite les procédures possibles envisagées dans l'exercice précédent car le coefficient de proportionnalité ou rapport entre les nombres correspondant aux deux grandeurs (ici 1,30) est difficilement utilisable.
On peut voir apparaître une procédure erronée s'appuyant sur le modèle additif « Il y a un sucre de moins que de verres d'eau », argument qu'il faudrait déstabiliser par d'autres arguments puisque la situation ne permet guère une validation par la réalisation effective comme la situation BANDES COLORÉES.

La mise en commun est l'occasion de mettre en évidence les différentes réponses et les explications correspondantes.
Il s'agit de convaincre tous les élèves que si l'on met cinq fois plus d'eau, il faut mettre aussi cinq fois plus de sucre, si l'on veut un sirop aussi sucré.

Le contexte et les nombres ont été choisis pour faciliter la représentation mentale, voire figurée, de la situation. Ainsi, par exemple, pour l'exercice 1, une représentation comme celle ci-dessous peut-elle aider à résoudre le problème ou à rendre plus explicite ou plus convaincant un des arguments proposés par les élèves :

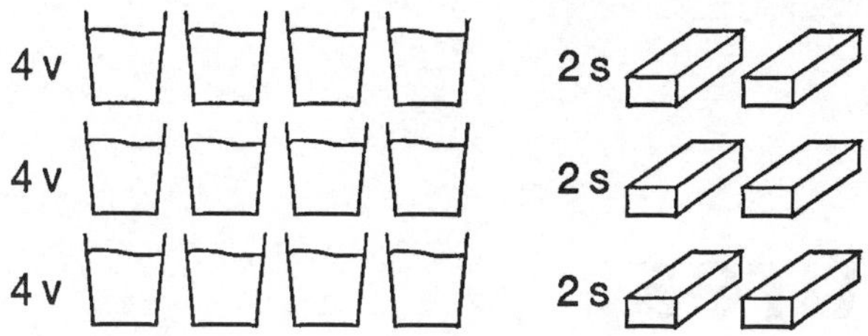

Thème 5

Mesures, fractions et décimaux

■ Aspects théoriques

Mesures

1. ASPECTS MATHÉMATIQUES : GRANDEURS, MESURES ET NOMBRES

Si l'on convient avec N. Rouche (1992) que « c'est d'abord du projet et de la difficulté de mesurer les grandeurs que les nombres (autres que naturels) sont nés à travers une longue histoire », il faut préciser ce que l'on entend par grandeurs et préciser les problèmes soulevés par leur mesure.

1.1 Grandeurs

Sur différents objets de notre espace, proche ou lointain, nous pouvons identifier différentes grandeurs qui servent à décrire ces objets.

Pour un objet aussi simple qu'une table, diverses grandeurs sont identifiables : hauteur, longueur, largeur, masse, couleur, vitesse (heureusement, généralement proche de zéro !), surface, volume, etc.
Les trois premières grandeurs citées sont de même nature, on peut les comparer et constater, par exemple, que la largeur de la table est inférieure à sa hauteur ($\ell < h$), elle-même inférieure à sa longueur ($h < L$) d'où l'on peut conclure que $\ell < h < L$.
La comparaison entre les trois dimensions de la table est relativement facile à l'aide d'une simple ficelle sur laquelle « on marque » les longueurs correspondantes. On constate alors « l'ordre » des trois points :

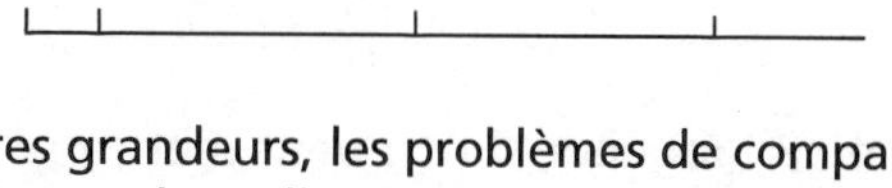

Pour d'autres grandeurs, les problèmes de comparaison sont plus complexes : des deux figures suivantes, laquelle occupe le plus de place ?

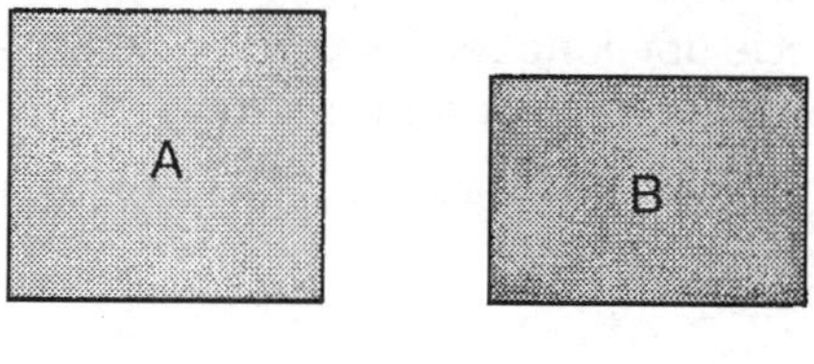

THÈME 5

Par « superposition » des deux figures, il est facile de répondre :

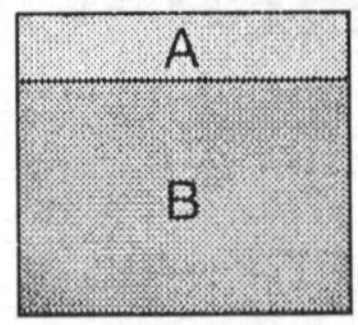

Encore faut-il que cette superposition soit possible ! Par ailleurs cette technique, même en se limitant aux cas de figures simples, ne permet pas toujours de conclure :
des deux figures C et D, laquelle occupe le plus de place ?

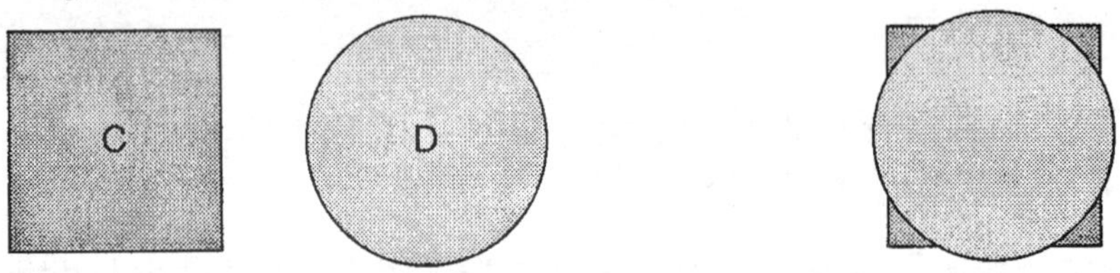

On pourrait multiplier les exemples de grandeurs et de problèmes posés par leur comparaison pour finalement aboutir à l'idée que certaines grandeurs sont comparables, selon un procédé à définir, mais que d'autres ne le sont pas ; la couleur par exemple : on ne peut pas dire qu'un objet « jaune » est plus « coloré » qu'un objet « bleu ».

« Si on appelle grandeur tout caractère d'un objet… susceptible de variations chez cet objet, ou d'un objet à un autre » (APMEP, 1982), les grandeurs pour lesquelles on pourra définir :

- une relation d'équivalence (comme «… aussi long que… » pour les longueurs) ;
- une relation d'ordre (comme «… plus long que … » pour les longueurs) ;
- une opération interne (sommation) ;
- une opération externe (multiplication par un nombre : on peut parler d'une « tige » 2 fois plus longue qu'une autre) ;

seront qualifiées de grandeurs mesurables.

Ainsi des grandeurs comme les longueurs, les masses, les aires et les volumes sont des grandeurs mesurables, alors que la couleur ne l'est pas.
Les relations et opérations sur les grandeurs doivent faire l'objet d'une définition pour chaque grandeur considérée.

■ Longueurs

On dira que deux « tiges » sont de même longueur si l'on peut mettre en correspondance leurs deux extrémités respectives.

À une « tige » symbolisée par *t*, on associe une longueur notée *L* : c'est la classe de toutes les « tiges » qui sont de même longueur que *t*. On notera : *L* = long (*t*).

Une « tige » correspond abstraitement, dans le plan géométrique, à un segment [AB]. On définit également la longueur des segments.

Le problème de la comparaison des segments peut être posé dans le plan. Pratiquement, quand c'est possible, le compas est un bon instrument pour cela. Sur le plan théorique, on dira que deux segments ont même longueur s'ils sont isométriques, c'est-à-dire si l'on peut passer de l'un à l'autre par une isométrie (une translation, ou une symétrie, ou une rotation, etc.).
On notera AB la longueur du segment [AB] : long ([AB]) = AB.
On remarque que ce concept est indépendant du nombre, la longueur n'est pas un nombre, ni une tige, ni un segment.

On met en place une relation d'ordre entre les longueurs : longueur plus petite ou plus grande, par comparaison ou superposition directe ou indirecte.
Cette comparaison, évidemment, se fera à partir d'un représentant de chaque classe : si *t* et *t'* désignent deux « tiges », si on fait coïncider deux extrémités et si celle de *t* est « en deçà » de celle de *t'*, on pourra dire que la longueur de *t* est plus petite que la longueur de *t'* et noter selon la convention d'écriture : long (*t*) < long (*t'*). Et l'on peut faire de même pour les segments...

On peut définir la somme des longueurs des segments AB et CD comme la « mise bout à bout » de ces segments (ou de segments égaux à chacun d'eux) : les points A, B, C et D sont alignés et les points B et C confondus.

L étant une longueur, nous pouvons par sommations successives obtenir une longueur *L'* égale à *a* fois *L* (produit de *L* par *a*) où *a* est un nombre naturel correspondant au nombre de fois où la longueur *L* a été reportée.

Aires

Soit *S* une surface : si on peut la découper en un nombre fini de morceaux, que l'on pourra recoller, sans trou ni recouvrement, la surface *S'* obtenue aura la même aire que *S*.

Soient *S* et *S'* deux surfaces distinctes, on dira que *S* a même aire que *S'*, si après découpage et recollement de *S'*, comme ci-dessus, on obtient une surface exactement superposable à *S*.

L'aire de *S*, notée A(*S*), sera la classe d'équivalence de toutes les surfaces qui auront la même aire que *S*, selon les définitions ci-dessus.
Cette définition paraît convenable, pour les surfaces usuelles...
De plus, la grandeur « aire » précise l'idée intuitive d'étendue des surfaces : c'est une caractéristique, indépendante de la forme, c'est un invariant d'un certain ensemble de surfaces. Comme le nombre est une caractéristique des collections, indépendante des propriétés qualitatives de ces collections, l'aire est une propriété des surfaces : c'est la même pour toutes les surfaces qui ont même aire.

On peut définir une relation d'ordre entre les aires : l'aire de *S* est plus petite que l'aire de *S'*, si en modifiant la forme de *S*, sans retrait ni ajout, on obtient l'inclusion de *S* dans *S'*.

On conçoit également facilement que la somme de deux aires est l'aire de la surface obtenue en considérant la juxtaposition de deux surfaces.

A(*S*) étant l'aire de *S*, on peut « construire » une aire *S'* égale à *a* fois l'aire de *S*.

Masses

Pour définir la notion de masse, on utilise le principe de la balance de Roberval.

Deux objets ont même masse si, mis chacun sur un des plateaux d'une balance de Roberval, ils font équilibre.

On peut également définir une relation d'ordre entre les masses : m (A) > m (B) si la balance de Roberval penche du côté de l'objet A.

L'objet C a pour masse la somme des masses des objets A et B si, mis dans un des plateaux de la balance, il fait équilibre avec les objets A et B mis ensemble dans l'autre plateau.

Enfin, *a* objets équivalents ont pour masse globale *a* fois la masse de l'objet pris isolément

1.2 Mesurer des grandeurs

On vient de voir que l'on peut étudier des grandeurs sans faire intervenir ni unités ni nombres. Cependant chacun conviendra que les manipulations évoquées sont peu commodes et ne permettent pas de résoudre tous les problèmes que l'on peut se poser à propos des grandeurs. En particulier, celui du rapport entre des grandeurs de même espèce. Précisons cela à partir des problèmes de l'introduction de l'unité de longueur et de la définition de la mesure de l'aire.

Le problème de l'introduction de l'unité de longueur

L'introduction d'une unité de mesure s'impose dès lors que la comparaison directe ne peut se faire (éloignement dans l'espace) et/ou que les longueurs sont importantes.

Soit *t'* et *t''* les deux « tiges » à comparer, correspondant à des segments [AB] et [CD], et *t* une « tige » intermédiaire.
Si on peut écrire : long (*t'*) < 12 x long (*t*) et long (*t''*) > 14 x long (*t*)
alors : long (*t'*) < long (*t''*),
12 x long (*t*) voulant dire que l'on a reporté 12 fois la « tige » désignée par *t* le long de la « tige » *t'*.

On écrit 12 x long (*t*), afin de mettre en évidence que c'est une propriété indépendante de la tige prise dans la classe des tiges de même longueur que *t*.

Le problème de la comparaison des tiges *t'* et *t''* est ainsi résolu.
Cette tige *t* est appelée un étalon.
Soit *u* = long (*t*). *u* est la longueur correspondant à l'étalon *t*; *u* est appelé une longueur unité, ou simplement une unité.
Ceci exprime le fait que divers étalons de même longueur peuvent être utilisés. Le mètre, qui est l'unité conventionnelle, a de nombreux représentants : d'abord l'étalon officiel déposé au pavillon de Breteuil, puis les mètres pliants, les mètres à ruban, les mètres rigides des tailleurs, etc. qui sont tous ses dignes représentants.

Évidemment, il y a énormément de cas où le problème de la comparaison ne peut pas être résolu aussi facilement, par exemple si :

17 x long (*t*) < long (*t'*) < 18 x long (*t*) et 17 x long (*t*) < long (*t''*) < 18 x long (*t*).

On met ainsi en évidence les cas où il est nécessaire de choisir un sous-étalon, c'est-à-dire de recourir au report d'un étalon plus petit, par exemple t_1, afin d'essayer de résoudre le problème qui était insoluble avec le seul étalon t.
À ce niveau, on a le choix entre :
– recommencer l'opération au début, c'est-à-dire reporter entièrement l'étalon t_1, donc, en fait, remesurer avec t_1,
– ou bien combler seulement avec t_1 ce qui manque, après avoir reporté t un certain nombre de fois.

La longueur va s'exprimer sous forme d'une écriture complexe (A t; B t_1) où A est le nombre de fois où l'on a reporté t et B le nombre de fois où l'on a reporté t_1. Éventuellement on devra, pour avoir plus de précision, recourir à un deuxième sous-étalon, par exemple t_2.

Le problème de la définition de la mesure de l'aire

L'idée de recourir à un étalon comme pour les longueurs paraît évidente.
Mais quelle forme donner à cet étalon ? Rectangulaire pour les rectangles, triangulaire pour les triangles, circulaire pour les disques ?
Dans certains cas, l'utilisation d'un étalon de forme carrée que l'on peut découper ou subdiviser permet un pavage effectif. Une autre solution consiste à construire une surface de même aire, par découpage et recollement, qui sera pavable plus simplement (beaucoup de figures simples peuvent ainsi se ramener à des rectangles). Cette dernière méthode permet d'établir les formules de calcul d'aire des figures les plus courantes.
Le cas des figures à bords non-rectilignes est évidemment plus complexe.

2. ASPECTS HISTORIQUES

2.1 Systèmes de mesures anciens

Dans toutes les civilisations anciennes, on trouve la trace de systèmes de mesures de longueur, d'aire, de masse, de volume.
Chez les Égyptiens, dont le système de numération était à base 10, les systèmes de mesure n'utilisaient pas de façon systématique cette particularité.
L'unité de longueur usuelle était la coudée qui équivalait généralement à 6 palmes (parfois 7) et à 24 doigts. Un des multiples était la verge, soit 100 coudées.
L'unité de mesure de surface était le sétat qui valait une verge-carrée. Comme multiple, on utilisait le kha équivalant à 100 sétats.
Pour les unités de volume, les Égyptiens utilisaient le héquat équivalent à 10 hin ou 320 ro.
Mais on utilisait également des décompositions correspondant à $\frac{1}{2}, \frac{1}{4}, \frac{1}{8}, \frac{1}{16}, \frac{1}{32}, \frac{1}{64}$ de l'héquat.
Enfin, pour les mesures des poids, on utilisait le deben qui valait 10 kite.
On imagine aisément les difficultés qu'éprouvaient les scribes lorsque, ayant calculé des aires ou des volumes avec des unités aussi disparates, ils devaient faire des conversions pour exprimer le résultat dans l'unité la plus adaptée.

En Mésopotamie, où le système de numération était positionnel et à base 60, les systèmes de mesure utilisaient largement les multiples et sous-multiples de 6, 12, 30, 60, mais aussi de 10 qui jouait dans ce système de numération le rôle de base auxiliaire.
Ainsi, l'unité de mesure des longueurs était la coudée qui correspondait à 2 empans, à 3 pieds ou à 30 doigts (il est clair que, au moins au départ, ces mesures prenaient leur sens par rapport à des mesures corporelles effectives). Parmi les multiples de la coudée, on comptait le pas (1,5 coudées), la canne (6 coudées), la borne (12 coudées),...
Pour les mesures de surface, il y avait le sar (ou verger) ou borne-carrée équivalant à 60 gins ou 180 grains. Pour les multiples, on utilisait entre autres l'arpent de 100 vergers, le champ de 18 arpents et le sar de 60 champs.
Pour les mesures de volume, un sar-volume équivalait au produit d'un sar-carré par une coudée soit une borne-carrée multipliée par une coudée...
Pour mesurer les poids, il y avait la mine équivalant à $\frac{1}{240}$ coudées-cube d'eau...

Cette « métrologie » est donc, elle aussi, extrêmement complexe. On notera cependant la volonté de relier ensemble les mesures de longueur, de surface, de volume et de poids.

À l'époque où Simon Stévin popularise les décimaux, les systèmes de mesure ayant cours en Europe sont également très complexes. La difficulté liée à l'utilisation de tels systèmes, pour la diffusion du calcul à l'aide des nombres décimaux, ne lui échappa pas. C'est pourquoi, dans son livre la « Disme », il propose la division décimale des unités de mesure. Par exemple, il propose de diviser la verge (qu'il nomme « commencement ») en dix parties, chacune de celles-ci sera notée 1^1, par analogie avec ce qu'il a proposé pour noter les dixièmes de l'unité en numération décimale. Le procédé peut être réitéré pour obtenir 1^2, etc.

2.2 L'invention du système métrique

Il faut cependant attendre la Révolution française pour commencer à mettre un frein à l'anarchie qui prévaut dans les mesures de tous ordres.
Sous l'Ancien Régime en effet, il existait en France plus de 800 unités de mesures !
Pour mesurer les longueurs on utilisait la toise, le pied, le pouce... Les aires étaient évaluées en arpents ou en perches carrées pour les champs mais en aunes carrées pour les étoffes... Pour mesurer masses et volumes, les unités dépendaient de ce qui était mesuré : grain, farine, vin, etc. Qui plus est, une même unité, de capacité par exemple, variait d'une région à l'autre tout en portant le même nom !

Pour fonder un nouveau système universel de mesure basé sur le système décimal, les révolutionnaires décident de donner un nouveau nom, le mètre, et une nouvelle définition à l'unité de longueur : ce sera « la quarante millionième partie » de la « Méridienne » évaluée par Pierre Méchain et Jean-Baptiste Delambre (entre 1792 et 1799) à partir de la mesure de la distance entre Dunkerque et Barcelone. Toutes les autres mesures – aires, volumes, capacités, masses – vont découler de cette nouvelle unité. Multiples et sous-multiples suivront des progressions décimales... et tout était dix !

3. ASPECTS DIDACTIQUES

3.1 L'enseignement de la mesure de 1887 à nos jours..

■ LES PROGRAMMES AVANT 1945

Dans les programmes de 1887, dès la section enfantine (de 5 à 7 ans), il est fait mention sous la rubrique « Calcul arithmétique » du mètre, du franc, du litre. Au Cours Élémentaire, les « notions » de mètre, litre, franc et gramme sont à nouveau abordées et associées à leurs multiples et sous-multiples. Ce travail est repris au Cours Moyen à propos de l'étude du « système légal des poids et mesures ».

Les instructions de 1923 lient très étroitement l'étude du système légal des mesures et l'étude des nombres décimaux. La liaison numération décimale et « système des mesures légales à base dix, à base cent, à base mille » s'opère dès le Cours Élémentaire où l'on étudie le mètre, le gramme et leurs multiples. Elle se poursuit au Cours Moyen où l'on introduit les sous-multiples du mètre et ceux du gramme.

Mais ce travail n'épuise pas le champ de la mesure au programme du Cours Moyen. L'étude des surfaces et des volumes, qu'on ne « mesure pas effectivement » mais pour lesquels on applique des formules, complète l'étude du système légal des mesures. Leurs mesures peuvent également s'exprimer à l'aide des nombres décimaux si l'on se place dans un système à base cent (pour les surfaces) ou à base mille (pour les volumes).

■ LES PROGRAMMES DE 1945

Dans ces programmes, les mesures sont abordées dès le Cours Préparatoire au travers de l'utilisation du décimètre et du double décimètre (gradués en cm) et celle de la monnaie (pièces et billets de 1, 2, 5 et 10 F).

Au Cours Élémentaire, l'enseignement de la numération décimale se prolonge en « liaison avec l'étude des unités usuelles du système métrique : franc ; mètre, centimètre, kilomètre ; litre, centilitre, hectolitre ; gramme, kilogramme » sans utiliser d'écritures à virgule.

Par ailleurs on introduit :
- le « calcul en cm^2 et m^2 de la surface d'un rectangle dont les dimensions sont exprimées en cm et m » ;
- un travail sur les durées : mois, jours, heures, minutes ;
- des exercices pratiques de mesure de longueurs en m et en cm.

Au Cours Moyen, l'étude des unités de monnaie, de longueur, de distance, de poids et de capacité sert de support à l'introduction des nombres décimaux (changements d'unités, multiplication par 10, 100, 1 000) et des techniques de calcul sur ces nouveaux nombres.

Le thème de la mesure tient une large place dans ces programmes :
- mesure du temps (heures, minutes, secondes) ;
- unités de longueur ;
- unités de surface et calcul de la superficie du rectangle, du triangle et du trapèze rectangle ;

– unités de volume et calcul du volume d'un parallélépipède rectangle, d'un prisme droit;
– correspondance entre les unités de volume et celles de capacité et de poids;
– longueur de la circonférence et surface d'un cercle;
– surface latérale et volume d'un cylindre droit;
– usage de la règle, du double décimètre (gradué en mm), du rapporteur…

Les programmes de 1970

Après avoir introduit au CE l'usage de la règle graduée, de la balance, du calendrier et entraîné à la lecture de l'heure, l'étude des mesures se poursuit au CM par des exercices pratiques portant sur:
– longueur, aire, volume;
– temps, masse;
– utilisation d'unités adaptées;
– ordre de grandeur et encadrement.

Les commentaires qui accompagnent ces programmes insistent sur la nécessité d'introduire la signification mathématique du mot mesure. Ils précisent qu'« en mathématique, une mesure d'un objet est un nombre ».
Dans « les exercices pratiques de mesure » qui sont suggérés, on vise à « dégager l'idée que de nombreuses comparaisons peuvent s'exprimer en utilisant des nombres »; une fois une unité choisie, la mesure d'un objet, « au sens mathématique du terme », est un nombre.
Pour la mesure des surfaces, l'utilisation d'un fond quadrillé est privilégiée. Ce support permet de trouver un encadrement pour exprimer l'aire d'une surface quelconque.

Les programmes de 1980

Les objectifs d'apprentissage/enseignement pour le CM concernant la mesure sont de savoir:
– construire et utiliser des systèmes de mesure pour les grandeurs étudiées;
– utiliser correctement divers instruments de longueur ou de masse;
– mesurer un intervalle de temps et calculer sur les nombres exprimant des durées;
– comparer des angles;
– classer et ranger par comparaison directe et indirecte des objets selon leur aire, leur volume;
– utiliser les relations entre les unités du système légal de mesure des longueurs, des aires et des volumes;
– déterminer l'aire d'un rectangle, d'un triangle; le volume d'un pavé droit; l'aire ou le volume d'un objet donné en utilisant un formulaire;
– traiter quelques problèmes simples liés à la pratique de la mesure.

Les activités de mesurage préconisées dans les instructions pédagogiques visent à développer deux axes:
– faire dégager les notions de grandeur et de mesure d'une grandeur;
– faire utiliser les instruments de mesure.

Pour ce faire, trois types d'activités sont nécessaires :
– des activités de comparaison conduisant à des classements (relations d'équivalence) et à des rangements (relations d'ordre) d'objets selon différentes grandeurs ;
– des activités amenant à exprimer les mesures des grandeurs à l'aide de nombres, une unité (légale ou arbitraire) étant définie ;
– des activités d'addition des grandeurs.

Les programmes de 1995

Au cours du cycle des approfondissements, les points suivants seront abordés :
– mesure de diverses grandeurs : longueur, masse, durée, aire, volume (en litre) ;
– distinction entre périmètre et aire ;
– comparaison d'angles ;
– unités de mesure du système métrique et unités usuelles, et leurs relations ;
– ordre de grandeur et choix de l'unité de mesure appropriée ;
– périmètre d'un polygone, d'un cercle ;
– aire du rectangle ;
– utilisation d'un formulaire ;
– conversion d'unités ;
– conversion entre unités légales et unités usuelles (ha et m^2).

Les programmes de 2002

Ils reprennent ceux de 1995 en insistant sur la continuité avec les connaissances élaborées au cycle 2 qui seront complétées et structurées au travers de la résolution de problèmes « concrets », réels ou évoqués.

3.2 Nos choix didactiques

Le thème de la mesure met en présence au moins deux domaines assez clairement séparés, même si ce qui les distingue peut sembler relativement flou (à cause sans doute de leur trop grande familiarité) :
– le domaine des objets concrets et des grandeurs avec leur environnement de propriétés et de manipulations ;
– le domaine des nombres et son environnement de calcul, pour exprimer quantitativement les grandeurs et anticiper le résultat de certaines actions.

Quelles grandeurs mesurer au cycle 3 ?

Ce sont essentiellement : les coûts, les longueurs, les durées, les masses, les aires, les volumes, les capacités. Au CM, on approfondit le champ déjà abordé dans la scolarité antérieure, en relation avec l'étude des décimaux et des fractions.

Les mesures abordées dans la scolarité obligatoire sont de deux types. Les mesures simples ou à une dimension : les longueurs et les masses se classent dans cette catégorie. On peut aussi y situer les aires lorsque l'unité de mesure est donnée (un petit carré par exemple) et qu'il s'agit de dénombrer les petits carrés recouvrant une surface donnée. Elles ont pour caractéristique de pouvoir être mesurées directement.

Les opérations que l'on peut effectuer sur elles (somme, différence, produit par un scalaire, partage...) ne définissent pas de nouvelle mesure.
Les mesures composées ou à deux ou trois dimensions : ce sont des mesures obtenues à partir d'autres mesures ; ainsi des produits de mesures pour les aires ou les volumes. Il est alors nécessaire d'établir le lien entre les mesures initiales (m, cm...) et les mesures « produites » (m^2, cm^2..., m^3, cm^3...). Ainsi également les quotients de mesures pour, par exemple, les valeurs unitaires (€/kg), la vitesse, la densité...
Contrairement aux mesures simples, les mesures-produits ou les mesures-quotients sont mesurées de façon indirecte à partir des dimensions simples qui les composent et par la mise en œuvre d'opérations qui définissent de nouvelles mesures.

À quelles difficultés se heurtent généralement les élèves ?

On peut penser que le travail réalisé au CE1 et au CE2 sur la mesure des longueurs et la mesure des masses nous assure que, dans ce domaine des mesures simples, les élèves ne doivent plus rencontrer de difficultés majeures, ce qui n'empêche pas de continuer à entraîner les compétences acquises dans ce domaine.
Pour ce qui concerne le CM, au moins trois difficultés vont se présenter :
– au moment de la mise en place du concept d'aire et de sa différenciation d'avec le concept de périmètre ;
– le problème de la mesure des aires, des volumes que l'on ne peut effectuer directement ;
– le lien entre les systèmes de mesures et les décimaux.

Ces difficultés ont souvent été analysées (*cf.* bibliographie).

Ainsi, la différenciation insuffisante des concepts d'aire et de périmètre conduit certains élèves à considérer que :
– quand le périmètre d'une surface augmente, l'aire augmente aussi et inversement ;
– si deux surfaces ont le même périmètre, elles ont aussi la même aire.
Plus précisément, les mesures de longueurs étant les seules directement accessibles (grâce au décimètre), les élèves considèrent (à juste titre !) que les mesures d'aires s'en déduisent. Bien qu'ayant, après des situations judicieusement choisies et bien menées, conclu tous en chœur qu'aire et périmètre « n'étaient pas la même chose », ils recourent trop rapidement à des formules souvent erronées lorsqu'on évoque les aires. Un travail important est nécessaire pour commencer à régler ce problème pour des figures simples.

Mais très vite on se trouve confronté à un nouveau problème, celui de l'application de formules incorrectes pour calculer l'aire de certaines figures. Par généralisation abusive de la formule du calcul de l'aire d'un rectangle, les élèves peuvent l'étendre à des situations où elle n'est pas valable :
– l'aire d'un parallélogramme est calculée en faisant le produit des dimensions de ses côtés ;
– celle d'un triangle en faisant le produit de ses trois côtés !

À propos du mesurage

Comme le soulignent G. et N. Brousseau (1990), les activités sur les mesures proposées traditionnellement aux élèves :
– ne sont pas effectivement réalisées dans des situations d'action (sauf peut-être pour les longueurs). L'élève doit « raisonner » sur des situations représentées. Par exemple, des

dessins de balances de Roberval : selon qu'elles sont présentées en équilibre ou non, l'élève doit en déduire une égalité ou une inégalité entre la masse des objets... ;
– débouchent très (trop) rapidement sur des problèmes d'opération sur les nombres...

Quelques lignes directrices pour la progression choisie pour le CM1

Nous proposons de mettre en place dans les classes des activités effectives de mesurage au cours desquelles l'élève pourra donner du sens au concept de mesure : les mesures interviendront comme outil, c'est-à-dire comme moyen de résoudre des problèmes ; par exemple, pour comparer des surfaces par découpage-recollement et en utilisant la conservation des aires pour justifier ses réponses...
Plus tard, les mesures apparaissent dans des problèmes où elles servent de support aux calculs.

a) Comparer, mesurer, estimer des grandeurs
Au CE2, les élèves ont été mis en situation de comparer des objets selon leur masse. Ils ont été amenés au cours des activités proposées à différencier aspect des objets, volume des objets et masse de ceux-ci. Ils ont pu constater que :
– deux objets de même matériau mais de formes différentes peuvent avoir la même masse ;
– deux objets de volumes différents peuvent avoir la même masse ;
– les objets les plus volumineux ne sont pas toujours les plus lourds...
Ils ont également été mis en situation de mesurer les masses d'objets à l'aide d'une balance de Roberval et de masses marquées, de résoudre des problèmes de pesées.

Un travail similaire est repris au CM1, auquel on ajoute une situation d'estimation de masse c'est-à-dire une situation dans laquelle l'élève apprend à situer la masse d'un objet par rapport à des repères : 10 g, 50 g, 100 g, 200 g, 500 g, 1 kg...

b) Une première mise en place du concept d'aire
Dans la situation Ces rectangles ne manquent pas d'aire, les élèves vont approcher une première fois la notion d'aire. Ils vont devoir développer des procédures correctes de comparaison d'aire de rectangles (inclusion directe ou indirecte) sans faire intervenir la mesure et en rejetant d'autres critères tels que la longueur ou le périmètre.

c) Une première mise en place du concept de périmètre
Au CE2, les élèves ont eu à calculer la longueur de lignes brisées en vue de leur comparaison : la difficulté principale était d'effectuer des mesures intermédiaires (de chacun des segments) suffisamment précises pour empêcher que l'addition des imprécisions rendent la comparaison incorrecte.
Au CM1, l'activité est reprise et prolongée par un travail sur la comparaison des périmètres de polygones (Autour des périmètres).

d) Différenciation des notions d'aire et de périmètre
Il s'agit, d'une part, d'étendre à des figures quelconques le critère de comparaison des aires déjà appliqué aux rectangles et, d'autre part, de faire la distinction entre aire et périmètre en faisant comprendre que deux figures peuvent avoir la même aire sans avoir le même périmètre ou avoir le même périmètre sans avoir la même aire (Les deux font la p'aire).

e) Une première approche de la mesure d'aire
Dans la situation Surfaces à ranger, les figures à comparer ont des formes très différentes. Procéder par découpage et recollement n'est plus une méthode efficace pour les

comparer du point de vue de leur aire. En revanche, le fait de les avoir représentées sur un fond quadrillé fournit une méthode pour évaluer l'aire d'une figure, lui associer un nombre de carreaux : sa mesure. Mais le simple comptage des carreaux entiers n'est pas suffisant pour avoir une évaluation de l'aire des figures ; leur surface occupe aussi des « fractions » de carreaux dont il faut tenir compte.

f) La notion d'unité d'aire

Dans la situation décrite ci-dessus, on donnait implicitement une première approche de la notion d'unité de mesure d'une aire : le carreau.
Avec la situation CHERCHER L'UNITÉ, on se propose d'approfondir cette notion.
Plusieurs unités d'aire sont disponibles. Les élèves doivent, pour chaque figure présentée, dont on leur donne la mesure de l'aire, déterminer à partir de quelle unité a été effectuée la mesure.

Nombres rationnels, fractions et décimaux

Le premier type de nombres qui est venu à l'esprit de l'homme est celui de nombres naturels qui visent à rendre compte de la pluralité d'objets identiques ou non.
L'idée de comptage, de dénombrement pour permettre les comparaisons, pour garder la mémoire des quantités, de leur évolution a conduit à des systèmes de représentation, de désignation de ces quantités, c'est-à-dire à des systèmes de numération plus ou moins complexes, plus ou moins sophistiqués. Nous renvoyons le lecteur aux ouvrages de la même collection, traitant des apprentissages numériques en GS, CP, CE1 et CE2, pour des aperçus mathématiques, historiques et didactiques de ce domaine. Nous abordons au CM1 de « nouveaux nombres » que nous présentons ci-dessous sous un triple aspect : du point de vue mathématique, du point de vue historique, du point de vue de l'enseignement (historique des programmes et choix didactiques).

1. ASPECTS MATHÉMATIQUES

1.1 L'ensemble des nombres rationnels : définition

Dans l'ensemble des entiers (positifs et négatifs), les opérations portant sur les nombres entiers (additions, soustractions, multiplications) aboutissent à des résultats qui eux-mêmes sont des nombres entiers. Ce n'est pas le cas pour la division qui n'aboutit pas toujours à un résultat entier.
D'où la nécessité de définir un nouvel ensemble de nombres dans lequel la solution de l'équation $b \times x = a$, a et b étant des entiers (b non nul) a toujours une solution qui est un nombre rationnel et que l'on écrira sous la forme d'une fraction d'entiers notée $\frac{a}{b}$.

Exemples:

L'équation $3 \times x = 2$ a pour solution le rationnel noté $\frac{2}{3}$.

L'équation $4 \times x = 12$ a pour solution le rationnel noté $\frac{12}{4}$; mais dans l'ensemble des entiers, on sait que $4 \times 3 = 12$ donc $\frac{12}{4} = 3$; les entiers sont donc des rationnels.

1.2 L'ensemble des nombres rationnels : propriétés

Plus généralement, un nombre rationnel peut être représenté par une infinité de fractions d'entiers.
L'équation $12 \times x = 4$ a pour solution le rationnel noté $\frac{4}{12}$.

Par division (ou multiplication) des deux termes de cette équation, on obtient des équations équivalentes, dont les solutions sont donc des fractions équivalentes :

– équation : $6 \times x = 2$; solution : $\frac{2}{6}$;

– équation : $3 \times x = 1$; solution : $\frac{1}{3}$;

– équation : $36 \times x = 12$; solution : $\frac{12}{36}$...

On peut donc écrire les égalités suivantes : $\frac{4}{12} = \frac{2}{6} = \frac{1}{3} = \frac{12}{36} = \ldots$

Remarque

Lorsque l'on divise par un même nombre les deux termes d'une fraction (le numérateur et le dénominateur), on parle de **simplification**. Cette opération vise à obtenir des expressions plus simples d'un rationnel donné. Elle aboutit à l'obtention d'une fraction $\frac{a}{b}$ dite **irréductible** (ainsi $\frac{1}{3}$ dans l'exemple précédent) ; *a* et *b* sont alors premiers entre eux.

Deux propriétés des rationnels sont particulièrement importantes :

– le fait que l'on peut ordonner un ensemble de fractions (on dit que l'ensemble des rationnels est **totalement ordonné**) ;

– le fait qu'entre deux rationnels on puisse toujours intercaler d'autres rationnels (en fait une **infinité**).

Exemples:

a) Quelle est la fraction la plus grande : $\frac{5}{6}$ ou $\frac{6}{7}$?

D'après ce qui précède : $\frac{5}{6} = \frac{5 \times 7}{6 \times 7} = \frac{35}{42}$

$$\frac{6}{7} = \frac{6 \times 6}{7 \times 6} = \frac{36}{42}$$

Donc $\frac{6}{7} > \frac{5}{6}$; la **réduction au même dénominateur** des fractions est un moyen pour comparer les rationnels entre eux.

b) Trouver une (des) fraction(s) située(s) entre $\frac{15}{21}$ et $\frac{16}{21}$.

$\frac{15}{21} = \frac{30}{42}$ et $\frac{16}{21} = \frac{32}{42}$ donc $\frac{31}{42}$ est entre $\frac{15}{21}$ et $\frac{16}{21}$;

$\frac{15}{21} = \frac{150}{210}$ et $\frac{16}{21} = \frac{160}{210}$

donc les fractions $\frac{151}{210}$; $\frac{152}{210}$... ; $\frac{159}{210}$ sont comprises entre $\frac{15}{21}$ et $\frac{16}{21}$...

c) Trouver des fractions situées entre $\frac{1}{4}$ et $\frac{1}{3}$.

– Par réduction au même dénominateur, on obtient : $\frac{1}{4} = \frac{3}{12}$ et $\frac{1}{3} = \frac{4}{12}$

puis par multiplication par 100 : $\frac{1}{4} = \frac{300}{1200}$ et $\frac{1}{3} = \frac{400}{1200}$.

– Toutes les fractions entre $\frac{301}{1200}$ et $\frac{399}{1200}$ sont comprises entre $\frac{1}{4}$ et $\frac{1}{3}$.

– Par le même procédé, on trouvera des fractions comprises entre $\frac{300}{1200}$ et $\frac{301}{1200}$ et ainsi de suite !

Parmi les autres propriétés des rationnels, signalons que la somme, la différence, le produit et le quotient de deux rationnels sont des rationnels. Les techniques de calculs correspondant à ces différentes opérations font l'objet d'un apprentissage au collège. Nous ne développerons donc pas cet aspect ici.

Remarquons, pour clore cette brève présentation, que si l'ensemble des nombres rationnels (noté $\mathbb{Q}$) prolonge l'ensemble des entiers (noté $\mathbb{N}$) – on dit que $\mathbb{N}$ est inclus dans $\mathbb{Q}$ –, il devra lui aussi être prolongé par d'autres ensembles de nombres pour résoudre des problèmes qui n'ont pas de solution dans $\mathbb{Q}$.
Par exemple l'équation $x^2 = 2$ n'a pas de solution dans $\mathbb{Q}$...

1.3 L'ensemble des nombres décimaux : définition

Un nombre a est décimal s'il existe un entier b tel que $a \times 10^n = b$; a peut alors s'écrire sous la forme d'une fraction d'entiers dont le dénominateur est une puissance de 10.

$a \times 10^n = b$ donc $a = \frac{b}{10^n}$; $\frac{b}{10^n}$ est une fraction décimale.

Exemples

$\frac{3}{20}$ est un nombre décimal car il peut s'écrire sous la forme d'une fraction décimale $\frac{15}{100}$;

$\frac{2}{9}$ n'est pas un nombre décimal. Il ne peut s'écrire sous la forme $\frac{b}{10^n}$.

En fait, seuls les rationnels pouvant s'écrire à l'aide d'une fraction de dénominateur multiple de 2 ou de 5 sont des décimaux.
L'ensemble des nombres décimaux est noté $\mathbb{D}$.

■ Écriture à virgule d'un nombre décimal

Notre système de numération est décimal et positionnel ; ce qui veut dire que :
– la base de numération est dix (on utilise au plus dix symboles pour écrire n'importe quel nombre) ;
– chaque symbole prend une valeur différente selon la place qu'il occupe dans l'écriture d'un nombre.

Exemples :
$152 = 1 \times 100 + 5 \times 10 + 2 = 1 \times 10^2 + 5 \times 10^1 + 2 \times 10^0$
$2\,465 = 2 \times 1\,000 + 4 \times 100 + 6 \times 10 + 5 = 2 \times 10^3 + 4 \times 10^2 + 6 \times 10^1 + 5 \times 10^0$

Ainsi le même chiffre 5 a pour valeur 50 (5 dizaines) dans le premier nombre et 5 (5 unités) dans le second.
L'écriture générale d'un nombre entier prend donc la forme :

$$a_n \times 10^n + a_{n-1} \times 10^{n-1} + \ldots + a_2 \times 10^2 + a_1 \times 10^1 + a_0 \times 10^0.$$

Pour exprimer des quantités inférieures à un, tout en gardant le principe de la base décimale, il est possible (et commode !) de « prolonger vers la droite » l'utilisation des puissances de 10, celles-ci sont évidemment des puissances négatives de 10.

L'écriture générale d'un nombre décimal prend donc la forme suivante :
$a_n \times 10^n + a_{n-1} \times 10^{n-1} + \ldots + a_2 \times 10^2 + a_1 \times 10^1 + a_0 \times 10^0 + b_1 \times 10^{-1} + b_2 \times 10^{-2} + \ldots + b_{m-1} \times 10^{-(m-1)} + b_m \times 10^{-m}$.

Un nombre décimal est donc composé d'une **partie entière** (représentée par les chiffres de a_n à a_0) et d'une **partie décimale** (représentée par les chiffres de b_1 à b_m).

On utilise ainsi les puissances successives de la base dix pour exprimer un nombre décimal. Il est alors commode d'utiliser seulement le **rang** occupé par chaque chiffre pour indiquer la puissance de 10 auquel il est fait référence.

Exemple :
Dans l'écriture du nombre $2 \times 1\,000 + 7 \times 10 + 9 + \frac{1}{10} + \frac{3}{100}$
la partie entière peut s'écrire : 2 079
la partie décimale peut s'écrire : 13
Il suffit pour distinguer les deux composantes de ce nombre de les séparer par un signe conventionnel... Ainsi naquit la virgule ! (Voir les aspects historiques.)

Dans notre exemple, le nombre $2 \times 1\,000 + 7 \times 10 + 9 + \frac{1}{10} + \frac{3}{100}$ va s'écrire 2 079,13.

1.4 L'ensemble des nombres décimaux : propriétés

La somme, la différence, le produit de deux décimaux sont des décimaux. Les techniques de calculs correspondant à ces différentes opérations font l'objet d'un premier enseignement au CM qui se poursuivra au collège. Par contre, le quotient de deux décimaux n'est pas toujours un décimal.

Exemple :

$\frac{2,5}{3,5}$ n'est pas un décimal.

Par définition, les décimaux sont des rationnels particuliers ; ceci a pour conséquence que l'on peut ordonner un ensemble de nombres décimaux. De plus, entre deux décimaux, on peut toujours intercaler une infinité de décimaux : c'est ce que l'on nomme la densité de $\mathbb{D}$.

Réciproquement, tout rationnel est-il un décimal ?

Exemples :

a) Le rationnel $\frac{3}{8}$ est-il un décimal ?

D'après ce qui a été dit plus haut, on peut écrire les fractions équivalentes suivantes :

$$\frac{3}{8} = \frac{3\,000}{8\,000} = \frac{3 \times 800}{8\,000} + \frac{600}{8\,000} = \frac{3}{10} + \frac{7 \times 80}{8\,000} + \frac{40}{8\,000} = \frac{3}{10} + \frac{7}{100} + \frac{5 \times 8}{8\,000} =$$

$$\frac{3}{10} + \frac{7}{100} + \frac{5}{1\,000} = 0,375$$

Ou plus simplement comme 8 x 125 = 1 000, alors $\frac{3}{8} = \frac{3 \times 125}{8 \times 125} = \frac{375}{1\,000} = 0,375$.

$\frac{3}{8}$ est un décimal, il est égal à 0,375.

b) Le rationnel $\frac{8}{3}$, inverse du précédent, est-il un décimal ?

$$\frac{8}{3} = 2 + \frac{2}{3} = 2 + \frac{1}{3} + \frac{1}{3}$$

$$\frac{1}{3} = \frac{60}{180} = \frac{54}{180} + \frac{6}{180} = \frac{3 \times 18}{18 \times 10} + \frac{6}{180} = \frac{3}{10} + \frac{6}{180} = 0,3 + \frac{6}{180}$$

$$\frac{1}{3} = 0,3 + \frac{60}{1800}$$

À partir de là, on peut remarquer que $\frac{60}{1\,800}$ est dix fois plus petit que $\frac{60}{180}$.

Donc $\frac{1}{3} = 0,3 + 0,03 + \frac{6}{1800}$.

Comme précédemment on pourra remarquer que $\frac{6}{1\,800}$ est dix fois plus petit que $\frac{6}{1\,800}$ et qu'en fin de compte $\frac{1}{3} = 0,3333\ldots$ La suite des 3 est infinie.

Réponse : $\frac{8}{3}$ n'est pas un décimal car son écriture à virgule 2,66666… n'est pas finie.

Conclusion : si tout décimal est un rationnel, l'inverse n'est pas toujours vrai ; l'ensemble des décimaux est un sous-ensemble des nombres rationnels…

1.5 À quoi servent les nombres décimaux ?

Les nombres décimaux sont souvent considérés comme les nombres du physicien alors que les nombres rationnels et, au-delà, les nombres réels seraient ceux du mathématicien. En déclarant cela, on pense évidemment au domaine de la mesure.

Si on effectue des mesures à l'aide d'instruments dont la précision est limitée, en utilisant un système d'unités fondé sur le système décimal et en privilégiant l'une des unités, les résultats peuvent facilement être exprimés par des décimaux.

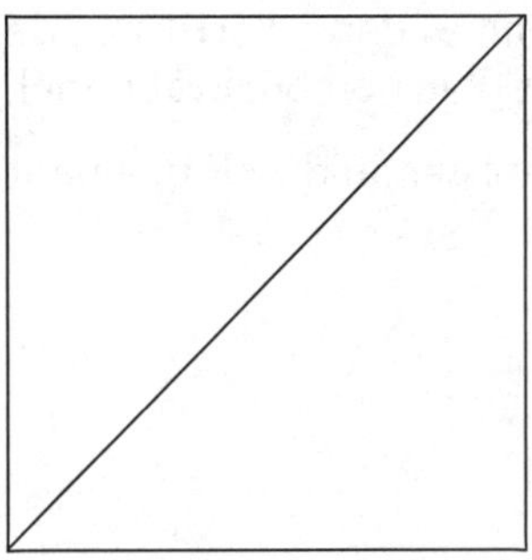

Par exemple, la diagonale de ce carré de côté 4 cm mesure 5,66 cm, si on la mesure avec un instrument dont la précision est de l'ordre du dixième de mm.

Cependant, le mathématicien sait très bien qu'on n'exprime pas ainsi la longueur exacte de cette diagonale. En effet, l'utilisation du théorème de Pythagore permet d'obtenir cette longueur exacte qui s'exprime par le nombre réel $4\sqrt{2}$ qui n'est pas exprimable par un décimal (il appartient à l'ensemble des nombres réels $\mathbb{R}$), mais peut être approché d'aussi près que l'on veut par un décimal :

$5,6 < 4\sqrt{2} < 5,7$
$5,65 < 4\sqrt{2} < 5,66$
$5,656 < 4\sqrt{2} < 5,657$
etc.

Les décimaux sont ainsi des nombres utiles pour :
– exprimer le résultat d'un mesurage effectif (avec un instrument) après le choix d'une unité adaptée ;
– approcher tout quotient d'entiers (tout rationnel) d'aussi près que l'on veut ;
– approcher également tout réel d'aussi près que l'on veut, et donc graduer aussi « finement » que l'on veut la droite numérique.

L'intérêt essentiel des décimaux vient du fait qu'il est possible d'opérer sur eux avec les mêmes règles de calcul que sur les entiers (moyennant des règles de positionnement de la virgule).

Remarques
Dans l'écriture décimale des nombres, on peut distinguer trois cas :
– celui où l'écriture est finie comme dans 2,4 : il s'agit d'un rationnel décimal ;
– celui où l'écriture est infinie mais périodique comme dans 7,123123123... Il s'agit d'un rationnel non-décimal. En effet, on peut écrire :
7,123123123... = 7 + 0,123123123123... ;

0,123123123... x 1 000 = 123,123123123...
Soit 1 000 x 0,123123123... = 123 + 0,123123123...
Que l'on peut écrire :
999 x 0,123123123... + 0,123123123... = 123 + 0,123123123...
D'où l'on déduit que 999 x 0,123123123... = 123
et que 0,123123123... = $\frac{123}{999} = \frac{41}{333}$

En fin de compte on peut écrire 7,123123123... = $\frac{2\,331}{333} + \frac{41}{333} = \frac{2\,372}{333}$

– celui où l'écriture est infinie et non périodique comme dans l'écriture de π = 3,14159265358979323846264338327950288419 71... Il s'agit d'un nombre irrationnel

Ce bref rappel mathématique étant fait, nous allons nous intéresser au développement historique de ces concepts.

2. ASPECTS HISTORIQUES[1]

2.1 Les fractions égyptiennes

Nos connaissances sur les mathématiques égyptiennes proviennent essentiellement de documents datés entre – 1 800 et – 1 300. Le principal de ces documents est appelé « papyrus de Rhind » (écrit par le scribe Ahmes vers – 1650).
Ce qui surprend chez les Égyptiens, c'est l'usage quasi exclusif des « fractions de numérateur 1 » à l'exception notable de la fraction $\frac{2}{3}$.

Un symbole spécial (surmontant l'écriture d'un nombre) indiquait qu'il s'agissait d'une fraction et non d'un entier. Ainsi :

$\frac{1}{3}$ se notait  $\frac{1}{10}$ se notait  $\frac{1}{200}$ se notait 

En fait, pour le scribe, une fraction comme $\frac{3}{7}$ n'avait pas valeur de résultat, tout comme pour nos élèves une écriture comme 3 + 7 signifie « l'annonce » d'un calcul à faire, d'une opération inachevée.

Donc, pour le scribe, $\frac{3}{7}$ ne s'écrit pas, c'est une division à faire, un partage à effectuer, par exemple de 3 pains entre 7 soldats... Il s'agit pour lui de déterminer quels « quantièmes de pain » devra recevoir chacun !

De fait, l'usage privilégié des fractions de numérateur 1 découle de la technique égyptienne de la division, elle-même calquée sur celle de la multiplication.

1. Voir notamment A. Pichot (1991), P. Beboit, K. Chemla, J. Ritter (1992), J.-P. Colette (1973), Groupe Inter-Irem d'épistémologie (1982), P. Dedron, J. Itard (1959), A.-P. Youschkevitch (1976), Ermel (1982).

Exemples

a) Effectuer 5 x 12.

1 12 (1 fois 12)
2 24 (2 fois 12)
4 48 (4 fois 12)

Résultat : 5 x 12 = (1 + 4) x 12 = 12 + 48 = 60

b) Effectuer 50 : 6.

La division étant l'inverse de la multiplication, on va chercher à approcher 50 par des duplications de 6 :

1 6
2 12
4 24
8 48
$\frac{1}{3}$ 2

$$50 : 6 = \frac{48}{6} + \frac{2}{6} = 8 + \frac{1}{3}$$

c) L'exemple qui suit est tiré du papyrus de Rhind. Il s'agit de calculer 2 : 7, c'est-à-dire « appeler 2 de 7 »

1 7
$\frac{1}{2}$ $3\ \frac{1}{2}$
$\frac{1}{4}$ $1\ \frac{1}{2}\ \frac{1}{4}$

À ce stade des calculs, il faut constater que sur la dernière ligne (colonne de droite), il manque $\frac{1}{4}$ pour faire 2 ; ce quart divisé par 7 donne $\frac{1}{28}$.

Le résultat final est donc $\frac{2}{7} = \frac{1}{4} + \frac{1}{28}$.

On notera que cette décomposition n'est pas unique. Ainsi, pour 2 divisé par 7, on peut avoir :

1 7
$\frac{1}{3}$ $2\ \frac{1}{3}$
$\frac{1}{6}$ $1\ \frac{1}{6}$

Il manque $\frac{5}{6}$ soit $\frac{3}{6} + \frac{2}{6} = \frac{1}{2} + \frac{1}{3}$

D'où $\frac{2}{7} = \frac{1}{6} + \frac{1}{14} + \frac{1}{21}$

En fait, le papyrus de Rhind montre que deux séries de décompositions sont privilégiées :

– celle qui utilise les fractions binaires $\frac{1}{2}$, $\frac{1}{4}$, $\frac{1}{8}$, etc.

– celle qui passe par $\frac{1}{3}$, $\frac{2}{3}$, $\frac{1}{6}$, etc.

2.2 Numération et fractions dans les mathématiques arabes

Dans son traité d'arithmétique, Al-Huwarizmi (780-850) explique le système décimal de numération de position utilisant les chiffres indiens, dix signes dont le zéro (« petit cercle »).

Après avoir exposé de manière détaillée la manière d'opérer (additions, soustractions, multiplications, divisions, extraction de racines carrées) selon la « méthode indienne », Al-Huwarizmi explique les systèmes de fractions.

Il expose d'abord les fractions sexagésimales puis s'intéresse aux fractions ordinaires. Celles-ci sont souvent représentées par des sommes de fractions de numérateur 1.

Un autre auteur du IXe siècle, Abu-l-Wafa, traite également des fractions dans son *Livre sur l'arithmétique nécessaire aux scribes et aux marchands*. Il les définit comme le rapport d'un nombre à un autre nombre plus grand.

Il distingue trois sortes de fractions, qu'il appelle fractions fondamentales :

– les fractions principales : $\frac{1}{2}$; $\frac{1}{3}$; … ; $\frac{1}{10}$;

– les fractions composées : $\frac{a}{b}$ avec $a < b \leq 10$;

– les fractions unifiées : fractions obtenues par le produit de fractions principales.

Pour les fractions composées, il donne des « équivalences » sous forme de sommes et de produits de fractions :

$$\frac{2}{5} = \frac{1}{3} + \frac{2}{3} \times \frac{1}{10}$$

$$\frac{9}{10} = \frac{1}{2} + \frac{1}{3} + \frac{2}{3} \times \frac{1}{10}$$

Il donne aussi des décompositions en soixantièmes des fractions principales :

$$\frac{1}{2} = \frac{30}{60} ; \frac{1}{3} = \frac{20}{60} ; \frac{1}{4} = \frac{15}{60} ; \frac{1}{5} = \frac{12}{60} ; \ldots$$

Il établit également les résultats correspondant à l'addition et à la multiplication des fractions principales prises 2 à 2.

Ces résultats, consignés dans des tables, servent à établir des règles pour réduire les fractions et notamment les fractions sexagésimales qui sont d'un usage courant dans le domaine des sciences.

Abu-l-Wafa développe ainsi toute une « théorie » (en fait un très grand nombre de règles de calcul) sur la réduction des fractions sexagésimales, lesquelles interviennent souvent dans les calculs sur les fractions ordinaires.

2.3 Fractions décimales et nombres décimaux

« L'invention des décimaux » se produit de façon indépendante au Moyen-Orient (XVe siècle) et en Europe (XVIe siècle).

Dans *La Clé de l'arithmétique*, Al-Kasi (l'ouvrage est de 1427) expose la manière d'opérer dans le système sexagésimal de position qu'utilisaient les astronomes. Cet ouvrage comporte plusieurs parties dont une sur « L'arithmétique des nombres entiers » et une sur « L'arithmétique des fractions ».

Dans un système sexagésimal de position, un nombre a la forme générale suivante :

$$a_n \times 60^n + a_{n-1} \times 60^{n-1} + ... + a_2 \times 60^2 + a_1 \times 60^1 + a_0 + a_{-1} \times 60^{-1} + a_{-2} \times 60^{-2} + ... + a_{-m} \times 60^{-m}.$$

Les fractions de l'unité s'appelaient minutes, secondes, tierces... Pour écrire un nombre, on inscrivait à la suite tous les « chiffres » qui le composaient et on indiquait à la fin l'ordre du dernier chiffre.

Ainsi, l'expression « 2 43 1 8 57 secondes » correspondait au nombre :

$$2 \times 60^2 + 43 \times 60 + 1 + 8 \times 60^{-1} + 57 \times 60^{-2}.$$

Dans la partie de son livre consacrée aux fractions, Al-Kasi introduit, à partir des fractions sexagésimales, des fractions décimales pour que l'on puisse opérer sur les fractions comme on le fait sur les nombres entiers qui, eux, s'expriment couramment en base dix. Pour écrire ces fractions décimales, Al-Kasi place un trait après la partie entière ou écrit la partie fractionnaire d'une autre couleur ou indique pour chaque chiffre la position qu'il occupe ou encore donne seulement l'ordre du dernier chiffre :

soit 47 | 25 ou 4 || 7 | 2′ 5″ ou encore 4725″.

En Occident, l'usage de la numération décimale de position se généralise au XVe siècle. Quelques mathématiciens, comme Emmanuel Bonfils au XIVe siècle ou François Viète au XVIe siècle, utilisent même les décimaux avec des notations proches des notations actuelles. Ainsi Viète utilise la barre verticale pour séparer les parties entières et décimales des nombres !

Mais c'est au Flamand Simon Stévin, qui publie en 1582 un petit fascicule de 10 pages, la « Disme », que l'on doit d'avoir développé à l'usage d'un large public et illustré pour « tous comptes se rencontrant aux affaires des hommes » l'utilité des décimaux, notamment dans les calculs. Dans son système de notation, le nombre 364 s'écrit 364° et se lit « trois cent soixante quatre comencemens ». Pour la partie décimale, par exemple 0,418, il utilise la notation suivante :

$4^1\ 1^2\ 8^3$ qui se lit « 4 primes 1 seconde et 8 tierces ».

3. ASPECTS DIDACTIQUES

3.1 L'enseignement des fractions et des décimaux de 1887 à nos jours

■ Les programmes d'avant 1945

Après une première approche des fractions, les nombres décimaux étaient présentés, dans les premiers programmes de 1887, comme des nombres entiers accompagnés de fractions décimales, une fraction décimale étant une fraction d'un objet divisé en dix, cent, mille... parties égales.
Ces programmes sont modifiés en 1923. Les textes de 1923 se veulent fidèles aux principes fondateurs des instructions de 1887.
Leur propos se veut à la fois modeste et ambitieux :
– « simplifier et graduer les programmes » ;
– « vérifier les méthodes ».
C'est que, semble-t-il, les instructions de 1887 ont donné lieu au fil du temps à des interprétations, des ajouts, rendant confus le partage entre l'essentiel et certains développements de détail.
En ce qui concerne l'enseignement des décimaux, on peut quand même remarquer un changement d'importance qui consiste à inverser l'ordre de présentation des fractions et des décimaux. On peut retenir les indications suivantes, préconisant un enseignement qui repose très fortement sur le système légal de mesure, de longueurs, de masses principalement :
– ainsi, pour le Cours Élémentaire, la numération décimale s'appuie sur le mètre et le gramme : « quand on donnera en classe le principe de la numération décimale, après l'exemple des nombres ordinaires (dix unités valent une dizaine) on ajoutera aussi, sans retard, les exemples tout à fait pareils : dix mètres valent un décamètre, dix grammes valent un décagramme » ;
– plus tard (au Cours Moyen), l'étude des sous-multiples du mètre et du gramme servira de base à l'introduction des décimaux : « les élèves comprendront ce qu'est un dixième de mètre, un dixième de gramme, avant de comprendre ce qu'est un dixième d'unité ».
Comme l'étude privilégiée des sous-multiples des mesures légales « conduit aux nombres décimaux, rien, logiquement, ne distingue les nombres décimaux des nombres entiers » !
On indique, par ailleurs, que les décimaux pouvant s'exprimer sous forme de fractions décimales, c'est sur celles-ci que se feront « tous les exercices de réduction au même dénominateur, d'addition, de soustraction, etc. Dans la suite pour les fractions ordinaires, selon toute vraisemblance, les élèves seront moins surpris, mieux préparés. La voie inclinée sera plus aisée que la voie abrupte ! »

■ Les programmes et instructions de 1945

Les nombres décimaux y sont présentés en liaison avec les « unités théoriques et pratiques » à savoir la monnaie, les longueurs, les poids et les capacités.
L'étude des fractions se limite aux fractions simples de grandeurs :
$\frac{1}{2}$; $\frac{1}{3}$; $\frac{1}{5}$; $\frac{1}{10}$; $\frac{1}{60}$.

Dans les instructions complémentaires de décembre 1945, on peut lire :
« Les élèves ont presque tous entendu parler de prix exprimés en francs et centimes, de poids exprimés en kilogrammes et grammes, de capacités exprimées en litres et centilitres, de distances exprimées en kilomètres et mètres, etc. Il importe de préciser leurs connaissances et de leur faire comprendre l'équivalence des deux expressions d'un nombre concret soit avec deux unités, soit avec une virgule :
2 mètres et 15 centimètres = 2,15 m. »

Par ailleurs, il est dit que, pour faire comprendre et utiliser la règle de déplacement de la virgule par multiplication par 10, 100, 1 000, il est commode d'utiliser toutes les unités décimales du système métrique (mais que dans les situations on se limitera aux unités pratiques)… : « on est aussi amené à indiquer un nombre en francs avec 2 décimales (c) ; un nombre en mètres avec deux ou trois décimales (cm ou mm) ; un nombre en kilomètres avec 3 décimales (m). »

Les fractions, elles, seront utilisées comme des opérateurs abstraits : « prendre les quatre-cinquièmes d'une grandeur, c'est partager cette grandeur en cinq parties égales et prendre quatre de ces parties. »

Les programmes et instructions de 1970

Sous la rubrique « nombres et opérations », on étudie d'abord les fractions comme opérateurs avant d'aborder les décimaux.
Pour en arriver à l'écriture fractionnaire, un long temps d'étude est proposé sur les opérateurs (« additionner *a* », « soustraire *b* » ; « multiplier par *c* » ; « diviser par *d* ») qui associent les nombres d'une liste à ceux d'une autre dans une relation numérique donnée.

Plus loin dans le programme, on s'intéresse aux chaînes d'opérateurs et à leur composition. Ainsi on peut remplacer :

la chaîne d'opérateurs $\boxed{+5} \rightarrow \boxed{+2}$ par l'opérateur $\boxed{+7}$

la chaîne d'opérateurs $\boxed{\times 10} \rightarrow \boxed{:2}$ par l'opérateur $\boxed{\times 5}$

Cette réduction n'est pas toujours possible : c'est le cas par exemple pour la chaîne d'opérateurs $\boxed{\times 7} \rightarrow \boxed{:4}$ pour laquelle on introduira l'opérateur $\boxed{\times \frac{7}{4}}$ qui sera lu « multiplier par 7 sur 4 » ou « multiplier par sept quarts ».

$\frac{7}{4}$ est ainsi défini comme une fraction.

Ce mode de présentation permet d'introduire de façon commode le produit de deux fractions.

La chaîne $\boxed{\times\frac{2}{3}} \rightarrow \boxed{\times\frac{4}{5}}$ équivaut à la chaîne $\boxed{\times 2} \rightarrow \boxed{:3} \rightarrow \boxed{\times 4} \rightarrow \boxed{:5}$;

que l'on peut réduire à $\boxed{\times 8} \rightarrow \boxed{:15}$;

soit à la fraction $\boxed{\frac{8}{15}}$.

Donc $\frac{2}{3} \times \frac{4}{5} = \frac{8}{15}$.

Par contre, il est difficile de donner du sens à la somme de deux fractions !

Les décimaux, eux, sont introduits à partir de changement d'unités : « Une ville compte 10850 habitants ; le millier étant choisi comme unité, la population s'exprime par le nombre décimal 10,850. La virgule est utilisée pour repérer le rang du groupement choisi comme unité. »

Dans certains manuels, à la suite d'activités sur les écritures d'entiers en bases non décimales, on introduit des nombres à virgule dans ces différents types de bases. Une écriture à virgule n'est plus alors toujours celle d'un décimal.

Dans ces programmes, il n'y a plus aucune relation entre fractions et décimaux.

■ Les instructions et programmes de 1980

Après le travail sur les naturels initié au CP, développé au CE et repris au CM, il s'agit d'aborder décimaux et fractions en faisant « prendre conscience que dans des situations appropriées » les naturels sont insuffisants et que de nouveaux nombres sont nécessaires pour étendre le domaine du calcul.

La partie « instructions pédagogiques » précise les situations dans lesquelles les naturels sont insuffisants :

– dans $\mathbb{N}$, les fonctions « retrancher » et « diviser par » ne sont pas partout définies. L'extension de leur domaine de validité nécessite l'introduction des entiers négatifs et des nombres rationnels ;

– si l'on veut exprimer la longueur d'un objet donné à l'aide d'une unité choisie arbitrairement, les nombres naturels s'avèrent insuffisants dans la plupart des cas ;

– si l'on représente les nombres naturels sur une droite graduée, il existe des points non repérés entre deux graduations correspondant à deux entiers successifs. Se pose alors le problème du repérage de ces points « intermédiaires » ;

– dans certaines situations de partage, on est également rapidement confronté à l'insuffisance des nombres naturels. Par exemple, comment exprimer la longueur obtenue en partageant exactement en 3 une bande de longueur 2 ?

De nouveaux nombres, de nouvelles notations sont donc nécessaires : fractions et décimaux doivent être introduits pour répondre aux questions soulevées par cet ensemble de situations.

Pour les auteurs des instructions, le travail du CM concerne principalement les nombres décimaux mais les élèves doivent aussi connaître un certain nombre de fractions simples : savoir leur signification et savoir les situer par rapport aux nombres décimaux.

La circulaire sur les cycles de 1991, les programmes de 1995 et de 2002

Le texte de 1991 limite l'approche des fractions dites simples (demi, tiers, quart) et des fractions décimales.
L'élève apprendra à :
- écrire un décimal à l'aide d'une écriture à virgule ou d'une écriture fractionnaire ;
- passer d'une écriture à l'autre ;
- ordonner des nombres décimaux ;
- intercaler un décimal entre deux décimaux.

L'apprentissage du calcul sur les décimaux concerne :
- l'addition, la soustraction et la multiplication de deux décimaux ;
- la division d'un décimal par un entier ;
- la division décimale de deux entiers.

Fractions et décimaux servent à exprimer le résultat d'une mesure (une unité étant donnée), d'un partage. Ils permettent de repérer les points d'une droite. L'élève devra connaître les décompositions des décimaux :

$205{,}036 = (2 \times 100) + 5 + (3 \times 0{,}01) + (6 \times 0{,}001)$

$205{,}036 = 200 + 5 + \frac{3}{100} + \frac{6}{1\,000}$

Le programme de 1995 ne modifie en rien le texte de 1991, sauf par rapport au produit de décimaux qui n'est plus au programme du CM.

Les programmes de 2002 précisent que fractions et décimaux doivent apparaître comme de nouveaux nombres, utiles pour traiter des problèmes que les nombres entiers ne permettent pas de résoudre de façon satisfaisante. Les fractions sont introduites au cycle 3 pour donner du sens aux nombres décimaux.

3.2 Nos choix didactiques

Les lieux de difficulté

À la suite des analyses qui précèdent, il convient, avant de présenter les choix faits pour l'élaboration de la progression et des situations relatives au travail sur les décimaux au CM1, de revenir sur un certain nombre de remarques.

L'extension du domaine numérique des naturels aux décimaux ne va pas de soi ; elle ne découle pas de « façon naturelle » de la fréquentation des nombres entiers. Il faut être conscient que les enseignants et les élèves sont confrontés à une rupture épistémologique importante.

Parmi les questions qui vont surgir, on peut souligner les points suivants :
- pourquoi les décimaux ? C'est-à-dire : quels sont les problèmes qui vont motiver et rendre nécessaire leur introduction ?
- comment écrire ces nouveaux nombres ? Comment donner du sens aux écritures à virgule ? Comment articuler l'écriture des nombres entiers, l'écriture des nombres décimaux et les écritures fractionnaires ? À travers quelles situations et quels exercices ?

En quoi ces nouveaux nombres sont-ils différents des naturels ?

La rupture essentielle entre naturels et décimaux est marquée par les propriétés relatives à l'ordre sur ces nombres, donc à leur comparaison :
– l'idée de « successeur » n'a plus de sens. Un naturel a un successeur (après 7, il y a 8), alors que cette idée n'a pas de sens sur les décimaux (quel décimal vient après 2,75 ?) ;
– les problèmes d'intercalation n'ont pas le même type de solution dans les naturels et dans les décimaux. Entre deux naturels, il y a un nombre fini de naturels; entre deux décimaux, il y a une infinité de décimaux ;
– de plus, les règles de comparaison des décimaux sont différentes de celles qui ont été institutionnalisées sur les naturels.

On sait, à la lumière de nombreuses études conduites depuis de longues années (évaluations, recherches en didactique des mathématiques), que ces différences fondamentales entre naturels et décimaux sont autant de points d'achoppement de l'enseignement et de l'apprentissage des décimaux.

Les difficultés enregistrées ont deux origines dont les effets peuvent se conjuguer :
– du côté de l'enseignement où certaines méthodes d'introduction des décimaux, en évitant par exemple d'aborder de front le problème de la densité des décimaux, contribuent à la mise en échec des élèves qui se construisent une mauvaise représentation de ces nouveaux nombres ;
– du côté de l'apprentissage qui intervient après qu'un gros travail sur les entiers a été fait (GS, CP, CE1, CE2, début du CM1). Il est dès lors difficile d'empêcher les élèves de vouloir traiter les décimaux sur le modèle des nombres entiers qu'ils commencent à bien maîtriser.
Ainsi, parmi les erreurs communément relevées, on trouve les « théorèmes » erronés suivants :
– le « successeur » de 3,14 est 3,15 ; le successeur de 7,4 est 7,5... ;
– 3,5 est plus petit que 3,47 car 5 est plus petit que 47 ;
– 6,8 est plus petit que 6,04 car il n'a qu'un chiffre après la virgule.

L'enseignement proposé doit donc prendre explicitement en compte cette rupture entre naturels et décimaux.

Opérations sur les décimaux

C'est un autre lieu important de difficultés. Les types d'erreurs rencontrées témoignent souvent, comme celles relatives à la comparaison, d'une conception erronée de l'écriture à virgule. Celle-ci est vue et traitée comme un couple d'entiers sur lesquels il s'agit d'opérer séparément :

3,4 + 4,8 = 7,12
5,4 x 3,6 = 15,24

Chacune des opérations (celles qui sont bien maîtrisées sur les entiers comme celles qui sont encore en cours d'apprentissage) doit être reprise et adaptée aux nouveaux nombres. Dans l'addition et la soustraction, il faudra gérer et justifier la disposition des opérandes (place de la virgule), traiter les cas où ceux-ci n'ont pas des parties décimales de même longueur...

L'algorithme de la multiplication d'un décimal par un entier devra être installé avant de traiter (en sixième) celui de la multiplication de deux décimaux... Là encore, il faut signaler une nouvelle rupture de sens qui intervient dans ce dernier cas. En effet si, comme pour les naturels, la multiplication d'un décimal par un entier peut s'interpréter et prendre du sens comme addition itérée (2,4 x 3 = 2,4 + 2,4 + 2,4), il n'en est plus de même pour la multiplication de deux décimaux : il est impossible de concevoir le produit de 4,7 par 2,3 comme le nombre 4,7 « itéré 2,3 fois » !
Concernant la division, différents points devront être traités :
- liaison entre division euclidienne et division à résultat décimal dans le cas des entiers ;
- division d'un décimal par un entier ;
- division de deux décimaux (mais ce cas ne sera pas traité au CM).

Vaste programme donc qui doit occuper une bonne partie du CM1 et du CM2 mais aussi du collège... Cette inscription dans le long terme est une dimension de l'enseignement à toujours prendre en compte : c'est particulièrement vrai pour l'enseignement des décimaux. L'installation trop rapide de mécanismes ou de techniques, au détriment d'un travail approfondi sur le sens, peut donner l'illusion immédiate d'un apprentissage réussi, mais il est rare que des connaissances ainsi construites résistent à l'épreuve du temps à l'échéance de quelques mois... ou de quelques semaines.

Il faut aussi viser sur les nombres décimaux, ce que l'on a cherché à obtenir sur les nombres entiers, c'est-à-dire une familiarité, une aisance de l'élève face à ces nombres qui vont apparaître dans différentes situations, sous différentes formes... Certaines habiletés nouvelles seront sollicitées, par exemple dans des activités de calcul mental, de calcul rapide ou de calcul réfléchi.

Enfin, nous avons choisi d'intégrer la calculette dans l'approche des décimaux avec au moins deux fonctions :
- la calculette comme source de problèmes ;
- la calculette comme outil de calcul.

En voici quelques exemples.
On affiche un nombre décimal sur la calculette et on doit, à l'aide d'une seule opération, atteindre un autre nombre donné comme « cible » :
- passer de 4,25 à 5 ;
- passer de 6,3 à 6,54 ;
- passer de 9,4 à 90,4 ;
- passer de 12,38 à 1 238 ;
- etc.

Effectuer avec la calculette la division décimale de 62 par 5 ; le résultat est 12,4.
Si l'on avait effectué une division euclidienne, quel en aurait été le reste ?
Trouver le prix de 630 grammes de foie gras à 97 € 60 le kilo.

Les lignes de force de la progression choisie pour le CM1

Pour l'essentiel, le point de vue retenu est fortement inspiré de la façon dont les écritures décimales ont été historiquement élaborées :

47,304 est un autre codage pour $47 + \frac{3}{10} + \frac{4}{1\,000}$

a) Le contexte d'introduction des fractions et des décimaux

Nous pouvons repérer différents contextes privilégiés permettant de donner du sens aux écritures décimales et fractionnaires :
– pour exprimer le résultat des mesurages de longueurs ou d'aires, une unité étant donnée ;
– pour repérer des positions ou exprimer des intervalles sur la droite numérique ;
– pour approcher le quotient de deux entiers ou la solution d'équations du type $7x = 23$ ou encore le résultat d'un partage.

Dans la progression que nous proposons, nous avons choisi de nous appuyer principalement sur les deux premiers contextes. Ils permettent, en effet, de proposer une variété de situations et de problèmes dans lesquels on peut aborder les principales difficultés liées à l'utilisation des nombres décimaux.

b) Travailler d'abord le sens des écritures fractionnaires

Dans une des premières situations (Bande unité) de notre progression, les élèves vont avoir à trouver, une unité étant fixée (bande de papier), un moyen d'exprimer la longueur d'un segment. Les segments choisis (différents selon les enfants) ne peuvent s'exprimer à l'aide d'un nombre entier d'unités. On s'attend à ce que les élèves s'aperçoivent (après reports successifs de l'unité) que la longueur restante est inférieure à l'unité. La mise en œuvre et l'organisation de la classe doit favoriser l'émergence d'une variété de messages plus ou moins adaptés, comme : *x* unités et un petit bout ; *x* unités et un demi ; *x* unités et trois quarts…
Chacun devra s'expliquer sur le sens de son message, sur les conditions qui ont permis son élaboration : reports, pliages, approximations…

Dans cette première partie de la progression, se construit peu à peu un premier ensemble de fractions simples : celles qui s'expriment par une action (ici le pliage et en particulier le partage le plus naturel, celui de l'unité en deux, éventuellement réitéré…). Un demi ($\frac{1}{2}$) c'est quand on plie « une fois en deux » l'unité. Un quart c'est quand on plie deux fois en deux…

Déjà peuvent s'exprimer un certain nombre d'égalités, vérifiées en actes avec les pliages :

$\frac{1}{4} + \frac{1}{4} = \frac{1}{2}$; $\frac{1}{2} + \frac{1}{4} = \frac{3}{4}$; etc.

Dans cette optique, des fractions comme $\frac{3}{4}$ ou $\frac{7}{4}$ évoquent à la fois pour les élèves une longueur et l'action qui permet de l'obtenir : partager l'unité en 4 et reporter le morceau obtenu 3 fois ou 7 fois. L'écriture additive est liée à la mise bout à bout de segments.

c) Un support privilégié : la droite numérique
Jusqu'au CE2, la droite numérique a servi de support pour représenter les nombres naturels, l'ordre sur ces nombres, effectuer certains calculs (17 + 15 peut être associé à la position obtenue en avançant de 15 à partir de 17...).

Au CM1, son utilisation s'étend d'abord à la représentation des fractions, à l'ordre sur les écritures fractionnaires et à des calculs élémentaires.
Il est ainsi demandé aux élèves de placer sur une droite numérique, déjà graduée avec les entiers, des points correspondant à des écritures fractionnaires. Ceux-ci étant placés, les distances entre ces points peuvent être évaluées.
Les activités proposées nécessitent que les élèves fassent la synthèse entre la position d'un point, codée par un nombre, et la distance à l'origine de ce point évaluée avec l'unité représentée par l'intervalle [0 ; 1].

d) Extension à d'autres fractions élémentaires
Il s'agit de tenter une première généralisation de l'écriture fractionnaire, en envisageant d'autres partages de l'unité (dont certains deviennent plus difficilement matérialisables).

Pour cela, des activités sur la droite graduée en $\frac{1}{3}$, en $\frac{1}{5}$ et en $\frac{1}{10}$ sont proposées.

À ce niveau de la progression, on a mis en évidence :
– l'insuffisance des entiers pour exprimer une longueur ;
– l'insuffisance des entiers pour coder ou décoder certains points de la droite numérique ;
– l'intérêt des écritures fractionnaires pour résoudre des problèmes et leur signification :

si l'unité est fractionnée en *b* parties, chaque partie mesure $\frac{1}{b}$;
l'écriture $\frac{a}{b}$ signifie $\frac{1}{b} + ... + \frac{1}{b}$ (*a* fois $\frac{1}{b}$) ou a x $\frac{1}{b}$;

– l'équivalence entre différentes écritures fractionnaires.

e) Fractions décimales
On va maintenant privilégier les partages par 10. Un premier partage de l'unité permet de définir les dixièmes, ceux-ci pourront également être partagés en 10 parties pour donner des centièmes...
À terme, l'apprentissage vise la mise en place et la justification d'un certain nombre d'équivalences :

$$1 = \frac{100}{100} \; ; \; 1 = \frac{10}{10} \; ; \; \frac{1}{10} = \frac{10}{100}$$

$$\frac{27}{100} = \frac{20}{100} + \frac{7}{100} = \frac{2}{10} + \frac{7}{100}$$

$$\frac{2\,723}{100} = 27 + \frac{2}{10} + \frac{3}{100}$$

La bande graduée va, pour cela, être utilisée comme support à un certain nombre d'activités :
- placement d'entiers (la bande permet de placer les nombres 1, 2, 3 et 4) ;
– placement de points correspondant à des fractions de dénominateur 10, 100, 1 000 ;

– placement de points correspondant à des fractions usuelles: quarts, demis, cinquièmes...

D'autres types d'égalités peuvent également apparaître, comme:

$$\frac{1}{2} = \frac{5}{10}$$

$$\frac{1}{4} = \frac{25}{100} = \frac{2}{10} + \frac{5}{100}$$

f) Introduction des écritures à virgule

L'écriture à virgule est introduite en référence aux décompositions du type $\frac{2723}{100} = (2 \times 10) + 7 + \frac{2}{10} + \frac{3}{100}$ dans le prolongement de l'écriture usuelle des nombres naturels.

On utilise à cet effet un tableau de numération. Dans un premier temps, il s'agit du tableau classique utilisé jusqu'à présent pour travailler avec les nombres entiers. Après que les élèves ont rappelé les règles d'usage de ce tableau (un chiffre par colonne), ils sont invités à y placer des nombres tels que $\frac{2723}{100}$. On pose ainsi le problème de la nécessité de prolonger le tableau de numération «vers la droite» et l'on fait «découvrir» la signification des colonnes ainsi rajoutées.

L'écriture à virgule peut alors être proposée comme une autre écriture simplifiée des fractions décimales: $\frac{2723}{100} = (2 \times 10) + 7 + \frac{2}{10} + \frac{3}{100}$ va s'écrire 27,23.

La signification de chaque chiffre de la partie décimale, en fonction de sa position, est assurée par la référence à la fraction correspondante.

L'articulation entre écritures fractionnaires et écritures à virgules doit être stabilisée en lien avec les différentes lectures qui peuvent en être faites.

Concernant la lecture des décimaux, on favorisera en particulier les lectures s'appuyant sur la signification des chiffres:

- 78,05 se lira «soixante-dix-huit unités et cinq centièmes»
- 0,625 se lira «six cent vingt-cinq millièmes» ou encore «six dixièmes, 2 centièmes et 5 millièmes», etc.

La lecture courante («soixante-dix-huit virgule zéro-cinq») n'est pas à rejeter systématiquement, en particulier lorsque les décimaux interviennent en situation de résolution de problèmes.

g) Comparaison des décimaux

Ce point délicat de l'enseignement des décimaux va faire l'objet d'un travail spécifique à travers une situation centrée sur l'organisation d'un débat argumentatif entre élèves.

On propose d'abord aux élèves de comparer des couples de nombres décimaux et de justifier leurs réponses par écrit. Dans une autre séance, pour un couple de nombres (par exemple 12,4 et 12,40 ou encore 12,3 et 12,26), différentes réponses et justifications (exactes ou erronées) sont réunies par le maître sur un même document qui est proposé à la classe.

Par petits groupes puis collectivement, les élèves doivent rechercher quelles justifications sont les plus convaincantes et pourquoi, puis dire pourquoi ils rejettent certains des arguments avancés.
À travers les échanges d'arguments, les élèves font référence à la signification des chiffres ou homogénéisent les écritures : 12,3 est remplacé par 12,30 pour faciliter la comparaison avec 12,26. Ils expriment en conclusion :
– des procédures correctes de comparaison des décimaux qui s'articulent sur le sens des écritures ;
– le fait que des règles de comparaison valables pour les entiers, par exemple 4 < 40, ne fonctionnent pas sur les décimaux : 0,4 n'est pas inférieur à 0,40.

Cet apprentissage fondamental qui permet d'ordonner, d'intercaler et d'encadrer des décimaux doit ensuite être entraîné et repris au CM2.

h) Premières opérations sur les nombres décimaux : addition, soustraction, multiplication par un entier
Dans une situation (FOURNITURES), les élèves vont avoir à évaluer le montant d'une commande d'articles vendus à l'unité, par lots de 10 ou de 100.

Pour ne pas se limiter à un travail où la référence à une manipulation de la monnaie courante (euros et centimes) entraverait le recours à la signification des écritures décimales, nous avons choisi de travailler avec une monnaie peu familière « la roupie » : les nombres peuvent avoir 0, 1, 2 ou 3 chiffres après la virgule. Ne connaissant pas le nom des sous-unités de la roupie, les élèves ne peuvent travailler sur des nombres complexes comme ce serait le cas si les prix étaient exprimés en euros.

Ainsi les élèves doivent toujours se référer au sens des écritures décimales : 10,66 roupies, c'est 10 roupies, 6 dixièmes de roupie et 6 centièmes de roupie ou encore 10 roupies et 66 centièmes de roupie.

À travers cette situation, où l'on retravaille le sens des écritures à virgule dans un contexte de calculs, les règles opératoires de l'addition et de la soustraction des décimaux sont introduites. Pour le produit d'un nombre décimal par un entier, les procédures par additions itérées, utilisées pour calculer par exemple : 3,5 x 4 = ?

$$\begin{array}{r} 3{,}5 \\ +\ \ 3{,}5 \\ +\ \ 3{,}5 \\ +\ \ 3{,}5 \\ \hline 14{,}0 \end{array}$$

seront mises en relation avec les multiplications en colonne pour éviter que les élèves n'inventent des algorithmes erronés du genre :

$$\begin{array}{r} 3{,}5 \\ \times\ \ \ 4 \\ \hline 12{,}20 \end{array}$$

THÈME 5

Ici, l'élève a opéré sur la partie décimale puis sur la partie entière et a séparé les deux résultats par une virgule !
Visiblement c'est le résultat obtenu par addition qui est le bon (la calculette peut servir comme moyen de validation). Il faut revenir au sens de l'écriture décimale pour comprendre l'erreur :

$$3{,}5 = 3 + \frac{5}{10} \quad \text{donc} \quad (3 + \frac{5}{10}) \times 4 = 12 + \frac{20}{10} = 12 + 2 = 14.$$

PLANNING THÈME 5 : MESURES, FRACTIONS ET DÉCIMAUX

	Période 1	Période 2	Période 3	Période 4	Période 5
Module 1 Mesurer des grandeurs	*Mesurer des masses* • COMPARER DES MASSES (p. 323) • UTILISER DES MASSES MARQUÉES (p. 324) *Instants et durées* • LES HORLOGES (p. 331)	*Mesurer des masses* • ESTIMER DES MASSES (p. 327) *Comparer des aires* • CES RECTANGLES NE MANQUENT PAS D'AIRE (p. 348)	*Instants et durées* • Emploi du temps (p. 337) *Mesurer des longueurs* • AUTOUR DES PÉRIMÈTRES (p. 341) *Comparer des aires* • LES DEUX FONT LA P'AIRE ! (p. 370)	*Comparer des aires* • SURFACES À RANGER (p. 380)	*Mesurer des aires* • CHERCHER L'UNITÉ (p. 390)
Module 2 Fractions et décimaux		*Connaître et utiliser des fractions simples* • BANDE UNITÉ (p. 404)	*Connaître et utiliser des fractions simples* • DROITE GRADUÉE 1 (p. 416) *Des fractions décimales aux décimaux* • DROITE GRADUÉE 2 (p. 420)	*Apprendre à comparer des décimaux* • COMPARAISON DE DÉCIMAUX (p. 427)	*Calculer sur les décimaux* • SOMME ET DIFFÉRENCE DE NOMBRES DÉCIMAUX (p. 433) • LES FOURNITURES (p. 439) *Décimaux et droite graduée* • PLACE POINT (p. 445)

■ Mesurer des grandeurs

Objectifs du module

Dans les activités qui suivent, nous souhaitons confronter les élèves à des problèmes de comparaison de grandeurs diverses (masses, durées, longueurs, aires), de mesure de ces grandeurs et de calcul sur des nombres exprimant des mesures de grandeurs.

– Sur les **masses**, les objectifs sont les suivants :
  - s'approprier la notion de masse, estimer des masses et effectuer des mesures en utilisant différents types de balances ;
  - effectuer des calculs simples sur des mesures de masse ;
  - exprimer le résultat d'un mesurage, d'un calcul ou d'une estimation de façon appropriée, c'est-à-dire en employant des unités adaptées et selon les cas une expression complexe, un nombre décimal ou un encadrement.

– À propos des **durées**, il s'agit de mettre en place :
  - les fractions usuelles de l'heure et leur signification ;
  - les différents codages de l'heure et leur équivalence : codages sur l'horloge, codages utilisant des écritures fractionnaires, codages en heures et minutes ;
  - des procédures de calcul sur les nombres complexes (par adaptation des techniques connues sur les nombres entiers ou en recourant au calcul réfléchi).

– Le travail sur les mesures de **longueur** est l'occasion de :
  - pratiquer le mesurage avec la règle graduée ;
  - pratiquer des calculs de sommes de longueurs portant sur des écritures complexes ou à virgules ;
  - gérer les imprécisions du mesurage et les maîtriser numériquement.

– Les activités de comparaison de figures selon le critère de l'**aire** ont pour but de :
  - donner du sens aux expressions « avoir même aire », « avoir une aire plus petite (plus grande) qu'une autre » ;
  - mettre en place des procédures de comparaison des aires : recouvrement, découpage-recollage (réel ou fictif), recours à un pavage régulier ;
  - faire la distinction entre des notions voisines : l'encombrement (l'enveloppe), le périmètre et les dimensions d'une figure ;
  - différencier les notions d'aire et de périmètre et, en particulier, reconnaître qu'elles sont indépendantes ;
  - prendre conscience que la mesure d'une grandeur nécessite la référence à une unité ;
  - utiliser les fractions dans un contexte d'aire…

Activités

1. Comparer des masses (période 1)

> DESCRIPTION RAPIDE

Le maître montre deux objets, les enfants doivent d'abord estimer à vue, puis en les soupesant, quel est le plus lourd des deux objets. La vérification se fait ensuite avec une balance de Roberval, sans utiliser les masses marquées.

> OBJECTIFS SPÉCIFIQUES

– Comparer des objets du point de vue de la masse.
– Valider ou remettre éventuellement en cause, à l'aide de la balance, les impressions produites par les sens.

> MATÉRIEL

– Une série d'objets de masse, forme et volume différents.
– Une balance de Roberval.
– Une feuille par élève pour noter les résultats.

DÉROULEMENT

Étape 1 : Estimation à vue

Chaque enfant reçoit un tableau :

Nom :			Objet le plus lourd		
	Objet 1	Objet 2	1re estimation	2e estimation	Validation avec la balance
1					
2					
3					
4					
5					
6					

Le maître montre un premier couple d'objets.
Dans les colonnes « Objet 1 », « Objet 2 », « 1re estimation » de la première ligne, les enfants inscrivent les noms des deux objets et celui de l'objet qu'ils estiment être le plus lourd.
D'autres lignes sont remplies de la même façon.

On choisira des couples dans lesquels l'objet le plus lourd n'est pas toujours le plus volumineux ou le plus encombrant (livres, balles ou ballons, morceaux de fil électrique de longueurs différentes enroulés de façon plus ou moins serrée, etc.).

Étape 2 : Estimation en soupesant

Les objets montrés dans la première étape sont regroupés dans un coin de la classe.
Chaque enfant remplit la colonne « 2e estimation » de son tableau en venant soupeser les objets.
Les enfants peuvent venir à tour de rôle pendant un travail écrit. On peut aussi convenir d'une date à laquelle la colonne devra être remplie.

Étape 3 : Validation avec la balance

Les enfants ont leur tableau rempli sous les yeux. Les résultats obtenus sont examinés ligne par ligne en procédant de la manière suivante :
- le maître recense les résultats obtenus lors des deux estimations ;
- un enfant vient déterminer l'objet le plus lourd avec la balance et chacun inscrit le nom de cet objet dans la dernière colonne de son tableau ;
- une discussion s'engage sur les raisons qui ont amené à dire que tel objet est plus lourd que tel autre objet et sur les causes possibles d'erreurs.

2. Utiliser les masses marquées (période 1)

> DESCRIPTION RAPIDE

Les enfants vont devoir élaborer des stratégies pour peser des objets avec une balance de Roberval, interpréter les résultats obtenus et en déduire d'autres résultats.

> OBJECTIFS SPÉCIFIQUES

- Savoir faire une simple pesée en évitant trop d'opérations inutiles.
- Savoir extraire les informations fournies par des situations d'équilibre et de déséquilibre.
- Savoir calculer sur des mesures de masse.
- Connaître la relation 1 kg = 1 000 g et savoir l'utiliser pour exprimer le résultat d'un mesurage ou d'un calcul.

> MATÉRIEL

- Une boîte de masses marquées.
- Une balance de Roberval.
- Un livre pour effectuer une pesée de masse inférieure à 1 kg.

Première phase
Découverte de la boîte de masses marquées

Un élève vient recenser le contenu de la boîte.

Afin de faciliter la lecture des masses qui pose souvent des problèmes, on peut coller des étiquettes bien lisibles sur les différentes masses marquées[2].

Les différentes masses sont notées au tableau :
500 g, 200 g, 100 g, 100 g, 50 g, 20 g, 10 g, 10 g, 5 g, 2 g, 2 g, 1 g.
Le maître pose ensuite la masse de 500 g dans l'un des plateaux de la balance de Roberval et demande s'il est possible d'équilibrer la balance en se servant des masses disponibles.
Les réponses et les arguments sont recensés.
On vérifie à l'aide de la balance.
À l'issue de cette activité, le maître demande combien pèse le contenu de la boîte de masses marquées et on termine en notant la relation 1 kg = 1 000 g.
Le maître pose ensuite une masse de 100 g et la masse de 50 g dans l'un des plateaux et demande s'il est possible d'équilibrer la balance en se servant des masses disponibles. On met ainsi en évidence la possibilité d'obtenir 50 g avec les masses inférieures à 50 g.

Deuxième phase
Utilisation de la balance pour peser des objets

Étape 1 : Pesée d'un objet de masse inférieure à 1 kg

Un élève est chargé d'effectuer la pesée d'un livre en verbalisant ses actions et ses constats.
Le contenu du plateau et le constat sont inscrits au tableau à certaines étapes importantes de la pesée.
Les autres élèves doivent écrire sur leur cahier de brouillon les informations qu'ils peuvent en déduire sur la masse du livre.

Exemple :

Contenu du plateau	Constat
1) 500 g, 200 g, 100 g, 100 g, 50 g	C'est trop.
2) 500 g, 100 g, 100 g, 50 g	Ce n'est pas assez.
3) 500 g, 200 g, 100 g, 50 g, 20 g, 10 g, 10 g	Ce n'est pas assez.

Réponses attendues :
1) Le livre pèse moins de 950 g.
2) Le livre pèse plus de 750 g et moins de 950 g.
3) Le livre pèse plus de 890 g et moins de 950 g.

2. On modifie légèrement leur masse mais cela a peu d'importance car notre but n'est pas la détermination de la masse exacte des objets.

Certains enfants ont souvent du mal à élaborer une stratégie. Voici le cheminement suivi par le peseur pour aboutir aux étapes ci-dessus.
1) Les masses marquées sont ajoutées jusqu'au changement d'équilibre:
50 + 100 + 100 + 200 + 500.
2) Une masse est enlevée: – 200.
3) Une masse est enlevée (100 g), quatre autres ajoutées (200 g, 20 g, 10 g, 10 g):
+ 200 – 100 + 20 + 10 + 10.

Pour travailler la stratégie, la pesée peut se terminer de la façon suivante:
a) Les enfants écrivent quel serait leur prochain essai.
b) Les propositions sont discutées, l'une d'elles est retenue.
c) Le peseur procède à l'essai, le nouvel encadrement est cherché.
d) On recommence à l'étape *a* jusqu'à l'obtention de l'équilibre.

Exemple:

Premier essai:	900 g	Ce n'est pas assez. Le livre pèse plus de 900 g et moins de 950 g.
Deuxième essai:	910 g	Ce n'est pas assez. Le livre pèse plus de 910 g et moins de 950 g.
Troisième essai:	920 g	C'est trop. Le livre pèse plus de 910 g et moins de 920 g.
Quatrième essai:	915 g	Ce n'est pas assez. Le livre pèse plus de 915 g et moins de 920 g.
Cinquième essai:	916 g	Équilibre. Le livre pèse 916 g.

La même activité peut ensuite être reprise avec un autre objet de masse inférieure à 1 kg.

Étape 2 : Pesée d'un objet de masse supérieure à 1 kg

Les seules masses marquées disponibles sont celles de la boîte de 1 kg. Un élève est chargé de la pesée d'un objet de masse supérieure à 1 kg. Lorsqu'il a été constaté que les masses disponibles ne suffisent pas, le maître renvoie le problème à toute la classe en lui demandant comment l'on pourrait procéder sans utiliser d'autres masses marquées.
Si aucun élève ne pense à utiliser le livre dont la masse est connue, le maître peut faire cette suggestion. La procédure à suivre est explicitée puis la pesée est effectuée.

Dans les classes où nous avons proposé cette activité, la solution qui consiste à placer l'objet dans un plateau et à chercher l'équilibre en plaçant le livre et des masses marquées dans l'autre plateau a été trouvée par les enfants. Lors de la pesée, nous avons pu vérifier que beaucoup d'enfants pensent qu'un changement de position des objets placés dans les plateaux peut modifier l'équilibre et nous avons remarqué que certains pensent que le résultat sera différent selon que l'on pose les masses marquées sur le livre ou le livre sur les masses marquées.

■ **Troisième phase**
Pesées et calcul

Dans chacune des activités qui suivent, les résultats obtenus par des calculs pourront être validés par des pesées effectives. Les résultats supérieurs à 1 kg seront exprimés en grammes (1 235 g) et avec une écriture complexe en kilogrammes et grammes (1 kg 235 g).

1) Le maître fait peser 10 cahiers neufs identiques par un enfant, puis il fait chercher le poids d'un cahier à partir du résultat trouvé.

2) Le maître fait peser 1 livre, et fait chercher le poids de 5 livres identiques.

3) Le maître pose une masse de 1 kg dans l'un des plateaux et un objet de masse inférieure dans l'autre plateau. Un élève est chargé d'établir l'équilibre en plaçant des masses marquées du côté de l'objet. Les élèves doivent trouver la masse de l'objet à partir de l'inventaire des masses utilisées pour réaliser l'équilibre.

3. Estimer des masses (période 2)

> DESCRIPTION RAPIDE

Le maître montre des objets familiers. Les enfants doivent donner deux estimations de leur masse, la première à vue, la seconde en soupesant, l'estimation la plus proche est ensuite mise en évidence en utilisant une balance de Roberval et une balance de cuisine comportant une graduation de 10 g en 10 g.

> OBJECTIFS SPÉCIFIQUES

– Mettre en place et utiliser des points de référence en soupesant et en pesant des objets familiers.
– Peser des objets avec une balance de Roberval et une balance à cadran.

> MATÉRIEL

– Une balance de Roberval et des masses marquées.
– Une balance à cadran.
– Une feuille par élève avec le tableau permettant d'inscrire les pesées.
– Une série d'objets familiers.

DÉROULEMENT

■ **Première phase**
Estimation à vue

Étape 1

Chaque enfant reçoit un tableau (voir page suivante).

Le maître montre un premier objet.
Dans les colonnes « Objet » et « 1re estimation » de la première ligne, les enfants inscrivent le nom de l'objet et l'estimation de sa masse.
D'autres lignes sont remplies de la même façon.

	Nom:				
	Nom de l'objet	1re estimation	2e estimation	Balance de Roberval	Balance à cadran
1					
2					
3					
4					
5					
6					

Afin de mettre en place des points de repère, il faudrait proposer des objets familiers et des objets que l'on a souvent l'occasion de soupeser. Cinq ou six objets suffisent. Dans une classe, nous avons proposé : une chaussure de sport, une paire de lunettes avec son étui, un disque compact avec sa boîte, une balle de tennis, un magazine.

Étape 2

Le maître relève toutes les estimations données pour l'un des objets.

Voici les estimations données à vue pour le disque compact de 93 g (le nombre d'enfants figure entre parenthèses) :
6 kg (1), 1 kg (2), 700 g (2), 600 g (1), 510 g (1), 200 g (1), 110 g (1), 100 g (6), 30 g (3), 25 g (1), 20 g (3), 10 g (4), 8 g (1).

Les élèves peuvent ainsi mettre en évidence la dispersion des valeurs. Le maître propose de faire une deuxième estimation en soupesant les objets et des masses marquées.

Deuxième phase Estimation en soupesant

Étape 1

Les objets montrés dans la première phase, une masse marquée de 50 g et une masse marquée de 200 g, sont regroupés dans un coin de la classe. Chaque enfant remplit la colonne « 2e estimation » de son tableau en venant soupeser les objets et les masses marquées.
Les enfants peuvent venir à tour de rôle pendant un travail écrit. On peut aussi convenir d'une date à laquelle la colonne devra être remplie.

Étape 2

Le maître relève à nouveau toutes les valeurs trouvées pour le même objet et les fait comparer à celles trouvées lors de la première estimation.

La majorité des enfants refait ses estimations en comparant les objets et les masses. Ils placent généralement l'objet dans une paume et la masse dans l'autre paume,

certains font la comparaison en prenant l'objet et la masse entre le pouce et l'index, ce qui procure des sensations différentes et sans doute moins trompeuses.
La comparaison avec les masses marquées conduit en général à sous-estimer la masse des objets. Voici les deuxièmes estimations obtenues pour le disque compact: 200 g (2), 50 g (8), 40 g (3), 30 g (3), 28 g (1), 25 g (1), 20 g (2), 17 g (1), 10 g (4), 3 g (1).

Le maître annonce que pour savoir quelles sont les meilleures estimations on utilisera des balances.

Troisième phase Détermination de la masse avec deux balances

Étape 1

Une balance de Roberval avec des masses marquées et une balance de cuisine comportant une graduation de 10 g en 10 g sont placées à proximité des objets. Les deux balances sont présentées.
On convient d'une date à laquelle chaque enfant devra avoir pesé un ou éventuellement deux des objets, d'abord avec la balance de Roberval, ensuite avec la balance à cadran. Les résultats sont notés dans les cases correspondantes du tableau. Les cases restées vides seront remplies lors de la deuxième étape.

Pour deux objets, il faut prévoir environ 5 minutes par enfant. La pesée avec la balance de Roberval est parfois très laborieuse. La masse de l'objet à peser est une variable importante. Un objet de 348 g est plus difficile à peser qu'un objet de 352 g.
Lors de la pesée avec la balance de cuisine, on constate que:
– certains enfants lisent mal le cadran: l'enfant lit 350 au lieu de 360 car il ne se place pas en face du cadran, l'enfant lit 351 au lieu de 360 car l'aiguille est un trait après le grand trait de 350;
– beaucoup d'enfants font une lecture influencée par le résultat trouvé lors de la première pesée: par exemple lors de la pesée avec la balance de Roberval, l'enfant se trompe en additionnant les masses marquées, il trouve 99 g au lieu de 89 g et il lit ensuite 99 g sur le cadran alors qu'il devrait lire 90 g.

Étape 2

Le maître recense les résultats trouvés pour chaque objet. On s'interroge sur l'origine des différences et on fait apparaître les points suivants:
– certains objets paraissent moins lourds qu'ils ne le sont;
– avec la balance de Roberval, on peut obtenir la masse au gramme près. On peut éviter des opérations inutiles en tenant compte des informations obtenues après chaque essai;
– avec une graduation de 10 g en 10 g, on ne peut pas donner la masse à un gramme près. Pour ne pas se tromper, il faut se placer bien en face du cadran. Si l'aiguille est entre 350 et 360, on répond: « entre 350 g et 360 g. »
Des enfants viennent refaire les pesées face à la classe en tenant compte de ces remarques et chaque enfant complète son tableau.

■ Quatrième phase
Activités d'accompagnement et d'entraînement

Les activités qui suivent complètent les activités précédentes. Elles feront l'objet de courtes séquences qui fourniront l'occasion de :
- comparer, ordonner, estimer des masses ;
- calculer sur des nombres exprimant des masses et utiliser la relation 1 kg = 1 000 g pour calculer et pour exprimer le résultat d'un calcul ;
- utiliser des balances pour valider des estimations et des calculs ;
- interpréter et exploiter des résultats obtenus en pesant des objets.

1) Ordres de grandeur

Le maître montre ou nomme un objet, les enfants donnent un ordre de grandeur de sa masse. La validation se fait selon les cas par des pesées ou par des recherches documentaires. Pour certains objets, on écrit un encadrement, pour d'autres, on écrit une valeur approximative.

Les différents résultats sont affichés sur un mur de la classe. Ils servent de points de repère et peuvent être utilisés pour répondre à des questions.

Exemples d'objets et de résultats attendus :
- voiture de formule 1 : environ 500 kg ;
- voiture de catégorie moyenne : environ 1 000 kg ou 1 tonne ;
- chien berger allemand adulte : entre 25 kg et 35 kg ;
- étui de 10 mouchoirs en papier : environ 30 g ;
- dictionnaire Junior : un peu plus de 1 kg ;
- pomme : entre 100 g et 250 g, etc.

Exemples de questions auxquelles on peut répondre en utilisant l'affiche :
- Combien pèse une orange ?
- Combien pèse un mouchoir en papier ?
- Combien y a-t-il de pommes dans un kilo de pommes ?
- Etc.

2) Additionner, soustraire, multiplier, diviser par un entier des nombres exprimant des masses

a) Compter de 250 g en 250 g (ou de 500 g en 500 g, ou...) en faisant au moment voulu les conversions en kg, par exemple :

250 g – 500 g – 750 g – 1 kg – 1 kg 250 g – etc.

b) Calculer :

500 g + 1 kg 300 g + 250 g ; 2 kg 800 g + 3 kg 600 g ;
4 kg + 1 kg 650 g + 2 kg 700 g + 960 g ; 500 g + 1 kg 650 g + 5 kg.

Quelle est la moitié de : 1 kg ; 5 kg ; 3 kg 600 g ?
Quel est le double de : 750 g ; 1 kg 450 g ; 3 kg 650 g ?

c) Le maître place un objet dans chaque plateau. Il donne la masse de chacun des deux objets, les enfants doivent trouver comment équilibrer la balance en utilisant les masses marquées.

d) Le maître pèse avec une balance de cuisine une boîte de balles de tennis contenant une balle, puis la même boîte contenant deux balles. Il dit aux enfants ce qu'il lit sur la graduation, 100 g, puis 160 g.
Il place ensuite les deux dernières balles dans la boîte et il demande aux enfants de trouver ce qu'il lit sur la graduation.

3) Interpréter une situation d'équilibre
La balance est en équilibre. Sur un plateau, il y a un objet et des masses ; sur l'autre plateau, il n'y a que des masses. Le maître énumère le contenu des deux plateaux, les enfants doivent trouver la masse de l'objet.
Exemple : sur un plateau, il y a une balle de tennis, une masse de 10 g et une masse de 2 g et, sur l'autre plateau, il y a 50 g, 10 g, 5 g, 1 g, 1 g.
Combien pèse la balle ?

4) Petits problèmes de comparaison
S'il souhaite faire comparer les résultats trouvés par des calculs aux résultats trouvés par des pesées, le maître doit bâtir ses énoncés en faisant d'abord lui même les pesées et les calculs nécessaires.
Dans les énoncés qui suivent (b, c, d, e), le maître précisera la nature des objets et les valeurs des masses.

a) Un objet pèse 5 kg 500 g, un autre pèse 3 kg 900 g. De combien leur masse diffère-t-elle ?

b) L'objet C pèse ... et l'objet D pèse ... de moins. Combien pèse-t-il ?

c) L'objet E pèse ... et l'objet F pèse ... de plus. Combien pèse-t-il ?

d) L'objet G pèse ... et l'objet H pèse ... fois moins. Combien pèse-t-il ?

e) L'objet J pèse ... et l'objet K pèse ... fois plus. Combien pèse-t-il ?

4. Les horloges (période 1)

> DESCRIPTION RAPIDE

Il s'agit de repérer les connaissances des élèves sur les expressions fractionnaires et de les faire évoluer sur une situation qui leur est familière : les durées. On mettra en évidence que l'on peut désigner certaines parties de l'unité (l'heure) par une fraction (le quart d'heure, la demi-heure, etc.), et que l'on peut même calculer en associant certaines de ces parties (un quart d'heure et un quart d'heure, cela fait une demi-heure...).

> OBJECTIFS SPÉCIFIQUES

– Comprendre la signification des fractions simples de l'heure.
– Connaître des équivalences entre les différentes expressions de l'heure : écriture fractionnaire, heure et minute, position des aiguilles sur l'horloge.

Remarques
On s'assurera pour aborder cette situation, que les élèves sont capables de :
– lire l'heure sur une montre à cadran et une montre digitale, et répondre à la question : « Quelle heure est-il ? »

– repérer les moments de la journée dans le temps et répondre aux questions du genre : « À quelle heure rentre-t-on à l'école l'après-midi ? » Réponse : « À 1 h 25 de l'après-midi, ou 13 h 25. »
– faire quelques calculs simples sur les nombres sexagésimaux (par exemple : « 13 h 25 min et 15 min, cela donne quelle heure ? »
On se reportera, si nécessaire, aux situations d'*Ermel CE2* (TEMPS/DURÉES, du thème « Connaître les nombres »).

> MATÉRIEL

– Des montres à aiguilles sur lesquelles les élèves pourront visualiser les différents temps et valider certains résultats.
– Une horloge fictive en carton, assez grande, afin que l'on puisse collectivement valider certains calculs.

DÉROULEMENT

Première phase
Les fractions simples de l'heure

Étape 1 : La demi-heure

La séance est essentiellement collective. On utilise par exemple une grande montre fictive en carton ainsi que des montres individuelles à cadran.

Consigne : « Placez les aiguilles sur 11 h puis avancez de 30 min. Quelle heure est-il ? »

Le maître recense au tableau les différentes réponses données par les élèves, puis fait un inventaire critique de celles-ci.
Les élèves doivent répondre : 11 h 30 ou 11 h 30 min ou peut-être 11 h et demie.
Si l'expression « onze heures et demie » n'est pas citée, le maître pose alors la question : « Connaissez-vous une autre façon de dire cette heure particulière ? »

Cette conception du demi doit être connue par un certain nombre d'élèves. Si aucun élève ne la connaît, l'enseignant devra l'introduire.

Mais il devra poser la question annexe : « Pourquoi dit-on demi ? »
C'est aux élèves de justifier que les différentes réponses sont acceptables.

Les justifications s'appuient sur le fait que 1 h = 60 min et que « demi » est synonyme de « moitié ».

On pourra faire réfléchir les élèves et les amener à dire dans quelle autre situation on rencontre le demi : « un litre et demi, un demi-litre, trente cinq euros et demi, un demi-euro... ».

On peut alors introduire l'écriture : $\frac{1}{2}$ h et 11 h $\frac{1}{2}$ pour « 11 heures et demie. »

On peut également écrire au tableau : $\frac{1}{2}$ h = 30 min.

L'écriture $\frac{1}{2}$ sera nommée écriture fractionnaire.

Étape 2 : Le quart d'heure

À partir des connaissances précédemment acquises, les élèves vont aborder d'autres expressions fractionnaires, mais cette fois à partir d'un problème. Le maître écrit au tableau :
« Paul est parti de chez lui à 8 h 10 min pour se rendre à l'école. Il marche pendant un quart d'heure. À quelle heure arrive-t-il ? »

1) Recherche, sur le brouillon et par groupes de 2, pendant 5 min, et inventaire des difficultés.

2) Explication de ce que veut dire : « un quart d'heure ».

Les élèves doivent s'appuyer sur le fait que 1 h = 60 min, qu'une demi-heure c'est la moitié d'une heure. Les élèves peuvent répondre qu'un quart d'heure c'est la moitié de la moitié d'une heure : donc 15 min.
Si cette réponse ne vient pas, l'enseignant devra l'introduire et la justifier.

3) Reprise de la recherche pendant 5 à 10 min.
4) Mise en commun.
5) Prolongement. Le maître pose oralement la question :
« Comment peut-on désigner 9 h 15 min d'une autre façon ? »
Certains élèves peuvent dire : « 9 h et quart. »
Le maître : « Pourquoi "et quart" ? »

Les élèves doivent justifier cette réponse : 4 fois $\frac{1}{4}$ h, cela fait une heure, comme deux fois $\frac{1}{2}$ h, cela fait une heure.
On doit insister sur le fait qu'il y a « 4 quarts d'heure » dans une heure, et montrer, sur l'horloge, les 4 parties qui peuvent être désignées par $\frac{1}{4}$ h.

9 h 15 min peut se dire « 9 h et quart », et s'écrire 9 h $\frac{1}{4}$ où $\frac{1}{4}$ est une écriture fractionnaire.

Étape 3 : Les « trois quarts d'heure »

Même démarche que pour l'étape précédente, le problème est écrit au tableau : « Je mets trois quarts d'heure pour venir à l'école, je suis partie à 8 h. À quelle heure suis-je arrivée ? »

Afin de valider les calculs, les élèves peuvent utiliser le fait que : « trois quarts d'heure c'est trois fois un quart d'heure, donc trois fois 15 min, c'est-à-dire 45 min. »

« Comment dit-on 13 h 45 min d'une autre façon ? » Ici, certains élèves peuvent dire : « Deux heures moins le quart de l'après-midi. » Il s'agit de produire 13 h trois quarts.

« 45 min, c'est trois fois 15 min. Comment peut-on dire encore ? »

Et le maître introduira l'écriture correspondante : $\frac{3}{4}$ h et $\frac{3}{4}$ h = 45 min.

On institutionnalisera les « 13 h trois quarts » en disant que c'est identique à « 13 h 45 min » ou « 2 h moins le quart de l'après-midi... »

Deuxième phase Transcodage d'horaires

> OBJECTIF

Trois codages d'horaires étant possibles :
- sur l'horloge, à l'aide des aiguilles,
- en écriture fractionnaire,
- en écriture en heures et minutes,

apprendre à passer de l'un à l'autre.

Étape 1 : Travail par groupes de deux

Une feuille (format A4) est distribuée pour deux élèves. Sur chaque ligne est présenté un codage d'un certain horaire, il s'agit de trouver les deux autres codages. Un exemple d'une série de questions est donné p. 335.

Étape 2 : Mise en commun

Chaque groupe présente ses résultats. Inventaires des erreurs, discussion autour de la validité des réponses.

Troisième phase Situations d'accompagnement

Il s'agit, sur des problèmes simples, de faire fonctionner les durées exprimées sous diverses notations...

Ces problèmes permettent de travailler l'égalité : $a + b = c$, la question portant soit sur a, soit sur b, soit sur c. Les variables a, b, c prenant différentes valeurs, sous différentes écritures (15 min ou $\frac{1}{4}$ h).

Des exemples sont fournis p. 336. Ils pourront être utilisés soit en séance collective (procédé Lamartinière), soit en travail écrit individuel. Il s'agira d'analyser les erreurs possibles...

Les élèves pourront utiliser, si nécessaire, les montres fictives proposées, elles sont partagées en parts correspondant à des durées de 5 min, 15 min... (elles pourront être photocopiées sur un format A4).

Sur l'horloge	Écriture avec des fractions	Écriture en heures et minutes
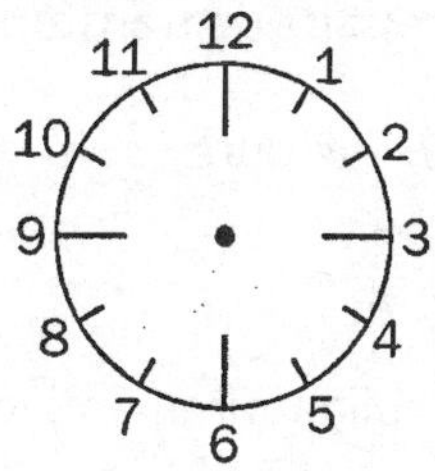	1 h $\frac{1}{2}$	
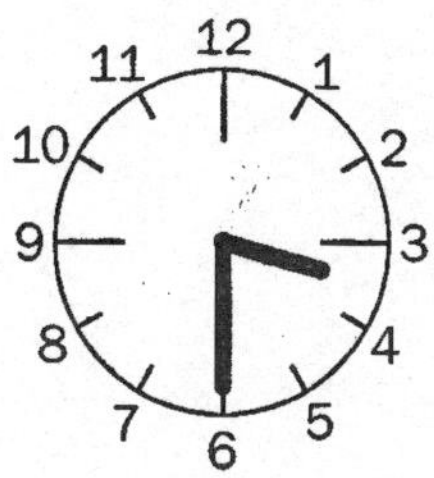		
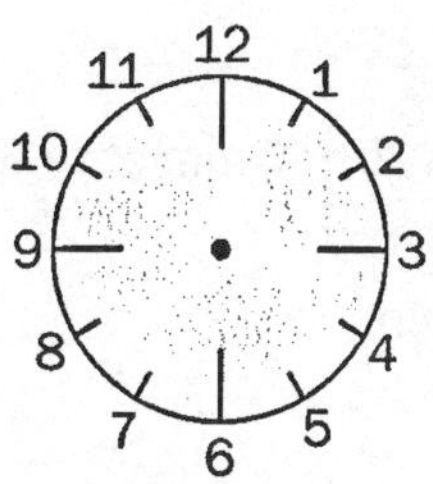		3 h 15 min
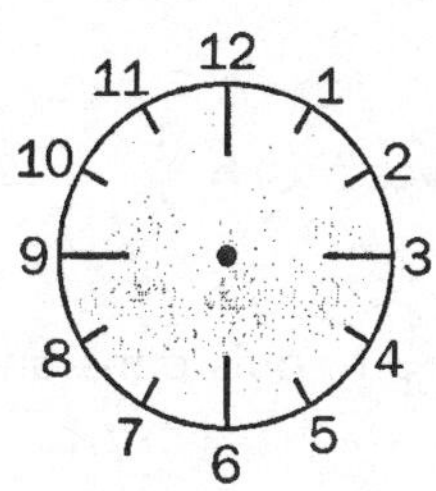	8 h $\frac{3}{4}$	
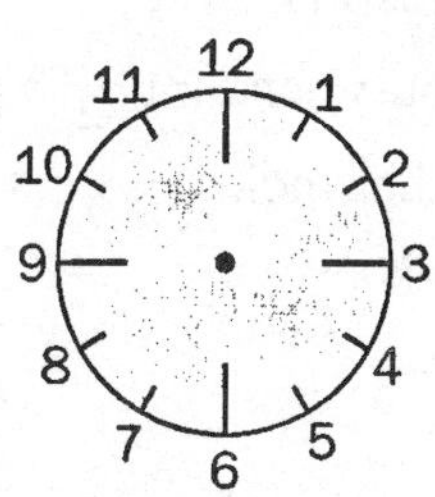		6 h 15 min

1) *a* + *b* = *c*, l'inconnue étant « *c* »

– Je pars de la maison à 8 h 10, je marche pendant 45 min. Je rentre à ?

– Idem, mais avec 9 h 15 min, ou 10 h 20 min (c'est plus difficile, car la réponse sera certainement 10 h 65 min qu'il est nécessaire de transformer en 11 h 05 min).

– Une émission à la télévision commence à 19 h 30, elle dure $\frac{1}{2}$ h. À quelle heure se termine-t-elle ?

– La récréation commence à 10 h 15 min, elle dure $\frac{1}{4}$ h. À quelle heure entre-t-on en classe ?

– Idem, mais avec 10 h 20 min (il faut transformer, obligatoirement, le quart d'heure en 15 min).

– Je cours pendant $\frac{1}{4}$ h, puis pendant $\frac{3}{4}$ h.

Combien de temps ai-jecouru ?

– Je cours pendant $\frac{1}{4}$ h, puis pendant $\frac{1}{2}$ h.

Combien de temps ai-je couru ?

– Je cours pendant $\frac{1}{2}$ h, puis pendant 10 min.

Combien de temps ai-je couru ?

2) *a* + *b* = *c*, l'inconnue étant « *a* » ou « *b* »

– La mi-temps d'un match de football commence à 20 h 10 min et se termine à 20 h 55 min. Quelle est sa durée ?

– J'ai marché $\frac{1}{4}$ h, je rentre chez moi à 10 h 30 min.

À quelle heure suis-je parti ?

– J'ai marché $\frac{1}{4}$ h, je rentre chez moi à 14 h 20 min.

À quelle heure suis-je parti ?

– J'ai roulé en voiture pendant 20 min, je suis arrivée à 20 h $\frac{1}{2}$.

À quelle heure suis-je partie ?

– Je fais des achats dans un magasin pendant $\frac{1}{4}$ h, puis dans un autre magasin. En tout, ces achats ont duré 25 min.

Combien de temps suis-je resté dans le second magasin ?

– Je pars de chez moi pour faire un footing. Je cours pendant $\frac{1}{2}$ h puis je me repose, puis je cours encore $\frac{1}{4}$ h et je rentre chez moi.

Je suis parti 1 h, combien de temps me suis-je reposé ?

5. Emploi du temps (période 3)

> DESCRIPTION RAPIDE

Les élèves vont avoir à calculer des durées[3], soit à l'aide d'un support qui leur est fourni (ce qui facilite le recours au calcul réfléchi), soit pour résoudre des problèmes à énoncé.

> OBJECTIFS SPÉCIFIQUES

Savoir lire les informations figurant sur un document présentant l'emploi du temps d'une classe, en particulier :
- savoir lire les « heures » indiquant les débuts et fins d'activités ;
- savoir évaluer la durée d'une activité (procédures élèves) ;
- apprendre à calculer sur les nombres complexes (par adaptation des techniques connues sur les nombres entiers ou en recourant au calcul réfléchi).

DÉROULEMENT

■ Première phase
Emploi du temps

Étape 1 : Appropriation individuelle du document

> MATÉRIEL

Un emploi du temps par élève (voir page suivante).

Pour s'assurer que les élèves repèrent bien toutes les informations contenues sur le document qui vient de leur être distribué, le maître demande aux élèves :
- d'identifier la façon dont sont repérés les débuts et fins de cours ;
- de rappeler ce qu'ils savent sur les équivalences entre les différentes manières de noter les durées :

  1 heure = 60 minutes
  une demi-heure = 30 minutes
  1 quart d'heure = 15 minutes
  1 heure = 4 quarts d'heures
- de colorier les différentes activités avec différentes couleurs.

Le maître pose ensuite quelques questions orales simples :
- Est-ce que les élèves de la classe travaillent tous les jours ?
- Quel est le jour où l'on commence les mathématiques à 9 h ?
- Quels jours y a-t-il bibliothèque ?
- Combien de temps durent les mathématiques le lundi ?
- Etc.

3. « On sait dire que deux événements se produisent à un même instant, mais on ne donne pas de signification à la somme de deux instants. Par contre la durée, c'est-à-dire le temps écoulé entre deux instants, est une grandeur mesurable ». MOTS VI, Grandeur mesure, APMEP n° 46, 1982.

EMPLOI DU TEMPS   CM2 A

	LUNDI	MARDI	JEUDI	VENDREDI
8 h 45 – 9 h	*Calcul mental*	*Calcul mental*	*Calcul mental*	*Calcul mental*
9 h – 10 h 15	*Grammaire*	*Mathématiques*	*Conjugaison*	*Expression écrite*
10 h 15 – 10 h 30	—	—	—	—
10 h 30 – 11 h 45	*Mathématiques*	*Orthographe*	*Mathématiques*	*Sciences*
11 h 45 – 13 h 15	—	—	—	—
13 h 15 – 14 h 45	*Histoire-Géographie*	*Informatique*	*EPS*	*Lecture*
14 h 45 – 14 h 55	*Bibliothèque*	*Bibliothèque*	*Éducation civique*	*Éducation civique*
14 h 55 – 15 h 10	—	—	—	—
15 h 10 – 15 h 55	*Musique*	*Poésie*	*Arts plastiques*	*Anglais*
15 h 55 – 16 h 15	*Étude dirigée*	*Étude dirigée*	*Étude dirigée*	*Étude dirigée*

SAMEDI	
8 h 45 – 9 h 30	*Mathématiques*
9 h 30 – 10 h 15	*Dictée*
10 h 15 – 10 h 30	—
10 h 30 – 11 h 30	*Lecture*
11 h 30 – 11 h 45	*Étude dirigée*

Étape 2 : Activité collective

D'autres questions amènent des calculs plus complexes. Par exemple :
– Le vendredi, combien de temps est consacré à la lecture ?
– Quelle est la durée de la coupure entre le matin et l'après-midi ?

L'examen des réponses et des méthodes vont servir à mettre en évidence différentes façons de procéder pour calculer une durée :
« Entre 11 h 45 et 13 h 15, il se passe 1 h 30 car de 11 h 45 à 12 h 45 ça fait 1 heure et jusqu'à 13 h 15, ça fait 30 minutes de plus. »
« Un quart d'heure jusqu'à midi, une heure entre 12 h et 13 h et encore un quart d'heure. En tout une heure et demie. »
ou

```
     13 h 15
   – 11 h 45
   ─────────
   ............
```

Cette activité doit permettre :
– de repérer les élèves en difficulté, particulièrement ceux qui confondent instants et durées : par exemple, certains enfants additionnent l'heure de début et l'heure de fin d'une activité ;
– de poser le problème du calcul sur les nombres complexes. Dans la soustraction posée ci-dessus, on ne peut soustraire 45 min de 15 min... Il faut « emprunter » une heure et la convertir en 60 min.

Étape 3 : Travail individuel

> MATÉRIEL

Une feuille polycopiée pour chaque élève décrivant les questions auxquelles il doit répondre en s'aidant de l'emploi du temps rempli.

> ÉNONCÉ

Vous utilisez l'emploi du temps pour répondre par écrit à ces questions :
Combien y a-t-il d'heures de cours le lundi, le mardi, ..., le samedi ?
Combien y a-t-il d'heures de cours dans une semaine ?
Dans une semaine :
Combien y a-t-il d'heures de mathématiques ?
Combien y a-t-il d'heures de calcul mental ?
Combien durent les études dirigées ?

Les élèves répondent question après question puis le maître recense les réponses. Elles sont ensuite examinées et mises en relation avec les méthodes qui ont permis de les produire : les élèves doivent se prononcer sur la validité de celles-ci et valider ou non les réponses correspondantes.

Pour répondre aux questions posées, le calcul réfléchi est toujours possible mais fastidieux. Les élèves essaient plutôt de mettre en œuvre des techniques écrites de calcul (additions et soustractions) qu'ils devront adapter au cas particulier des nombres complexes.

Deuxième phase
Problèmes à énoncé

Comme prolongement aux activités qui précèdent nous proposons quelques problèmes à énoncé de type « additifs » avec des nombres sexagésimaux dans lesquels les élèves vont avoir à réinvestir les méthodes utilisées dans la phase précédente (calcul réfléchi et/ou technique opératoire).

Énoncés de problèmes sur heures et durées

e t+ E	Monsieur Dupont part au travail à 8 h 10. Il a $\frac{1}{4}$ h de trajet. À quelle heure arrive-t-il au travail ?
e T+ e	Une émission de télévision commence à 20 h 45 et se termine à 21 h 25. Quelle en est la durée ?
E+ e	Le cours de mathématiques dure 55 min. Lundi, il s'est terminé à 10 h 30. À quelle heure a-t-il commencé ?
e t+ t + E	Les élèves de CM1 partent en classe de neige à 22 h 30. Ils voyagent en deux étapes : – 1re étape : 2 h $\frac{1}{2}$; – 2e étape : 3 h 20 min. Quelle est l'heure d'arrivée ?
e e E	Le plombier a réparé le chauffage de l'immeuble. Lundi, il a travaillé 6 h 25 min. Mardi, il a travaillé 7 h 45 min. Combien de temps a-t-il mis pour réparer le chauffage ?
e E e	Les deux émissions que j'ai enregistrées remplissent une cassette vidéo de 3 h. La première émission dure 1 h 15 min. Quelle est la durée de la deuxième émission ?
e C+ e	Par le train, le trajet Paris-Toulouse dure 5 h 35 min. En avion, il dure 1 h 5 min. Combien de temps gagne-t-on en prenant l'avion ?
e C– e	À la Toussaint, le jour dure 9 h 51 min. À Noël, il dure 39 min de moins. Quelle est la durée du jour à Noël ?

Troisième phase
Activités d'accompagnement

1) Calculs rapides de durées

a) Une émission commence à 8 h 50 et se termine à 9 h 20.
Quelle est sa durée ?

b) André part de chez lui à 9 heures moins le quart et il y revient à 11 h 15.
Combien de temps a-t-il été absent de chez lui ?

c) Un film commence à 20 h 40 et se termine à 22 h 50.
Calcule la durée de ce film.

d) Un train part de Paris à 9 h 45. Le voyage dure 3 heures et 30 minutes.
Calcule l'heure de son arrivée.

e) Quel temps s'écoule-t-il entre :
– 9 heures 20 et 11 heures 30 ;
– 2 heures moins 10 et 3 heures 25, etc.

2) Furet des durées

– Compter de quart d'heure en quart d'heure à partir d'une heure donnée : il est 9 heures et 5 minutes, quelle heure sera-t-il dans un quart d'heure, et encore un quart d'heure plus tard, etc.
– Compter de 10 min en 10 min à partir d'une heure donnée.
– Idem de 20 min en 20 min, de demi-heure en demi-heure…

6. Autour des périmètres (période 3)

> DESCRIPTION RAPIDE

Cette activité comporte deux phases.

Phase 1 : on pose le problème de la comparaison de la longueur de deux lignes brisées fermées qui correspondent aux bords de trois polygones (figures planes non-convexes…).
On met en évidence les problèmes de mesurage, c'est-à-dire les raisons pour lesquelles on obtient des résultats très différents selon les élèves. Les lignes brisées ne sont pas, ici, trop « complexes ».
On en profite pour introduire les écritures à virgule et leur gestion dans les calculs, en utilisant les calculettes. Ces écritures à virgule sont ici une autre manière de désigner des écritures complexes (comme 3 cm 5 mm désignée par 3,5 cm). Elles n'ont pas encore le statut d'écritures désignant des nombres décimaux…

Phase 2 : on pose le problème de la comparaison de trois lignes brisées et fermées, mais plus longues et plus « complexes » que dans la phase 1. Une ne sera pas comparable aux deux autres, car les intervalles d'incertitude ne seront pas disjoints. Deux seront comparables car les intervalles d'incertitude seront disjoints.

> OBJECTIFS SPÉCIFIQUES

Être capable de :
- pratiquer le mesurage avec la règle graduée ;
- pratiquer des calculs de sommes de longueurs (règles de calcul, à partir d'écritures complexes ou à virgule) ;
- gérer les imprécisions du mesurage et les maîtriser numériquement (ce que l'on ne peut pas savoir et ce que l'on peut savoir avec quasi-certitude).

> MATÉRIEL

Chaque élève reçoit :
- une photocopie sur laquelle sont dessinés deux polygones, le périmètre de chacun étant une ligne brisée,
- une feuille blanche et un double décimètre.

Ci-après sont représentés deux polygones (figures 1 et 2). Ce sont des exemples (en réduction, échelle 1/3) qui pourront être proposés aux élèves, les mesures indiquées (l'unité étant le cm) sont approximatives et ne figurent pas sur le document donné aux élèves.
Figure 1 : longueur du périmètre : environ 47,8 cm.
Figure 2 : longueur du périmètre : environ 56,7 cm.

D'autres polygones peuvent être proposés, à condition de vérifier les critères suivants :
- le périmètre de chaque polygone est une ligne brisée pas trop complexe ;
- les longueurs des segments, en cm, peuvent être exprimées par des nombres décimaux (avec quelques entiers) ;
- les longueurs des périmètres sont suffisamment distinctes (écart de 10 cm environ).

figure 1

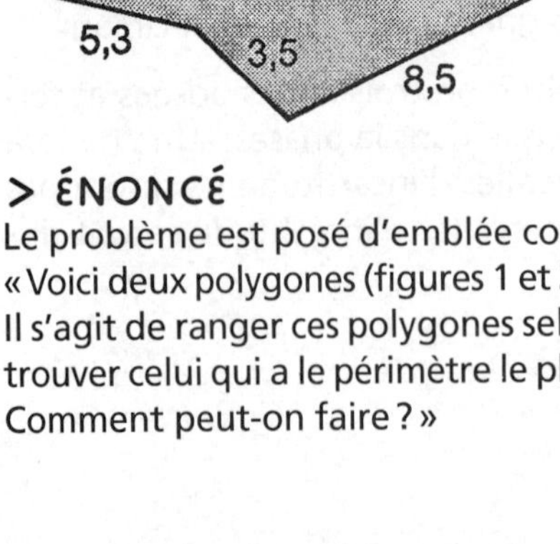

figure 2

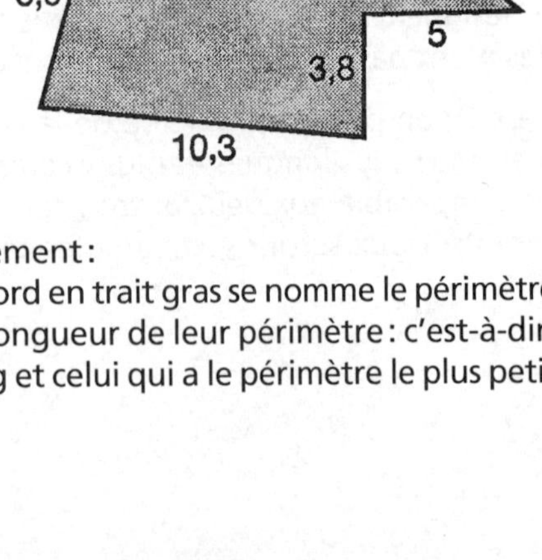

> ÉNONCÉ

Le problème est posé d'emblée collectivement :
« Voici deux polygones (figures 1 et 2), le bord en trait gras se nomme le périmètre. Il s'agit de ranger ces polygones selon la longueur de leur périmètre : c'est-à-dire trouver celui qui a le périmètre le plus long et celui qui a le périmètre le plus petit. Comment peut-on faire ? »

DÉROULEMENT

Première phase

Étape 1 : Recherche individuelle et débat

Laisser les élèves s'exprimer sur le problème.
Ils doivent, sans difficulté, penser pour chaque figure à mesurer chaque segment avec le double décimètre, puis faire des additions.

Consigne : « Déterminez d'abord la longueur du périmètre de la figure 1. On discutera ensemble de ce premier résultat. »

Laisser alors les élèves réaliser la tâche et effectuer les calculs sur une feuille. Repérer les manières de faire.

Étape 2 : Mise en commun

Les différents résultats sont recensés. Un débat s'engage.
Exemple de résultats : 47 cm et 5 mm ; 43 cm 49 mm ; 47,45 cm ; 48 cm, 5 ; etc.

a) Débat sur la forme

On compare, on commente et on reconnaît chaque forme d'écriture. On rappelle les équivalences (10 mm = 1 cm), et on rectifie certains résultats (49 cm 3 mm est préférable à 44 cm 53 mm : on voit mieux que c'est « 49 cm et un petit peu »).
On écrit de nouveau tous les résultats, du plus petit au plus grand (en notant, à côté, combien d'élèves ont trouvé ce résultat) :

47 cm 5 mm (1 fois)
47 cm 7 mm (4 fois)
48 cm 9 mm (2 fois), etc.

b) Débat sur le fond

– « Combien mesure la ligne brisée ? » « Ben… on ne sait pas trop… »
– « Sûrement que les extrêmes se sont trompés !… », on retire les valeurs nettement excentrées.
– Ensuite : « … pour les autres valeurs, on ne sait pas !… »

Deux tendances peuvent apparaître : « Il fallait trouver comme Nicolas, il a toujours bon… » ou « Il y en a quatre qui ont trouvé 47 cm 7 mm, c'est sûrement la bonne réponse »…

c) Débat sur les méthodes

« Pourquoi tant de réponses différentes ? »
Il s'agit de cerner les raisons de ces différences :
– on a oublié la mesure d'un segment : que faut-il faire pour ne pas en oublier ?
– on place mal le double décimètre le long du segment ;
– on a des problèmes pour choisir une des deux graduations si « l'on tombe entre deux graduations » ;

En effet, si un élève choisit systématiquement « la graduation d'avant » et un autre « celle d'après », avec le nombre important de segments à mesurer, les deux résultats seront significativement différents... Il est à remarquer que des élèves peuvent choisir alternativement « avant ou après », il en résultera également des différences.

– on a, peut-être, fait des erreurs de calcul dans l'addition. Si le calcul est « fait à la main », on peut additionner séparément les cm et les mm, puis effectuer les conversions convenables;
– mais on pourrait utiliser la calculette ! Oui mais: comment entrer 7 cm et 8 mm dans la machine ?

Il y a là une bonne occasion pour discuter d'une autre écriture: 7.8 ou 7,8 (la virgule n'existe pas sur les calculettes !): 7.8 → 7 cm et 8 mm.
On peut alors proposer pour la suite de la recherche que les élèves se répartissent par groupes de deux: un faisant les calculs « à la main », l'autre à la calculette, l'un validant le résultat de l'autre...

Le maître écrit au tableau les points sur lesquels on s'est mis d'accord:
– comment ne pas oublier de segments;
– comment bien placer le double décimètre;
– quelle graduation choisir;
– comment entrer un résultat de mesurage sur la calculette.

Étape 3: Résolution du problème, par groupes de deux

Les groupes sont formés à la convenance du maître, les tâches respectives des élèves du groupe sont déterminées: un élève effectue les calculs à la main, l'autre à la calculette, ainsi une validation mutuelle des calculs est possible. Le problème est rappelé et on spécifie, dans la consigne, que le groupe doit fournir un résultat par polygone. Il a donc deux résultats à déterminer.

Étape 4: Mise en commun

Le maître a représenté au tableau une demi-droite graduée, et les élèves, cette fois, doivent placer les résultats sur cette droite, afin de les visualiser.

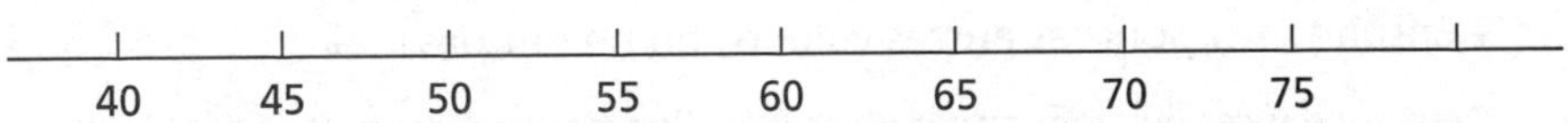

Il serait judicieux d'écrire les résultats au tableau (selon deux listes) et de les transcrire sur la droite au moyen de flèches de couleurs différentes ou d'épingles (rouges pour la figure 1, bleues pour la figure 2).

Recensement des nouveaux résultats: ils devraient être moins dispersés que les précédents, mais pas unanimes tout de même...

Débat: on élimine les résultats excentrés (sur la demi-droite cela se voit très bien). On devrait voir apparaître deux zones d'accumulation des résultats.

– Quelle est donc la bonne mesure ?
– Est-ce celle de Nicolas (celle qui est la plus fréquemment trouvée) ?
– Est-ce celle du milieu (milieu entre le maximum et le minimum) ?
– Par là... dans la région où il y a le plus de flèches ou d'épingles ?

Les élèves vont essayer d'obtenir, de la part du maître, « le bon résultat », que celui-ci ne peut pas fournir. Ils risquent d'être très déçus de ne pas pouvoir trancher...

Il faudra se résigner à ne fournir qu'un intervalle, par exemple :
– pour la figure 1 : 43,9 cm < L1 < 50,7 cm, où ces deux valeurs sont les maximums et minimums raisonnables trouvés par des élèves... ;
– pour la figure 2 : 52,4 cm < L2 < 59,7 cm.
Mais, fait remarquable, le problème trouve quand même sa solution : la figure n° 1 a la longueur de périmètre la plus petite et la figure n° 2 la plus grande.

En effet, les intervalles sont disjoints : pour les élèves, aucune mesure ne peut être commune à deux périmètres, aucun doute n'est possible. Le périmètre qui a globalement ses résultats le plus à gauche sur la demi-droite a forcément la plus petite longueur.

Deuxième phase

> MATÉRIEL

Chaque élève reçoit une feuille sur laquelle est dessiné un des trois polygones (page suivante), le périmètre de chacun étant une ligne brisée.

Ces trois polygones (figures n°s 3, 4 et 5) sont des exemples (en réduction) qui pourront être proposés aux élèves ; les mesures indiquées (l'unité étant le cm) sont approximatives :
– figure n° 3 : longueur du périmètre : environ 124,2 cm ;
– figure n° 4 : longueur du périmètre : environ 124,9 cm ;
– figure n° 5 : longueur du périmètre : environ 131,1 cm.

D'autres polygones peuvent être proposés, à condition de vérifier les critères suivants :
– le périmètre de chaque polygone est une ligne brisée nettement plus complexe que ceux de la première phase ;
– les longueurs des segments, en cm, peuvent être exprimées par des nombres décimaux (avec quelques entiers) ;
– deux des périmètres ont approximativement la même longueur, le troisième est suffisamment distinct des deux autres (7 à 10 cm environ).

Une feuille blanche et un double décimètre. La calculette est disponible.

figure 3

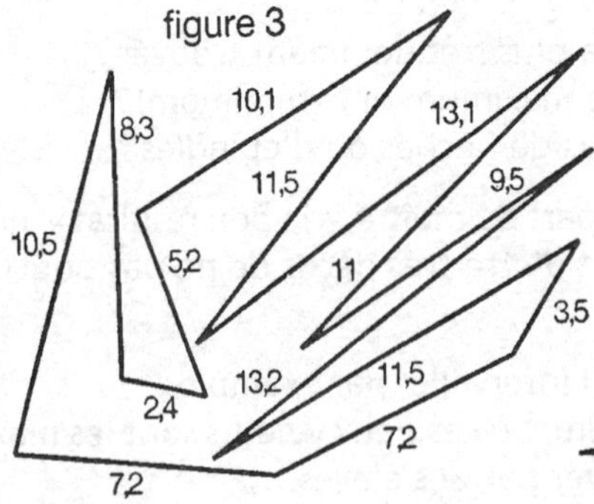

figure 4

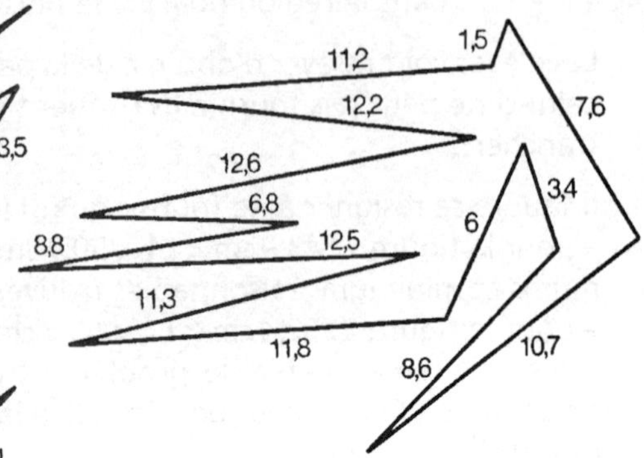

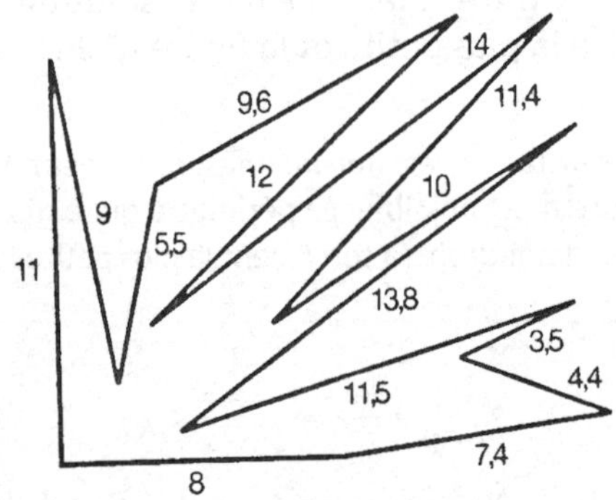

figure 5

> ÉNONCÉ

Voici encore trois figures dont les périmètres sont des lignes brisées. Je vais vous distribuer trois polygones, aux uns le 3, à d'autres le 4, à d'autres le 5. On veut savoir quel est celui qui a le plus grand périmètre. Cherchez le périmètre du polygone que vous avez.

Le maître annonce que « la classe sera partagée en trois groupes. Dans chaque groupe, les élèves, qui travaillent individuellement, recevront une ligne brisée (différente pour les trois groupes). Nous recenserons les résultats au tableau sur une demi-droite graduée, selon une démarche identique à celle de la phase précédente. Et nous essayerons, ensemble, de ranger les trois figures selon la longueur de leur périmètre. »

Étape 1: Recherche individuelle

La classe est partagée en trois groupes, en essayant que deux enfants, l'un à côté de l'autre, n'aient pas la même ligne brisée, afin que le rangement final des trois lignes se fasse seulement à partir des mesures…
Les élèves ont la possibilité d'utiliser la calculette.

Étape 2 : Recensement des résultats

Au tableau, les résultats sont transcrits de deux façons :
- dans trois colonnes, une colonne par figure ;
- sur la demi-droite graduée, au moyen de flèches (à la craie…) de trois couleurs différentes.

Exemple :

Figure 3	Figure 4	Figure 5
124 cm 8 mm	123,9 cm	131 cm
123,9 mm	124 cm et 6 mm	131,9 cm
125 cm	96 cm 5 mm	etc.
118,67 cm	etc.	

110 115 120 125 130 135 140 145

Il s'agit dans un premier temps, au moyen d'un débat avec la classe entière, de normaliser les écritures, dans chaque colonne, et de corriger les erreurs qui pourraient subsister.
Exemple : 118,67 cm, par rapport aux autres écritures. On met en évidence que l'élève a oublié la conversion 10 mm = 1 cm.

À ce niveau de la réflexion, l'écriture à virgule, associée à une unité, représente un nombre complexe (12,4 cm → 12 cm et 4 mm). La virgule sera donc utilisée, en acte, dans un transfert de codage : écriture complexe → écriture à virgule, qui se justifie par l'emploi de la calculette. La virgule, dans l'écriture décimale du nombre décimal, ne sera institutionnalisée que plus tard…

On supprime les résultats excentrés (en essayant de dire pourquoi).
Comme dans l'étape précédente, on retient les valeurs qui semblent s'accumuler dans une région déterminée sur la droite numérique.

Étape 3 : Expression des résultats

Pour les figures 3 et 4 : les résultats s'accumulent dans la même région, donc on ne peut pas répondre au problème.
Pour les figures 3 et 5 : les résultats s'accumulent dans deux régions bien distinctes de la droite numérique. Autour de 125 cm pour la figure 3 et 131 cm pour la figure 5.

Conclusion
- La figure 3 a une longueur de périmètre plus petite que la longueur du périmètre de la figure 5.
- Mais l'on ne peut pas conclure pour ce qui est des longueurs des périmètres des figures 3 et 4.
- De même, la figure 4 a une longueur de périmètre plus petite que la longueur du périmètre de la figure 5…

On peut terminer en institutionnalisant, comme pour la phase 1, des intervalles où se situent les longueurs des différents périmètres :

124,8 cm < L3 < 126,6 cm
123,9 cm < L4 < 125,9 cm
131,1 cm < L5 < 135,5 cm

Ce qui permet une nouvelle fois, en regardant les intervalles, de répondre favorablement pour les figures 3 et 5, mais pas pour les figures 3 et 4...

7. Ces rectangles ne manquent pas d'aire ! (période 2)

> DESCRIPTION RAPIDE

Comparer des rectangles et, en particulier, les comparer selon leur aire.

> OBJECTIFS SPÉCIFIQUES

– Faire passer les élèves, pour comparer des rectangles, de critères spontanés comme l'estimation perceptive, l'encombrement – c'est-à-dire la plus grande longueur –, ou le périmètre, au critère de comparaison par les aires.
– Développer des procédures de comparaison fondées sur des critères mathématiques, mais sans la mesure des aires, c'est-à-dire soit directement, par inclusion d'un rectangle dans l'autre, soit indirectement, par décomposition-recomposition effective ou fictive.

> VARIABLES DIDACTIQUES

1. La donnée ou non des dessins des rectangles

Dans les deux premières étapes, les rectangles sont donnés aux élèves, dessinés sur une feuille ; ensuite, ils ne sont plus donnés. Les élèves n'auront pas, non plus, la possibilité de les dessiner en vraie grandeur pour faire soit une inclusion effective, soit une décomposition-recomposition effective pour comparer les aires.

2. Les dimensions des rectangles

Elles prennent deux valeurs principales, c'est-à-dire qu'elles sont telles que :
– il est possible de comparer les aires par superposition directe et inclusion ;
– il est possible de comparer les aires par superposition de parties et comparaison des parties non superposées par la perception visuelle ;
– il n'est pas possible de comparer les aires (parce qu'elles sont trop voisines) sans décomposer et recomposer les rectangles (à noter aussi que des dimensions sont liées par des relations simples de double ou de moitié pour, justement, faciliter les décompositions).
Remarque : les aires ne sont pas choisies égales, parce que si tel était le cas, il est vraisemblable que les élèves ne pourraient pas parvenir à la conclusion de l'égalité des aires, à cause de l'imprécision des tracés ou des découpages : il est difficile de conclure à l'égalité de deux aires simplement par des critères perceptifs.

3. Les périmètres des rectangles
Certains rectangles différents (par la forme et l'aire) ont pourtant même périmètre pour qu'il apparaisse de façon claire que le critère périmètre n'est pas le critère de comparaison des quantités de papier ou des aires.

4. L'utilisation du double décimètre
Elle est possible de façon à ce que des élèves puissent éventuellement mesurer les longueurs des côtés ou décomposer les rectangles en respectant des mesures.

5. L'utilisation des ciseaux
Elle est aussi possible dans les phases 1 et 2 de façon à ce que les élèves l'emploient :
– pour séparer les rectangles du papier qui les entoure. La comparaison par superposition en est favorisée ;
– pour décomposer les rectangles en sous-rectangles susceptibles d'être recomposés et la comparaison en est facilitée.
Elle n'est plus possible dans les phases 3 et 4.

6. Il n'est pas possible d'utiliser le calque.

> PROCÉDURES

1. Comparaison des aires par des procédures « perceptives » (l'utilisation de l'œil ou du mesurage pour comparer en vraie grandeur)
P1 : la comparaison visuelle directe sans superposition ou découpage ;
P2 : la perception visuelle assistée : superposition d'un rectangle avec une partie d'un autre et comparaison visuelle des surfaces restantes ou utilisation de calque (inclusion directe) ;
P3 : l'inclusion effective ;
P4 : la décomposition-recomposition effective ;
P5 : le dessin de l'un des rectangles sur l'autre.

2. Comparaison des aires par des procédures « théoriques » (fondées essentiellement sur des propriétés mathématiques, et non sur la perception)
P6 : l'inclusion fictive, en prenant appui sur les dimensions (comparaison des deux dimensions) ;
P7 : la décomposition-recomposition fictive (figurée sur un schéma) ;
P8 : le calcul des aires :
– à partir de la réalisation d'un quadrillage et du dénombrement des carreaux,
– à partir de la détermination des longueurs, et de leur produit, mais ce n'est pas la procédure attendue.

3. Comparaisons des longueurs
P'1 : des plus grandes longueurs de côtés ;
P'2 : des périmètres par report des côtés bout à bout sur une droite, et comparaison des segments obtenus ;
P'3 : des périmètres par détermination de mesures des côtés et des demi-périmètres ou des périmètres.

Première phase

> OBJECTIFS

– Faire expliciter divers critères de comparaison de rectangles dont celui par les aires.
– Donner du sens au concept d'aire par opposition avec les autres modes de comparaison de rectangles (ceux cités plus haut).

> MATÉRIEL

– Les rectangles :

A (10 x 9)	demi-périmètre : 19	aire : 90
B (10 x 14)	demi-périmètre : 24	aire : 140
C (20 x 4)	demi-périmètre : 24	aire : 80

$A<B<C$ pour la plus grande dimension, $A<B=C$ pour les périmètres, $C<A<B$ pour les aires (voir leur représentation à 75 % page suivante). Ils sont dessinés sur des feuilles A4 avec des « fonds » différents pour que des morceaux puissent être distingués. Des rectangles témoins sont aussi prévus (au moins pour la phase collective).
– Le matériel usuel de géométrie : crayon, gomme, compas, règle graduée, équerre, ciseaux, ruban adhésif…
– Des feuilles format A3 pour écrire la conclusion et les explications.

> VARIABLES

Les rectangles sont donnés sur une feuille A4.
Les dimensions des rectangles sont choisies de telle façon que :
– A soit inclus directement dans B ;
– C se décompose en deux rectangles 10 x 4 qui s'incluent dans A ;
– C se décompose en deux rectangles 10 x 4 qui s'incluent dans B.
B et C ont même périmètre bien qu'ayant des aires très différentes.
Les élèves peuvent utiliser la règle graduée et les ciseaux.

Étape 1 : Recherche par groupes de deux

Le maître demande aux élèves de préparer leur matériel usuel de géométrie. Il distribue aussi la feuille contenant les figures et donne la tâche, sans commentaire :
« Quelle est la figure la plus petite ? Quelle est la figure la plus grande ? »

On emploie les termes courants et flous, « grand », « petit », pour que les élèves les précisent et les traduisent par des termes pratiques comme « place occupée », « encombrement »… qui cachent des notions mathématiques différentes (par exemple, plus grande longueur, périmètre ou demi-périmètre, aire…).

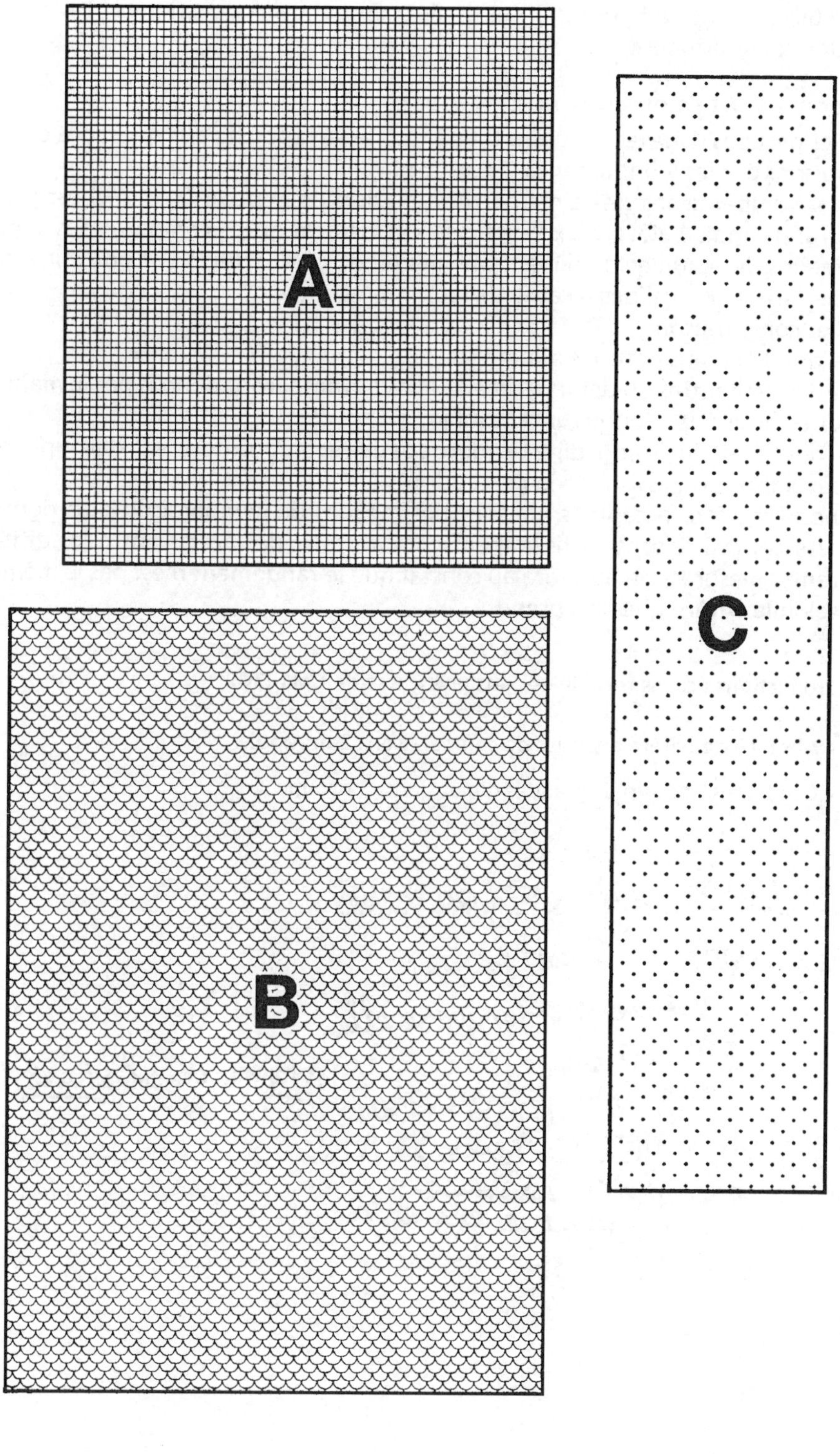
A
B
C

À la fin de la recherche, le maître demande aux groupes d'écrire, sur les feuilles format A3, les réponses qu'ils proposent aux questions et l'explication qu'ils donnent.

Étape 2 : Mise en commun

Les groupes d'élèves exposent tour à tour leurs réponses aux questions et les raisons qui les y ont amenés.
Les comparaisons des aires par l'estimation perceptive (« celui-ci est plus grand » mais l'élève n'explicite pas son critère) et les comparaisons sommaires des couples de dimensions des rectangles... devraient pouvoir être déclarées non valides à cause de leur imprécision.
Les comparaisons :
– des deux plus grandes dimensions ;
– des périmètres ou demi-périmètres (les termes seront donnés par le maître et associés à la « longueur du tour ») ;
– des aires (inclusion directe, découpage-recomposition, ou découpage-recomposition assisté de la perception) ;
pourront être acceptées. Ce sont des moyens de comparaison plus rigoureux, et qui le sont suffisamment compte tenu des écarts entre les différentes mesures. On aboutira au constat que le rangement n'est pas le même selon le critère que l'on prend.

Productions écrites recueillies dans une classe de CM1-CM2

- Absence de critère explicite de comparaison : 2 groupes.
- Comparaison des plus grandes dimensions : 1 groupe

> quelle est la Figure la plus grande ? C'est la C.
> en ~~longueur~~ longuere elle fait 20 cm.
> quelle est la Figure la PLUS PETIT. c'est la A.
> ~~on a fait la mêmee~~
> en longueure elle et la PLUS PETITE.
>
> Andréa Nicolas Ruel

• Comparaison des périmètres : 7 groupes

-BAPTISTE
-Angélique

1) La figure C est plus grandre.
Nous avons calculer le perimetre:

A38,6
B48,42
C 48,4

2 La figure A est la plus petit.
Nous avons calculer le perimetre;

A 38,6
B48,42
C48,4

-il n'y a pas de plus grande figure car b et C font tous les deux quarante huit cm

-La plus petite figure est la A car elle mesure 38cm

Christophe. -MARIE-JULIE

• Comparaison des aires : 3 groupes (les élèves obtiennent une conclusion juste)

– sans explication (1 groupe)

Quelle est la figure la plus grande? C'est le B car il a aire la plus grande

Quelle est la plus petite? c'est le a les moin d'aire.

– avec calcul implicite de l'aire (1 groupe)

La figure la plus grande est B parce qu'elle fait 14 sur 10 est les autres moin.

La figure la plus petite est C parce qu'elle fait l'équivalent de 8 sur 10 et les autres plus.

THÈME 5

Module 1

– avec calcul explicite de l'aire (1 groupe)

La figure ~~C~~ B ~~et~~ est la plus grande.
La figure C est la plus petite :
Figure B : expication : la figure ~~C~~ B est la plus grande parce que'e elle fait 140 cm.
Figure C : explication : la figure C est la plus petite parce qu'elle fait 80 cm

Deux éléments sont apparus à la conclusion :
- « la consigne n'était pas précise » ;
- « nous n'avons pas comparé les mêmes choses ».

Étape 3 : Recherche par groupes de deux

Le maître fait découper les trois rectangles suivant leur contour, et donne alors une nouvelle tâche :
« Audrey a le rectangle A.
Bastien a le rectangle B.
Caroline a le rectangle C.
Quel enfant a le plus de papier ? Quel enfant a le moins de papier ? »

Après une recherche de quelques minutes, les élèves écrivent leur conclusion et leurs explications à nouveau sur une feuille A3.

Étape 4 : Mise en commun

Les élèves exposent ce qu'ils ont fait. Toutes les procédures de comparaison autres que celle de l'aire sont maintenant invalidées parce qu'elles ne caractérisent pas la quantité de papier.

Le maître fait expliciter la conclusion, comme par exemple :
« C utilise le moins de papier, B utilise le plus de papier. »
Il peut alors dire aux élèves : « C a l'aire la plus petite et B a l'aire la plus grande » et faire expliciter « parce qu'on peut faire rentrer le rectangle C sur le rectangle A et sur le rectangle B » et « parce qu'on peut faire rentrer le rectangle A sur le rectangle B ».

Ces conclusions sont notées sur la feuille du cahier-mémoire où les rectangles sont collés.

Productions de la classe de CM1-CM2

- Comparaison des largeurs : 1 groupe

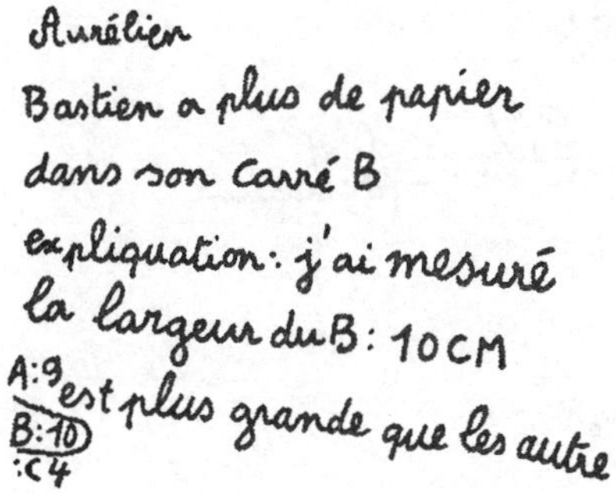
Aurélien
Bastien a plus de papier
dans son carré B
expliquation : j'ai mesuré
la largeur du B : 10 CM
A:9 est plus grande que les autre
B:10
:C4

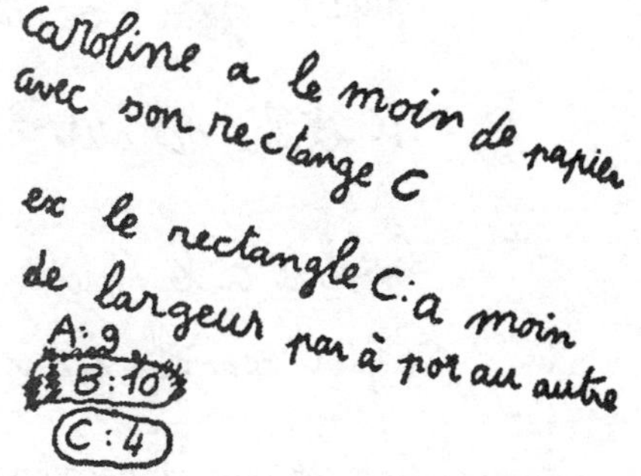
caroline a le moin de papier
avec son rectangle C
ex le rectangle C : a moin
de largeur par à por au autre
A:9
B:10
C:4

- Comparaison des périmètres : 5 groupes

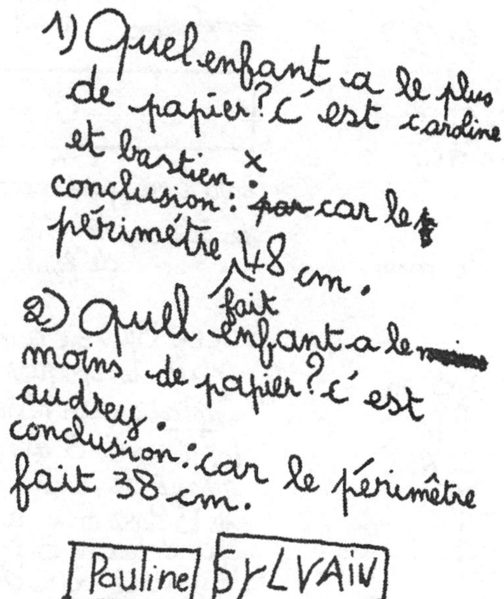
1) Quel enfant a le plus de papier ? C'est caroline et bastien.
conclusion : ~~par~~ car le périmètre fait 48 cm.
2) quell enfant a le moins de papier ? c'est audrey.
conclusion : car le périmètre fait 38 cm.
Pauline SYLVAIN

• Comparaison des aires par décomposition-recomposition (avec appui sur les dimensions) : 1 groupe

Bastien a le plus [redacted] de
papier [redacted] car ils font
10 et lui 10 sur 14. ~~Elsa philippe~~
Caroline a le moin de
papier car elle fait 10 sur 8.

• Comparaison des aires par décomposition-recomposition : 6 groupes

le B contient le plus de papier
que le A et le C
explication :
Nous avons poser le A
le B et le C l'un sur
l'autre.
le C contient le moin
de papier.
explication :
J'ai couper le c en
de ensuit je l'ai
poser sur le A
et nous avons remarquer

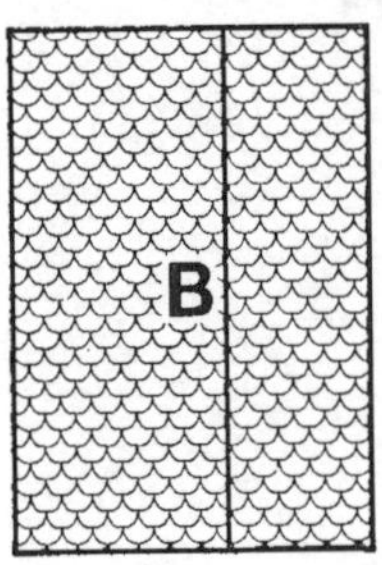

Bastien ~~a le plus gra~~
~~quant il peut faire le plus~~
~~de dessin~~ a le plus de feuille

caroline ~~peut pas faire~~ [redacted] ~~beaucoup~~
~~de dessin~~ [redacted] sur n'a pas beaucoup
de feuille

-c'est Bastien qui a le
plus de papier.
explication : On hésité entre
la C et la B alors on a
essayé de rentré le C dans
le B donc on en a conclus
que c'etait le B. parce que
il y avait moins de papier
dans le C.
-c'est la C la plus petite
explication : on a fait la
même chose mais avec le
A.

La conclusion s'est établie sans ambiguïté (c'est bien la quantité de papier que l'on compare) et sans difficulté, les groupes qui ont comparé autrement que par les aires se sont rangés aux arguments des autres, « parce qu'on compare la quantité de papier ». Cette première étape a duré une heure et demie environ.

Deuxième phase

> OBJECTIF

Comprendre que certaines procédures de comparaison des aires s'appuyant sur la perception visuelle, l'inclusion ou la superposition, ne sont pas générales parce qu'elles ne permettent pas de comparer certaines aires de rectangles et qu'il est nécessaire de comparer ces aires en s'appuyant sur une décomposition-recomposition effective.

> MATÉRIEL

– Les rectangles D et E découpés (voir leur représentation à 70 % page suivante).
– Une feuille A3 pour la réponse au problème, les explications et le matériel de géométrie.

> VARIABLES

Les rectangles D et E sont encore donnés, en vraie grandeur; ils ont des « fonds » différents, comme à l'étape 1. Ils ont pour caractéristiques:

	Dimensions	Périmètres	Aires
D	19 x 8	54	152
E	16 x 10	52	160

Les dimensions sont choisies telles que:
– les aires ne sont pas égales;
– les aires ne sont pas comparables ni par inclusion directe, ni par superposition;
– la décomposition de D par le milieu en deux rectangles 8 x 9,5 ou la décomposition de D en deux rectangles 8 x 10 et 8 x 9 prouvent le résultat;
– la décomposition de E en deux rectangles 8 x 10 prouve le résultat;
– le rangement selon les aires est contraire au rangement selon les périmètres et selon la plus grande dimension.

Les dimensions des rectangles sont choisies de manière à empêcher la procédure de comparaison par inclusion, mais de telle sorte que le découpage d'un rectangle en deux parties selon une médiane permette une recomposition simple sur un autre rectangle, et facilite la comparaison.
Les règles graduées sont autorisées, les ciseaux aussi, pour permettre le découpage des rectangles.

Étape 1: Recherche par groupes de deux

Le maître distribue le matériel et les feuilles comportant les rectangles. Il les fait découper selon leur pourtour. Il pose le problème:
« Quel est le rectangle qui a la plus grande aire?
Quel est le rectangle qui a la plus petite aire? »

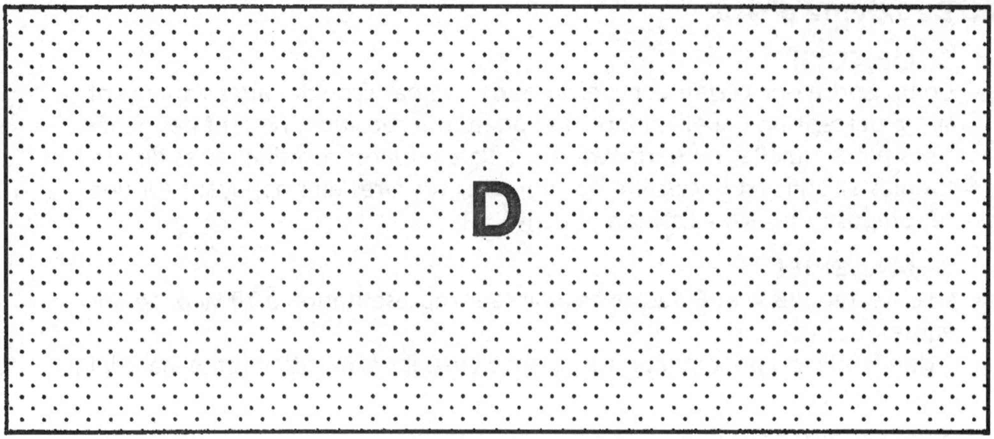
D

E

Il peut rappeler que cela signifie :
« Quel est le rectangle qui utilise la plus grande quantité de papier ?
Quel est le rectangle qui utilise la plus petite quantité de papier ? »
Puis le maître demande aux groupes d'écrire sur une grande feuille les réponses qu'ils proposent aux questions, ainsi qu'une explication.

Étape 2 : Mise en commun

Les feuilles réponses sont affichées et lues puis les élèves exposent à tour de rôle la manière dont ils sont parvenus à la réponse.
Les procédures ne comparant pas les aires seront invalidées parce qu'elles ne comparent pas les quantités de papier. La procédure de décomposition-recomposition le sera, au contraire, parce qu'elle permet de donner la réponse à la question.
La conclusion est explicitée : « E a l'aire la plus grande parce que D rentre dans E ». Elle est écrite dans le cahier-mémoire à la suite des rectangles collés.

Productions des élèves

Voici les productions de quelques groupes ; elles diffèrent par les explications données.

• Explications peu importantes en langage usuel, non accompagnées du découpage-recollage :

L'aire la plus grande est le E parce quá il fait 10 sur 16 et on a conclut qu'il fallait découper une bande de 2 cm car les 2 fond 6 et 8 et qui fallait couper en morceaux et qui rentre dans le D. La plus petite aire et D parce qu'il rester un petit morceau de la bande du E.

On a découper le rectangle d et E, . On a prit le rectangle E et on la poser sur le rectangle d, On a prit les mecure du rectangle d, On a poser les mecure du rectangle d sur le rectangle E, et on a découper tout ce qui dépacer et on la couper, on a essayé de le poser sur le bout qui dépassé du rectangle D et rentré pas conclusion D est plus gande et E est plus petit

• Explications peu importantes en langage usuel, accompagnées du découpage-recollage :

1) c'est E qui a la plus grande aire.

nous avons découpé [D] en trois est voilà le resultat ←

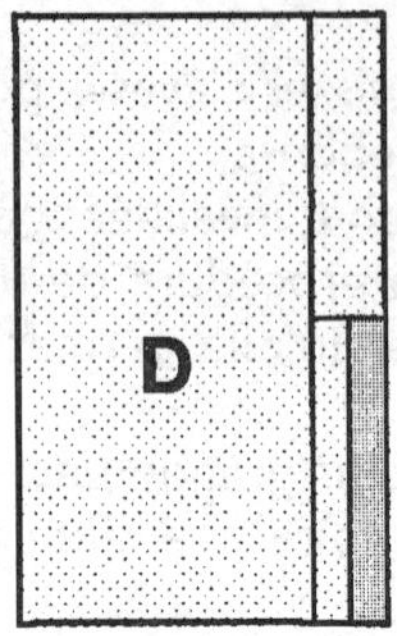

2) c'est D qui a la plus petite aire.

même esplication quand haut.

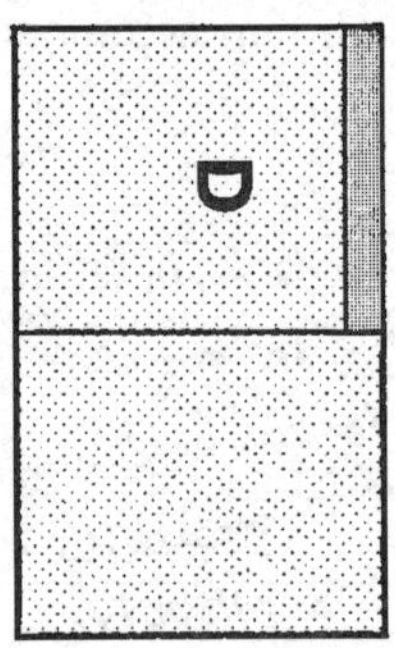

- Explications en langage usuel :

E a le plus grande aire.
Explication : on a coupé le E en deux
parti ēgaux on ~~sor~~ coller veticalement les deux part-
de E et on a vu que le E et plus grand
et le D â la plus petite aire
explication : ~~même~~ on a fait la
mēme chose

Tous les groupes ont énoncé une conclusion juste. Plusieurs ramènent D à la même longueur que E et découpent le reste pour le poser sur E.

Troisième phase

> OBJECTIF

Faire abandonner la comparaison des aires de rectangles par des procédures telles que l'inclusion ou la décomposition-recomposition effectives, au profit de procédures ne faisant qu'évoquer ces opérations (croquis à l'échelle, schémas en respectant les dimensions relatives, comparaison de longueur à largeur constante...), puisque les rectangles ne sont pas réalisables en vraie grandeur.

> MATÉRIEL

Une demi-feuille A4 sur laquelle est dessiné un rectangle F : 15 x 12.
Une feuille A3 pour écrire sa réponse, et le matériel de géométrie habituel sauf les ciseaux.

> VARIABLES

Dans cette étape, un des rectangles (F) est donné en vraie grandeur sur une feuille de papier (aire 180), les autres sont donnés par leurs dimensions :
– 15 x 11 pour G (aire 165) : G est inclus dans F ;
– 13 x 13 pour H (aire 169) : H n'est pas inclus dans F, et il faut, après superposition, comparer les deux parties qui dépassent.

Les élèves disposent de la règle graduée. Les ciseaux ne sont pas autorisés. La feuille A4 est découpée selon le trait, et les ciseaux ne sont pas autorisés de façon à ce que les élèves ne puissent ni faire le dessin du second sans chevaucher le premier ni, *a fortiori*, faire la décomposition-recomposition du second sur le premier. Cela contraint ainsi les élèves à superposer l'un à l'autre.

Les deux rectangles G et H ont même périmètre et le dessin de H sur G, accompagné de la comparaison des parties qui dépassent, doit permettre de conclure sur la comparaison des aires et d'invalider la réponse consistant à dire que les rectangles sont identiques.

Étape 1 : Recherche par groupes de deux

Le maître distribue la feuille comportant le rectangle, découpée suivant le trait indiqué. Il pose le problème, qui est écrit au tableau :
« Le rectangle F vous est donné. Un autre rectangle G a 15 cm de long et 11 cm de large. Qui de F ou de G a la plus grande aire ? »

À la fin de la recherche, le maître demande aux groupes d'écrire sur une grande feuille la réponse qu'ils proposent à la question, ainsi qu'une explication.

Étape 2 : Mise en commun

Les feuilles réponses sont affichées et lues. Les élèves exposent ensuite, à tour de rôle, la manière dont ils sont parvenus à la réponse. La procédure consistant à dessiner le second sur le premier doit permettre aux élèves de conclure assez facilement. La conclusion est explicitée : le rectangle G a la plus petite aire.

Étape 3 : Nouvelle recherche par groupes de deux

Le maître distribue un nouvel exemplaire du rectangle F, et donne un nouveau problème :
« Le rectangle F vous est donné.
Un carré H a 13 cm de côté.
Qui de F ou de H a la plus grande aire ? »

Étape 4 : Mise en commun

Les procédures P7 ou P8 semblent être les seules possibles ; mais compte tenu de l'écart entre les deux aires, les élèves devraient pouvoir conclure. La conclusion est explicitée : le carré H a la plus petite aire.

Productions des élèves

- **Comparaison de F et G** (15 x 12 et 15 x 11)

1 groupe a comparé les périmètres, tous les autres (11 groupes), les aires; ils ont établi la validité de leur réponse. Voici des exemples de productions.

Il F, est plus grand que [redacted] le G en aire.
Ex: On n'a trassé G sur F on nous avons trouvé que le F était plus grand.

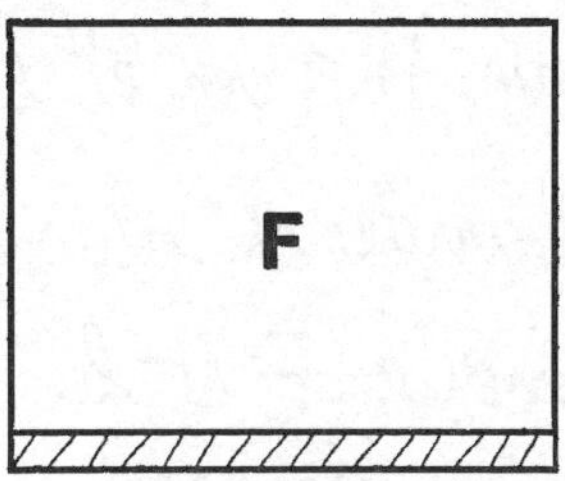

F a la plus grande aire.
explication :
nous avons mesuré la longueur et la largeur le F Faisait 12 cm de largeur et 15 cm de longueur. Car le G Faisait 15 cm de longueur et 11 cm de largeur. Donc le G a la plus petite AIRE.

C'est F qui a la plus gran. de aire.
explication : on n'a dessiner G dans F, est on n'a vu que G avait la plus petite aire.

- **Comparaison de F et H** (15 x 12 et 13 x 13)

Réponse fausse suite à la comparaison des demi-périmètres : 1 groupe
Réponse fausse suite à une comparaison des « largeurs » : 1 groupe

C'est H qui est le plus grand car il mesure [redacted] 13 cm de [redacted] coté
F est le plus petit car il mesure 12 cm de coté.

Explication: [redacted] on a tracé H sur F est nous avons conclu que c'est lui le plus grand.

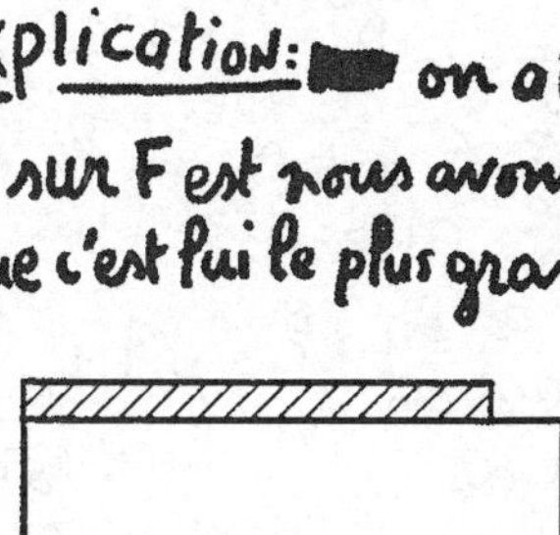

THÈME 5

Module 1

Réponse juste suite à la superposition de l'un sur l'autre : 11 groupes

– avec des explications en langage naturel

C'est le rectangle F qui a la plus grande aire. Car en dessinent le rectangle H sur le rectangle F on voit qu'il dépasse sur F 2 bandes qui font 1 sur 12 et sur H une bande de 1 sur 13 c'est halors quand posant une bande de F on voit qu'il reste sur H 1 cm et lautre bande et plus long donque F et le plus grand

– avec des explications schématiques

j'ai trouver que la F a la plus grande aire:

explication:

j'ai dessiné sur le côté un trés de 12 cm de côté alors c'est la que j'ai vu que la F est la plus grande aire.

la H a la plus petite aire parce que la H fait 13 cm de côté et la F fait 15 cm de longueur et 12 de largeur.

nous avons trouver que la F est la plus grande:

~~EXPLICACION~~

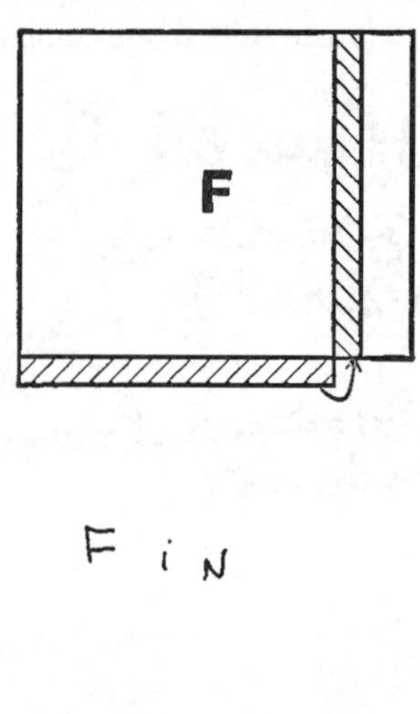

FiN

Quatrième phase

> OBJECTIF

Développer des procédures de comparaison fondées sur des critères mathématiques, sans la mesure des aires, c'est-à-dire par inclusion fictive ou par décomposition fictive.

> MATÉRIEL

– Les rectangles ne sont pas donnés en vraie grandeur. Il n'y a pas de feuille suffisamment grande pour pouvoir les dessiner en vraie grandeur.
– Les règles graduées sont cependant autorisées, pour pouvoir faire des croquis à l'échelle, mais pas les ciseaux.
– Des feuilles (format A4) sont données : elles portent l'énoncé du problème et les élèves peuvent y faire leur recherche. Un feutre est donné pour deux.

> VARIABLES

Comme il est impossible de dessiner les rectangles en vraie grandeur, les élèves doivent modéliser, et résoudre le problème de la comparaison des aires par un raisonnement, en ne se servant de dessins que comme support ou illustration du raisonnement.
Les rectangles à comparer ont pour dimensions :

M : 50 x 20, N : 40 x 20 et P : 40 x 30

La comparaison par inclusion fictive est donc possible pour comparer les deux premiers (N < M) et les deux derniers (N < P), mais il est nécessaire d'utiliser la décomposition fictive pour comparer M et P (M < P).

Étape 1 : Recherche par groupes de deux

Le maître distribue les feuilles et fait lire l'énoncé du problème :
« Le rectangle M a pour dimensions 50 et 20 cm.
Le rectangle N a pour dimensions 40 et 20 cm.
Quel est le rectangle qui a la plus petite aire ? »

S'il constate que les élèves ont des difficultés, le maître organise un bilan intermédiaire au cours duquel les élèves exposent ce qu'ils ont fait, sans qu'il y ait une validation quelconque. Puis il fait continuer la recherche.

Étape 2 : Mise en commun

Les feuilles réponses sont affichées et lues. Les élèves exposent ensuite, à tour de rôle, la manière dont ils sont parvenus à leur réponse. On attend la procédure par inclusion fictive.
Le maître fait écrire la conclusion dans le cahier-mémoire, à la suite de l'énoncé du problème.

Étape 3 : Nouvelle recherche par groupes de deux

Le maître distribue aux groupes les autres feuilles et fait lire l'énoncé du problème :
« Le rectangle M a pour dimensions 50 et 20 cm.
Le rectangle P a pour dimensions 40 et 30 cm.
Quel est le rectangle qui a la plus petite aire ? »

S'il constate que les élèves ont des difficultés, le maître organise un bilan intermédiaire au cours duquel les élèves exposent ce qu'ils ont fait, sans qu'il y ait une validation quelconque. Puis il fait continuer la recherche.

Étape 4 : Mise en commun

Les feuilles réponses sont affichées et lues. Les élèves exposent ensuite, à tour de rôle, la manière dont ils sont parvenus à leur réponse. On attend la procédure par superposition ou par décomposition-recomposition fictive. Le maître fait écrire la conclusion (analogue à la précédente) dans le cahier-mémoire.

Productions des élèves

- **Comparaison de M : 50 x 20 et N : 40 x 20**

Réponse fausse suite à la comparaison des demi-périmètres : 1 groupe

Réponse juste suite à la comparaison des mesures effectives des longueurs à largeur constante : 6 groupes

Il on tous les deux
la même largeur
mais N a dix
centimètre de moins

Figure	L	l
N	40	20
M	50	20

Réponse juste suite à la superposition fictive après réduction : 4 groupes

Le rectangle qui a la plus petite aire est : le N Car on a tracer le rectangle M et N.
M = a 5 et 2 cm. N = a 4 et 2 cm.
On a rentrer N dans M et il rester un morceau de M de 1 cm sur 2.

C'est le N qui a la plus petite aire explication : On a arrondit 50 cm en 5 cm, 20 cm en 2 cm et 40 cm en 4 cm. Ensuite, on a tracé M et fait rentré le N dans le M.

Le rectangle N est le plus grand.
conclusion : nous avons vu qu'il restait du M quand nous avons posé le N.
Le rectangle N est le plus petit.
Conclusion : nous avons posé N sur M et nous avons vu que M dépasé.

Réponse juste suite à la comparaison des aires par détermination de leur différence : 1 groupe

1) c'est le N a la plus petite aire.
ex : car dans le M il y a 10 cm de plus que dans le N on a enlever 10 cm.

• **Comparaison de M : 50 x 20 et P : 40 x 30**

Réponse fausse : 8 groupes

– M et P ont la même aire parce qu'ils ont même demi-périmètre ou même périmètre : 4 groupes

M et P ont tous les deux la même aire car 50x2=100 et 20x2=40 le total est égale a 140. et comme 30x2 =60 et 40x2=80 le total est de 140 donc nous avons conclu que M et P ont tous les deux la même aire
FINI

– M et P ont la même aire parce qu'une dimension de l'un compense une dimension de l'autre : 3 groupes

il y a pas ~~de~~
aire la plus petit
conclusiont. 50 et 20
et 40 et 30
FIN et 40 et plus
petit que 50 et
20 et plus
petit que 30,
alors il n'y
a pas de plus
petit aire

– P a la plus petite aire : 1 groupe

1) c'est le P qui a
la plus petite aire
ex : nous avons fait
le rectangle M et
nous avons vu
que le P a la plus
petite aire.

Réponse juste : M a l'aire la plus petite (réduction et décomposition-recomposition) : 4 groupes

C'est le M qui a la plus petite aire.
explication : nous avons réduit 50 cm en 5 cm et 20 cm en 2 cm, 40 cm en 4 cm et 30 cm en 3 cm. on a tracé le M ~~et~~ et ~~le~~ P tracé le P que nous avons mis dessus le M. Ensuite, il resté un morceau du du P. le Morceau nous l'avons mis sur le reste du M et qu'il resté un morceau du P. ~~Donc c'est le M qui a la~~

La plus petite aire est le rectangle : M.
on a dessiné en plus petit M et P.
M = 5 et 2 cm.
P = 4 et 3 cm.
En posent P sur M, il dépaser a chacun une bande de 1 cm.
La bande qui reste de M fait 1 cm sur 2 et la bande qui reste du ~~P~~ P fait 1 cm sur 4 donc P a la plus grande aire

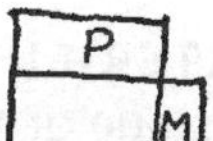

~~j'ai~~ on rapetissé tous les triangle de 10 et ~~je~~ on les ~~est~~ a tracé.
Conclusion : ~~j'ai~~ on a vu que sur le triangle M a 10 cm de plus en longueur et 10 cm de moins en largeur.
on a vu que sur le triangle P a 10 cm de moins en longueur et 10 cm de plus en largeur et on a conclus que P avais la plus grande aire.

THÈME 5

Module 1

8. Les deux (périmètre et aire) font la p'aire ! (période 3)

Cette situation comporte trois activités, non indépendantes, qui sont destinées, non seulement à renforcer la comparaison d'aires ou de périmètres de polygones, mais aussi à faire faire la distinction entre aire et périmètre pour ces polygones : ces concepts varient indépendamment l'un de l'autre ; ce n'est pas parce que deux polygones ont même aire qu'ils ont même périmètre et inversement.

ACTIVITÉ 1

> DESCRIPTION RAPIDE

Deux assemblages différents des pièces d'un tangram étant donnés, lequel nécessite le plus de papier pour être recouvert ?

> OBJECTIFS

– Étendre à des polygones quelconques le critère de comparaison par les aires, appliqué jusque-là aux rectangles.
– Établir des raisons fondées sur des arguments de type théorique, appuyés eux-mêmes sur des propriétés géométriques (et ne résultant pas simplement d'actions sur des objets matériels comme la superposition effective de parties) pour prouver que ces polygones ont la même aire (le dénombrement de polygones unité par exemple).

> MATÉRIEL

Pour chaque groupe :
– un feutre et une grande feuille ;
– un tangram de référence sur feuille blanche (composé de triangles équilatéraux de 5 cm de côté)

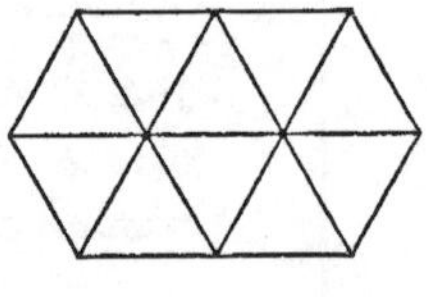

– deux assemblages de ces triangles :

A sur feuille verte

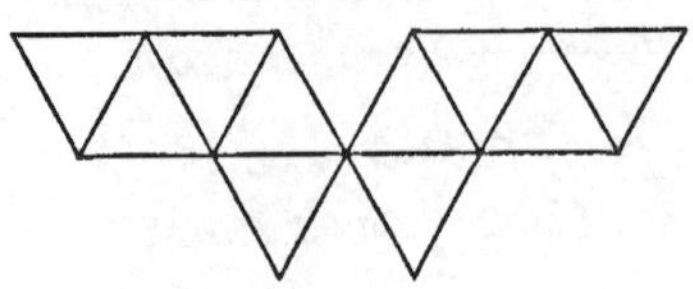

B sur feuille jaune

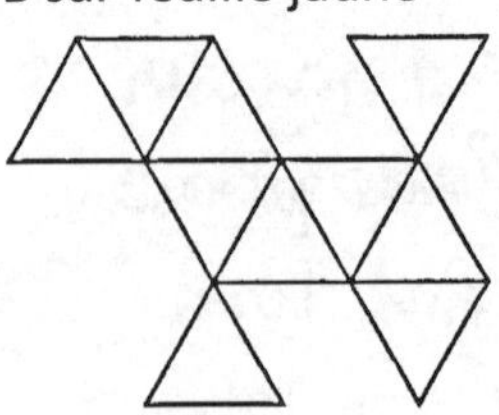

mais, pour ces deux assemblages, seul le contour extérieur apparaît. Les triangles équilatéraux ont 5 cm de côté ;
– le matériel de géométrie (voir les variables).

> VARIABLES ET LEURS VALEURS

1. La forme des pièces composant le tangram de référence : les pièces sont toutes des triangles équilatéraux pour faciliter la comparaison tant du point de vue des périmètres que des aires.
2. Le nombre de pièces composant les assemblages : c'est le même, ce qui fait que les aires sont identiques.
3. Les périmètres : Le périmètre du tangram est de 8, celui de A est 14, celui de B est 16.
4. La présence des traits, marquant les bords des pièces, à l'intérieur de chaque assemblage : ces traits ne sont pas dessinés (contrairement au tangram-référence), pour que les élèves puissent y avoir recours explicitement pour comparer les aires.
5. Le matériel annexe : colle, calque, compas, règle non graduée, une bande de papier pour reporter (de plus grande longueur que le plus grand périmètre, 100 cm), crayon, gomme. Comme on souhaite voir apparaître des arguments, ce matériel n'est donné qu'à la demande des élèves.
6. On n'autorisera ni la règle graduée ni les ciseaux.

> PROCÉDURES DE RÉSOLUTION POSSIBLES

A. S'appuyant sur des « actions » sur les objets matériels

1. Estimation perceptive :
– aspect plus ramassé ou plus étalé de l'assemblage ou superposition approximative,
– comparaison avec la règle des plus grandes dimensions…
2. Décalquage des pièces du tangram, que l'on superpose à l'autre assemblage.
3. Décalquage des pièces du tangram référence, que l'on superpose aux autres assemblages.

B. S'appuyant sur l'identification de propriétés des dessins

1. Recours au tangram référence : A et B sont composés de toutes les pièces du tangram référence.
2. Recours aux assemblages A et B uniquement : A et B sont fabriqués avec des triangles identiques et on n'en a ni ajouté, ni enlevé.
3. Identification de formes (triangles, rectangles, carrés…) qui se retrouvent dans les deux assemblages.
4. Recours à la mesure : choix d'une unité (l'unité est un petit triangle) et comparaison du nombre d'unités.

DÉROULEMENT

Première phase
Préliminaire

Cette phase a pour but de permettre aux élèves de se familiariser avec les pièces, d'en percevoir certaines propriétés (côtés isométriques dans un pavage : 6 assemblés autour d'un sommet ne laissent pas d'espace et les côtés sont dans le prolongement les uns des autres…).

1. Distribution d'un « tangram » à chaque élève qui en découpe les pièces. Le maître demande de faire un assemblage de toutes les pièces de telle sorte qu'elles se « touchent » par un sommet ou par un côté.

2. Les élèves font leur réalisation et la collent sur une feuille de papier de couleur différente.

3. Les productions sont affichées l'une après l'autre, et commentées en rapport avec la consigne; peut-être certains élèves auront-ils assemblé des pièces par une partie de côté. Le maître dira qu'on devait les assembler soit par un sommet, soit par un côté « complet ».

Deuxième phase
Comparaison des aires

Étape 1: Recherche par groupes de deux

Le maître affiche, au tableau, le tangram de référence, puis en donne un à chaque groupe. Il indique aux élèves:
« C'est un tangram: j'en ai découpé les pièces. J'en ai fait un premier assemblage A, dont j'ai reproduit le contour sur une feuille verte (il montre l'assemblage A); j'en ai fait un autre B (qu'il montre aussi) dont j'ai aussi reproduit le contour sur une feuille jaune. »

Il donne le problème aux élèves:
« Les deux assemblages ont-ils la même aire?
Si vous avez besoin de matériel, vous le demandez. »
Il autorisera les instruments du matériel annexe prévu.

À la fin de cette étape, le maître donne la grande feuille aux groupes et demande aux élèves d'écrire la réponse au problème et de la justifier.

Étape 2: Mise en commun

À tour de rôle, les groupes affichent leur grande feuille, et expliquent ce qu'ils ont fait. Le maître organise le débat et s'attache à faire apparaître que:
– la procédure d'estimation perceptive, si elle est employée, nécessite une vérification;
– les procédures fondées sur des opérations matérielles sont contrôlées dans l'exposé collectif;
– les procédures fondées essentiellement sur des propriétés (B4 par exemple) sont validées par l'explicitation de ces propriétés.
Pour invalider une procédure erronée, on peut recourir à la décomposition-recomposition.
On conclura que les assemblages ont même aire.

Tous les élèves (12 groupes de deux) ont utilisé le procédé consistant à dénombrer les triangles équilatéraux contenus dans les deux dessins, pour parvenir à la réponse juste. Aucun n'a utilisé l'argument: « parce qu'ils proviennent du même tangram ».

ACTIVITÉ 2

> DESCRIPTION RAPIDE

Lequel des deux assemblages a-t-il le plus grand périmètre ?

> OBJECTIFS

– Faire comprendre que deux polygones de même aire peuvent avoir des périmètres différents.
– Faire développer des procédures de comparaison de longueurs de lignes polygonales sans le recours aux mesures en unités usuelles (centimètres et millimètres).

> MATÉRIEL

Le même que pour l'activité 1.

> VARIABLES ET LEURS VALEURS

Ce sont les mêmes que celles énumérées pour l'activité 1, et elles sont fixées aux mêmes valeurs.
L'utilisation de la règle graduée n'est pas possible afin que les élèves n'aient pas recours à des mesures en centimètres et millimètres pour comparer les périmètres, ce qui, compte tenu des erreurs fréquentes de mesures, rendrait difficile la validation.
L'utilisation des ciseaux n'est pas possible non plus de façon à ce que les élèves fassent des reports de longueurs.
Un matériel annexe est autorisé :
– compas et règle non graduée, pour permettre le report de longueur ;
– bandes de papier suffisamment longues pour permettre la mise bout à bout de tous les segments à prendre en compte pour la détermination du périmètre, et larges – 5 cm au moins – pour que les élèves soient découragés de les coller autour de l'assemblage ;
– pas de fil.
Cela doit permettre des preuves fondées sur le report de longueurs et non sur le mesurage effectif. Le matériel n'est donné qu'à la demande des élèves pour les inciter à employer d'autres procédures, comme le dénombrement de segments de même catégorie : procédure B2 page suivante.
Les valeurs des périmètres sont fixées à 14 pour A et à 16 pour B.

> PROCÉDURES DE RÉSOLUTION POSSIBLES

A. S'appuyant sur des « actions » sur les objets matériels

1. Estimation perceptive grossière (aspect plus ramassé ou plus étalé de l'assemblage).
2. Report, pour chaque polygone, des longueurs de ses côtés sur une droite et mises bout à bout (par utilisation de la règle non graduée ou du compas), plus comparaison des nombres de « traits » : l'élève fait l'hypothèse que les segments sont de même longueur.
3. Report, pour chaque polygone, des longueurs de ses côtés sur une droite, mises bout à bout (par utilisation de la règle non graduée ou du compas), et comparaison des longueurs des segments réunion obtenus.

B. S'appuyant sur l'identification de propriétés des dessins
1. Utilisation de « théorèmes » faux : « ils sont constitués des mêmes pièces donc les périmètres sont les mêmes » ou « les aires sont les mêmes, donc les périmètres sont les mêmes » ou « les assemblages proviennent du même tangram de référence, donc ils ont même périmètre ».
2. Dénombrement des segments unité (le côté du triangle équilatéral) pour trouver une mesure.

DÉROULEMENT

Étape 1 : Recherche par groupes de deux

Les élèves sont encore par groupes de deux. Le maître distribue à nouveau les deux feuilles (verte et jaune) sur lesquelles les deux assemblages sont dessinés, en disant aux élèves que ce sont toujours les mêmes assemblages. Il fait lire ensuite le problème écrit au tableau :
« On veut poser un liseré de fil tout autour de chaque assemblage. Il faut qu'il suive exactement le contour de chaque dessin. Faudra-t-il la même longueur de fil pour les deux assemblages ? Justifiez la réponse. »

Un élève vient montrer, en utilisant de la ficelle, ce que signifie « poser un liseré de fil tout autour de chaque assemblage ». Il fixe avec du papier collant la ficelle sur le pourtour de A ; il peut commencer par n'importe quel segment et, en faisant le tour, il peut obtenir le périmètre avec un seul morceau de ficelle. Il fait de même pour B.

Étape 2 : Mise en commun

À la fin de la recherche, le maître procède comme lors de l'activité 1. Il organise le débat en s'attachant à faire apparaître que :
– la procédure d'estimation perceptive n'apparaît pas suffisamment fiable ;
– les autres procédures fondées sur des opérations matérielles sont contrôlées dans l'exposé collectif, et certaines invalidées ;
– la procédure fondée sur le dénombrement des segments de même catégorie est validée ;
– les théorèmes faux sont invalidés, si besoin même par un mesurage.

La conclusion est explicitée : il faut plus de fil pour l'assemblage B que pour l'assemblage A. Les deux assemblages sont collés dans le cahier-mémoire, à la suite desquels une conclusion commune aux deux activités est écrite :
– l'aire de A est la même que l'aire de B ;
– le périmètre de B est plus grand que celui de A.

Productions des élèves

À l'intérieur des groupes, les élèves ne sont pas toujours d'accord. Voici les productions d'une classe (13 groupes) :

– même longueur de fil parce que constitué des mêmes triangles : 4 groupes (A = B)

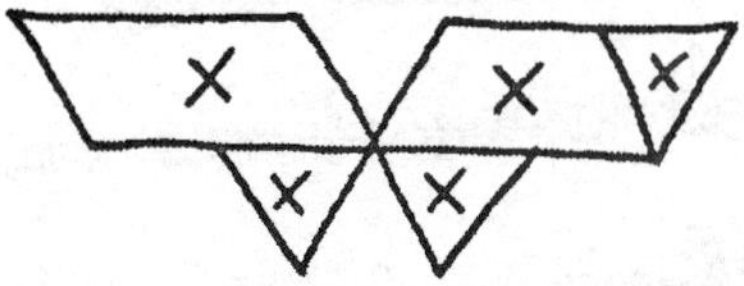

Qui il faudra la même longueur de fil.

EXPLICATION : nous avons dessiner la figure A et nous avons mi les triangles sur les triangles de la figure B et nous avons conclu qu'il faut la même longueur de fil.

– dénombrement des segments unité du pourtour et de l'intérieur : 1 groupe (A < B)

la B aura besoin de plus de fil.
explication :
j'ai pris un compas je l'ai mis sur chaque côté de triangle et A a 21 côté et B en A 23
Donc B à le plus besoin de fil.

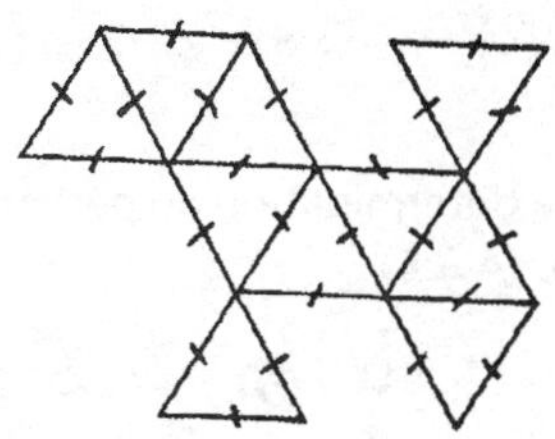

– comparaison approximative de l'un avec un décalquage de l'autre : 1 groupe (A < B)

Nous avons pris une feuille calque et nous avons décalqué la figure A, Nous avons mis le calque sur la figure B, Nous avons pris un bout du calque et nous l'avons posé sur un trait de la figure B et nous avons vu qui restait 2 trait donc B a le plus besoin de fil.

– dénombrement des triangles (10), produit par 3 (30) parce qu'ils ont trois côtés, soustraction du nombre de côtés « intérieurs » : 1 groupe (A < B)

On a fait des bandes,
on a poser la bande 1 sur
un côter d'un triangle
on a noter sur A et B :
d'un côter A de l'autre côter
B. Ensuite on a regarder
combien il y a de triangle
dans A et B. Comme chaque
triangle a trois côter égaux
Il y a 10 triangles sur
A pareil pour B on a multiplier
par 3 et on a re multiplier
par 10 ~~[illegible]~~
~~[illegible]~~
~~[illegible]~~
on a enlever 7 x le segm
noter pour B et pour A
Donc B a le plus grand
contour.

Elsa philippe

– essai de détermination du périmètre de l'un, non exploité sur l'autre assemblage : 1 groupe (A = B)

ils on tus les deux
la même longueur :
explication : on a pris
un écart sur le compat
on la mi sur le perimètre
on en a fait le tour
~~avec le compas~~

– dénombrement des segments unité du pourtour et conclusion fausse :
1 groupe

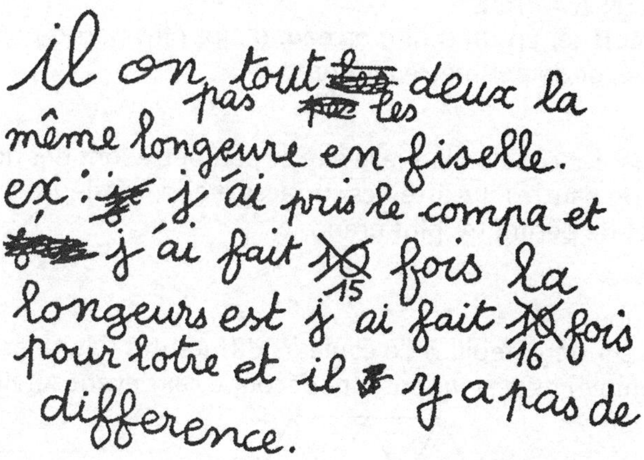
il on pas tout les deux la même longeure en fiselle.
ex : j'ai pris le compa et j'ai fait 15 fois la longeurs est j'ai fait 16 fois pour lotre et il y a pas de difference.

– dénombrement des segments unité du pourtour et conclusion juste (dont une avec erreur dans le dénombrement) : 4 groupes

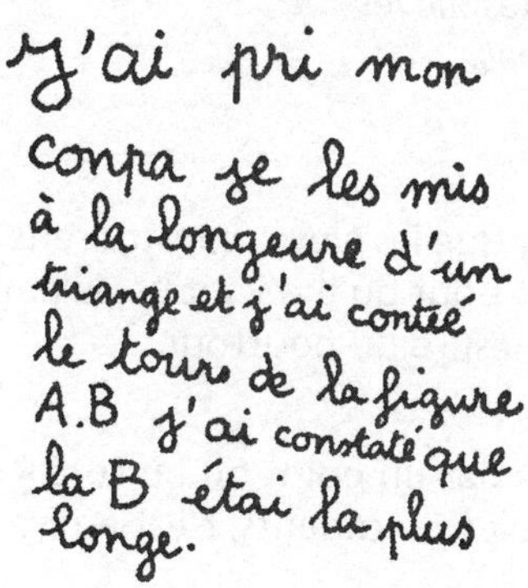
j'ai pri mon conpa je les mis à la longeure d'un triange et j'ai conteé le tours de la figure A.B j'ai constaté que la B étai la plus longe.

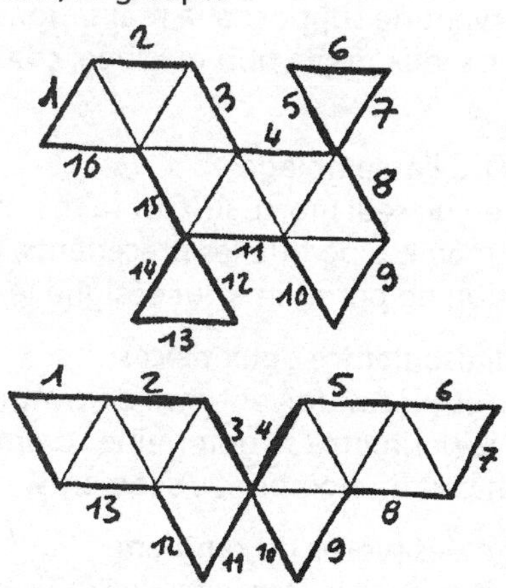

ACTIVITÉ 3

> DESCRIPTION RAPIDE

Réaliser un assemblage, en un seul morceau, d'aire plus petite que celle d'un assemblage donné, et de périmètre plus grand.

> OBJECTIF

Renforcer la connaissance selon laquelle aire et périmètre sont des notions indépendantes l'une de l'autre : il existe des surfaces d'aire inférieure à celle d'une surface donnée et de périmètre plus grand.

> MATÉRIEL

Pour chaque groupe :

– deux tangrams sur deux feuilles de couleurs différentes (jaune et verte), l'un (le jaune par exemple) ne devant pas être découpé car devant servir de témoin

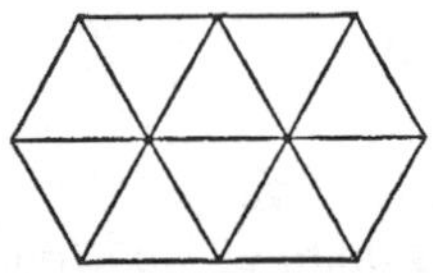

– une feuille servant de support à la réalisation des élèves ;
– crayon, colle, ciseaux, règle non graduée, compas.

> VARIABLES

1. La connexité de l'assemblage

La contrainte « en un seul morceau » est faite pour que les élèves construisent un assemblage de même type que les précédents, et pour qu'il n'y ait pas d'ambiguïté sur la notion de périmètre qui désigne la mesure du pourtour.

2. Le mode de liaison entre deux pièces

La contrainte « les pièces doivent être en contact par un point ou un côté » est faite pour que le périmètre se détermine comme les précédents, c'est-à-dire en dénombrant un certain nombre de segments.

3. Le découpage des pièces du tangram

Il n'est pas effectué pour laisser possible l'utilisation de la procédure qui consiste à retirer une pièce du tangram référence.

> PROCÉDURES

Procédures de réalisation de la surface.

1. Retrait d'une pièce du tangram, sans découpage des autres pièces.

2. Découpage des pièces et recomposition de surface avec une ou plusieurs pièces en moins.

Procédures de comparaison des périmètres et de comparaison des aires.
Les mêmes que précédemment.

DÉROULEMENT

Étape 1 : Recherche par groupes de deux

Le maître distribue les feuilles comportant les deux tangram. Il les fait découper tous les deux selon leur contour uniquement. Le tangram témoin est collé sur la grande feuille. La tâche est écrite au tableau :
« Réaliser un assemblage d'aire plus petite et de périmètre plus grand que ceux du tangram témoin. Les pièces doivent être en contact par un point ou un côté. »

Au cas où les élèves feraient une réalisation en plusieurs morceaux, le maître organiserait un bilan au cours duquel il préciserait que les assemblages doivent être « en un seul morceau ». À la fin de la recherche, il demande de coller la réalisation sur la grande feuille. Les enfants expliquent, par écrit, en quoi ce qu'ils ont fait répond à la question.

Étape 2 : Exposé des productions des groupes

Débat autour de la réalisation et de la justification.
Formulation de la conclusion (écrite dans le cahier-mémoire) à la suite du collage des deux assemblages :
« L'aire de S1 est plus petite que l'aire de S2.
Le périmètre de S1 est plus grand que le périmètre de S2. »

Productions des élèves

La tâche proposée n'a pas provoqué de difficulté particulière. Des groupes s'étant trompé lors des étapes précédentes n'ont pas fait d'erreur cette fois. Tous ont répondu correctement à la question, en proposant des assemblages satisfaisants.

• Un groupe a réalisé un assemblage de même aire et de périmètre plus grand, mais s'apercevant de son erreur, a enlevé l'un des autres triangles :

explication:
nous avons utilisé tous les triangles. Le périmètre de notre assemblage fait 85 et le témoin fait 40 cm donc : nous avons fait une plus grande figure que le témoin

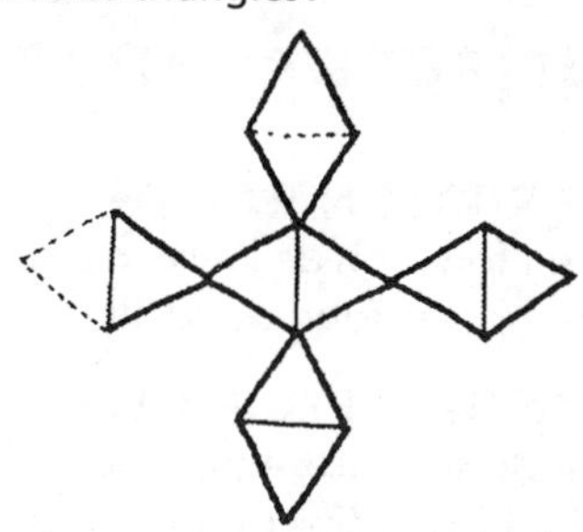

• Un seul groupe a réalisé la surface en enlevant simplement un triangle au tangram de départ :

~~Nous avons découper le tangra~~
~~nous~~ Nous avons découper 3
triangle du tamgrame et
nous avons trouver ~~x~~ un
triangle figure avec une aire
plus ~~grande~~ petite et un perimètre
plus grand que le tamgram
temoins. FIN

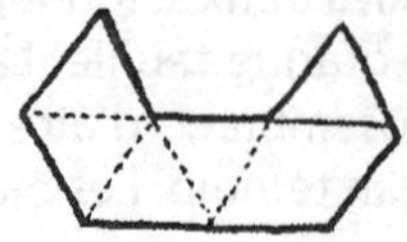

• Tous les autres groupes ont découpé d'abord tous les triangles et réalisé l'assemblage ensuite :

Nous avons enlever 1 triangle pour
que l'aire soi plus petite que
le tamgramtémoin. Nous
avons fait une forme ~~regul~~
régulière est s'enfraire les rasembler
pour que le périmètre soi plus grand.

9. Surfaces à ranger (période 4)

> DESCRIPTION RAPIDE

Il s'agit, en fonction de l'aire, de ranger des surfaces à contour polygonal ou non, dessinées sur un fond quadrillé.

> OBJECTIFS SPÉCIFIQUES

– Donner du sens aux expressions « deux surfaces ont même aire », « une surface a une aire plus petite qu'une autre ».
– En se référant à des déplacements possibles de parties de surfaces (décomposition-recomposition fictive sans chevauchement des morceaux) et à un pavage régulier (comparaison des nombres de carreaux utilisés), déterminer l'étendue qu'elle occupe. Comprendre que ce nombre caractérise numériquement ce qui est appelé l'aire (qui est défini indépendamment de la mesure).

– Faire la distinction avec les notions voisines, à savoir :

- l'encombrement (l'enveloppe),
- le périmètre (par exemple : une surface peut avoir une aire plus petite qu'une autre et avoir un périmètre plus grand),
- les dimensions transversales les plus grandes,
- le nombre de carreaux mobilisés par la surface (carreaux entiers et carreaux traversés).

Même si on dénombre les carreaux d'un quadrillage, on ne vise pas ici à associer systématiquement un nombre à chaque surface dès qu'une unité d'aire a été convenue.

> VARIABLES DIDACTIQUES

– Les contours des surfaces peuvent être uniquement des polygones ou non, ces contours pouvant suivre constamment les lignes du quadrillage ou non. L'emploi de surfaces polygonales dessinées sur quadrillage peut conduire les élèves à quadriller systématiquement et par la suite à ne rejeter ce procédé qu'avec difficulté. Ici, les surfaces seront disposées sur fond de quadrillage, mais ne seront pas toutes polygonales de façon à faire apparaître des déplacements correspondant à des découpages-recollages.
– Les surfaces peuvent être découpées, décalquées, ou non. Ici, elles ne pourront être que décalquées, de manière à favoriser les anticipations et, par ailleurs, à conserver les traces des démarches.
– Le nombre de carreaux unité nécessaires au recouvrement : entier, nécessitant le recours à des demis, quarts ou autres.

> PROCÉDURES ATTENDUES

– Déplacements fictifs de parties d'une surface donnée pour constituer une surface de même aire, mais plus familière, ou plus favorable à la comparaison.
– Dénombrement de carreaux (ou d'unités) en totalisant éventuellement des fractions de carreaux ou après avoir pratiqué des déplacements-recollements.
– Conception du triangle-rectangle comme demi-rectangle et détermination du nombre de carreaux occupés.

> MATÉRIEL

Par groupes de deux élèves :
– des feuilles, sur lesquelles sont représentées des figures, sur fond quadrillé (voir ci-après les exemples concernant ces figures : feuilles n° 1, 2, 3) ;
– une feuille de papier calque (format A5 par exemple) ;
– pour affichage au tableau, plusieurs agrandissements des figures seraient souhaitables, afin de faciliter les débats. Si ces agrandissements ne sont pas réalisables, il sera nécessaire de représenter les figures au tableau.

Feuille n°1

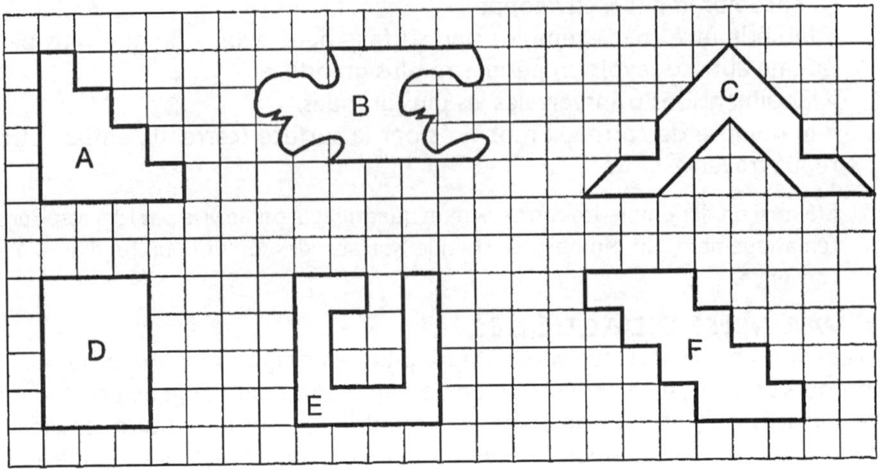

Feuille n°2

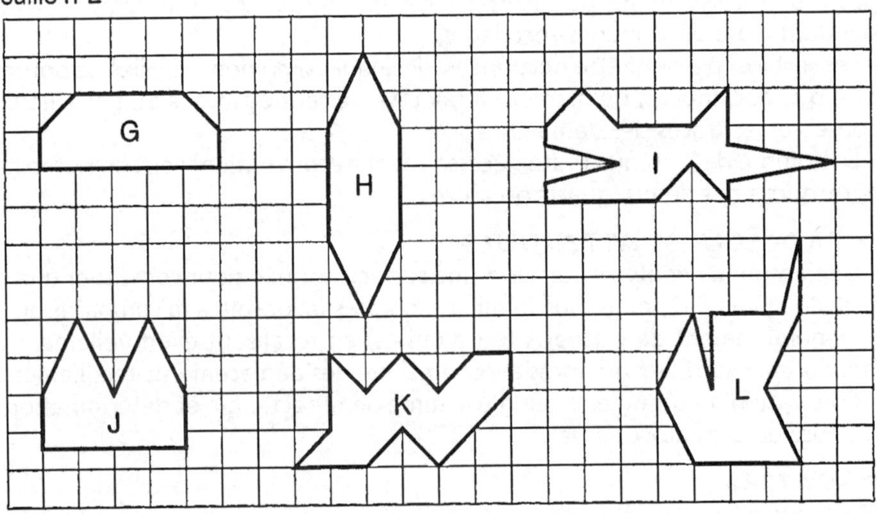

DÉROULEMENT

■ Première phase
Premières comparaisons de figures

> OBJECTIF

Assurer chez les élèves la maîtrise de la notion d'aire (appropriation de la tâche) et les inviter à comparer des surfaces selon leur aire.

> PROCÉDURES ATTENDUES

– Comptage de carreaux complets (figures A, D, E et F).
– Comptage de demi-carreaux (déplacements fictifs : « un demi et un demi-carreau, cela fait un carreau », figures C, G, I et K).

– Certaines surfaces nécessitent des découpages et des transformations permettant d'obtenir des surfaces plus simples («... ce morceau, c'est ce qui manque ici... », par exemple : surfaces L, I et B).
– D'autres, enfin, permettent des découpages par une diagonale et des transformations, afin d'obtenir des rectangles plus économiques (surfaces H et J).

Étape 1 : Appropriation de la tâche

Les élèves sont répartis par groupes de deux.
Sur un quadrillage, assez grand, dessiné au tableau, le maître a représenté trois figures (voir exemple ci-dessous).

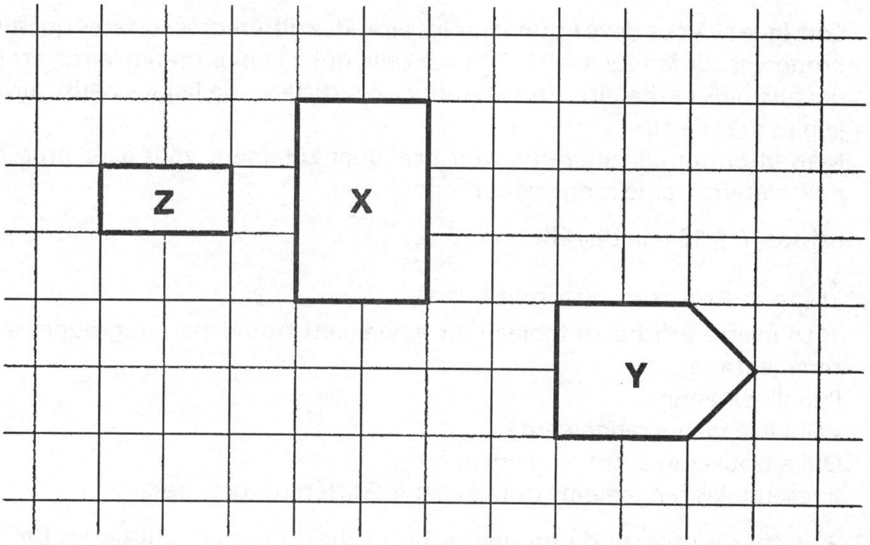

1. Consigne : « Vous devez, sans vous déplacer, comparer les aires de ces trois surfaces : dire celle qui a la plus grande aire et celle qui a la plus petite. En fait, vous devez ranger les trois aires de la plus petite à la plus grande... »

Le maître laisse cinq minutes environ de réflexion et recense les réponses au tableau (en écrivant les lettres correspondantes de gauche à droite).

2. Recherche
Chaque groupe doit pouvoir s'exprimer sur la méthode qu'il a utilisée pour déterminer le rangement.

3. Bilan
Le résultat définitif est écrit : $Z < Y < X$. Les groupes doivent pouvoir justifier les rangements et les méthodes erronés, mais aucune des méthodes correctes n'est privilégiée.

> PROCÉDURES ATTENDUES

Les élèves peuvent recomposer le quadrillage « sous les rectangles » et compter les carreaux pour Z et X. Pour Y, ils peuvent recomposer un carreau avec les deux demis, ou déplacer fictivement un demi-carreau afin de combler le « trou ».

Étape 2 : Recherche par groupes de deux

> **MATÉRIEL**

Les figures de la feuille n° 1 sont distribuées, ainsi que la feuille de papier calque, et une feuille blanche pour les recherches.
Le maître a représenté, au tableau, une grille vide de ce type :

Feuille n° 1								
Feuille n° 2								

Consigne : « Vous devez comparer les aires des différentes surfaces qui sont proposées sur la feuille n° 1. Trouvez celle qui a la plus grande aire et celle qui a la plus petite aire. En fait, rangez ces surfaces de la plus petite aire à la plus grande aire...
Mais attention, il faudra pouvoir expliquer comment vous avez procédé pour déterminer le rangement proposé... »

Laisser 10 à 15 min de réflexion.

Étape 3 : Argumentation et bilan

1. Le maître affiche au tableau un rangement trouvé par un groupe, sans commentaire.
Puis il demande :
« Qui a le même rangement ?
Qui a trouvé un autre rangement ? »
Il recense les rangements trouvés par les différents groupes.

2. Retour au travail de groupe : « Recherchez, dans cette liste, les rangements avec lesquels vous n'êtes pas d'accord et dites pourquoi... ».

3. Confrontation à propos des désaccords exprimés et justification.

4. S'il reste un seul rangement, il faudra en justifier la validité, couple de surfaces par couple de surfaces. S'il reste plusieurs rangements, il faudra justifier également, en s'arrêtant davantage sur les points de désaccord entre les différents rangements.

5. Synthèse des méthodes de preuves utilisées :
- évocation de déplacements fictifs ;
- comptage de carreaux et partage ou recollage éventuel de fractions de carreaux... ;
- etc.

Étape 4 : Nouvelle recherche

Avec la feuille n° 2, même déroulement que pour la feuille n° 1.

Étape 5 : Synthèse finale

On remplira la grille prévue à cet effet :

	10	10,5	11	12			
Feuille n° 1	A		C, E	B, D, F			
Feuille n° 2	H	I, K	G	L, J			

Remarque sur les propositions des élèves et les justifications : il y a lieu d'être vigilant à ce que les élèves appellent des demi-carreaux. Pour certains, un demi-carreau est un carreau incomplet (il y a éventuellement ainsi des « petits demis » et des « grands demis »). Il peut être nécessaire de faire préciser « qu'un demi-carreau » et « la moitié d'un carreau », c'est la même chose. Il peut y avoir différentes formes de demi-carreaux.

Exemples :

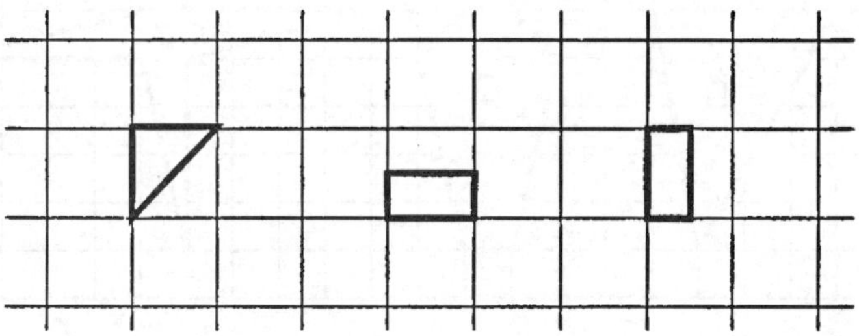

En particulier, il peut ne pas être évident pour tous les élèves que les figures ci-dessus ont la même aire. Ceci sera alors l'objet d'une preuve à apporter par les élèves (découpage-recollage ou déplacement).

Des élèves peuvent compter des demi-carreaux dans le cas des surfaces H et J par exemple, et conclure correctement. Il convient alors de justifier pourquoi il y a effectivement un carreau complet, et d'évaluer les morceaux concernés :

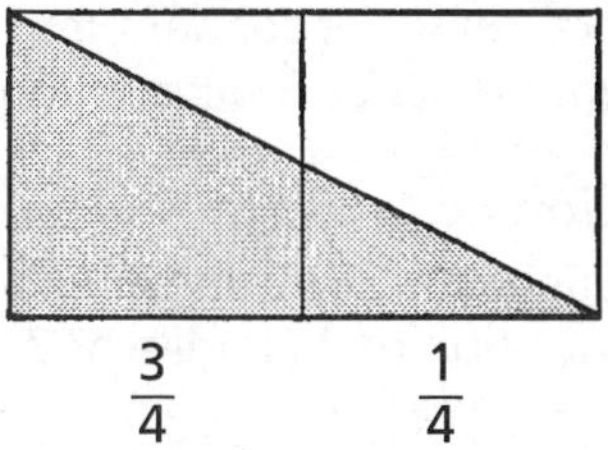

Pour la surface B, la justification est en terme de découpage, translation et recollage. En fait : « on bouche le trou par la bosse », afin de recomposer un rectangle. Il sera, alors, plus facile de dénombrer les carreaux (à condition que le découpage se fasse au bon endroit)...

Les surfaces pour lesquelles les preuves avancées ne sont pas satisfaisantes seront reconsidérées dans la phase suivante, avec d'autres surfaces...

Deuxième phase
Figures plus complexes

> MATÉRIEL

Identique à la phase précédente : utilisation de la feuille n° 3.

Feuille n° 3

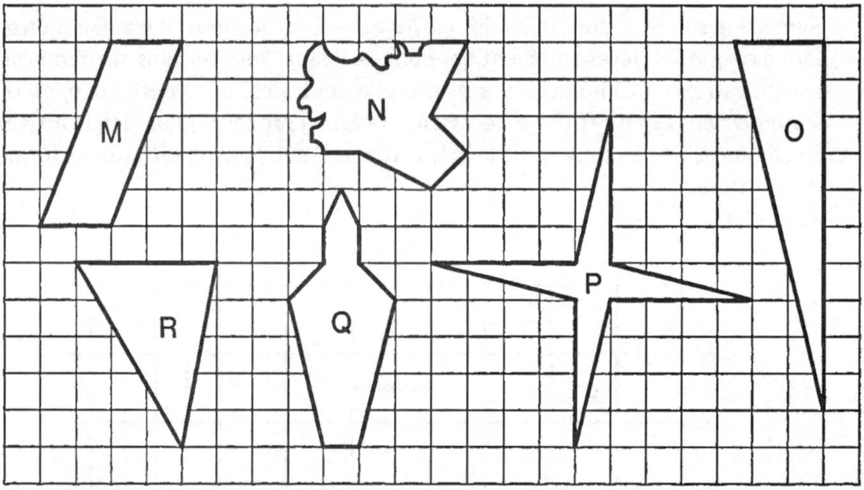

> PROCÉDURES ATTENDUES

Les déplacements à considérer sont des rotations ou des translations éventuellement précédées d'un demi-tour. Ici les éléments de figure à déplacer peuvent encore apparaître dans certaines figures comme dans la première phase (exemples : figures M, P, N et Q), mais ce n'est pas le cas des figures R, Q et O.

Certains dénombrements (exemples : surfaces P, Q et O) peuvent aussi nécessiter des fractions de carreaux, cependant les formes considérées incitent à mobiliser les déplacements et des superpositions qui sont plus économiques.

Étape 1 : Appropriation de la tâche

Rangement et classement des surfaces qui ont posé des problèmes dans la première phase. Distribution de la feuille n° 3.

Étape 2 : Recherche par groupes

Le déroulement est le même que pour la première phase.
L'énoncé du problème est le même ; les élèves, toujours par groupes de deux, mènent la recherche pendant 10 à 15 min.

Étape 3 : Argumentation et bilan

Le déroulement de cette étape est identique à l'étape 3 de la première phase.

Étape 4 : Synthèse finale

On remplira la grille, au tableau :

	9,5	10	10,5	11	11,5	12	12,5	13
Feuille n° 3	Q	R, P				N, M	O	

Les différents moyens utilisés sont reformulés, par les élèves, en fin de débat.

> SYNTHÈSE ET INSTITUTIONNALISATION

Pour comparer les aires, on peut comparer le nombre de carreaux après avoir quadrillé de la même façon, et déplacé certaines parties.
L'étendue occupée par une surface (ou l'aire de la surface) s'évalue par le nombre de carreaux qu'elle comprend.

Troisième phase
Situations d'accompagnement

Les situations précédentes sont nouvelles et assez complexes, elles nécessitent d'être suivies par des activités plus concises, plus systématiques, en utilisant toujours le quadrillage sous-jacent.

Le travail sera, cette fois, individuel, à partir de feuilles qui seront distribuées à chaque élève selon son rythme de travail. Une synthèse sera nécessaire pour recenser chaque réponse qui devra être argumentée et validée...

1. Construire un rectangle de même aire qu'une autre figure : voir feuille n° 4 (distribuer un quadrillage vierge, accompagnant cette feuille).

2. Ranger des surfaces à contour polygonal, de l'aire la plus petite à l'aire la plus grande : voir feuilles nos 5 et 6.

3. Construire un rectangle sur quadrillage, dont un côté est donné et ayant la même aire qu'un rectangle donné : voir feuille n° 7.

4. Études de problèmes proposés par les élèves : leur distribuer une feuille quadrillée. Des problèmes proposés pourront être renvoyés à la classe, sans que nécessairement une solution soit possible immédiatement (exemple : certaines figures relatives au cercle)...

Feuille n°4

Dessine un rectangle de même aire que chacune de ces deux surfaces.

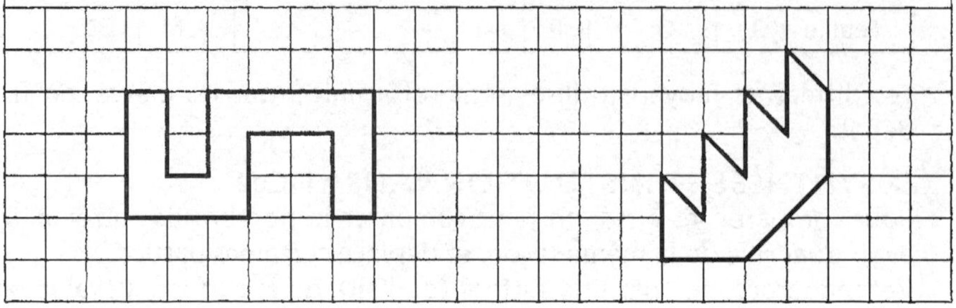

Feuille n°5

Range les surfaces de la plus petite aire à la plus grande aire.

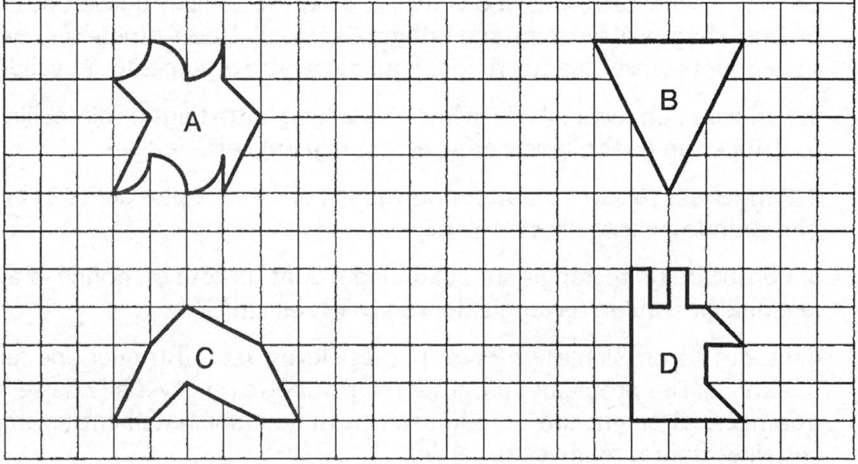

Feuille n°6

Range ces surfaces de la plus petite aire à la plus grande aire.

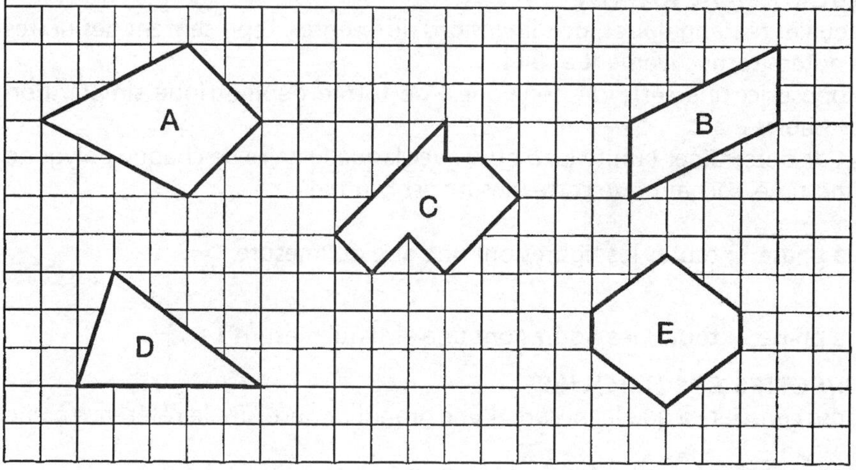

Feuille n°7

Termine le tracé du rectangle pour qu'il ait la même aire que H.

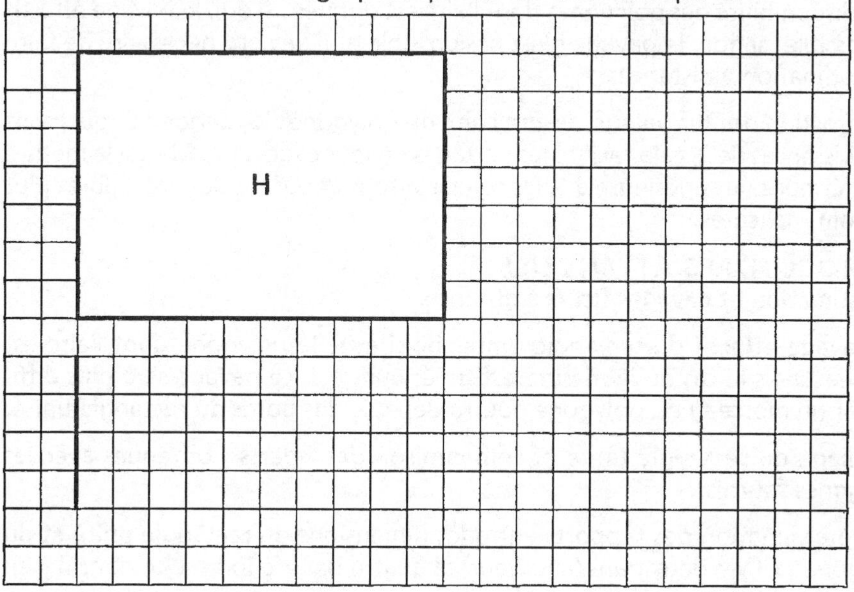

THÈME 5

Module 1

10. Chercher l'unité (période 5)

> DESCRIPTION RAPIDE

Trois feuilles rectangulaires, de dimensions différentes, représentent des unités d'aire notées respectivement *a*, *b* et *c*.

On propose ici une série de polygones, de forme géométrique simple, non superposables 2 à 2.

Il s'agit de déterminer l'unité (*a*, *b* ou *c*) avec laquelle l'aire de chaque polygone a été mesurée, sachant que cette mesure est connue.

Dans la phase 1 : toutes les figures ont une aire qui mesure $\frac{1}{8}$.

Dans la phase 2 : toutes les figures ont une aire qui mesure $1 + \frac{1}{4}$.

> OBJECTIFS SPÉCIFIQUES

– Prendre conscience que la mesure d'une grandeur nécessite la référence à une unité.

– Utiliser les fractions dans un contexte d'aire.

> VARIABLES DIDACTIQUES

1. La forme du polygone dont l'aire est donnée : si c'est un rectangle (comme chaque rectangle unité « *a*, *b* et *c* »), la procédure pour déterminer l'unité est assez facile, même à distance. Si ce n'est pas un rectangle, la procédure de détermination de l'unité est plus délicate et ne peut être déterminée facilement à distance.

2. La disponibilité des polygones dont l'aire est donnée : si oui, le pavage effectif est possible ; si non, le pavage n'est pas possible et il devient nécessaire de faire une estimation à distance.

3. La fraction dont la valeur mesure l'aire du polygone : les dénominateurs sont des puissances de 2, cela facilite les partages ou leur évocation. Mais si la mesure est inférieure ou supérieure à 1, les comparaisons imposent des procédures plus ou moins délicates.

> PROCÉDURES ATTENDUES

P1. Estimation et pavages fictifs à distance.

P2. Pavage effectif du rectangle unité choisi avec le polygone dont l'aire est donnée. Dans le cas où la mesure est supérieure à 1, ce pavage sera plus difficile car un morceau du polygone pourra dépasser les bords du rectangle unité.

P3. Pliage du rectangle unité et comparaison des « parts » obtenues avec les polygones fournis.

P4. Détermination des rapports entre les dimensions du rectangle unité et du polygone : « il y a deux dans la largeur, et quatre dans la longueur, donc il y en a huit au total... ».

> MATÉRIEL

1. Pour chaque groupe de deux élèves, trois unités, notées *a*, *b* et *c*, qui seront représentées par trois rectangles.

Dimensions du rectangle représentant *a* : 14 cm x 36 cm (il est tracé sur un format A3).

Dimensions du rectangle représentant *b* : 16 cm x 18 cm.

Dimensions du rectangle représentant *c* : 13 cm x 15 cm.

Les rectangles seront découpés par le maître (ou par les élèves) avant la mise en place de la situation...

2. Sept polygones, notés J, K, L, M, P, T et U : une représentation à l'échelle 1/2 et 1/4 est proposée à la page suivante.

Remarque importante

Pour chacun des polygones J, K, L, M, P, prévoir deux exemplaires pour chaque groupe de deux élèves, et un exemplaire qui sera affiché au tableau.

Pour les polygones T, U, prévoir un exemplaire pour chaque groupe de deux élèves, et un exemplaire qui sera affiché au tableau...

Les représentations des différents polygones

- Les trois rectangles unités *a*, *b*, *c* (échelle 1/3) :

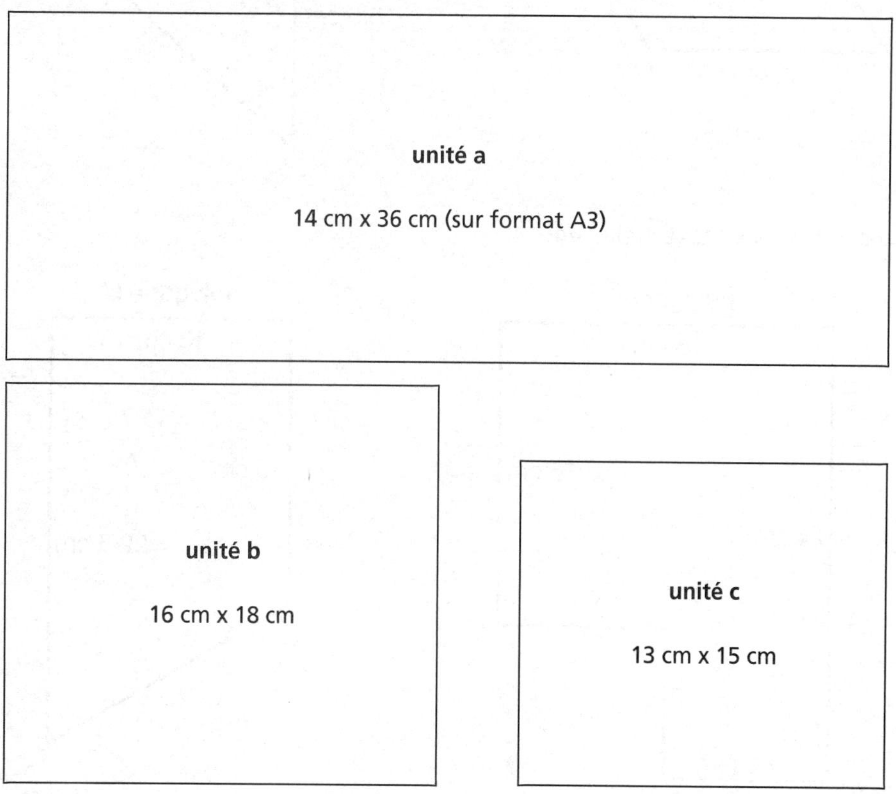

• Les polygones J, K, P, L, M (échelle 1/2) :

polygone J
4,5 cm × 8 cm

polygone K
7 cm × 9 cm

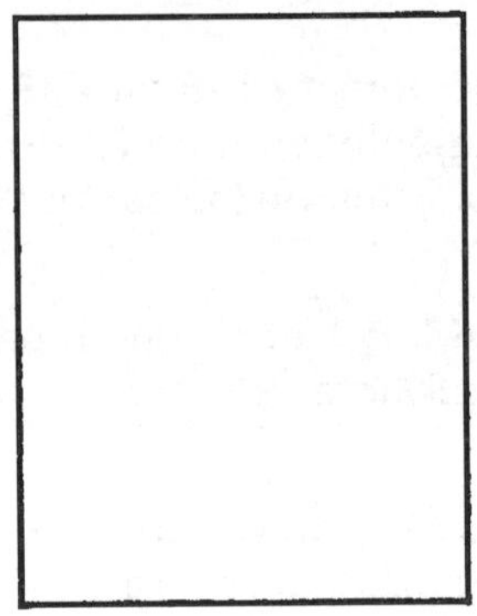

polygone L

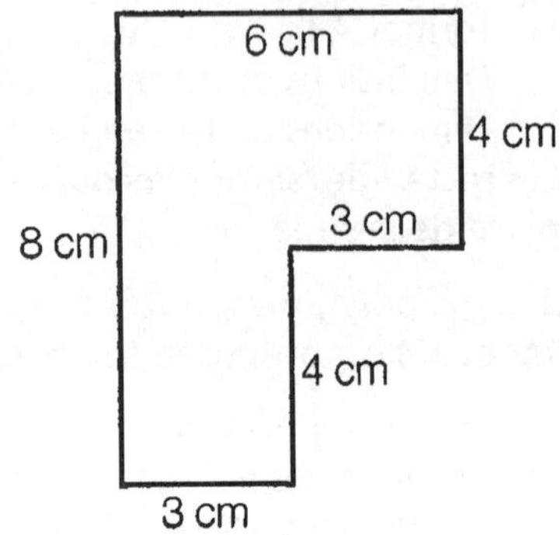

polygone P

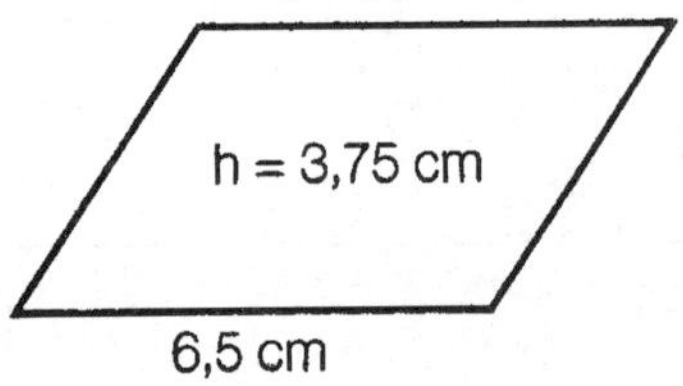

polygone M

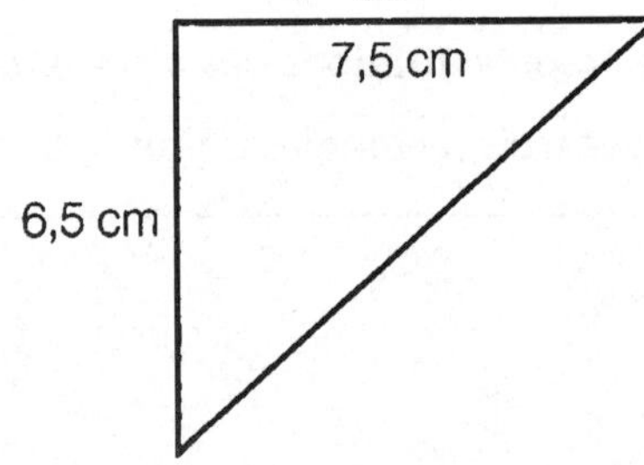

• Les polygones T,U (échelle 1/4) :

polygone T

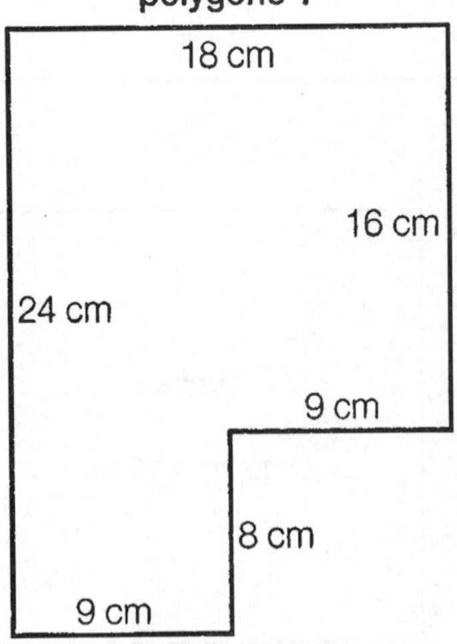

polygone U

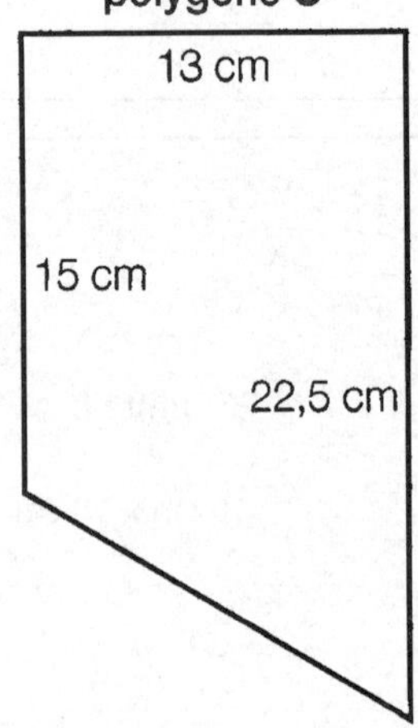

Première phase

> OBJECTIF

Donner du sens aux fractions inférieures à 1 comme mesure d'aire, dans le cas où les polygones ne sont pas tous des rectangles.

Étape 1 : Appropriation de la tâche

> MATÉRIEL

Le matériel habituel de géométrie : ciseaux, gomme, compas, calque, ruban adhésif, colle...
Polygone J : un rectangle de dimensions 8 cm x 4,5 cm. La longueur est la moitié de la largeur « de *b* », et la largeur le quart de la longueur « de *b* ».

Donc l'aire de J est égale à $\frac{1}{8}$ de l'unité *b*.
Les trois rectangles unités sont affichés au tableau, ainsi que le polygone J...
Le maître aura prévu des photocopies du polygone (deux exemplaires par groupe), afin de les distribuer le moment venu... Les élèves sont répartis par groupes de deux, chaque équipe dispose des trois rectangles unités.

> VARIABLES

Le polygone J n'est pas distribué immédiatement, afin d'obliger les élèves à anticiper, il sera ensuite disponible pour une validation de l'action.

Le maître montre à la classe le polygone.

Consigne : « Voici un polygone, il est représenté au tableau, c'est le polygone J.
J'ai mesuré l'aire du polygone J avec l'une de ces trois unités *a* ou *b* ou *c* et j'ai trouvé qu'elle mesurait un huitième de cette unité $\left(\frac{1}{8}\right)$. Avec quelle unité ai-je mesuré ?
Quand vous pensez avoir trouvé, vous écrivez votre réponse et votre démarche pour en être sûrs... Nous ferons une mise en commun, et ensuite seulement je vous distribuerai le polygone afin de valider. »

Les élèves doivent chercher à distance, c'est-à-dire faire des hypothèses sur la réponse et essayer d'imaginer une procédure de vérification de cette réponse.

Le maître recense les réponses lors d'un bilan collectif :
– qui pense que c'est l'unité *a* ?
– qui pense que c'est l'unité *b* ?
– qui pense que c'est l'unité *c* ?
Le maître peut lister ces réponses au tableau mais on n'attend pas, à ce moment, de validation. Il fait également décrire, par un certain nombre de groupes, la manière dont ils pensent procéder.

Il distribue alors à chaque groupe deux exemplaires du polygone J et dit : « Assurez-vous maintenant de votre réponse en utilisant si nécessaire le matériel distribué ! Vous pouvez changer de réponse… »

Les groupes communiquent leur nouvelle réponse et exposent leur manière de procéder. On attend maintenant que les actions valident les réponses. Des arguments de comparaison suffisent à montrer que *a* et *c* ne conviennent pas.

On veillera, tout au long des différentes étapes de cette situation, à ce que les unités qui ne conviennent pas soient bien identifiées au même titre que celles qui conviennent.

La conclusion est établie : « l'aire de J est un huitièmex $\left(\frac{1}{8}\right)$ de l'unité *b* », autre notation : aire de J = $\frac{1}{8}$ *b*.

On pourra écrire ce texte, soit au tableau soit sur un format A3 en vue de la phase 2, étape 3. On récapitulera tous les résultats des étapes suivantes, ainsi qu'un dessin représentant un pavage de l'unité (voir ci-dessous).

> PROCÉDURES ATTENDUES

Rappel

– Dans le contexte longueur, la fraction $\frac{1}{8}$ a été vue comme l'unité partagée en 8, ou bien « 8 fois le huitième, cela fait l'unité entière »…

– Les élèves doivent recouvrir l'unité *b* avec un pavage, formé de 8 figures équivalentes à J (4 fois le long de la longueur et 2 fois le long de la largeur). Il est possible « à distance » de percevoir ce découpage.

– Avec les autres unités, aucun pavage de ce type n'est possible. Certains élèves hésiteront et les choix ne se feront pas simplement.

L'anticipation est ici importante, elle permet d'activer une opération mentale, avant de « faire effectivement ».

La comparaison de J avec *a*, *b*, et *c* permettra de lever le doute. Les élèves seront amenés à réaliser ce pavage d'une manière effective. L'invalidation des unités *a* et *c* est, alors, relativement facile…

La décomposition ci-dessous montre que *b* convient :

pavage composé de 8 reproductions du polygone J

unité *b*
16 cm x 18 cm

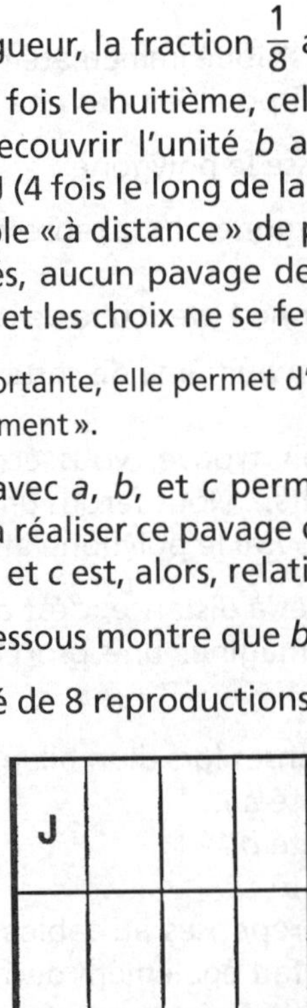

(Échelle 1/6)

Exemples de procédures utilisées par les élèves

Les élèves ont à leur disposition un exemplaire de chaque unité, la figure J est au tableau. Ils utilisent un procédé par pliage : « quand je partage *a* en 8, j'obtiens des carrés, donc j'élimine *a* car J est un rectangle... »

Par contre pour *b* et *c*, il y a un doute : « Pour *b*, les rectangles paraissent plus grands, c'est le huitième de *c* qui paraît convenir... Faut voir... »

Un élève : «... on peut se tromper en pliant, si l'on ne superpose pas bien les parties ?... », les autres : «... oui, mais c'est plus rapide et facile... »

Un élève trouve un autre pliage en 8 du rectangle qui correspond à *b*, et construit un rectangle de 4 cm x 9 cm (l'autre faisant 4,5 cm x 8 cm). C'est alors une bonne occasion pour débattre sur le fait que deux rectangles non superposables peuvent avoir la même aire : à savoir un huitième de l'unité *b*...

Étape 2 : Recherche avec les différentes figures

> MATÉRIEL

Les élèves ont à leur disposition le matériel de géométrie, ainsi que les rectangles unités.

Polygone K : un rectangle de 9 cm x 7 cm, il est associé à l'unité *a* et :
aire de K = $\frac{1}{8}a$.

Polygone L : en « forme de L », deux polygones « emboîtés » forment un rectangle dont les dimensions sont la moitié de celles « de *b* » :
aire de L = $\frac{1}{8}b$.

Polygone M : un triangle rectangle de 6,5 cm sur 7,5 cm. 2 triangles forment un rectangle qui correspond au quart de l'unité *c* :
aire de M = $\frac{1}{8}c$.

Polygone P : un parallélogramme de 6,5 cm pour le grand côté et 3,75 cm pour la hauteur (environ 3,7 cm). Par découpage, on forme un rectangle avec lequel on pave huit fois l'unité *c* :
aire de P = $\frac{1}{8}c$.

Le maître montre, au tableau, les polygones K, L, M et P.
Dans cette étape, il serait judicieux de distribuer les figures les unes après les autres (toujours au moins deux exemplaires pour chaque groupe), au rythme de la réalisation de la tâche.

L'utilisation successive des figures est un moyen de différencier l'activité. En effet, K et M, moins complexes que P et L, sont distribuées en premier : K, puis M, puis L, et enfin P...

Il n'est pas sûr que la classe entière réalise la tâche dans le temps imparti à la séquence. Il sera peut-être nécessaire de la reprendre, avec certains groupes.

Le maître affiche au tableau les polygones K, L, M et P. Il distribue aux groupes (qui ont également les unités) deux exemplaires de K et énonce la consigne.

Consigne: « Voici un polygone, c'est le polygone K. Vous avez à votre disposition le matériel de géométrie.
J'ai mesuré l'aire du polygone K avec l'une de ces trois unités *a* ou *b* ou *c* et j'ai trouvé qu'elle mesurait un huitième de cette unité $\left(\frac{1}{8}\right)$. Avec quelle unité ai-je mesuré ?... »

Les élèves cherchent s'il y a une relation entre $\frac{1}{8}$ et l'une des trois unités.

Pour les élèves qui trouvent la solution plus rapidement, l'enseignant peut distribuer les autres polygones : toujours deux exemplaires pour un groupe.
Le maître recense les réponses concernant le polygone K lors du bilan collectif :
- qui pense que c'est l'unité *a* ?
- qui pense que c'est l'unité *b* ?
- qui pense que c'est l'unité *c* ?

Puis les groupes décrivent leur manière de procéder ; les réponses sont validées à l'aide des procédures de pavage.

La conclusion est établie : « l'aire de K est un huitième $\left(\frac{1}{8}\right)$ de l'unité *a* ».
Autre notation : aire de K = $\frac{1}{8}$ *a*.

On pourra écrire ce texte (comme à l'étape précédente).
L'activité est relancée, la recherche se poursuivant pour les autres polygones M, L et P. Pour chaque polygone on rédigera une conclusion du même type que ci-dessus.

Étape 3 : Synthèse et institutionnalisation

Quand TOUS les élèves auront terminé, il sera nécessaire qu'ils prennent conscience que :
- toutes les figures ont une aire qui s'exprime par la même fraction, mais avec des unités différentes ;
- on peut affirmer que J et L ont la même aire (ainsi que M et P), mais on ne peut rien affirmer pour K et J, J et M (en posant le problème : « peut-on comparer directement l'aire de K et l'aire de J ? ») ;
- l'expression numérique de l'aire ne peut avoir du sens que par rapport à une unité déterminée à l'avance.

Comme la comparaison n'est pas à distance, les procédures de décomposition-recomposition (P2, P3) sont possibles. La procédure de détermination du rapport entre les dimensions du polygone et des rectangles unités (P4) n'est possible directement que pour K ; pour M et P, il faudra au préalable que les élèves recomposent chaque polygone en rectangle.

Voici quelques exemples de découpages possibles :

(Échelle 1/6)

unité *a*

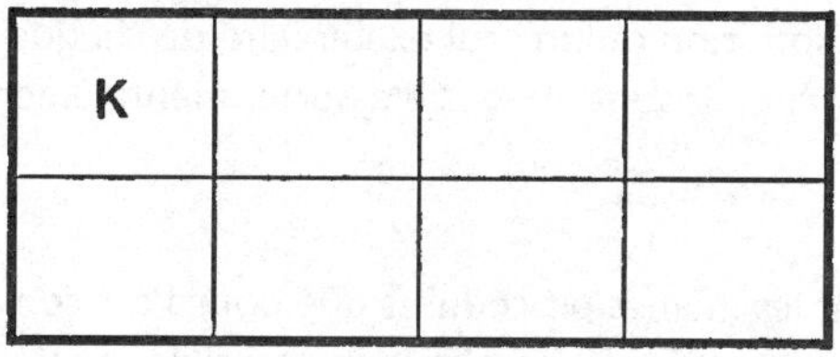

aire de K : $\frac{1}{8}$ de *a*

unité *b*

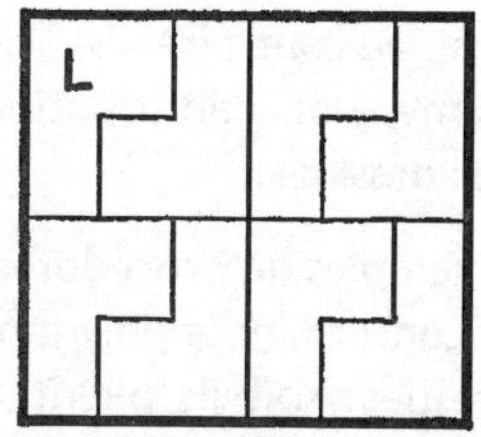

aire de L : $\frac{1}{8}$ de *b*

unité *c*

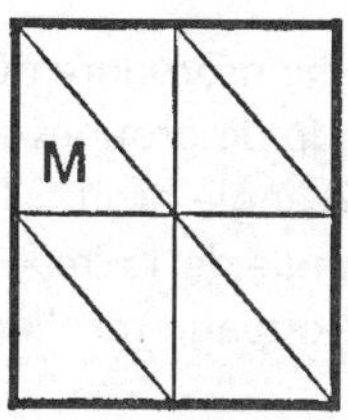

aire de M : $\frac{1}{8}$ de *c*

unité *c*

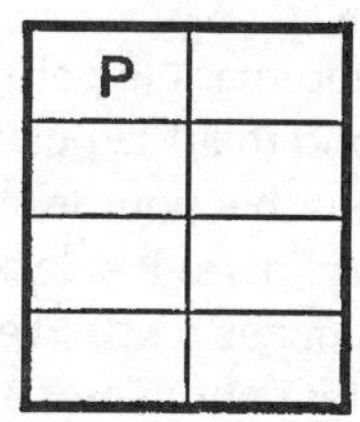

aire de P : $\frac{1}{8}$ de *c*

– Pour le polygone P, il est nécessaire de le découper, afin de reconstruire un rectangle de 3,75 x 6.

– Pour K, pas de problème, la procédure est identique à celle utilisée pour J, mais cette fois avec l'unité *a* :
36 = 4 x 9 et 16 = 2 x 8,
d'où le pavage avec 8 pièces de l'unité *a*.

– Pour L, il faut penser à juxtaposer deux pièces L, et l'on obtient un rectangle dont les dimensions sont la moitié de celle de *b*, d'où le pavage avec 8 pièces de l'unité *b*.

– Pour M, c'est deux triangles rectangles qui forment un rectangle, dont les dimensions sont la moitié de celles de *c*, d'où le pavage avec 8 pièces de l'unité *c*.

– Pour P, il faut découper la pièce pour former un rectangle dont les dimensions vérifient : 13 = 6,5 x 2 et 15 = 4 x 3,75, d'où le pavage en 8 pièces de *c* (les élèves ne produisent pas ces calculs : ils pavent effectivement en reportant le long des côtés des différentes unités).

Cette analyse nous montre que le fait de distribuer un seul exemplaire de chaque polygone, complexifie la tâche. En effet:
- si les élèves ont à leur disposition plusieurs exemplaires (au moins deux...), ils peuvent réaliser les associations par deux et ainsi induire et réaliser plus facilement les pavages;
- si, au contraire, ils n'ont à leur disposition qu'un seul exemplaire de chaque polygone, alors l'anticipation est nécessaire. Ils sont obligés d'associer mentalement, ou de dessiner...

Exemples de procédures utilisées:
- concernant le polygone K, ce sont les mêmes procédures que pour J qui sont réinvesties: soit ils plient, soit ils pavent. Les élèves éliminent ainsi les unités non conformes. Certains utilisent les longueurs: en assemblant 2 figures K, on obtient un rectangle de 7 cm x 18 cm, donc « un quart de *a* vaut 2 fois K, donc... »;
- concernant le polygone M, c'est plus complexe, les élèves associent deux figures M pour former un rectangle et pavent les différentes unités: «... 2 fois K, c'est l'unité c... »;
- concernant le polygone L, les élèves utilisent la même procédure que pour M...;
- concernant le polygone P, c'est difficile car beaucoup de groupes disent que c'est impossible pour les trois unités, puisqu'il n'y a pas d'angle droit... l'association de deux figures P et le découpage pour former un rectangle de 13 cm x 3,75 cm permet d'éliminer *a* et *b*. Les situations précédentes de découpage-recollage sont importantes pour penser à cette procédure...

Deuxième phase

> OBJECTIF

Donner un sens aux fractions supérieures à 1 comme mesure d'aire, dans le cas où les polygones ne sont pas des rectangles.

Étape 1: Reprise avec une autre figure, anticipation

> MATÉRIEL

Le matériel de géométrie identique à celui de la première phase. On utilisera toujours les mêmes unités *a*, *b* et *c*: un exemplaire de chaque rectangle unité est affiché au tableau et un exemplaire de chaque rectangle unité est distribué par groupe.

Polygone T: une figure « en L » associée à l'unité *b*; aire de T = $\left(1+\frac{1}{4}\right)b$.

Un exemplaire de ce polygone est prévu pour être distribué aux élèves le moment venu.

Dans un premier temps, on ne distribue pas le polygone T, mais il est affiché au tableau. Le maître posera le problème comme dans la première phase.

Consigne: « Voici un polygone au tableau... On le nomme T... J'ai mesuré l'aire du polygone T avec l'une de ces trois unités *a* ou *b* ou *c* et j'ai trouvé qu'elle mesurait un plus un quart $\left(1+\frac{1}{4}\right)$. Avec quelle unité ai-je mesuré ?...

Quand vous pensez avoir trouvé, vous écrivez votre réponse et votre démarche pour en être sûrs... Nous ferons une mise en commun, et ensuite seulement je vous distribuerai le polygone afin de valider. »

Les élèves cherchent sans disposer des figures, font une hypothèse de réponse, et imaginent une procédure de vérification de cette réponse.

L'enseignant recense les réponses, puis les groupes décrivent leurs manières de procéder qui sont débattues sans être nécessairement validées.

Le maître distribue alors, à chaque groupe, deux exemplaires du polygone T et dit : « Assurez-vous maintenant de votre réponse en utilisant si nécessaire le matériel distribué ! Vous pouvez changer de réponse... »

Les groupes communiquent leur nouvelle réponse, et exposent leur manière de procéder. On attend maintenant que les actions valident les réponses.

La conclusion est établie : l'aire de T est un plus un quart $\left(1+\frac{1}{4}\right)$ du rectangle unité *b*.
Autre notation : aire de T = $\left(1+\frac{1}{4}\right) b$.

On pourra écrire ce texte comme dans les étapes précédentes.

> PROCÉDURES ATTENDUES

Le couple (figure T, unité *b*) est le moins complexe à valider...
Cette première consigne force les élèves à anticiper. Si certains élèves sont bloqués, les arguments des autres, dans le débat, peuvent leur donner des informations qui serviront dans le deuxième temps, celui de la validation.

– La figure T est en « forme de L » :

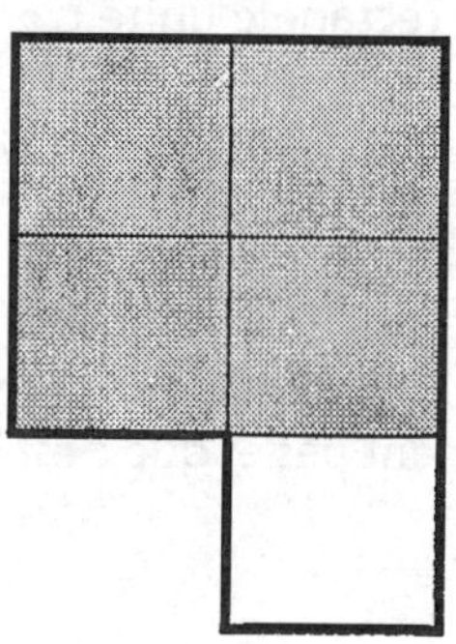

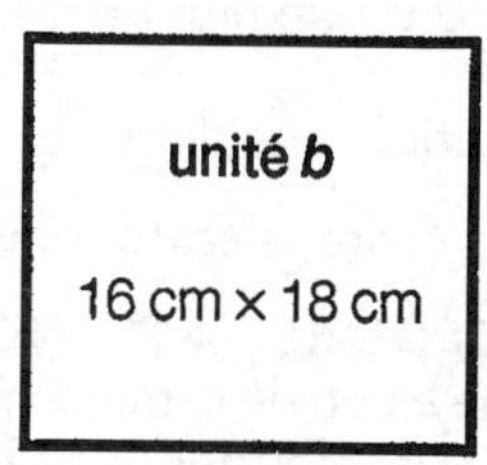

Visuellement, l'unité *b* se superpose avec trois côtés de T, les autres non. L'association (figure T, unité *b*) peut se faire relativement facilement, même « à vue »...

Dans la phase d'action : les unités *a* et *c* s'éliminent, car *b* est la seule qui permet une superposition avec T, en coïncidence avec 3 côtés. On partage *b* en 4 parties superposables, une de ces parties coïncide avec le morceau « qui dépasse ».

La fraction $\frac{5}{4}$ est vue comme 5 fois $\frac{1}{4}$ ou bien comme $1 + \frac{1}{4}$.

En effet, on peut aussi prendre ce qui dépasse, décalquer ou découper, et organiser un pavage en quatre morceaux équivalents, de la partie commune entre T et *b*.

Étape 2 : Recherche avec la dernière figure

> MATÉRIEL

Même matériel que dans l'étape 1.
Le maître affiche au tableau et distribue un exemplaire du polygone U à chaque groupe.

Polygone U : un trapèze rectangle, l'aire de U est égale à $1 + \frac{1}{4}$ de l'unité *c*.

Consigne : « Voici un polygone au tableau... On le nomme U... J'ai mesuré l'aire du polygone U avec l'une de ces trois unités *a* ou *b* ou *c* et j'ai trouvé qu'elle mesurait un plus un quart $\left(1 + \frac{1}{4}\right)$. Avec quelle unité ai-je mesuré ? »

Les élèves disposent des rectangles unités et du polygone U. La figure U est un trapèze rectangle, l'unité utilisée pour la mesurer est *c*.

L'enseignant recense les réponses. Puis les groupes décrivent leurs manières de procéder.

La conclusion est établie :

« l'aire de U est un plus un quart $\left(1 + \frac{1}{4}\right)$ du rectangle unité *c*. »

Autre notation : aire de U = $\left(1 + \frac{1}{4}\right)c$.

On pourra écrire ce texte comme dans les étapes précédentes.

> PROCÉDURES ATTENDUES

On élimine *a* et *b* de la même façon que pour T. Voici quelques exemples qui permettent de montrer que *a* et *b* ne conviennent pas et que *c* est l'unité qui a servi à mesurer l'aire :

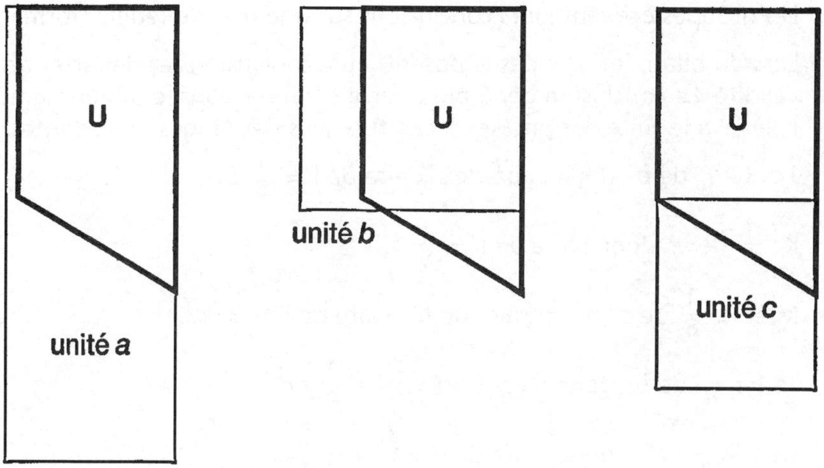

Remarques sur les procédures des élèves

Concernant le polygone T : un élève remarque que « Ça ne peut être que *b*, car $1 + \frac{1}{4}$ est supérieur à 1 et *a* est déjà supérieure à l'aire de T, et *c* est trop petite car ce qui dépasse en superposant T et *c* est supérieur à $\frac{1}{4}$... »

Un autre : « On divise *b* en quatre et on rajoute un quart de *b* à *b*, et la superposition marche... »

Concernant le polygone U : cette figure ne doit pas poser de problème, les procédures utilisées doivent être du même type que pour T.

Étape 3 : Comparaison des aires

Il s'agit d'établir la conclusion générale à la suite des activités en explicitant les propriétés mathématiques que les élèves ont pu rencontrer.
On n'attend pas que les élèves les explicitent toutes. On prendra soin de les laisser apparaître comme conclusions exprimées par les élèves et non comme des apports faits par l'enseignant.

Toutes les phrases de conclusions des différentes recherches sont regroupées soit au tableau soit sur une feuille format A3, avec le dessin des différents polygones et les unités correspondantes.

Les élèves sont placés par groupes de deux ou quatre. Le maître veillera à ce que les groupes ne soient pas formés des mêmes élèves que pendant les recherches précédentes, afin de favoriser les échanges.

Le problème est alors posé ainsi :
« Parmi les polygones J, K, L, M, P, T et U, y en a-t-il qui ont la même aire ? »

L'ambiguïté du problème est destinée à faire émerger les conclusions souhaitées.

Les groupes écrivent leurs conclusions sur une grande feuille (format A3).

Lors du bilan, les groupes exposent leurs conclusions et débattent sur leur validité. La conclusion générale pourrait figurer dans le cahier-mémoire de l'élève, à la suite des phrases récapitulatives des étapes précédentes.

J et L: $\frac{1}{8}$ de b, donc : aire de J = aire de L = $\frac{1}{8}$ b.

K: $\frac{1}{8}$ de a, donc : aire de K = $\frac{1}{8}$ a.

M et P: $\frac{1}{8}$ de c, donc : aire de M = aire de P = $\frac{1}{8}$ c.

T: $1 + \frac{1}{4}$ de b, donc : aire de T = $\left(1 + \frac{1}{4}\right) b$.

U: $1 + \frac{1}{4}$ de c, donc : aire de U = $\left(1 + \frac{1}{4}\right) c$.

Il faut choisir une unité pour mesurer une aire.

Deux surfaces non-superposables peuvent avoir la même aire; on peut le savoir en les mesurant, à condition que les mesures soient les mêmes et soient exprimées avec la même unité: J et L avec l'unité b, M et P avec l'unité c.

Cette synthèse pourra être recopiée dans le cahier-mémoire.

Dans un deuxième temps, il est intéressant de poser les problèmes suivants:
1) Comparer les unités c et b: l'unité c a une aire plus petite que celle de b, cela est visible par superposition.
2) Aire de T = $\frac{5}{4}$ b et aire de U = $\frac{5}{4}$ c, peut-on, tout de même, comparer les aires de T et U ?

On peut répondre affirmativement en remarquant que: « $\frac{5}{4}$ de c est forcément plus petit que $\frac{5}{4}$ de b, donc l'aire de U est plus petite que l'aire de T. »

On peut valider ce résultat par superposition des deux surfaces.

Bilan: deux surfaces non-superposables peuvent avoir la même mesure de l'aire (T et U), mais comme elles sont mesurées avec des unités différentes, les aires ne sont pas les mêmes; la surface qui a la plus grande aire est celle qui est mesurée avec la plus grande unité.

▪ Fractions et décimaux

Objectifs du module

Les situations de ce module visent à introduire les fractions simples dans un contexte de mesure puis les fractions décimales et les écritures décimales. Plus précisément, les élèves seront amenés à :

- Construire un premier ensemble de fractions élémentaires et des écritures additives pour exprimer des mesures de longueurs obtenues en reportant une bande unité.
- Utiliser les notations et le vocabulaire associé.
- Concevoir qu'une mesure peut s'exprimer de différentes façons et établir ainsi des équivalences entre fractions et des décompositions faisant apparaître la partie entière.
- Rechercher les résultats d'additions simples portant sur des écritures fractionnaires.
- Utiliser des fractions et des écritures additives fractionnaires pour situer des points sur une demi-droite graduée et pour exprimer des distances.
- Donner du sens aux mots dixième, centième, millième et aux écritures $\frac{1}{10}$; $\frac{1}{100}$; $\frac{1}{1000}$; 0,1 ; 0,01 ; 0,001.

- Donner du sens aux fractions décimales et aux écritures à virgule.
- Connaître différentes désignations orales, différentes écritures fractionnaires, différentes écritures à virgule des décimaux et savoir passer d'une désignation à l'autre.
- Comparer des nombres décimaux.
- Calculer des sommes et des différences de nombres décimaux, des produits d'un nombre décimal par un entier inférieur à dix en s'appuyant sur la signification fractionnaire des décimales.

Activités

1. Bande unité (période 2)

> DESCRIPTION RAPIDE

Dans les deux premières phases, les enfants vont devoir trouver et exprimer la longueur de segments à l'aide de fractions d'une unité de longueur u matérialisée par une bande de papier. Les fractions et la notation fractionnaire seront introduites pour formuler les démarches et les résultats des mesurages de la façon suivante : si l'on peut reporter exactement deux fois la bande unité et une moitié de la bande unité sur un segment [AB][5], nous traduirons le résultat du mesurage en écrivant l'égalité $AB = 2\text{ u} + \frac{1}{2}\text{ u}$ et en disant que la longueur du segment [AB] est égale à deux unités plus une demi-unité[6].
Dans la troisième phase, les enfants devront comparer des longueurs exprimées sous la forme précédente.
Dans la quatrième phase, ils devront reconnaître et produire plusieurs écritures pour une même longueur.

> OBJECTIFS SPÉCIFIQUES

– Utiliser des fractions élémentaires et des écritures additives telles que : $\frac{1}{2}$; $\frac{1}{4}$; $\frac{1}{8}$; $\frac{3}{8}$; $\frac{5}{8}$; $\frac{4}{4}$; $2+\frac{3}{4}$; $3+\frac{1}{8}$; etc. pour exprimer des mesures de longueurs obtenues en reportant une bande unité.
– Utiliser les notations et le vocabulaire associé.
– Concevoir qu'une mesure peut s'exprimer de différentes façons et établir ainsi :
des équivalences entre fractions : $\frac{3}{4} = \frac{6}{8}$;
des décompositions faisant apparaître la partie entière : $\frac{7}{4} = 1 + \frac{3}{4}$;
des résultats d'additions simples : $1 + \frac{5}{2} = \frac{7}{2}$, $\frac{1}{2} + \frac{1}{4} = \frac{3}{4}$.

> PROCÉDURES SOUHAITÉES

– Pliages successifs et reports d'une bande unité pour mesurer des segments, pour construire des segments de longueurs données.
– Utilisation des fractions et des écritures fractionnaires pour communiquer les démarches et les résultats.
– Mobilisation de représentations mentales pour comparer et transformer des désignations et des écritures fractionnaires en leur donnant du sens.

---

5. Rappels : [AB] désigne le segment d'extrémités A et B, AB désigne, selon le contexte, sa longueur ou la mesure de cette longueur, c'est-à-dire une grandeur ou un nombre.
6. On pourrait aussi écrire l'égalité $AB = 2 + \frac{1}{2}$ et dire que la mesure de la longueur AB est deux plus un demi.

> VARIABLES DIDACTIQUES

– Les fractions travaillées : les dénominateurs seront toujours égaux à 2, 4 ou 8, les numérateurs seront inférieurs ou supérieurs aux dénominateurs.
– Les longueurs à mesurer : elles peuvent toujours s'exprimer à l'aide des fractions précédentes.
– Les écritures fractionnaires données aux élèves dans les activités de comparaison et de construction : certaines favorisent des décompositions additives faisant apparaître les parties entières, d'autres des transformations de fractions en fractions équivalentes.

> MATÉRIEL

Pour les trois phases, on utilisera des bandes unité de longueur 10 cm que l'on découpera dans du papier courant (80 g/m²) pour que le pliage en 8 soit aisé.

DÉROULEMENT

Première phase
Utilisation de fractions de l'unité pour exprimer la longueur d'un segment

Étape 1 : Mesurage d'un segment à l'aide d'une bande et écriture d'un message

Il s'agit d'une activité de communication.

Les élèves peuvent travailler seuls ou à deux. Le travail à deux favorise les échanges et facilite la mise en commun en réduisant le nombre de messages à examiner.

> MATÉRIEL

– Pour chaque élève ou chaque groupe de deux élèves : une bande unité de 10 cm sur 1 cm, une feuille n° 1, une feuille n° 2, une feuille n° 3 (voir page suivante).
En cas de reproduction d'originaux des feuilles n° 1 et n° 3 avec une photocopieuse, il faut s'assurer que les longueurs sont respectées lors de la reproduction. Si ce n'est pas le cas, le plus simple est de modifier légèrement la longueur de la bande unité, afin que les mesures obtenues par report de cette bande soient bien celles données dans le tableau ci-dessous.

Segment	Mesure avec l'unité u	Mesure en cm
[AB] et (2)	2 + 1/2	25
[CD] et (5)	1 + 3/4	17,5
[EF] et (6)	2 + 1/8	21,25
(1)	1 + 1/4	12,5
(3)	1 + 5/8	16,25
(4)	2 + 3/8	23,75

Prénom : Feuille n° 1

Segment de la feuille n° 3 trouvé par le récepteur :
Est-ce le bon segment ?

Prénom : Feuille n° 1

Segment de la feuille n° 3 trouvé par le récepteur :
Est-ce le bon segment ?

Prénom : Feuille n° 1

Segment de la feuille n° 3 trouvé par le récepteur :
Est-ce le bon segment ?

Prénom de l'émetteur : Feuille n°2
Message :

Prénom du récepteur :
Segment de la feuille n° 3 correspondant au message :
Remarques :

Prénom : Feuille n° 3

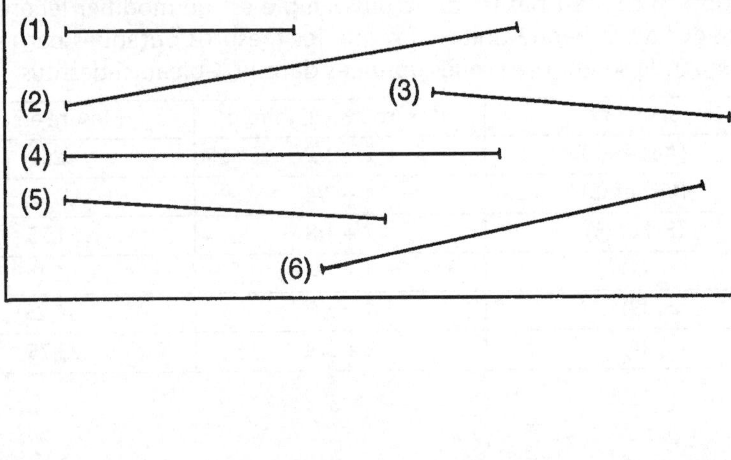

– Pour le maître : une bande unité de 40 cm et les segments des feuilles n° 1 et n° 3 reproduits à l'échelle 4.

Les élèves disposent de la bande unité et des feuilles n° 1 et n° 2, les règles graduées sont rangées. Tous les élèves ne reçoivent pas la même feuille n° 1. Certaines contiennent [AB], d'autres [CD], d'autres [EF].
Le maître montre la feuille n° 3, il explique que sur cette feuille se trouve un segment de la même longueur que celui qui figure sur la feuille n° 1 de chacun et il donne la consigne.

Consigne : « Sur la feuille n° 2, vous devez écrire un message qui permettra à ceux qui le recevront de trouver sur la feuille n° 3 le segment qui a même longueur que le vôtre. Vous ne pouvez pas mesurer votre segment avec le double décimètre mais vous pouvez utiliser la bande comme unité de longueur et l'appeler bande unité. »

On souhaite que les élèves mesurent leur segment en reportant la bande unité et que, pour obtenir suffisamment de précision, ils pensent à la plier en deux puis éventuellement à la replier en deux et encore en deux. On s'attend à ce que les mots moitié, demi, quart soient utilisés dans certains messages pour exprimer la démarche ou le résultat et à ce que les difficultés, les échecs, les erreurs, les ambiguïtés mettent en évidence l'intérêt des pliages, des fractions et des notations correspondantes.

Étape 2 : Réception des messages

Les élèves deviennent récepteurs. Les feuilles n° 2 sont échangées, puis les feuilles n° 3 sont distribuées. Si cela est possible, les élèves identifient le segment de la feuille n° 3 correspondant au message reçu. Si cela est impossible ou lorsqu'ils ont terminé, ils écrivent leurs remarques concernant le message.

Un certain nombre d'enfants procèdent en reportant la bande sur le segment et pensent à plier la bande pour terminer :

Nom de l'émetteur : Laure.

Message. Mon segment mesure 2 bandes unités + une demie bande.

Nom du récepteur : Zaïnab

Segment de la feuille n° 3 correspondant au message : 2

Remarques : Tes bien préci.

Certains enfants reportent la bande dans le sens de la longueur mais aussi dans le sens de la largeur, d'autres ne pensent pas à la replier.

Nom de l'émetteur : Victoire

Message : J'ai pris la bande-unité, j'ai trouvé la moitié. J'ai replié pour trouvé le car de la bande. Ensuite j'ai pris la moitié je l'ai possé sur le segement sa doit faire 3 moitié et un car.

Nom du récepteur : Virginie

Segment de la feuille n° 3 correspondant au message : C'est le n° 5

Remarques :

Le message est très claire

Nom de l'émetteur : Adeline

Message : J'ai plié ma bande unité en deux puis en quatre. Mon segment mesure 7 quarts de bande-unité

Nom du récepteur : Myriam

Segment de la feuille n° 3 correspondant au message : 5

Remarques :

Nom de l'émetteur : Virginie   Feuille n° 2

Message : Aide toi de la bande et fait un trait. & Au bout de deux fois rajoute la distance ci-dessous (A, B)

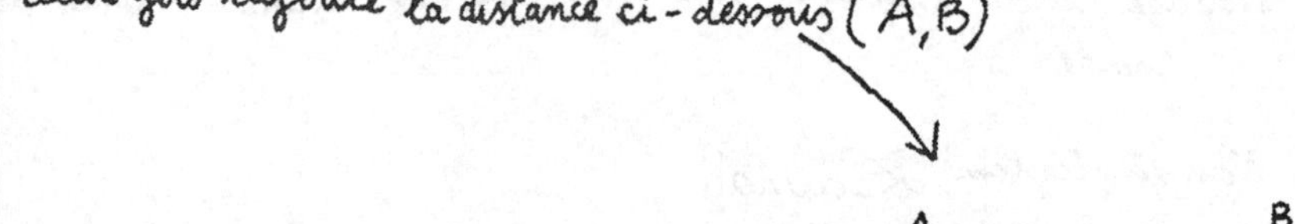

Nom du récepteur : Victoire

Segment de la feuille n° 3 correspondant au message : segment 2

Remarques : C'est très très clair

Quelques enfants ne savent pas comment utiliser la bande unité, ils se ramènent comme ils peuvent aux unités usuelles :

Nom de l'emetteur : Zaïnab Message · Mon segment mesure 2 bandes + un mini morceau.
Nom du récepteur : Laure. Segment de la feuille n° 3 correspondant au message : (6) Remarques : Je n'avais pas compris le mini morceau.

Nom de l'émetteur : Myriam Feuille n° 2 Message : Mon segment fait 2 fois la bande + un écart ressemblant beaucoup à la taille d'un mètre (1 à 2) sur une règle.
Nom du récepteur : Adeline Segment de la feuille n° 3 correspondant au message : n° 6 Remarques : Ce n'est pas un mètre, c'est un centimètre et la bande s'apelle s'appelle une bande-unité.

Étape 3 : Vérification

Les élèves récupèrent leur feuille n° 2 et complètent leur feuille n° 1 en vérifiant si leur message a permis aux récepteurs de trouver le bon segment.

Étape 4 : Mise en commun

Le maître recense les messages obtenus pour le segment [AB] et il écrit, à côté des mesures, les segments trouvés par les récepteurs.

Les auteurs des messages viennent expliciter leur démarche avec le matériel agrandi. Le mot demi est utilisé pour désigner les fractions de bande obtenues par pliage en deux et les écritures fractionnaires sont introduites pour reformuler les résultats.

Dans la classe évoquée ci-dessus, on a écrit $AB = 2u + \frac{1}{2}u$ et $AB = \frac{5}{2}u$ et on a formulé la relation « dans une unité il y a deux demi-unités ».

On vérifie avec le matériel collectif et le matériel individuel que le segment (2) a même longueur que le segment [AB] en le mesurant avec la bande et en procédant par superposition.

Les erreurs et les causes d'échec sont analysées.

On procède de la même façon pour les segments [CD] et [EF].

Dans la même classe, on a écrit CD = $\frac{7}{4}$u; CD = 1u + $\frac{3}{4}$u; CD = $\frac{3}{2}$u + $\frac{1}{4}$u; EF = 2u + $\frac{1}{8}$u. Un élève a expliqué que la moitié d'un demi est un quart.

Si des écritures soustractives apparaissent, elles sont également retenues. Par exemple :

CD = 2u − $\frac{1}{4}$u.

À l'issue de cette activité on pourra conserver une trace écrite sous forme d'un affichage collectif et en faisant coller dans les cahiers des bandes avec des remarques comme ci-dessous.

1 unité

$\frac{1}{2}$	$\frac{1}{2}$

$\frac{1}{4}$	$\frac{1}{4}$	$\frac{1}{4}$	$\frac{1}{4}$

$\frac{1}{8}$	$\frac{1}{8}$	$\frac{1}{8}$	$\frac{1}{8}$	$\frac{1}{8}$	$\frac{1}{8}$	$\frac{1}{8}$	$\frac{1}{8}$

Dans une unité, il y a 2 demis, il y a 4 quarts, il y a 8 huitièmes.

Dans un demi, il y a 2 quarts, il y a 4 huitièmes.

Dans un quart, il y a 2 huitièmes.

Deuxième phase
Utilisation des fractions pour mesurer et construire des segments

Étape 1 : Entraînement à la mesure

Le travail est individuel. Le but est de réinvestir et de consolider les notions, le vocabulaire et les notations introduits lors de la phase précédente. Les enfants doivent mesurer tous les segments de la feuille n° 3 en utilisant la bande unité et écrire leurs résultats à côté ou au-dessus des segments en respectant les notations précédemment introduites.

Dans une classe, nous avons obtenu pour le segment (1) :

1u + $\frac{1}{4}$u (16 fois) ; 1u + $\frac{2}{8}$u (2 fois) ; 1u + $\frac{1}{2}$u (1 fois) ; 1u + $\frac{2}{4}$u (1 fois) ; 1u + $\frac{3}{4}$u (2 fois) ; 1u + $\frac{1}{8}$u (2 fois) ; 1u (1 fois).

Le maître écrit au tableau les résultats obtenus pour un segment.

Ces résultats sont vérifiés individuellement par chacun, puis collectivement. Cette vérification permet d'expliciter les erreurs, de mettre en évidence et de justifier plusieurs écritures pour une même longueur.

Exemple : $1u + \frac{1}{4}u = 1u + \frac{2}{8}u$ car dans un quart il y a deux huitièmes.

Étape 2 : Construction de segments de longueur donnée

Le travail est individuel, chacun a sa bande unité.

Les longueurs données sont choisies de manière à favoriser des décompositions $\left(\frac{5}{2} = 2 + \frac{1}{2}\right)$ et des transformations $\left(\frac{2}{4} = \frac{1}{2}\right)$.

Les élèves reçoivent une feuille avec une demi-droite d'origine O.

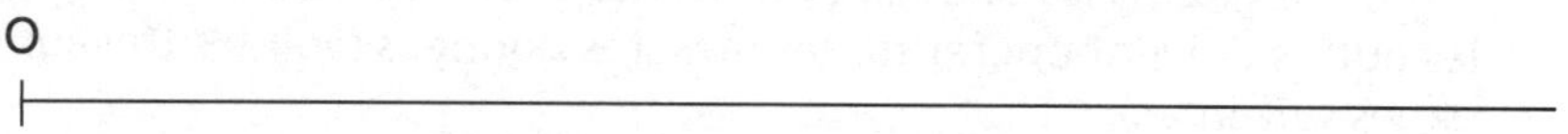

Ils doivent y placer les points A, B et C tels que :

$OA = 1u + \frac{5}{4}u$; $OB = 2u + \frac{2}{4}u$; $OC = \frac{5}{2}u + \frac{1}{8}u$

Pour placer A, certains reportent une fois la bande et cinq fois un quart de bande, d'autres reportent deux fois la bande et une fois un quart.

Pour placer B et C, quelques élèves ne repartent pas de l'origine, ils placent B un quart après A et C un huitième après B.

Les différentes procédures sont explicitées et des égalités sont formulées et justifiées en plaçant les points avec la bande de 40 cm sur une demi-droite tracée au tableau.

Exemple : $1u + \frac{5}{4}u = 2u + \frac{1}{4}u$ car dans une unité il y a quatre quarts, donc cinq quarts c'est une unité et un quart.

Dans un second temps, le maître remet à chacun une feuille avec la même demi-droite sur laquelle les points A, B et C sont correctement placés.

Les élèves vérifient si leurs points étaient bien placés, puis ils cherchent les longueurs AB, BC, AC.

Ils peuvent opérer sur les mesures données ou utiliser les points correctement placés pour mesurer les longueurs avec leur bande.

Troisième phase
Comparaison de longueurs

Dans cette phase, les élèves travaillent par deux. Ils ne disposent pas de bande unité car on souhaite qu'ils opèrent sur les écritures en se représentant mentalement les fractions données.

Consigne : « Avec la bande unité, j'ai mesuré 6 segments. J'ai trouvé :

$OA = 1u + \frac{5}{2}u$ $OB = \frac{7}{2}u$ $OC = 2u + \frac{1}{2}u + \frac{1}{4}u$

$OD = \frac{10}{4}u$ $OE = 2u + \frac{7}{8}u$ $OF = 1u + \frac{15}{8}u$

Vous devez chercher le segment le plus court, le segment le plus long, dire s'il y a des segments de même longueur. »

En cas de difficulté importante, on pourra fournir à certains élèves une bande unité de 10 cm et les inviter à placer les points A, B, C, D, E et F sur une demi-droite d'origine O.
Ces élèves peuvent procéder de cette façon ou bien construire les différentes longueurs les unes en dessous des autres à l'aide de leur bande, mais les autres doivent opérer sur les mesures données (voir les travaux d'élèves pages suivantes).

Lors de la mise en commun, après avoir recensé, explicité et discuté les différentes réponses, la validation se fera en plaçant les points sur une demi-droite tracée au tableau. Les égalités utilisées par les enfants seront notées ainsi que les arguments utilisés.

Exemples :

$1u + \frac{5}{2}u = \frac{7}{2}u$ car $1u = \frac{2}{2}u$, dans une unité il y a deux demis ;

$1u + \frac{5}{2}u = 3u + \frac{1}{2}u$ car $\frac{5}{2}u = 2u + \frac{1}{2}u$;

$\frac{7}{2}u = 3u + \frac{1}{2}u$ car $\frac{6}{2}u = 3u$; etc.

Quatrième phase
Production de plusieurs écritures pour une même longueur

Comme dans la phase précédente, les recherches se font sans matériel afin de favoriser les représentations mentales.

Activité 1

Voici des écritures :

$\frac{4}{8}$; $\frac{5}{2}$; $\frac{1}{2}$; $\frac{14}{8}$; $\frac{10}{4}$; $\frac{7}{4}$; $2 + \frac{1}{2}$; $1 + \frac{6}{8}$

Lesquelles désignent la même longueur ?

La recherche se fait à deux sans matériel. Les élèves sont informés que la validation sera faite par construction effective de segments.
Le maître recense les égalités. Pour chacune d'elles, il relève le nombre d'accords et de désaccords et il fait expliciter les arguments.

Exemples :

$\frac{10}{4} = 2 + \frac{1}{4}$ car dans une unité il y a quatre quarts et dans un demi il y a deux quarts.

$\frac{10}{4} = \frac{5}{2}$ car dans un demi il y a deux quarts.

La validation se fait ensuite en construisant des segments au tableau à l'aide d'une bande unité.

Activité 2

Pour chacune des mesures données, trouvez d'autres écritures et justifiez les égalités trouvées :

$\frac{18}{8}$

$3 + \frac{1}{4}$

La recherche et la mise en commun se déroulent comme précédemment. On peut obtenir :

$\frac{18}{8} = 2 + \frac{2}{8}$ car dans une unité il y a huit huitièmes ;

ou $\frac{18}{8} = 2 + \frac{1}{4}$;

ou encore $\frac{18}{8} = 1 + \frac{10}{8}$; etc.

$3 + \frac{1}{4} = \frac{13}{4}$ car dans trois unités il y a 12 quarts ;

ou $3 + \frac{1}{4} = 2 + \frac{5}{4}$; etc.

Activité 3

Pour chacune des mesures données, trouvez au moins deux autres écritures et justifiez les égalités trouvées :

$\frac{10}{4} = \ldots$

$\frac{8}{3} - \;.$

$\frac{24}{5} = \ldots$

Le déroulement est le même. En proposant des tiers et des cinquièmes, on souhaite voir si les enfants sont capables de transférer ce qui a été fait avec les demis, les quarts et les huitièmes.

On peut par exemple obtenir $\frac{8}{3} = 2 + \frac{2}{3}$ et $\frac{8}{3} = 3 - \frac{1}{3}$.

Activité d'accompagnement

Des recherches d'écritures comme les précédentes, des questions du type « Combien de quarts dans cinq demis ? », « Combien d'unités dans quinze quarts ? » peuvent être proposées oralement lors de courtes séquences. Afin de favoriser les représentations mentales, on fait travailler les enfants sans matériel mais les réponses et les arguments sont ensuite validés avec la bande unité.

Productions d'élèves

– *Troisième phase*

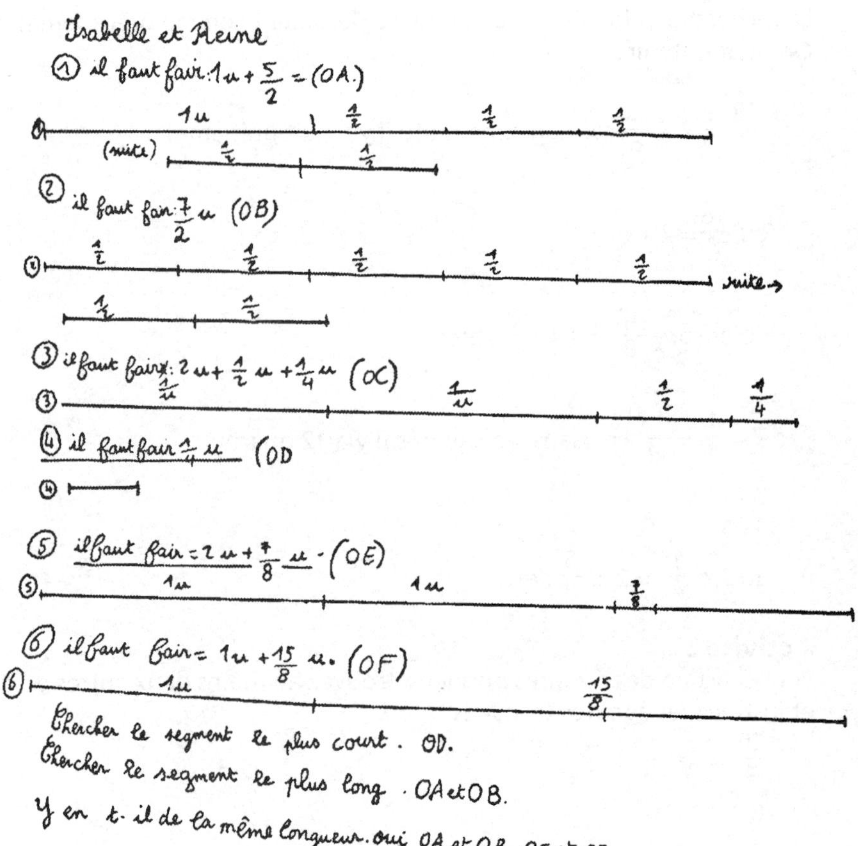

– *Quatrième phase*

Laure, Emilie et Lucie

$OA = 1u + \frac{5}{2}u = 3u + \frac{1}{2}u =$

$OB = \frac{7}{2}u = 3u + \frac{1}{2}u$

$OC = 2u + \frac{1}{2}u + \frac{1}{4}u = 2u + \frac{3}{4}u$

$OD = \frac{10}{4} = 2u + \frac{1}{2}u$

$OE = 2u + \frac{7}{8}u = 2u + \frac{3}{4}u + \frac{1}{8}u$

$OF = 1u + \frac{15}{8}u = 2u + \frac{7}{8}u = 2u + \frac{3}{4}u + \frac{1}{8}u$

égaliter : OA et OB | OE et OF

plus petit : OC

plus grand : OA et OB

Raphaël et Claire

$OA = 1u + \frac{5}{2}u = 3u + \frac{1}{2}u = \frac{7}{2}u$

$OB = \frac{7}{2}u = 3u + \frac{1}{2}u = 1u + \frac{5}{2}u$

$OC = 2u + \frac{1}{2}u + \frac{1}{4}u = 2u\frac{6}{2}$

$OD = 2u + \frac{1}{2} = \frac{10}{4}u$

$OE = 2u + \frac{7}{8} = 1u + \frac{15}{8}$

$OF = 1u + \frac{15}{8}u = 2u + \frac{7}{8}$

Le segment le plus court est le [OD]

Le segment le plus long est le [OA:OB]

Oui il y en a de la même longueur : [OA:OB] [OE:OF].

Jeanne
Nicolas

$OA = 1u + \frac{5}{2}u = 3u + \frac{1}{2}u = \frac{7}{2}u$ } égaux

$OB = \frac{7}{2}u = 3u + \frac{1}{2}u = 1u + \frac{5}{2}u$

$OC = 2u + \frac{1}{2}u + \frac{1}{4}u = 2u + \frac{3}{4}u = \frac{5}{2}u + \frac{1}{4}u$ plus long

$OD = \frac{10u}{4} = 2u + \frac{1}{2}u = 2u + \frac{2}{4}u$ plus court

$OE = 2u + \frac{7}{8}u = (\frac{23}{8}u$

$OF = 1u + \frac{15}{8}u = \frac{22}{8}u = 2u + \frac{7}{8}u$ } égaux

2. Droite graduée 1 (période 3)

> DESCRIPTION RAPIDE

Les enfants vont travailler sur des demi-droites graduées, ils devront :
- associer un nombre à certains points de la graduation. Le nombre associé à un point est son abscisse, c'est-à-dire la distance de ce point à l'origine ;
- placer les points correspondant à des nombres donnés ;
- trouver la distance séparant certains points de la graduation.

> OBJECTIFS SPÉCIFIQUES

- Utiliser des fractions et des écritures additives pour situer des points sur une demi-droite graduée et pour exprimer des distances.
- Concevoir qu'une position ou une distance peut s'exprimer de différentes façons et établir ainsi des égalités et des décompositions :

$\frac{1}{2} = \frac{5}{10}$; $\frac{4}{6} = \frac{2}{3}$; $\frac{12}{10} = 1 + \frac{2}{10}$; $\frac{25}{10} = 2 + \frac{5}{10}$;

$\frac{10}{5} = 2$; $3 = \frac{30}{10}$; $\frac{29}{10} = 2 + \frac{9}{10} = 3 - \frac{1}{10}$; etc.

- Prendre conscience du fait que la moitié de $\frac{1}{5}$ est $\frac{1}{10}$, que $\frac{1}{6}$ est la moitié de $\frac{1}{3}$, que le double de $\frac{1}{3}$ n'est pas $\frac{1}{6}$ et que la moitié de $\frac{1}{10}$ n'est pas $\frac{1}{5}$.

> MATÉRIEL

- Pour chaque élève, une feuille 21 x 29,7 prise dans le sens de la longueur avec trois demi-droites graduées, l'une en tiers, l'autre en cinquièmes, la dernière en dixièmes. Pour l'unité, on peut prendre 7,5 cm.

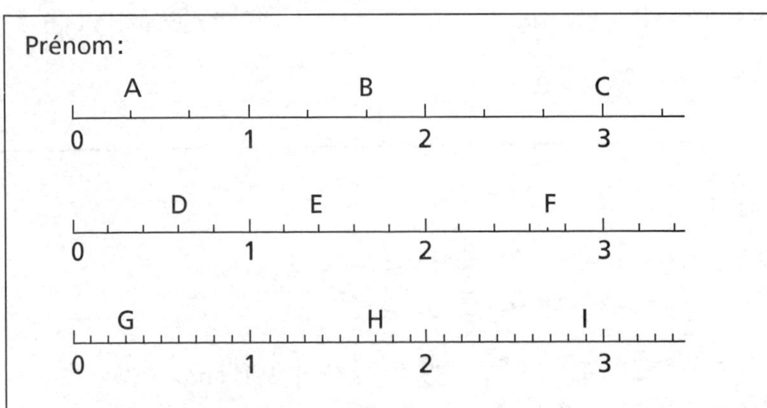

- Pour les phases de travail collectif : une reproduction de cette feuille à l'échelle 4 et des bandes de papier de longueurs différentes, l'une d'entre elles étant la bande unité de 30 cm correspondant à l'unité sur les demi-droites agrandies.

> PROCÉDURES ATTENDUES

Pour trouver l'abscisse d'un point d'une graduation :
– exprimer la distance séparant les traits consécutifs de la graduation ;
– exprimer la distance du point à l'origine à l'aide d'une seule fraction ou à l'aide d'une écriture additive. Pour B par exemple, on souhaite obtenir :

$\frac{5}{3}$, $1 + \frac{2}{3}$, $2 - \frac{1}{3}$.

Pour trouver un point d'abscisse donnée :
– avancer à partir de l'origine d'un nombre d'intervalles égal au numérateur de la fraction ;
– trouver la partie entière de la fraction et avancer à partir de cet entier.

Pour trouver la distance de deux nombres ou de deux points dont on connaît les abscisses :
– se ramener à un problème de mesurage de longueur en cherchant la distance sur la graduation sans utiliser les deux nombres donnés ;
– calculer la distance en opérant sur les deux nombres.

> VARIABLES DIDACTIQUES

– La nature des graduations : nous avons choisi des graduations en tiers, en cinquièmes et en dixièmes.
– La position des points : ils peuvent coïncider ou non avec des traits de la graduation.
– La présence ou non d'une graduation pour les recherches de distance.
– La nature des écritures fractionnaires données aux élèves.

DÉROULEMENT

Étape 1 : Présentation

Le maître affiche le matériel collectif, il distribue les feuilles et les fait comparer à ce qui est au tableau.
Il explique que l'on a gradué les demi-droites en reportant une bande unité.
Il fait chercher parmi les bandes affichées la bande unité utilisée pour graduer les demi-droites du tableau. La vérification se fait en reportant cette bande sur les demi-droites.
On précise que le trait 1 est situé à une unité du trait 0, le trait 0 s'appelle l'origine de la graduation, le trait 2 est situé à deux unités de l'origine.

Étape 2 : Associer un nombre à un point

Les enfants travaillent individuellement sur leur feuille.

Recherche 1	Quelles fractions correspondent aux points A, B et C ?
Recherche 2	Quelles fractions correspondent aux points D, E et F ?
Recherche 3	Quelles fractions correspondent aux points G, H et I ?

Chaque recherche est suivie d'une mise en commun. Les élèves les plus rapides sont invités à trouver plusieurs fractions ou plusieurs écritures des fractions trouvées. Les différentes réponses sont recensées, explicitées et discutées. La validation se fait par pliages et reports de la bande unité.
Lorsque plusieurs écritures de l'abscisse ont été validées, on les fait placer sous le point correspondant et on fait écrire les égalités.
Sous B, on écrira par exemple $\frac{5}{3}$; $1+\frac{2}{3}$; $2-\frac{1}{3}$.

La discussion sur le point F fera ressortir que $\frac{1}{5} = \frac{2}{10}$, c'est-à-dire que la moitié d'un cinquième est un dixième, que $2+\frac{3}{5}+\frac{1}{10} = 2+\frac{7}{10} = \frac{27}{10}$.

Exemples d'écritures correctes obtenues:

- pour F: $\frac{13,5}{5}$; $\frac{27}{10}$; $2+\frac{3}{5}+\frac{1}{10}$; $3-\frac{1}{5}-\frac{1}{10}$; $\frac{13}{5}+\frac{1}{10}$;
- pour I: $\frac{29}{10}$; $2+\frac{9}{10}$; $3-\frac{1}{10}$; $2+\frac{1}{2}+\frac{4}{10}$.

Exemples d'erreurs:

- pour A: $\frac{3}{1}$; pour G: $\frac{5}{10}$ (l'élève a compté les traits)

Étape 3: Associer un point à un nombre

Les enfants travaillent individuellement sur leur feuille, la mise en commun conduite comme dans l'étape 2 se fait lorsque les trois points sont placés.

Consigne: « Placez chacun des points sur la graduation où cela vous paraît le plus facile:

J correspond à $\frac{3}{2}$

K correspond à $1+\frac{4}{6}$

L correspond à $\frac{13}{5}$ »

J se place facilement sur la troisième bande et cela conduit aux égalités $\frac{3}{2} = \frac{15}{10}$ et $\frac{1}{2} = \frac{5}{10}$.

K se place facilement sur la première bande si l'on réalise qu'un sixième est la moitié d'un tiers. Si aucun élève ne place L sur la troisième bande, on l'y fera placer afin d'établir les relations entre cinquième et dixième.

Beaucoup d'enfants placent J sur la première graduation, au milieu des traits 1 et 2.
La très grande majorité des enfants place L sur la deuxième graduation.

Exemples d'erreurs:

- J placé à environ $\frac{2}{3}$ de OA à partir de O, c'est-à-dire en $\frac{2}{9}$, J placé en $\frac{2}{3}$;
- L placé en $1+\frac{3}{5}$.

Autres exemples :

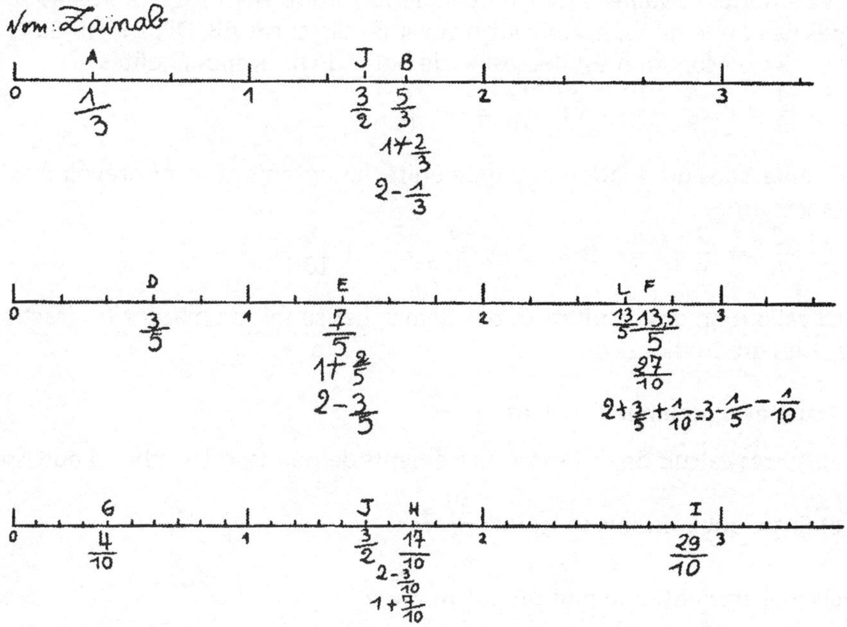

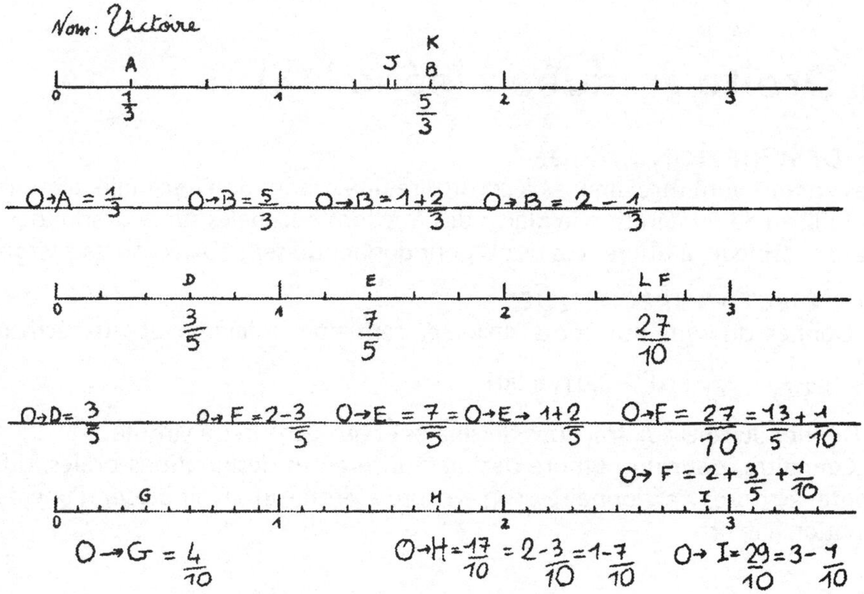

THÈME 5

Étape 4: Trouver la distance entre deux points

Les enfants travaillent individuellement. Ils disposent de leur feuille mais pas de bande unité, ils doivent trouver les distances AB, DE, DF, HI, GI.

La mise en commun est l'occasion de noter de nouvelles égalités:

$$\frac{4}{3} = 1 + \frac{1}{3}; \; \frac{10}{5} = 2; \; \frac{12}{10} = 1 + \frac{2}{10}.$$

Ensuite, sans graduation ni bande unité, les enfants doivent prévoir les distances entre:

$$\frac{3}{4} \text{ et } \frac{7}{4}; \; \frac{4}{3} \text{ et } 2; \; 2 \text{ et } \frac{34}{10}; \; \frac{3}{5} \text{ et } \frac{18}{10}.$$

La validation des résultats et des démarches se fait en plaçant les fractions sur les graduations.

Activités d'accompagnement

a) Autres calculs de distances, placements de points, recherches d'abscisses.

b) Entre quels entiers se trouve $\frac{17}{5}$?

c) Quel est l'entier le plus proche de $\frac{27}{10}$?

d) La moitié d'un demi, d'un tiers, d'un quart, d'un cinquième, d'un dixième.
e) Le double d'un demi, d'un tiers, d'un quart, d'un cinquième, d'un dixième.

3. Droite graduée 2 (période 3)

> DESCRIPTION RAPIDE

Les enfants vont être amenés à construire une graduation décimale, à étendre le tableau de numération, à placer des fractions décimales sur la graduation et dans le tableau, à utiliser ces outils pour donner du sens aux écritures à virgule.

> OBJECTIFS SPÉCIFIQUES

– Donner du sens aux mots dixième, centième, millième et aux écritures $\frac{1}{10}$; $\frac{1}{100}$; $\frac{1}{1000}$; 0,1; 0,01; 0,001.

– Donner du sens aux fractions décimales et aux écritures à virgule.

– Connaître, pour un nombre décimal, différentes désignations orales, différentes écritures fractionnaires, son écriture à virgule et savoir passer d'une désignation à l'autre.

> MATÉRIEL

Pour chaque équipe de deux enfants :

– 8 bandes identiques de 26 cm sur 2,5 cm comportant une languette d'assemblage de 1 cm sur 2,5 cm et un segment de 25 cm gradué de 5 mm en 5 mm (ces dimensions ne sont pas connues des enfants) ;

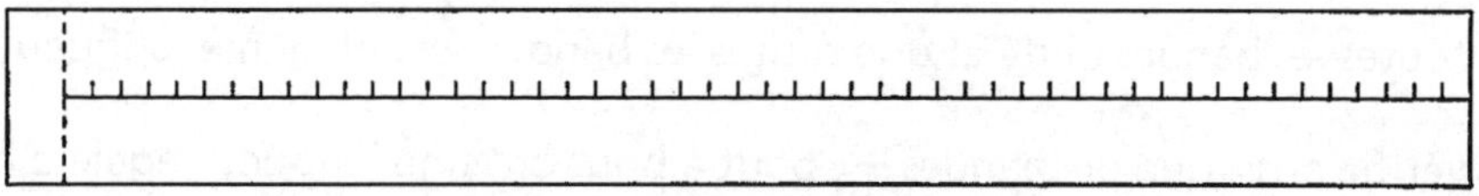

– de la colle pour assembler ces huit bandes et des ciseaux ;
– une bande d'environ 70 cm sur 2,5 cm découpée dans du papier uni.

DÉROULEMENT

■ Première phase
Construction de l'unité à partir du centième de l'unité

> OBJECTIFS

– Donner du sens au mot centième et établir les relations mutuelles entre unité, dixième et centième.
– Faire construire par les enfants le matériel utilisé dans les phases suivantes.

Par deux, les enfants fabriquent une grande bande en collant bout à bout les huit bandes identiques grâce aux languettes. Puis le maître fournit à chaque équipe de deux enfants une bande de 70 cm sur 2,5 cm découpée dans du papier uni.

Consigne : « Sur la grande bande que vous avez fabriquée, les traits de la graduation sont espacés d'un centième de l'unité (le maître écrit au tableau $\frac{1}{100}$).

Dans la bande de papier uni, vous allez découper une bande de longueur égale à l'unité et une bande de longueur égale à un dixième de l'unité. »

La majorité des enfants commence par construire la bande unité en comptant cent intervalles de un en un ou de dix en dix. Pour fabriquer la bande $\frac{1}{10}$, certains essaient de plier en dix la bande unité, d'autres comptent dix intervalles.

Le centième de l'unité étant égal à 5 mm, on doit obtenir des bandes de 50 cm et 5 cm. Les différentes procédures utilisées par les enfants sont recensées.
Les relations entre le centième et l'unité, entre le centième et le dixième sont formulées et les égalités $1 = \frac{100}{100}$ et $\frac{1}{10} = \frac{10}{100}$ sont notées, ainsi que $1 = \frac{10}{10}$.

L'appui sur l'oral est important (« une unité est composée de cent centièmes, de dix dixièmes... ») pour introduire facilement des écritures multiplicatives telles que $1 = 100 \times \frac{1}{100} = 10 \times \frac{1}{10}$.

En affichant les bandes les unes en dessous des autres, on s'assure que toutes les bandes unité et que toutes les bandes $\frac{1}{10}$ ont même longueur. On vérifie aussi que dix bandes $\frac{1}{10}$ bout à bout ont une longueur égale à celle de la bande unité. Les élèves dont les bandes n'ont pas la longueur voulue en refont d'autres.
On écrit 1 sur la bande unité et $\frac{1}{10}$ sur la bande $\frac{1}{10}$.

Deuxième phase
Placer des fractions décimales sur une graduation

Les millièmes sont introduits et les fractions décimales sont décomposées, afin de rendre compte des procédures utilisées pour les placer sur la graduation construite lors de la première phase et, au seul vu de leur écriture, de favoriser les représentations mentales.

Les enfants utilisent les trois bandes fabriquées durant la première phase, ils écrivent au crayon afin de pouvoir corriger les erreurs éventuelles.
En vue des mises en commun, le maître affiche au tableau des bandes identiques à celles des enfants.

Étape 1

Le maître fait écrire la lettre O et le nombre 0 à l'origine de la graduation, puis il demande de placer au crayon les nombres 1, 2, 3.

On note généralement peu d'erreurs, mais certains placent les nombres à la jonction entre les bandes initiales car ils les confondent avec la bande unité.

Des élèves viennent au tableau montrer comment ils ont procédé, les nombres sont placés en reportant la bande unité à partir de l'origine.
Puis le maître demande à combien de dixièmes et de centièmes de l'origine se trouvent les nombres déjà placés et où se trouveraient 4, 10, 23, si on pouvait les placer.

Étape 2

Le maître demande aux enfants de placer (toujours au crayon) sur leur graduation les fractions $\frac{32}{100}$; $\frac{15}{10}$; $\frac{27}{10}$; $\frac{147}{100}$; $\frac{2000}{1000}$.

Chaque placement est suivi d'une mise en commun des réponses et des procédures avec explicitation de celles-ci et discussion sur leur validité.

Pour placer $\frac{32}{100}$, certains comptent 32 intervalles à partir de l'origine, d'autres reportent 3 fois la bande $\frac{1}{10}$ et avancent de 2 intervalles.

Pour placer $\frac{15}{10}$, certains reportent la bande $\frac{1}{10}$ à partir de 0 ou de 1, d'autres vont directement à la jonction des troisième et quatrième bandes initiales.

Pour $\frac{27}{10}$, certains reculent de $\frac{3}{10}$ à partir de 3.

Pour $\frac{147}{100}$, certains avancent de $\frac{47}{100}$ à partir de 1, d'autres partent de 1 et avancent de $\frac{4}{10}$ puis de $\frac{7}{100}$, quelques-uns reculent de $\frac{3}{100}$ à partir de $\frac{15}{10}$.

Des enfants viennent au tableau expliciter comment ils ont procédé. On note au tableau les égalités correspondantes, chaque écriture étant référée à une manière de placer les nombres donnés.

$$\frac{32}{100} = \frac{3}{10} + \frac{2}{100}$$

$$\frac{15}{10} = 1 + \frac{5}{10}\,;\quad \frac{15}{10} = \frac{150}{100}$$

$$\frac{27}{10} = 2 + \frac{7}{10}\,;\quad \frac{27}{10} = 3 - \frac{3}{10}$$

$$\frac{147}{100} = 1 + \frac{4}{10} + \frac{7}{100}\,;\quad \frac{147}{100} = 1 + \frac{47}{100}\,;\quad \frac{147}{100} = \frac{15}{10} - \frac{3}{100}$$

$$\frac{2\,000}{1\,000} = 2$$

Pour rendre possible l'emploi des dixièmes sur la graduation, en évitant reports de bande ou comptages d'intervalles, on demande aux enfants d'allonger légèrement ou de marquer d'une autre couleur les traits correspondant aux dixièmes.

Étape 3

Pour ce travail centré sur les écritures, les demi-droites graduées ne sont donc pas disponibles durant la phase de recherche.

On demande aux enfants de trouver d'autres écritures, dont au moins deux avec le signe +, pour $\frac{32}{100}$; $\frac{223}{100}$; $\frac{3\,037}{1\,000}$.

Lors de la mise en commun, on explicite les écritures faisant apparaître la partie entière et la signification des autres chiffres du numérateur :

$3 + \frac{2}{10}$

$2 + \frac{23}{100}$; $2 + \frac{2}{10} + \frac{3}{100}$

$3 + \frac{37}{1000}$; $3 + \frac{3}{100} + \frac{7}{1000}$

La validation se fait toujours par placement sur la demi-droite graduée. $\frac{3\,037}{1\,000}$ est situé entre deux traits de la graduation, il est intéressant de faire rechercher le trait qui en est le plus proche.

Troisième phase
Introduction des nombres décimaux

Les nombres décimaux sont les nombres qui peuvent s'écrire avec une fraction décimale. Leur écriture à virgule s'obtient en décomposant cette fraction. Inversement, pour donner du sens à une écriture à virgule, pour la lire, on peut la retranscrire à l'aide de fractions décimales.
Ces remarques sont le fil conducteur des étapes suivantes.

Étape 1 : Introduction de l'écriture à virgule

Les enfants reçoivent un tableau de numération incomplet.

1 000 (milliers)	100 (centaines)	10 (dizaines)	1 (unités)

Ils doivent y inscrire les nombres 2 560 ; 108 ; 324 ; 10 345 en plaçant un seul chiffre par colonne. La donnée de 10 345 suggère que le tableau doit être complété par une case supplémentaire à gauche.
Puis on leur demande s'ils peuvent y placer $\frac{120}{10}$, puis $\frac{35}{10}$.

La mise en commun doit conduire à la nécessité de placer le 2 de 120 et le 3 de 35 dans la colonne des unités et à l'impossibilité de placer le 5 de 35 dans les autres colonnes puisque le 5 représente des dixièmes.

On introduit ainsi une colonne pour les dixièmes, on place les deux fractions dans le tableau complété et on leur demande s'ils peuvent y placer $\frac{273}{100}$.

La mise en commun doit conduire à l'impossibilité de placer le 3.
On leur demande comment compléter le tableau de façon à pouvoir y placer des fractions comme $\frac{273}{100}$ en mettant un chiffre par colonne et ce qu'il faut écrire en haut de chaque colonne.
On aboutit par confrontation et discussion des différentes propositions au tableau classique (outil provisoire que l'on n'utilisera pas systématiquement par la suite) dans lequel on place $\frac{273}{100}$.

	1 000 milliers	100 centaines	10 dizaines	1 unités	1/10 dixièmes	1/100 centièmes	1/1 000 millièmes
120/10			1	2	0		
35/10				3	5		
273/100				2	7	3	

Le maître y fait ensuite placer $\frac{147}{10}$, puis il indique aux élèves l'écriture à virgule des nombres placés en l'associant à leur décomposition en fractions décimales:

$$\frac{35}{10} = 3 + \frac{5}{10} = 3{,}5$$

$$\frac{273}{100} = 2 + \frac{7}{10} + \frac{3}{100} = 2{,}73$$

$$\frac{147}{10} = 14 + \frac{7}{10} = 14{,}7$$

Il fait chercher comment ces écritures à virgule peuvent se lire, d'abord en utilisant le mot virgule, ensuite en utilisant les mots unité, dixième, centième, millième : deux unités et soixante-treize centièmes ; deux unités, sept dixièmes et trois centièmes ; deux cent soixante-treize centièmes.

On termine en faisant chercher l'écriture à virgule et différentes lectures de $3 + \frac{21}{100}$; $27 + \frac{6}{100}$; $\frac{2315}{1000}$; $\frac{4}{100}$; $\frac{1}{1000}$; $\frac{407}{100}$.

La validation se fait en décomposant les fractions comme ci-dessus et en les plaçant dans le tableau.
Les lectures avec les mots unité, dixième, centième, millième seront exigées car elles donnent du sens aux nouvelles écritures.

Étape 2 : Donner du sens aux écritures à virgule, lire les décimaux

On demande de placer 2,05 ; 1,803 ; 0,27 ; 3,40 ; 0,1 ; 0,01 dans le tableau et sur la graduation, de les écrire en lettres en utilisant les mots unité, dixième, centième, millième.
Lors de la mise en commun, le problème du zéro terminal sera abordé : $3{,}40 = 3{,}4$ mais $2{,}05 \neq 2{,}5$; $0{,}1 \neq 0{,}01$.

Étape 3 : Écriture à virgule et fractions usuelles

On demande d'écrire avec une virgule $\frac{1}{2}$; $\frac{1}{4}$; $\frac{3}{4}$ et de justifier.

L'objectif n'est pas ici d'assurer une maîtrise de ces écritures, mais de donner l'occasion aux élèves de repérer des erreurs comme $\frac{1}{2} = 1{,}2$.

La validation se fait en plaçant les fractions sur la graduation et en explicitant ainsi les égalités :

$$\frac{1}{2} = \frac{5}{10}\ ;\quad \frac{1}{4} = \frac{25}{100} = \frac{2}{10} + \frac{5}{100}\ ;\quad \frac{3}{4} = \frac{75}{100} = \frac{7}{10} + \frac{5}{100}.$$

Activités d'accompagnement

a) Combien de dixièmes dans 5 unités, d'unités dans 300 centièmes, de centièmes dans 25 dixièmes ?

b) Lire de différentes façons 12,05 ; 0,103 ; 6,25 ; 2,3 ; 1,003.

c) Écrire avec une virgule 5 millièmes ; 25 unités et 3 centièmes ; 50 centièmes.

d) Écrire avec une fraction 0,2 ; 0,5 ; 0,25 ; 0,75 ; 1,5 ; 0,60 ; 3,750.

e) Quel est le nombre entier le plus proche de 3,06 ? de 1,7 ? de 2,059 ?

4. Comparaison de décimaux (période 4)

> DESCRIPTION RAPIDE

Il s'agit du premier travail systématique sur la comparaison des décimaux.
Les enfants vont devoir successivement :
- comparer des nombres décimaux ;
- justifier chaque comparaison en explicitant leurs arguments ;
- évaluer et comparer les arguments produits.

> OBJECTIF SPÉCIFIQUE

Élaborer des procédures de comparaison des nombres décimaux en s'appuyant sur la signification des différents chiffres de leur écriture à virgule.

Il ne s'agit pas de faire utiliser d'emblée les règles de comparaison des décimaux, mais de permettre aux élèves d'effectuer des comparaisons en s'appuyant à la fois sur le sens et sur les images mentales qu'ils ont construits pour les écritures à virgule.

> PROCÉDURES ATTENDUES

Pour comparer des nombres de parties entières différentes

– Situer les deux nombres sur la droite numérique :
3,12 < 5,2 car 3,12 est situé avant 5,2.

– Comparer avec un ou plusieurs entiers intermédiaires :
3,12 < 5,2 car 3,12 < 4 et 5,2 > 5.

– Utiliser l'ordre de grandeur :
3,12 < 5,2 car 3,12 est voisin de 3 et 5,2 est voisin de 5.

Pour comparer des nombres de même partie entière

– Situer les deux nombres sur la droite numérique :
2,4 < 2,8 car 2,4 est situé avant 2,8.

– Comparer avec un nombre intermédiaire :
2,417 < 2,52 car 2,417 < 2,5 et 2,52 > 2,5.

– Utiliser l'ordre de grandeur :
2,11 < 2,9 car 2,11 est voisin de 2 et 2,9 est voisin de 3.

– Mettre les parties décimales sous forme fractionnaire :
$12{,}3 > 12{,}26$ car $12{,}26 = 12 + \frac{26}{100}$ et $12{,}3 = 12 + \frac{3}{10}$ et $\frac{3}{10} = \frac{30}{100}$
12,4 = 12,40 car 4 dixièmes est égal à 40 centièmes.

> VARIABLES DIDACTIQUES

– La taille de l'écart entre les deux nombres à comparer, leur position par rapport aux entiers.
– Pour des nombres de même partie entière : l'égalité ou non du nombre de décimales, la présence ou non de zéros dans les parties décimales, la place des zéros dans les parties décimales.

Première phase

Les enfants remplissent individuellement la feuille n° 1 ci-dessous.

Feuille n° 1

Prénom: Date:

Si tu penses que les deux nombres sont différents, entoure le plus grand.
Si tu penses qu'ils sont égaux, souligne les deux nombres.
Explique pourquoi tu donnes cette réponse dans la case « Explications ».

		Explications
3,12	5,2	
2,4	2,8	
12,4	12,40	
5,37	4,37	
12,3	12,26	
13,01	12,99	
5,3	5,20	

Deuxième phase

Le maître prépare une feuille n° 2 à partir de réponses obtenues pour la comparaison de 3,12 et de 5,2. Il peut éventuellement injecter des arguments non fournis par les élèves et qu'il souhaite faire discuter.

Sur la feuille reproduite page 429, le maître a injecté l'argument n° 7 : « Sur la droite, 3,12 est avant 4 et 5,2 est après 4. » Il s'agit bien sûr de la droite numérique, le mot graduation serait préférable.

Les colonnes comportant des croix, la colonne de remarques et le bas de la feuille ont été remplis par les enfants durant l'étape 3.

Étape 1

Par deux, les enfants remplissent la feuille n° 2. Lorsqu'il y a désaccord, ils doivent expliciter leurs arguments.

Le jugement porte sur la vérité de propositions du type : *x* est plus grand que *y* car…

Le désaccord peut porter sur la comparaison, sur la justification, sur la formulation de la justification.

Ceci est précisé aux élèves.

Noms : Jeanne Adeline Isabelle M E Claire B Fabien Date : 5.04.96

Feuille n°2

Examinez chaque réponse. Dites ce que vous en pensez en plaçant une croix dans la case prévue.

				D'accord	Pas d'accord	On ne sait pas	On ne comprends pas	Remarques
1	3,12	(5,2)	Déjà dans 3,12 il ya 2u de moins que dans 5,2 donc 5,2 est le plus grand en plus il y a 6 centièmes de plus dans 5,2.			X		parce que le 1er argument est vrai et le 2ème est faux donc on ne sait pas.
2	3,12	(5,2)	$5{,}2 = \frac{52}{10}$. $3{,}12 = \frac{312}{100}$ En centièmes, $\frac{52}{10} = \frac{520}{100}$				X	parce que on ne fait pas de comparaison.
3	3,12	(5,2)	3,12 < 5,2 par ce que le nombre dés unitè et le plus grand	X				mais ce n'est pas complet.
4	3,12	(5,2)	Parce que il ya 5 unités et 2 dixiemes et dans l'autre il y a 3 unités et 12 centiemes.				X	ce n'est pas clair
5	3,12	(5,2)	c'est parce que cinq unités deux dizaines est plus grand que trois unités douze centièmes.	X				C'est clair.
6	3,12	(5,2)	je regarde le chiffre avant la virgule. Je vois que 3 est plus petit que 5. Alors 5,2 est le plus grand 5,2 > 3,12	X				C'ést clair.
7	3,12	(5,2)	Sur la droite, 3,12 est avant 4 et 5,2 est après 4.	X				C'est clair mais pas complet.
8	3,12	(5,2)	Dans 5,2 il y a 5 unités tandis que dans 3,12 il n'y en a que 3.	X				C'est clair mais pas très complet.
9								

Quelle explication donnerais-tu à un camarade qui se trompe ? Je donnerais l'explication 6.

Pourquoi ? Parce qu'elle est claire

THÈME 5

Étape 2

Les équipes de deux se regroupent par deux. Elles comparent leurs feuilles et doivent se mettre d'accord pour remplir une feuille définitive pour quatre. En examinant les deux feuilles remplies à deux et la feuille définitive de chaque groupe de quatre enfants, le maître peut observer l'impact éventuel de la discussion au sein des groupes.

Étape 3

Pour chaque ligne de la feuille n° 2, le maître organise un débat après avoir recensé les réponses et les arguments produits lors de l'étape 2.

Le débat ne vise pas l'institutionnalisation d'une procédure de comparaison particulière, mais il doit conduire à l'élimination des propositions fausses, à la validation des propositions justes, et éventuellement à la non-décision pour des arguments sur lesquels le groupe classe ne peut pas trancher.

Des situations embarrassantes peuvent se présenter :
a) Tous les groupes sont d'accord, mais l'argument est faux ou incomplet ou comporte une partie inutile.
Exemple : « 5,2 est plus grand que 3,12 car $\frac{2}{10}$ est plus grand que $\frac{12}{100}$ et 5 est plus grand que 3 ».
b) Tous les groupes sont d'accord, l'argument est juste mais il est mal formulé.
Exemple : « 5,2 est plus grand que 3,12 car 5 est plus grand que 3 et comme le nombre entier n'est pas pareil, on n'a pas besoin de comparer les nombres décimaux. »
c) Tous les groupes sont d'accord, l'argument est juste du point de vue de la comparaison mais comporte des erreurs.
Exemple : « Le plus grand est 5,2 parce qu'il est 2,1 plus grand que 3,12. »
d) Le désaccord manifesté est approuvé par tous bien qu'il ne soit pas justifié.

Si ces situations se présentent, le maître devra nécessairement intervenir.
Interventions possibles dans les cas précédents :
a) 2 dixièmes est plus grand que 12 centièmes donc 3,2 est plus grand que 5,12. Qu'en pensez-vous ?
b) Comment s'appelle ce qu'il est inutile de comparer ?
c) Est-ce que 3,12 + 2,1 = 5,2 ?

Cette mise en commun se termine par la formulation de plusieurs procédures de comparaison correctes dans le cas étudié.

Troisième phase

Les trois étapes de la deuxième phase sont reprises avec une feuille du même type préparée à partir des réponses obtenues pour la comparaison de 12,3 et 12,26.
Sur la feuille 3 reproduite page suivante, le maître a injecté l'argument n° 6 avec l'intention de suggérer le recours à la représentation des positions des deux nombres sur la droite numérique. Le mot graduation aurait été préférable au mot droite.

Noms : Johanna, Lucie, Raphaël et Romain Date :

Feuille n°3

Examinez chaque réponse. Dites ce que vous en pensez en plaçant une croix dans la case prévue.

	Réponses		Explication	D'accord	Pas d'accord	On ne sait pas	On ne comprend pas	Remarques
1	~~12,3~~	**12,26**	12 et 12 c'est la même chose, 3 et 26 ce n'est pas la même chose.		X			12,26 n'est pas le plus grand car 12,3 et en vraix 12,30.
2	**12,3**	12,26	Parce que il y a 12 unités et 3 dixiemes et l'autre il y a 12 unités mais 26 centiemes.	X				C'est bon mais s'est mal explique.
3	**12,3**	12,26	le 3 de 12,3 est en fait $\frac{30}{100}$ et le 26 de 12,26 = $\frac{26}{100}$. $\frac{26}{100} < \frac{30}{100}$	X				C'est bien dit car ils ont tout transformé en centiaime donc ils ont trouvé le bon nombre.
4	12,3	**12,26**	26 est plus grands que 3 j'ai : entourée 12,26.		X			c'est faux car 12,3 est en vérité 12,30 donc il est le plus grand.
5	**12,3**	12,26	Je convertit tout en centième ce qui donne 12,30 et 12,26 dont 12,30 est plus grand.	X				C'est bien expliqué !
6	**12,3**	12,26	Sur la droite, 12,26 est entre 12,2 et 12,3.	X				A finir!
7	**12,3**	12,26	Comme 3 dixièmes est plus grand que 2 dixièmes 12,3 est le plus grand.	X				Bien !
8	**12,3**	12,26	Dans 12,3 il y 4 centièmes de plus que dans 12,26 donc 12,3 est le plus grand.	X				C'est bien fait!
9	**12,3**	12,26	Les chiffres des unités sont les mêmes 0,3 < 0,26		X			0,3 < 0,26 ce n'est pas bon mais 0,3 > 0,26 est bon.

Quelle explication donnerais-tu à un camarade qui se trompe? Qu'ils ont mal compri le sistème de la virgule et ils devraient prendre exemple sur le 3.

Pourquoi ? Parce qu'il est bien formulé.

Quatrième phase

Les enfants remplissent à nouveau une feuille n° 1. La comparaison des feuilles n° 1 à l'issue des phases 1 et 4 permet d'observer l'impact sur chaque enfant des phases 2 et 3.

Activités d'accompagnement

Des activités telles que celles ci-dessous seront proposées après les activités précédentes.
Les validations se feront en plaçant les nombres sur une graduation affichée au tableau.

1) Ranger des nombres
Le maître affiche 5 ou 6 étiquettes portant chacune un nombre.

1,609   2,98   1,55   2,898   1,5

Les enfants doivent individuellement ranger ces nombres dans l'ordre croissant.
Les rangements trouvés sont discutés. Puis la validation se fait en plaçant les nombres sur la graduation affichée sur le tableau.
On demande ensuite de trouver des nombres allant entre deux nombres déjà placés.

2) Jeux de portrait
– J'ai deux chiffres, je suis entre 1,5 et 1,9. Qui suis-je ?
– J'ai trois chiffres, je suis entre 2,8 et 2,9 et deux de mes chiffres sont identiques. Qui suis-je ?
– Nous sommes les nombres de deux chiffres les plus proches de 2,53. Qui sommes-nous ?
Idem avec 3 chiffres, 4 chiffres.
– Etc.

3) Chiffres effacés
Dans cette liste de nombres, des chiffres ont été effacés. Complète de façon à obtenir des nombres rangés dans l'ordre croissant :

0,_7   0,1_8   0,1_   3,8_   _,9   3,_7

4) Intercaler un nombre
L'exercice peut se faire collectivement ou individuellement par écrit.
Complète :

Le nombre ... est entre 12,05 et 12,3.
Le nombre ... est entre 2,8 et 3,15.
Le nombre ... est entre 2,46 et 2,45.
Le nombre ... est entre 9,2 et 8,9.
Le nombre ... est entre 13,28 et 13,7.
Le nombre ... est entre 0,5 et 0,005.
Le nombre ... est entre 15,075 et 15,12.
Le nombre ... est entre 7,83 et 7,84.
Le nombre ... est entre 4,16 et 4,2.

Les plus difficiles sont 2,46 et 2,45; 15,075 et 15,12; 7,83 et 7,84; 4,16 et 4,2.
– Pour 15,075 et 15,12, beaucoup d'élèves font abstraction du 0 de 15,075; ils proposent un nombre compris entre 15,75 et 15,12.
– Pour 4,16 et 4,2 beaucoup d'élèves traitent les parties décimales comme des nombres entiers, ils proposent pour la partie décimale un nombre entier compris entre 2 et 16.
– Pour les deux autres cas, on trouve souvent des non-réponses ou l'un des deux nombres.

5. Somme et différence de nombres décimaux (période 5)

> DESCRIPTION RAPIDE

Les élèves vont devoir calculer des sommes et des différences de nombres décimaux. Les calculs se feront hors de tout contexte afin d'éviter que les élèves ne se ramènent à des calculs sur des écritures complexes comme cela se produit fréquemment avec les longueurs et les prix.

> OBJECTIF SPÉCIFIQUE

Calculer des sommes et des différences de nombres décimaux en s'appuyant sur la signification fractionnaire des décimales.

> PROCÉDURES ATTENDUES

Pour calculer une somme ou une différence de deux nombres décimaux, les élèves peuvent:
– utiliser correctement la disposition en colonne en étant capables ou non de justifier ce qu'ils font;
– mettre en œuvre des procédures de calcul réfléchi en s'appuyant sur la signification fractionnaire des décimales. Ceux qui procèdent ainsi peuvent opérer sur les mots dixième, centième, millième ou sur des écritures en passant de l'écriture à virgule à l'écriture fractionnaire. Ils peuvent le faire en mettant ou non les parties décimales au même format, c'est-à-dire en se ramenant ou non au cas où les deux nombres ont le même nombre de décimales.
Certains élèves se trompent car ils opèrent séparément sur les parties entières et sur les parties décimales en les traitant comme des nombres entiers.

> VARIABLES DIDACTIQUES

– La longueur des parties décimales: nous nous limiterons à 0, 1, 2 ou 3 décimales.
– La différence de longueur des parties décimales: si elle est nulle, dans le calcul en colonne les décimales de même rang s'alignent automatiquement; dans le cas contraire, pour mener à bien les calculs, l'élève doit identifier les décimales de même rang.
– La présence ou non de zéros dans les parties décimales des deux nombres ou du résultat: certains peuvent être supprimés, d'autres non.
– Le nombre de retenues et leur position.

– La disposition spatiale du calcul à effectuer : si le calcul est donné disposé en colonne, l'élève peut l'exécuter sans donner de sens aux calculs partiels qu'il effectue.

DÉROULEMENT

Première phase
Calculer la somme de deux nombres décimaux

Étape 1

Les enfants travaillent seuls ou à deux. Ils doivent calculer 3,12 + 5,7 et expliquer comment ils procèdent.
Les différents résultats obtenus sont relevés, ils sont comparés au résultat donné par une calculette. Les différentes procédures sont explicitées, les erreurs sont repérées et analysées.
Si la disposition en colonne n'est pas proposée, on ne l'aborde pas à cette étape, sinon on la justifie en la comparant aux autres méthodes utilisées.

Les travaux reproduits dans les pages suivantes ont été obtenus dans une même classe. Un seul groupe a utilisé la disposition en colonne. L'erreur est facile à corriger à partir des travaux des autres groupes.

Étape 2

Même déroulement avec 13,28 + 3,125.
À l'issue de la mise en commun, si la disposition en colonne n'est toujours pas apparue, le maître peut faire chercher comment il serait possible de procéder avec une telle disposition.

Étape 3

Même déroulement avec 27,30 + 5,90.
Le résultat donné par les élèves est plus souvent 33,20 que 33,2. La comparaison des résultats trouvés avec le résultat donné par la calculette provoque une réflexion intéressante sur les zéros terminaux.

Étape 4

Le même déroulement pourra encore être adopté pour 5,72 + 281,3.

La maîtrise de la technique opératoire usuelle sera ensuite recherchée en proposant d'autres calculs. Les élèves travailleront seuls, la durée des mises en commun variera en fonction des résultats obtenus.

Exemples de calculs :
7,37 + 8,63
6,03 + 8,8
23,458 + 15,342
4,37 + 12,659

Productions d'élèves

Isabelle M-E, Claire B.

$3{,}12 + 5{,}7 = 8{,}19$

D'abord, il faut additioner la partie décimale de chaque nombre. $12 + 7 = 19$ ou 19 centièmes

Ensuite, on additione la partie entière

$3 + 5 = 8$ donc $3{,}12 + 5{,}7 = 8{,}19$

Laure
Myriam

$3{,}12 + 5{,}7 =$ ~~8,~~

<u>8,19</u>

On a fait $5 + 3$ (partie des unités) ce qui nous a donnés <u>8</u> et après <u>12+7</u> (partie décimale) ce qui nous donne <u>19 donc 8, 19</u>

Océane et Isabelle E

$3{,}12 + 5{,}7 =$

$$\begin{array}{r} 3{,}12 \\ +\ 5{,}7 \\ \hline 8{,}19 \end{array}$$

Benjamin et Raphaël

$3{,}12 + 5{,}7 = 8{,}82$

$3{,}12 = \frac{312}{100}$

$5{,}7 = \frac{57}{10} = \frac{570}{100}$

$$\begin{array}{r} 312 \\ +\ 570 \\ \hline 882 \end{array}$$

c'est egal à 882 soit $\frac{882}{100}$

Nicolas et Pierre

$3{,}12 + 5{,}7 = 8{,}82$

1) $5{,}7 = 5u + \frac{7}{10}$ ~~donc~~

2) $3{,}12 = 3u + \frac{12}{100}$

3) $\frac{7}{10} + \frac{12}{100} = \frac{82}{100}$

4) $3u + 5u = 8u$

5) $8u + \frac{82}{100} = 8{,}82.$

THÈME 5

Adeline Virginie

3,12 + 5,7 = 8,82

3 + 5 = 8

On prend le 1 de $\frac{12}{100}$ et on aditionne

1+7 = 8 = $\frac{8}{10}$ 8,82

Adeline et Virginie

13,28 + 3,125 = 16,405

13+3 = 16

1+2 = 3

8 + 2 = 10 Comme on ne peut pas écrire 16,3105, on rajoute un dixième a 3, ce qui nous fait 4 et on met un 0

16,405

27,30 + 5,90 = 33,20

27+5 = 32

3+9 = 12 Comme 1 unité = 10 dixièmes, on rajoute 1 à 32 et on met un 2 après.

33,20

Dimitri William

13,28 + 3,125 =

28 = $\frac{280}{100}$ donc 280 + 125 = 405 et

13+3 = 16 donc le résultat est

16,405.

27,30 + 5,90 =

30 + 90 = 120 et

27+5 = 32 donc le résultat est

32,120.

Isabelle-M.E, Claire B

27,30 + 5,90 = 33,20

En additionant la partie décimale, on se rend compte que dépasse 100. Or, $\frac{100}{100}$ = 1 unité. Donc, 30+90 = 120

120 − 100 = 20. Ensuite, on additione la partie entière plus la retenue qui est de 1, ce qui donne : 27+5+1 = 33

Le résultat final est donc : 33,20.

Laure et Myriam.

13,28 + 3,125 = <u>16+405</u>

$$\begin{array}{r} 3,125 \\ +13,280 \\ \hline 16,405 \end{array}$$

Nous avons fait <u>3,125+13</u>, <u>280</u> et voilà le résultat.

27,30+5,90 = <u>32,20</u>

$$\begin{array}{r} 27,30 \\ +\ 5,90 \\ \hline 32,20 \end{array}$$

Comme nous devions additionner <u>27,30 et 5,90</u> nous avons fait comme le premier et le deuxième (de la même façon que le deuxième) et maintenant nous avons trouvé ce résultat là ! <u>(32,20)</u>

Clément et Romain

13,28+3,125= <u>16,235</u>

13+3=16

0,28+0,125=0,253

16+0,235=

16,235

5,72+281,3 = <u>286,75</u>

5+281=286

0,72+0,3=0,75

0,75+286=286,75

---

claire D 31.05.96 et Aurore

5,72 + 281,3=286,102

$\frac{3}{10}=\frac{30}{100}$

$$\begin{array}{r} 72 \\ +30 \\ \hline 102 \end{array}$$

On a trouvé 286,102 parce ce 72+30= 102 et 5+281=286. (286,102)

THÈME 5

Reine

5,72 + 281,3 = 286,75 (4)

```
   5,72
+281, 3
-------
 286 75
```

Laure et Myriam

5,72 + 281,3 = 332,02

```
   5,72
+281,30
-------
 332,02
```

Nous faisons toujours la même chose : nous additionnons 5,72 et 281,30 (car nous devons ajouter un 0 ainsi que pour le numéro 2 et 3) ce qui nous a donné : 332,02.

Deuxième phase
Calculer la différence de deux nombres décimaux

Le déroulement sera le même que pour la somme de deux décimaux. La (ou les) technique(s) de calcul en colonne en vigueur dans la classe pour les nombres entiers sera (seront) progressivement étendue(s) aux nombres décimaux.

Calculs proposés :

- 6,76 – 4,32
- 7 – 5,8
- 12,54 – 9,76
- 14,674 – 5,837
- 8,09 – 5,563

Dans les cas comme 7 – 5,8 où l'un des nombres est un entier, on pourra se ramener à la forme usuelle 7,0 – 5,8 en mettant les deux nombres au même format.

6. Les fournitures (période 5)

> DESCRIPTION RAPIDE

À partir d'un tarif présentant des articles vendus à l'unité et des articles vendus par lot de dix ou par lot de cent, les enfants vont devoir calculer le montant de certaines commandes et le solde du compte après un achat.

> OBJECTIFS SPÉCIFIQUES

– Donner du sens aux écritures à virgule dans un contexte différent de leur introduction.
– Calculer des sommes et des différences de nombres décimaux, des produits d'un nombre décimal par un entier inférieur à dix dans le contexte de la monnaie.
– Expliciter et justifier les procédures de calcul utilisées.
– Étendre l'emploi de la technique opératoire usuelle de multiplication par un entier inférieur à dix à l'ensemble des décimaux.

> MATÉRIEL

Un tarif de fournitures de bureau.
Le tarif proposé page suivante a été construit à partir d'un véritable catalogue, mais nous suggérons de situer l'action dans un pays dont la monnaie n'est pas familière, la roupie par exemple.
Nous souhaitons ainsi obliger les enfants à opérer réellement sur des nombres décimaux en les empêchant de procéder à des transformations du type: 6,16 € = 6 € 16 centimes.
Ils devront donner du sens à 6,16 roupies: 6 roupies, 1 dixième de roupie et 6 centièmes de roupie ou 6 roupies et 16 centièmes de roupie.
Pour effectuer les calculs, ils devront opérer sur des dixièmes et des centièmes car le dixième de roupie et le centième de roupie n'ont pas de désignation propre.

> VARIABLES DIDACTIQUES

– L'unité monétaire utilisée.
– Le nombre de chiffres des parties décimales.

DÉROULEMENT

Première phase
Calculer le montant d'une commande

Les enfants sont par équipes de deux, chaque équipe dispose d'un tarif.

Article	Code	Prix	
Marqueur pour tableau blanc	129400	le marqueur :	6,16
Stylo effaceur	114710	le stylo :	2,935
Stick de colle 24 g	114301	le stick :	4,05
Gomme plastique	117630	la gomme :	1,327
Règle plate 200 mm	121500	la règle :	18,3
Ruban scotch 19 mm x 33 m	122005	le ruban :	13,49
Boîte de dix feutres	129239	la boîte :	46,70
Carte de 10 aimants Ø 9 mm force 100 g	113406	la carte :	14,29
Boîte de 10 disquettes	166481	la boîte :	58
Boîte de 100 badges à épingle	113601	la boîte :	121,7
Boîte de 100 feuilles A4 de 10 étiquettes	116105	la boîte :	68,87
Bloc de 100 feuilles Post-it 102 x 152	134493	le bloc :	10,66
Boîte de 1 000 enveloppes	141360	la boîte :	102,5
Cahier de 96 pages	135821	le cahier :	1,39
Cahier de 100 pages	135841	le cahier :	2,483
Boîte de 1 000 trombones 32 mm	113446	la boîte :	7,90
Boîte de 100 attaches géantes	113481	la boîte :	8,86

Étape 1

Le maître situe l'action dans un pays dont la monnaie s'appelle la roupie, il s'assure de la compréhension du document en demandant le prix de quelques articles, il fait expliciter la signification des différents chiffres, puis il pose le problème suivant.

> ÉNONCÉ

Une personne achète une boîte de 10 feutres et une boîte de 1 000 trombones.
Combien dépense-t-elle ?

La majorité des enfants utilise l'addition en colonne, mais les travaux reproduits montrent que certains ont encore des problèmes au niveau de la retenue.

Les résultats obtenus sont relevés et comparés au résultat donné par une calculette. Les procédures de calcul et les erreurs sont explicitées et analysées.

Le même déroulement est ensuite suivi avec le problème suivant.

> ÉNONCÉ

Une personne achète un marqueur, une règle plate et un cahier de 100 pages.
Combien dépense-t-elle ?

On constate encore des erreurs dues à la différence de longueur des parties décimales.

Productions d'élèves

Dimitri Raphaël

```
  46,70
+  7,90
-------
 53,160
```

Il faut transformer le 160 en roupies et il restera un reste.

53,160 = en fait 54,60 roupies

```
   6,160
+ 18,300
+  2,483
--------
  26,943
```

Nous avons mis les 0 car on passe dans la colonne des centièmes et des millièmes)

Reine
Océane

Boîte de 10 feutres 46 roupies, 70.
Boîte de 1000 trombones
32 mm 7 roupies 90.

```
   ①
  46,70
+  7,90
-------
 53,160
```

Le tout fait 53 roupies 160

un marqueur 6 roupies 16.
Règle plate 200 mm 18 roupies 3
un cahier de 100 pages 2 roupies 483

```
      ①
   6,16
+ 18,①3
+  2,483
--------
  26,502
```

Le tout fait 26 roupies 502.

■ Étape 2

Les enfants travaillent toujours par deux, ils doivent expliciter leurs calculs et formuler leurs résultats.

> ÉNONCÉ

Une personne achète 6 gommes, 4 effaceurs et 8000 enveloppes.
À combien lui reviennent les gommes, les effaceurs, les enveloppes, combien dépense-t-elle ?

Virginie Adeline

Une personne achète 6 gommes

1,327
+1,327
+1,327
+1,327
+1,327
+1,327
7,962

Prix des 6 gommes : 7,962

Une personne achète 4 effaceurs

2,935
+2,935
+2,935
+2,935
11,740

Prix des 4 effaceurs : 11,740

Une personne achète 8000 enveloppes

102,5
+102,5
102,5
102,5
102,5
102,5
102,5
102,5
820,0

Prix des 8000 enveloppes 820,0

7,962
+11,740
+820,0
839,702

En tout, elle dépense 839,702 roupies

Dimitri
Raphael

1,327
+1,327
+1,327
+1,327
+1,327
+1,327
7,962

1,327
x 6
7,962

On peut faire une multiplication ou une addition.

Isabelle

7,327
x 6
72,962

La personne payera ~~7~~,962 pour les 6 gommes. 7

2,935
x 4
~~5,740~~
11,74

La personnes payera 11,74 pour les 4 effaceurs.

102,5
x 8
820,0

La personnes payera 820,0 pour les 800 0 enveloppes.

7,962
11,740
820,000
839,702

Fabien

1,327
x 6
7,962

2,935
x 4
1 1 81 0

102,5
x 8
818,0

Pour calculer le prix de chaque article, beaucoup d'enfants effectuent spontanément une multiplication posée en colonne. D'autres commencent par une addition et réalisent qu'ils peuvent la remplacer par une multiplication, certains ne font que des additions.

Les résultats obtenus sont relevés et comparés aux résultats donnés par une calculette. Les procédures de calcul et les erreurs sont explicitées et analysées.
Si la multiplication en colonne n'a pas été utilisée, on l'introduit pour compter multiplicativement les additions de nombres égaux.

Deuxième phase
Passer une commande ne dépassant pas une somme donnée, chercher ce qui reste

Le travail peut se faire individuellement ou à deux.

Consigne : « Vous disposez de 150 roupies. Passez une commande puis cherchez le montant à payer et ce qui vous reste. »

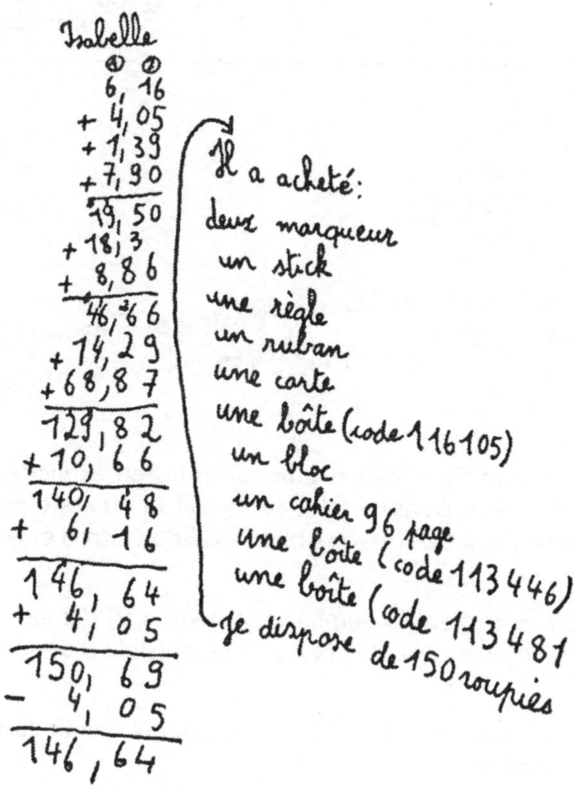

Benjamin

121,70
× 14,29
135,99
+ 13,49
149,48

J'achète une boîte de 100 badges + une cart de 10 aimants + un ruban de scotch 149,48.

Aurore

③ 4,2
6,16
+ 2,935
+ 4,05
+ 1,327
+ 18,3
+ 13,49
+ 46,70
+ 14,29
+ 58
107,710

① 102,5 la boîte de 1000 envelo
+ 46,70 la boîte de 10 feutres fines
+ 58 la boîte de 10 disquettes
149,78

Il aura dépensé 149,78

Claire

121,7
10,66
+ 18 3
149,166

Avec 150 roupies je peux acheter : une règle plate
une boîte d'épingle
bloc de 100 feuilles.

Isabelle M.-E

121,7
+ 18,3
139,0

~~Prix~~ 139
+ 10,66
149,66

Je dois acheter une boîte de 100 badges à épingles (121,7), un bloc de 100 feuilles (10,66) et une règle plate (18,3).

Différents résultats obtenus sont relevés puis contrôlés en explicitant les procédures de calcul utilisées. Dans certains cas, le calcul du reste peut se faire mentalement ; dans les autres cas, on utilise l'addition à trou et la soustraction.

On peut recommencer avec d'autres sommes, on peut aussi demander de réaliser une commande d'un montant le plus proche possible d'une somme donnée.

Les enfants apprécient particulièrement ce dernier exercice qui fournit l'occasion d'effectuer de nombreux calculs.

7. Place point (période 5)

> DESCRIPTION RAPIDE

La première phase est une situation de communication.

L'enfant est d'abord émetteur, il doit placer un point sur une demi-droite graduée et décrire sa position par rapport à un point de référence. L'enfant devient ensuite récepteur, il doit trouver le point de l'émetteur à l'aide de la description de sa position.

Dans la deuxième phase, l'enfant doit utiliser le calcul pour rechercher des nombres et des distances.

> OBJECTIFS SPÉCIFIQUES

Savoir utiliser la demi-droite graduée et le calcul :

– pour trouver la distance entre deux points ou deux nombres et pour l'exprimer à l'aide d'un nombre décimal ;

– pour trouver le (ou les) nombre(s) situé(s) à une certaine distance d'un nombre donné.

> PROCÉDURES ATTENDUES

Pour trouver la distance entre deux points ou de deux nombres, l'enfant peut selon les cas :

– utiliser la graduation ;

– opérer sur les abscisses des points ou sur les nombres en posant une addition à trou ou une soustraction ou en calculant mentalement.

Pour trouver le (ou les) nombre(s) situé(s) à une certaine distance d'un nombre donné, l'enfant peut selon les cas :

– se déplacer sur la demi-droite de la distance voulue, à partir du point correspondant au nombre donné ;

– opérer sur le nombre en lui additionnant la distance et éventuellement en la lui retranchant.

> VARIABLES DIDACTIQUES

Dans la première phase, la variable est la position du point de référence :

– son abscisse est entière ou non ;

– il est proche ou non de l'une des deux extrémités de la graduation fournie.

Dans la deuxième phase, la variable est la possibilité d'utiliser une graduation :

– la graduation est présente mais inutilisable car les nombres (ou un nombre) ne peuvent être placés sur la feuille support ;

– la graduation n'est pas présente.

> MATÉRIEL

– Une demi-droite graduée pour afficher au tableau.

– Des feuilles photocopiées portant les droites graduées ou les énoncés.

Première phase
Activités de communication

Le maître affiche une demi-droite graduée.

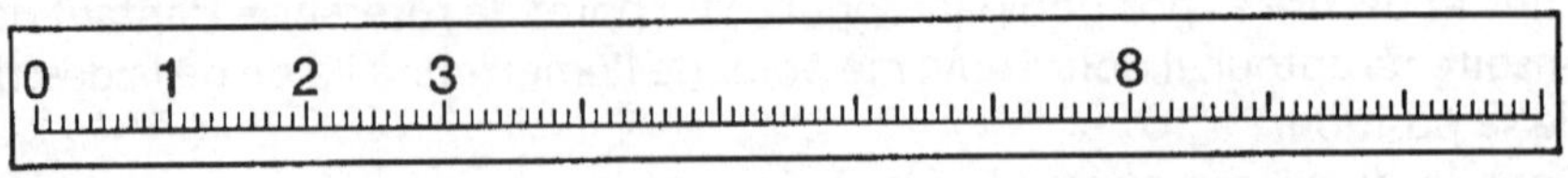

Il demande à un élève de venir placer quelques nombres entiers. Puis il fait placer les points A et B correspondant aux nombres 3,2 et 7,8.

Afin que la graduation soit réutilisable, les points et les nombres pourront être inscrits sur le tableau comme ci-dessous :

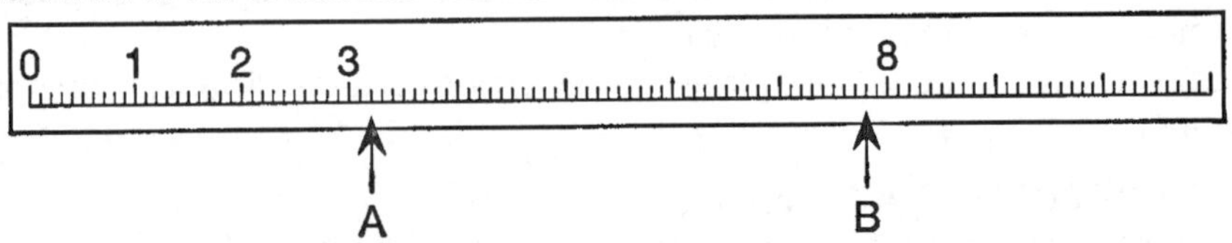

Ce rappel étant fait, l'activité peut commencer.

Étape 1 : Point de référence d'abscisse entière

Le maître distribue à chaque enfant la feuille n° 1 :

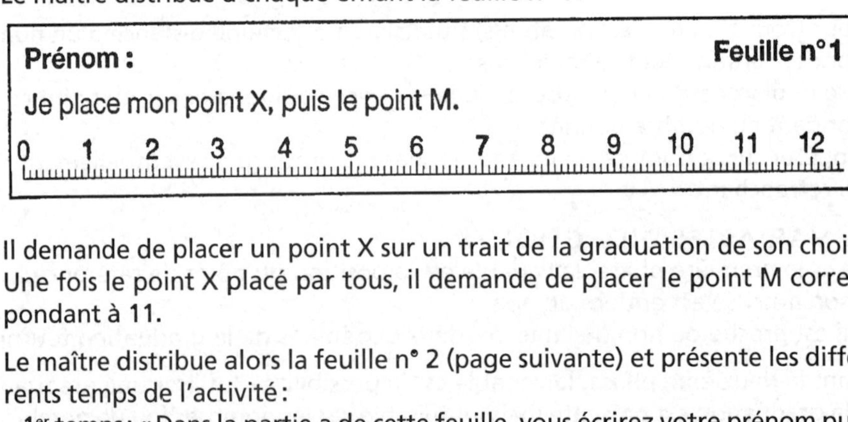
Prénom : **Feuille n° 1**

Je place mon point X, puis le point M.

Il demande de placer un point X sur un trait de la graduation de son choix. Une fois le point X placé par tous, il demande de placer le point M correspondant à 11.

Le maître distribue alors la feuille n° 2 (page suivante) et présente les différents temps de l'activité :

– 1er temps : « Dans la partie *a* de cette feuille, vous écrirez votre prénom puis vous devrez écrire un message donnant la position de votre point X. Il ne faudra pas donner le nombre correspondant à votre point, mais dire où il se trouve par rapport au point M dont la position est donnée. »

– 2e temps : « Vous échangerez votre feuille n° 2 avec celle d'un camarade, vous écrirez votre prénom dans la partie *b* de la feuille de votre camarade et vous compléterez cette partie *b*. »

– 3e temps : « Vous travaillerez avec votre correspondant. Chacun récupérera sa feuille n° 2 et collera sa feuille n° 1 dans la partie c de sa feuille n° 2, puis vous vérifierez si les points sont bien placés et vous mettrez en commun vos remarques. »

Prénom de l'émetteur : **Feuille n°2**

Message :

Partie a

Prénom du récepteur :

Je place le point M, puis j'essaie de placer le point X en suivant les indications données par le message.

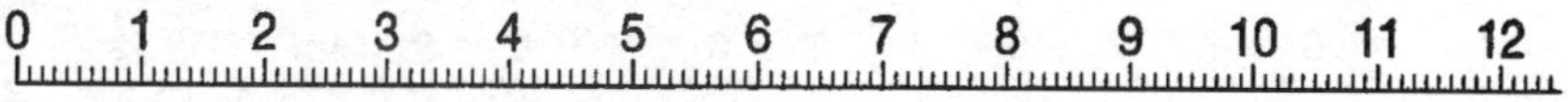

Le nombre qui correspond à X est :

J'écris ce que je pense du message :

Partie b

Partie c

L'activité peut alors commencer, elle se déroule en trois temps selon les modalités ci-dessus.

Durant la mise en commun, le maître recense les points X bien placés et les points non placés ou mal placés. Il fait expliciter les messages qui ont permis de réussir, la nature des échecs et leur cause.

Sur la feuille reproduite page suivante, le message est correct mais le récepteur n'a pas su placer le point X.

Voici d'autres comportements souvent observés :
1) Émetteur : M en 11 ; X en 12 ; « Mon point X est placé à une graduation après le point M. »
Récepteur : X en 11,1.
Les deux enfants ont interprété différemment le mot graduation.

2) Émetteur : M en 11 ; X en 4 ; « Le point X $\frac{7}{10}$ en allant vers la gauche. »
Récepteur : X en 10,3.
L'émetteur confond unité et dixième d'unité.

3) Émetteur : M en 11 ; X en 10,3 ; « Mon point X est placé à $\frac{7}{100}$ du point M. »
Récepteur : X en 10,3.
Les deux enfants ont confondu centième et dixième.

Premier exemple

Prénom de l'émetteur : Dimitri **Feuille n°2**

Message : Le point X est à 2,8 des point M

Partie a

Prénom du récepteur : Romain

Je place le point M, puis j'essaie de placer le point X en suivant les indications données par le message.

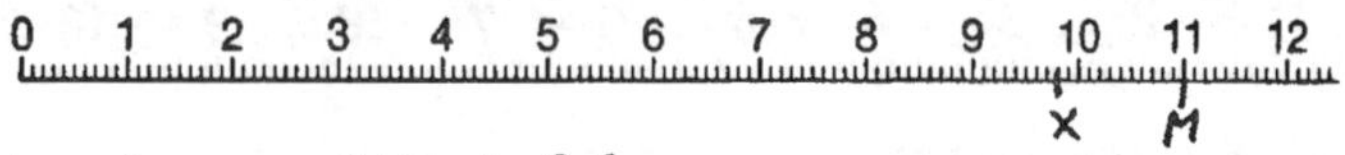

Le nombre qui correspond à X est : 9,8

J'écris ce que je pense du message : C'est bien expliqué parsqu'il a mis une bonne information.

Partie b

Prénom : Dimitri Vamvadélis 11.06.96 **Feuille n°1**

Je place mon point X, puis le point M.

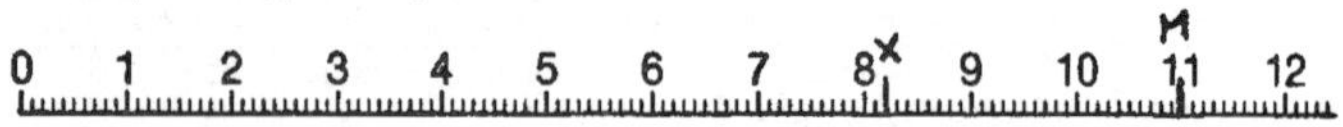

Partie c

Deuxième exemple

Prénom de l'émetteur : Claire D **Feuille n°2**

Message : Il est a 2 dixiemes et 3 u et 8 dixiemes de mon point M.

Partie a

Prénom du récepteur : Isabelle M-E

Je place le point M, puis j'essaie de placer le point X en suivant les indications données par le message.

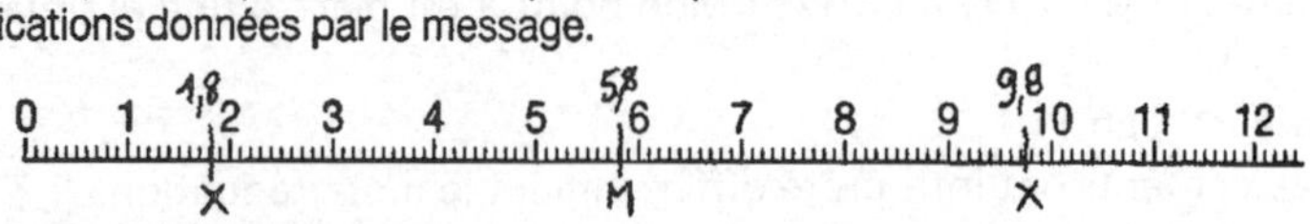

Le nombre qui correspond à X est : 1.8 ou 9,8

J'écris ce que je pense du message : Ce n'est pas très clair car tu ne précises pas si ton point X est avant ou après le point M.

Partie b

Prénom : Claire D **Feuille n°1**

Je place mon point X, puis le point M.

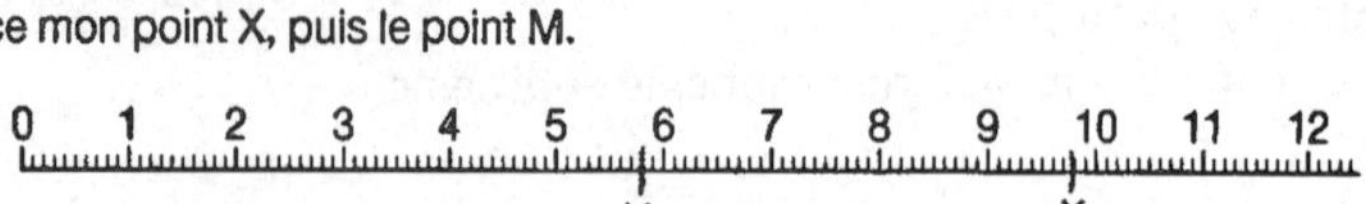

Partie c

Étape 2 : Point de référence d'abscisse décimale

On procède exactement comme à l'étape 1.
M est le point correspondant à 5,8.
Avec cette position centrale, la connaissance de la distance séparant les deux points n'est plus suffisante ; pour trouver le point X, il faut aussi préciser de quel côté du point M il se trouve.

Cette nécessité est formulée par le récepteur sur la feuille reproduite page précédente (2e exemple).

Autres exemples de travaux :
1) Émetteur : M en 5,8 ; X en 5 ; « Mon point X est à 8 petites graduations de mon point M. »
Récepteur : X en 5 et en 6,6.
Le récepteur a vu les deux possibilités.

2) Émetteur : M en 5,8 ; X en 1,2 ; « Mon point X est placé à 3,16 de moins que le point M. »
Récepteur : X en 1,2.
Les deux enfants ont employé et interprété l'écriture à virgule comme une écriture complexe (3 unités et 16 dixièmes).

3) Émetteur : M en 5,8 ; X en 1,9 ; « Mon point X est placé 3u + $\frac{9}{100}$ du point M. »
Récepteur : X en 1,9 avec ce commentaire : « On ne sait pas si c'est avant ou après. Ce n'est pas des centièmes mais des dixièmes. »

Deuxième phase

Étape 1 : Recherche du (ou des) nombre(s) situé(s) à une certaine distance d'un nombre donné

Les enfants travaillent individuellement sur une feuille comportant plusieurs zones identiques. Dans chaque zone, il y a :
- un emplacement pour noter la question ;
- une demi-droite graduée ;
- un emplacement pour formuler la réponse et la démarche.

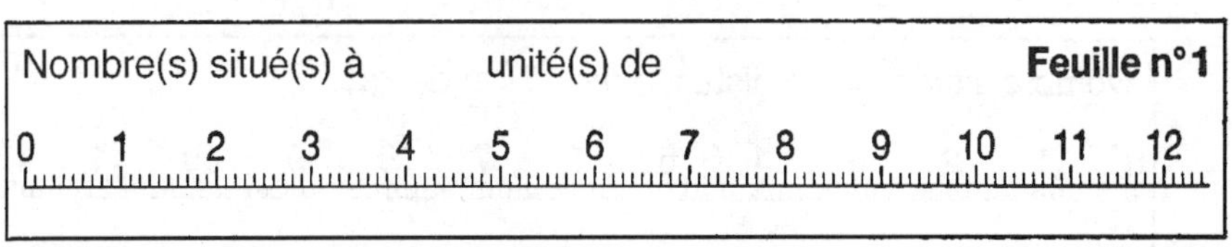

Chaque recherche est suivie d'une mise en commun qui permet d'expliciter des procédures de calcul réfléchi. La validation peut se faire sur la graduation ou avec une calculette.

1) Trouver les nombres situés à 4 unités de 7,2 (les deux nombres sont sur la feuille).

2) Trouver les nombres situés à 6,9 unités de 11,2 (l'un des nombres est hors de la feuille, cela favorise le passage au calcul).

3) Trouver les nombres situés à 10,4 unités de 7,4 (l'un des nombres est négatif). La majorité des enfants trouve 17,8 et un nombre négatif différent de – 3. Par la suite, on se limitera à la recherche des nombres positifs.

4) Trouver les nombres situés à 73,4 unités de 100 (la demi-droite n'est plus une aide, les deux nombres se calculent).

Étape 2 : Recherche du nombre situé à égale distance de deux nombres donnés

L'organisation et le déroulement sont identiques à ceux de l'étape 1.
La validation peut se faire en cherchant les deux distances sur la graduation ou avec une calculette. La zone de travail se présente ainsi.

Nombre situé à égale distance de   et de   **Feuille n°4**

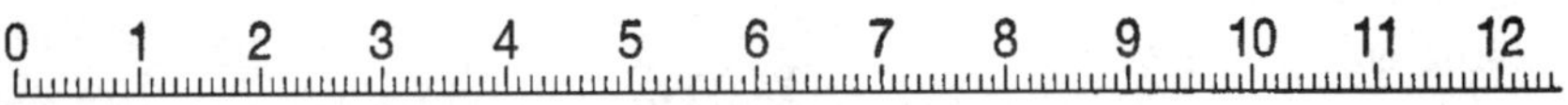

1) Nombre à égale distance de 6 et de 12.

2) Nombre à égale distance de 4 et de 11.

3) Nombre à égale distance de 3,4 et de 5,8.

4) Nombre à égale distance de 8,3 et de 11.

En examinant la feuille reproduite page suivante, on constate que lorsque les deux nombres sont sur la demi-droite les enfants peuvent :
– travailler sur la graduation : cas n° 3 ;
– se ramener au problème précédent en calculant l'écart entre les deux nombres et sa moitié : cas n° 2 ;
– s'aider de la graduation pour réduire l'intervalle et résoudre le problème avec des nombres plus proches : cas n° 4.

Cas n° 1

Nombre situé à égale distance de 6 et de 12

~~C'est 6 unités $\frac{12}{10}$~~... C'est 3. Parce que 6X2 = 12 et la moitié de 6 est 3.
~~Parce que l'écart entre 6 et 12 est de 6 unités donc les $\frac{1}{10}$ sont~~
~~en dessous des alors on fait 6 × 2 = 12 donc $\frac{12}{10}$~~

Cas n° 2

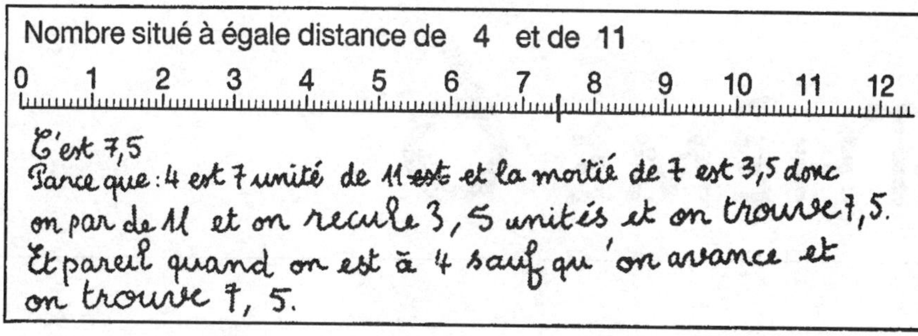

Cas n° 3

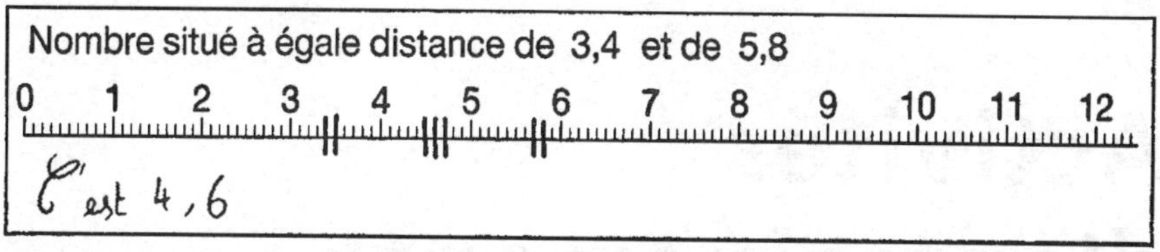

Cas n° 4

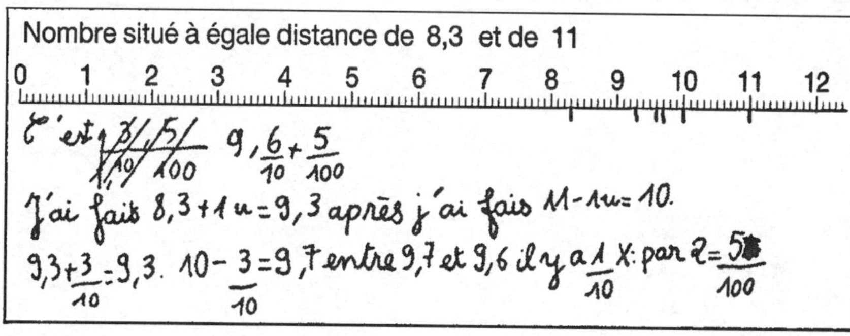

Activités d'accompagnement

1) Reprise des activités précédentes

Les activités de la deuxième phase peuvent faire l'objet de courtes séquences orientées vers le calcul réfléchi. Avec certains nombres la recherche pourra se faire mentalement sans aucun support.

Exemples :

– Nombre à égale distance de 35 et de 40, de 1,5 et de 2.

– Nombres situés à $\frac{8}{10}$ de 5,2.

2) Additionner, soustraire un nombre décimal. Calculer l'écart entre deux nombres

Selon les cas, les calculs se font mentalement ou par écrit mais sans poser les opérations en colonne. Les procédures des enfants sont explicitées. La validation peut se faire en se déplaçant sur une graduation ou avec une calculette.

Exemples :

3,8 + 1,5 ; 11,5 – 4,6 ; écart entre 2,8 et 11,1.

Thème 6

Activités d'entraînement

Introduction

Pour rester disponibles, les connaissances acquises sur les nombres et sur les calculs, qu'elles soient sous forme procédurale (savoir multiplier deux nombres entiers, par exemple) ou sous forme simplement déclarative (savoir que 8 fois 7 est égal à 56), doivent encore (et toujours) être entraînées. Mais le programme du CM1 est bien chargé et les connaissances nouvelles à construire risquent fort d'accaparer le temps des maîtres et des élèves. C'est pourquoi, contrairement aux choix faits dans les niveaux précédents, il nous a semblé préférable, au Cours Moyen, de mettre en évidence et hors des différents thèmes, les activités d'entraînement[1] qui prendront la forme d'un rituel quotidien (environ dix minutes par jour).

Les activités d'entraînement correspondent donc à des connaissances qui ont fait l'objet, les années précédentes ou plus tôt dans cette même année, de constructions précises dans des situations permettant aux élèves de leur donner du sens, de les utiliser comme outils pour résoudre certains problèmes. Nous les distinguons des activités dites « d'accompagnement », fortement liées aux situations de découverte proposées dans cet ouvrage et qui ont été placées dans les différents thèmes abordés, à la suite de chacune de ces situations. Ainsi, les procédures permettant de calculer le quotient entier et le reste dans la division de deux entiers ne sont pas abordées dans ce chapitre car elles sont en cours de construction et font partie de la progression décrite dans le thème 4.

Ce thème est partagé en deux modules :
- module 1 : calculs standardisés, résultats mémorisés ;
- module 2 : calculs réfléchis, résultats reconstruits.

Objectifs

MODULE 1 : CALCULS STANDARDISÉS, RÉSULTATS MÉMORISÉS

Il s'agit de calculs ou de résultats que l'on obtient sans effort d'adaptation aux nombres en jeu :
- lecture et écriture de grands nombres (jusqu'au million) ;
- ordre sur la droite numérique ;
- tables d'addition (dans tous les sens) ;
- compléments à 100 et à la centaine supérieure ;
- tables de multiplication (sous toutes leurs formes) : 8 x 7 = ?, 8 x ? = 56, 56 : 8 = ? Combien de fois 8 dans 56 ?

1. Traditionnellement, ces activités font partie de ce qui est appelé « calcul mental ». Nous n'avons pas conservé cette appellation qui nous a semblé trop restrictive.

– savoir 12 x 2, 12 x 3, 12 x 4, 12 x 5 ;
– de même 15 x 2, 15 x 3, 15 x 4 et 25 x 2, 25 x 3, 25 x 4 ;
– relations entre multiples de 25 (aussi bien « 25 + 75 = 100 » que « 4 x 25 = 100 » ou encore « 25 est contenu 4 fois dans 100 » ;
– produits d'un entier par 10, 100, 1 000 ;
– techniques opératoires : addition, soustraction, multiplication.

MODULE 2 : CALCULS RÉFLÉCHIS, RÉSULTATS RECONSTRUITS

Il s'agit de savoir utiliser un résultat connu pour en déterminer un autre et adapter ses procédures aux nombres donnés :
– extension des tables : à partir de 8 x 7, trouver 800 x 7 = ?, 70 x ? = 5 600 ;
– produit de tout nombre par 20 et 50 ;
– procédures personnelles pour le calcul de doubles, de moitiés ($n < 100$ ou nombres n'ayant que deux chiffres significatifs comme 8 600), quadruples, quarts ;
– savoir écrire les nombres ($n < 100$) sous forme de produits de deux nombres ;
– savoir situer un nombre ($n < 100$) entre deux nombres d'une même table.

Il est certain que le partage entre les deux modules n'est pas toujours facile et pourra parfois sembler arbitraire. Par exemple, les activités sur les calculs de doubles, moitiés, quadruples et quarts font partie du module 2, ces calculs étant fortement dépendants des nombres à traiter. Pourtant, certains doubles (ou moitiés) et certains quadruples (ou quarts) feront l'objet de mémorisation : il faut savoir « par cœur » que 25 est la moitié de 50 et le quart de 100, mais il suffit de savoir reconstruire rapidement le double de 27 ou le quart de 104, peut-être à partir des résultats précédents mémorisés.

Mode d'emploi

Les exercices proposés doivent se dérouler de façon rapide, dynamique, et sont en général prévus pour une durée d'environ dix minutes. L'explicitation des procédures est un temps fort de ce travail si l'on veut qu'il constitue, pour tous, un réel apprentissage au lieu de se réduire à un simple contrôle de connaissances.

Deux supports[2] sont utiles :
– **le cahier d'entraînement** proprement dit, qui est utilisé aussi bien dans les phases collectives qu'individuelles (l'ardoise si souvent utilisée, par exemple dans le procédé Lamartinière, ne permet ni aux élèves ni aux maîtres de conserver la trace des réponses) ;

2. Chaque maître pourra évidemment choisir ce qui lui convient le mieux pour chacun de ces deux supports : cahiers, mini-classeurs, porte-vues, etc.

– **le cahier-mémoire** qui se construit tout au long de l'année et représente le savoir institutionnalisé. Ce cahier est évidemment utilisé pour les autres thèmes abordés dans cet ouvrage.

Plusieurs formes de travail sont proposées :

a) individuel écrit : le maître distribue, pour chaque élève, une feuille avec le texte de l'exercice. Quand les élèves ont terminé, le maître peut organiser un échange sur les résultats et les procédures.

b) collectif écrit : le maître indique oralement des calculs à effectuer et les élèves inscrivent sur une feuille, ou sur leur cahier d'entraînement, les résultats, un par ligne (les questions posées par le maître ne sont écrites ni au tableau ni sur les cahiers). Pour éviter de donner à ces exercices une fonction exclusive d'évaluation, le maître dicte un à un cinq calculs par exemple, puis provoque un échange sur les résultats et sur les procédures. Il propose ensuite cinq autres calculs dans lesquels les élèves peuvent réinvestir immédiatement les procédures qui viennent d'être explicitées. Le rythme de travail est entièrement imposé par le maître et le même pour tous.

c) collectif oral : le maître donne la consigne oralement, toute la classe cherche « dans sa tête ». Le maître choisit le/ou les élèves qui doivent donner et/ou expliquer leur réponse.

d) proposition élève : nous avons nommé ainsi le fait de demander à un élève de préparer, la veille pour le lendemain, pour le soumettre à ses camarades, un exercice semblable à ceux qui ont été proposés les jours précédents. Les autres élèves sont soumis, ici encore, au rythme de celui qui a préparé l'exercice et ce dernier, placé en position de concepteur, est amené à se poser de nouvelles questions sur les exercices qu'il construit, exécute et vérifie par tous moyens possibles (calculette comprise) : objectifs, difficultés, temps nécessaire, etc. Seuls certains objectifs se prêtent à cette préparation qui reste un exercice difficile.

Ces quatre formes présentent des intérêts différents et les maîtres pourront, en fonction de leur propre classe, modifier leur répartition par rapport à celle que nous proposons.

Quelques entraînements doivent être proposés de façon différenciée, voire autonome, et sont signalés par un A : c'est le cas, par exemple, des révisions des répertoires multiplicatifs ou additifs et des techniques opératoires. Nous pensons qu'il est inutile de demander à tous les élèves de faire quatre opérations chaque soir s'ils maîtrisent bien les techniques visées. Par contre, certains élèves ont encore besoin d'un entraînement à la fois systématique et progressif lorsque certaines difficultés persistent. Ils doivent parfois pouvoir bénéficier de l'aide du maître apportée dans une relation individuelle ou à l'intérieur d'un petit groupe homogène et non se retrouver seuls, à la maison, devant une fiche source d'échec.

Enfin, quelques exercices sont spécifiquement destinés à une évaluation des connaissances (ils sont repérés par la lettre B, B comme bilan !). Ils sont peu nombreux, certainement insuffisants et ont surtout été présentés pour rappeler que les prises d'information sur l'état des connaissances des élèves sont aussi indispensables dans les phases d'entraînement que dans les phases d'acquisition.

Liste des activités

Module 1
- Mémorisations de résultats numériques
- Lire, écrire, ordonner des nombres
- Ordre de grandeur, encadrement
- Ajouter, retrancher 2, 5, 10 ou un multiple de 10, 100, 1 000
- Répertoires multiplicatifs
- Approche mentale de quotients
- Techniques opératoires de la multiplication
- Calculs additifs et soustractifs
- Technique de l'addition

Module 2
- Encadrement par des multiples d'un nombre
- Doubles et moitiés
- Quadruples et quarts
- Ajouter et retrancher 9 ou 11
- Utilisation d'un produit pour en calculer d'autres
- Approche mentale de quotients
- Calculs rapides
- Furets
- Boîtes noires
- Multiples : laby-multi
- Multiples : le loto des multiples

Calculs standardisés, résultats mémorisés

En début d'année, le maître établit le contrat des activités d'entraînement:
- il s'agit d'exercices rapides;
- il faut être très attentif, très concentré;
- lors des exercices collectifs, le temps est limité et le maître ne répète pas;
- un temps de travail est consacré à expliquer les procédures utilisées pour pouvoir mieux réaliser la suite des événements.

Mémorisations de résultats numériques

100 Exercices collectifs

Ils ne durent pas plus de deux à trois minutes et sont repris plusieurs jours de suite.

Mémoire auditive
Le maître dit lentement sept ou huit nombres (le nombre de nombres varie au fur et à mesure de l'entraînement). Les élèves écoutent. Lorsque le maître indique que c'est terminé, chaque élève écrit les nombres dont il se souvient.

Mémoire visuelle
Le maître a préparé un poster sur lequel il a placé sept ou huit nombres. Le poster est montré aux enfants durant environ 15 secondes puis chacun écrit les nombres dont il se souvient.

Mémoire sélective
Le maître dit lentement une série de nombres (de cinq à dix, un peu plus chaque jour), ou montre un poster qu'il a préparé, comme précédemment.
Les élèves sont avertis qu'ils ne devront mémoriser que les nombres ayant une certaine propriété:
- les nombres qui se terminent par un 0;
- les nombres pairs;
- les nombres qui s'écrivent avec un 8;
- les nombres entre 150 et 250;
- les nombres supérieurs à 100, les nombres situés entre 300 et 400;
- etc.

■ LIRE, ÉCRIRE, ORDONNER DES NOMBRES

111 Exercice écrit par groupes de deux

Les élèves sont répartis par groupes de deux (élève A et élève B) : l'élève A dicte les nombres qui sont sur sa fiche A à l'élève B qui les écrit sur sa fiche B. Puis on inverse les rôles: l'élève B dicte les nombres qui sont sur sa fiche B à l'élève A qui les écrit sur sa fiche A.

Correction: par deux, les élèves confrontent leurs fiches A et B et, s'il y a divergence, en recherchent la cause.

FICHE A	
1a:	1 793
2a:	2 032
3a:	7 303
4a:	12 012
5a:	9 909
1b:	
2b:	
3b:	
4b:	
5b:	

FICHE B	
1a:	
2a:	
3a:	
4a:	
5a:	
1b:	1871
2b:	3043
3b:	5055
4b:	12120
5b:	9090

112 Exercice individuel, écrit

Consigne : « Écris en lettres 879. Combien y a-t-il de chiffres dans 879 ? Écris en chiffres tous les nombres que tu peux avec les chiffres de 879. Range-les du plus petit au plus grand. »

113 Exercice individuel, écrit

Consigne : « Écris en lettres 8 004. Combien y a-t-il de chiffres dans 8 004 ? Écris en chiffres tous les nombres que tu peux ayant le même nombre de chiffres et les mêmes chiffres que 8 004. Range-les du plus petit au plus grand. »

Les solutions: 4 008; 4 080; 4 800; 8 004; 8 040; 8 400.
Bien sûr, on n'accepte pas de nombres commençant par 0.

114 Exercice collectif, oral

Le maître fait lire des nombres tels 73 863 et 734 246 qu'il a écrits au tableau avant la séance.

114 bis Exercice collectif, écrit

– Le maître donne oralement la consigne: « Écrivez 113 795 et 205 376. »
– Le maître a écrit au tableau avant la séance « six mille deux » puis il donne oralement la consigne: « Écrivez en chiffres six mille deux. »

– Le maître a écrit au tableau avant la séance « six cent quarante-sept mille trois cent cinq » puis il donne oralement la consigne : « Écrivez en chiffres six cent quarante-sept mille trois cent cinq. »

115 Exercice collectif, oral

Le maître fait lire des nombres tels 890 072 et 700 003 qu'il a écrits au tableau avant la séance.

115 bis Exercice collectif, écrit

– Le maître donne oralement la consigne : « Écrivez les nombres 400 347 et 159 873. »
– Le maître a écrit au tableau avant la séance « deux cent quatre-vingt-treize mille six cent trente-six » puis il donne oralement la consigne : « Écrivez en chiffres deux cent quatre-vingt-treize mille six cent trente-six. »
– Le maître a écrit au tableau avant la séance « deux cent trois mille dix-neuf » puis il donne oralement la consigne : « Écrivez en chiffres deux cent trois mille dix-neuf. »

116 Exercice collectif, écrit

Le maître donne oralement et successivement les consignes :
– « Écrivez le nombre 459 890, celui qui le suit, celui qui le précède. »
– « Écrivez le nombre 79 307, celui qui le suit, celui qui le précède. »
– « Écrivez le nombre 109 999, celui qui le suit, celui qui le précède. »

■ Ordre de grandeur, encadrement

121 Exercice individuel, écrit (lié à la situation FILS NUMÉRIQUES)

Consigne 1 : « Où se trouve 372 ?
– Entre quels nombres de la graduation de 1 000 en 1 000 ?
– Entre quels nombres de la graduation de 100 en 100 ?
– Entre quels nombres de la graduation de 10 en 10 ? »

Consigne 2 : « Où se trouve 3 756 ?
– Entre quels nombres de la graduation de 1 000 en 1 000 ?
– Entre quels nombres de la graduation de 100 en 100 ?
– Entre quels nombres de la graduation de 10 en 10 ? »

Consigne 3 : « Où se trouve 7 929 ?
– Entre quels nombres de la graduation de 1 000 en 1 000 ?
– Entre quels nombres de la graduation de 100 en 100 ?
– Entre quels nombres de la graduation de 10 en 10 ? »

122 Exercice individuel, écrit

Consigne : « Qui suis-je ?
– J'ai cinquante-quatre centaines ;
– mon chiffre des dizaines est 2 ;
– la somme de mes chiffres est dix-huit. »

123 Exercice collectif, écrit

Le maître donne oralement les consignes.

Consigne 1 : « Combien y a-t-il de milliers dans 496 783 ? Entre quels nombres de la graduation de 1 000 en 1 000 se trouve-t-il ? »

Consigne 2 : « Combien y a-t-il de dizaines dans 67 089 ? Entre quels nombres de la graduation de 10 en 10 se trouve-t-il ? »

Consigne 3 : « Combien y a-t-il de centaines dans 39 701 ? Entre quels nombres de la graduation de 100 en 100 se trouve-t-il ? »

À la correction, on explicitera la parenté entre les deux types de questions : « Combien y a-t-il de dizaines… ? » et « Entre quels nombres de la graduation de 10 en 10… ? »

124 Exercice individuel, écrit

Consigne 1 : « J'ai choisi un nombre.
Sur la graduation de 1 000 en 1 000, il est entre 39 000 et 40 000.
Quel est son nombre de milliers ? »

Consigne 2 : « J'ai choisi un nombre.
Sur la graduation de 100 en 100, il est entre 18 300 et 18 400.
– Quel est son nombre de centaines ?
– Quel est son nombre de milliers ?
– Quel est son nombre de dizaines ? »

On ne peut pas répondre à cette dernière question, ce peut être 1 831, 1 832…, 1 839.

Consigne 3 : « J'ai choisi un nombre.
Sur la graduation de 10 en 10, il est entre 65 040 et 65 050.
– Quel est son nombre de centaines ?
– Quel est son nombre de milliers ?
– Quel est son nombre de dizaines ? »

Une mise en commun, après chacun des trois exercices, portera sur les rapports entre « graduation de 1 000 en 1 000 » et « nombre de milliers », et sur la précision donnée par les différentes graduations.

125 Exercice individuel, écrit

Consigne : « Quels sont les deux nombres qui encadrent 397 026 sur les différentes graduations ?
– Sur la graduation de 10 000 en 10 000, il est entre ... et ... .
– Sur la graduation de 10 en 10, il est entre ... et ... .
– Sur la graduation de 100 en 100, il est entre ... et ... .
– Sur la graduation de 100 000 en 100 000, il est entre ... et ... .
– Sur la graduation de 1 000 en 1000, il est entre ... et ... . »

Ordre sur les nombres

131 Exercice individuel, écrit

Consigne : « Écris cinq nombres de cinq chiffres en utilisant les chiffres du nombre 12 045.
Range-les dans l'ordre croissant.
Quel est le nombre de centaines du plus grand ?
Quel est le nombre de dizaines du plus petit ? »

132 Exercice collectif, écrit

Le maître donne oralement les consignes.

Consigne 1 : « Écrivez 584 319, puis 385 419.
Écrivez deux nombres compris entre 584 319 et 385 419, en utilisant les mêmes chiffres. »

Consigne 2 : « Écrivez 840 369.
Écrivez six nombres de six chiffres en utilisant les chiffres de 840 369.
Rangez-les dans l'ordre décroissant. »

133 Exercice individuel, écrit

Consigne : « Voici un nombre : 937 084.
Écris, à l'aide des mêmes chiffres, le plus petit nombre de six chiffres possible.
À ce nombre, ajoute 1 000, puis ôte 700, puis ajoute 1.
Écris le résultat. »

134 Exercice individuel, écrit

Consigne : « Écris avec les mêmes chiffres tous les nombres placés entre 444 292 et 429 424. »

Huit solutions : 444 229 ; 442 942 ; 442 924 ; 442 492 ; 442 429 ; 442 294 ; 442 249 ; 429 442.

135 Exercice individuel, écrit

Consigne : « Écris avec les mêmes chiffres tous les nombres placés entre 594 319 et 593 149. »

Sept solutions : 593 194 ; 593 419 ; 593 491 ; 593 914 ; 593 941 ; 594 139 ; 594 193.

136 Exercice individuel, écrit

Consigne 1 : « Écris avec les mêmes chiffres tous les nombres placés entre 300 246 et 260 043. »

Dix solutions : 264 300 ; 264 030 ; 264 003 ; 263 400 ; 253 040 ; 263 004 ; 260 430 ; 260 403 ; 260 340 ; 260 304.

Consigne 2 : « Écris avec les mêmes chiffres tous les nombres placés entre 121 401 et 140 112. »

Quatre solutions : 121 410 ; 124 011 ; 124 101 ; 124 110.

137 Exercice individuel, écrit

Consigne 1 : « On remplace les points par les chiffres qu'on veut. Les nombres obtenus doivent être rangés dans l'ordre croissant.

3 • 1
• 8 2
• • 9
• • •
4 5 1 »

Une mise en commun fera apparaître qu'il y a plusieurs solutions valables, et que pour trouver, il faut chercher ce qui est possible à chaque instant. Par exemple, le chiffre des centaines à la deuxième ligne ne peut être que 3, puisque tous les nombres doivent être plus petits que 451. Le chiffre des dizaines à la première ligne peut être 0, 1, 2, 3, 4, 5, 6, 7, 8, mais pas 9. Le chiffre des centaines à la troisième ligne peut être 3 ou 4. Quand on a choisi, le chiffre des dizaines peut alors être...

Consigne 2 : « On remplace les points par les chiffres qu'on veut. Les nombres obtenus doivent être rangés dans l'ordre croissant.

4 • • 9
• • • 2
• 1 • •
• • • •
4 7 • • »

Même mise en commun que précédemment.

Consigne 3 : « On remplace les points par les chiffres qu'on veut. Les nombres obtenus doivent être rangés dans l'ordre croissant.

7 8 • 4 •
• • 9 • •
• • • 6 0
• • • 5 •
7 9 • • • »

Mise en commun.

Consigne 4 : « On remplace les points par les chiffres qu'on veut. Les nombres obtenus doivent être rangés dans l'ordre croissant.

2 4 5 • •
• • 59 •
• 5 5 8 •
• 0 5 • •
• 0 5 • •
3 4 5 • • »

Mise en commun.

138 Exercice individuel, écrit

Chaque élève prépare un exercice conçu sur le modèle de ceux présentés en 137. Les exercices sont ensuite échangés entre voisins et résolus. Cette fois, il n'y aura pas de mise en commun : les deux voisins régleront ensemble leurs litiges. Le maître supervisera les échanges entre binômes : il pourra provoquer une mise en commun le lendemain sur les cas de litiges intéressants (y avait-il ou non une solution au problème proposé ?).

139 Exercice individuel, écrit

Consigne 1 : « Quel est le nombre qui s'écrit avec les mêmes chiffres que 400 113 et qui vient juste après ? »

Réponse : 400 131.

Consigne 2 : « Quel est le nombre qui s'écrit avec les mêmes chiffres que 400 113 et qui vient juste avant ? »

Réponse : 341 100.

■ Ajouter, retrancher 2, 5, 10 ou un multiple de 10, 100, 1 000

141 Exercice collectif, oral

Furets : compter de *n* en *n* (*n* = 10, 100, 1 000, 20, 200, 2, 5, 50)
Le maître dit un nombre, interroge un élève qui ajoute *n*, ceci plusieurs fois de suite, puis un autre élève continue. Même exercice en retranchant *n*.
Les difficultés : il est facile de compter de 2 en 2, de 5 en 5, de 10 en 10 à partir de zéro, un peu plus difficile quand les nombres sont grands ou qu'on passe une centaine, un millier, plus difficile si on ne part pas d'un multiple du bond.

Différenciation : on choisira donc les enfants interrogés pour qu'ils aient des difficultés à leur mesure et on laissera faire plusieurs bonds de suite aux élèves qui ont plus de mal à compter.

142 Exercice collectif, oral

a) Compter de 2 en 2, en partant de zéro, très vite.
Même exercice de 2 en 2 en reculant à partir d'un nombre pair.
b) Compter de 2 en 2 à partir d'un nombre impair. Puis même exercice à l'envers.
c) Compter de 10 en 10 à partir de zéro, très vite. Puis compter à partir d'un multiple de 10 plus grand, puis à l'envers.
d) Compter de 10 en 10 à partir de 3, très vite, puis à partir de 942, puis à l'envers.
e) Même exercice de 100 en 100, à partir des mêmes nombres ou d'autres nombres.
f) Même exercice de 5 en 5.

143 Exercice collectif, oral

a) Compter de 20 en 20 à partir de 160.
b) Compter de 20 en 20 à partir de 250.
c) Compter de 20 en 20 à partir de 53.
d) Compter de 20 en 20 à partir de 119.
e) Même exercice de 30 en 30.
f) Même exercice de 200 en 200, de 300 en 300.
g) Même exercice de 20 en 20 à l'envers.

144 Exercice collectif, écrit

Le maître donne la consigne oralement.

Consigne : « Voici un nombre : 307.
Au nombre 307, ajoutez deux centaines, puis ajoutez mille, puis ajoutez cinq centaines.
Écrivez le nombre qui suit celui que vous avez obtenu. »

Les élèves peuvent noter les résultats intermédiaires, seul le résultat final est exigé.

145 Exercice collectif, écrit

Le maître donne la consigne oralement.

Consigne : « Voici un nombre : 495.
Enlevez à ce nombre trois dizaines, puis ajoutez quatre centaines, puis ajoutez trois milliers.
Écrivez le nombre qui précède celui que vous avez obtenu. »

146 Exercice individuel, écrit

Consigne :
« Écris en chiffres : seize mille quarante-neuf.
Ajoute quatre mille, puis enlève quarante.
Écris le nombre obtenu en chiffres puis en lettres. »

147 Exercice individuel, écrit

Consigne : « Écris en chiffres : douze mille cinquante-neuf.
Enlève dix mille,
puis enlève soixante.
Écris le nombre qui suit celui que tu as obtenu, d'abord en chiffres puis en lettres. »

148 Exercice individuel, écrit

Consigne : « Effectue :
153 + 30 = ...
1 187 + 20 = ...
986 + 30 = ...
195 + 20 = ...
209 – 20 = ...
1 982 + 30 = ...
1 017 – 20 = ...
174 + 30 = ...
1 142 – 200 = ... »

■ Répertoires multiplicatifs

Une des premières nécessités, en début de CM1, est d'assurer les répertoires multiplicatifs et de division et les répertoires additifs-soustractifs. Cependant beaucoup d'enfants les maîtrisent déjà en grande partie, ce qui nous amène à proposer, sur ce sujet, après quelques séances collectives de type Lamartinière, un entraînement individuel, qui ne fait donc pas partie de la rubrique « 10 minutes par jour » ; ces activités seront repérées par un A (qui signifie : autonome).
On peut proposer un contrat hebdomadaire sur la période 1, à partir de la situation Pythagore, qui permet une révision de toutes les tables. Ce contrat engage les élèves à réviser leurs tables à la maison, sachant que chaque matin ils seront interrogés sur les tables indiquées.

151 Exercice collectif, procédé Lamartinière, 1re semaine

Tables de 2, 4 et 8.

152 Exercice collectif, procédé Lamartinière, 2e semaine

Tables de 5, 10 et 7.

153 Exercice collectif, procédé Lamartinière, 3e semaine

Tables de 3, 6 et 9.

154 Exercice collectif, procédé Lamartinière, 4e semaine

Autres produits à savoir :

12 x 2 ; 12 x 3 ; 12 x 4 ; 12 x 5 ;
15 x 2 ; 15 x 3 ; 15 x 4 ;
25 x 2 ; 25 x 3 ; 25 x 4.

A1 Le jeu de Pythagore

En début d'année, le maître a fabriqué un jeu de cartes comportant au recto toutes les écritures de la forme *a* x *b* avec *a* et *b* compris entre 1 et 12 : 1 x 1 ; 1 x 2... ; 12 x 11 ; 12 x 12. On peut aussi (ou ensuite) prolonger ce jeu à d'autres produits (tables de 15 ou de 25...). Les résultats sont écrits au verso.
Chaque enfant, lors d'un moment de travail individuel, prend à son tour le jeu de cartes. Il mélange les cartes et les tire ensuite une par une d'un côté ou de l'autre. Il « s'interroge » lui-même sur ces produits, contrôle son résultat en retournant la carte et répartit alors les cartes en deux tas :
– tas A : celles dont il a su le résultat ;
– tas B : celles qu'il ne connaissait pas ou sur lesquelles il a fait une erreur.
Il recopie alors toutes les cartes B (sur un cahier ou directement sur des petits cartons recto-verso) et va se faire interroger par le maître sur les cartes A.

Chaque enfant doit alors se trouver, avec l'aide du maître, une stratégie pour apprendre les résultats B :
– Faut-il les organiser ? Comment ?
– Combien faut-il essayer d'en apprendre chaque jour ?
– Faut-il les recopier ? Les afficher dans sa chambre ou... ?
– Etc.
Ceci définit un « contrat d'apprentissage » personnalisé.

Lorsque tous les élèves ont fabriqué leur jeu personnel, le maître décide d'un jour de la semaine où chacun se teste et peut retirer de son jeu des cartes maintenant connues sur lesquelles il va se faire interroger par le maître ou par un camarade. Le même travail reprend sur les cartes B restantes.

155 Exercice collectif, écrit

Consigne : « Calculez : 3 x 3 ; 6 x 6 ; 9 x 9 ; 5 x 5 ; 7 x 7 ; 10 x 10 ; 4 x 4 ; 8 x 8 ; 11 x 11. »

On peut, après cet exercice, faire réfléchir sur la spécificité des calculs demandés et introduire le terme de « carré d'un nombre ».

156 Exercice individuel, écrit

Consigne : « Complète :

... x 5 = 45
... x 10 = 700
... x 2 = 18
... x 4 = 16
... x 9 = 81
7 x ... = 35
8 x ... = 24
6 x ... = 42
10 x ... = 80
3 x .. = 33 »

157 Exercice individuel, écrit

Consigne : « Complète :

... x 100 = 1 000
7 x ... = 70
40 x ... = 4 000
... x 80 = 800
13 x ... = 1 300
18 x ... = 1 800
... x 100 = 7 000
... x 10 = 5 600
19 x ... = 1 900
... x 10 = 45 000 »

APPROCHE MENTALE DE QUOTIENTS

L'objectif de ces exercices est la fréquentation du répertoire multiplicatif (non élargi) sous formes inverses :
– par quoi faut-il multiplier *x* pour obtenir *y* ? On travaille ici sur des nombres *y* multiples de *x* ;
– combien de fois peut-on mettre *x* dans *y* ? La forme de cette question permet de choisir *y* multiple ou non de *x*.

Le maître, à la question « Combien de fois 4 dans 29 ? », attend des réponses de la forme :
– à l'oral : c'est sept fois, et il reste un ;
– à l'écrit : 7 fois, il reste 1.
29 = 7 x 4 + 1 ou 29 = 4 x 7 + 1

161 Exercice collectif, écrit

Consigne 1 : « Combien de fois 4 dans :
28 ? 29 ? 33 ? 18 ? 22 ? »

Correction et mise en évidence qu'ici on n'a pas besoin que « ça tombe juste » ; les nombres y sont « presque dans la table » de 4 et on peut facilement trouver le quotient euclidien.

Consigne 2 : « Combien de fois 5 dans :
28 ? 55 ? 37 ? 14 ? 42 ? »

162 Exercice individuel, écrit

Consigne 1 : « Combien de fois 6 dans :
42 ? 24 ? 68 ? 26 ? 17 ? 3 ? »

Correction, puis consigne 2.

Consigne 2 : « Combien de fois 6 dans :
18 ? 19 ? 37 ? 55 ? 21 ? 120 ? 32 ? »

163 Exercice collectif, écrit

Consigne 1 : « Combien de fois 10 dans :
58 ? 180 ? 243 ? 3 522 ? »

On fera le rapprochement avec une autre formulation : « Combien de dizaines dans... ? »

Consigne 2 : « Combien de fois 10 dans :
4 000 ? 72 ? 1 020 ? 880 ? 1 997 ? »

164 Exercice individuel, écrit

Consigne 1 : « Combien de fois 20 dans :
20 ? 32 ? 41 ? 83 ? »

Correction, puis consigne 2.

Consigne 2 :
« Combien de fois 20 dans :
105 ? 114 ? 100 ? 400 ? »

165 Exercice individuel, écrit

Consigne 1 : « Combien de fois 9 dans :
24 ? 37 ? 61 ? 90 ? »

Correction, puis consigne 2.

Consigne 2 : « Combien de fois 9 dans :
74 ? 29 ? 40 ? 55 ? 71 ? 82 ? »

166 Exercice individuel, écrit

Consigne 1 : « Combien de fois 7 dans :
42 ? 25 ? 68 ? 17 ? 22 ? »
Correction, puis consigne 2.

Consigne 2 : « Combien de fois 7 dans :
33 ? 37 ? 57 ? 21 ? 77 ? »

B 167 Exercice individuel, écrit

Il s'agit d'un bilan sur la recherche des quotients sous trois formes :

Consigne 1 (multiplication à trou) : « Complète :

4 x ... = 36   ... x 12 = 36   9 x ... = 72

5 x ... = 20   15 x ... = 60

Consigne 2 : « Par quel nombre faut-il multiplier 8 pour avoir :

40 ?   32 ?   80 ?   160 ?   56 ? »

Consigne 3 : « Combien de fois 3 dans :

27 ?   15 ?   36 ? »

■ TECHNIQUE OPÉRATOIRE DE LA MULTIPLICATION

Cette technique opératoire doit être entraînée tout au long de l'année : il nous semble préférable de laisser aux maîtres l'initiative de ce travail qui devrait être rapidement différencié en fonction des résultats des élèves. Voici cependant quelques exercices classiques, qui peuvent les aider.

171 Exercice individuel, écrit

Les élèves doivent effectuer les multiplications. Le maître peut proposer aux élèves d'utiliser une table de Pythagore de manière à concentrer leurs efforts, non sur ce répertoire, mais sur les retenues d'addition et les décalages.

Consigne : « Effectue les multiplications :

217 x 8
217 x 85
217 x 80
217 x 805
217 x 8 005 »

172 Exercice individuel, écrit

Consigne : « Effectue les multiplications :

304 x 13
304 x 23
304 x 130
304 x 103
304 x 123 »

173 Exercice individuel, écrit

Consigne : « Effectue les multiplications :

1 443 x 7
259 x 39
37 x 273
143 x 7
481 x 21 »

Elles ont été choisies pour leurs résultats spectaculaires : 10 101 ; 10 101 ; 10 101 ; 1 001 ; 10 101.

174 Exercice individuel, écrit

Consigne : « Effectue les cinq multiplications :

9 475 x 9
576 x 28
429 x 37
2 048 x 53
9 816 x 724 »

Résultats : 85 275 ; 16 128 ; 15 873 ; 108 544 ; 7 106 784.

175 Exercice individuel, écrit

Consigne : « Effectue les multiplications·

15 625 x 64
8 547 x 13
1 443 x 77
3 x 37
2 849 x 39 »

Résultats : 1 000 000 ; 111 111 ; 111 111 ; 111 ; 111 111.

176 Exercice individuel, écrit

Consigne : « Calcule mentalement de la façon qui te paraît la plus simple et écris le résultat :

7 x 4 x 25
2 x 9 x 5
5 x 23 x 4
2 x 672 x 5
4 x 93 x 25 »

Il s'agit, ici, de mettre en évidence l'intérêt de certains produits, de l'associativité et de la commutativité : produits qui « font » d'abord 10, 100, 1 000, 200, 300, etc.

177 Exercice individuel, écrit

Consigne : « Complète les opérations :

2 5 •	5 4 2	1 • 5 •
x 8	x •	x 5
2 0 2 4	4 3 3 6	6 • 8 5

Solutions : 253 x 8 = 2 024 542 x 8 = 4 336 1 257 x 5 = 6 285 et 1 357 x 5 = 6 785.

Calculs additifs et soustractifs

Compléments à 10, à la dizaine supérieure

181 Exercice collectif, oral

Le maître alterne les trois types de formulation :

« Que faut-il ajouter à *n* pour faire 10 ? »
« Que faut-il retrancher à 10 pour faire *n* ? »
« Que reste-t-il si on retranche *n* de 10 ? »
(Avec $n < 10$.)

182 Exercice individuel, écrit

Le travail est mental, sans calculatrice ni brouillon.

Consigne : « Effectue ces opérations mentalement et écris leur résultat :

20 – 17 = ...	370 – 367 = ...	1 480 – 1 473 = ...
30 – 23 = ...	250 – 245 = ...	4 570 – 4 561 = ...
40 – 34 = ...	120 – 111 = ...	3 220 – 3 217 = ...
50 – 46 = ...	430 – 426 = ...	7 460 – 7 458 = ...
60 – 55 = ...	540 – 532 = ...	8 680 – 8 675 = ...
70 – 62 = ...	660 – 656 = ...	2 530 – 2 529 = ...
80 – 78 = ...	780 – 774 = ...	5 100 – 5 094 = ...
90 – 81 = ...	890 – 883 = ...	9 910 – 9 906 = ...
100 – 93 = ...	1 000 – 997 = ...	10 000 – 9 992 = ...

Le maître fait noter sur le cahier-mémoire, si nécessaire, les compléments à 10 qui ont posé problème. Il doit prévoir d'interroger à nouveau, de réactiver les connaissances.
On peut aussi s'appuyer sur les différentes écritures et repérer la forme difficile pour chaque élève :

30 – 23 = ?
54 + ? = 60
70 – ? = 62

183 Jeu solitaire ou à deux : les compléments à 100

Le maître fabrique un jeu de cartes avec les nombres de 0 à 50 d'un côté et leur complément à 100 de l'autre.
Les élèves doivent s'exercer à dire très vite le complément à 100 d'un nombre en jouant seul ou à deux.

184 Exercice individuel, écrit

Consigne : « Complète :

128 + 10 = ...	1 234 + 100 = ...	41 – 39 = ...
148 – 10 = ...	775 – 770 = ...	373 = 100 + ...
739 + 11 = ...	813 = .. + 10	... + 4 = 842
1 048 – 100 = ... »		

185 Exercice individuel, écrit

Consigne : « Complète :

267 – 9 = ...	413 – 390 = ...	751 = 771 – ...
543 = ... + 20	95 – ... = 4	741 = ... + 20
3 + ... = 741	1 024 – 20 = ...	439 + ... = 639
873 – 110 = ... »		

Répertoires additifs et soustractifs

A186 Jeu solitaire

Le maître a fabriqué un jeu de cartes comportant au recto des écritures de la forme $a + b$ ($1 < a < 9$ et $1 < b < 9$) ou $a - b$ ($1 < b < 9$; $1 < a < 18$; $a - b < 9$). Les résultats sont écrits au verso.
Chaque enfant, lors d'un moment de travail individuel, prend à son tour le jeu de cartes. Il mélange les cartes et les tire ensuite une par une. Il « s'interroge » lui-même sur ces opérations, contrôle son résultat en retournant la carte et répartit alors les cartes en deux tas :
– tas A : celles dont il a su le résultat ;
– tas B : celles qu'il ne connaissait pas ou sur lesquelles il a fait une erreur.
Il recopie alors toutes les cartes B (sur un cahier ou directement sur des petits cartons recto-verso) et va se faire interroger par le maître sur les cartes A.
Chaque enfant doit alors se trouver, avec l'aide du maître, une stratégie pour apprendre les résultats B :
– Faut-il les organiser ? Comment ?
– Combien faut-il essayer d'en apprendre chaque jour ?
– Faut-il les recopier ? Les afficher dans sa chambre ou... ?
– Etc.
Ceci définit un « contrat d'apprentissage » personnalisé.

Lorsque tous les enfants ont constitué leur jeu personnel, le maître décide d'un jour de la semaine où chacun se teste et peut retirer de son jeu des cartes maintenant connues sur lesquelles il va se faire interroger par le maître ou par un camarade. Le même travail reprend sur les cartes B restantes.

B 187 Évaluation individuelle

Les exercices ont été ordonnés de la façon suivante :
– ordre croissant du plus grand nombre intervenant dans l'égalité ;
– position du signe opératoire par rapport au signe d'égalité ;
– position de la lacune par rapport au signe opératoire.
C'est au maître de définir pour chaque élève le niveau de difficulté.
Exemple :

6 + 4 = ...	très facile
... = 6 + 4	plus inconfortable
8 – 4 = ...	facile
... = 8 – 4	plus difficile
7 + ... = 10	
10 = 7 +...	

Consigne : « Complète :

8 – 4 = ...	... = 8 – 3	9 – 2 = ...
9 = ... + 4	6 + 4 = ...	7 + ... = 10
11 – 4 = ...	... + 5 = 11	12 – 6 = ...
... = 12 – 5	... + 4 = 13	14 = 5 + ...
... = 14 – 7	7 + ... = 15	... = 15 – 6
16 – 8 = ...	... = 7 + 9	... = 16 – 9
17 – 8 = ...	18 = ... + 9	13 – ... = 7 »

188 Exercice individuel, écrit

Consigne : « Voici la feuille d'un élève, corrige-la.

14 = **8** + 6	11 = 16 – **5**	**17** = 6 + 9
13 – **5** = 9	**7** + 8 = 13	7 = **15** – 6
7 = **14** – 7	9 + **4** = 13	**16** = 8 + 8
12 – 7 = **5**	**6** + 9 = 15	**11** – 3 = 8
11 + 3 = 14	14 – **6** = 8	12 = 8 + **6** »

■ Technique de l'addition

191 Exercice individuel, écrit

a. Il s'agit d'une série d'additions en lignes ou posées, portant sur des nombres de 3 à 5 chiffres, que l'élève autocorrigera à l'aide de la calculette. La série ci-dessous est donnée à titre d'exemple, le maître pourra la compléter.

```
   34567
+   7421
+  47978
--------
=
```

1 825 + 409 + 70 328 = ...

48 625 + 1 542 = ...

Typologie des erreurs:
- de table,
- de retenue,
- de disposition.

À la correction, chaque élève ayant fait une erreur devra déterminer de quel type d'erreur il s'agit.
En cas d'erreurs de table, le maître fera noter les sommes à apprendre dans le cahier-mémoire.

b. En cas d'erreurs de retenue, reprendre des exercices semblables ou faire corriger les erreurs d'un autre. Exemple:

```
  1943        729       145
+ 7485     + 1536     +  89
------     ------     -----
= 8328     = 2365     = 224
```

Calculs réfléchis, résultats reconstruits

Encadrement par des multiples d'un nombre

Cette série d'exercices a pour objet de faciliter l'approche des quotients par encadrements à l'aide de multiples.

201 Exercice collectif, écrit

Consigne: « Je vais vous donner des nombres qui ne sont pas dans la table de 5, même si on la prolonge aussi loin que l'on veut. Vous allez chercher le nombre de la table de 5 qui vient juste avant le nombre que je vous donne et celui qui vient juste après. »

Première liste: 63; 102; 81; 99; 254.

Chaque élève écrit les deux nombres demandés sur une même ligne.
Exemple:
Le maître donne 23, les élèves doivent écrire: 20 et 25.
À l'oral, on dira: dans la table de 5, 23 est entre 20 et 25.

On constate que, pour la table de 5, c'est très facile puisque les nombres qui « y sont » se terminent par 0 ou 5.

Reprise de l'exercice, toujours dans la table de 5, avec: 59; 324; 888; 107; 909.

Cette mise en œuvre en deux temps est reprise pour tous les exercices du type question-réponse que nous allons proposer.

202 Exercice collectif, écrit

Même travail que dans l'exercice 201 pour la table de 7. Il peut être donné en deux temps.

Consigne: « Je vais vous donner des nombres qui ne sont pas dans la table de 7, même si on la prolonge aussi loin que l'on veut. Vous allez chercher le nombre de la table de 7 qui vient juste avant le nombre que je vous donne et celui qui vient juste après. »

Première liste: 41; 23; 54; 18; 66.
On peut trouver les nombres « juste avant » ou « juste après » si on sait bien la table de 7 parce que les nombres donnés par le maître restent dans la table réduite (et donc supposée connue).

Deuxième liste: 5; 73; 145; 282; 29.
Si on sort de la table de 7 réduite, cela devient beaucoup plus difficile... Il faut prendre appui sur des produits tels que 20 x 7 = 140 ou 40 x 7 = 280

203 Exercice collectif, écrit

Il s'agit du même travail que dans les exercices précédents, mais au lieu de donner le nombre « juste avant » et le nombre « juste après » dans la table de 6, on donnera le « produit juste avant » et le « produit juste après ».

Exemple : 50.
Les élèves doivent écrire 6 x 8 et 6 x 9.
À l'oral, on dira : « dans la table de 6, 50 est entre 6 x 8 et 6 x 9 ».

Consigne : « Je vais vous donner des nombres qui ne sont pas dans la table de 6, même si on la prolonge aussi loin que l'on veut. Vous allez chercher le produit de la table de 6 qui vient juste avant le nombre que je vous donne et le produit qui vient juste après. »

Première liste : 13 ; 32 ; 9 ; 25 ; 4.
Deuxième liste : 40 ; 19 ; 33 ; 45 ; 57.

204 Exercice collectif, écrit

Le même travail se fait pour la table de 8, sous forme de produits.

Consigne : « Je vais vous donner des nombres qui ne sont pas dans la table de 8, même si on la prolonge aussi loin que l'on veut. Vous allez chercher le produit de la table de 8 qui vient juste avant le nombre que je vous donne et le produit qui vient juste après. »

Première liste : 23 ; 5 ; 44 ; 29 ; 55.
Deuxième liste : 69 ; 18 ; 9 ; 75 ; 85.

■ Doubles, moitiés

L'objectif de ces exercices est d'amener les élèves à calculer rapidement moitiés ou doubles de nombres inférieurs à 1 000 et « sympathiques ».
Ils doivent être précédés du « Jeu des six cartes » (cf. page 164).

211 Exercice collectif, écrit

Consigne : « Quel est le double de : 4 ? de 10 ? de 25 ? de 6 ? de 14 ? »

Chaque élève écrit les réponses au fur et à mesure sur son cahier. Après ces cinq premières questions, le maître reprend chaque nombre et demande la réponse ainsi que les procédures : on peut, par exemple, insister sur le fait qu'il est souvent commode de doubler d'abord les dizaines ou que le double des nombres qui se terminent par 5 se trouve en doublant les dizaines et en ajoutant une dizaine au résultat.

Puis on repart, le même jour ou le lendemain, pour cinq autres nombres : 43 ; 5 ; 65 ; 80 ; 35.

212 Exercice individuel, écrit

Consigne : « Quel est le double de 35 ? de 42 ? de 55 ? de 25 ? de 32 ? de110 ? de 250 ? de 14 ? de150 ? de 205 ? »

La correction est immédiate.
Le maître demande alors à un élève de préparer dix questions sur le même thème pour le lendemain et d'effectuer lui-même les calculs auxquels il va soumettre ses camarades.
Il est important d'établir tout de suite un contrat clair dans ce type d'activités : les élèves doivent se sentir responsables de ce qu'ils proposent et non chercher à piéger leurs camarades avec des calculs difficiles qu'ils auraient réalisés à la calculette, par exemple.

213 Proposition élève

L'élève qui a préparé une liste de nombres interroge la classe :
« Quel est le double de ... ? »

À la suite de ces trois unités, les élèves sont invités à inscrire dans leur cahier-mémoire, sous la forme qu'ils veulent pour l'instant, le double de certains nombres importants, définis ensemble. Il est préférable de se contenter d'un répertoire court mais parfaitement mémorisé.

214 Exercice collectif, écrit

Consigne en deux temps :
« Quelle est la moitié de 8 ? de 32 ? de 24 ? de 46 ? de 14 ? »
« Quelle est la moitié de 50 ? de 96 ? de 70 ? de 100 ? de 110 ? »

On fait le lien entre double et moitié. On regarde de plus près le calcul des moitiés des nombres qui sont formés d'un nombre impair de dizaines ou d'un nombre impair de centaines, parce qu'ils sont plus difficiles à calculer.

215 Exercice individuel, écrit

Consigne : « Quelle est la moitié de 36 ? de 200 ? de 260 ? de 1 600 ? de 540 ? de 74 ? de 124 ? de 90 ? de 150 ? de 10 000 ? »

Un élève est invité à préparer une série de nombres pour le lendemain

216 Proposition élève

L'élève qui a préparé la série de nombres interroge la classe :
« Quel est le quart de... ? »
Un répertoire unique des doubles/moitiés des nombres les plus fréquemment utilisés est alors consigné dans le cahier-mémoire. La forme de ce répertoire peut être discutée avec les élèves à partir de ce qu'ils ont déjà inscrit seuls dans ce cahier. On peut proposer un tableau, dans le genre de :

moitié	10	5	25	20	15	12	500	8	30	60	15	20
double	20	10	50	100	30	24	1 000	16	60	120	30	40

ou plusieurs tableaux regroupant des « nombres qui se ressemblent » (notion à définir avec les élèves). Par exemple :

moitié	5	10	25	50	500	100
double	10	20	50	100	1 000	200

et

moitié	3	6	30	15	300	60
double	6	12	60	30	600	120

L'important est que ce répertoire soit lisible par les élèves dans les deux sens.

B 217 Exercice individuel, écrit

Méli-mélo : on mélange les questions en alternant les doubles et les moitiés.

Consigne :

Moitié de 50 ?
Moitié de 40 ?
Moitié de 250 ?
Double de 143 ?
Moitié de 182 ?
Double de 12 ?
Double de 15 ?
Moitié de 600 ?
Double de 185 ?
Moitié de 61 ?

On finit par un nombre impair, source de débat !

■ Quadruples et quarts

Il s'agit d'amener les élèves à calculer rapidement les quadruples et les quarts de nombres inférieurs à 1 000.

220 Exercice collectif, oral

Consigne : « Quel est le quart de : 8 ? de 20 ? de 48 ? de 36 ? de 100 ? »

Lors de la correction, on met en évidence que le quart, c'est « la moitié de la moitié ».
Puis, on reprend avec une deuxième série de nombre :
« Quel est le quart de 120 ? de 160 ? de 440 ? de 820 ? de 1 000 ?

221 Exercice individuel, écrit

Consigne : « Quel est le quart de 16 ? de 60 ? de 10 000 ? de 200 ? de 84 ? de 80 ? de 28 ? de 208 ? de 32 ? de 600 ? »

Un élève est invité à préparer une série pour le lendemain.

222 Proposition élève

L'élève qui a préparé une liste de nombres interroge la classe :
« Quel est le quart de … ? »

Puis les élèves sont invités à inscrire dans leur cahier-mémoire le quart de certains nombres importants, définis ensemble. Il est préférable de se contenter d'un répertoire court mais parfaitement mémorisé.

223 Exercice collectif, oral

Consigne: « Quel est le quadruple de : 5 ? de 15 ? de 25 ? de 35 ? de 105 ? »

Lors de la correction, on met en évidence que le quadruple c'est « quatre fois », c'est aussi « le double du double », et les procédures efficaces.

Reprise avec une deuxième série de nombres :
« Quel est le quadruple de 6 ? de 11 ? de 20 ? de 100 ? de 250 ?

224 Exercice individuel, écrit

Consigne: « Quel est le quadruple de 12 ? de 39 ? de 1 200 ? de 30 ? de 200 ? de 71 ? de 31 ? de 150 ? de 40 ? de 110 ? »

On distingue ce qu'il est bon de savoir par cœur (cahier-mémoire à compléter) et ce que l'on peut retrouver facilement.
Un élève prépare pour le lendemain une série de nombres.

225 Proposition élève

L'élève qui a préparé une liste de nombres interroge la classe :
« Quel est le quadruple de ... ? »
Après cette séance, les élèves sont avertis qu'ils doivent revoir ce qui a été fait dans toute la série des exercices 210 à 224, car il va y avoir un test !
On complète le cahier-mémoire pour quart/quadruple, comme pour double/moitié.

226 Évaluation individuelle

L'exercice écrit est un moyen de les entraîner à cette gymnastique qui demande beaucoup de concentration.

Moitié 30 ?	Double 50 ?	Quart 60 ?
Quadruple 9 ?	Moitié 150 ?	Moitié 24 ?
Double 75 ?	Double 21 ?	Quart 200 ?
Quart 204 ?	Quadruple 50 ?	Quadruple 31 ?
Double 1 500 ?	Double 210 ?	Moitié 180 ?
Quart 160 ?	Quadruple 130 ?	Quadruple 131 ?

B 227 Bilan

On peut choisir de le donner en collectif ou en individuel écrit.
Moitié 20 ? Double 30 ? Quart 40 ? Quadruple 7 ? Moitié 100 ? Moitié 124 ? Double 25 ? Double 28 ? Quart 100 ? Quart 104 ? Quadruple 20 ? Quadruple 21 ? Double 500 ? Double 510 ? Moitié 120 ? Quart 120 ? Quadruple 160 ? Quadruple 161 ?

Ajouter ou retrancher 9 ou 11

Les élèves doivent élaborer des procédures de calcul et être capables de choisir la mieux adaptée aux nombres en jeu.

231 Exercice collectif, oral

Le maître demande aux élèves de compter de 9 en 9, à partir d'un nombre autre que 0.
Il propose cinq fois de suite un départ différent et interroge successivement dix élèves qui partent du nombre trouvé par l'élève qui les a précédés (travail entièrement oral).

9, 18, 27...
8, 17, 26...
22, 31, 40...
100, 109, 118...
6, 15, 24...

Puis chaque enfant est invité à écrire ces suites sur son cahier d'entraînement (ce que nous désignons par la suite par l'expression « écriture *a posteriori* »). C'est à partir de ces cinq suites que le maître provoque les remarques des enfants. Il met en évidence la procédure : « pour ajouter 9, on peut ajouter 10 et enlever 1. »

Puis cinq nouveaux nombres de départ sont proposés : 4, 11, 23, 45, 20.
Et enfin, même reprise écrite *a posteriori*.

232 Exercice collectif, oral

Le maître demande aux élèves de compter de 11 en 11 (dix fois), à partir d'un nombre autre que 0.
Nombres de départ : 3, 25, 31, 8, 13. Écriture *a posteriori* et analyse.
Puis nouvelle série de cinq nombres de départ : 7, 58, 49, 21, 99.

233 Exercice individuel, écrit

Les calculs suivants sont proposés par écrit (un par ligne) :

23 + 9 =...
42 + 11 =..
30 + 11 =..
80 + 9 =..
41 + 9 = .
128 + 9 = ..
48 + 11 = ...
257 + 9 =
176 + 11 = ...
34 + 9 = ...

Le maître corrige les travaux des élèves hors de la classe, puis organise une analyse collective le lendemain et une reprise différenciée si nécessaire

234 Exercice collectif, oral : jeux du furet

Consigne 1 : « On ajoute des nombres qui se terminent par 9 et on part de 4 :
+ 9, + 19, + 29, + 199, + 49, – 9, – 19, – 29, – 199, – 49. »

Le maître demande une écriture *a posteriori* et une analyse des procédures.

Le fait d'écrire de mémoire la suite des calculs demandés permet certaines prises de conscience qui dépassent le simple calcul mental : le nombre d'arrivée est le même que le nombre de départ parce qu'on a enlevé « tout ce qu'on avait ajouté ! » Pourtant on ne repasse pas par les mêmes nombres « dans la descente »... (pour qu'il en soit ainsi, il aurait fallu « repartir à l'envers », comme disent les élèves : – 49, – 199, – 29, – 19, – 9).

Consigne 2 : « On ajoute toujours des nombres qui se terminent par 9 mais on part de 7 :
+ 9, + 19, + 29, + 199, + 49, – 9, – 19, – 29, – 199, – 49. »

La liste de nombres est identique mais les élèves n'en sont pas avertis.

235 Exercice individuel, écrit

Nombres croisés reprenant des calculs avec 9 ou 11.

	a	b	c	d	e
A					
B					
C					
D					
E					

Horizontalement

A. On ajoute 9 unités à 292 et un certain nombre de dizaines.
B. 11 111 + B = 73 468.
C. Si on lui ajoute 9 trois fois de suite, on dépasse la centaine de quelques unités ;
37 – 9.
D. Ça ne sert à rien de l'ajouter ou de le retrancher ;
70 – 11.
E. Son écart au double de 8 000 est 11.

Verticalement

a. Ce nombre est compris entre trois fois 11 000 et 9 000 + 9 000 + 9 000 + 9 000 + 9 000.
b. On l'obtient en partant de 2 et en lui ajoutant 9 quatorze fois de suite.
c. 22 – 9 ;
sa distance à 70 est 11.
d. C'est un double.
e. 3 centaines, 88 unités et 9 dizaines.

Solution

	a	b	c	d	e
A	3	1	1		4
B	6	2	3	5	7
C	7	8		2	8
D	0		5	9	
E	1	5	9	8	9

■ Utilisation d'un produit pour en calculer d'autres

L'objectif est de faire utiliser des propriétés de la multiplication (commutativité et distributivité sur l'addition ou linéarité) pour calculer un produit à partir d'un résultat donné.
On réinvestit ici :
– des résultats mémorisés sous leur forme inverse : 14 = 2 x 7 ;
– les calculs de doubles, moitiés, quarts et quadruples ;
– la règle des zéros dans les deux sens.
Pour motiver ce travail, nous utilisons comme points d'appui des produits « surprenants » (produits « simples » à partir de nombres peu sympathiques !) tels que :

3 x 37 = 111   143 x 7 = 1 001   259 x 39 = 10 101

241 Exercice collectif, oral

Le maître affiche au tableau : 3 x 37 = 111 et explique que ce résultat peut maintenant permettre de faire facilement de nouveaux calculs. Ce calcul reste affiché durant toute la durée de l'exercice.

Consigne : « Comment trouver 6 x 37 ? »

Les propositions des élèves aboutissent à : puisque 6 est le double de 3, il suffit de prendre le double de 111, ce qui n'est pas difficile à calculer.
Puis, on part pour cinq calculs qui sont donnés oralement aux élèves :
Comment trouver 30 x 37 ?
Comment trouver 3 x 370 ?
Comment trouver 9 x 37 ?
Comment trouver 12 x 37 ?
Comment trouver 300 x 37 ?

Le maître analyse les procédures utilisées, avec les élèves.

242 Exercice collectif, oral

Le maître affiche au tableau le calcul : 143 x 7 = 1 001.

Consigne : « Connaissant 143 x 7 = 1 001 (affiché au tableau pendant tout l'exercice), calculez :
143 x 14 ; 43 x 35 ; 143 x 70 ; 143 x 49 ; 143 x 700.

243 Exercice individuel, écrit

Consigne. « Connaissant 4 x 12 = 48, calcule :

40 x 12 = ...	4 x 1 200 = ...
16 x 12 = ...	4 x 120 = ...
12 x 12 = ...	4 x 24 = ...
24 x 12 = ...	4 x 36 = ...
400 x 12 = ...	40 x 120 = . »

On ne prévoit pas, dans cette série, de demander à un élève de préparer les questions du lendemain parce que cela nous semble trop difficile.

244 Exercice collectif, oral

Consigne : « Connaissant 7 x 8 = 56, calculez : 14 x 8 ; 28 x 8 ; 70 x 8 ; 7 x 16 ; 7 x 1 600. »

Ce qui importe, lors de la brève mise en commun où le maître et les élèves analysent les procédures utilisées, c'est la mise en évidence des passages d'un calcul à l'autre.

245 Exercice collectif, oral

On repart, comme la veille, de 7 x 8 = 56.

Consigne : « Connaissant 7 x 8 = 56, calculez : 7 x 80 ; 70 x 80 ; 7 x 8 000 ; 14 x 80 ; 140 x 80. »

Dans l'analyse, on pourra maintenant utiliser des écritures du type :
140 x 80 = 14 x 10 x 8 x 10 = 2 x 7 x 10 x 8 x 10 = 2 x (7 x 8) x 10 x 10
qui peuvent être utiles à certains enfants, mais il nous semble que ce sont surtout les verbalisations des décompositions qui peuvent leur servir ultérieurement.

246 Exercice collectif, écrit

Il s'agit, dans cet exercice, de calculer des produits à partir d'un résultat supposé mémorisé qui, cette fois-ci, n'est pas donné. Il n'y a pas de support écrit des questions (le maître n'écrit rien au tableau avant la correction).
Dans la mise en commun, au contraire, le maître dressera la liste des « appuis » que se sont donnés les élèves.

Consigne : « Calculez mentalement et écrivez le résultat de :
14 x 900 ; 18 x 30 ; 35 000 x 20 ; 1 200 x 30 ; 16 x 8 000. »

14 x 900 : appui sur 7 x 9 ;
18 x 30 : appui sur 9 x 3 ;
35 000 x 20 : appui sur 35 x 2 ou 7 x 2 x 5 ;
1 200 x 30 : appui sur 12 x 3 ou 6 x 3 ;
16 x 8 000 : appui sur 8 x 8.

Ces cinq calculs sont analysés. Les nombres de deux chiffres doivent souvent être décomposés car ils n'entrent guère dans des résultats mémorisés :
14 c'est 2 x 7, donc 14 x 900 c'est 2 x 7 x 900 ou 2 x 7 x 9 x 100 ou toute autre combinaison facile à calculer ! 18 c'est 3 x 6, etc.

247 Exercice individuel, écrit

Consigne : « Calcule :

14 x 7 = ...	25 x 12 = ...
7 x 18 = ...	250 x 12 = ...
16 x 7 = ...	2 000 x 48 = ...
16 x 9 = ...	120 x 8 = ...
18 x 5 = ...	160 x 80 = ... »

247 bis Exercice collectif, oral

Consigne : « Calculez : 400 x 25 ; 16 x 9 ; 18 x 8 ; 60 x 12 ; 120 x 12. »

248 Exercice collectif, oral

Dans cet exercice, les résultats 4 x 25 = 100 et 2 x 75 = 150 sont rappelés mais non écrits au tableau.

Consigne 1 : « Connaissant 4 x 25 = 100, calculez : 12 x 25 ; 8 x 250 ; 8 x 125 ; 4 x 125 ; 80 x 250. »

Consigne 2 : « Connaissant 2 x 75 = 150, calculez : 4 x 75 ; 8 x 75 ; 6 x 75 ; 3 x 75 ; 80 x 750. »

249 Exercice individuel, écrit

Consigne : « Calcule :

8 x 25 = ...	8 x 125 = ...
12 x 25 = ...	4 x 125 = ...
300 x 25 = ...	10 x 75 = ...
4 000 x 25 = ...	5 x 75 = ...
8 x 250 = ...	15 x 75 = ... »

Le maître fait consigner dans le cahier-mémoire certains multiples de 25 et les fait travailler dans les deux sens :

250 c'est 10 x 25 ; 3 x 25 c'est 75 ; 100 c'est 4 x 25 ;
8 x 25 = 200 ; 12 x 25 = 300.

B 249 bis Bilan oral ou écrit, au choix

« On sait que 13 x 8 = 104, calculez : 13 x 4; 13 x 16; 13 x 32; 13 x 800; 13 x 24. » Dans le cas d'un test oral, la première égalité est affichée au tableau.

■ Approche mentale de quotients

L'objectif est la fréquentation du répertoire multiplicatif (élargi) sous formes inverses :

– par quoi faut-il multiplier x pour obtenir y? On travaille ici sur des nombres y multiples de x;

– combien de fois peut-on mettre x dans y? La forme de cette question permet de choisir y multiple ou non de x : on explicitera le fait que la question admet une réponse optimale (le quotient euclidien) mais qu'il est parfois déjà intéressant de trouver un nombre, « le plus grand possible à calculer facilement » sans que ce soit le plus grand de tous... Affaire d'astuces ! Par exemple : la réponse à « Combien de fois peut-on mettre 6 dans 2 500 ? » peut être 400 (parce que 4 x 6 = 24) ; mais certains peuvent mieux faire : 410 (parce que dans les 100 qui restent encore on peut prendre 6 x 10 = 60), et le mieux du mieux étant 416 bien difficile à trouver mentalement !

251 Exercice collectif, écrit

Consigne 1 : « Par quel nombre faut-il multiplier 3 pour avoir 12 ? 60 ? 30 ? 24 ? 36 ? »

Le maître s'assure que la question est bien comprise et met en évidence, lors de la correction, les nombres qui se trouvent dans la table de 3 et ceux qui seraient plus loin si on continuait cette table.

Consigne 2 : « Par quel nombre faut-il multiplier 3 pour avoir 27 ? 15 ? 33 ? 66 ? 300 ? »

252 Exercice collectif, écrit

Consigne 1 : « Par quel nombre faut-il multiplier 7 pour avoir 42 ? 420 ? 63 ? 6 300 ? 6 307 ? »

Après la correction, le maître donne une nouvelle consigne.

Consigne 2 : « Par quel nombre faut-il multiplier 7 pour avoir 84 ? 8 400 ? 35 ? 3 500 ? »

253 Exercice individuel, écrit

Consigne : « Par quel nombre faut-il multiplier 12 pour avoir :
36 ? 60 ? 600 ? 48 ? 4 800 ? 96 ? 960 ? 3 600 ? 24 000 ? 720 ? »

254 Exercice collectif, écrit

Combien de fois *x* dans *y*?

Consigne 1: « Combien de fois 4 dans 28 ? 50 ? 29 ? 33 ? 18 ? »

Lors de la correction, on met en évidence qu'ici on n'a pas besoin que « ça tombe juste » ; les nombres sont « presque dans la table » de 4 et on peut facilement trouver le quotient euclidien. On ne cherchera pas à donner systématiquement la valeur du reste, comme on a pu le faire dans la série 160 du module 1, mais on signalera s'il y a un reste ou non.

Consigne 2: « Combien de fois 5 dans 28 ? 55 ? 37 ? 506 ? 153 ? »

Pour 506, on verra que 100 est une très bonne réponse mais que 101 est la réponse optimale; 100 sera valorisé parce que plus rapide à trouver.

255 Exercice individuel, écrit

Consigne: « Combien de fois 6 dans: 123 ? 244 ? 188 ? 361 ? 380? 1203 ? 2406 ? 2 424 ? 2 500? »

Réponse souhaitée: « Il y a 20 fois 6 dans 123 et il y a un reste. »

256 Exercice collectif, écrit

Consigne: « Combien de fois 10 dans: 58 ? 180 ? 243 ? 3 522 ? 4 000 ?
Puis dans 72 ? 1 020 ? 880 ? 1 995 ? »

257 Exercice collectif, écrit

Consigne: « Combien de fois 25 dans: 50 ? 60 ? 78 ? 506 ? 121 ?
Puis dans 253 ? 560 ? 758 ? 1 000 ? 1 051 ? »

258 Exercice individuel, écrit

Consigne: « Combien de fois 20 dans 20 ? 32 ? 41 ? 83 ? 105 ? 126 ? 100 ? 400 ? 413 ? 1 000 ? »

B 259 Exercice individuel, écrit

Il s'agit d'un bilan sur la recherche des quotients sous trois formes:

4 x ? = 36   ? x 12 = 36   9 x ? = 72   25 x ? = 200   15 x ? = 60

Par quel nombre faut-il multiplier 8 pour avoir: 40 ? 32 ? 80 ? 1 600 ? 56 ?

Combien de fois 7 dans: 35 ? 140 ? 49 ? 4 900 ? 350 ?

■ Calculs rapides

Les élèves sont amenés à calculer rapidement grâce à l'utilisation de nombres « sympathiques » comme points d'appui.

260 Le furet : jeu collectif oral

Le maître donne un nombre de départ et va proposer plusieurs opérateurs auxquels il faudra soumettre les nombres obtenus à chaque coup. Les calculs se font de tête jusqu'à ce que le maître demande le résultat.

- **Exemple 1 : appropriation du jeu**

Attention ! Les résultats intermédiaires sont donnés ici mais ce sont les élèves qui doivent les calculer de tête.

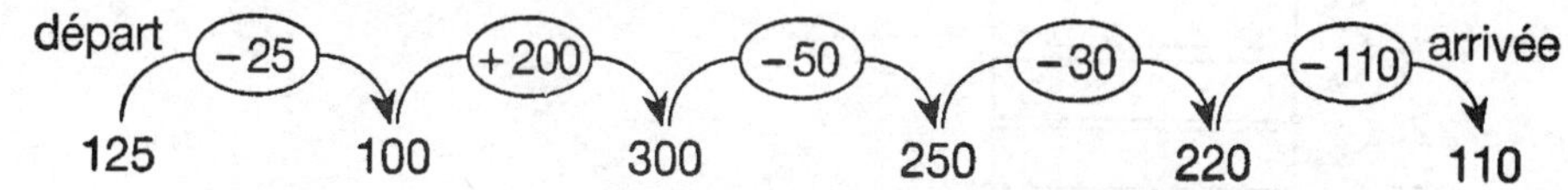

Le maître donne tous les ordres sous la forme : « enlever 25, ajouter 200... » et les élèves n'écrivent sur leur cahier (et non sur l'ardoise) que le résultat.

Les élèves sont ensuite (et immédiatement après chaque exercice) invités à retrouver les consignes qui leur ont été données par le maître. Ici encore, cette deuxième phase s'avère très intéressante car cela amène un retour sur les nombres choisis par le maître pour que les calculs soient tous possibles, voire faciles, dans l'ensemble des entiers naturels. Le rappel en mémoire des états et des transformations se fait aussi bien à partir des consignes du maître que des nombres que les élèves ont trouvés.

- **Exemple 2**

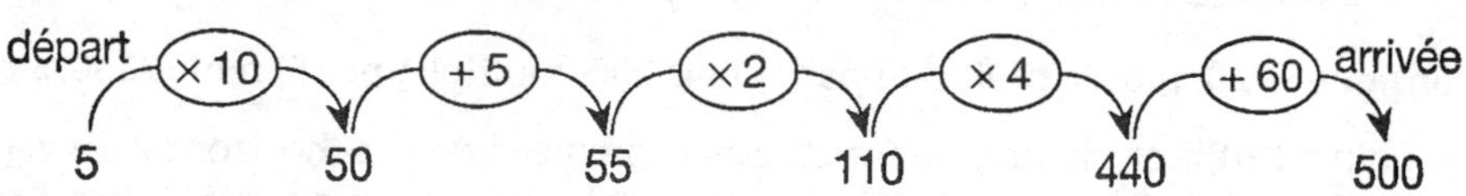

- **Exemple 3**

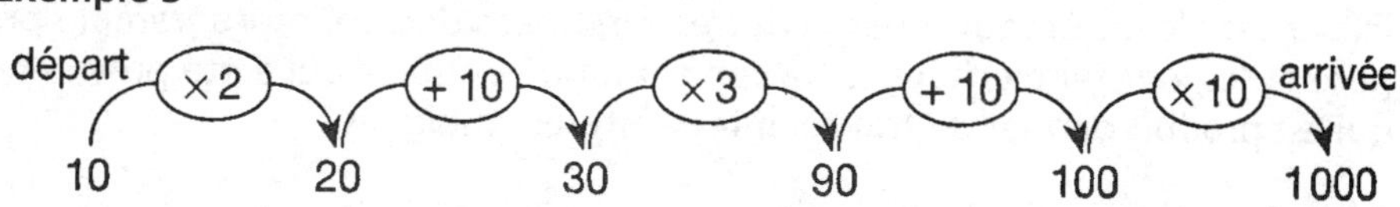

261 Exercice collectif, oral

Départ : 10
puis : +7 +8 +5 +12 +8 +21 +9 +4 +6 +10
Lorsqu'il n'y a qu'un seul type d'opérateur, on peut facilement utiliser une écriture algébrique : 10 + 7 + 8 + 5 + 12 + 8 + 21 + 9 + 4 + 6 + 10 = ...
Mais il faudra veiller à ce que les élèves n'écrivent pas :
10 + 7 = 17 + 8 = 25 + 5 = ...

262 Exercice individuel, écrit

La disposition de ce type de calcul est très importante : on pourra proposer une disposition verticale, chaque état étant écrit sur une ligne différente.
Par exemple :

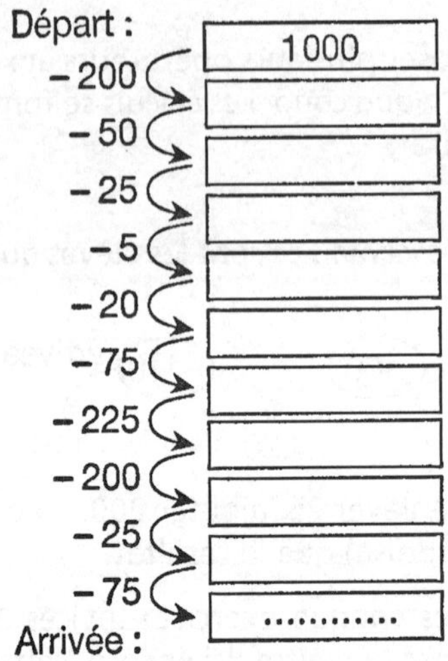

• **Exemple 3**

263 Exercice collectif, oral

Départ : 2
puis : x 10 x 5 x 4 x 3 x 10 x 2 x 10

264 Jeu du furet avec opérateurs de différents types : exercice collectif, écrit

Consigne : « 20, plus 5, multiplié par 4, plus 200, multiplié par 5, moins 250. »

Ici, on peut utiliser un schéma fonctionnel comme ci-dessus (horizontal ou vertical si l'on veut utiliser une écriture algébrique). La question des parenthèses se pose et n'est pas simple : pour provoquer quelques prises de conscience, on peut laisser les élèves produire des écritures supposées décrire le programme proposé et les leur faire échanger : la confrontation entre ce qui a été prévu et ce qui est produit permet de travailler les écritures ambiguës.

265 Exercice individuel, écrit

Départ : 25
puis : x 3 x 4 : 6 x 20 : 4 : 2 x 40 : 5 : 10 : 10

266 Exercice individuel, écrit

Appui sur les multiples de 25.
Départ : 250
puis : x 2 – 100 x 2 : 8 – 25 : 3 x 4 : 10 x 50 : 25

267 Exercice collectif, oral

Appui sur les multiples de 15.
Départ : 100
puis : – 85 x 4 x 20 : 100 + 3 x 3 + 15 : 20 + 97

268 Exercice individuel, écrit

Départ : 500
puis : x 4 : 20 : 25 x 30 : 60 x 750 : 15 x 100 : 400
: 1

269 Exercices individuels, écrits

Inventer une chaîne de cinq calculs (on peut utiliser les quatre opérations mais il faut que les divisions « tombent juste ») qui part de 6 et arrive à 6.

Exemple : 6 x 2 + 4 – 1 x 4 : 10

Mêmes exercices avec les contraintes suivantes :
- inventer dix calculs tels que : on part de 100 et on arrive à 50 ;
- dix calculs : on part de 100, arrivée libre ;
- dix calculs : on part de 60 et on arrive à 1 ;
- dix calculs : on part de 60, arrivée libre ;
- dix opérateurs : on part de 10 et on arrive à 75 ;
- dix opérateurs : départ libre, on arrive à 75.

On peut imaginer une « utilisation » de ces chaînes inventées :
- activité orale collective, comme dans la première étape ;
- échange des chaînes et vérifications avec ou sans calculette.

■ Boîtes noires

270 Exercices collectifs, écrits

L'activité principale ayant été proposée aux élèves sur deux séances en période 4, les programmes de calcul suivants sont ensuite utilisés de façon régulière, à raison d'un ou deux par séance :

$a \rightarrow a + 7$	$a \rightarrow 12 \times a$
$a \rightarrow 5 \times a - 1$	$a \rightarrow 50 \times a + 2$
$a \rightarrow a + 20$	$a \rightarrow a - 3$
$a \rightarrow 100 \times a - 10$	$a \rightarrow 11 \times a$
$a \rightarrow 4 \times a$	$a \rightarrow 100 \times a - 1$
$a \rightarrow 10 \times a + 2$	$a \rightarrow (a - 2) \times 4$

271 Exercices individuels, écrits

Ces exercices étant assez difficiles, le maître pourra décider de donner quelques aides : davantage de nombres ou une indication sur les opérateurs en jeu.

Consigne : « On a joué au jeu de la boîte noire. Trouve les programmes de calcul. »

1) Voici les nombres qui ont été proposés et les réponses :
3 → 20 11 → 60 7 → 40 2 → 15
6 → 35
Réponse : (a + 1) x 5.

2) 2 → 5 7 → 25 9 → 33 10 → 37
4 → 13
Réponse : 4 x a – 3.

272 Exercices individuels, écrits

Consigne : « On a joué au jeu de la boîte noire. Trouve les programmes de calcul. »

1) Voici les nombres qui ont été proposés et les réponses :
3 → 8 5 → 24 10 → 99 6 → 35 20 → 399
Réponse : a x a – 1.

2) 4 → 90 2 → 40 10 → 240 8 → 190 1 → 15
Réponse : 25 x a – 10.

On peut également utiliser en individuel certains des programmes de la série 270.

■ Multiples : laby-multi

Il s'agit de trouver un chemin de multiples permettant d'aller d'un bord du tableau au bord opposé (du haut vers le bas, ou du bas vers le haut, ou de la gauche vers la droite...) en passant uniquement par des cases portant des multiples d'un même nombre. On ne peut pas se déplacer en diagonale.

281 Exercice individuel, écrit

Règle : On peut se déplacer d'un nombre à un autre à condition que tous ces nombres soient des multiples d'un même nombre autre que 1, mais pas en diagonale.

Consigne : « Trouve un chemin qui va de la première ligne à la dernière. On ne peut pas se déplacer en diagonale. »

12	7	2	4	11	5	10
36	35	84	16	77	50	30
60	24	21	22	33	40	35
24	13	77	28	42	14	26
39	26	29	17	63	2	13
36	65	27	14	91	49	17
18	72	47	56	20	55	90

Aide: multiples de 7.
Trajet prévu: 7, 35, 84, 21, 77, 28, 42, 63, 91, 14, 56.

282 Exercice individuel, écrit

Règle : On peut se déplacer d'un nombre à un autre à condition que tous ces nombres soient des multiples d'un même nombre autre que 1, mais pas en diagonale.

Consigne: « Trouve un chemin qui va de la première ligne à la dernière. »

4	12	29	17	9	25	72
10	46	32	24	86	40	49
13	22	37	30	100	35	44
55	62	19	45	69	67	47
27	31	93	75	20	80	86
32	43	73	39	24	10	17
11	2	7	12	13	15	8

Aide: multiples de 5.
Trajet prévu: 25, 40, 35, 100, 30, 45, 75, 20, 80, 10, 15.

283 Exercice individuel, écrit

Règle: On peut se déplacer d'un nombre à un autre à condition que tous ces nombres soient des multiples d'un même nombre autre que 1, mais pas en diagonale.

Consigne: « Trouve un chemin qui va de la première ligne à la dernière. »

1	15	6	23	37	40	8
27	23	12	24	71	59	77
45	17	49	9	18	13	14
8	37	120	16	30	22	4
100	63	47	61	12	28	11
14	35	63	92	36	30	17
26	110	52	74	22	120	46

Trajet prévu: 15, 6, 12, 24, 9, 18, 30, 12, 36, 30, 120;
ou: 6, 12, 24, 9, 18, 30, 12, 36, 30, 120.

284 Exercice individuel, écrit

10	5	4	2	11	9	3
15	11	18	22	33	81	45
30	17	13	55	36	27	40
40	12	20	88	12	4	30
7	30	41	44	99	25	12
14	35	27	32	66	14	81
18	21	20	3	77	81	50

Trajet prévu: 11, 33, 22, 55, 88, 44, 99, 66, 77.

284 bis Exercice individuel, écrit

Consigne: « Inventez un laby-multi. »

Lorsque les laby-multi sont prêts, les élèves échangent leurs productions et chacun cherche le chemin dans le laby-multi de l'autre.

285 Balades numériques: exercice individuel, écrit

Après une présentation collective de l'activité, les élèves cherchent seuls. La règle de déplacement est donnée par le maître et diffère à chaque balade, de même que le bord de départ et celui d'arrivée.

Règle de déplacement: « On passe d'un nombre à l'autre en multipliant ou en divisant par 4 ou par 5.
Trouve un chemin qui va du bord supérieur au bord inférieur. »

7	1	3	21	5	25	20
24	4	12	4	12	100	80
120	30	60	15	75	32	16
8	90	120	65	300	60	18
70	22	41	13	52	240	48
51	64	82	25	260	3	12
100	60	40	5	26	15	25

Aide facultative: on arrive à 15.
Deuxième aide: on part de 3.
Trajet possible: 3, 12, 60, 15, 75, 300, 60, 240, 48, 12, 3, 15

286 Exercice individuel, écrit

Règle de déplacement : « On peut aller dans n'importe quelle case voisine par un côté, à condition de passer d'un nombre à un de ses multiples ou à un de ses diviseurs. On part de 5. Trouve le chemin. »

4	15	5	100	54	45	60
28	17	51	10	27	42	75
7	25	35	70	5	25	75
98	14	7	63	16	18	15
9	40	15	32	56	10	60
72	20	30	40	72	24	12
24	120	90	86	36	20	18

Trajet possible: 5, 100, 10, 70, 5, 25, 75, 15, 60, 12, 24, 72, 36.

287 Exercice individuel, écrit

Règle de déplacement: « On peut aller dans n'importe quelle case voisine par un côté, à condition de passer d'un nombre à un de ses multiples ou à un de ses diviseurs. Trouve un chemin. »

40	35	5	75	25	100	10
8	56	17	14	15	50	23
24	120	20	140	7	56	8
72	25	50	150	77	42	64
36	9	42	100	11	33	44
23	31	84	200	55	3	72
46	63	28	40	40	91	13

Trajet possible: 72, 24, 120, 20, 140, 7, 77, 11, 33, 3, 72.

288 Exercice individuel, écrit

Inventer une « balade » et l'échanger avec un autre élève.

■ Multiples : le loto des multiples

Il s'agit d'un jeu de loto presque normal, à ceci près que le nombre tiré est posé sur un de ses multiples.

Règle : On joue à quatre : un meneur et trois joueurs. Le premier qui réclame le pion le gagne. « Réclamer » un pion consiste à dire par exemple pour obtenir le pion 12 : « Je demande 12 pour aller sur ma case 36, parce que 36 = 12 x 3. »

On peut laisser un peu de temps aux joueurs, en début de partie, pour étudier les nombres dont ils disposent, par exemple à l'aide de leur « cahier des diviseurs » ou d'une table des diviseurs
Suivant le temps disponible, le but peut être de remplir sa grille ou de placer dix pions, par exemple.

291 Jeu collectif pour appropriation : loto des multiples 1

Matériel
– les pions de 2 à 50 (en double ou triple exemplaires, pour impliquer davantage de joueurs) ;
– cartes de loto (une pour deux élèves) .

18		40	52		70	80	90	100
20	30	42		60	72	84		120
24		45	54	64	78		96	
	36	48	56	66		88	99	150

Le maître tire un des pions et l'annonce : par exemple 21. Les élèves jouent par équipe de deux (de manière à favoriser les échanges). La première équipe qui « réclame 21 », par exemple pour le poser sur la case 42 de sa grille, en disant « Je prends 21 pour ma case 42 parce que 21 x 2 = 42 », gagne ce pion

292 Jeu en équipes de quatre : loto des multiples 2

Dans chaque équipe de quatre, un élève devient meneur et joue le rôle du maître comme dans l'activité collective (*cf.* n° 291, ci-dessus).

Matériel
– un jeu de pions de 2 à 50 ;
– six cartes de loto par groupe de quatre (2 cartes par joueur, pas de carte pour le meneur de jeu) :

6	22	30		50	62	70		90
	24	33	42		64	74	82	
10		36	44	54		76	84	92
15	25		46	55	65		85	95

	20	32	40		60		80	
8		34		51	68	72		91
14	26		48	57	69	77	86	96
16	28	38	49	58		78	88	98

10	20	33	40		60	70	80	92
14	25		42	50	62	76	82	
16		34	48	55	65		86	95
	26	38		58		78		98

8		30	40	50		76	82	91
10	20		42	55	60		84	92
	22	34	44		64	77	86	
16	25	38		57	68	78		98

	24	32		51	62		80	
6	26		46	54	65	70		90
14	28	33	48		69	72	85	95
15		36	49	58		74	88	96

6	22	30		51	64	72		90
8	24	32	44		68	74	84	
15		36	46	54		77	85	91
	28		49	57	69		88	96

293 Jeu en équipes de quatre : loto des multiples 3

Matériel

– pions de 1 à 50 ;
– un tableau 10 x 10 de 1 à 100.

Le premier qui a posé dix pions a gagné.

Et après...
Un regard sur le CM2

Le CM1 constitue une étape nouvelle dans les apprentissages mathématiques, marquée par le début de l'étude de notions comme la division, la proportionnalité, les nombres décimaux.
Ces notions seront précisées et enrichies au CM2, en vue de leur stabilisation au collège.
Les problèmes posés se situeront, comme au CM1, de plus en plus souvent dans des contextes évoquant des grandeurs mesurables (longueur, aire, capacité, masse, durée) qui continueront donc à faire l'objet d'un travail spécifique.

Pour l'essentiel, comme cela a été rappelé dans l'introduction, nos choix didactiques ne varient pas :
– place centrale accordée à la **résolution de problèmes** ;
– valorisation des **solutions personnelles** imaginées par les élèves ;
– prise en compte des **connaissances initiales** des élèves, dans leur **diversité** ;
– gestion des apprentissages sur le **long terme**.

Deux préoccupations supplémentaires continuent à orienter les activités proposées aux élèves, en vue des apprentissages futurs :
– la préparation à la prise de conscience et à l'exercice de la **rationalité mathématique**, qui débouchera sur l'initiation à la démonstration au collège ;
– la **mise en textes** des solutions élaborées en vue de leur communication à autrui et des connaissances identifiées en vue de leur mémorisation et de leur réutilisation.

■ À propos de la connaissance de nombres naturels...

• Les connaissances relatives aux systèmes de désignations écrite et orale des nombres continuent à être entretenues.
• Une connaissance intime des nombres naturels, notamment de ceux qui serviront de repères (nombres inférieurs à 100, nombres ronds, nombres divisibles par des nombres simples...), continue à être recherchée, dans l'optique d'une structuration arithmétique de ces nombres. Le calcul mental, notamment réfléchi, joue un grand rôle dans cette structuration.

■ À propos des nouveaux nombres...

• Il s'agit, au CM2, d'approfondir la maîtrise des écritures à virgule, la structuration des décimaux du point de vue de l'ordre (comparaison, encadrement, intercalation), de donner du sens à certains calculs sur ces nombres et de mettre en place les techniques correspondantes conformément au programme en vigueur (addition et soustraction déjà rencontrées au CM1, multiplication par un entier, division d'un décimal par un entier). Quelques repères seront également travaillés du point de vue du calcul mental, et l'usage des calculatrices sera encouragé.
• Les écritures décimales doivent également prendre du sens dans leurs divers domaines d'utilisation, notamment pour l'expression des mesures relatives aux grandeurs classiques, en relation avec le système métrique.
• Enfin, les fractions dites « simples" continueront à être fréquentées, sans faire l'objet d'une étude approfondie, notamment pour traiter des expressions telles que « prendre les 3/4 d'une quantité".

■ À propos de la proportionnalité...

• De premiers « raisonnements proportionnels » ont été élaborés par les élèves au CM1, dans des contextes variés. Au CM2, les contextes d'utilisation de la proportionnalité seront encore diversifiés, notamment dans le cadre géométrique (agrandissement ou réduction) en même temps qu'une première sensibilisation sera faite aux notions de pourcentage, d'échelle, de vitesse moyenne, sans perdre de vue que, pour l'essentiel, leur étude relève du collège.
• Les problèmes proposés resteront résolus par des procédures personnelles (donc diverses), élaborées par chaque élève en fonction de l'interprétation qu'il fait de la situation évoquée. Le recours au passage par l'image de l'unité sera toutefois mis en évidence, comme moyen de traiter des situations où les rapports entre les nombres ne sont pas *a priori* sympathiques.

■ À propos de la résolution de problèmes...

Le travail entrepris depuis la Grande Section d'école maternelle se poursuit, avec un approfondissement des orientations nouvelles entamées au CM1.
• Une place importante continue à être donnée aux problèmes de recherche (appelés parfois « problèmes ouverts »), à côté des problèmes dits « complexes » qui nécessitent une décomposition et une organisation en sous-problèmes et dont la résolution sollicite en général plusieurs champs de connaissance.
• Le travail sur deux types de compétences déjà évoquées se poursuit également :
– capacité à communiquer par écrit une démarche et un résultat;
– capacité à débattre en utilisant une argumentation de type mathématique.

Bibliographie

Les publications portant sur les différents sujets traités dans cet ouvrage sont nombreuses, nous n'avons pas cherché à en établir une liste exhaustive. Nous nous sommes limités à citer les articles et les ouvrages de référence qui nous ont particulièrement aidés à élaborer et conduire notre projet. D'autres références plus spécifiques sont données dans les différentes parties de cet ouvrage.

APMEP : Aides pédagogiques pour le cycle moyen 2. « Nombres décimaux », Elem-Math VIII, publication APMEP n° 61, Paris, 1986.

APMEP : « Grandeur, mesure », brochure APMEP n° 46, Paris, 1982.

ARSAC G. : « Les Recherches actuelles sur l'apprentissage de la démonstration et les phénomènes de validation en France », *Recherches en didactique des mathématiques*, vol. 9.2, La Pensée Sauvage, Grenoble, 1988.

ARSAC G. : « L'Origine de la démonstration : essai d'épistémologie didactique », *Recherches en didactique des mathématiques*, vol. 8.3, La Pensée Sauvage, Grenoble, 1987.

ARSAC G., CHAPIRON G., COLONNA A., GERMAIN G., GUICHARD G., MANTE M. : « Initiation au raisonnement déductif au collège », IREM de Lyon, P.U. Lyon, 1992.

BALACHEFF N. : « Processus de preuve et situations de validation », *Educational Studies in Mathematics*, 18, 147-176, 1987.

BALACHEFF N. : « Une étude du processus de preuve en mathématiques chez les élèves de collège », thèse, Université Joseph Fourier, Grenoble, 1988.

BARBIN E. : « Quelles conceptions épistémologiques de la démonstration pour quels apprentissages ? », Repères-IREM n° 12, 1993.

BASQUET M. : « Le Nombre et la numération », ISOSCEL, 82 avenue Niel, 75017 Paris, 1982.

BENOIT P., CHEMLA K., RITTER J. : « Histoire de fractions, fractions d'histoire », B. Verlag, Berlin, 1992.

BKOUCHE R., CHARLOT B., ROUCHE N. : « Faire des mathématiques le plaisir du sens », Armand Colin, Paris, 1991.

BOISNARD D., HOUDEBINE J., JULO J., KERBŒUF M.-P., MERRI M. : « La Proportionnalité et ses problèmes », Hachette Éducation, Paris, 1994.

BROUSSEAU G. : « Fondements et méthodes de la didactique des mathématiques », *Recherches en didactique des mathématiques*, vol. 7-2, La Pensée Sauvage, Grenoble, 1986.

BROUSSEAU G. : « Obstacles épistémologiques en mathématiques », Recherches en didactique des mathématiques, vol. 4-2, La Pensée Sauvage, Grenoble, 1983.

BROUSSEAU G. : « Problèmes de didactique des décimaux », Recherches en didactique des mathématiques, vol. 1-1 et 1-2, La Pensée Sauvage, Grenoble, 1980 et 1981.

BROUSSEAU G. : « Les Objets de la didactique des mathématiques », *Actes de la 2e école d'été de didactique des mathématiques*, IREM d'Orléans, 1982.

BRUN J. : « La Résolution de problèmes arithmétiques : bilan et perspectives », *Math-École*, n° 141, Genève, 1990.

BRUNER J. S. : « Le Développement de l'enfant : savoir-faire, savoir dire », P.U.F., Paris, 1991.

CHARNAY R., MANTE M. : « De l'analyse d'erreurs en mathématiques aux dispositifs de remédiation », *Repères*, n° 7, 1992.
CHARNAY R. : « À propos de la mise en place des cycles à l'école primaire, approche didactique », *Grand N*, n° 49, 1991-1992.
CHARNAY R. : « Problème ouvert, problème pour chercher », *Grand N*, n° 51, 1992-1993.
CHARNAY R. : « Pourquoi des mathématiques à l'école », ESF, 1996.
CHOMSKY N., PIAGET J. : « Théories du langage, théories de l'apprentissage », *Colloque du centre de Royaumont*, Seuil, coll. Le Point, Paris, 1982.
COLETTE J.-P. : « Histoire des mathématiques », Éditions du Renouveau pédagogique, Montréal, 1973.
CONNE F. : « Comptage et écriture des égalités dans les premières classes d'enseignement primaire », Math-École, n° 128, SRP Genève, 1987.

DANTZIG T. : « Le Nombre : langage de la science », A. Blanchard, Paris, 1974.
DEDRON P., ITARD J. : « Mathématiques et mathématiciens : histoire des maths », Magnard, Paris, 1980.
DERAMECOURT G., DOUAIRE J., GUILLAUME J.-C., NEYRET R., PORCHERON J.-L. : « Micro-ordinateurs et enseignement des mathématiques : Approche de la division », *Collection Rapports de Recherche*, n° 5, INRP, 1988.
DOISE W., MUGNY G. : « Le Développement social de l'intelligence », Interéditions, Paris, 1981.
DOUADY R., PERRIN-GLORIAN M.-J. : « Nombres décimaux », IREM Paris VII, 1986.
DOUADY R. : « Jeu de cadres et dialectique outil-objet dans l'enseignement des mathématiques », thèse de doctorat d'État, Université Paris VII, 1984.
DUVAL R., EGRET : « Introduction à la démonstration et apprentissage du raisonnement déductif », *Repères*, IREM-n° 12, 1993.
DUVAL R. : « Structure du raisonnement déductif et apprentissage de la démonstration », *Educational Studies in Mathematics*, vol. 22, n° 3, 1991.
DUVAL R. : « Argumenter, démontrer, expliquer : continuité ou rupture cognitive », *Petit x*, n° 31, 1992-1993.

Équipe de didactique des mathématiques de l'INRP : « Comment font-ils ? L'enfant et la résolution de problèmes en mathématiques », *Rencontres pédagogiques*, n° 4, 1984.
Équipe de didactique des mathématiques de l'INRP : « Un, deux,... beaucoup, passionnément ! Les enfants et les nombres », *Rencontres pédagogiques*, n° 21, INRP, Paris, 1988.
Équipe de didactique des mathématiques de l'INRP : « Chacun, tous,... différemment ! Différenciation en mathématiques au cycle des apprentissages », *Rencontres pédagogiques*, n° 34, INRP, Paris, 1995.
ERMEL : « Apprentissages numériques, cycle des apprentissages, Grande Section de maternelle », Hatier, Paris, 1990.
ERMEL : « Apprentissages numériques à l'école élémentaire, cycle préparatoire », Hatier, Paris, 1991.
ERMEL : « Apprentissages numériques et résolution de problèmes, Cours élémentaire (première année) », Hatier, Paris, 1993.
ERMEL : « Apprentissages numériques et résolution de problèmes, Cours élémentaire (deuxième année) », Hatier, Paris, 1995.

FAYOL M. : « L'Enfant et le nombre », Delachaux et Niestlé, Neuchâtel, Paris, 1990.

GEORGE C. : « Comment conceptualiser l'apprentissage », *Revue Française de Pédagogie*, n° 72, Paris, 1985.
GEORGE C., RICHARD J. F. : « Contributions récentes de la psychologie de l'apprentissage à la pédagogie », Revue Française de Pédagogie, n° 58, Paris, 1982.
GOLDER C. : « Argumenter : de la justification à la négociation », *Archives de Psychologie*, vol. 6, n° 232, p. 3-24, Genève, Éditions Médecine et Hygiène, 1992.
GRIZE J. B. : « Logique et langage », Orphys, 1990.
GUITTEL G. : « Histoire comparée des numérations écrites », Flammarion, Paris, 1975.

IFRAH G. : « Histoire universelle des chiffres », Collection *Bouquins*, Laffont, Paris, 1993.

JULO J. : « Représentation des problèmes et réussite en mathématiques », Presses Universitaires de Rennes, 1995.

LAHANIER D. : « De l'exercice d'application à la situation problème : comment rendre compte de différentes pratiques lorsqu'elles s'appuient sur un même énoncé ? », *Spirale*, n° 10-11, IUFM/Université de Lille III, 1993.
LEBESGUE H. : « La Mesure des grandeurs », A. Blanchard, Paris, 1975.
LEVAIN J. P., VERGNAUD G. : « Proportionnalité simple, proportionnalité multiple », *Grand N*, n° 56, IREM de Grenoble, 1995.
LINDSAY P. H., NORMAN D. A. : « Traitement de l'information et comportement humain : Une introduction à la psychologie », Études vivantes, Montréal, 1980.

MARGOLINAS C. : « De l'importance du vrai et du faux dans la classe de mathématiques », La Pensée Sauvage, Grenoble, 1993.

MUGNY G. : « Psychologie sociale du développement cognitif », P. Lang, Lausanne, 1985.
NOIRFALISE R. : « Contribution à l'étude didactique de la démonstration », *Recherches en didactique des mathématiques*, vol. n° 13.3, La Pensée Sauvage, Grenoble, 1993.

PERRET J. F. : « Comprendre l'écriture des nombres », P. Lang, Berne, 1985.
PERRET-CLERMONT A.N. : « La Construction de l'intelligence dans l'interaction sociale », P. Lang, Lausanne, 1986.
PIAGET J. : « Le Jugement et le raisonnement chez l'enfant : études sur la logique de l'enfant », Delachaux et Niestlé, Neuchâtel, Paris, 1924, 1978.
PICHOT A. : « La Naissance de la science », vol. 1, « Mésopotamie, Égypte », Folio-Essais, Gallimard, Paris, 1991.
PICHOT A. : « La Naissance de la science », vol. 2, « La Grèce présocratique », Folio-Essais, Gallimard, Paris, 1991.

RICHARD J. F. : « Les Activités mentales : comprendre, raisonner, trouver des solutions », A. Colin, Paris, 1995.
RICHELLE M. : « À propos d'apprentissages », *Bulletin de Psychologie*, Paris, janvier-février 1977.
ROUCHE N. : « Le Sens de la mesure », Didier-Hatier, Bruxelles, 1992.
ROYE L. : « Analyse et critères de choix de situation visant l'acquisition de compétences à l'école pour la résolution de problèmes mathématiques », *Spirale*, n° 10-11, IUFM/Université de Lille III, 1993.

SCHWNEUWLY B., BRONCKARD J. P. : « Vygotsky aujourd'hui », Delachaux et Niestlé, Neuchâtel, Paris, 1985.

VALENTIN D., CHARNAY R., DOUAIRE J., GUILLAUME J.-C. : « Quels problèmes pour quels apprentissages ? Quelques exemples en mathématiques », *Spirale*, n° 10-11, IUFM/Université de Lille III, 1993.

VERGNAUD G. : « Apprentissages et didactiques, où en est-on ? », Hachette, Paris, 1995.

VERGNAUD G. : « La Théorie des champs conceptuels », *Recherches en didactique des mathématiques*, vol. 10.2-3, La Pensée Sauvage, Grenoble, 1990.

VERGNAUD G. : « Psychologie du développement cognitif et didactique de mathématiques », *Grand N*, n° 38, CRDP de Grenoble, novembre 1986.

VERGNAUD G. : « L'Enfant, la mathématique et la réalité », P. Lang, Berne, 1981.

VERGNAUD G. : « Question de représentation et de formulation dans la résolution de problèmes mathématiques », *Annales de didactiques et de sciences cognitives*, IREM de Grenoble, 1988.

YOUSCHEVITCHA P. : « Les Mathématiques arabes », Vrin, 1976.

		PÉRIODE 1	PÉRIODE 2
THÈME 1 DES PROBLÈMES POUR APPRENDRE À CHERCHER	MODULE 1 Développer des stratégies de recherche	• Les CD (2 s) p. 60 • Les trois nombres qui se suivent (2 s) p. 62	
	MODULE 2 Sélectionner des informations et résoudre des problèmes complexes		• Alerte en Guyane (1 s) p. 82 • Problèmes liés à la vie de la classe (3 s) p. 85
THÈME 2 CHAMP ADDITIF		• Premiers problèmes additifs et soustractifs (3 s) p. 112	• Problèmes de comparaison (1 s) p. 117
THÈME 3 CONNAÎTRE LES NOMBRES ENTIERS NATURELS ET LES CALCULS	MODULE 1 Désignations orales et écrites des nombres	• Les trombones (3 s) p. 132	• Les fils numériques (2 s) p. 140 • Les grands nombres 1 (2 s) p. 145
	MODULE 2 Connaissances arithmétiques	• Tables de Pythagore (3 s) p. 158 • Jeu de six cartes (1 s) p. 164	• Combien de produits ? (3 s) p. 176
	MODULE 3 Techniques opératoires	• Soustraction, à chacun sa technique (1 s) p. 187	• Additions trouées (1 s) p. 189
THÈME 4 CHAMP MULTIPLICATIF	MODULE 1 Problèmes de multiplication et de division	• La boîte de sucres (1 s) p. 233 • Calculs sur les produits (2 s) p. 235 • Fabriquer des produits (2 s) p. 239	• Multiplication égyptienne (1 s) p. 242 • Le jeu de la cible (4 s) p. 243
	MODULE 2 Problèmes de proportionnalité	• Graduations (3 s) p. 260	• Bandes colorées (3 s) p. 265
THÈME 5 MESURES, FRACTIONS ET DÉCIMAUX	MODULE 1 Mesurer des grandeurs	• Comparer des masses (1 s) p. 323 • Utiliser des masses marquées (1 s) p. 324 • Les horloges (1 s) p. 331	• Estimer des masses (1 s) p. 327 • Ces rectangles ne manquent pas d'aire (2 s) p. 348
	MODULE 2 Fractions et décimaux		• Bande unité (4 s) p. 404
THÈME 6 ACTIVITÉS D'ENTRAÎNE-MENT	MODULE 1 Calculs standardisés, résultats mémorisés	100, 111, 112, 113, 131, 142, 143, 144, 145, 151, 152, 153, 154, 155, 156, 171, 181, 182, 183, 184, 185, A186, 191	100, 114, 115, 116, 121, 122, 123, 124, 125, 132, 133, 134, 136, 146, 147, 148, 157, 161, 162, 173, 174, 183, B187, 188
	MODULE 2 Calculs réfléchis, résultats reconstruits	211, 212, 213, 231	214, 215, 216, B217, 220, 221, 222, 22[illegible] 232, 233, 234, 251, 252

GÉNÉRAL

PÉRIODE 3	PÉRIODE 4	PÉRIODE 5
	• Les billets (2 s) p. 67 • La piscine (2 s) p.70 • Le plus grand produit (3 s) p. 73	
›liothécaire (2 s) p. 89 los et VTT (2 s) p. 93 ssettes (3 s) p. 95		• Royal Ciné (2 s) p. 99 • Tarifs postaux (2 s) p. 100 • La population de Grenoble (1 s) p. 102
›blèmes de comparaison (1/2 s) 7	• Problèmes relevant des différentes structures (1 s) p. 120	• Problèmes relevant des différentes structures (1 s) p. 120
mots-nombres (2 s) p. 149	• Numération égyptienne (1 s) p. 153	• Les grands nombres 2 (1 s) p. 148
›isibilité (3 s) p. 166	• Divisibilité (1 s) p. 166 • L'album de Martine (1 s) p. 180 • Boîte noire (2 s) p. 181	• Bilan sur les multiples (1 s) p. 185 • Portraits de multiples (1 s) p. 185
		• Deux nombres pour faire 10 000 (1 s) p. 193 • Multiplication : choisir sa stratégie (2 s) p. 194
touche [illegible] de la calculatrice (3 s) 6 blèmes complexes (1 s) p. 255	• Partage du trésor (3 s) p. 249 • Problèmes complexes (1 s) p. 255	• Vers l'algorithme de la division (3 s) p. 253 • Problèmes complexes (1 s) p. 255
orix des morilles (2 s) p. 275	• Les fromages (1 s) p. 277 • Recettes (2 s) p. 280	• Sirop (1 s) p. 284
ploi du temps (1 s) p. 337 tour des périmètres (2 s) p. 341 deux font la p'aire ! (2 s) p. 370	• Surfaces à ranger (3 s) p. 380	• Chercher l'unité (2 s) p. 390
›ite graduée 1 (2 s) p. 416 ›ite graduée 2 (3 s) p. 420	• Comparaison de décimaux (3 s) p. 427	• Somme et différence de décimaux (2 s) p. 433 • Les fournitures (1 s) p. 439 • Place point (2 s) p. 445
136, 137, 138, 139, 163, 164, 165, B167, 175, 176, 177		
202, 203, 204, 224, 225, 226, B227, 241, 242, 253	243, 244, 245, 254, 255, 256, 257, 258, B259, 260, 261, 262, 270, 291, 293	246, 247, 247 bis, 248, 249, B249 bis, 263, 264, 265, 266, 267, 268, 269, 271, 272, 281, 282, 283, 284, 284 bis, 285, 286, 287, 288, 291, 292

GROUPE CPI

Bussière à Saint-Amand (Cher), France.
Dépôt légal : août 2006.
N° d'édit. : 60624. N° d'imp. : 062905/4.